음악치료
기법과 모델

정현주 외 공저

Music Therapy
Techniques and Models

학지사

머리말

국내 음악치료의 전문성과 학문적 정체성이 확립되어 가면서 음악치료의 영역이 점차 넓어지고 있다. 그에 따라 음악치료 이론과 실제에 대한 깊이 있는 내용을 담은 전문서적이 요구되고 있는 실정이다. 음악치료학은 다른 학문과 마찬가지로 크게 이론과 연구 그리고 실제로 이루어져 있으며 각 요소의 발전은 궁극적으로 음악치료의 총체적 발전에 필수적이다. 연구를 통해 이론을 제시하고 현장에서는 이론에 근거하여 실제를 개발하고, 이러한 과정을 통해 음악치료가 전문영역으로서 다져지는 것이다. 또한 음악치료는 음악을 치료적·교육적 도구 혹은 그 과정에 활용하기 때문에, 치료사는 클라이언트의 문제나 클라이언트가 필요로 하는 변화영역 그리고 이를 실현시킬 수 있는 기법과 실제에 대한 이해가 필요하다. 따라서 이 책은 연구를 통해 도출된 이론과 현장에서 검증된 실제를 중심으로 음악치료 영역에서 사용되는 주요 기법과 모델들을 소개할 것이다.

이 책은 국내외에서 활동하고 있는 음악치료 전문가들이 제안한 음악치료 기법을 우리나라의 여건과 다양한 상황에 맞게 제시하고 이에 따른 사례를 담은 첫 저서다. 국내 전문가의 경우, 음악치료를 전공하는 학생과 현장에 있는 치료사들을 위해 자신의 전문분야의 기법과 모델을 소개하였다. 국외의 경우, 각 기법과 모델의 선구자적 역할을 하는 음악치료 학자와 임상가들이 우리나라의 실정과 상황을 고려하여 자신의 전문 기법을 소개하였다. 이러한 의미에서 이 책은 음악치료에 입문하는 학생은 물론 현장에서 활동하고 있는 음악치료사들을 위한 필독서라 할 수 있다.

이 책은 모두 3부로 나누어져 있다. 제1부에서는 음악치료의 주요 철학과 각 철학적 기반을 근거로 한 접근들을 소개하였다. 제2부에서는 오르프 음악치료, 달크로즈 음악치료, 킨더 뮤직 그리고 오디에이션과 같은 음악교육방법론에 근거한 치료적 적용 기법을 소개하였다. 제3부는 다양한 대상과 현장에서 활용될 수 있는 기법과 방법들, 즉 치료적 가창 기법, 신경학적 음악치료, 건반악기연주 재활 기법, 성악심리치료, 노래심리치료, 직무 웰니스(Performance Wellness) 음악치료 그리고 심상유도와 음악에 대하여 소개하였다.

마지막으로 제4부에서는 음악치료 모델을 소개하였다. 모델은 세부적인 기법을 포함한 단계적 체계와 구조화된 방법론을 의미한다. 여기서 소개된 모델은 창조적(creative) 음악치료 모델, 정신분석적(psychoanalytically-informed) 음악치료 모델 그리고 분석적(analytical) 음악치료 모델이 있다.

이 책의 각 장은 그 기법과 접근을 근거로 하는 음악치료 철학적 기반에 따라 내용 구성 및 전개가 다르다. 또한 기법에 따라 정량적인 데이터를 중심으로 한 사례가 있는가 하면 질적 자료를 중심으로 소개되는 사례도 있으며, 사례 제시가 전체적으로 혹은 부분적으로 된 경우도 있다. 이는 다루어진 기법이 각기 다른 철학적 기반과 접근에서 이론화되고 기법화되었기 때문이며 치료적 효과성을 보는 시각 또한 다르기 때문이다. 따라서 독자들은 이 부분을 이해하고 이 책의 전체적인 통일성의 한계를 이해해 주기 바란다.

한국의 음악치료 발전을 위해 자신의 전문성을 나누고자 참여한 Anna Maria 대학의 Lisa Summer 교수님, New York 대학의 Diane Austin 교수님과 Benedikte Scheiby 교수님께 감사드린다. 또한 이번 저서에 동참한 모든 국내 저자들에게 감사를 드리며, 숙명여자대학교의 김영신 교수님, 명지대학교의 최미환 교수님, 원광대학교의 조혜진 교수님, 항상 열정을 잃지 않는 김동민 선생님 그리고 무엇보다도 음악교육자로서 음악치료사 못지않게 음악의 치료적 접근에 큰 관심을 갖고 계신 노주희 교수님께 감사를 드린다. 이외에도 이 책이 나오기까지 이화여자대학교 학보사 편집장의 경력을 살려 많은 시간과 노력을 아끼지 않은 이화여자대학교 교육대학원 음악치료교육전공의 연구조교 김경숙 씨에게 특별한 감사의 마음을 전한다.

이화여자대학교 진선미관에서

대표 저자 정현주

차 례

제3부 음악치료 기법과 방법

제4부 음악치료 모델

제1부
음악치료의 철학적 기반

제1장 음악치료의 주요 철학과 접근

제1장
음악치료의 주요 철학과 접근

정현주

음악치료의 철학적 기반에 대한 고찰은 음악치료의 학문적 정체성을 정립하는 과정에서 중요한 부분이다. '치료'라는 단어가 함축하는 바와 같이 음악을 치료적으로 활용하는 과정에서는 '문제'에 대한 원인과 이를 보는 시각을 정확히 규명함으로써 적절한 치료 전략이나 접근이 결정되기 때문이다. 다시 말해, 음악을 치료에 활용하기 위해서는 치료적 개입에 대한 합리적인 근거를 충분히 이해한 후에야 효율적인 음악적 개입이 설계될 수 있다. 음악치료가 이론적 기반에 근거한 중재라는 점에서 음악치료사들은 철학적 기반을 충분히 숙고하여 임상활동을 계획해야 한다. 그러므로 음악을 '어떻게' 그리고 '왜' 활용하는가에 대한 기술적 질문에 답하기 위해서는 치료철학을 정립하고 이에 따른 음악적 중재를 구성해야 할 것이다.

음악치료에서 치료(therapy)란 음악적 자극을 이용한 중재 혹은 치료적 의미를 가진 음악적 경험이라 할 수 있으며, 치료의 목표는 결과중심(product-oriented) 또는 과정중심(process-oriented)의 변화다. 결과중심의 변화는 중재를 제공한 후 문제에 대한 변화가 설정된 목표에 대한 뚜렷한 결과로 나타나는 것을 기대하는 것이며, 과정중심의 변화는 한 가지 행동적 변화보다는 음악적 환경에 대한 지속적인 반응과 표현을 중심으로 한 질적인 변화를 의미한다. 이러한 과정에서 음악을 하나의 중재로 사용하기 이전에 클라이언트에게 어떤 문제가 있는지, 이에 음악이 어떠한 도움을 줄 수 있는지, 이러한 도움을 어떻게 유도할 수 있는지에 대한 시각은 철학적 기반을 통해 정립되며, 이를 토대로 목표 설정 이후 변화를 유도하는 과정에서 실질적인 음악적 기법과 기술들이 사용된다.

Gaston(1968)은 음악치료에서 이론과 임상 그리고 연구는 삼각대처럼 서로가 서로를 지탱하면서 존재하는 관계라고 하였다. 이에 Wheeler(1983)는 음악치료 연구문제들이 임상적 실제에서 비롯되어야 하고, 이러한 임상적 실제는 치료철학과 원리, 방법론, 모델에 입각해서 구성되기 때문에 이 모든 것에 가장 배경이 되는 치료철학에 대한 이해는 음악치료학 입문에 필수적이라고 하였다.

지금까지 음악치료의 철학적 기반에 대한 탐구는 음악치료학자들이 자주 언급한 부분이지만, 전체적인 철학을 보여 주거나 제시한 학자들은 드물다. 그중 Evan Ruud는 음악치료에 관련된 네 가지 치료철학을 언급하였으며, 음악치료가 갖는 이 네 가지 모델이 각각 다른 치료적 의미가 있음을 강조하였다(Ruud, 1995). 이러한 그의 강조는 한 가지 모델이 완전하게 인간의 문제를 모두 설명해 줄 수 없으며 각 철학적 모델의 특성에 따라 문제의 시각과 이에 대한 음악적 접근 및 개입이 달라질 수 있다는 것을 의미한다. 따라서 음악치료사는 클라이언트의 문제를 파악하고 치료 목표를 설정할 때, 전문적으로 음악이 어떠한 수준에서 어떻게 활용되어야 하는지를 분석하여 설정된 목표에 부합하는 철학적 접근을 고민해 보아야 한다.

이 장에서는 음악치료와 연관된 네 가지 치료 모델과 이에 따른 철학적 기반을 소개하며, 각 철학적 모델 내에서 강조하는 문제의 시각과 이에 따른 음악적 개입의 차이를 설명하고자 한다. 여기서 설명될 네 가지 모델은 의학적 모델, 행동주의적 모델, 정신역동적 모델, 인본주의 모델이다.

1. 의학적 음악치료 철학과 접근

의학적 음악치료는 음악적 행동의 생물학적 모델에 기초를 두고 있으며, 음악에 참여하는 동안 인간 유기체에서 일어나는 수용적, 표현적 그리고 생리적 행동들을 해석하기 위해 생의학적 근거들을 제공한다. 생의학적 근거들은 클라이언트의 특정 행동 반응이 발생하기 위해 어떠한 신경생리적인 구조들이 기능하는지에 대한 과정을 잘 보여 준다. 이때 음악 자극에 따른 반응으로 발생된 행동은 그것과 똑같은 신경생리적인 구조와 과정이 음악의 영향에 따라 야기된 것으로 볼 수 있다. 그러한 음악의 영향을 파악하는 것은 의학적인 혹은 연관된 치료 영역에서 음악의 치료적 사용을 가능하게 해 준다(Taylor, 2004).

초기의 음악치료는 음악의 효과성을 입증하려고 시도하는 의학 연구와 문헌들을 통해 학문적 그리고 전문적으로 발전되었으며 그에 따라 더 과학적인 분야로 인정받을 수 있었다. 영어의 'therapy'는 국어로 번역되는 과정에서 '요법'과 '치료'로 나누어졌다. 요법은 극히 과학적으로 입증되지 않은 접근인 반면, 치료는 연구를 통해 그 결과가 입증된 개입이라는 뜻을 내포하고 있다고 볼 수 있다. 이러한 의학적 연구와 치료는 음악치료의 전문적 정체성을 '치료적 매개체'로 정립하는 데 큰 공헌을 하였다. 그것은 의학적 연구가 인간 유기체의 확실하고 익숙한 구조들에서 발생되는 음악적 반응에 대한 신경생리학적 이해를 제공하기 때문이다.

1) 음악과 의학

여러 시대에 걸쳐 연구된 문헌들은 이러한 생물학적 이론을 토대로 음악치료가 어떻게 전문적으로 발전하였는지를 보여 준다. 음악이 과학적인 접근방식에 의한 치료적 위치로 자리 잡게 된 것은 20세기에 이루어진 일이지만 음악이 치료의 도구로 사용된 역사는 원시시대로 거슬러 올라가 그 기원을 찾아볼 수 있다. 음악은 인류의 역사 이래 병을 치유하고, 생활의 권태에 위안을 주며, 말로는 표현할 수 없는 감정을 대신 표현해 주는 힘을 가지고 있다. 음악인들과 철학자, 의사들은 오랜 시기에 걸쳐 음악과 인간의 직접적인 관계에 대해 설명하려고 하였다. 고대 그리스에서는 음악이 사고, 감정, 신체적 건강에 영향력을 행사하는 강력한 힘을 가진 것으로 여겼으며, 감정적으로 혼란을 일으키는 개개인에게 처방제로 음악을 사용하였다. Pythagoras는 건강이 마음과 육체의 질서 있는 조화에 달려 있다고 믿었으며 이러한 상태를 위해 음악이 카타르시스를 가져다준다고 말했다. 또한 Platon과 Aristoteles 역시 마음과 육체의 건강한 상호작용을 통한 지적, 도덕적 선이 음악을 통해 이루어짐을 강조하였다. 이렇듯 그리스 철학자들은 질병을 질서의 상실에서 기인된 것으로 보았고 음악의 사용을 통해 육체와 마음 사이의 질서를 복원해야 한다고 강조했다(정현주, 2005).

기원전 6세기에 접어들며 이성적 의학(rational medicine)이 마술적이고 종교적인 의식을 대신하게 되었고 역사상 최초로 실험적 증거를 바탕으로 하여 건강과 질병에 대한 연구가 이루어졌다. 이러한 건강과 질병에 대한 연구에서 중심이 되는 이론은 네 가지 체액이론 (four cardinal humors)으로, 인간의 건강이 네 가지 체액인 황담즙, 혈액, 담, 담즙의 균형에 따라 좌우된다는 이론이다(Boxberger, 1962). 중세기에 들어와서도 의학적인 이론은 여전히 인간의 건강이 네 가지 체액인 황담즙, 혈액, 담, 담즙의 균형에 따라 결정된다는 4체액이론이 근간을 이루었으며 음악은 치유적인 힘을 갖는 기제와 도덕성을 회복시키는 기제로 믿고 사용되었다.

르네상스 시대로 접어들면서 해부학, 생리학 등 의학에 대한 과학적인 접근이 이루어지지만 질병에 대한 치료는 여전히 네 가지 체액설에 바탕을 두고 있었으며 의사들은 음악을 정신병과 우울증 치료의 차원뿐 아니라 예방의학 차원으로도 처방하였다.

체액이론은 이 세상에 존재하는 모든 물질이 불, 공기, 물, 땅이라는 네 가지의 기본 요소의 혼합이며 이러한 네 가지 요소는 의학이론의 네 가지 체액인 황담즙, 혈액, 담, 담즙과 대응한다. 또한 이 네 가지 기질은 화를 잘 내는, 쾌활한, 냉담한, 우울함과 대응하며 음악적 요소에서 4성부인 소프라노, 알토, 테너, 베이스와 대응한다고 한다. 바로크 시대에도 역시 음악은 그 당시의 의학적 실제인 네 가지 체액이론과 연결되어 있었다(Peters, 1987). '네 가지 체액론'은 100여 년 전 음악과 의학 이론이 접목되었을 때 가장 근간을 이루는 이론이었다(Boxberger, 1963).

18세기로 접어들어 의학에 과학적인 입장이 강조되고 다양한 임상실험을 통해 그 효과성들이 입증되었다. 20세기 초까지 음악치료는 과학적 영역으로 자리 잡지 못했지만 의사, 음악가, 정신과 의사들의 사례발표가 과학 잡지, 신문에 실렸으며, 의학적이고 실험적인 연구들은 음악이 다양한 임상현장에서 효과가 있음을 증명하였다. 또한 제1, 2차 세계 대전 참전 용사들을 위해 병원에서 마련된 음악치료 프로그램이 조직되기 시작했다.

1950년에 이르러, 정신병리에 대한 생물학적 시각과 인간의 음악적 행동의 생물학적 특성

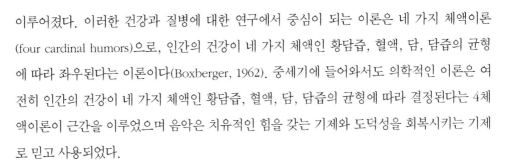

〈표 1-1〉 르네상스 시대의 자연, 신체, 기질과 음악 요소와의 관계

자연	신체		기질	음악	
	체액	기관		요소	선법
불	황담즙	간	다혈질	소프라노	프리지안
공기	혈액	심장	쾌활한	알토	리디안
물	담	뇌	냉담한	테너	도리안
땅	담즙	비장	우울한	베이스	믹소리디안

을 접목시키면서 음악을 활용한 치료적 접근을 시도하였다. 초기 몇몇 음악 치료사들은 유기체에 영향을 주는 음악 요소의 치료적 특성에 대해 연구하였는데, 그중 가장 잘 알려진 이론이 '동질성의 원리'(Altschuler, 1954)다. 동질성의 원리는 음악 요소의 물리적 특성과 인간의 유기체적인 특성을 연계하여 음악 자극에 따른 감상자의 생물학적 반응을 설명한 이론이다. 이러한 이론과 함께 음악 요소의 특성과 그 효과성은 계속하여 연구되기 시작하였다.

(1) 음악의 치료적 요소

의학적 음악치료는 음악치료의 실제는 물론 연구를 위한 독립적인 개념적 기초들을 제공한다. 그리고 클라이언트에게 제공되는 모든 범위에 적용될 수 있는 음악치료 중재들을 체계적으로 그리고 객관적으로 정의한다. 그러므로 여기서는 음악을 구성하는 세부 요소들을 개별적으로 다룰 것이다.

음악의 가장 작은 단위인 소리는 세 가지 속성을 가지고 있으며, 인간이 음악에 반응하기 이전에 뇌는 이러한 소리의 특성을 탐지한다. 청각과 관련된 감각기관들은 각기 소리의 물리적 속성을 탐지하는데, 음고, 음색, 음량과 같이 소리를 구성하고 있는 물리적 속성들을 지각하는 작업부터 시작된다. 음고(pitch)란 음의 주파수(frequency; Hz)에 따라 결정되며, 음의 높낮이를 결정하는 요인이다. 음량(loudness)은 소리의 진폭에 따라 결정되며 소리자극의 크기를 결정한다. 음색(timbre)은 음의 질을 말한다.

여기서 음악은 하나의 개입과 중재로 활용되는데 약물과 비교하여 〈표 1-3〉과 같은 개

〈표 1-2〉 음악적 중재와 약물의 비교

내용	약물	음악적 중재
성분(ingredients)	약의 구성 요소	음악적 요소(음고, 음량, 음색)의 특성
조제량(dosage)	복용량과 기간	자극의 양과 기간
지시사항(indications)	식후 30분, 취침 전 등	클라이언트의 선호도, 상황적 조건 (예: 수술 전/후)
효과(effects)	진통제, 이완제 등	수면 유도, 이완, 격양
부작용(side Effects)	위장 문제 등	부작용, 집중 곤란, 부적 기억 회상
금기사항 (contraindication)	알레르기, 심장 장애 등	심장재활에서의 자극적 음악 사용 신체재활에서의 진정적 음악 사용 정신질환에서의 연상적 음악 사용
복용방법(ways of application)	물과 같이 혹은 음료수에 희석 등	이어폰, 스피커 사용 등

넘이 적용된다. 약물치료에서도 복용량, 시간, 상황, 조건 등이 고려되는 것처럼 음악 역시
약물과 유사하게 고려된다.

　이와 같은 생의학적 연구들을 살펴보면 음악이 불안과 긴장 완화에 유의미한 효과가 있음
을 연구 결과를 통해 보여 주고 있으며, 이를 연구하는 과정에서 다루어진 변인은 크게 혈
압, 두통, 현기증을 포함한 심장혈관 기능, 호흡기능, 내분비물 체계와 신진대사, 외분비물

〈표 1-3〉 각 생리적 변인과 음악치료의 효과 영역

생리적 영역	불안증에 따른 병리생리학	음악치료의 효과
심장혈관기능	동맥 관주 감소 및 심장발작 동맥혈압 증가 두통, 현기증	심장박동 수 감소 동맥혈압 감소 부정맥 감소
호흡기능	빠른 호흡 산소량 증가 호흡곤란(dyspnea), 천식	산소량 감소 호흡리듬 조절
내분비물 체계와 신진대사	다음 내분비물의 플라스마 수준 증가: 카테콜아민(catecholamines-신경세포에 작용하는 호르몬) 타이록신(thyrozine-갑상선 호르몬의 하나) 스테로이드(steroids) 포도당(glucose) 콜레스테롤(cholesterin) 프로락틴(prolactin-유비 조절 호르몬) 베타 엔도르핀(B-endorphin) 항이뇨 호르몬(antidiuretic hormone) 성장호르몬, HGH 레닌(renin-신장 내 단백질 분해 효소)	다음 내분비물의 플라스마 수준 감소: 카테콜아민 부신피질자극 호르몬(ACTH) 코르티솔 프로락틴 베타엔도르핀 신진대사 속도 수면 유도
외분비물 배설기관	땀의 과다분비 다뇨증	발한 분비 감소 타액 분비 감소
지각과 수용	통증의 예민함 통증에 대한 과장 반응	통증지각 감소 통증 대응력 강화
운동적 체계	흥분 떨림 근육긴장도 증가 딸꾹질(singultus) 위경련	불안감 근육긴장도 감소 근육통 이완

배설기관, 지각과 수용 그리고 운동적 체계 등을 대표적으로 꼽을 수 있다(정현주, 2005).

의학적 음악치료는 특정 이론을 중심으로 한 접근이 아니라 음악을 치료적 자극으로 사용할 때 그 사용과 효과 및 결과에 대한 의학적인 이해나 설명의 방법이라 할 수 있다. 음악을 효과적으로 사용하기 위해 치료적 중재를 계획하는 데 있어 생의학적 모델에 입각한 주요 기본 전제는 세 가지로 요약된다. 첫째, 각각의 개인들은 음악의 형식에서 소리를 수용하고 반응하는 신경생리적 구조들을 가지고 있다. 둘째, 수용적이거나 표현적이거나 음악의 과정에 참여하는 것은 생리적인 그리고 신경심리적인 과정들을 촉진시킨다. 마지막으로, 음악적으로 촉진된 신경생리적인 반응들은 관찰가능하고, 측정가능하며, 예측적이다. 이러한 세 가지 기본 전제에 입각하여 생의학적 음악치료사들은 의학적 과정에서 예측되는 클라이언트들의 긍정적 영향들을 사전에 결정하여 음악활동들을 선택할 수 있게 된다. 더 나아가, Harvey(1987)는 음악활동이 호르몬 활동에 긍정적인 영향을 주며, 면역성 증진과 재생 기능도 촉진시킨다고 하였다.

(2) 음악과 뇌

생의학적 음악치료의 철학적 근간은 모든 인간 행동은 뇌로부터 나온다는 기본 전제에 있다(Hodges, 1980). 음악이 뇌를 자극하고, 뇌를 통해 음악 정보가 처리되는 만큼 음악은 신경기능에 긍정적인 영향을 준다. 그러므로 감상을 포함한 인간의 음악 행동 모두 뇌기능과 연관된다고 볼 수 있다. 인간의 뇌기능에 대한 음악의 영향이 연구되면서 보다 체계적으로 그 영향에 대한 구체적인 결과들이 나타나기 시작했다.

1960년대 가장 주목을 받은 이론은 간뇌이론이다. 간뇌는 대뇌반구로 덮여 있고 많은 핵으로 구성되어 있으며, 배측 시상(thalamus)과 복측 시상하부(hypothalamus)로 구별된다. 시상은 대뇌로 입력되어 온 감각 정보를 다양한 시냅스를 통해 피질 영역으로 중계하고 이들 정보를 통합하여 처리하는 기능을 한다. 시상 바로 아래에 있는 시상하부는 기본적인 생물학적 욕구와 동기를 조절하는 중요한 기능을 담당한다. 이와 함께 시상하부는 자율신경계를 지배하고 교감신경과 부교감신경의 흥분을 촉진하거나 억제한다. 또한 대뇌피질과 하위 자율 중추와의 중계 역할을 한다.

이러한 과정에서 음악 자극은 다른 두뇌 조직에 도달하기 이전에 간뇌의 시상하부에서 지각되고 수용된다. 시상은 대뇌피질의 감각을 관리하는 영역으로 후각신경 이외의 감각신경을 중계하는 곳이고, 대뇌피질의 활동수준을 통제하고 있는 조절신경회로의 중계 장소이기도 하다. 또한 각성상태 유지와 주의집중력, 체온조절 중추가 있어 체온의 정상화를 유지하고 있다. 간뇌의 시상을 자극하는 것은 자동적으로 두뇌 피질을 자극하는 것으로, 사고나 이유를 포함하는 상위 요소들이 자리한다. 일찍이 정신병리와 음악과의 관계를 연구한 Altschuler(1954)는 음악의 역할과 기능에 대해 다음과 같이 이야기하였다.

"신경증이나 정신병을 가진 클라이언트들 중에는 뇌의 통제를 받는 언어 혹은 말을 통해 소통할 수 없는 환자들이 있다. 이들은 부주의하고, 산만하며, 혼동되고, 우울하고, 환각증상이 있거나 불안한 상태이기 때문에 언어적 접촉이 불가능하다. 음악 자체가 유용한 것은 바로 이 지점이다. 음악은 유기체 안으로 진입하기 위해서 대뇌에 의존하지 않으며, 모든 감정이나 감각을 연결하는 정거장인 간뇌 시상하부에 의해 각성을 가능케 한다(p. 30)."

한편, James(1984)는 음악을 자극제로 활용함으로써 감각 통합을 촉진하는 이론을 내놓았다. '감각 통합'은 신경 체계가 촉각, 고유 감각, 전정 감각, 후각, 미각, 시각 그리고 청각적 감각을 수용하고 조직하는 과정을 의미한다. 개인이 출생 전후의 환경과 상호작용하는 정도는 감각 정보를 처리하는 능력에 의존한다. James는 인간의 적응력과 학습의 주요 원천은 다양한 감각 경로로부터 수용된 자극을 통합하는 능력에 달려 있으며, 중추신경계의 기초 기능은 감각 정보를 수용하고, 의미 있는 정보를 가려내 통합하며, 이전의 경험에 기초하여 운동적 반응을 하는 것이라고 말한다.

이러한 감각 통합 이론을 토대로 통증감소에 대한 음악 적용에 관한 연구가 계속적으로 수행되어 왔다. 이 연구들은 통증을 완화하고 감소시키는 데 음악이 긍정적인 도구로 사용될 수 있다는 것을 말해 주고 있다. 변연계 및 시상하부에서 감각자극으로 범주화되는 음악과 통증의 공통점은 두 가지로 요약된다(Roederer, 1987). 첫째, 음악과 통증은 모두 감각자극으로 범주화된다. 음악 감상 시 뇌에 전달된 음악적 정보는 통증 감지 과정에서 뇌에 전달되는 신호와 동일하기 때문에, 음악에 내재하는 선율패턴, 음고, 템포, 리듬, 다이내믹 등의 요소는 모든 감각의 실제와 다양성을 전달할 수 있으며 이는 통증에서도 마찬가지다. 둘째, 음악과 통증은 모두 감정통합(synthesis)을 관장하는 변연계의 산물이며 두 가지 모두 시상하부가 조절한다. 이것을 대표하는 이론은 '관문통제이론(gate control theory)'으로 신경이 뇌로 전달되는 과정에서 음악적 자극을 제공함으로써 통증에서 오는 부정적인 신경 정보를 감소시키고 음악적 자극에 대한 긍정적인 신경전달을 유도하여 통증지각을 조절하는 것이다(Melzack & Wall, 1983). 통증에 대한 실제 지각은 신경종말부에서 일어나 척수를 통해 중추신경계로 전달된다. 척수에서 대뇌로 가는 과정에는 관문이 있는데 중추신경계는 제한된

양의 정보만을 처리할 수 있으므로, 음악적인 자극을 제공함으로써 통증과 관련된 부적 자극에 대한 치료적인 개입을 가져올 수 있다.

이러한 접근에서 음악은 통증지각을 분산시킬 수 있는 주의전환(diversion) 역할을 하는데, 음악은 다른 종류의 감각자극을 제공하여 통증을 인지하는 양과 정도를 감소시킨다. 통증 전환제로 사용하는 음악은 클라이언트의 선호도를 고려하여 집중과 관심을 충분히 유도할 수 있도록 해야 한다. 이완을 유도하는 감상은 단조로운 리듬과 선율, 가벼운 음색으로 구성된 음악이 많이 사용되고, 심장박동수의 규칙적인 템포를 강화시켜 주는 음악 역시 효과적이다. 이러한 이완 음악은 근육 긴장도 감소와 규칙적인 호흡을 유지시켜 주므로 신경 종말부에 대한 근육의 압박을 줄이고, 근육 조직에 산소공급을 제공한다(김수지 외 공역, 2002). 통증감소를 위해 특정 심상을 유도하거나 연상을 자극하는 음악을 활용하는 경우도 있다. 이 활동은 클라이언트로 하여금 적극적인 정신활동에 참여하도록 하고, 통증지각을 감소시키는 데 도움이 된다(Maranto, 1992; Spingte, 1989).

(3) 음악과 운동체계

운동체계를 중심으로 한 음악치료 기법 중에 가장 대표적인 것이 신경학적 음악치료 기법(Neurological Music Therapy: NMT)이다. NMT는 음악의 근본적인 요소인 리듬을 이용해서 재활치료와 물리치료 프로그램에 이용하고 있는 음악치료 기법이다. 이것은 콜로라도 대학교의 음악의학연구센터(Center for Biomedical Research in Music)에서 10년 전부터 체계적으로 연구되기 시작하여, 그 결과가 발표되기 시작한 것은 1990년대 중반부터다. 현재는 그동안 산발적으로 이루어지던 리듬과 신체동작과의 관계에 관한 연구가 통합되어 가는 단계에 있다(Thaut, 1999; Thaut, 1997a). 감각운동 영역을 다룬 많은 연구들은 음악이 신체적인 반응을 이끌어 내며 구조화시켜 주는 기능을 할 수 있다는 사실을 증명하였고, 이러한 음악의 기능을 이용한 재활치료 분야에서는 신체적 장애를 가지고 있는 클라이언트들을 대상으로 리듬적 요소를 이용한 음악의 신경학적 접근을 시도하고 있다. 미국의 콜로라도 주립대학의 Thaut 교수를 중심으로 구성된 연구진은 1990년 초기부터 신체장애를 가지고 있는 대상들을 위한 치료적 접근을 체계적으로 연구하기 시작했으며, 1990년대 중반부터 그 연구 결과들을 종합하여 다양한 이론과 기법들을 소개하였다.

신경학적 음악치료에서 가장 유의미한 음악 요소는 리듬이다. 이는 인간의 내재된 신체리듬 혹은 항상성 리듬을 조절해 주기 때문에 청각자극이 제공되는 동시에 인간은 주어진 청각적 자극에 동화됨은 물론 움직임이나 동작까지도 제시되는 음악의 리듬, 즉 소리의 시간적 배열에 맞추어 조절되려는 경향이 있다. 리듬은 리듬적 전경(rhythmic figure)과 리듬적 배경(rhythmic ground)으로 나뉘는데 리듬적 배경이 강한 리듬은 기존의 신체에너지를 안정적으로 유지해 주는 반면, 리듬적 전경이 강한 음악은 신체에너지를 상승시켜 주는 기능을 한다. 신체의 움직임과 청각자극에 대한 동화작용을 다룬 연구들에서 음악은 하나의 청각자극제로서 다른 감각 자극들보다 더 신속하게 처리되며, 이에 대한 신체 반응도 빠르다고 알려져 있다(Kwak, 2000).

　이는 청각자극에 의한 신체 반응이 어떠한 과정으로 이루어지는지를 신경학적으로 분석해 보면 보다 잘 이해할 수 있다. 신체의 움직임은 대략 대뇌, 대뇌기저핵, 소뇌, 뇌간과 척수의 5단계의 운동 조절기관을 거쳐 완성된다. Kwak(2000)는 이 과정의 이해를 돕기 위해 기업의 경영 구조를 비유로 설명하였다. [그림 1-1]과 같이 대뇌는 수뇌부로서 어떤 일을 하고 싶은지 목표를 세우고, 수뇌부의 의사는 대뇌기저핵에 전달된다. 대뇌기저핵은 기획실로서 목표를 달성하기 위해 어떤 일이 필요한지 계획한다. 한편, 소뇌는 인사부의 역할로서 목표를 달성하기 위해 필요한 인적·물적 자원이 무엇인지 탐지해낸다. 뇌간은 정보부

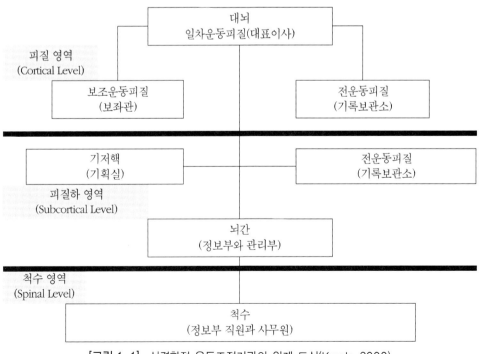

[그림 1-1] 신경학적 운동조절기관의 위계 도식(Kwak, 2000)

의 역할을 감당하며, 척수와 몸의 감각기관으로부터 온 정보들을 수집하고 분석하여 수뇌부로 전달한다. 척수는 실질적으로 일을 수행하는 기관, 즉 각각의 근육으로 정보를 전달하고, 정보를 수집하기도 한다. 다리를 들어 올리는 동작을 예로 들어 보자. 대뇌에서 다리를 들어 올려야 한다는 목표를 정하면, 대뇌기저핵은 다리를 들어 올리기 위해서 어떤 근육 그룹들을 움직여서, 어느 방향으로 어느 정도의 힘의 강도로 움직여야 하는지를 결정한다. 소뇌에서는 그 근육 그룹 중에서 어느 근육이 어떤 순서로 움직여야 하는지 결정하면서 몸의 균형을 잡아 주는 역할을 한다. 이 종합된 정보들은 뇌간으로 보내져서 척수를 통해 몸의 각 부분으로 전달된다. 척수는 받은 정보들을 각각의 근육들로 보내어 다리를 들어 올리는 동작을 완성시키게 된다. 그러나 이 운동기능 조절 중 어느 한 부분이라도 제대로 기능을 수행하지 않으면 정상적인 운동 패턴이 만들어지지 않는다.

여기에서 주목할 것은 인간이 다양한 자극 중에서도 청각자극, 즉 소리에 본능적으로 반응하려는 특성을 지녔다는 점이다. 그 좋은 예가 경악반사다. 문이 닫히거나 '쾅' 하는 큰소리에 반응하여 전신이 순간적으로 움직이게 되는 반사가 그것이다. 이는 소리를 인지하기 위해 활성화된 청각 시스템 내 신경세포의 흥분성이 뇌간 안에 있는 망상체(reticular formation)를 통하여 대뇌로 전달되기 때문에 일어난다. 뇌간의 망상체에서 시작된 망상체 척수로는 척수를 따라서 몸의 각 부분으로 연결이 되어 있다. 이때 다른 감각기관과는 달리, 뇌간에 전달된 정보들은 대뇌피질로만 전달되는 것이 아니라 대뇌피질과 척수로 동시에 보내지는 것으로 추측되고 있다. 이런 신경학적 구조는 청각에 대한 반응 시간을 줄여서 자극에 대해 신속하게 대처할 수 있도록 신체를 준비시키기 위한 과정으로 보인다. 이러한 특성은 재활치료에 활용되는데, 그것은 각각의 근육들이 리듬을 통해서 다음 동작에 필요한 근육들을 미리 활성화시켜 동작을 준비시키기 때문에 보다 효율적으로 근육을 사용하도록 도울 수 있기 때문이다.

의학적 모델에 입각한 음악치료는 이외에도 신체적 질환을 가진 클라이언트들의 운동기능을 높이고, 동기 강화와 함께 변연계와 운동 피질에서 조절을 관여하도록 하는 행동을 향상시킨다. 뇌성마비의 경우에도 그 '병명'에서 알 수 있듯이 뇌를 중심으로 하는 치료를 받게 된다. 감각장애 클라이언트에 대한 치료적 개입은 뇌에 도달하는 환경적인 정보의 양을 최대화하는 것이다. 실어증과 같은 의사소통장애의 음악치료는 특정한 언어 영역의 손상으로 인한 운동기능 강화 능력을 촉진할 수 있도록 뇌의 기능적인 유연성을 높이도록 계획한다.

(4) 음악 인지 및 정서

인간은 환경에 적응하고 노출된 다양한 자극을 인지하는 과정에서 의혹이나 혼동 상태를 거부하는 기제를 가지고 있다. 인간은 혼동 상태나 불확실한 상태, 명확성이 결여된 상태에 직면하면 이를 해결하여 분명하고 명확한 상태로 만들려고 한다. Meyer는 이러한 기제가 음악 감상에도 적용되는데 음악 자극에 대한 명확성과 예측성을 추구하는 과정에서 지연되거나 기대가 채워지지 않으면 특정 정서를 발생시킨다고 한다. 이러한 인간의 성향은 외부 자극에 대한 본능적인 자동 반응패턴이며 외부 자극에 대해 동시에 발생하는 심리적, 신체적 반응이라 할 수 있다.

이와 유사하게 Meyer는 음악의 기대감 이론(expectancy theory)을 제시하면서, 기대감이란 특정한 음악적 스타일과 인간의 지각, 인지 그리고 반응의 형태, 즉 정신의 심리학적 법칙들이 연관되어 발전된 습관적 반응들의 생산물이라고 하였다. 음악적 정서는 감상자가 음악의 진행을 예측하지 못하는 상황, 감상자의 예측성이 잠정적으로 방해를 받거나 지연되어 흐름이 차단될 때 유발된다고 할 수 있다. 즉, 음악 자체보다는 음악을 이해하는 인지 과정에서 심리적 모호성과 불확실성이 개인의 정서를 유발한다고 볼 수 있다. Meyer는 이렇듯 기대한 것에 대한 지연(suspension)으로 인해 발생되는 긴장을 음악적 정서라고 하였으며 이러한 상태가 지속되어 진행을 예측할 수 없는 상태를 일종의 불안상태라고 하였다. Meyer에 따르면 지연이 아무리 일시적일지라도 불안을 야기하며 이것에 대한 즉각적인 해결이 필요하다고 하였다. 불안이나 긴장이 많이 조성될수록 해결에 대한 기대가 커지며 이러한 기대가 충족되었을 때 정서적 안도감은 더욱 크다. 따라서 Meyer는 이러한 긴장과 불안의 경험이 음악적 맥락 안에서 의미 있는 해결을 수반해야 한다고 하였다.

불안한 음악적 경험은 무지 상황, 즉 미래의 사건 과정을 알 수 없기 때문에 느끼는 개인의 무력감과 무능감을 자극하는 실제 삶에서의 사건과 매우 비슷하다. 일상에서 야기된 긴장은 해결되지 않을 수도 있으며 다른 사건 때문에 긴장이 분산되거나 대체될 수도 있다. 그러나 음악에서의 이런 반응은 그에 따르는 해결이 음악 내에서 제공되면서 정서적 안정감을 경험하게 한다. 다시 말해, 음악적 정서는 음악의 형식, 방향성, 화음의 전개, 협화음과 불협화음, 자극을 명료화하려는 인간 사고의 본질과 그 지각이 일어나는 맥락 그리고 이 맥락을 이루는 학습된 반응 패턴들에 의존한다. 협화음은 안정되고 총체적인 실체를 형성하고, 불협화음은 덜 안정되고 덜 만족스러운 실체를 형성하며 불규칙성과 혼란을 표현한다. 그러므로 불협화음이 음악적 맥락 안에서 기대되었던 협화음으로의 진행을 지연시키며 이는 감상자에게 비예측적으로 작용하여 감상자의 정서를 유발할 수 있게 된다.

의학적 음악치료 이론은 뇌기능과 연관되기 때문에, 치료사들은 신경생리학, 뇌병리학(brain pathology), 신경음악학(neuromusicology), 정신음악학(psychomusicology), 신경면역학(neuroimmunology), 신경화학, 생리심리학 등의 기본적인 지식에 익숙해져야 할 필요가 있다. 앞으로도 의학적 음악치료에 대한 이해는 음악의 선택과 적용에 관한 이론적인 틀은 물론, 향후 음악치료 학문의 기초연구와 응용연구를 활성화하고 실제에 적용할 수 있는 이론을 도출해내는 데 많은 공헌을 할 것이다.

2. 행동주의적 음악치료 철학과 접근

행동주의 철학은 서구에서 사고체계의 새로운 경향과 함께 부흥하였으며 이러한 철학은 19세기 말까지 실증주의 철학 사고의 주류를 구성해 왔다. 행동주의 치료는 체계적이고 객관적인 접근을 기본 전제로 행동의 원리와 방법을 인간에게 적용하였으며, 이러한 행동주의 철학에 입각한 연구는 1960년 초반부터 매우 활발히 전개되어 왔다. 미국의 심리학자 Watson은 관찰과 측정이 가능한 행동을 심리학의 연구 대상으로 할 것을 주장함으로써 행동주의 심리학의 창시자로 불리게 되었다. Pavlov의 조건반사 이론을 심리학의 일부로 도입한 그는 공포증을 학습의 문제로 개념화하고, 그 학습경로와 치료과정을 실험적으로 밝히는 데 성공하였다. 한편 행동주의 심리학의 거장인 Skinner는 조건반사로 설명될 수 없는 조작적 행동의 학습과정을 밝히는 데 주력하였다. 또 Thorndike의 효과의 법칙을 토대로 실험연구를 수행함으로써 행동의 원리를 체계화하였다. 본 장에서는 행동주의 철학 중에서 음악치료의 이론 및 실제와 연관될 수 있는 부분에 초점을 맞추어 주요한 내용들을 소개하고자 한다.

1960년대와 1970년대에 행동치료와 음악치료의 학문적인 발전이 거의 동시에 일어나면서 행동주의 철학에 근거한 다양한 음악치료적 접근과 연구들이 수행되었다. 음악치료의 선구자들은 음악치료를 행동 과학으로 간주하는 객관적이고 과학적인 접근을 요구했다. 이에 따라 행동치료에서 차용해 온 다양한 치료기법들이 교육현장은 물론 심리치료 및 임상 현장에 도입되었다. 이것은 널리 알려진 작동 조건 패러다임을 이끌어 내었으며 행동에 대한 음악적 보상이 행동적 결과물과 어떠한 관계가 있는지 알 수 있게 되었다. 이로 인해 음악적 보상에 대한 효과와 체계화된 음악적 개입에 대한 중요한 입증 자료를 수집할 수 있게 되었다.

1970년대 후기부터 1990년대에 이르기까지 행동주의가 음악치료의 실제에 적용되었음을 문헌 고찰을 통해 알 수 있다. 1970년대에 발간된 많은 음악치료 서적에서는 조작적 조건형성과 고전적 조건형성의 원리에 기초를 둔 음악 중재방법을 소개하였다. 그러나 1980년대에 이르러 음악에 대한 인간의 인지적 요소와 정서적 요소가 연구되기 시작하면서 행동주의적 접근이 음악치료 내에서 보이는 행동 증상에만 의미를 두고 근본적인 원인에 대한 본질적 문제를 무시하고 있다는 비판을 받기 시작했다.

1) 행동주의 철학의 기본 가정

행동주의 음악치료는 특별한 방법론이나 기술이라기보다는 행동주의 철학의 기본 전제와 이에 입각한 개념 및 이론을 토대로 음악 환경을 조성하고 개입을 설정하는 접근을 의미한다. 행동주의 철학에 근거한 기본 가정은 첫째, 모든 행동은 학습된다는 전제하에 정상행동이나 이상행동 모두 동일한 원리에 의하여 학습된다는 것이다. 이러한 전제에 따라 생리적·유전적 원인에 의한 것이라는 확증이 없는 한 모든 행동은 학습된 것으로 본다.

두 번째 전제는 모든 행동은 학습되기 때문에 이와 유사하게 새로운 행동이 형성, 유지, 제거되거나 설정되는 환경자극에 따라서 조정될 수 있다는 점이다. 행동주의적 시각에서 모든 인간행동은 고전적 조건형성과 작동 조건형성을 통해 학습된다. 행동과 환경자극 간의 관계는 일정한 법칙성이 있는 기능적 관계임을 주장하며 환경자극의 변화는 행동의 변화를 가져온다고 한다. 행동의 변화에 영향을 미치는 환경자극이란, 행동의 발생 직전에 주어지는 선행자극(변별자극)과 행동 후 즉시 뒤따르는 후속자극(강화자극과 벌 등)을 말한다.

세 번째 전제는 문제 치료에서 과거보다는 현재를 중요시한다는 점이다. 과거의 어떤 경험이나 자극이 문제행동의 원인이 되었다 하더라도, 지나간 요인을 지금 통제할 수는 없으므로 현실적으로 통제가 가능한 현재의 행동에 영향을 미치고 있는 요인을 규명하여 이에 대한 개입을 제시하는 데 초점을 둔다.

마지막으로 행동주의 철학에서 중요시하는 것은 치료 결과의 객관성이다. 관찰된 모든 것은 정량화되어야 하므로 관찰과 측정이 가능한 행동을 중심으로 연구된다. 따라서 관찰과 측정이 불가능한 내용(의식, 성격, 사고와 같은 내적 심리구조나 과정 등)은 연구에서 일단 제외하거나 행동의 문제로 바꾸어 치료와 교육의 대상으로 한다. 그러므로 정량화된 객관적 자료에 입각한 철저한 실험–검증적 접근이 시도된다. 관찰 가능한 행동을 대상으로 하기 때문에 수집된 자료는 객관성이 보장될 수 있다. 결과적으로 행동의 질적 차이보다는 측정 가능한 양적 차이에 초점을 둔다고 할 수 있다.

2) 행동주의적 음악치료 전략

행동과학으로서 음악치료 영역을 정의하고 이에 입각한 음악치료의 개입을 구상하는 경우 음악과 목표 행동은 각각의 변인으로 다루어진다. 예를 들어, 행동수정 원리에 따라 목표행동에 대한 개입이 이루어지는 경우, 음악은 독립변인으로, 행동은 종속변인으로 규명한 후 치료적 개입을 설정한다. 이 과정에서 다음과 같은 세 가지 질문을 제시할 수 있다.

첫째, 무엇이 부적응 혹은 문제 행동인가? 어떠한 행동들이 증가 혹은 감소되어야 하는가? 둘째, 현재 클라이언트의 행동을 지지하는 환경적 강화요인(클라이언트의 바람직하지 않은 행동을 유지하는 혹은 보다 긍정적인 반응의 수행을 감소시키는 양자 모두)은 무엇인가? 셋째, 클라이언트의 행동을 대치하기 위한 강화 자극인 환경적 변화들은 무엇인가?

이러한 인과관계를 통해 음악이 하나의 자극으로서 어떠한 행동을 어떻게 조절할 수 있는지에 대한 구체적이며 객관적인 결과를 도출하는 것이 중요하다.

(1) 과제 분석

과제 분석(Task Analysis)은 복잡한 행동을 가장 작은 구성 요소들로 분해해 놓은 과정을 말하는 것인데, 클라이언트가 그 과제를 정확하게 완수할 수 있도록 선택된 활동의 세부적인 구성요소를 시간의 순서로 기입하고 단계적으로 나열하는 작업을 의미한다. 과제 분석 모형에 기초한 기본 가정은, 학습이란 단계적으로 일어나며 한 단계 행동의 학습은 그 하위 수준의 행동이 먼저 학습된 후에야 가능하다는 것이다(LeMay, Griffin, & Sanford, 1983). 참여하는 대상이 다양한 발달장애를 가지고 있는 경우, 과제를 한 번에 성공적으로 수행하기 어렵다. 인지 기능이 낮은 대상은 행동의 결손을 나타낼 뿐 아니라 정상적인 기능을 가진 대상에 비해 학습능력이 저조한 경우가 많다. 그러므로 일반 대상에게는 쉽고 간단한 과제라 하더라도 발달지체나 다른 영역의 발달지연을 가진 대상에게는 상대적으로 매우 어려운 과제가 될 수 있다. 그렇기 때문에 과제 분석에 기초한 점진적 접근이 필요하다.

이러한 의미에서, 정상 발달의 순서에 따라 일직선상에 잘 배열된 규준적 발달과제에 비추어 클라이언트를 관찰함으로써 발달상의 결손을 발견하고, 그러한 발달 결손을 구체적 행동의 문제로 정의하여 치료 교육과 훈련의 목표로 제시해야 한다. 이러한 과제 분석은 행동 진단의 한 방법이 되기도 한다.

그러므로 어떤 한 가지 행동을 완성하거나 수행하는 데 어려움을 보이는 클라이언트가 있을 경우, 과제 분석 기법을 적용한다면 그 클라이언트가 어떤 세부 단계에서 어려움을 가지고 있는지를 알 수 있다. 이러한 과정을 통해 행동 전체가 아닌 세부적인 구성요소를 직접적으로 다루어 클라이언트의 행동상의 문제를 다룰 수 있다. 따라서 하위동작들로 세분화하는 작업은 복잡하고 어려운 행동을 보다 쉽고 성공적으로 완성하기 위해서 필요하다 (Hanser, 2000).

(2) ABC 모형과 음악적 자극

음악의 치료적 논거를 제시할 때는 세션에서 제공된 음악의 역할과 사용된 음악 요소들의 치료적 기능 및 특성에 대하여 설명한다. 행동이나 반응을 유도하는 과정에서 음악적 중재는 중요한 부분이며, 구체적으로 이러한 반응을 유도하는 데 음악이 가지고 있는 요소적 특성에 대한 설명은 음악이 왜 치료 매개체로 쓰였는지에 대한 이론적 기반이 되기 때문에 모든 치료사들은 이에 대해 명확한 이론을 제시해야 한다. 행동에 대한 음악의 역할은 기능적 분석을 통해 설명할 수 있다. 이를 ABC 모형이라고 하며, 행동과학적인 접근에서 소개된 이론이나 인간의 음악적 행동을 분석하는 데에도 적용될 수 있다.

이러한 철학적 전제에 따라 행동주의적 시각에서는 객관적이고 과학적인 자료를 통해 문제점을 이해한다. 즉, 문제 행동의 진단 결과에 따라 상이한 치료 교육적 처방이 결정될 수 있는 행동적 진단–처방 모형을 정립하고, 이에 따른 문제의 진단과 처방으로서 치료 방안을 모색한다. 행동적 진단은 ABC 분석 모형과 과제 분석 모형으로 나뉘는데, 부적절한 행동의 학습요인으로서의 선행자극(SD)과 후속자극(SR)을 확인하는 진단과정과 환경자극의 재배열에 따른 행동의 변화를 시도하는 치료적 처방의 제시를 말한다. 또한 과제 분석 모형은 발달적 결함이나 문제 행동을 규준적 발달 과제에 비추어 구체적 행동의 문제로 확인하는 진단과정과 이러한 발달 결손행동을 효율적으로 치료하고 교육할 수 있는 개별화 프로그램을 설계하는 치료적 개입 과정을 말한다.

이 모형에 따르면, 행동적 진단–처방은 문제가 되는 어떤 부적절한 행동이나 부적응 행

동의 학습경위를 밝히고 행동변화를 위한 구체적 방안을 제시하는 것을 의미한다. 즉, 문제의 행동을 유발하는 선행자극과 유발된 행동을 강화하는 후속자극을 바로 그 현장과 상황에서 직접 관찰하여 확인하는 과정이 바로 행동적 진단이 된다. 왜냐하면 이 두 자극요인이 표적행동을 조건형성시키는 직접적 원인이기 때문이다. 이러한 진단의 장점은 그것이 바로 치료적 처방과 직결된다. 즉, 표적행동을 변화시키기 위하여 선행자극과 후속자극을 환경에 재배열하는 것이 곧 치료적 처방이 된다. 이 모형은 이미 학습되어 유지되고 있는 어떤 부적응 행동을 감소시키거나 제거하기 위한 치료 프로그램을 설계할 때 가장 효과적이다(정현주, 2005).

① 선행자극으로서 음악

이러한 기능적 분석에서 음악적 요소는 선행자극으로 사용되는데, 이는 적절한 반응과 행동을 유도하는 데 중요한 역할을 한다. 그러므로 치료적 논거를 설명할 때는 각 음악적 요소가 어떠한 기능을 하였는지를 상세하게 서술해야 한다. 예를 들어, 활동에 사용된 음악은 특정 이미지나 주제와 연관 지어 선곡되는 경우가 있다. 이런 경우 멜로디는 연상을 자극함으로써 기억력을 촉진시키고, 자극된 기억은 시각적 · 공간적 정보를 끌어오는데 이는 음악 작업에서 중요한 부분을 차지한다. 또한 리듬과 템포의 경우, 예측성을 제시해 주며 이로 인한 기대심리 그리고 필요한 에너지를 충족시키기 위해 사용되는 경우가 많다. 가창활동에서 노래의 시작을 알리기 위해 치료사가 카운팅으로 '1, 2… 시－작'을 제시할 때 이러한 카운팅 속도와 강도에 따라 노래의 속도와 강도가 지시될 수 있다. 그러므로 활동 내에서 음악이 매개체로서 어떠한 역할을 하는지, 또는 음악 경험 안에서 클라이언트의 행동변화가 어떻게 보이는지를 구체적 또는 객관적으로 서술해야 하며, 이러한 논거는 그러한 활동이 왜 선택되었는지를 설명해 주는 중요한 역할을 한다.

② 행동으로서 음악

음악적 행동이 실제 행동이 되는 경우는 클라이언트가 음악적 행동을 수행할 때 음악외적인 문제의 행동이 감소될 수 있는 경우를 말한다. 예를 들어, 집중력이 낮은 아동이 치료사의 큐에 따라 벨을 연주하는 경우, RAS 기법을 적용한 프로그램을 감상하면서 보행훈련을 받는 재활 클라이언트의 경우 등 계획된 환경 내에서 음악 경험에 참여함으로써 목표행동에 대한 개입이 이루어지는 상황을 말한다. 음악치료의 궁극적인 목표가 음악 경험을 이용하여 음악외적 기술이나 학습을 촉진하는 것인 만큼 음악 경험 내에서 어떠한 문제 행동이 다루어지는가는 중요한 문제다. 창조적 음악치료 모델에서도 이러한 행동주의적 시각을 찾아볼 수 있다. 예를 들어, 전체적인 곡이 특정 리듬에 북을 연주하도록 구조화되어 있다면, 아동은 그 리듬을 하나의 모티브로 이해하고 주어진 패턴에 따라 일관적으로 혹은 지시에 따라 연주할 수 있다. 이런 경우 악기 연주를 통해서 아동으로 하여금 리듬 패턴의 인지, 리듬 연주에 필요한 운동기능, 운동 범위의 증가(북의 위치를 위 아래로 이동) 그리고 전 곡을 마칠 때까지 연주에 몰입하게 하는 시간적 구조 등 음악 행동 내에서 수정하고자 하는 행동을 설정하여 활동을 구성한다.

③ 후속자극으로서 음악

행동주의 철학에서 인간 행동은 외부 환경자극과 사회적 상호작용에서 학습된다고 보고, 보상의 결과와 행동 조절을 위한 환경과 자극의 조작이 행동 형성의 주 기능을 한다고 강조한다(Steele, 1967). 이러한 행동의 학습과정에서 주 기능을 하는 후속자극이란 행동이 증가할 수 있도록 하는 요인, 행동 이후 따르는 반응 그리고 미래의 반응에 대한 발생 가능성을 증가시키는 요인들을 의미한다.

Hanser는 음악이 긍정적 강화제, 벌(punishment) 그리고 조건적 강화제(contingency)로 기능한다고 설명하였다. 긍정적 강화제는 바람직한 행동에 대하여 클라이언트에게 원하는 음악 경험을 허용해 주는 것이며, 벌은 반대로 타임아웃과 같은 처벌을 통해 음악을 철회하는 것이고, 조건적 강화제는 클라이언트의 행동과 연결 지어 행동 발생과 동시에 바람직한 행동에는 음악을 제공하고, 그렇지 않은 행동들에는 음악을 철회하거나 다른 자극제를 제공하는 것을 말한다. 일찍이 Maden(1971)이나 Green(1981)은 조건적 음악을 제공하여 행동변화를 유도한 연구를 많이 수행하였으며, 그 결과 음악을 조건적 자극제로 제공했을 때 관련된 행동의 횟수와 강도가 증가하였다고 보고하였다. 특히 음악적 조건 상황에서 음악은 인지 능력을 촉진하는데, 아무 자극이 없는 상황보다 음악 개입이 있는 상황은 대상자를 쉽게 자극하고 참여를 유도할 수 있다고 보고하였다.

(3) 구조와 전략

행동주의 철학에서는 행동에 대한 음악 자극을 포함한 환경적 자극의 중요성을 강조한다. 여기서 환경적 자극이란 음악 내적 혹은 외적 자극을 말하며, 성공적인 행동을 학습시키고 유도하기 위해서 음악의 내적 및 외적 자극을 분석하고 최대한의 반응을 위해 구조화하는 매우 중요한 개념이다. 구조화는 음악치료 세션을 구성하고 이를 성공적으로 이끄는 데 필요한 개념이다. 구조화는 클라이언트의 기능을 고려한 후 이에 대한 언어적인 지시, 과제와 활동의 단계, 참여의 깊이 등 모든 것을 클라이언트 중심으로 이루어야 한다. 치료사는 음악을 치료 도구로 제공하는 과정에서 단계마다 어떻게 제시할 것이며 이끌어 나갈 것인가를 충분히 고려하여 세션을 구성해야 한다. 음악치료 세션은 클라이언트를 위한 시간이므로 충분히 구조화되어야 성공적인 세션이 될 수 있다. 이러한 구조화의 개념에 활용될 수 있는 음악 외적(extra-musical) 전략과 음악 내적(intra-musical) 전략을 살펴보면 다음과 같다(정현주, 2005).

① 음악 내적 구조

음악 내적 구조화 개념은 첫째, 발달 단계에 기준을 두고 음악 활동과 접근을 구성하는 데 기대되는 결과를 도출하기 위해 과정을 발달 단계에 따라 나열한 작업이다. 이러한 분석적인 나열은 두 가지 차원에서 가능한데, 하나는 다양한 영역의 기능적인 발달과정을 고려하여 지시사항이 구조화되어야 한다. 예를 들어, 언어를 강화시키기 위해 모음을 유도하는 가창 활동에서, 기본적으로 먼저 배워야 하는 모음들을 다루고 나서 그 다음 단계의 모음들을 소개한다. 리듬 연주 활동에서도 기본 박, 하위 분할된 박, 엇박 등 체계적인 단계로 리듬 패턴을 배워야 하듯이 행동과 과제를 수행할 때도 기능에 따라 단계적으로 전개한다.

둘째, 과제의 복잡성을 최소화하기 위해 과제를 단계적으로 분석하여 나열할 때, 난이도를 고려하여 단순한 작업에서 복잡한 작업으로 이끌어 가는 체계화된 과정도 하나의 전략이 될 수 있다. 음악 참여를 유도하는 과정에서 제시되는 지시사항들은 예측된 반응의 내용을 정확히 규명하고, 이러한 반응들을 토대로 명확히 구조화되어야 한다. 예를 들어, 복잡한 리듬 패턴을 학습할 때 먼저 자신의 신체부분을 이용하여 리듬을 익힌 다음 악기로 옮겨 가는 것이 학습에 더 효과적이다. 이는 청각 패턴을 학습하는 것 이외에도 감각 운동적으로 리듬을 내면화(internalize)함으로써 신체 리듬을 통해 외부 리듬을 익힌 후 악기로 리듬을 연주할 때 더욱 쉽게 할 수 있기 때문이다. 음악활동에서 운동기능을 보고자 할 때 한 동작의 강도와 범위로 나누어 볼 수 있다. 어떤 리듬을 표현할 때 근육의 강도를 보기 위해 작은 소리부터 큰 소리를 내도록 유도한다. 이때 운동 범위는 소리의 강도와 비례하여 증가하므로 대근육 운동의 범위가 점차 증가하는 것을 볼 수 있다.

셋째, 동질성(iso-principle)의 원리에 따른 구조화의 개념도 중요하다. 신체적 반응이나 이완 또는 감정적 반응을 유도하는 음악 접근에서는 음악이 가지고 있는 리듬과 멜로디의 특성을 고려하여 선곡한다. 이완이나 기분 전환을 위한 활동에서도 클라이언트의 현재 신체 리듬이나 운동 수준을 고려하여 동작의 속도나 흐름을 구조화한다. 예를 들어, 침체된 클라이언트에게 기분 전환을 유도하고자 갑자기 빠른 음악을 감상하게 하고 이에 빠른 템포로 연주하도록 지시한다면 현재 클라이언트가 경험하고 있는 에너지 수준이 음악과 일치되지 않는 상황이 발생한다. 기분 전환은 클라이언트의 기분을 **상대적으로** 긍정적인 차원으로 이끄는 것이므로 받아들여지지 않는 음악을 제공하고 이에 대한 신체적 반응을 기대한다면 음악적 접근이 그리 효과적이지 않을 수 있다.

② 음악 외적 구조

음악 활동이 하나의 전경(figure)이 된다면 그 외의 환경은 배경으로 작용한다. 이에 음악 활동에 집중과 몰입을 최대한 촉진시켜 줄 수 있는 다양한 전략들이 필요하다. 예를 들어, 주의집중력 장애나 과잉행동 장애를 지닌 대상의 경우, 물리적 구조화는 절대적이다. 주의집중력 장애 아동들은 자극들에 대한 전경과 배경(figure-ground)을 구별하고, 과제에 집중하는 데 어려움이 있으므로 가급적이면 주의를 분산시키는 자극제들을 환경에서 제거해야 한다. 특별한 물건이나 악기들이 많이 진열되어 있는 환경에서 치료를 했을 때 나타나는 아동들의 행동은 그들의 문제가 아니라 치료사의 신중하지 못한 판단에서 비롯된 것이다. 그러므로 활동에 필요하지 않거나 치료에 도움을 주지 않는 음악 혹은 비음악적 자료들을 환경에서 제외시키는 것이 중요하다.

참여도를 높이기 위해 대상의 기능에 맞추어 시각 촉진제를 사용한다. 예를 들어, 아동이 특정 위치에 앉아 있어야 하는 경우, 특히 의자가 아닌 바닥에서 작업을 할 때는 방석이나 카펫을 놓아 본인의 자리와 위치를 인지하고 머무를 수 있도록 시각적 구조화를 제시해 준다. 물론 치료사의 철학에 따라 치료실을 뛰어다니는 아동을 항상 따라다니면서 참여하도록 유도하는 경우도 있겠지만, 대체로 아동에게 어느 곳이 '적절한' 위치인지를 인식시키고 이에 대한 음악적 보상을 제공하는 것이 중요하다.

또한 활동에 따른 공간적 조건을 고려해야 한다. 운동기능 강화에 목표를 둔 치료라면 상체나 하체 등 사용되는 신체 부위가 충분히 움직일 수 있는 공간을 고려하여 의자와 악기를 놓는다. 동작을 하기에 자유롭지 못한 공간은 움직임 자체를 위축시키고, 음악에 대한 신체적 반응을 의식하게 한다. 음악극이나 합주처럼 모두 함께 음악을 만드는 과정에서는 치료사의 신호를 잘 볼 수 있는 구조로 악기와 의자를 배열해야 한다. 이러한 물리적인 구조화는 참여와 활동을 수행할 때 성공률을 높이고 불필요한 자극들을 최소한으로 통제하는 데 그 목적이 있다.

음악치료사들이 조건화, 식별, 탈감각화, 역할극 등과 같은 행동주의 방법론에 대한 적용 가능성을 탐구하기 시작한 이래로, 음악치료에서 행동주의 기법의 집약적이고 실질적인 연구가 많이 이루어졌으며, 이것은 보다 과학적인 면에서 음악치료 과정의 기초를 제공했다. 또한 행동수정 분야에서 음악의 조건적 사용과 관련된 연구의 경향은 음악치료 기술의 발달의 필요성과 효율성을 뒷받침해 주고 있다.

행동주의 철학을 가진 음악치료사들은 클라이언트의 총체적인 삶의 상황을 다루기보다는 행동의 문제들을 해결하는 데 목적을 둔다. 이에 대해 Wolpe(1969)는 모든 문제가 '순전히' 행동적인 문제들로 추론되어서는 안 된다는 도덕적 쟁점을 제기하였다. 그는 일상적 행동들을 다루는 문제는 클라이언트의 성격 구조와 그의 존재 양식과 밀접하게 관련되어 있기 때문에 행동의 완전한 변화를 위해서는 클라이언트의 총체적 삶의 상황에 파고들어야 한다는 것이다. 이러한 비판에도 불구하고 행동주의적 철학을 가진 음악치료사들은 문제 행동에 대한 직접적이고 적극적인 개입과 객관성을 토대로 음악을 치료의 매개체로 활용하여 의미 있는 성과를 거두고 있다.

3. 정신역동적 음악치료 철학과 접근

　정신역동 음악치료는 존재하는 다양한 심리학적 이론과 관점에 토대를 두고 있으며, 계속적으로 그 영역과 개념이 발전되고 있다(Isenberg-Grzeda, Goldberg, & Dvorkin, 2004). 정신역동 음악치료는 정신역동 음악치료 모델에 그 근거를 두는데, 여기서 모델이란 철학적 사고와 이론을 바탕으로 치료 개념을 이끌어 내고, 이를 토대로 음악을 적용한 체계화된 치료 방법론(method)을 의미한다. 정신역동 음악치료모델은 근본적으로는 Freud의 정신분석이론에 그 뿌리를 두지만, 기존의 기본 전제들이 여러 학자들에 의해 발전되어 오면서 현대 정신역동적 치료접근에서는 조금씩 바뀌었다(Wheeler, 1981). 이러한 연구가 '정신역동'이라고 불리는 이유는 다양한 이론 중에서도 대표적으로 인간의 행동이 성격구조의 역동적 상호작용에서 기인하며 이러한 역동(dynamics)들이 현재의 대인관계와 개인으로서의 기능에 영향을 미친다고 보기 때문이다(Rezneck, 1991).

　정신역동 음악치료 모델에서는 기존의 정신역동적 개념에 음악 혹은 음악적 환경을 연관 지어 치료의 변화를 유도하는데, 이 치료과정에서 가장 초점이 되는 것은 음악과 클라이언트 그리고 치료사의 역동적인 관계다. 그러므로 클라이언트의 대인관계나 내적, 감정적 문제를 다룰 때는 관계의 상호작용에 초점을 두고 치료적 개입이 전개된다.

　정신역동 음악치료접근은 개개인의 내적인 갈등에 중점을 두는 심층심리학의 정신분석적 관점에 그 근거를 둔다(Scovel, 1990). 이 이론의 기본원칙은 모든 인간은 무의식적 사고를 지니고 있으며 이러한 무의식은 영유아기 때부터 깊게 잠재되어 있다는 것이다. 무의식적인 욕구가 의식적 사고와 갈등상태에 놓이게 되면 감정적 혹은 정서적 문제가 발생되는데, 의식과 무의식의 자각을 통해 클라이언트의 성격구조를 수정하는 방법과 본능적 행동보다는 현실에 맞는 행동을 할 수 있도록 자아를 강화시키는 데 초점을 둔다(Corey, 1984). 정신역동 철학을 가진 치료사는 감정적 카타르시스 혹은 혼란스러운 감정의 해소, 문제 행동과 시각의 근본적인 원인 규명과 자기이해 그리고 궁극적으로 성격의 총체적인 변화를 이끌어 내기 위해서 음악을 사용한다(Bruscia, 1989).

1) 정신역동 음악치료의 역사

　정신역동 치료모델의 역사적 발전은 연대별로 명확히 구분 짓기 어렵다. 음악에 관한 정신분석적 접근은 1910년 초 Freud 학파의 출현과 함께 정신과 의사에 의해 시작되었다. 초기에는 음악적 현상을 설명할 수 있는 객관적 용어 정의의 어려움과 개념 정립의 부재로 인하여 음악에 관한 정신분석적 관점의 접근은 거의 이루어지지 못했다(Kohut, 1951). 일찍이 Ernest Kris는 정신분석이론과 임상 기술을 연구하면서 예술활동과 같은 창조적인 방법이 정신과 임상 연구에 적용되어야 한다고 주장하였다. 이러한 의식과 함께 창조적인 예술이 임상에서 중요한 매개체로 적용되면서 정신역동 음악치료에 대한 연구와 접근 개념들이 연구되기 시작하였다.

1950년대에 이르러, 음악에서 반영되는 성격구조와 그 구조에 관한 새로운 이론이 연구되기 시작하면서 많은 정신분석가와 심리학자들이 음악을 통해 본능과 관련된 감정적 분출과 에너지 표출이 가능하고, 음악활동을 통한 자아실현이 자아를 충족시켜 주고, 음악 안에서의 여러 가지 규율, 구조와 형식에 관한 법칙들을 따르는 것이 초자아를 충족시켜 주는 점 등의 기존의 정신분석적 이론에 입각한 음악적 개입을 제시하였다(Kohut, 1957; Kohut & Levarie, 1950). 이러한 연구의 시작과 함께 예술적 매개체는 효율적인 환경치료(milieu therapy)의 주 매개체로 발전되었다(Braswell, 1961).

1960년대에 유럽과 미국의 몇몇 지역에서 음악을 정신분석적인 매개체로 적용하게 되면서 정신역동 모델의 이론적인 근거가 정립되기 시작하였다(Wheeler, 1981). 정신분석이론을 음악에 적용한 문헌들은 주로 카타르시스를 유도하는 음악, 투사적 음악, 부적 정서에 대한 감정 승화와 통제 기능을 가진 음악에 대한 연구들을 다루었다(Colbert, 1963; Nass, 1971; Noy, 1966, 1967a, 1967b, 1967c; Terzian, 1964). 또한 이 시기에 음악치료가 정신의학 분야에 적용될 수 있는 기법으로 발전하게 된 데에는 다른 요인들의 영향이 있었다. 여기에는 집단 역동성을 강조하는 사회심리학과 개인중심(individual-oriented) 심리학도 포함된다(Braswell, 1961). 사회심리학은 개인의 신념과 행동에 영향을 미치는 환경적인 요인을 중시하며, 다양한 형태의 집단 역동성과 기능을 재경험하는 치료과정에 중점을 둔다. 또한 개인중심 심리학에서는 억압된 내적 문제와 이러한 문제들이 외부로 표출되는 심리적인 갈등에 대해서 개별적인 치료과정을 중요시한다. 정신역동적인 음악치료는 이러한 접근을 토대로 억압된 내적 갈등을 탐색하고 성격구조의 심층적 영역을 다룸으로써 내재된 문제에 대한 통찰을 강화시키는 데 사용되었다. 이와 같은 다양한 영역의 상호적 발전은 정신질환 치료에 필요한 새로운 전략과 접근들이 개발되는 데 공헌하였으며 음악치료 분야에도 기여하였다.

1970년대에 들어와서 정신질환을 가진 클라이언트들을 중심으로 한 사례발표와 함께 Tyson(1965, 1981)은 음악치료 전문성 내에서의 정신역동적 접근을 소개하였고, 영국의 Juliette Alvin(1975)도 정신역동적 접근의 음악치료를 규명하였다. Mary Priestley(1975) 역시 체계화된 분석적 음악치료 모델을 소개하였는데, 영국을 포함한 유럽 전 지역과 북미에서 활동하면서 분석적 음악치료에 대한 훈련을 제공하였다. 이러한 시작과 함께 정신역동적 음악치료는 음악치료의 이론과 실제를 소개하는 과정에서 필수적으로 언급되는 영역이며 모든 개론서나 전문서들이 이 부분을 포함하고 있다. 이후로도 Pavlicevic(1997, 1999), Wigram과 De Backer(1999), Hadley(2003), Pederson과 Bgonde(2002)와 같은 음악치료학자들이 계속적으로 다양한 문헌을 통해 정신역동 음악치료에 대한 개념과 영역을 정의하였다.

정신역동적 음악치료모델에 토대가 된 심리학 이론들로는 대표적으로 Freud 이론과 대상관계(object relations) 그리고 자기심리학(self-psychology)이 있으며 이 이론들을 중심으로 음악치료 관련 개념들이 개발되었다(Isenberg-Grezeda et al., 2004). Freud 이론은 사람의 정신세계를 이해하기 위해 포괄적인 틀을 제공하였으며 의식세계에 대한 체계와 성격구조를 설명하였다. Freud 이론에 함축된 치료 개념은 인간의 문제 원인과 증상에 대한 이해를 얻음으로써 치료과정이 시작되고, 이에 대한 통찰력을 성장시킴으로써 건강한 정신과 기능을 유지할 수 있다는 것이다.

대상관계이론에서 인간은 현실의 다양한 인물과 관계하는 과정에서 그들에 대하여 내면화된 이미지를 만들어 내며, 이러한 이미지들은 이후 다른 관계에 투사된다고 하였다. 이 이론을 토대로 정신역동적 음악치료에서는 외부의 대상들과 관계를 형성하는 과정에서 내재된 본인의 이미지(내적 대상)들이 어떠한 영향을 미치고 있는지, 이러한 패턴들이 지속되고 있는지에 대한 인식과 이해를 돕는다.

마지막으로 Heinz Kohut이 발전시킨 자기심리학은 자신감과 자기가치를 구성하는 데 미치는 외적 관계의 영향들을 다룬다. 이 이론은 인간이 심리적인 안녕(wellbeing)을 유지하기 위해서 다른 사람들로부터 받는 격려, 지지, 사랑과 같은 반응이 얼마나 결정적인 역할을 하는지 강조한다. 이 이론은 인간이 하나의 개체로서 외부와 고립된 존재가 아니므로 항상 타인과의 관계 속에서 변하는 존재임을 강조한다. 또한 인간의 상호작용 패턴, 대인관계 형성에서의 정신역동적 측면을 살펴보는 데 예리한 시각들을 제시해 준다. 즉, 클라이언트의 문제를 다룰 때 고립된 실체로 문제를 분석하기보다는 개인이 가지고 있는 타인 혹은 환경과의 상호작용에 대한 통찰력 역시 필요함을 말해 준다.

2) 음악치료의 정신역동적 개념

(1) 개인의 내적 역동성

Freud 이론 중 몇 가지 대표적인 이론으로 크게 욕구 이론, 성격구조 그리고 심리성적 발달단계와 방어기제를 살펴볼 수 있다. 먼저 욕구에 대한 개념을 보면 인간은 두 가지의 본능적인 욕구에 따라 동기를 경험하는데, 하나는 공격성이며, 또 하나는 성욕이다. 이러한 욕구는 계속해서 대립하는 갈등적인 구도를 갖는데, 이를 갈등이론(conflict theory)이라고 한다. 이러한 갈등 이론은 성격구조인 원초아, 자아, 초자아에도 적용되며, 인간이 처음 태어나서는 극히 본능적인 충족만을 추구하지만, 2세부터는 자아가 분화되면서 환경과 현실에 대한 요구를 고려하기 시작한다. 이 과정에서 자아는 본능적 충동을 조절하는 것을 배우며 현실원칙(reality principle)에 따라 행동한다. 4세가 되면 초자아가 발달되는데, 이는 부모 혹은 외부 세계로부터 배운 도덕과 윤리 그리고 평가의 기준치 등을 습득한다. 이 과정에서 본인의 사고와 행동에 대한 갈등을 경험하기도 하고, 감정과 의식에 대한 재평가, 보상 혹은 벌을 경험하면서 본인의 가치관을 정립해 간다(Goldberg, 2004).

이러한 Freud 이론에 근거한 음악치료 개념은 첫째, 본능, 자아, 초자아 중심의 수용적 음악 구분을 들 수 있다. Wang(1968)은 음악 감상에서 주로 사용되는 고전음악을 본능의 음악(id-music), 자아의 음악(ego-music), 초자아의 음악(superego-music)으로 분류했다. 그는 본능의 음악은 무의식을 자극하는 음악적 특징들이 두드러진 곡이며, 자아의 음악은 인간의 자아 기능을 유지하고, 현실감을 강화해 주는 기능을 하는 음악이라고 하였다. 그리고 초자아의 음악은 '고귀한 생각들을 향한 정신을 고무시키고, 도덕적 사고와 절제를 강화하는'(p. 114) 음악이라고 하였다. Alvin(1975) 역시 본능, 자아, 초자아 차원에서 음악이 쓰일 수 있다는 것을 강조하면서 음악은 원초적 본능의 표현은 물론 이성적으로 이러한 본능을 사회적으로 적합한 방법으로 승화시켜 주는 역할을 한다고 하였다.

Kohut은 일찍이 음악의 정신분석적 특성과 요소를 연구하였으며 이를 임상환경에서 적극적으로 적용하였다. Kohut(1957)은 음악은 예술의 형태이지만 음악가의 성격을 전적으로 표현해 준다고 하였다. Kohut은 Freud의 세 가지 성격구조를 음악과 연관시켜 정신분석적인 이론을 제시하였는데, 원초아(id)로서의 음악적 기능을 설명하면서 음악의 카타르시스 기능을 강조하였다. 그는 이러한 카타르시스 경험을 승화적 경험으로 보았다. 억압된 욕망으로 인한 긴장(tension)은 음악적 감정으로 표출된다고 하였다. 또한 안정적이며 지속적인 리듬은 구강기 단계에서 아동이 수유과정에서 보이는 리듬적 행동이나 주 양육자가 자장가와 함께 두드려 주는 행동 혹은 요람에서의 리듬적 움직임(rocking)에서 얻을 수 있는 충족감을 제공하므로 구강기적 욕구를 충족시켜 준다고 할 수 있다.

또한 Ruud(1978)도 리듬, 멜로디, 하모니, 선법과 같은 음악 요소들이 정신역동적인 의미를 갖고 있다고 하면서 리듬과 악센트는 내재된 에너지(리비도)의 분출을 가능케 하며, 지속적인 리듬은 본능적인 긴장을 완화시킨다고 하였다. 또한 멜로디는 본능과 자아 간의 대립되는 긴장도(opposing forces)에 균형을 제공하는 역할을 해 준다고 한다. Noy(1967) 역시 화음의 전개가 감상자가 가지고 있는 음악적 전개의 기대감을 충족시켜 주면서 즐거움을 경험할 수 있게 해 주고, 이러한 감상과정에서 음악은 감상자의 내재된 에너지를 고양시킨다고 하였다. 이러한 음악적 요소와 본능적 에너지와의 관계는 인간의 내재된 욕구를 예술적 활동 안에서 승화시킬 수 있도록 해 준다고 할 수 있다. 예술을 통한 본능적 에너지의 승화는 창조적 음악활동에서는 물론 수동적인 감상에서 모두 가능한데, 이는 음악이 무엇을 '생각하게 하는 것' 보다는, 무엇을 '느끼고 있는지' 를 표현하는 '감정의 에스페란토어(Esperanto)' 이기 때문이다(Reik, 1953). 또한 이러한 리듬의 변화, 즉 상승하는 템포와 리듬 패턴은 긴장 수준을 조절하는데, 이러한 리듬적 고조는 긴장 표출을 가능케 한다. 음악적 경험의 카타르시스적 역할은 원초적인 성적 에너지 분출에 영향을 미치며 내재된 충동성을 해결해 주기도 한다.

자아로서의 음악은 성취감, 완성도 그리고 비구조에서 구조로 전개되는 과정에서 만족되는 생산적 경험을 유도한다. 음악으로 완성되기 이전에 소리 자극 자체만으로는 의미가 없으며 정서적으로는 부적 정서를 유발한다고 하였다. 이러한 개별적인 소리들이 음악이라는 형태로 만들어지면서 자아는 성취감을 경험하며 그 곡에 익숙해짐이 자아를 충족시켜 준다고 한다. 본능과는 달리 자아로서의 음악은 음악에 대한 개념, 이미지 그리고 음악적 언어의 구조를 이해하려 하고 이러한 시도에 긍정적인 경험을 추구하기 때문에 감상은 하나의 자아활동(ego activity)이 될 수 있다. 음악적 내용에 대한 이해가 감당할 수 있는 정도이면 이는 유쾌한 경험이 될 수 있으나, 그 이상의 수준으로 인해 '성취감(mastery)' 이 감소하면 이는 혼란과 긴장을 유발한다. Kohut은 더 나아가 클라이언트의 자아의 상태에 따라 음악을 받아들이고 이에 반응하는 양상이 달라진다고 하였다. 나약한 자아를 가진 클라이언트는 소리 하나에도 민감하게 반응하므로 음악적 내용이 극히 구조화되고 단순한 형태이어야 한다. 그러므로 대상자의 상태와 수준에 따라 음악적 구조를 고려하여 제시함으로써 성취감과 보상을 경험할 수 있도록 해야 한다.

초자아로서의 음악적 경험은 기존의 도덕적, 윤리적, 규율적 사고와 가치관이 음악 내에서 추구되는 것을 말한다. 제시된 음악적 구조와 규율에 순응하면서, 내재된 초아자적 경험이 충족된다. Kohut(1999)은 음악의 심미적 경험은 음악적 초자아(musical superego)가 충족되면서 경험된다고 하였으며 감상자의 내재된 미의 기대치(inner standard of beauty)를 중심으로 만족적인 체험을 고양시킨다고 하였다. 결과적으로 음악은 내재된 규율을 표현해 주는 연주 형태(form of play)라고도 할 수 있다.

더 나아가 Kohut은 Freud의 일차적 과정과 이차적 과정의 개념을 음악과 연관 지어 설명하였다. 그는 심리적 기능에서 일차적 과정은 무의식의 특징적 사고 유형으로 본질적으로 원초적이며 쾌락 원리의 지시를 따르는 변형되지 않는 욕구와 관계가 있다고 하였다. 이에 반해 이차적 과정은 합리적인 사고의 한 유형으로 사고, 언어, 행위의 즉각적인 표출을 지연시키거나 연기하는 기능을 포함하고 있으며, 현실 원리와 관계가 있다. Kohut(1990)은 음악에서도 이러한 과정을 찾을 수 있다고 말하며, 일차적 과정과 이차적 과정을 음악의 구조적 전개와 활동 수준을 중심으로 설명하였다. 첫째, 일차적 과정은 음악의 가장 작은 구성요소를 말하는데, 예를 들면 음악을 구성하는 리듬이 이에 포함된다. 개별 리듬, 즉 소리는 특정 구조가 없는 상태에서는 원초적인 역동성과 에너지를 담고 있다. 이에 반해 이차적 과정은 이러한 소리들이 모여 복합적인 음악의 형태로 구성되는 과정이다. 이 과정에서 소리는 시간 및 공간적 패턴에 근거하여 배열됨으로써 음악이 만들어진다. 이러한 전개를 통해 음악이 전하고자 하는 감정적 내용과 의미(emotional content and meaning)가 전달되기 때문에 이를 이차적 과정이라고 하였다. 즉, 의도된 의미와 표현 중심의 음악적 내용은 이차적 과정으로 간주될 수 있다.

(2) 심리성적 발달 단계

Freud는 인간의 성격을 구분하는 5단계의 심리성적 발달 단계(psychosexual development)를 제시하였는데 각 단계마다 성격구조(원초아, 자아, 초자아)가 각기 다른 수준(의식, 전의식, 무의식)에서 그 기능을 담당한다고 하였다. 첫 번째 단계 구강기(0~1세)에서는 입, 혀, 입술을 통해 만족과 쾌감을 얻고, 두 번째 단계인 항문기(1~3세)에서는 배설을 통해 욕구가 충족되며 이 시기에 배변 훈련이 어떠하였나에 따라 성격이 형성되기도 한다. 남근기(3~6세)에서는 성기 자극을 통해 욕구를 충족하고 쾌감을 얻는데, 이때 오이디푸스 콤플렉스, 엘렉트라 콤플렉스 등 부모와의 관계에서 많은 심리적 변화를 경험한다. 잠복기(6~12세)는 비교적 성적 욕구나 충동이 잠재되어 있는 시기며, 주로 지적 탐색이나 지적 자극에 집중한다. 마지막으로 생식기(12세 이후)에는 신체적 또는 생리적인 변화와 함께 성적 에너지가 의식화되며, 이 과정에서 성적 본능과 초자아에 대한 타협과 조절을 배운다. 이러한 심리성적 발달과정에서 본능과 관련된 욕구 충족과 욕구 불만은 고착의 형태로 성격에 지속적으로 영향을 주며, 고착 행동 및 강박 행동으로 남는다. 이에 Freud는 구강기적 고착 또는 항문기적 고착 등으로 신체 부위와 관련된 심리개념을 제시하였다.

Priestley는 이러한 심리성적 발달 단계 개념과 클라이언트의 음악을 연계시켜 심리적 고착과 음악적 행동 유형의 공통적인 측면들을 연구하였다. Priestley는 심리성적 발달 단계에 따른 개념에 맞추어 즉흥연주된 음악을 분류하였는데, 구강기 음악(oral music), 항문기 음악(anal music), 남근기 음악(phallic music), 생식기 음악(genital music)으로 분류하였다. 구강기 음악(oral music)은 개인의 음악적 역할이나 특성 없이 타인의 리듬과 선율에 일치하는 경우를 말한다. 반대로 항문기 음악(anal music)은 음악의 다양한 요소들을 통제하려는 의도가 보이는 경우다. 요컨대, 타인의 음악 흐름에 개입하여 본인의 음악 흐름으로 이끌려고 하며, 또는 그룹 연주 내에서도 본인만의 차별화된 음악을 제시하는 경우도 있다. 셋째, 남근기 음악(phallic music)은 타인의 소리를 의식하면서도 본인의 음악적 방향이나 선호도를 제시하는 경우를 말한다. 마지막으로, 생식기 음악(genital music)은 타인의 음악을 충분히 인식하며, 같이 연주하는 것을 즐기고 음악을 통해 상호작용하는 경우를 말한다. Priestley는 즉흥연주된 음악은 클라이언트 내면의 욕구와 필요를 표현해 주므로 음악을 분석함으로써 클라이언트의 내재된 심리적 이슈와 고착을 탐색하고 읽어 낼 수 있다고 하였다.

(3) 방어기제, 전이 및 역전이

방어기제는 인간이 불안을 감당하는 과정에서 자신을 보호하기 위해 설정하고 가동하는 전략이라고 볼 수 있다. 이러한 방어기제는 음악적 환경과 과정에서도 보일 수 있으며 가장 흔히 발견되는 방어기제는 다음과 같다. 첫째, 억압(repression)은 수용하기 어렵거나 두려운 무의식적인 내용을 의식으로 표출하지 않고 무의식의 세계에 머무르게 하려는 방어기제를 의미한다. 이는 흔히 '잊어버린 기억의 한 부분'으로 간주되며 이렇게 함으로써 본인이 감당할 수 있는 수준 이상의 불안을 경험하는 것을 회피하는 기제라고 볼 수 있다. 이와 유사하게 저항(resistance)도 방어기제의 하나로서 특정 경험에 참여하거나 몰입하는 데 망설이거나 거부하는 행동 혹은 태도를 의미한다. 이것 역시 본인이 감당할 수 없는 내용을 접하는 것에 대한 불안을 이러한 방법으로 회피하는 것이라고 볼 수 있다.

음악적 환경에서 보이는 이러한 방어기제는 음악이 상징하는 원형에 대한 반응이라고 보고 치료적 접근을 시도한다. 표현에서 음악은 극히 개인적일 수 있으며, 특히 개인의 목소리를 이용한 음악적 표현은 '내면의 자신(inner self)'에 대한 노출(revealing)의 측면이 강하다. 음악적 행동은 그 사람의 정체성 실현과 연관되므로 음악적 상호작용에서 보이는 다양한 방어기제는 클라이언트에 대한 정보이므로 치료과정에서 중요한 부분으로 간주한다. 심상유도와 음악(Guided Imagery and Music)에서 음악 감상 시 곡의 연주 장면만을 떠올리며 음악에 몰입하지 못하거나 특정 영화나 애니메이션에서 보았던 장면만을 연상하는 등, 감상에 대한 반응이 표면적으로만 지속될 때 이는 하나의 저항으로 간주할 수 있다. 음악은 모든 인간의 개인적이며 감정적인 측면을 다루므로, 이러한 저항은 흔히 목격되는 현상이라고 할 수 있다.

이외에도 클라이언트와 치료사 혹은 그룹의 다른 구성원들 사이에서 전이 및 역전이 현상을 볼 수 있다. 전이(transference)는 치료적인 환경에서 클라이언트가 그의 과거의 의미 있는 관계를 배경으로 그 대상을 치료사나 타 그룹원으로 간주하는 무의식적인 기제를 말하며, 역전이는 반대로 클라이언트를 대상으로 치료사가 재현하는 역동성이라고 볼 수 있다. 정신역동 음악치료에서는 전이적 또는 역전이적 양상과 반응에 무게를 두고 분석하며 이를 작업함으로써 클라이언트의 무의식을 탐색하고 규명하는 과정과 관계적 발전을 유도하는 시간을 갖는다. 여기서 치료사와 클라이언트는 음악적 경험을 나누고 공유하면서 관계에서 경험되는 역동성과 상호 대상에 대한 전이, 역전이를 분석한다.

공유된 음악적 경험 내에서 클라이언트와 치료사 그리고 음악은 서로에게 각각의 대상(object)으로서 인간의 근본적인 관계적 필요(need)를 충족시켜 준다고 말할 수 있다. 이에 대해 Priestley는 언어적 프로세스와 음악적 프로세스의 다른 점을 언급하면서, 언어는 특정 의미와 내용에 국한될 가능성이 크지만, 음악은 열려 있다는 점을 강조하였다. 음악의 치료적 장점은 열려 있는 가운데 서로 가까움을 느끼고 치료사가 클라이언트의 느낌과 감정에 더 가까이 공감할 수 있게 한다는 점이다.

(4) 관계의 역동성

정신역동적 철학에서는 인간의 관계 문제에 무게를 두며 대상관계이론에서 나온 개념들을 중심으로 이러한 관계를 바라본다. 대상관계이론은 Freud 이론에 그 근거를 두지만 대인관계의 구성요소에 초점을 맞추면서 욕구와 갈등을 강조한 Freud 이론과 차별화되기 시작하였다. 대상관계이론의 치료적 초점은 클라이언트의 관계적 문제를 다루는 것이므로 여기서 대상이란 사물을 지칭하는 것이 아니라 '사람'을 의미하며, 어릴 때 주 양육자와 맺은 관계가 심리적으로 내면화되는 방식 혹은 표상에 초점을 둔다. 양육과정에서 주 양육자와의 관계에서 비롯된 대상에 대한 이미지는 아이의 마음속에 내재화되어 타인과의 대인관계 영역에서 다시 나타나게 된다(Homer, 1991). 내재화된 대상은 유아의 주관적인 지각과 환상에 근거해서 발달과정 중에 형성되며, 이렇게 이루어진 대상이 다시 지각, 사고, 전이, 환상 및 현재의 대상관계에 영향을 미치는 상호반응을 보이게 된다. 따라서 내재화된 대상이란 각 개인이 마음속에서 끊임없이 무의식적으로 상호 반응하는 존재의 근원이라 볼 수 있다(Sandier, 1990).

초기 대상관계에 관련된 개념 중에서 음악과 연관된 것은 '중간대상으로서의 음악(music as transitional object)'이다. 대상관계이론에서 중간대상이란 어머니로부터의 분리경험을 해결하기 위해 유아가 선택하게 되는 대처방안으로 주로 불안을 극복하기 위한 방어책으로 사용된다. 어머니의 부재 시에 유아에게 자장가를 불러 주면 유아는 어머니로부터의 분리경험으로 인한 불안을 잊게 된다. 즉, 자장가가 중간선율로서의 기능을 수행하게 되는 것이다. 자장가는 불안을 극복하기 위한 방어책으로 사용될 뿐만 아니라 어머니와 유아의 사이를 연결해 주는 역할도 수행한다(McDonald, 1990).

McDonald(1990)에 따르면, 유아는 어머니의 목소리로 불리는 노래 소리를 들으면서 음악의 부가적인 의미를 습득하게 되며, 어머니가 부르는 자장가와 요람노래(Cradle Songs)를 '중간선율(transitional tune)'로 여긴다. 이는 대상관계이론에서 논의된 '중간대상(transitional object)'의 개념으로 설명될 수 있는데, 이 과정에서 주로 유아가 선택하는 곰, 담요, 엄마의 옷자락 등과 같은 애착 대상과 같이 자장가는 하나의 단순한 음악적 자극이 아닌, 정서적 심리적 의미가 담긴 하나의 '대상'으로 간주될 수 있다. 물론 기존의 대상관계이론에서 대상은 사람을 의미하지만, 음악적 중간현상에서는 음악이 유아와의 관계 내에서 의미 있는 역할을 한다는 의미로 이해될 수 있다.

Melanie Klein, Donald, Winnicott과 같은 대상관계이론가들은 갈등이론 대신 결핍이론(deficiency theory)을 주장하면서 영아기 때 주 양육자가 심리적인 욕구를 충족시켜 주지 못함으로 인해 성장과정에서 관계적 문제를 야기한다고 하였다. Winnicott은 양육과정에서 유의미한 주 양육자의 모성 역할이 중요함을 설명하면서, 관계적 측면과 성장 촉진적 환경, 모성과 영아의 단일성을 강조하였다. 이 치료의 모델에서 치료사의 역할은 클라이언트가 경험한 초기 관계 형성 과정을 이해하고 이러한 부정적 대상에 대한 전이가 어떻게 계속적으로 발전되었는지에 대한 이해를 돕는 것이다. 그러므로 궁극적으로 클라이언트는 '대리－모성(substitute-mother)'과 '충분히 좋은(good enough)' 관계를 다시 경험함으로써 클라이언트가 가지고 있는 '관계'에 대한 부정적 시각을 새로운 긍정적 시각으로 대치할 수 있는 경험을 한다. 이 과정에서 치료사는 계속해서 클라이언트의 감정, 고민, 생각, 느낌, 우려 등을 수용해 주고 반영해 주는 역할을 한다.

이와 유사하게 자기심리학에서도 인간의 초기 성장과정에서 주 양육자로부터 '자기대상'의 욕구가 충족되지 않으면 자아 형성과 발달에 문제를 야기한다고 하였다. 어린 시절 양육자는 심리적으로 자기대상 욕구를 충족시켜 주는 역할을 수행하는데, 자기대상 욕구를 제공하는 대상은 대상 자신의 특징적 존재로서보다는 상대방의 욕구 충족을 위해 기능하는 대상으로 경험된다. 자기대상 욕구(selfobject need)란 긍정적이며 가치 있는 존재로 인정받고 싶은 욕구, 이상화하려는 욕구, 다른 사람들과 공통점과 유사점을 느끼고 싶은 욕구를 포함하며, 이러한 욕구는 유아기 때 경험하는 핵심적인 심리적 경험으로, 인생 전반에 다양한 형태로 지속된다. 이러한 욕구가 충족되지 못한 개체는 자아가 취약한 병리적 현상을 보인다. 이들은 무의식적으로 이러한 충족되지 못한 욕구를 대인관계에서 보상받고자 하는 경향이 있는데, 치료관계에서도 이러한 욕구가 나타난다.

반영적 자기대상(mirroring selfobject) 욕구는 음악치료에서도 중요시되는 개념으로서 클라이언트의 음악적 표현은 고유의 것으로 존중되며, 이를 지지하고 반영하는 것은 절대적인 부분이다. 이러한 반영은 자신에 대한 인정과 지지를 체험하게 해 주는 기회로 작용한다. 반영적 전이는 아동이 치료사로 하여금 특정 반응패턴으로 이끌어 오려는 취지에서 자신의 '것'을 반영하게 하는 내재된 의도를 보여 주는데, 이러한 반영을 통해 아동은 치료사의 긍정적 지원과 신뢰를 재경험한다.

이상화된 자기대상(idealized selfobject) 욕구란 유아가 자신의 불안을 해소하기 위해 동일시의 대상으로서 강력한 자기대상을 원하는 것을 의미한다. 유아는 강력하고 튼튼한 부모와의 '융합(merger)'을 통해 외부의 위험이나 곤란으로부터 자신을 보호하고자 하는데,

차츰 부모의 이런 기능을 내면화함으로써 마침내 혼자서 어려움을 극복할 수 있게 된다. 많은 경우 이상화된 자기대상은 주로 부모를 중심으로 발전되는데, 유아가 만일 자기대상의 이런 불안감소 기능을 내면화하는 데 실패하면, 나중에 혼란스럽고 막연한 불안감에 빠지게 된다. 음악치료 환경에서도 이상화된 자기대상 전이가 부모를 대신하여 치료사에게 전이되는데, 이는 음악적 환경에서 그러한 경험의 결핍을 충족시키고자 하는 욕구를 상징한다고 볼 수 있다.

동반적 자기대상 욕구(twinship selfobject need)는 4~6세 사이의 아동에게서 나타나는 행동으로서 타인과 같은 경험을 공유하고자 하는 욕구를 말한다. 예컨대, 부모와 같은 옷을 입거나 행동하는 것, 자신과 같은 생각을 하는 친구를 만나고 싶어 하는 것 혹은 자신과 똑같은 생각과 욕구를 가진 상상의 동물을 꿈꾸는 것 등의 행동에서 관찰할 수 있다. 음악치료에서도 이러한 전이가 보이는데, 즉흥연주 과정에서 아동이 치료사가 가지고 있는 악기를 연주하려 하거나, 치료사의 리듬과 음악을 모방해서 연주하고 또는 치료사가 기존에 해 왔던 리더 역할을 본인이 하려고 하는 등의 행동에서 볼 수 있다. 이러한 동반적 경험은 음악치료 환경 내에서는 물론 음악치료 외의 환경으로 일반화될 수 있어야 하며 또래나 사회에서 만나는 대상들과도 가능해야 한다. 이러한 동반적 욕구 충족은 적절한 관계형성 기술에 필수적 요인이라고 할 수 있다.

마지막으로 대인관계적 이슈는 음악적 상호작용을 통해 다양한 측면에서 보일 수 있다. Bruscia(1995)는 즉흥연주에서 어떠한 음악적 상호작용을 보이는지를 중심으로 그 사람의 사회적 상호작용 유형을 보고자 하였다. 즉흥연주 환경은 통합과 분리를 경험하는 상징적인 환경으로 제시되는데, 음악적으로 보이는 행동이 외부세계, 곧 사회적인 상호작용에서 볼 수 있는 행동이며, 반대로 그 사람의 사회적인 행동이 음악적 환경에서 보이는 행동양상과 많은 부분에서 일치한다고 하였다. 적어도 개인이 가지고 있는 정서, 사회적 이슈는 주어진 환경과 자극에 따라 반응한다는 점에서 서로 비슷하고 행동에서도 어느 정도 행동의 전이와 일관성이 있다는 기본 가정에서 온 것이다. 또한 음악적 상호작용에서 클라이언트가 음악과 타인에게 어떠한 반응을 보이는지를 분석함으로써 클라이언트의 외부 대상들에게 투사되는 내적 대상을 볼 수 있다.

Bruscia(1995)는 음악적 환경에서 개인이 음악과의 관계, 타인과의 관계, 치료사와의 관계들을 중심으로 일치와 분리(fusion-differentiation), 안정감과 변화(stability-change) 그리고 자기중심과 타인중심(selfness-otherness)과 같은 세 가지 축을 기준으로 음악을 분석함으로써 대인관계적 유형을 분석하고자 하였다. 각 축을 중심으로 보고자 하는 목표에 따라 음악적 특성과 전개가 다르며, 특히 자신과 타인의 축에서는 그룹의 각 구성원들이 음악을 만드는 과정에서 보여 주는 대인관계적인 측면을 다룬다. 예를 들어, 본인의 음악을 타인에게 맞추기 위해서 변형시키는지, 반대로 본인의 음악적 방향을 계속적으로 추구하는지 등을 분석하면서 음악적 전이에 초점을 맞추어 관계 형성의 패턴과 성향을 볼 수 있다고 하였다 (정현주, 2005).

3) 정신역동적 음악치료에서의 관계 형성

Bruscia(1995)는 정신역동적 음악치료에서 치료 목표와 접근이 다른 모델, 특히 행동주의적 접근과는 차별되는 만큼 치료사, 클라이언트 그리고 음악과의 관계의 중요성을 강조하였다. 그는 치료사의 주요과제는 클라이언트와 치료사, 클라이언트와 음악 그리고 클라이언트와 또 다른 클라이언트 사이에서 일어나는 역동의 유형과 패턴을 관찰하고 분석함으로써 존재하는 행동을 규명하는 것이라고 강조하였다. 관찰 가능한 역동적 영역은 내적관계와 대인관계 영역으로 구분 지을 수 있다. 클라이언트의 현실세계의 의식적 혹은 무의식적 양상이라고 정의되는 대인관계 영역은 클라이언트의 의사소통 능력, 상호작용 능력, 의미 있는 타인·동료·집단과의 관계를 형성하는 능력에 영향을 주는 음악 그리고 이러한 요소에 영향을 받는 음악을 모두 포함한다. 이에 치료사와 클라이언트의 관계 형성에서 다음과 같은 특징들을 숙지한다.

첫째, 클라이언트와 치료사의 관계는 치료에서 매우 중요한 부분을 차지한다. Bruscia (1987)는 클라이언트와 치료사의 관계를 라포 형성, 만남, 한계탐색, 신뢰감의 획득, 역할 정의, 갈등 해결 그리고 분리의 과정으로 정의하였다. 치료사와 클라이언트의 대인관계적 역동성을 관찰하는 것은 매우 중요하기 때문에 전이와 역전이의 이슈들도 의식할 필요가 있다. 치료사는 가능한 한 긍정적인 전이를 형성하고 부정적인 전이를 피하는 치료를 해야 한다.

둘째, 치료사는 클라이언트의 문제 해결을 통해 클라이언트의 정서적인 성장과 성숙을 유도할 때 분석가(analyst)에서 지지자(supporter)로 변화한다(Tyson, 1981). 치료사의 의무는 클라이언트의 내적 자아가 표현하고자 하는 것을 클라이언트가 스스로 통로를 발견하고 발전할 수 있도록 돕는 것이다. 치료사는 치료에서 가능한 모든 장점을 이끌어 내기 위해서 클라이언트와 함께 하는 활동을 통해 이러한 목적을 성취해 간다. 치료사는 자신감과 절제된 감정을 보여 주면서 클라이언트가 치료적인 변화를 촉진하는 경험에 참여할 수 있도록 한다 (Frank, 1961). 또한 치료사는 항상 감정이입과 반영을 제공하면서 감정이입을 활용하여 자기대상 관계를 제공할 수 있어야 한다. 클라이언트는 타인의 눈을 통해 자신에 대한 느낌을 제공받으므로, 치료사는 클라이언트가 표현하는 것을 지속적으로 반영해 주어야 한다. Kohut은 공감을 통해서만이 클라이언트의 내면세계를 이해할 수 있다고 하였는데, 여기서 공감은 '타인의 내면세계로 들어가서 생각하고 느낄 수 있는 능력'을 말한다.

셋째, 클라이언트는 방어기제를 규명하고 본인의 장점을 발견하고, 음악치료를 통해 자각한 잠재된 무의식적 문제가 어떤 것인지를 알아 가려는 마음을 가지고 있어야 한다. 또한 클라이언트는 치료 과정에서 함께 하는 치료사의 역할을 이해해야 하고 수용해야 하며 치료사의 권유에 기꺼이 반응할 수 있어야 한다. 이와 같은 클라이언트-치료사의 관계가 형성되지 않는다면 클라이언트는 자신의 내적인 감정을 치료사에게 편안하게 표현할 수 없을 것이고, 치료적인 변화를 이끌어 낼 수 없게 될 것이다. 클라이언트의 대인관계적 행동과 음악적 행동을 파악하는 것은 매우 중요하다. 클라이언트가 유의미한 대상으로서 치료사를 받아들일 수 있도록 치료사와의 신뢰가 구축되어야 한다.

다양한 심리학 이론을 토대로 정신역동적 개념과 음악을 연계하여 탐색한 결과 많은 이론들 중 다음과 같은 정신역동적 철학을 가진 음악치료사의 임상활동에 의미가 있다고 할 수 있다. 첫째, 음악은 승화의 수단으로서 제공되는데, 이는 사회적으로 받아들여질 만한 방법 안에서 추동들과 욕구들을 조율해서 해소하는 것이다. 둘째, 음악은 미해결된 갈등들을 해소하기 위한 카타르시스적 기회를 제공한다. 셋째, 음악은 적절하고 안전한 선에서 클라이언트의 자아 구조의 전반적인 힘을 키워 준다. 그러한 자아 구조의 전반적 힘은 문제 자체의 해결보다는 문제를 감당하고, 이를 이해하는 보다 더 의미 있는 통찰력과 기술을 얻게 해 준다. 넷째, 음악은 감정적 매개체로써 무의식과 직접적으로 접촉하기 때문에, 의식하지 못했던 내재된 갈등과 감정적 문제에 대해서 새로운 인식을 가져오고 이에 대한 이해를 돕는다.

정신분석적 이론에서 무의식은 미해결된 갈등으로 생각되거나 '우리가 스스로 혹은 타인과 의사소통할 수 없는 그 무엇'으로 여겨졌다(Laing, 1961). 그리고 이러한 무의식적 정신세계는 현재의 행동에 크게 영향을 미치고 있다는 것이다. 음악심리치료의 목적은 현재의 기능을 방해하는 무의식적 사고들과 감정들을 의식 수준으로 규명하여, 숨겨진 갈등에 대한 이해를 얻고 치료사와 소통할 수 있도록 하는 데 있다. 그러므로 음악치료사들은 무의식에 대한 탐색을 계속해야 하며 이에 대한 통찰력을 길러야 할 것이다.

4. 인본주의적 음악치료 철학과 접근

'제3의 세력' 심리학('Third Force' psychology)이라고 불리는 인본주의 심리학자들은 인간 현상을 다각적인 시각과 총체적인 접근으로 다룬 심리학을 창시했다. 인본주의 심리학은 인간의 가치관과 이를 다루는 다른 심리학적 접근을 존중하며 인간 행동에 대한 새로운 탐색에 의미를 두었는데, 이러한 타 접근에 대한 존중은 다른 심리학 분야의 개념 공유를 가능케 하였다. 또한 인본주의 심리학의 성장은 여러 면에서 과학주의 심리학 분야의 엄격한 실험적 절차에서 분리되어 발전하였는데, 그 이유는 실험적 설계나 행동주의적 접근이 인간 현상의 다양성을 설명하고 이해시키는 데 큰 한계가 있고, 과학적 접근이 인간을 대상으로 한 연구 방법으로 매우 부적절하다는 것 때문이었다.

이러한 인본주의적 철학에 공헌한 심리학자들은 Maslow와 Rogers를 대표적으로 들 수 있다. 인본주의적 심리학의 창시자인 Maslow는 제1세력이었던 정신분석의 정신병리적인 측면이나 제2세력이었던 행동주의 심리학의 기계론적 측면과 환원론적 그리고 결정론적 방법을 비판하고, 제3세력의 인본주의적 심리학의 기초를 닦은 심리학자다. 인본주의적 심리학은 통합된 존재로서 인간의 주체성과 전체성에 기초한 인간의 잠재적 가능성을 존중하면서 인간의 인간다운 본성을 추구하고 이해하며 자기실현을 꾀하고 인간의 성장을 중점으로 하는 심리학으로, Maslow는 이러한 인본주의적 심리학 이론의 기초를 확립하였다. Maslow의 인본주의 심리학의 발전은 Carl Rogers가 계승하였는데 Rogers는 훌륭한 삶이란 목적지가 아니라 방향이라고 주장하면서 '완전히 기능하는' 사람, 즉 자신의 잠재력을 인식하고 능력과 재질을 발휘하여 자신을 완벽히 이해하고, 경험을 풍부하게 하는 방향으로 나아가는 사람이 훌륭한 삶을 사는 것이라고 보았다. 그의 이러한 사상은 상담, 성격, 치료 분야에 실질적으로 많은 공헌을 하였다. 이러한 철학적 사고의 발전과 시각의 변화는 초기 인본주의 심리학의 발전과 현대 인본주의적 시각이 발달되는 데 기초가 되었다.

1) 인본주의 철학과 인간관

인본주의 철학의 기원은 중세까지 거슬러 올라가며 인본주의 심리학은 현 세기의 실존주의적 그리고 현상학적 사고에 깊은 영향을 받았다. Kierkegaard, Husserl, Heidegger, Buber, Sartre와 같은 사상가와 철학자들은 인간 존재가 되기 위하여 어떤 것들이 포함되는 가라는 존재론적 분석을 통해 인본주의 심리학의 성장의 기초를 낳았다. 이 시기의 기본 믿음은 모든 인간은 개인적 가치를 가지고 태어났으며 논리와 이성적 사고를 통해 자기 깨달음(self-realization)을 성취해야 한다는 것이었다.

이러한 사고의 정립과정을 통해 다양한 사상가들의 이론들은 독창적인 인본주의 인간관을 형성하였고 이것은 인본주의 음악치료 철학의 기본 전제가 되었다. 음악치료학이 인간을 대상으로 하는 '학문과 실제' 인 만큼 치료의 과정에서 어떠한 인간관을 중심으로 음악을 활용하는 하는지에 대한 이해는 필수적이다. '인본주의(humanistic)' 란 단어에서 알 수 있듯이 인간 자체는 물론, 인간에 대한 전체적인 이해와 총체적인 시각을 포괄하는데, Bugental(1963)은 인본주의 인간관에 대해 다음과 같이 다섯 가지를 설명하고 있다.

첫째, 인본주의에서는 인간을 단일 유기체로 보기보다는 다른 창조물과 구별되는 독특한 속성과 능력을 가진 존재로 본다. Rogers는 인간은 통합된 유기체로서 행동하기 때문에 본성과 그 행동을 이해하기 위해서는 전체론적 관점에서 접근해야 한다는 입장을 강조하였다. 즉, 인간에 대한 일반화는 개인의 중요한 특징인 독창성을 없애는 일이므로 일반화될 만한 이론을 발전시키기보다는 개인별로 이해하고 관심을 갖는 것이 중요하다고 하였다.

둘째, 인본주의에서는 인간의 존엄과 가치를 높이 고려하며, 모든 사람에게 있는 타고난 잠재력을 발달시키는 데 중점을 둔다. 그러기 위해서는 인간에 대한 기계론적 사고에 반하는 인간의 가치, 선택력, 창의성, 자기실현을 강조한다. 그러므로 인본주의 심리학은 항상 인간의 내재된 잠재성에 관심을 가지며 모든 인간 행동을 하나의 인간적 맥락에서 본다. 또한 Rogers는 인간 유기체가 분화, 협동과 성숙의 방향으로 나아가려는 선천적 경향성을 가지고 있다고 보았다. 개인은 잠재된 능력을 실현시키려고 하는 내재된 동기와 힘을 가지고 있으며 이러한 동기는 삶의 중요한 에너지이며 자원이라고 하였다.

셋째, 인본주의에서는 인간의 의식(awareness)에 초점을 둔다. 인간의 의식이란 감각적이며, 개인적이고 상황에 따라 연속적으로 변화한다. 이러한 의식의 경험은 발생하는 사건에 대한 신체적, 정서적 혹은 정신적인 반응과 이해의 총체로 정의된다. 경험의 내용은 복잡하고 다양하며 계속적으로 변화하기 때문에 불안정성과 불확실성을 동반하는데, 한편 개인에게는 일관성과 확실성에 대한 본유적 동기가 존재하므로 이 두 가지 경향성이 타협하여 변화의 과정에서 질서와 안정을 추구하게 된다.

인간의 주된 관심사는 경험이라고 할 수 있다. 물론 인간 경험의 모든 측면들이 모두 동일한 정도로 인식되기보다는 의식의 정도에 따라 달리 인식된다고 할 수 있다. 경험의 정도가 서로 다를 수 있으며 이에 따라 개개인이 지니는 경험 자체에 대한 태도와 시각은 매우 주관적이고 독특하다고 할 수 있다. 이러한 주관적인 태도와 시각은 자신과 세계를 해석하고 이해하는 방식에 큰 영향을 준다.

넷째, 인간은 의도(intention)가 바탕이 된 선택을 행사한다. 위에서 언급된 것과 같이 선택이란 경험에 따른 것이다. 인간은 의식하기 때문에 선택을 할 수 있고 선택된 경험에 참여하게 된다. 이러한 능력은 인간의 초월적인 잠재력을 실현시킬 수 있으며 자기-시도나 변화에 대한 의지를 추동할 수 있다. 또한 선택은 내재된 의도를 암시해 준다. 인간은 목적의 가치를 인식하고 의미를 깨달음으로써 의도(intentionality)를 지향한다. 인간 행동의 의도는 내재된 본연의 정체성 형성에 공헌하는데 여기서 정체성이란 다른 개체로부터 자신을 구별하는 것을 의미한다. 즉, 선택을 통해 본인의 의도를 추구하고 고유의 정체성을 확립한다고 할 수 있다.

다섯째, 인본주의에서는 인간은 변화한다고 본다. Ruud(1978)는 인간은 변화를 지향하려고 하는 성향과 안정된 상태를 유지하려고 하는 성향 모두를 가지고 있다고 하였다. 이는 동질정체의 원리와 변화를 추구하는 이질정체의 원리로 설명할 수 있는데, 인간은 보수와 변화 그 양자를 모두 지향하며, 휴식을 갈망하지만 동시에 변화와 불균형도 갈망하는 것이다. 실존주의에서는 개인이 표상하는 모든 것은 고정되고 정적인 것이 아니라 지속적으로 변화하는 과정임을 강조한다. 이러한 대립되는 성향은 존재와 성장으로 대비되어 나타나는데, 여기서 성장은 '가능성으로서 존재하던 것'이 실제 존재하도록 촉진해 주는 역할을 한다. 따라서 개인은 끊임없이 변화하는 과정에 있으며, 존재 상태는 매 순간마다 달라진다고 할 수 있다.

또한 인본주의에서는 모든 인간이 자기규제적 속성을 가지고 있다고 보는데, 이에는 행동을 시작하고, 방향을 결정하고 조절하는 능력도 포함된다. 인간은 외부의 힘으로 통제되기보다는 스스로 자신을 통제할 능력을 가지고 있는 행위자이며, 행동을 선택하고, 스스로 목표를 설정하고, 각자의 인생에 책임을 질 수 있는 능동적인 존재다. 그러므로 자유의지를 가지고 인생을 스스로 책임지고 창조해 나갈 수 있는 능력이 있다.

마지막으로 인본주의적 심리학에서는 인간이 세상을 보고, 경험하고 있는 '지금-여기(here and now)' 에서의 사상들이나 현상을 이해하는 데 초점을 둔다. Rogers는 인간을 이해하는 데 문제의 과거 역사보다 '지금-여기' 를 강조하였다. 이는 개인이 주관적으로 가지고 있는 개인적 관점이나 사고 그리고 경험하는 세계관을 가장 중요하게 생각하기 때문이다. 문제를 해결함에서 내재된 본능, 욕구, 외적 자극에 대한 반응, 과거의 경험 대신 현재의 의식적인 선택, 내면의 욕구에 대한 결정 그리고 현재 상황에서 가장 적합한 행동 양상들에 초점을 둔다.

또한, 인간은 하나의 전체적 존재라는 시각에서 행동을 행위자 입장에서는 물론 관찰자 입장에서도 보도록 한다. 개인의 고유한 견해와 태도에 따라 개인을 둘러싼 환경을 받아들이는 시각이 결정되므로 타인이 보는 외부 요인에 따라 영향을 받기보다는 '나' 라는 사람이 그 요인들을 받아들이고 해석하는 시각에 따라 영향을 받는다고 강조한다. 그러므로 객관적 시각보다는 이러한 주관적 시각의 영향과 이에 대한 반응을 규명함으로써 경험된 다양한 시각과 자신과의 통합을 추구한다(Ruud, 1978).

2) 인본주의적 음악치료 개념

(1) 욕구 충족과 음악

Maslow는 자기실현적 인간에 대한 연구를 통해 충동, 동기, 욕구 그 자체는 결코 나쁜 것이 아니며, 충분히 의미가 있다고 보았다. 또한 이러한 생득적이며 본능적 욕구들은 병렬적으로 있는 것이 아니라 계층적으로 존재하고 있다고 보아 소위 욕구의 계층이론(hierarchy of needs)을 제시하였다. Maslow가 중요하게 지적한 점은, 인간은 항상 어떤 욕구를 가지고 있으며, 욕구와 목표가 필요 없을 정도로 완전한 만족상태에 이르기란 거의 불가능하다고 하는 것이었다. 또한, 저차원의 욕구가 충족되면 보다 상위의 욕구가 부상하는 등 전생을 욕구 충족의 과정으로 보았다. 후속하는 욕구를 충족시키려면 전 단계의 욕구부터 충족되어야 하며, 인간의 성장과정과 단계 특정적 욕구의 발현 형식은 병행하고 있다고 보았다. Maslow의 기본적 욕구 충족은 기본적인 정신건강을 유지하는 데 중요하며, 그렇지 못할 경우 신경증과 같은 정신건강의 문제를 가져온다고 하였다. 이러한 욕구계층이론에서 음악은 하위 욕구보다는 상위 욕구 충족과 연관이 있으며 극히 정신적이고 심리적인 욕구를 충족시켜 준다. 음악을 매개로 한 다양한 치료적 활동은 이러한 상위 욕구를 다루어 주는 과정을 제공하는데, 수동적 혹은 능동적 수준의 음악적 경험은 내재된 '욕구'의 투사, 규명, 통찰 등의 기회를 제공한다.

(2) 음악과 절정 경험

Maslow(1970)는 모든 사람들이 일생 동안 행복하고 충만한 순간에 절정 경험(peak experience)을 체험할 수 있다고 하였다. 심미적 경험, 창조적 순간, 치료적 또는 지적 통찰력, 영적인 경험, 자연에 대한 경험, 경기에서의 성취감, 사랑하는 사람과의 만남 등을 맛보는 순간이 있다. 이처럼 최상의 행복감과 완성감을 느끼는 순간에서 기본적으로 나타나는 인지적 현상들을 Maslow는 절정 경험이라고 불렀다. 절정 경험은 개인의 인생에서 깊은 몰입과 황홀함을 수반하는 고양된 만족과 환희의 체험을 의미한다. Maslow는 이러한 절정 경험을 일상생활에서 얼마나 많이 경험하는가를 자기실현 정도의 척도로 삼았으며 계속적으로 이러한 절정 경험을 추구하도록 권유하였다. 이 절정 경험에서 인간은 전치된 의식 상태를 경험하게 하는데, 이것은 일시적일지라도 현실적인 생각에서 벗어나 자기 존재의 가치를 인정하게 되는 순간이다. 이러한 경험은 자기실현을 가능케 하며 '나' 자신을 받아들이고 사랑하고, 내면의 갈등이나 불안으로부터 자유로울 수 있고, 체내에 있는 유기적 에너지(organic energy)를 보다 생산적으로 이용할 수 있게 해 준다. 절정 경험을 통해 인간은 통합을 경험하게 되며 보다 건강하게 사고하고 행동하고 느낄 수 있는 능력을 배양하게 된다.

Rogers는 절정 경험을 체험하는 사람은 그 경지에서 능력을 최대로 발휘한다고 하였으며 이를 '완전히 기능하는(fully functioning)' 상태라고 표현하였다. 이 경지에서는 기능에 필요한 지각력과 능동성, 창의성이 발휘되며, 이에 대한 보상을 충분히 만끽하고 자신에 대한 가치가 증가된다. 또한 이 경지에서 생산적인 에너지를 재충전받으며, 자기 스스로가 결정하는 존재임을 재확인하고 자신에 대한 확신을 얻게 된다. 그러므로 훨씬 더 자발적이 되고, 표현이 풍부해지며, 본인이 느끼고 생각하는 것을 그대로 보여 주고 행동할 수 있다.

즉흥연주에서는 이러한 절정 경험을 체험할 수 있다. 창의성을 발휘하여 자신의 소리를 만들고, 소리들이 모여 음악의 형태를 이루며, 음악의 시간적 진행을 통해 완성도를 경험하고, 이 과정에서 본인의 통제력과 결정력 그리고 완전히 기능함을 체험한다. 즉흥연주의 현상학적 연구는 다양한 인간 심리, 정신 그리고 정서의 변화를 보여 주고 있으며, 몰입(flow) 상태와 의식의 전치 또한 연구 주제로 다룬다. 이처럼 절정 경험은 음악에서 다루어질 수 있는 부분이며 이를 통해 자신과의 만남(engagement)과 통합을 경험할 수 있다. Ruud(1978)는 음악이라는 공간에서는 모든 일이 일어날 수 있다고 하였다. 이러한 현상은 행동주의 음악치료 접근에서는 가능하지 않은 인본주의적 철학에서만 가능한 일이라고 할 수 있다. 또한 음악은 다양한 활동을 유도하는 강력한 강화제로도 작용할 수 있다.

(3) 자기실현과 음악적 창의성

Maslow는 자아실현은 인본주의 심리학의 중요한 핵심 개념으로 두 가지 내용을 포함시켜야 한다고 주장하였다. 첫째, 자아실현은 잠재적 능력 및 가능성을 실현하는 것을 의미하는 것으로 개인의 본질이 가지고 있는 가능성을 완전히 발휘하는 것이다. 둘째, 자아실현은 신경증 혹은 정신병과 같은 다양한 질병이나 인간 능력의 상실 혹은 감퇴로 인해 오는 심리적 문제에서 회복하는 것이다. Rogers 역시 충분히 기능하는 인간은 자아실현을 꾀한다고 주장하였다. 태어나서 유아는 계속 환경과 상호작용하면서 경험적 잠재력을 확대시켜 나가는데, 이 과정에서 유의미한 대상과 상호작용이 일어나며, 이러한 유기체적 경험의 일부가 '자기' 또는 '자기개념'으로 분화된다. 즉, 인간은 성장하면서 갖는 상호작용을 통해 '자기'에 대한 인식을 얻는데, 이것이 곧 자기 경험의 일부가 된다. 이 과정에서 인간은 긍정적인 경험을 위해서 대상으로부터 관심과 반응을 얻으려고 노력한다.

Maslow는 인간은 성장 지향적이므로 자아실현을 추구한다고 하였다. 자기실현은 자신의 잠재적 가능성을 충분히 개발하는 과정을 지칭하는 개념이다. 따라서 자기실현이란 정적인 상태가 아니라 개인의 능력을 창조적으로 신장시키고 이용하면서 인생을 보람 있게 가꾸어 가는 지속적 과정의 의미를 가지고 있는 동적인 개념이라고 볼 수 있다. Maslow는 자기실현 욕구란 "인간이 갖는 가장 최상위 욕망으로, 자기 개발과 목표 성취를 위해 끝없이 노력하는 자세"라고 정의했다. Maslow는 자기실현 욕구는 다른 욕구와는 달리 일정한 한계점이 없다는 점을 강조했다. 따라서 자기실현 욕구는 욕구가 충족되면 될수록 더 강해진다.

Maslow는 자기실현을 도모할 수 있는 다양한 개념들을 내놓았는데, 그중의 하나가 창조성이다. Maslow는 인간의 가장 보편적인 성향 중 하나가 창조성이라는 사실을 최초로 제기한 심리학자다. 그는 이러한 창조성은 잠재되어 있으며, 환경에 따라 발휘된다고 하였다. 창조적 작업을 통해 인간의 잠재력과 능력이 탐색되고 표현될 수 있는데, 바로 음악은 예술적 매개체로 창의성을 기본으로 하는 활동이다. 음악 만들기, 즉 'musicing'은 인간의 창의성을 촉진하고 실현케 하는 경험을 제공해 주며 이 과정에서 독창적인 음악이 만들어질 수 있다. 즉흥연주된 음악은 판단되지도 평가되지도 않는 클라이언트 고유의 음악이며 창작물이다. 음악치료에서 음악은 한 개인의 표현 그 자체라 할 수 있다. 환경 내에서 음악을 받아들이는 방법, 표현하는 방법, 개인의 무의식에 내재된 욕구에 따라 한 개인은 음악과의 관계를 형성한다.

창조적 음악치료에서는 선천적 음악성을 강조하면서 '음악아'를 강조하였다(Nordoff & Robbins, 1983). Nordoff와 Robbins는 기본적으로 모든 아동들은 음악적 표현과 반응을 어떤 형식으로든 즐길 수 있으며, 보이는 음악적 반응의 깊이와 강도가 다양하므로 결국 음악은 개인적일 수밖에 없다고 하였다. 또한 이러한 표현력과 창의성을 제한하는 틀에서 벗어나게 하기 위해 내재된 음악적 자아를 자극하고 '제한'을 극복하게 함으로써 성장을 촉진시켜 준다. 그러므로 음악적 경험 내에서 자발적인 표현, 자기실현 그리고 궁극적으로는 자기통합을 체험하게 된다. 그러므로 이러한 즉흥연주 모델은 '인본주의'나 역동성을 기반으로 일하는 음악치료사들에게 보다 전문적인 음악적 기술을 갖추도록 요구한다. 이는 음악적 기술이 절정 경험과 자아실현을 도모하는 데 주 역할을 하기 때문에 그 어느 접근보다도 음악적 기술이 요구된다고 할 수 있다(정현주, 김동민, 2005).

인본주의 심리학자들은 인간 행동의 복잡성을 탐색하는 데 필요한 새로운 시각과 방법을 발전시켰으며, 또한 그 방법이 인간 행동을 이해하는 데 더욱 적합하다고 주장하였다. 하지만 이러한 인본주의적 접근은 실험적이고 통제된 연구들이 결여되어 있으며 사례 중심의 연구만 가능하다는 비판도 있다. 정신분석학파나 행동주의학파에서는 인간을 있는 그대로 표현하려 하지만, 인본주의 심리학자들은 인간이 무엇으로 성장할 수 있느냐 하는 견지에서 현실에서의 기능뿐 아니라 그 가능성을 보고자 하였다. 또한 앞서 언급한 두 학파에서는 인간을 단지 하나의 반응체로 보고 있지만, 인본주의 심리학자들은 인간을 능동적이며 선택에 대한 판단력과 책임질 수 있는 능력을 가진 유기체라고 보았다. 결론적으로, 인본주의 음악치료에서는 치료사의 음악성에 바탕을 둔 치료과정에서 클라이언트의 내재된 동기 유발, 자아실현 그리고 절정 경험에 필요한 치료적 역동을 제공해야 한다.

참고문헌

정현주(2005). 음악치료학의 이해와 적용. 서울: 이화여자대학교 출판부.

정현주, 김동민(2005). 아동들을 위한 음악치료 놀이극. 서울: 학지사.

Altschuler, I. M. (1954). "The Past, Present and Future of Music Therapy", *Music Therapy*. E. Podolsky (ed.), New York: Philosophical Library, pp. 24-36.

Alvin, J. (1975). *Music therapy*. London: Hutchinson.

Boxberger, R. (1962). Historical bases for the use of music in therapy. In E. Schneider (Ed.), *Music therapy 1961*(pp. 125-166). Lawrence, KS: National Association for Music therapy.

Boxberger, R. (1963). "History of the National Association for Music Therapy, Inc.", *Music therapy*, 1962, Erwin H. Schneider (ed.), Lawrence, Kansas: The Allen Press, pp. 133-201.

Braswell, C. (1961). Psychiatric music therapy: a review of the profession. *Music Therapy, 11*, 153-64.

Bruscia, K. (1987). *Improvisational models of music therapy*. Springfield, IL: Charles C. Thomas Publishers.

Bruscia, K. (1995). *"Clinical assessment"*. Unpublished Manuscript. PA: Temple University.

Colbert, J. (1963). On the musical effect. *Psychiatric Quarterly, 37*, 429-436.

Corey, G. (1986). *Theory and practice of counseling and psychotherapy*. Pacific Grove, CA: Brooks/Cole.

Dowling, W. J., & Harwood, D. L. (1986). *Music Cognition*. Academic Press: Orlando.

Frank, J. (1961). *Persuasion and healing*. Baltimore, MD: Johns Hopkins University Press.

Greer, R. D. (1981). An operant approach to motivation and affect: Ten years of research in music learning. *In Documentary Report of the National Symposium on the Applications of Psychology to the Teaching and Learning of Music*. Washington, DC: MENC Press.

Hodges, D. A. (1980). Neurophysiology and human hearing. In D. Hodges (Ed.), *Handbook of music psychology*. Lawrence, KS: NAMT.

Hadley, S. (2003). *Psychodynamic music therapy: Case studies*. Gilsum, NH: Barcelona.

Harvey, A. W. (1987). Utilizingmusic as a tool for healing. In R. Pratt (Ed.), *The Fourth International Symposium on Music: Rehabilitation and human well-being* (pp. 73-87). Basel, Germany: Editiones Roches.

Hodges, D. A. (1980b). *Handbook of music psychology.* Lawrence, KS: National Association for Music Therapy.

James, M. R. (1984). Sensory integration: A theory for therapy and research. *Journal of Music Therapy, 21,* 79-88.

Kwak, E. M. (2000). "Effect of Rhythmic Auditory Stimulation on Gait Performance in Children with Spastic Cerebral Palsy". Master's Thesis. University of Kansas, Lawrence.

Isenberg-Grzeda, C., Goldberg, F., & Dvorkin, J. (2004). Psychodynamic Approach to Music Therapy In "*Introduction to Approaches in Music Therapy* (pp. 79-101, Ed. D. Alicia)." American Music Therapy Association, Inc.

Kohut, H. (1951). The psychological significance of musical activity. *Music Therapy.*

Kohut, H. (1957). "Observations on the Psychological Functions of Music", in P. Ornstein (ed.). *The Search for the Self* (vol. 1, pp. 233-53). New York. International Universities Press, 1978.

Kohut, H., & Levarie, S. (1990). On the Enjoyment of Listening to Music In "*Psythoanalytic Explorations in Music* (pp. 1-20, Ed. S. Feder, R. Karmel, G. Pollock)." International Universities Press, Inc.

Laing, E. (1961). *The self and others.* Oxford University Press.

Madsen, C. K., & Forsyth, J. L. (1973). Effect of contingent music listening on increases in mathematical response. *Journal of Research in Music Education, 21,* 176-181.

Mandler, G. (1984). *Mind and body.* New York: Norton.

Maranto, C. D. (1992). A comprehensive definition of music therapy with an integrative models for music medicine, in R. Spintage and R. Droh (Eds.). *Music Medicine.* St Louis: MMB.

Maslow, A. H. (1970). *The Psychology of Science.* Chicago: Henry Regnery Company.

McDonald, M. D. (1990). Transitional Tunes and Musical Development. In S. Feder, R. Kamel, & G. Pollock (Eds.), *Psychoanalytic explorations in music* (pp. 75-95). MMB Music Inc.

Melzack, R., & Wall, P. (1983). *The challenge of pain.* New York: Basic Books.

Nass, L. (1971). *Some considerations of a psychoanalytic interpretation of music.*

Psychoanalytic quarterly, 40, 303-316.

Nordoff, P., & Robbins, C. (1983). *Music Therapy in Special Education.* MMB Music.

Noy, P. (1966). The psychodynamic meaning of music: Part I. *Journal of Music Therapy, 3*(4), 126-134.

Noy, P. (1967a). The psychodynamic meaning of music: Part II. *Journal of Music Therapy, 4*(1), 7-23.

Noy, P. (1967b). The psychodynamic meaning of music: Part III. *Journal of Music Therapy, 4*(2), 45-51.

Noy, P. (1967c). The psychodynamic meaning of music: Part IV. A critical review of the psychodynamic and related literature. *Journal of Music Therapy, 4*(3), 81-94.

Pavlicevic, M. (1997). *Music therapy in context.* London: Jessica Kingsley.

Pavlicevic, M. (1999). *Music therapy: Intimate notes.* London: Jessica Kingsley.

Peters, J. S. (1987). *Music therapy: An introduction.* Charles C. Thomas Publisher.

Priestley, M. (1975). *Music therapy in action.* London: Constable.

Reik, T. (1953). *The Haunting Melody.* New York: Farrar, Straus, Young

Reznek, L. (1991). *The philosophical defense of psychiatry.* London: Routledge.

Rudd, E. (1975). *Psychoanalytical Theories,* in "Music Therapy and Its Relationship to Current Treatment Theories (pp. 13-28, Ed. E. Rudd)." MMB Music, Inc.

Rudd, E. (1995). *The Humanistic/Existential Trend in Psychology.* In "Music Therapy and its Relationship to current treatment theories, pp. 43-59 (Ed.)." MMB Music, Inc.

Scovel, M. (1990). Music Therapy within the context of psychotherapeutic models. In R. Unkefer (Ed.). *Music therapy in the treatment of adults with mental disorders* (pp. 96-108). New York: Schirmer Books.

Spingte, R. (1989). The anxiolytic effects of music. *In Rehabilitation, music and human well-being* (pp. 82-100). M. Lee. (Ed.). MMB Music, Inc.

Steel, A. L. (1967). "Effects of Social Reinforcement on the Musical Preference of Mentally Retarded Children." *Journal of Music Therapy, 6,* 57-62.

Terzian, S. (1961). A psychoanalytic approach to the masculine and feminine approaches in music. *American Journal of Psychiatry, 103,* 477-483.

Thaut, M. H. (1999). Music therapy in neurological rehabilitation. In W. B. Davis, K. E. Gfeller, & M. H. Thaut (Eds.), *An introduction to music therapy: Theory and practice* (2nd ed., pp. 221-247). McGraw-Hill College.

Thaut, M. H., Rathbun, J., & Miller, R. A. (1997a). Music versus metronome timekeeper in a rhythmic motor task. *Introduction Journal of Arts Medicine, 5*, 4-12.

Tyson, F. (1965). *Therapeutic elements in out-patient music therapy.* The Psychiatric Quarterly, April, 315-357.

Tyson, F. (1981). *Psychiatric music therapy: Origins and development.* New York: Fred Weidner & Sons Printers, Inc.

Wang, R. P. (1968). Psychoanalytic Theories and Music Therapy Practies. *Journal of Music Therapy, 5*, 114-117.

Wheeler, B. (1981). The relationship between music therapy and theories of psychotherapy. *Music Therapy, 1*(1), 9-16.

Wigram, T., & De Baker, J. (1999). *Clinical applications of music therapy in psychiatry.* London: Jessica Kingsley.

Wigram, T., Pedersen, I. N., & Bonde, L. O. (2002). *A comprehensive guide to music therapy.* London: Jessica Kingsley.

Wolpe, J. (1969). *The Practice of Behavior Therapy.* New York: Pergamon Press.

제2부
음악교육방법론에 근거한 음악치료 기법

제2장
오르프 음악치료

김신희, 이수연

　오르프 음악치료(Orff Music Therapy)는 20세기 근대 음악교육을 대표하는 방법들 중의 하나인 Orff-Schwerk의 기본 원리와 특징적 요소를 특수교육과 음악치료 현장에 적용시킨 음악치료 기법이다(Hollander & Juhrs, 1974). 오르프 음악치료는 1960년대 독일에 설립된 소아과 Kinderzentrum München을 중심으로 Gertrud Orff에 의해 시작되었다. Gertrud Orff는 의사, 심리학자, 특수교육자 그리고 많은 환자들과의 여러 해 동안의 협동작업을 통하여 오르프 음악치료의 기초이론과 실제를 확립하였으며, 1963~1973년 사이에 독일과 스위스 그리고 미국의 장애아동을 위한 연구소 및 특수교육기관에서 오르프 음악치료의 실제적인 임상 실현을 하였다.

　오르프 음악치료는 오르프의 기본 개념과 음악교수 방법을 치료적 환경에 적용하여 클라이언트가 음악적인 환경 내에서 자신을 표현하고, 자신을 한 개인으로서 경험하며, 다른 사람들과 함께 음악 만들기를 경험하는 것을 목표로 하였다. 또한 그것을 통해 사회적 상호작용에서의 표출을 가능하도록 하는 데 중점을 두었다. 즉, 음악적 자극을 통해 자신의 감각을 지각하고 인지하며 자신을 느끼고, 자신을 둘러싼 주위환경과 사물, 공간을 인식하고, 타인과의 음악적 경험을 통해 사회적 상호교류를 경험하고 사회적 기술들을 학습해 가는 과정이라고 할 수 있다. 더 나아가, 오르프 음악치료는 각 대상의 발달 단계와 특징에 따라 체계화된 단계별 치료목표를 설정하여 특정 과제를 가르치는 과정을 제시한다. 단계별 치료목표를 살펴보면 첫째, 의사소통 능력을 증진시키고, 둘째, 집단 경험을 촉진시키며, 셋째, 구술 표현 기능을 향상시킨다. 마지막으로 모델링이나 모방, 행동 수정, 강화, 보상 등 행동주의 기법을 활용하여 통합 교육의 효과를 증진시키는 것을 목표로 한다(Ponath & Bitcon, 1972).

오르프 음악치료는 오르프 음악교육의 기본개념과 요소들을 바탕으로 발전하였기 때문에 어린이를 위한 음악 교수 · 학습방법을 통해 음악의 추상적인 개념이 아닌 구체적 표현 요소인 말하기, 동작 그리고 춤이 하나로 결합된 통합적 개념 형성을 돕고자 한다. 이것은 마치 원시 시대의 음악 형식과 유사한 것으로 이때의 음악은 따로 분리된 예술형태가 아니라 말하기와 극예술의 요소들이 소리와 동작 그리고 리듬이 하나로 통합되어 사회적 상징이나 의미를 전달하던 것과도 유사하다. 이러한 형태의 음악은 모든 사람들의 참여를 유도하고 결집시키는 음악으로, 여러 가지 표현 양식들이 음악의 기초적 요소—음악적 요소(elemental music), 악기 요소(elemental instrumentarium), 말 요소(elemental word) 그리고 동작 요소(elemental movement)—로 작용하여 하나의 영역 안에 결합되어 있는 형태이며, '기초 음악(elemental music)'이라고 한다. 오르프 교수법에서의 음악은 이러한 개념에서 '기초 음악'이라고 설명되며 여러 표현 양식들이 음악 안에서 학습 매체로 사용된다. 어린 아동들의 자연스런 음악활동을 살펴보면 원시 시대의 음악과 유사하게 리듬과 동작을 중심으로 음악과 동작, 말하기가 자연스럽게 함께 이루어지고 있다. 따라서 오르프는 어린이를 위한 이상적인 교수 · 학습방법을 치료적인 요소로 발전시켜 사용하는 밑거름이 된 것이다(Warner, 1991).

오르프 음악치료는 오르프 음악교육의 '기초 음악' 개념을 토대로 하여 리듬과 노래, 말과 동작 그리고 놀이 등을 통하여 치료 대상자가 스스로 자신의 문제를 해결하도록 도와주는 접근이다. 따라서 오르프 음악치료에서는 지적인 이해보다는 감각을 우선으로 하는 신체의 동작을 수반하는 음악을 주로 사용한다. 즉, 리듬을 통한 체험을 중요시하므로, 지속적인 반복과 리듬악기를 기본으로 하는 오르프 악기를 사용하여 직접적이고 종합적인 음악 경험의 기회를 제공하는 것이 중요한 치료방법으로 사용된다(조효임, 1994).

1. 오르프 기법의 치료적 특징

오르프는 음악적 재능을 가진 아동들만을 위한 것이 아니라 모든 아동을 위한 교육으로, 음악적 능력의 차이와 무관하게 아동 모두가 각자의 능력에 따라 참여할 수 있는 공간과 역할이 있다. 오르프 수업은 소규모의 그룹 형태로 진행되며 음악적 능력과 관계없이 모든 아동들이 참여하고, 서로 상호 협력하여 다양하고 재미있는 음악적 경험을 하도록 유도한다. 이러한 특징들이 오르프 음악치료에 적용되어 기능적 수준과 능력에 관계없이 모든 치료 대상 각자의 능력에 맞게 음악활동에 참여하고 즐거운 음악 경험을 할 수 있는 기회를 제공한다.

또한, 오르프는 탐색과 경험을 강조한다. 음악의 기본적인 요소들을 탐색을 통하여 익히고 체험하며 점차 복잡하고 어려운 요소까지 경험을 확대한다. 마치 인간이 발달하는 과정처럼 아동의 음악적 능력은 원시적 상태부터 지속적이고 점진적으로 발전하기 때문에, 오르프에서 음악교육은 아주 쉽고 자연적인 활동에서 점차 음악적으로 발전된 학습으로 전개된다. 오르프 교수법은 아동들이 좋아하는 활동들에서 노래, 낭송, 박수, 춤, 사물 두드리기 등을 활동의 기초로 삼고 있다. 이러한 활동들은 먼저 음악을 듣는 것(music listening)에서 시작되어 음악을 만드는 과정(music making)으로 유도되고, 그 다음에 음악을 읽고 작곡(music reading & composing)하는 학습으로 연계된다. 오르프 음악치료는 이러한 오르프 교수법의 특징을 토대로 아동들이 좋아하는 활동을 기초로 다양한 표현 양식을 활용하여 아동의 직접적인 체험을 부분에서 전체로, 단순한 것에서 복잡한 것으로 전개하는 원리에 따른다. 아동들은 이러한 음악체험 과정을 통해 자기 자신을 변화, 발전시키게 된다.

오르프 음악 학습의 기초는 리듬이라 할 수 있다. 리듬은 가장 원초적이고 자연적인 특성을 가지고 있으며, 음악, 동작, 언어에 모두 내재되어 있는 음악의 기본 요소다. 따라서 오르프에서는 음악교육이나 훈련 경험이 없는 아동들에게 신체 소리와 몸짓(physical sound)을 통한 리듬 교육을 선행하고, 사람의 음성(voice)을 가장 근본적이고 자연스러운 악기로 이용하고 있다. 오르프 음악치료에서도 리듬은 인간의 뛰는 심장과 같이 간주된다.

오르프 수업에서 사용되는 오르프 악기는 음악 수업에 중요한 도구로 사용되며 아동들이 쉽게 음악을 만들 수 있도록 제작된 것이다. 오르프 타악기들은 두드리거나 치기를 좋아하는 인간의 본능적 특성과 부합되며, 아동들의 신체적 발달 특징과 연주 기능을 최소화하여 아동들이 쉽게 연주하여 음악을 만들 수 있도록 고안되었다. 또한 오르프 교수법의 창시자인 Carl Orff가 악기 제작자의 도움을 얻어 개량한 오르프 선율 악기들은 아름다운 음색을 즉각적으로 제공하여 아동들의 음감 발달과 감수성 계발에 효과적으로 사용된다. 이러한 악기들은 소규모 합주 형태로 연주되기 때문에, 아동을 민감하고 주의 깊게 청취하는 감상자가 되게 하며 지속적으로 음악 만들기에 참여하도록 동기를 부여한다.

오르프 악기의 사용은 매우 효과적인 치료 도구로, 특히 Gertrud Orff가 강조하는 다감각적 경험을 제공하는 유용한 매개체로서 오르프 음악치료에서 가장 적극적으로 활용되는 방법이다(정현주, 2005). 악기의 서로 다른 재질과 재료를 통해 악기의 온도, 표면의 느낌, 강도, 무게, 탄력, 진동 등을 촉각적 자극제로 활용할 수 있고, 악기들의 모양과 크기, 색깔 등을 시각적 자극제로 사용할 수 있다. 또한 악기의 서로 다른 음색과 톤, 소리 등을 통해 청각적 자극을 제공할 수도 있다. 이러한 다감각적 경험은 신체 특정 감각기관의 결함이나 손상이 있는 사람에게 특히 효과적인데, 즉 악기는 손상된 감각기관을 대신하여 다른 감각을 통해 자극을 전달하고 반응을 유도하는 데 치료적으로 사용될 수 있다.

마지막으로, 오르프는 즉흥연주와 창작을 통해 아동이 즐거운 음악적 경험을 하고 일생 동안 음악을 사랑하고 즐겨 할 수 있는 기회를 부여한다. 모든 학습은 학습자에게 만족감을 심어 줄 때 비로소 유의미하고 긍정적인 결과를 산출한다. 만족감은 자신이 습득한 지식을 사용하여 새로운 무엇을 창조할 때 더욱 크게 느끼게 된다. 오르프는 생동감 있고 창의적인 즉흥연주 및 창작활동을 통하여 아동들의 창의성과 창조적 표현 능력을 발달시키게 한다. 이러한 창의적인 즉흥연주와 창작활동은 오르프 음악치료에 적용되어 클라이언트가 자신을 느끼고, 표현하고 타인과 함께 할 수 있는 기회를 제공한다. 이러한 음악 만들기를 통하여 만족감과 성취감을 얻을 수 있고 자아실현의 기회를 제공받는다.

2. 오르프 음악치료의 매체

Gertrud Orff가 제시한 오르프 음악치료는 다감각적 접근이다. 즉, 언어 리듬, 운율, 동작, 말과 노래의 선율, 악기 연주 등의 여러 가지 음악적 자료는 여러 감각, 청각, 시각, 촉각 등을 자극하고 반응을 유도한다. 이러한 다감각적 접근을 통해 어떤 특정 감각 기능에 결함이나 손상을 가진 사람도 또 다른 감각기관을 통해 자극을 전달받고, 자신을 표현하고 상호 교류적 활동에 참여할 수 있게 된다. Gertrud Orff가 강조하고 있는 다감각적 접근은 '기초 음악(elemental music)' 개념을 기본 전제로 삼고 있는 오르프의 다양한 학습 매체를 치료적 도구로 활용하고 있으며 이를 '오르프 메디아(Orff Media)' 라고 한다.

1) 말하기

오르프에서는 음악적 경험의 하나로 동요, 동시와 말하기를 사용한다. Carl Orff는 말의 패턴(문장구성, 음절, 문구 등)에서 리듬활동으로, 리듬활동에서 노래 부르기로 발전하는 것은 아동들이 자연스럽게 음악을 익히는 과정이라고 주장하였다. 따라서 오르프는 아동들의 생활과 주위 환경에서 쉽게 발견되고 접할 수 있는 모든 것들의 이름과 특징 등을 음악의 도구로 사용한다.

말하기(speech)는 언어지체나 언어장애가 있는 아동들과 성인에 이르기까지 유용하게 활용될 수 있는 치료 도구다. 어린이들이 글을 쓰기 전에 말을 먼저 배우게 되므로 아직 글을 모르는 어린 유아들이나 성인에게 말하기 매체는 유용하게 사용될 수 있다. 말하기 매체는 일상적으로 사용되는 모국어에 내재되어 있는 말의 리듬이나 유행어, 짧은 시나 속담 등에 리듬을 붙여 사용하기도 한다. 또한, 의성어나 무의미 음절을 사용한 말하기 매체는 언어 전 단계의 아동이나 조음 및 발음기관에 결함이 있는 치료 대상의 언어 훈련에 효과적으로 사용될 수 있다. 음성과 리듬을 사용하면서 단어의 발음을 음조의 변화, 속도, 시간, 강약, 악센트, 리듬 등에 따라 다양하게 사용하여 언어의 의미보다 음악적인 요소의 사용을 강조한다. 다시 말하자면, 말하기 매체를 통한 목소리의 사용은 의사소통 기술을 향상시키는 데 도움을 줄 수 있으며, 그 외의 다양한 목소리의 음성 치료에 효과적으로 이용될 수 있다. 또한 신체 움직임이 적은 신체마비 장애아들을 자극하여 말하고 싶은 충동을 일으키거나, 이러한 충동을 동작으로 표현하고자 하는 욕구를 일으키는 데 도움을 준다.

〈의성어를 이용한 예〉

〈무의미 음절을 이용한 예〉

무 마 무 마 미   무 마 미 마 무 마 메   무 마 미 무 마 메   무 마 미 메

또한 언어리듬을 사용하여 리듬 이외에도 빠르기, 형식 그리고 악센트와 다이내믹 같은 음악의 표현적 요소를 배울 수 있다. 리듬에서 말로, 말에서 리듬으로 자주 전이되며, 리듬을 말로 구두화하는 것은 리듬을 유지시키고 기억하는 데 도움을 준다. 그리고 언어 리듬은 손뼉치기, 발구르기와 같은 신체 타악기로 혹은 선율 또는 무선율 타악기로 전환되기도 한다.

말하기가 오르프 교수법에서 중요한 매체로 사용되는 이유는 노래하기와 말하기가 밀접한 연관성이 있기 때문이다. 그러므로 아동들이 노래를 배우기 전에 '말하는 목소리'와 '노래하는 목소리'를 구별할 수 있도록 적절한 지도가 필요하며, 아동들의 음성 발달 초기 단계에서 '말과 노래 사이의 음성의 특색과 음역의 비교'에 대한 교육이 필요하다.

2) 노래 부르기

말하기와 언어리듬을 익힌 후 바로 연계되는 것이 가창학습이다. 짧고 간단한 찬트 등과 함께 손뼉치기를 한 후, 말에서 나오는 자연스러운 음정을 문답식의 대화로 연결할 수 있다. 오르프 교수법 중 노래 부르기에서 강조하는 것은 자신의 목소리가 가장 훌륭한 악기임을 인식하도록 하는 것이다. 노래 부르기를 통해 정확한 음정으로 장조와 단조를 부르는 것을 목적으로 하는 것이 아니라 쉬운 단계에서 시작하여 노래에 대한 자신감을 부여하는 것이 바람직하다. 즉, 노래 부르기의 시작은 가장 쉬운 단계인 '솔/미' 두 음만으로 시작하거나 친숙한 선율부터 시작하는 것이 좋다. 오르프 교수법에서는 하행 단3도 선율을 묻고 답하는 형식부터 시작한다. 하행 단3도(솔-미)는 세계 모든 문화권에서 공통적으로 발견되는 음정으로 쉽게 따라 부를 수 있다. '솔-미' 다음에 '라-레-도'의 순서로 소개되어 5음 음계(pentatonic) '도-레-미-솔-라'가 소개되며, 그 다음에 온음계에서의 장조와 단조가 소개된다. 반음을 포함하지 않는 5음 음계는 노래하기 쉬우며 불협화음이 생기지 않기 때문에 즉흥연주에 적합하다.

노래 부르기는 선율을 배우는 것뿐만 아니라 그 밖의 다른 음악적 요소들을 공부할 수 있는 중요한 매체가 된다. 돌림노래(캐논), 목소리 오스티나토 그리고 선율과 동시에 불리는 대선율 등을 통해서 대위법을 배울 수 있으며, 화음의 변화가 단순한 곡은 '근음으로 노래하기' 또는 '목소리 화음'으로 반주될 수 있다. 노래 부르기는 또한 형식, 다이내믹, 음색을 가르치는 데 풍부한 재료가 된다. 잘 알려진 전래동요나 노래는 간단한 형식(예: ABA 형식)과 동기나 악구와 같은 작은 형식을 설명하는 예가 되기도 한다.

오르프 교수법에서는 어린이들에게 노래를 가르칠 때 손 기호를 함께 사용하는데, 손 기호는 1870년 영국의 Jone Curwen이 개발한 것으로 손 기호의 높낮이 위치와 간격은 어린이들의 음감각 발달과 음 높이에 대한 이해에 많은 도움을 주기 위함이다. 손 기호를 사용할 때 교사는 음높이에 따른 손의 위치를 정확하게 표시하도록 한다. 노래 부르기는 어린이들이 얼마나 정확한 음감을 체득하고 있는지를 확인할 수 있는 가장 좋은 방법이며, 또 어린이들에게 선율을 창작해 볼 수 있는 기회를 제공한다.

3) 신체표현(동작)

동작은 아동들이 음악이나 시를 읽고 느끼는 자연스러운 신체표현을 의미하며 아동들의 표현 욕구를 실현하는 데 중요한 수단으로 사용된다. 동작학습은 놀이에서 시작하여 점차 발전된다. 노래와 악기 연주에서 부분적으로 첨가되며, 리듬학습에서도 쉬운 리듬은 신체표현으로 익히게 된다. 신체표현을 통하여 음악의 기본 개념을 이해하고 내면화하는 것이다.

신체적 제약이나 운동 기능에 어려움이 있는 클라이언트에게 음악은 매우 긍정적인 동기를 자극한다. 이때 음악은 청각적인 신호를 제공하여 동작을 구조화하고 움직임을 보조, 강화해 주며 동작을 유도하는 활성제로 사용된다. 걷기, 달리기, 뛰기 등의 이동동작(locomotor)과 구부리기, 흔들기, 뻗기, 비틀기, 움츠리기 등의 비이동동작(nonlocomotor)은 모두 아동들에게 중요한 활동이며, 달리고(run/go) 멈추는(stop) 게임 등을 통해 아동의 신체조작 능력을 발달시킬 수 있다. 이에 치료사는 연령에 따른 근육 운동적 측면과 신체활동 영역을 잘 인식하고 있어야 하며, 움직임에 대한 연구를 통해 클라이언트들이 신체를 통한 음악적 표현뿐 아니라 창의적이고 감성적인 움직임을 할 수 있도록 이끌어야 한다. 이러한 활동은 궁극적으로 신체표현 동작을 통해 클라이언트 자신의 의사표현, 공간감각 및 타인과의 공간활용 방법을 향상시켜 적절한 사회적 기술을 습득할 수 있도록 돕는다.

4) 악기연주

다양한 음색의 통한 리듬교육을 위해 Carl Orff는 누구나 연주할 수 있도록 특별한 악기를 창안하였다. 이 악기들은 선율 악기와 타악기, 리코더 등으로, 특히 선율 악기들은 아동들이 불필요한 음들을 쉽게 제거할 수 있도록 하여 필요한 음들만을 사용하여 연주할 수 있도록 고안되었다. 그리고 섬세한 움직임에 쓰이는 소근육이 대근육 발달에 비해 더 늦게 발달되는 아동들의 신체적 발달 특징을 고려하여 대근육을 사용하여 연주하는 악기를 많이 사용한다. 악기의 사용은 소리의 어울림에 대한 감수성 계발과 아동들의 창의성 계발에 중점을 둔다.

오르프 음악치료에서 악기연주는 매우 중요한 매체로서 가장 활발히 사용되는 방법이다. 오르프 악기는 다감각 자극제로서 촉각(tactile), 시각(visual), 청각(auditory)의 세 가지 감각을 자극하여 치료 효과를 가능하게 한다(Orff, 1974).

(1) 악기의 치료적 적용

① 촉각적 경험을 위한 악기의 적용

악기는 나무, 가죽, 금속, 현의 네 가지 주된 원료가 있다. 흙, 작은 돌, 마개, 깡통, 유리와 같은 다른 추가적인 재료들도 사용 가능하며 악기의 재질에 따라 촉각적 특성이 달라진다. 즉, 서로 다른 악기 원료에 따라 악기 표면의 온도에 차이가 나는데, 금속악기는 다른 악기에 비해 아주 차가운 온도를 느끼게 하고, 가죽악기는 상대적으로 따뜻한 온도를 체험하는 데 사용될 수 있다. 그리고 악기의 주된 원료에 따라 부드러움, 단단함 등의 다양한 표면 감촉을 경험할 수 있다. 또한 가죽악기와 현악기에서 팽창력의 차이를 느낄 수 있고, 나무악기와 금속악기의 무게와 진동의 차이를 경험할 수 있다. 악기 원료의 차이뿐 아니라 두드리는 채를 사용하지 않고, 손가락이나 손바닥 또는 손등을 사용하는 악기연주는 일반적인 것부터 미묘한 구별까지 다양한 촉각적 경험을 제공한다. 그리고 소리 생성 없이 만지고, 누르고, 조절하는 것과 소리가 생성되는 것을 만지고 조작하는 것은 다른 종류의 감각적 경험을 제공하는 것이다.

② 시각적 경험을 위한 악기의 적용

악기들은 대형, 중형, 소형과 같이 다른 크기와 원형, 사각형, 삼각형, 막대기 형태 등 여

2. 오르프 음악치료의 매체

러 형태로 제작된다. 원형의 악기로는 여러 가지 크기의 북이 대표적이며 팀파니나 심벌즈도 원형 모양의 악기들이다. 그리고 다양한 크기의 우드블록과 선율 타악기 등은 사각형 모양을 제공하고 클레이브스나 말렛 등은 막대기 형태의 모양을 제공하고 있다. 그리고 트라이앵글은 악기 형태가 삼각형이어서 붙여진 이름이다.

③ 청각적 경험을 위한 악기의 적용

각 재료는 개체의 특별한 음색이 있다. 예를 들어, 나무에서 나무, 나무에 금속, 현이 팽창과 당김으로 유지되는 상황에서 나온 특별한 음색들이 있기 마련이다. 이러한 개체의 음색은 악기의 특별한 구조를 통해서 형성된다. 예를 들어, 가죽이 원형 위에서 펼쳐져서 드럼 또는 팀파니가 되는 것과, 현을 공명상자 위에 팽팽하게 펼쳐 만든 바이올린 또는 기타와 같은 악기가 있다. 또한 자일로폰은 특정한 음색을 만들기 위해 공명상자 위에 나무를 올려 만드는데, 이때 각 음역과 높이는 나무의 길이와 관련이 있다. 하지만 메탈로폰은 공명상자 위에 놓인 금속 두께의 차이로 특정한 음색을 만들게 되는 것이다. 악기는 그룹 또는 개별로 사용될 수 있다. 어둡거나 낮은 음역 소리의 악기들을 하나로 묶어 밝고 높은 음역 소리의 악기들과 대조되게 사용할 수 있다. 그리고 조용하거나 큰 소리를 가지고 서로 다른 역동성을 만들 수 있다.

오르프 악기는 어떠한 선율이나 특정 리듬 없이 자유롭게 연주될 수 있으며, 비언어적으로 규칙 없이 수행될 수 있다는 점은 매우 중요한 치료적 의미를 갖는다. 이러한 악기연주는 비극적인 사람들을 자극하고 동기를 유발하여 활동에 참여하게 하여 인내심과 집중력을 향상시키는 데 도움을 준다. 다음은 효과적인 악기 사용을 위하여 고려되어야 할 사항이다.

악기를 사용할 때는 악기의 특정한 성질에 따라 분명하게 사용되어야 한다. 악기의 촉각적, 시각적, 청각적 경험들은 치료목표에 따라 효과적으로 구분되어 사용되어야 한다. 그리고 악기는 왜곡된 방식으로 사용되지 말아야 하며, 경제적으로 사용되어야 할 것이다. 즉, 너무 많은 악기들이 한 번에 제시되면, 아동은 이로 인해 당황할 수 있고 선택하는 데 어려움을 느낄 수 있다. 또한 너무 많은 악기의 동시적 제공은 아동의 주의를 산만하게 하고 자신의 행동을 통제하는 데 방해적인 요소가 될 수 있으므로 악기의 사용은 경제적으로 제한되어야 할 것이다. 어린 아동들의 경우, 하나의 악기만 사용하는 것이 다소 어려울 수 있으나, 어린 나이부터 서로 악기를 교환하여 사용할 수 있는 사회적 기술을 배울 수 있도록 악기를 제공해야 할 것이다.

(2) 악기의 종류

오르프 음악치료에 사용되는 오르프 악기는 유아와 어린이들의 음악교육에 사용되는 거의 모든 종류의 악기들을 포함하며 좁은 의미와 넓은 의미로 분류되기도 한다. Carl Orff가 악기제작자인 Karl Maendler의 도움을 받아 개량한 글로켄쉬필, 실로폰, 메탈로폰 등의 선율 타악기만을 지칭하는 것은 좁은 의미의 오르프 악기를 가리킨다. 넓은 의미의 오르프 악기는 위의 선율 타악기에 더하여 자연스러운 사람의 목소리와 신체 타악기로서 손과 발까지 악기로 사용되며, 다양한 종류의 무선율 리듬 타악기와 관악기인 리코더, 대나무 피리, 호루라기 등과 현악기인 첼로, 감베(Gambe), 피들, 콘트라베이스, 류트, 덜시머, 기타 등이 포함된다.

오르프 교수법에서는 아동의 신체를 가장 중요한 악기로 여긴다. 주로 사용되는 신체 타악기에는 손가락 튕기기, 손뼉치기, 무릎치기, 발구르기 등이 포함되며, 소리 내는 방식에 따라 네 가지 종류의 소리와 다른 공간적 차원이 표현된다.

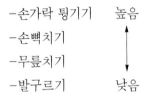

즉, 손가락 튕기기가 가장 높은 위치에서 연주되어 가장 높은 소리를 표현하고, 발구르기는 가장 낮은 위치에서 연주되어 가장 낮은 소리를 표현하기 위해 사용된다. 이 네 가지 형태의 신체 타악기는 신체적인 발달 단계와 맥락을 같이 하여 체계적으로 소개되거나 신체적 기능 수준에 따라 단계적으로 지도되어야 한다. 손가락 튕기기나 발구르기는 어린 유아들에게는 어렵기 때문에 많이 사용되지 않는다. 이러한 신체 타악기는 일정하게 지속되는 박(오스티나토)을 연주하여 집중력 및 시간개념을 상기시키기 위해 사용되는 경우가 많고, 실제 악기로 연주하기 전에 미리 리듬을 연습해 보는 예비 과정으로 사용되기도 한다.

오르프 무선율 타악기는 소리가 나는 원리나 악기의 재질, 소리의 효과 등에 따라 가죽울림 타악기, 나무울림 타악기, 금속울림 타악기, 큰 타악기로 나눌 수 있다. 이들 중에는 세계 각국의 민속 타악기들이 많이 포함되어 있다.

오르프 선율 타악기는 목재나 금속으로 만들어져 조율된 음판을 공명상자 위에 앉고 채로 쳐서 소리를 내는 타악기다. 악기의 제작 방법에 따라 나무로 제작된 목금(xylophone)과 금속으로 제작된 종금(glockenspiel)과 철금(metallophone)으로 나뉘며, 소프라노, 알토, 베이스로 음역을 구분하여 사용한다.

오르프 선율 타악기의 가장 큰 특징은 건반의 탈착이 가능하여 필요한 건반만 배치하여 연주할 수 있기 때문에 유아나 아동들이 다른 악기에 비해 상대적으로 다루기 쉽다. 또한 선율 타악기는 음정관계를 시각적으로 제시하여 청각적으로 연관 지어 개념화시키는 데 도움이 된다.

관악기로는 리코더가 가장 대표적인 선율 악기로 사용되며 소프라노, 알토, 테너, 베이스의 음역으로 나누어 사용된다. 현악기는 첼로, 감베(Gambe), 피들, 콘트라베이스, 류트, 덜시머 등이 있으나 유아들의 수업에서는 잘 쓰이지 않는다. 오르프 악기 앙상블에서는 베이스 파트에 현악기 중 콘트라베이스와 첼로가 쓰이기도 한다.

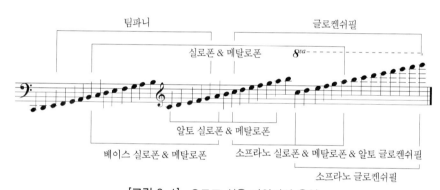

[그림 2-1] 오르프 선율 타악기의 음역

〈표 2-1〉 오르프 악기의 구분

선율 타악기	실로폰	Xylophone—소프라노, 알토, 베이스
	글로켄쉬필	Glockenspiel—소프라노, 알토
	메탈로폰	Metallophone—소프라노, 알토, 베이스
무선율 타악기	가죽울림 타악기	봉고, 핸드드럼, 작은북, 콩가드럼
	나무울림 타악기	우드블록, 클라이브스, 귀로, 마라카스, 캐스터네츠, 카바사, 템플블록, 샌드블록, 비브라슬랩 등
	금속울림 타악기	트라이앵글, 핑거심벌(손가락 심벌), 카우벨, 아고고 벨, 징글 벨, 슬라이벨, 윈드차임 등
	큰 타악기	큰북, 팀파니, 공 등
관악기		리코더(Recorder)—소프라노, 알토, 테너, 베이스
현악기		기타(Guitar) 비올라 다 감바(Viola da gamba) 등의 현악기

3. 오르프 기법의 교육적 개념들

1) 오스티나토

오스티나토(Ostinato)는 오르프 교수법의 중요한 기본적 원리로서 악곡 전체나 하나의 프레이즈 안에서 끊임없이 반복되는 일정한 음형을 말한다. 이러한 반복패턴인 오스티나토는 범세계적인 것으로서 여러 문화권의 음악에서 찾아볼 수 있으며 많은 지역의 민속음악이나 대중음악에서도 나타난다.

오스티나토는 음악을 배우는 초기 단계에서도 앙상블 연주 및 노래 부르기를 할 수 있도록 돕는다. 오스티나토를 청각적으로 인식하고 깨달음으로써 어린이들은 악기앙상블에서 한 성부에 대한 다른 성부와의 관계, 즉 선율과 반주의 관계를 발견할 수 있다. 이러한 이유에서 오스티나토는 오르프 매체—말하기/노래하기/악기연주/신체표현—의 도입 단계부터 꼭 포함된다. 오스티나토 방법은 클라이언트의 집중력과 관계형성, 언어기술 발달, 표현력 향상 등의 다양한 영역에 도움을 제공할 수 있다.

신체표현 오스티나토(movement ostinato) 패턴들은 일정한 틀을 가지고 있거나 또는 자유로운 패턴으로 쓰이며, 독주와 반주 등의 다양한 형태로 쓰인다. 무릎과 손뼉을 치는 오스티나토는 기본적인 Pulse Ostinato라고 하며, 주로 기본박의 역할을 한다.

말하기 오스티나토(speech ostinato)는 보통 몇 개의 반주 오스티나토가 겹쳐 쓰이면서 안정적이고 정확한 리듬을 발달시킬 기회를 제공한다. 치료사는 클라이언트가 치료활동에 흥미와 관심을 높이기 위해 다양한 억양과 가사에 어울리는 음조로 읽는 것이 중요하다. 말하기 오스티나토의 가사는 리듬의 독립성을 강화시킨다. 다른 성부와의 리듬 앙상블이 잘 이루어져야만 만족할 만한 음악적 결과를 기대할 수 있기 때문이다. 또한 신체표현을 함께 사용할 수 있으며 몇 개의 그룹으로 나누어서 각 파트를 연주하면 더욱 재미있다.

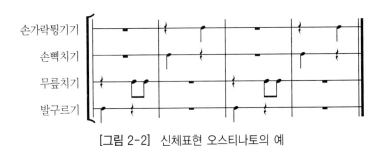

[그림 2-2] 신체표현 오스티나토의 예

노래 **오스티나토**(song ostinato)는 어린이들에게 성악적 독립성을 키워 주기 위한 최초의 과정이다. 두 성부(멜로디 성부와 오스티나토 성부)가 같은 음으로 시작하고 오스티나토의 길이가 멜로디의 프레이즈 길이에 비해 상대적으로 짧은 것으로 시작하는 것이 좋다. 선율 오스티나토는 멜로디와는 구별되는 선율 오스티나토만의 리듬적, 선율적 생명력을 가져야 한다.

악기 **오스티나토**(instrument ostinato) 반주는 신체 타악기, 무선율 타악기, 선율 타악기의 세 가지로 나눌 수 있다. 악기 오스티나토는 말하기, 노래의 가사, 리듬 프레이즈 또는 기악 선율에 붙여질 수 있고 즉흥적으로 창작하여 활용할 수도 있다.

[그림 2-3] 악기 오스티나토의 예

2) 오음계

펜타토닉 음계는 도/레/미/솔/라로 된 5음 음계(Pentatonic)를 말한다. 이것은 반음이 없는 음계로 세계 모든 문화권에서 공통적으로 발견된다. 5음 음계는 어린이들이 반주하거나 노래하거나 즉흥연주하기가 쉽다. '도(중심음)–펜타토닉 음계'와 '라(중심음)–펜타토닉 음계'는 오르프 수업에서 자주 쓰인다.

〈표 2-2〉 펜타토닉 음계

	'도(중심음)–펜타토닉 음계'		'라(중심음)–펜타토닉 음계'
C조	도-레-미-솔-라	a조	라-도-레-미-솔
F조	파-솔-라-도-레	d조	레-파-솔-라-도
G조	솔-라-시-레-미	e조	미-솔-라-시-레

3) 보둔

보둔(Bordun)은 그 조성의 근음과 5음에 기초한 반주로 선율 아래의 저음부 반주로 쓰인다. 한 가지 화음, 즉 1도 화음만을 사용하며, 음정 간격은 항상 5도를 유지하고 근임이 반드시 아래에 위치해야 한다. 보둔은 음색이 맑고 안정적이며 어린이들이 가장 연주하기 쉬운 반주 형태이기 때문에 오르프 악기 앙상블의 반주 형태로 많이 쓰인다. 다음은 단순 보둔(Simple Bordun)의 네 가지 형태다.

[그림 2-4] 보둔의 종류

코드 보둔(Chord Bordun)은 같은 악기로 1도(도)와 5도(솔)를 연주하여 두 음이 동시에 울리는 것을 말하며, 주로 Bass 파트에서 연주되며 간혹 Alto파트에서 연주되기도 한다. 레벨 보둔(Level Bordun)은 둘 또는 그 이상의 성부에서 연차적(순차적)으로 연주되는 Chord Bordun이다. 브로큰 보둔(Broken Bordun)은 1도와 5도 음이 독립적으로 각각의 강박에서 연차적, 순차적으로 연주되는 것이다. 마지막으로, 크로스오버 보둔(Crossover Bordun)은 레벨 보둔(Level Bordun)과 코드 보둔(Chord Bordun)이 혼합된 형태의 반주로 각각의 강박에 근음이 나타난다.

4. 오르프 음악치료의 치료적 적용

오르프 음악치료는 7~10여 명으로 구성된 집단치료나 개별치료로 이루어진다. 집단치료에서는 보통 오르프의 론도형식(A-B-A-C-A-D)에 따른 응답 놀이형식으로, 리듬악기를 중앙에 진열하고 치료 대상자들은 그 주위를 원형으로 둘러앉거나 서 있는 형태의 기본배치를 취하여 단계별로 진행된다(조효임, 1994). 이러한 원형 배치의 장점은 통일성을 기한다는 점과 서로의 눈을 바라보고 이야기하거나 시야를 넓게 해 주고 집단구성원 간에 동등하게 상호교류하도록 구조화한다는 점이다.

론도형식(rondo form)의 응답 놀이는 그레고리안 성가의 응답 방법과 유사한 것으로 짧은 응답에서 시작하여 익숙해지면 점차 길게 늘려 간다. 치료사가 질문으로써 말, 동작, 리듬, 노래 등을 집단구성원 중 한 명에게 지시하여 보내는 것이 A가 되고, 그 구성원이 자신의 동작이나 말, 리듬, 노래를 치료사나 집단에게 응답하는 것이 B가 된다. 다시 치료사가 A부분을 다른 구성원에게 제시하고, 그 구성원의 응답이 C가 되고, 다시 응답을 주고(A)-받는(D) 형식으로 전개된다.

초기 단계에서 사용되는 리듬말은 우리 생활 주변의 소리, 예를 들어 동물소리, 새소리 등을 모방하거나 상상력을 자극할 수 있는 옛날이야기나 자장가 등에서 선택할 수 있다. 그리고 간단한 리듬말은 치료 대상의 자연스러운 노래로 발전되고, 발전된 선율이나 리듬은 악기로 연주되며, 신체동작과 리듬말, 악기연주 등이 하나로 통합된 '기초 음악' 활동을 통하여 치료대상자 스스로의 음악을 만들어 가는 창조적인 능력을 향상시킨다.

모방은 창조를 위한 모델이 되므로, '관찰-모방-경험-창조'의 과정은 계속적으로 반복되어 전개되며 아동의 참여는 각 개인을 위하는 동시에 집단에 기여한다. 오르프 음악치료에는 오르프 교재를 사용한 치료사의 시범을 모방하는 방법과 행동수정 원칙에 따라 문제행동을 제거하거나 수정하여 새롭고 바람직한 행동과 기술을 가르치는 방법이 사용된다. 이 두 가지 방법은 오르프의 론도, 오스티나토, 놀이 등과 같이 단순한 형식으로 경험하고 배울 수 있으며 성취감을 경험할 수 있게 한다.

1) 오르프 음악치료의 목표

오르프의 기본 전제는 음악적 발달이 각 문화의 언어와 리듬, 속담, 아동들의 찬트, 게임, 그리고 노래들을 포함한 전래 노래와 함께 시작한다는 것이다. 오르프 접근은 결과를 제시하는 것이 아닌 과정 중심이다(Shamrock, 1986). 음악 만들기 과정에서 음악치료의 비음악적 목적 영역이 이루어지고 이러한 비음악적 목적은 음악적 작품의 결과보다 중요한 것이다. 오르프 음악치료에서 주로 고려되는 비음악적 목적 영역은 사회적, 의사소통, 운동 근육, 인지, 심리적, 자아개념, 현실 인식, 감정, 시각, 청각, 음악 영역 등이 있다. 아래의 표는 오르프 음악치료 계획에서 공통적으로 발견되는 중요한 비음악적 목적 영역과 구체적인 목표 행동이다.

〈표 2-3〉 목표 행동에 따른 오르프 음악치료의 적용

목적 영역	목표 행동들	오르프의 적용
사회적	순서 지키기 지시사항 따르기	모방, 독주/앙상블 연주 오스티나토, 리듬 동작(rhythmic dancing)
의사소통	말하기 사용 질문-응답 기술	찬트, 말하기 오스티나토 부르기와 반응 활동
근육	근육 모방 손바닥 움켜잡기	신체 악기 모방/오스티나토 말렛의 위치와 사용
인지	듣기 기술 이름 기억	앙상블의 영역의 기계적 가르침 무수히 많은 이름 게임과 노래
심리	스트레스 해소 자아 조절	즉흥, 자유 움직임, 창작 선택, 참여 정도
자아개념	자아의 언어적 표현 신체 언어 제시	자기 묘사해서 노래 만들기 편안함 증가 위한 움직임 반영
현실 인식	이름 기억 하루 일과 연속	주제와 변형: 아동과 정보 원곡에 반주 금지하기
감정	감정의 표현 감정의 구분	즉흥, 작곡, 노래하기 감정에 기초한 창작 작업
시각	시각적 추적 상징/문자 구분	리듬/문자에 대한 차트 읽기 시각을 사용한 론도 활동
청각	청각 구분 동료와의 상호작용	작곡에서 환경적 소리 앙상블 연주
음악	무엇이든	모든 것!

2) 오르프 음악치료의 단계

(1) 탐색 단계

오르프 교육학은 음악적인 발달의 네 영역, 즉 탐색, 모방, 즉흥, 창조를 통해 아동들을 지도하는 데 초점을 두고 있다. 탐색은 아동들이 소리와 움직임에서 가능성의 범위를 발견하는 것이다. 아동들은 공간과 소리, 형식의 탐색을 경험하게 된다. 공간의 탐색은 아동들의 신체 움직임과 여러 가지 동작 요소의 경험을 의미한다. 아동들은 가벼움, 무거움, 내리기, 올리기, 안으로, 바깥으로, 부드럽게, 거칠게, 들쑥날쑥 등 동작 요소를 탐색하고, 걷기, 달리기, 뛰기, 깡총 뛰기 등과 같이 자연스럽게 이루어지는 동작들과 숨쉬며 움직이기, 심장

박동 느끼기, 박동 감지하기 등을 탐색하고 경험하게 된다. 그리고 아동들은 주위 환경에서 들리는 소리와 여러 가지 악기에서 만들어진 소리 그리고 목소리를 통한 소리들을 탐색하고 음악적 경험을 하게 된다.

(2) 모방 단계

오르프 슐베르크(Orff-Schulwerk)에서 모방은 창조를 위한 주된 학습방법이다. 나이와 능력에 관계없이 모든 사람들이 언어, 신체 악기, 움직임, 노래 부르기 그리고 악기 연주하기 등과 같은 영역에서 기초적 기술들을 발전시키는 데 효과적인 방법이다. 모방하는 과정을 통해 아동들은 관찰력, 지시 따르기 능력, 몸을 자유로이 움직이는 능력 그리고 신체 동작의 표현 기술 등을 배울 수 있다. 모방활동은 신체악기, 타악기, 선율 타악기 그리고 목소리 등의 방법으로 학습되며, 동시 모방, 기억 모방, 중복 모방의 세 가지 단계로 나뉜다(조효임 외, 1999). 첫 번째 단계는 동시 모방으로 교사나 치료사가 음악적 지시를 내리는 동시에 아동들이 따라 하는 활동을 말한다. 대표적인 방법은 노래에 맞춰서 몸을 움직이는 활동으로, '꼬마야, 꼬마야 땅을 짚어라'와 같은 활동에서처럼 지시를 내리는 사람을 즉각적으로 따라 하는 것이다. 이 같은 즉각적인 모방은 여러 가지 활동에 적용되며, 신체 동작이나 신체 타악기, 소리 모방 및 신체 타악기 소리를 악기로 표현하는 방법 등이 있다. 다음 단계는 기억 모방으로, 교사나 치료사가 음악적 지시를 내리고 이를 기억하게 한 다음에 따라 하게 하는 방법이다. 기억 모방 활동은 아동들이 교사나 치료사가 보여 준 몸동작이나 소리, 리듬 패턴, 선율 등을 기억하여 똑같이 따라 하는 학습 방법으로 '메아리 모방'이라고도 한다. 마지막 단계는 중복 모방으로 교사나 치료사가 먼저 간단한 동작을 보여 준 새로운 동작을 첨가하면서 아동에게 특별한 지시가 있을 때에만 따라 하도록 하는 방법이다. 예를 들어, 신체 타악기 돌림노래에서 교사가 먼저 4박자의 손뼉치기를 제시하면 아동들이 이를 모방하고, 아동들이 모방하고 있는 동안 교사는 또 다른 동작을 제시하고 아동들은 또다시 새로운 리듬을 이어 나간다.

(3) 즉흥 단계

아이들이 패턴을 정확하게 모방하게 되면, 즉흥 단계를 시도한다. 아동은 자신이 참여한 즉흥 기술의 수준을 이용해서 그룹활동에 참여할 수 있다. 교사 또는 치료사는 즉흥을 구조화하고, 리듬 또는 사전에 학습된 재료의 음역을 변화하는 등의 방법을 제시할 수 있다. 그리고 아동들의 기능 수준에 따라 자유로운 몸동작 표현을 유도할 수 있고 시각적 자극이나 상상의 이미지를 동작이나 악기로 표현하도록 구조화하는 방법도 있다. 음악 형식은 즉흥 연주를 위해 많은 기회를 제공하는 요소가 된다. 멜로디 동기나 리듬 동기를 만드는 것으로부터 시작하여 질문과 응답의 형식을 취하여 한 악구를 완성하고 점차 형식을 만들어 나갈 수 있다. 또한 그룹 연주와 독주를 번갈아 론도형식으로 사용할 수도 있다.

(4) 창작 단계

창작 단계는 그룹이 탐색, 모방 그리고 즉흥의 첫 세 영역으로부터 재료를 통합하는 것이다. 아동들은 론도형식, 주제와 변주 또는 작은 모음곡으로 자신의 작품을 만드는 기회를 갖는다. 주어진 틀 안에서 아동들은 어떤 새로운 것을 창작해내고, 자신만의 고유한 작품을 만들어 가며 도전과 만족감, 성취감을 얻는 체험을 하게 된다.

이러한 과정을 통해 오르프 접근은 음악적, 미학적 반응을 가르친다. 아동들은 깊게 생각하는 것을 배우며 예술에 대한 유용한 방법에서 자신들의 표현과 반응을 배운다. 음악적 반응은 감성적 인식, 미학적 경험, 기술, 개발, 즉흥 등을 수반한다. 오르프 활동들은 아동의 여러 가지 감각을 자극시킨다. 아동들은 참여하는 동안 상상하고 창작하며, 표현하는 기회를 가진다. 또한 아동들은 언어, 노래 부르기, 움직이기 그리고 악기 연주하기를 하는 과정에서의 활발한 협력을 통해 비음악적 개념과 음악적 개념을 동시에 이해할 수 있다(Banks, 1982; Thomas, 1980). 개념적 이해가 발전할 때, 아동들은 '디자인하고, 재설계하고, 재구조화하고, 재배치하고, 상징하고, 요소들을 연장하는 것'을 통해 즉흥 경험에 참여한다 (Thomas, 1980, p. 58).

3) 장애아동을 위한 오르프의 적용

(1) 대근육과 소근육 기술의 향상

음악에 따라 움직이는 많은 방법에는 간단히 몸을 좌우로 흔드는 것부터 행진곡에 맞추어 복잡한 동작으로 진행하는 것이 있다. 여기서 리듬은 움직임의 시작과 멈춤에 대한 동기와 에너지를 제공하게 된다. 이 과정에서 모방은 아동들에게 중요한 학습 방법이 된다. 서 있기, 앉기, 흔들기, 걷기, 뛰기, 제자리 뛰기, 한 발로 뛰기, 행진하기, 뛰어오르기, 손뼉치기, 팔 움직이기 그리고 머리 동작 등은 신체 발달 단계에 필요한 공통적인 움직임들이다.

또한 움직임은 근육의 힘을 향상시키고 혈액 순환을 자극한다. 음악의 리듬은 동작이 어려울지라도 아동이 움직임에 관심을 갖도록 하는 힘이 있다. 손과 발 사용의 균형과 빠르기, 이동력은 음악치료 내에서 공통적으로 고려하는 영역이다. 이러한 움직임이 음악으로 이루어질 때 그것은 더욱 즐거운 게임이 될 것이다. 예를 들어, 손가락 움직임은 키보드 연주, 기타 연주 등과 같이 작은 근육들을 이용해서 스스로 재활과 음악의 즐거움을 함께 느낄 수 있도록 할 수 있다.

(2) 그룹원과의 협력

대부분의 음악은 음악적 효과를 제공함으로써 다른 사람들과의 협력을 요구하기도 한다. 치료사가 언어적 또는 비언어적으로 몇 가지 안내를 제시하는 동시에 음악의 구조가 예측된 행동을 가능케 하기 때문에 아이들은 음악을 만드는 것을 재미있어 하고 대부분 음악치료 동안 협력에 대한 어려움을 보이지 않는다.

그러나 아동이 불안한 행동이나 타인을 방해하는 행동을 보여 준다면, 그것은 집단에 제공된 음악이 구조화되어 있지 않기 때문이다. 치료 또는 교육 현장에서 궁극적인 목적은 치료사나 교사의 지도에 따라 그룹이 움직이는 것이다. 치료사는 아동이 새로운 치료 활동에 우선적으로 참여하기를 원하거나 다른 동료들의 자발적 참여를 방해하고자 하는 것을 종종 관찰할 수 있다. 이때 치료사는 아동에게 새로운 노래 부르기를 반복하도록 하여 집중시키는 방법을 사용할 수 있다. 중증 장애 아동들이 손 또는 다리의 동작 등을 간단히 음악에 맞추어 활동에 참여하도록 하거나, 정서적으로 안정이 어려운 아동과 신체적 장애를 가진 아동을 순서를 정해 노래를 부르게 하는 활동도 집중력과 신체적 근육 활동에 도움이 될 수 있으며 또한 서로의 협력관계로 인한 사회성 기술향상에 도움을 제공할 수 있다.

(3) 지시사항 따르기 능력 향상

집중력이 약한 아동들에게는 간단명료한 지시사항, 예를 들어, "자리에 앉아요." 또는 "점심 먹으러 갑시다."를 제시해야 한다. 또한 순차적인 지시사항을 제시해야 한다. 즉, "책상에 가자. 그리고 공책과 연필을 준비하자."와 같이 동작의 순서를 명료하게 제시해야 한다는 것이다. 음악치료사는 이러한 아동들에게 피아노 건반에 붙인 각각의 색깔을 혼자 칠 수 있도록 하거나, 실로폰에 색깔 스티커를 붙여 노래를 연주하도록 기회를 제공하기도 한다. 노래와 악기연주에 참여하고 음악에 대한 움직임을 통해, 아동들은 자신의 직접적인 단어와 지시사항을 따르는 것을 향상시킬 수 있다.

(4) 장애아동과의 원활한 오르프 활동을 위한 고려사항

〈음악적 목적에 따라〉
- 음악적 형식 이해(율동을 통해 음악적 악구를 이해한다)
- 하모니 변화에 대한 반응
- 노래로부터 간단한 리듬 동기를 이용하는 리듬 표기법
- 창작의 기회−즉흥연주 기회로 인한 창작
- 일정한 박자를 지켜 손뼉치기를 통한 음악적 게임

〈비음악적 목적에 따라〉
- 긍정적인 자아개념, 그룹과의 관계 형성, 책임감의 향상을 위한 음악적 경험
- 독립심, 자신의 악기 부분을 유지시키기
- 중복 과제의 동시 수행, 예를 들어 노래하며 연주하기 또는 노래하며 율동하기
- 청각 분별, 리듬 패턴에 의한 문서 확인하기
- 청각의 지속적 기억, 노래의 기계적인 학습, 기억하는 형태와 악기 부분
- 모방하기를 통한 악기 부분 배우기

〈음악활동의 변화에 따라〉
- Ostinato를 단순화하기
- 많은 악기의 사용을 줄이기
- G pentatonic, 멜로디 또는 G pentatonic 즉흥연주에서 단어의 리듬을 연주하는 것에 대한 악기의 도전을 향상시키기
- 파트너 율동 게임의 복잡함을 줄이거나 증가시키기
- 템포를 느리게 하여 단순화하기
- 언어적 표현이 없는 아동은 다른 형식의 의사소통을 자유롭게 할 수 있도록 고려하기
- 시각장애아동의 경우 노래 부르기 또는 즉흥연주 하기에 참여하거나, 한 손 또는 하나의 북채를 사용해서 악기를 연주할 수도 있다.
- 청각장애아동은 율동, 즉흥연주 또는 스틱, 팀파니, 탬버린과 같이 진동을 느낄 수 있

는 활동을 통해 참여할 수 있다.

- 신체적 장애가 있는 아동은 순차적인 율동에 참여할 수 있다.
- 매우 미숙하거나 지체가 심한 아동들은 특별한 부분만을 노래할 수 있도록 한다.

비록 Carl Orff가 음악치료에 대한 실험으로서 그의 접근을 목적을 두고 세우지는 않았지만, 그가 개발한 접근은 음악치료에 효과적으로 적용될 수 있다. 오르프의 근거에서 다양한 표현 양식을 통해 클라이언트들은 자신을 느끼고, 경험하며, 자신을 표현하고, 타인과의 사회적 교류를 경험할 수 있다. 오르프의 기본 원리와 교수 방법들을 치료적으로 적용함으로써, 오르프 음악치료는 모든 치료 대상들에게 효과적인 치료방법으로 전 세계에서 널리 사용되고 있다.

용어 해설

기초 음악(elementary music): 음악과 신체동작 그리고 언어의 자연적 리듬이 결합된 통합적인 개념의 음악을 의미한다.
오르프 메디아(Orff Media): 오르프 개념의 '기초 음악'을 지도하기 위하여 사용되는 모든 음악 학습매체를 가리키는 것으로, 말하기, 노래 부르기, 악기연주, 신체동작 그리고 듣기(감상) 활동 등이 포함된다.
오스티나토(ostinato): 라틴어 'obstinatus'에서 유래된 단어로 '고집 센'의 뜻이다. 리듬이나 선율, 화성이 지속적으로 반복되는 일정한 패턴을 의미하며, 말하기, 노래 부르기, 악기연주, 신체동작 등에서 사용된다.

참고문헌

정현주(2005). 음악치료의 적용과 이해. 서울: 이화여자대학교 출판부.
조효임(1994). 특수교육 개선을 위한 오르프 음악요법 연구. 음악교육연구, 13, 49-81.
조효임 외(1999). 오르프 음악교육의 이론과 실제. 서울: 학문사.

Adelman, E. J. (1979). An integration of music therapy theory and Orff-Schulwerk techniques in clinical application (Master's thesis, Michigan State University, 1979). *Masters Abstracts International, 18*(2).

American Orff-Schulwerk. Association (AOSA). (2000, October 8). *Chronology of Orff Schulwerk* [On-line]. Available: http://www.aosa.org/chronology. html

Ball, T. S., & Bitcon, C. H. (1974). Generalized imitation and Orff-Schulwerk. *Mental Retardation, 12*(3), 36-39.

Banks, S. (1982). Orff-Schulwerk teaches musical responsiveness. *Music Educators Journal, 68*(7), 42-43.

Barker, C. S. (1981). Using Orff-schulwerk as a method to enhance self concept in children with learning disabilities (Doctoral dissertation, Brigham Young University, 1981). *Dissertation Abstracts International, 42*(05A).

Bernstorf, E. (1997). Orff-Schulwerk, inclusion and neurological disorders. *The Orff Echo, 29*(2), 8-11.

Birkenshaw-Fleming, L. (1997). The Orff approach and the hearing impaired. *The Orff Echo, 29*(2), 15-19.

Bitcon, C. H. (2000). Alike and different: *The clinical and educational uses of Orff Schulwerk* (2nd ed.). Gilsum, NH: Barcelona.

Bruscia, K. (1987). *Improvisational Models of Music Therapy.* Springfield, IL: Charles C. Thomas Publishers.

Bruscia, K. (1998). *Defining Music Therapy* (2nd ed.). Gilsum, NH: Barcelona Publishers.

Carl Orff Foundation. (1999, February 22). *Carl Orff 1895-1982* [On-line]. Available: hattp://orff.munich.netsurf.de/orff/html_e/body_leben_und_werk.html

Dervan, N. (1982). Building Orff ensemble skills with mentally handicapped adolescents. *Music educators Journal, 68*(8), 35-36, 60-61.

Frazee, J., & Kreuter, K. (1987). *Discovering Orff.* New York: Schott Music.

Hellbrügge, T. (1975). Orff-Musiktherapie in Rahmen einer mehrdimensionalen Therapie für mehrfach und verschiedenartig behinderte Kinder. In. *Symposion, Orff-Schulwerk 1975. "Eine Dokumentation.* Salzburg: Hochschule für Musik und Darstellende Kunst, Mozarteum" in Salzburg. Sonderabeteilung, Orff-Institut.

Hellbrügge, T. (1981). Klinische Soziapädiatrie und pädiatrische Klinkik. In: Hellbrüge, T. (Hrsg.). Klinische Soziaplädiatrie. Berlin: Springer.

Hochheimer, L. (1976). Musically planned creativity and flexibility-elementary lassroom: Implications for Orff-Schulwerk, the Kodaly methods and music therapy. *Creative Child and Adult Quarterly, 1*(4), 200-206.

Hollander, F., & Juhrs, P. (1974). Orff-Schulwerk, an effective treatment tool autistic children. *Journal of Music Therapy, 11*(1), 1-12.

Korea Orff Music Education Institute (2005, January, 17). Orff Theory [On-line]. Available: http://www.orff.org/zboard/zboard.php?id=orffpds

Lehrer-Carle, I. (1971). Orff-schulwerk: A vitalizing tool in music therapy programs. *Musart, 23,* 10.

Leonard, S. F. (1997). Special songs, special kids: Learning opportunities for the special learner. *The Orff Echo, 29*(2), 20-21.

Levine, C. (1998). Reminiscences: Orff-Schulwerk at the Detroit Psychiatric Institute. *The Orff Echo, 30,* 30-32.

McRae, S. W. (1982). The Orff connection. Reaching the special child. *Music Educators Journal, 68*(8), 32-34.

Morin, F. (1996). The ORff-Schulwerk movement: A case study in music education reform. (ERIC Document Reproduction Service No. ED 420 608).

Orff, C. (1963). Schulwerk: Its origin and aims. *Music Educators Journal, 49*(5), 69-74.

Orff, C. (1994). The Schulwerk and music therapy: Carl Orff, 1964. *Orff Echo, 26*(4), 10-13.

Orff, G. (1974). *The Orff music therapy: Active furthering of the development of the child.* London: Schott.

Orff, G. (1989). *Key concepts in the Orff music therapy* (J. Day & S. Salmon, Trans.). London: Schott.

Ponath, L. H., & Bitcon, C. H. (1972). A behavioral analysis of Orff-Schulwerk. *Journal of Music Therapy, 9,* 56-63.

Rudaitis, C. (1995). Jump ahead and take the risk. *Teaching Music, 2*(5), 34-35.

Sears, W. (1968). Processes in music therapy. In E. Thayer Gaston (Ed.), *Music in therapy* (pp. 30-46). New York: Macmillan.

Shamrock, M. (1986). Orff-Schulwerk: An integrated foundation. *Music Educators Journal, 72*(6), 51-55.

Thomas, J. (1980). Orff-based improvisation. *Music Educators Journal, 66*(5), 58-61.

Voigt, M. (1998). Musiktherapie in der Behandlung von Entwicklungsstörungen-die Orff-Musiktherapie heute. *Musiktherapeutische Umschau 19*(4), 289-296.

Voigt, M. (2002). Promoting Parent-Child Interaction Through Orff Music Therapy. In: Aldridge, David & Fachner, Jörg (Eds.), *Info CD-ROM IV, Conference-Music Therapy in Europe.* University of Witten-Herdecke, 1012-1029.

Warner, B. (1991). *Orff-Schulwerk: Applications for the classroom.* Englewood Cliffs, NJ:

제3장
달크로즈

조혜진

Emile Jaques-Dalcroze의 유리드믹스는 음악을 시각화하고 자신의 신체를 악기화하여 신체의 조화와 신체가 민감하게 반응하고 대처하는 것을 느끼게 하는 것이다. 몸으로 습득한 음악적 지식은 악기 혹은 작곡된 음악을 연주하는 것을 통해 충분히 음악적 감정을 표현한다고 할 수 있다. 이것은 음악치료에서 신체를 하나의 악기로 보는 것과 같은 의미라고 할 수 있다. 여기서 말하는 치료란 몸과 마음으로 자신을 표현하고, 자신이 필요로 하는 것들을 살펴봄으로써 스스로의 몸과 마음을 잘 이해하여 치료적 효과를 나타나게 하는 것이다. 그러므로 치료사는 여러 가지 기법들을 충분히 검토하여 클라이언트의 치료적 목표에 맞게 잘 적용할 수 있어야 한다. 여기서는 달크로즈 접근법의 기본 개념과 활동 예를 소개함으로써 임상에서의 활용을 돕고자 한다.

1. 달크로즈 교수법의 역사

1865년 7월 6일 오스트리아 빈에서 태어난 Dalcroze는 스위스인이었던 부모가 제공해 주는 창조적인 삶 속에서 매우 음악적이면서, 안정적으로 성장하였다. 특히, Dalcroze는 피아니스트이자 페스탈로치의 음악과 철학을 전수받은 어머니의 교육 하에 노래 부르기, 악기 연주, 춤, 연기 그리고 기타 창조적인 활동을 하였는데, 이것은 차후에 자신의 음악적인 밑거름이 되었다.

Dalcroze가 10세가 되던 1875년, 그의 가족은 빈에서 스위스 제네바로 이사를 했다. 이후 Dalcroze는 제네바 음악학교에서 교육을 받은 후, 19세가 되던 1884년에 프랑스 파리에서 '코메디프랑세즈(The come' die Francaise)'에서 드라마를 그리고 '파리 음악 학교'에서는 음악을 전공을 했다. 그는 코메디프랑세즈의 Talbot에게 연극 레슨을 받았으며, 당대의 유명한 작곡가인 Delibes, Faure와 같이 학업을 하였는데, 그중 스위스의 이론가인 Mathis Lussy와의 정통적인 리듬 수업은 그가 훗날 창안한 '유리드믹스' 수업의 기초를 마련해 주는 계기가 되었다.

1892년 Dalcroze는 제네바 음악학교의 '시창법' 교수로 임명되면서 제네바로 돌아왔다. Dalcroze는 어떻게 하면 자신의 지식을 학생들에게 잘 전달할 수 있을까 하는 고민 속에 학생들을 주의 깊게 관찰하였다. 그 결과, 음악적 기술이 좋은 학생조차 자신에게 주어진 음악을 연주할 때는 음악의 미묘한 차이를 듣지 못하거나 느끼지 못하여, 감정을 전달하는 음악적 표현에 미숙했을 뿐만 아니라 고정된 박자를 유지하는 것조차도 어려워하는 것을 발견했다. 또한 그들은 화성을 수학 공식처럼 외울 뿐 그 소리를 듣지 못하거나 리듬감이 제대로 발달하지 않아, 연주 시 리듬 표현이 서툴렀다. 즉, 음악을 전공하는 학생임에도 불구하고 간단한 멜로디조차 만들지 못하는 것이었다. 이를 해결하기 위해 달크로즈는 학생들이 의자에서 일어나 공간을 움직이며 기본박자를 유지하게끔 했다. 그는 노래 부르기, 숨쉬기, 다양한 음색에 맞추어 걷기, 뛰기, 깡총깡총 뛰기 그리고 지휘를 큰 몸짓과 함께 하도록 지시하였다. 또한 자신의 피아노 즉흥연주에 학생들이 신체적으로 반응하도록 하였다. 이 즉흥연주에는 legato, moderato, staccato, dynamic, phrase, beat, tempo 등 음악적 요소 및 특성들에 학생들이 다양하게 반응하고 표현하며, 파트너와의 협력을 통해 시간, 공간, 장점, 무게감, 창조 그리고 협력하여 배우는 것을 경험하게 하였다. 그 결과 음악에 맞춘 리듬 동작을 통해 학생들은 신체가 자신의 첫 번째 악기임을 알게 되었다.

Dalcroze는 1903년부터 1910년까지 자신의 교수법을 발전시키고 활발하게 활동하였으며, 그 결과 오늘날 달크로즈의 유리드믹스는 음악학교, 어린 아동의 음악교육, 음악 수업, 시창법 수업 등에 세계적으로 널리 사용되고 있다.

2. 달크로즈 교수법의 철학

달크로즈의 중심 철학은 마음, 신체 그리고 감정의 종합을 기본으로 배우는 것으로 음악을 신체로 표현할 때 자기 자신을 더 잘 이해할 수 있게 되고, 음악 소리에 열중하여 동작의 표현 가능성을 경험하면 자신의 기대치를 넘어선 경험을 할 수 있다는 것이다. 이것은 잠재적 능력 및 가능성을 실현하는 것을 의미하는 것으로, 개인의 본질이 갖고 있는 가능성을 완전히 발휘하는 Maslow의 자아실현의 의미와 비슷하다고 할 수 있다.

달크로즈의 유리드믹스는 마음에 있는 음악의 상을 신체, 청각 그리고 시각을 통해 일깨우고 음악성의 표현, 지적인 이해의 향상을 도와준다. 음악은 말, 제스처, 동작을 통해 표현되며 이것은 시간, 공간 그리고 에너지의 경험과 같다. 인간은 감각을 통해 배우는 것이 최고의 효율성을 나타나게 된다. 이러한 최대의 효율성 중 하나인 음악 안에서의 달크로즈의 유리드믹스는 촉각, 율동감각, 청각, 시각의 감각을 통해 학습을 이루어 내게 된다.

초기에 달크로즈의 유리드믹스는 음악전공을 하는 음악학교 학생들만을 위해 만들어졌지만, 점차 어린 학생들의 음악교육에 더 많이 사용되었다. 달크로즈는 건강이 마음, 신체, 감각의 균형에서 온다고 믿었기 때문에 자신의 학문을 학생 중심, 특히 어린 학생 교육에 더 중점을 두게 되었다. 또한 학생의 진정한 음악적 발달을 위한 교육으로 그 과정이 상호관계를 맺으며 시창법, 리드믹 동작, 리드믹 체조, 즉흥연주를 포괄하여 가르쳤다. 따라서 그의 강의는 이론적 강의보다 학생 스스로 몸으로 먼저 음악을 느껴 마음, 신체, 감각이 균형을 이룰 수 있게 하였고, 이는 음악을 신체의 표현을 통해 시각화함으로써 학생들이 음악적 개념을 더 쉽게 이해할 수 있었다.

3. 달크로즈 음악교육 기술

달크로즈 적용법에서는 시창법, 즉흥연주 그리고 유리드믹스가 상호관계를 가지며 세 가지 영역으로 구성이 되고 있다. 많은 사람들이 유리드믹스를 전체 기법으로 이름을 쓰고 있는데, 그 이유는 오로지 유리드믹스만이 전체 달크로즈 기법에서 새로운 주제이며 그의 기법 중 한 개의 독자적 영역으로 자주 간주되어 왔기 때문이다. 시창법과 즉흥연주는 달크로즈의 화성법과 이론을 가르치는 데 협력 관계를 맺고 있으며, 유리드믹스가 발전되기 전에는 달크로즈 훈련과정에서 그 중요성이 동등하게 간주되었다.

우선, 첫 번째 교육 기술인 시창법에서 달크로즈는 학생들의 '내청(inner hearing)' 능력을 길러 주어야 하고, 정교하고 복잡한 음악도 내청 능력을 통해 발전시켜야 한다고 하였다. 또한 음악가는 듣는 것을 기록을 할 수 있어야 하며, 또한 기록한 것을 다시 들을 수 있어야 한다. 즉, 음표는 연주되거나 상상되기 전에는 아무 의미가 없기 때문이다. 시창법은 프랑스 시스템에 따라 고정 도법을 사용하며 학생은 음정의 민감성과 음악 요소의 관계 그리고 음색의 구조를 발달시켜야 한다. 이와 같이 달크로즈의 시창법의 독특한 점은 리듬과 동작의 결합이라고 할 수 있겠다(Darrow, 2004).

달크로즈 음악교육 기술의 두 번째 구성은 즉흥연주다. 즉흥연주 기술은 연속적으로 그리고 여러 가지 방법으로 발달된다. 교사는 학생이 즉흥 동작을 할 때 피아노를 연주할 수 있으며, 이때 즉흥적인 언어적 지시나 음악적 특성을 바꿀 수 있다. 반대로 학생이 다른 반주자가 피아노나 드럼을 연주하거나 노래를 부를 때 즉흥 동작을 할 수 있다. 학생들은 즉흥 기술 발달과 함께 자신들의 악기를 이용한 음악적인 즉흥연주까지 성공적으로 발달시킬 수 있다. 이런 자발적인 연주활동은 음악적 시간개념에 대한 반응과 전달의 정확성을 향상시킨다(Mead, 1994).

세 번째로, 달크로즈 기법에서 중요한 핵심이라 할 수 있는 '유리드믹스(eurythmics)'는 달크로즈 접근법에서 가장 늦게 발달한 부분이다. 유리드믹스의 그리스 어원의 의미는 '좋은 리듬'이라는 뜻으로 음악 리듬을 몸놀림으로 표현하는 것이다. 즉, 보이지 않는 소리를 보이는 소리로 바꾸는 과정이며 이것은 춤곡이 아니라 리듬에서 느껴지는 이미지나 아이디어를 몸짓으로 표현해내는 것이다. 유리드믹스를 달크로즈의 철학에 따라 구체화하여 설명한다면, 첫째로 인간은 음악 안에서의 조화, 균형, 리듬의 정확성을 동작 안에서 느끼고 표현할 수 있다. 둘째로 위에 언급한 달크로즈의 세 가지 성분은 서로 돕고 연결된 상호관계에 있으므로 반드시 동시에 가르쳐져야 한다. 이 세 가지 요소는 서로 보충 보완되고 강화 보강하면서 음악교육 균형을 완성시킨다(Darrow, 2004).

달크로즈의 주요 영역인 시창법, 즉흥연주, 유리드믹스를 적용한 첫 번째 단계의 레슨에서 대략적인 기술을 살펴보면, 우선 전체적인 정신이나 운동 감각의 일깨움을 요구하는 게임이나 활동을 한다. 레슨은 학생들이 들은 음악적 자극에 신체적으로 반응하는 것으로 신체 감각을 일깨우고, 이러한 자극은 뇌로 전달되어서 감정과 경험을 더 증폭시킨다. 보편적으로 달크로즈는 즉흥연주와 함께 걸으면서 바뀌는 템포, 다이내믹, 음악적 구조에 바로 반응하는 활동으로 시작된다. 이 과정을 통해 학생들은 어떻게 신체를 조정하고, 에너지가 어떻게 몸에 흐르는지를 경험한다. 기본적인 지시에 따라 교사는 음악의 기본적인 박, 하위분할(Subdivision), 박자(Meter), 리듬, 악구(Phrase), 형식을 전달할 수 있다.

그 다음으로 달크로즈 레슨에서는 좀 더 복잡해진 음악적 요소인 복합박자와 복합리듬, 캐논, 긴장과 이완, 숨쉬기, 지휘, 대위법 등을 배우는데, 모든 수업은 그룹 형태로 이루어진다. 여기에서 파트너나 작은 그룹단위에서 언어를 사용하지 않는 기술과 음악과 동작 안에서의 창의적 활동을 경험한다. 이 과정에서 창의적 활동은 교육을 통해 점차적으로 아동의 신체에 습득된다.

4. 음악치료에서의 적용

음악교육에 적용된 많은 기본적인 기술이나 원리는 음악치료에도 적용이 되었다. 음악치료의 아버지라 불리는 Gaston은 음악이 리듬의 기능(functions)은 조직화되고 활기차다고 하였다. 이것은 달크로즈의 유리드믹스와 밀접하게 관련된다. 또한 음악치료와 똑같이 달크로즈 기법은 연령이나 기능 수준이 다른 그룹이나 경험 수준이 틀린 구성원의 그룹에서도 적용될 만큼 어떤 수업에도 적용이 가능하다. 왜냐하면 달크로즈 기법을 공부한 교사는 유연성과 창조성을 배우기 때문에 수업이나 그룹에서 적절하게 유용하게 사용할 수 있기 때문이다. 이것은 음악치료사로서 갖춰야 하는 유연성과 창조성과 비슷한 의미일 것이다. 음악치료사는 달크로즈 기법을 클라이언트의 치료적 목적에 따라 그들 자신을 표현하도록 하고 진행할 수 있게 사용할 수 있다.

또한 장애가 있는 아동에게 리듬을 어떻게 가르치는지에 대해 배울 수 있다. 예를 들면, 운동근육장애가 있는 아동 혹은 시각장애가 있는 아동들에게 달크로즈 게임을 시도했다. 그는 '음악은 아동의 전인적인 교육'이라고 했다. 이것은 음악치료의 철학과 근접하며 창조적 음악치료인 Nordoff와 Robbins와 연결이 되고, 또한 리듬을 강조하는 부분은 신경음악치료와도 연결이 된다.

유리드믹스를 음악치료에 적용했을 때 치료적 목표로는 신체의 깨달음, 정신상태의 민첩함과 수용적인 태도, 다른 사람과의 언어적으로나 신체적인 접촉의 향상, 긴장완화와 이완,

개인적 삶에 대한 통제 또는 조절 능력 향상을 들 수 있다. 이에 Hibben(1984, 1991)은 달크로즈의 유리드믹스가 학습장애, 기분장애 그리고 정신지체아동에게 영향을 준다고 말했다. 장애아동을 위한 프로그램 목적으로 아동의 주의력과 듣는 기술에 기동성을 부여하고, 신체 관계성을 깨닫게 하며, 공간에서 자신의 움직임을 조절할 수 있도록 도와주고, 동료들 간의 평가, 감사를 받아들일 수 있도록 하며 자신을 표현할 수 있도록 해 준다.

음악과 동작 게임을 통해 아동들은 새로운 생각과 자신에 대해서 좋은 느낌을 가지게 된다. 청각장애를 가진 아동을 위한 유리드믹스 프로그램의 치료적 목적은 호흡과 신체 조절, 듣는 연습, 언어 향상, 창조적인 표현, 창조성과 자발적인 표현에 중점을 두고 있다. 이때 아동은 신체적 표현을 통해 음악을 들을 수 있다. 이와 같이 아동은 신체동작을 언어, 춤 그리고 즉흥리듬을 통해 목적에 도달할 수 있다.

5. 음악치료적 목표영역

음악치료가 대상 제한이 없는 것과 마찬가지로 달크로즈를 적용한 음악치료도 대상의 나이 제한이 없이 넓게 쓸 수 있다. 달크로즈가 아동의 교육에 많이 그리고 널리 보편화되어 아동교육의 기법이라 생각할 수 있지만 처음 만들어질 당시엔 음악을 전공하는 학생이 대상이었다. 따라서 성인에게도 적용될 수 있다. 실제로 유리드믹스는 1910년에도 아동과 6세 이전의 유아, 시각장애, 정신적인 장애를 가진 사람, 성인, 교육자, 음악가 등 다양하게 적용이 되었다(Bachmann, 1991). 더 구체적으로는 시각장애, 대근육 소근육 발달을 필요로 하는 아동, 재활치료를 필요로 하는 환자 등이며, 음악은 그들의 신체와 마음의 연결, 자아존중감 향상, 감정 표현, 자신의 의사 표현, 신체 균형 감각 등을 돕는 데 다양하게 쓰였다. 신체운동을 악기로 유도했다면 달크로즈는 그 자체가 기법이 되며 자신의 신체가 악기가 되어 그 신체를 통해 표현한다고 볼 수 있다.

달크로즈의 유리드믹스를 음악치료로 적용할 경우 고려되는 목표는 아래와 같이 정리될 수 있다(Findlay, 1971).

- 손뼉치기, 발구르기 등의 신체 끝 부분이나 사지의 움직임이 아니라 근육의 큰 움직임 등과 같이 리듬 경험을 선명하게 볼 수 있도록 신체 전체를 움직이도록 한다.

- 바르게 방향 지어진 리듬 교실에서의 신체, 근육, 운동 협응의 발달은 개인의 움직임을 조절할 수 있는 힘을 길러 준다.
- 듣고 반응하는 것을 동일시하는 것이 진행될 때 듣는 습관을 기른다.
- 율동을 통한 신체, 마음, 감정 경험의 통합
- 자유로운 표현의 향상, 음악적 배움의 모든 부분에서 창조적인 자극을 준다.
- 인간의 필요로부터 발전할 때 배움은 즐겁고 의미가 있게 된다. 아동이 음악적 표현으로 춤을 추거나 또는 자발적으로 표현할 때, 그들은 듣는 귀를 최대한 열어 놓고 있다.

유리드믹스를 이용한 음악치료적 접근은 신체 재활이나 대근육 발달, 신체 균형의 발달을 유도한다. 이때 음악에 맞춰 신체 표현을 크게 유도할 수 있다. 듣고 반응하는 것을 동시에 할 수 있다는 것은 수용성과 표현성의 향상이라 말할 수 있다. 우리가 흔히 알고 음악치료에서도 활용하고 있는 노래 '그대로 멈춰라'를 예로 들면, 이 활동은 음악에 맞추어 아동이 반응하다가 멈추라는 부분에서 멈추게 된다. '즐겁게 춤을 추다'의 부분은 치료사가 또는 클라이언트가 '즐겁게 뜀을 뛰다' 등으로 다양하게 활동을 바꿀 수 있다. 또한 '음악에 맞춰 표현해 보자' 등으로도 제시할 수 있을 것이다. 이러한 부분은 신체 움직임을 크고 작게 할 수 있고, 신체 균형의 조화를 도울 수 있으며, 듣고 반응하는 것이 동시에 이루어지며 템포, 다이내믹 또는 가사 바꿈을 통해 자신의 느낌을 표현할 수 있도록 한다.

6. 음악치료 적용의 예

음악치료에서 달크로즈 적용으로 소개한 치료 예를 보면 6세의 자폐아동은 몸을 앞뒤로 흔드는 상동행동이 있다. 음악치료사는 그 행동의 템포에 맞추어 키보드로 즉흥연주를 하였는데 때에 따라서는 조금 빠르게 또는 느리게 등으로 변화를 주었다. 치료사의 연주에 아동의 상동행동이 반응하기 시작했으며 나중에 치료사가 연주를 갑자기 멈추자 아동의 흔드는 상동행동도 멈추었다.

저자는 달크로즈의 유리드믹스를 바이올린의 리듬, 템포, 음역 등을 가르치는 데 활용했었는데 예를 들어, 한 아동이 바이올린을 연주하면 그 연주에 따라 다른 아동들이 움직이도록 했다. 빨라지면 빠르게, 느려지면 느리게, 갑자기 정지하면 거기에 따라 동작을 정지하며 높은 음은 높게, 낮은 음은 최대한 몸을 낮추다 보면 훨씬 빠르게 음악의 이론 부분을 습득하여 실제 연주에도 적용할 수 있었다. 또한 기본 박이나 언제 바뀔지도 모르는 상황에 따라 대처하기 위해 집중 있게 듣는 훈련이 악기연주에도 적용되었다. 무엇보다 아동들이 재미와 즐거움을 느껴 바이올린 연주가 힘든 것이 아닌 즐거움으로 다가온다는 것이 중요하게 작용되었다.

신체를 통해 습득한 음악적 지식을 악기연주에 적용한 음악교육에서의 예와 치료 현장에서의 예를 소개하였다. 이 두 가지 접근은 음악치료에서 즉흥연주 또는 다른 활동에서도 응용이 가능하다. 중요한 것은 목적을 신체나 감정 표현으로 그칠 것인가 아니면 악기로 유도할 것인가 등에 따라 유리드믹스의 기법의 접근방법이 달라질 것이다.

1) 구체적인 활동 계획안

성인 그룹의 경우, 음악치료에서도 활용할 수 있는 활동들을 살펴보면, 먼저 자기의 템포대로 걷게 해 보는 활동이 있다. 다른 사람과 부딪치지 않도록 하며, 마음대로 걷고, 걷는 동안 몸을 움직여도 된다. 하지만 이때 음악은 없다. 그 후 토론하는 시간을 가져 어떤 사람과 속도가 맞는 것 같다든지 등을 이야기한다. 그 다음에는 다른 사람과 속도를 맞춰서 걷도록 제시하고 맞추어져 갈 때 피아노 등으로 즉흥연주한다. 여기서 생각할 점은 클라이언트가 자신이 가장 편하게 생각되는 템포를 찾을 수 있으며, 자신의 정신상태에 따라 신체 템포가 어떻게 변하는지 알 수 있게 된다. 음악치료사는 클라이언트에 관한 충분한 관찰이 없을 때 치료사 자신의 템포를 제시하는 것을 예방할 수 있다. 또 클라이언트 스스로 자신의 신체 리듬을 알 수 있으며 다른 사람과의 차이점에서 느껴지는 것 등을 스스로 파악할 수 있는 기회가 된다.

아동의 경우, 박자 개념을 가르쳐 주기 위해 막대를 일정한 간격으로 배열해 놓고 4분의 3박자나 4분의 4박자를 가르쳐 줄 수 있다. 박자인 경우 강박인 첫 박에서 막대 앞에 도착하여 세 걸음 가서 또 다른 첫 시작박자에 맞춰 막대를 넘어야 한다. 이때 피아노 등으로 즉흥연주를 해 줌으로써 그 첫 박을 강조할 수 있다. 또한 같은 4분의 3박자라도 템포에 따라 자신의 걸음, 뛰거나 천천히 가는 것을 알 수 있다. 이것은 아동이 항상 음악에 집중하고 있어야 하므로 집중력과 왼발, 오른발의 사용으로 균형이 좋아질 수 있다.

위의 활동 외에 Findlay(1971)에서 제시한 활동을 조금 더 소개한다면 다음과 같다.

- 아동이 말을 가장하여 음악에 맞춰 전속력 달리기를 한다. 시간이 지남에 따라 말이 피곤하여 점점 느려진다(tempo).
- 팔을 앞뒤로 흔들며 발을 구르는 동작을(하나, 둘, 셋, 넷) 하다가 네 번째에 공중으로 최대한 높이 뛰어오른다. 이때 두 팔을 크게 벌려 쭉 편다(accent).
- 한 아동이 교통경찰을 가장하여 교실 중앙에 선다. 다른 아동들 중에 어른을 가장한 아동은 어른 걸음 ♩로 어린이는 ♫나 ♬에 맞춰 걷는데 교통경찰의 지시에 따라 가거나 서기를 한다. 이때 선생님의 음악 반주는 교통 경찰의 정지 신호에 맞게 정확하게 음악을 멈춰 주어야 한다(duration).
- 4분의 2박자인 경우 step, hop; 4분의 3은 step, hop, hop; 4분의 4박은 step, hop, hop, hop 표현하며, 4분의 2박자와 4분의 3박자의 결합인 경우는 4분의 2박자는 앞으로 나아가며 step, hop 그리고 4분의 3박자는 뒤로나 또는 방향을 바꾸어 step, hop, hop으로 표현한다. 이때 step을 할 때 박수를 같이 칠 수 있다(metrical patterns).
- 음표에 말을 붙인다(speech and rhythm patterns).

  오늘 아빠가(♩ ♩ ♫ ♩)

  사탕을 사가지고(♫ ♩ ♫ ♫)

  오셨어요(♩ ♩ ♩ ♩)

  위의 예는 여러 가지 리듬이 같이 있지만 목적에 따라 리듬을 통일할 수 있으며 하나의 음절만 틀린 리듬을 하고 다른 음절은 리듬을 통일하여 아동이 자연스럽게 틀린 리듬을 인지하게 할 수 있다.
- 피아노 음악을 들으며 올라가는 멜로디에서 팔을 올리고 내려가는 멜로디에서 팔을 내린다(pitch and melody).

이러한 활동들의 예는 극히 일부분이며 상황이나 교육적 목적, 치료적 목적에 맞게 활동을 만들 수 있을 것이다. 이 예들은 언어 능력 향상, 인지 향상, 신체 균형의 향상, 근육 발달 등의 목적으로 음악치료에 적용할 수 있는 예가 되기도 한다.

2) 적용 대상의 제한이나 고려사항

저자가 처음 유리드믹스 수업을 들었을 때는 개인적으로 크게 움직이는 것이 익숙하지 않아 무척이나 싫었다. 과대하게 모션을 취하는 것도 과장된 포장을 하는 것 같아 거부감이 있었다. 또한 음악에 맞추어 하는 활동 중 원을 그리며 계속 걷거나 뛰거나 하는 점이 현기증을 유발하기도 했다. 이러한 것을 고려해 볼 때 클라이언트의 상태에 따라 처음 접근법을 세심하게 할 필요가 있다고 본다. 즉, 많은 움직임을 싫어한다면 작은 움직임부터, 신체를 크게 움직이며 하는 과장된 행동에 익숙하지 않다면 익숙한 행동으로부터 시작을 해야 할 것이다. 그리고 신체적으로 약한 상태라면 무리가 오지 않게 치료사가 면밀하게 살피고 접근해야 할 것이다. 이와 같이 달크로즈는 신체의 움직임을 하는 기법인 만큼 클라이언트의 신체 상태를 먼저 파악하고 세심하게 시도해야 할 것이다.

Nordoff와 Robbins에서 아동의 습관적인 동작을 음악적인 자기 표현이 되도록 한 음악적 동작에 관해서 서술한 예를 볼 수 있다. 그러므로 음악에 맞춘 동작이나 습관적인 동작에 음악을 맞추는 것만 가지고 달크로즈 기법을 적용했다고 할 수 없고 또 달크로즈 기법이라고 말할 수 없을 것이다. 여기서 달크로즈의 기법에 관해서 설명한 의의는 정확하게 달크로즈의 개념을 이해한 후에 치료에 적절하게 적용할 수 있는 장을 여는 것이라 하겠다. 달크로즈를 이해하고 이 기법을 치료 안에서 교육적 의의로 적용할 것인지 아니면 치료적 영역으로 적용할 것인지는 달크로즈 기법을 적용하려는 치료사의 몫일 것이다.

용어 해설

고정도법(fixed Do): 고정도법이란 음이 이름이 조표나 변화표에 따라 변하지 않고 항상 일정한 것을 말한다. 이에 반해, 이동도법은 조표에 따라 '도'의 위치가 변하는 것을 말한다.

내청(inner hearing): 내청이란 음의 기능이 개인에게 구체적으로 느껴져 마음속으로 노래하고 음을 듣는 것으로, 달크로즈는 정교하고 복잡한 음악까지도 내청 능력을 통해 발전시켜야 함을 강조한다.

유리드믹스(eurhythmics): 유리드믹스는 Dalcroze가 창안한 음악교육방법에서 솔페지(solfege), 즉흥연주와 함께 주요한 개념으로 꼽히며, 그 어원적 의미는 '좋은 리듬'을 뜻하고 음악 리듬을 신체동작으로 표현하는 독특한 리듬교육법이라 할 수 있다.

참고문헌

Bachmann, M. L. (1991). *Dalcroze today. An education through and into music.* New York: Oxford University Press.

Carder, P., & Landis, B. (1972). *The eclectic curriculum in American music education.* Music Educators National Conference.

Darrow, A. (2004). *Introduction to approaches in music therapy.* Silver spring MD: The American Music Therapy association, Inc.

Davis, W. B., Gfeller, K. E., & Thaut, M. H. (1999). *An introduction to music therapy theory and practice* (2nd ed.). The McGraw-Hill Companies, Inc.

Findlay, E. (1971). *Rhythm and movement: Applications of Dalcroze Eurhythmics.* Secaucus, NJ: Summy Birchard.

Hibben, J. K. (1984). Movement as musical expression in a music therapy setting. *Music Therapy, 4,* 91-97.

Hibben, J. K. (1991). Identifying dimensions of music therapy activities appropriate for children at different stages of group development, *Arts in Psychotherapy, 18,* 301-310.

Mead, V. H. (1994). *Dalcroze eurhythmics in today's music classroom.* New York: Schott Music.

Nordoff, P., & Robbins, C. (1977). *Creative Music Therapy.* New York: John Day.

제4장
킨더뮤직

김영신

킨더뮤직은 0~7세까지의 아동을 대상으로 한 통합 유아음악교육 프로그램이다. 다른 음악교육 프로그램과 차별화되는 킨더뮤직의 특징은 이 프로그램이 음악활동을 통하여 음악적 기술뿐만 아니라 비음악적 영역에서의 학습도 촉진시킨다는 것이다. 즉, 킨더뮤직 프로그램의 목표는 아동의 발달연령에 적절한 음악경험을 제공함으로써 신체, 정서, 인지, 언어, 사회 영역에서의 고른 발달을 추구하는 데 있다. 이러한 킨더뮤직 프로그램은 발달 지향적이며 과정 중심적이고 통합적인 접근방식을 따르며 부모와 자녀의 질 높은 관계를 강조하기 때문에 일반 아동은 물론 장애를 가진 아동들도 치료적인 목적으로 킨더뮤직 수업에 참여할 수 있다.

1. 킨더뮤직의 역사 및 이론적 배경

1) 킨더뮤직의 역사

킨더뮤직의 시작은 1960년대의 독일로 거슬러 올라간다(Kindermusik, 2004a). 킨더뮤직의 공동 창시자인 Daniel Pratt은 그 당시 독일의 여러 음악교육가들이 하고 있었던 'Musikalische Früherziehung'이라는 유아음악교육 프로그램에 관심을 가지게 되었다. 이 커리큘럼은 독일 음악학교 협회장인 Diethard Wucher를 주축으로 여러 음악가, 교사, 아동발달 전문가로 구성된 팀이 개발한 것이었다. 1970년대 초, Pratt은 이 프로그램을 영어로 번역하고 미국 가정에 맞게 수정한 후, 미국으로 들여왔다. 그 후 그는 미국에서 킨더뮤직 프로그램을 가르치고 보급할 교사들을 위한 교육을 Westminster Choir College에서 실시하게 되었다. 미국에서의 킨더뮤직 프로그램이 점차 발전함에 따라, Pratt은 1984년 Music Resources International(MRI)이라는 킨더뮤직 회사를 설립하고 미국과 캐나다 지역의 킨더뮤직 보급자가 되었다. 1988년 전체 킨더뮤직 프로그램이 각 나라의 문화를 반영하는 측면에서 다시 수정되었고, Pratt은 1993년 Kindermusik International(KI)로 회사 명칭을 변경하였다. 현재 5,000명이 넘는 킨더뮤직 교사가 35개국에서 이 프로그램을 가르치고 있다(Kindermusik, 2004a).

2) 킨더뮤직의 이론적 배경

킨더뮤직 프로그램은 그 자체의 독자적인 이론을 바탕으로 개발되기보다는 현존하는 다양한 음악교육 이론들의 장점들을 살려 이를 통합하는 데 중점을 두었다. 많은 음악교육 이론 중에서, 특히 Kodály, Orff, Dalcroze, Suzuki, Montessori의 이론들이 킨더뮤직 프로그램의 이론적 근거를 확립하는 데 큰 도움을 주었다(Kindermusik, 1999).

첫째, 킨더뮤직은 노래 부르기, 민속음악, Solfége, 이동도법의 네 가지 중요한 요소들로 이루어진 Kodály 음악교육 접근방법에 영향을 받았다. Kodály는 노래 부르기가 음악을 가르치고 학습하며 이해하는 데 필수적인 활동이라고 믿었다. 따라서 그는 아카펠라로 노래 부르기를 가르침으로써 아동 안에 내재되어 있는 자연적인 노래 목소리(natural singing voice)를 개발하여 아동의 음악적 표현력을 증대시키고 음악적 귀를 훈련시키는 데 관심을 두었다(Brownell, Frego, Kwak, & Rayburn, 2004). 또한 그는 민속음악을 사용하여 아동에게 다양한 정서와 관점을 경험하도록 하였다. 이외에도 Kodály는 음악 교육의 표준화를 주장하였으며, 리듬의 길이나 손기호를 체계화시켰고, 이동도법을 강조하였다. 킨더뮤직은 이러한 Kodály의 기본 음악교육의 개념을 도입하여 아동이 선율 구조와 윤곽을 배우고 기억하는 방법에 관해 연구하였으며, 노래 활동을 강조하는 킨더뮤직 커리큘럼을 개발하였다.

둘째, 킨더뮤직의 이론적 배경은 오르프 음악교육 이론에 기초한다. Orff는 장애가 있건 없건 간에 혹은 음악적 기술이 있건 없건 간에 모든 사람들은 음악활동에 참여할 수 있고, 학교에서 사용하는 음악은 본질상 기초적이어야(elemental) 한다고 주장하였다. Orff가 강조하는 기초 음악이란 움직임과 말하기에 대한 자연적인 리듬을 사용하여 자연발생적으로 음악을 만들 수 있는 인간의 보편적이고 본질적인 경향을 의미한다(Colwell et al., 2004). 오르프 음악교육은 탐구, 모방, 즉흥연주, 창조의 네 단계로 이루어지는데, 이 과정을 통하여 아동들은 소리를 상징으로 이해하는 능력을 발달시킬 수 있으며, 이를 통해 음악적 개념을 학습하게 된다. 킨더뮤직 프로그램은 이와 같은 리듬과 즉흥연주에 기초한 경험적 교수법과 탐구, 모방, 즉흥연주, 창조의 오르프 음악교육의 기본 단계를 그들의 교과과정에 반영하였다(Pasiali, De L'Etoile, & Tandy, 2004). 특히 킨더뮤직 전문가들은 오르프 음악교육이 강조하는 신체 활동, 음악 감상, 악기탐색 활동을 통한 다중학습양식(multiple learning modalities)을 받아들여, 킨더뮤직 프로그램에 참여하는 아동의 창조성을 발전시켰다. 또한 킨더뮤직 전문가들은 다양한 오르프 악기를 음악활동 프로그램에 적극적으로 사용하였다. 이를 통해 아동들은 다양한 악기를 탐색하면서 청각적, 촉각적 자극을 경험하게 된다.

셋째, 킨더뮤직은 Dalcroze의 신체를 이용한 리듬 교수법에도 영향을 받아 움직임과 음악을 통합하는 프로그램을 개발하였다. 달크로즈 음악교육의 기본적 철학은 몸과 마음, 정서의 통합이 모든 학습의 기초가 된다는 것이다. Dalcroze에 따르면, 모든 음악가들의 목표는 감각적이며 표현적인 음악가가 되는 것이고, 그들은 움직임과 소리, 생각, 감정, 창조를 통하여 음악을 표현할 수 있어야 한다(Frego, Liston, Hama, & Gillmeister, 2004). 즉, 음악은 말하기, 제스처, 신체활동을 통하여 경험될 수 있다. 따라서 킨더뮤직 전문가들은 달크로즈 음악교육의 영향을 받아 아동의 신체활동을 통하여 리듬과 그 외의 여러 음악 개념들을 학습하도록 프로그램을 개발하였다.

한편, 킨더뮤직 프로그램은 Kodály, Orff, Dalcroze 음악교육의 기본적 이론들 외에, Suzuki가 강조한 청각 능력과 음악 이해력에 관심을 가져 아동들의 '음악적 귀(musical ear)'를 향상시키는 데 초점을 두었다. 그 밖에도 킨더뮤직 전문가들은 Montessori의 다중 학습 이론을 받아들여 촉각, 후각, 청각, 시각을 통합하는 다중 감각 경험을 사용한 활동을 프로그램에 반영하였다(Pasiali, De L'Etoile, & Tandy, 2004).

이와 같이 킨더뮤직의 이론적 배경의 특징은 한 가지의 특정한 교육 방법에 자신의 철학을 제한하지 않았고, 근대 음악교육의 근간을 이루는 여러 교육이론들의 장점들을 반영하여 그 자신만의 교육과정을 창조했다는 데 있다.

2. 킨더뮤직의 교육철학과 학습의 기초들

1) 킨더뮤직의 교육철학

킨더뮤직은 앞에서 언급한 여러 음악교육 이론에 기초해 7가지 기본 철학을 확립하였다 (Kindermusik International Inc, 2002). 7가지 기본 철학을 정리해 보면 다음과 같다.

킨더뮤직은 아동중심의 프로그램이다. 모든 교육과정은 아동 개개인의 개성과 특성을 고려한다. 또한 아동의 발달 연령에 적절하고 아동이 즐길 수 있는 과제를 포함한다. 킨더뮤직 교사는 수업을 지배하지 않고 모든 아동이 탐구하고 학습하고 성장하고 기여할 수 있도록 지시와 도움, 반응을 적절히 조화시킨다. 모든 킨더뮤직 프로그램은 아동의 최고 능력과 잠재성에 맞추어 디자인되었으나, 만약 아동이 특정 활동에 대해 너무 어려워한다면, 킨더뮤직 교사는 그 활동을 수업에서 배제시킬 수 있다.

킨더뮤직은 발달에 적합한 활동으로 구성된다. 모든 활동들은 아동의 전형적인 발달단계를 고려하는 가운데, 아동 개개인의 특성을 허용하는 활동들로 구성된다. 킨더뮤직은 아동의 신체, 사회, 정서, 인지, 음악적 영역을 발달시켜 통합교육에 기여하고, 또한 아동이 다른 아동 및 성인들, 다양한 교구들 그리고 환경과의 상호작용을 통하여 학습할 수 있도록 적절한 환경을 제공한다. 아동의 기술과 이해가 발달하면, 킨더뮤직 교사는 그에 따라 활동과 교구들을 다양화함으로써 난이도를 점차 높여 가며 활동을 제시한다.

킨더뮤직은 전인교육을 지향한다. 킨더뮤직은 아동들의 신체와 생각이 골고루 발달할 수 있도록 아동의 전체적인 성장을 강조한다. 이 프로그램은 음악을 도구로 사용하지만 음악적 영역만을 발전시키는 것이 목적이 아니라, 음악을 통하여 여러 영역에서의 발달을 함께 추구한다.

킨더뮤직은 과정중심의 프로그램이다. 킨더뮤직은 활동의 결과물에만 관심을 가지는 것이 아니라 아동들의 경험 그 자체를 존중하고 중요시 여긴다. 즉, 음악은 도구이지 결과물이 아니라는 것이다. 아동들이 음악을 만드는 활동에 적극적으로 참여함으로써 음악적 기술을 습득하는 결과보다, 그 활동을 통하여 아동이 즐거워하고 다른 비음악적 영역의 기술을 자연스럽게 익히도록 하는 '과정'에 초점을 둔다.

킨더뮤직은 아동의 즐거움을 우선시한다. 킨더뮤직 전문가들은 아동이 즐거움을 느껴야만 긍정적 반응을 촉진할 수 있다고 믿는다. 이러한 즐거운 활동들이 반복될 때 아동들은 목적 기술을 습득하고 필요한 개념들을 학습할 수 있다. 또한 킨더뮤직 전문가들은 즐거운 경험들을 통하여 그러한 기술이 다른 환경으로 전이될 수 있다고 믿는다.

킨더뮤직은 부모의 참여를 필요로 한다. 부모들은 어린 아동의 삶에서 가장 중요한 사람들이다. 아동은 그들의 부모로부터 많은 것들을 배우고, 부모와 함께 할 때 가장 편안함을 느낀다. 아동은 부모와 함께 킨더뮤직 프로그램에 참여함으로써 안정감을 느끼게 되고 부모와의 유대감도 향상시키게 된다. 또한 자녀를 다루는 기술이 부족한 부모의 경우, 그들은 킨더뮤직 활동을 통하여 자녀와의 상호작용 기술을 습득하고 이를 집에서도 활용하게 된다.

킨더뮤직은 최상의 질 높은 교재를 사용한다. 킨더뮤직 전문가들은 질 높은 악기와 교구가 아동의 성장과 즐거움을 촉진시키는 중요한 요소라고 믿는다. 따라서 수업에 이용되는 모든 음악은 전문 음악가들이 녹음하고, 킨더뮤직에 사용되는 악기들도 최상의 질을 유지한다. 또한 킨더뮤직 전문가들은 수업시간뿐 아니라 가정에서도 질 높은 시청각 교재를 사용하도록 권장한다.

2) 킨더뮤직 학습의 기초

킨더뮤직 전문가들은 이 프로그램을 개발할 때 음악활동을 통하여 아동의 비음악적인 영역들이 골고루 발전하도록 하는 데 초점을 두었다. 그들은 구체적인 음악 경험들이 어떻게 비음악적 영역들의 학습을 촉진할 수 있는지의 이론적 근거를 '킨더뮤직 학습의 기초 (Kindermusik Foundations of Learning)' 부분에서 제시하였다. 따라서 '킨더뮤직 학습의 기초'는 "킨더뮤직이 어떻게 아동들의 몸과 마음을 자연스럽게 성장시키는지에 관한 과학적 설명"이라고 정의될 수 있다(Kindermusik, 2004d). 다시 말해 이는 음악활동이 아동의 언어능력, 집중력, 자기 통제력 그리고 음운 체계 인식에 어떻게 영향을 미치는지에 관한 과학적인 통찰을 의미한다.

'킨더뮤직 학습의 기초'는 다양한 세팅에서 사용된다. 우선 킨더뮤직 교사들은 수업 진행 중 각각의 킨더뮤직 음악활동이 아동의 학습과 성장에 어떠한 영향을 미칠 수 있는지 그 이론적 근거를 아동과 함께 수업에 참여하는 부모들에게 시시각각 설명한다(Kindermusik

International, 2002). 이러한 '킨더뮤직 학습의 기초'는 그들의 교사용 교재에 구체적으로 기술되어 있기 때문에 교사들은 각 활동의 이론적 근거들을 어려움 없이 설명할 수 있다. 또한 킨더뮤직 전문가들은 가정용 교재에도 '킨더뮤직 학습의 기초'를 기록하여 부모가 집에서도 이를 참고할 수 있도록 하였다.

이러한 '킨더뮤직 학습의 기초'는 스위스의 아동발달 심리학자인 Piaget의 인지발달이론에 상당 부분 바탕을 두고 있다(Pasiali, De L' Etoile, & Tandy, 2004). Piaget는 아동의 연령에 따라 인지발달과정을 감각운동기, 전조작기, 구체적 조작기, 형식적 조작기의 네 단계로 나누었다. 인지발달에서, 개인의 지능이나 사회 환경에 따라 각 단계에 도달하는 개인 간 연령의 차이는 있을 수 있으나, 발달 순서는 결코 뒤바뀌지 않는다. Piaget에 따르면, 인지발달과정의 각 단계는 주요 행동양식으로 설명될 수 있으며 각 단계는 전 단계의 심리적 구조가 통합된 것으로, 다음 단계의 심리적 구조로 통합될 준비과정이기도 하다. 즉, 각 단계의 사고과정은 서로 다르며 시간이 경과함에 따라 더욱 복잡하고, 객관적이며, 타인의 관점을 생각하는 방향으로 발전하게 된다. 그러므로 모든 아동은 그들이 성장함에 따라 이 네 단계의 인지발달과정을 거치게 된다(Richmond, 1994).

킨더뮤직 전문가들은 이러한 Piaget의 인지발달이론에 기초하여 아동의 연령별로 'Village' 'Our Time' 'Imagine That!' 'Young Child'의 교과과정을 개발했다. 각각의 킨더뮤직 교과과정은 그 연령대의 아동이 수행할 수 있고 수행해야만 하는 발달과업과 연관되는 과제로 구성되어 있다. Piaget의 인지발달이론 외에도 킨더뮤직 전문가들은 Bruner의 '지식의 구조이론'과 Gardner의 '다중지능이론' 등을 반영하여 '킨더뮤직 학습의 기초'를 구성하였다(Kindermusik International, 1998d).

킨더뮤직 학습의 기초의 예는 다음과 같다. 'Village' 수업 중 교사는 '깡충깡충 뛰어 보자(Hop up my baby)'라는 노래를 제시한다(Kindermusik International, 1998b). 이 노래의 전반부는 '조 삼촌을 만나러 갔니?'라는 구절의 세 번 반복으로 이루어진다. 이때 0~1.5세 아동의 부모들은 자신의 아이를 안고 고정 박에 맞추어 원을 돌게 된다. 그 후 '깡충깡충 뛰어 보자, 우리 아기, 세 번 연속으로'라는 후렴 구절을 세 번 반복하게 되는데, 이 후렴구가 나올 때마다 부모들은 자신의 아이를 위로 들었다 내리는 동작을 반복한다. 아동들은 신체적 자극을 받기 때문에 즐거워하지만, 이런 활동이 왜 아동의 발달에 효과적인지를 교사가 '킨더뮤직 학습의 기초' 개념에 의거하여 설명하지 않는다면 부모들은 이 활동의 의미를 완전히 이해할 수는 없을 것이다. 킨더뮤직 교사는 부모의 이해를 돕기 위하여, 노래 중간이나 노래 직후에 아이를 들었다 내리는 활동이 왜 아동에게 즐거움을 제공하는 이상의 학습 효과를 지니고 있는지를 다음과 같이 설명한다(Kindermusik International, 2002).

"이 노래는 전정감각 시스템(vestibular system)을 향상시킬 수 있다. 우리 인체의 전정감각 시스템은 균형감각과 신체적 오리엔테이션을 조절한다. 이러한 전정감각 시스템은 아기가 중력을 느끼고 움직임을 통하여 그의 물리적 환경을 이해할 때 더욱 활발해진다. 아이의 몸을 흔들고 아이의 머리를 돌리는 모든 움직임들은 아기의 전정감각 시스템을 자극할 수 있는 좋은 도구가 된다(p. 48)."

3. 킨더뮤직 교육영역과 경험

킨더뮤직은 아동의 음악 경험을 통하여 그의 음악적 소양과 기술뿐 아니라 음악 외적인 영역에서의 발달도 함께 도모한다. 즉, 아동은 킨더뮤직 프로그램을 통하여 신체적, 정서적, 인지적, 언어적, 사회적 발달을 촉진하게 된다. 이와 같은 영역들은 신체동작, 음악 감상, 음성발달, 언어발달, 합주 등의 구체적인 킨더뮤직 경험들을 통하여 발달하게 된다(Kindermusik International, 2002).

신체활동은 아동의 학습방법과 내용에 중요한 영향을 미친다. 아동은 신체활동을 통하여 운동기술뿐 아니라 그 외의 다른 중요한 기술들을 학습하게 된다. 그것은 기어가기, 구르기, 뒤집기, 걷기, 뛰기, 잡기 등의 동작으로 아동은 이때 신체 전체와 신체감각을 사용하게 된다. 이러한 신체 동작은 몸의 신경계를 발달시켜 뇌를 성장시키기 때문에 아동의 잠재력을 최대한 표출시키는 데 도움을 준다. 또한 음악에 맞추어 신체를 움직이는 행위는 아동의 근육 기억력을 확립시키며, 이는 아동이 음악적 경험을 기억하고 이해하게 하는 데 도움을 준다. 그 밖에 박수치기나 악기연주 같은 소리 제스처와 언어패턴을 접목시킴으로써 동작을 통해 음악을 내면화시킬 수 있다.

킨더뮤직 교과과정에서 강조하는 신체활동의 종류는 다양하다. 첫째, 신체 인지를 꼽을 수 있다. 아동은 자신의 구체적인 신체 부분들을 인지함으로써 그 부분을 통제할 수 있는 능력을 키우게 된다(Kindermusik International, 2002). 둘째, 공간을 인지함으로써, 아동은 자신의 신체와 개인적 및 일반적 공간의 관계를 이해하게 된다(Kindermusik International, 2002). 이를 통해, 아동은 돌아서/통하여, 너머로/아래로, 위/아래, 안/밖 등 공간을 통한 움직임의 개념을 학습하게 된다. 셋째, 킨더뮤직 프로그램을 통하여 아동은 소근육과 대근육을 발달시킬 수 있다(Kindermusik International, 2002). 그 외에도 좌우대칭 동작(bilateral movement), 한쪽 면에 제한된 동작(unilateral movement), 교차측면 동작(cross-lateral movement) 등은 아동이 사지를 다양하게 이용하여 운동기술을 향상시킬 수 있는 동작들이다. 킨더뮤직 프로그램은 이러한 신체활동들을 노래 부르기나 음악 감상의 활동들과 접목시켜 아동들에게 가르친다.

신체활동 이외에 또 다른 킨더뮤직 경험으로 음악 감상이 있다. 아동들의 듣기 능력(hearing)은 타고난 것이지만, 감상(listening)은 학습되어야만 하는 기술이다. 아동이 적절한 감상기술을 가지고 있다면 모든 킨더뮤직 활동들에 보다 효과적으로 참여할 수 있다. 아동에게 적극적인 감상 기술을 가르침으로써, 아동은 환경 속에 존재하는 소리들을 예민하게 지각할 수 있게 된다. 이때 아동은 적극적인 감상자가 되며 다양한 악기 소리와 작품으로까지 그 관심을 확장할 수 있게 된다(Kindermusik International, 2002). 감상은 또한 모든 학습에 필수적인 집중력을 높여 주며 '듣는 귀'를 발달시킴으로써 아동의 음악적 성향 발달에 영향을 미친다. 그 밖에도 적극적 감상 활동을 통하여 감상의 중요한 요소인 청각적 지각, 청각적 구분, 청각적 순서를 발전시킨다. 이러한 적극적 감상기술을 향상시키기 위한 구체적 감상활동들은 다음과 같다. 아동들은 환경의 다양한 소리들—동물들의 울음소리, 날씨에 관계된 소리, 교통수단에 관계된 소리, 목욕물 소리—을 듣고 다양한 음악적인 소리들(기악과 성악)에 노출된다. 뿐만 아니라 킨더뮤직은 다양한 스타일—고전음악, 민속음악, 뮤지컬, 재즈—의 음악을 즉흥연주나 창조적 신체활동 등의 다른 영역의 활동들과 접목시켜 아동들이 접할 수 있는 기회를 제공한다.

신체활동과 음악 감상에 이어 세 번째 킨더뮤직 경험은 음성이다. 목소리는 인간의 내부에서 기인하기에 가장 중요한 악기라고 할 수 있다. 아동의 음성이 발달하였다는 것은 그들의 말과 언어, 대화기술, 노래부분의 발달을 의미하는 것이기에 음성 발달은 더욱 중요하다. 그러므로 어린아이의 서투른 말(babbling), 모방, 동운어(rhymes), 음성 탐색, 음정 간격(interval) 부르기, 음정 맞추기, 노래 부르기 등의 다양한 활동들은 아동의 음성 발달을 촉진시킬 수 있다(Kindermusik International, 2002).

특히 아동의 음성 발달을 위하여 킨더뮤직 프로그램은 성악 놀이와 노래 부르기를 강조한다. 성악 놀이란 부모-아동 간 즉흥적이고 창조적인 음성 교류인데, 부모가 짧은 성악구를 제시하면 아동이 이를 모방하는 활동이다. 아동과 부모 간의 이러한 재미있고 활기찬 공유된 경험을 통하여 아동은 구어 기술을 발전시키며, 자신을 가치 있는 의사소통자로 느끼게 된다(Kindermusik International, 2002). 성악 놀이 외에 노래 부르기를 통해서도 아동은 구어 능력을 발달시킬 수 있다. 이는 아동으로 하여금 노래 가사에 들어 있는 단어들을 학습하고 노래를 부르는 데 사용되는 다양한 근육들(턱, 입술, 혀, 횡격막)을 발달시킬 수 있는 기회를 제공한다. 아동들이 노래를 많이 부르면 부를수록 이러한 근육들을 더 많이 사용할 것이며, 이러한 근육들을 많이 사용할수록 아동의 언어발달을 위한 신체적 준비가 더욱 효과적으로 갖추어질 것이다.

네 번째, 킨더뮤직 경험은 언어(Literacy)다(Kindermusik International, 2002). 아동은 본격적인 읽기와 글쓰기를 시작하기 전부터 언어발달을 시작한다. 즉, 듣기, 말하기, 읽기, 쓰기 능력이 순차적으로가 아니라 동시다발적으로 일어난다는 것을 뜻한다. 그러므로 아직 읽기나 글쓰기를 하지 못하는 아동들도 타인을 관찰하고 타인과의 교류를 통하여 그들의 언어 능력을 발달시킬 수 있다. 예를 들어, 킨더뮤직 교사는 매 시간 동화 읽어 주기 활동을 하는데, 이러한 동화 읽어 주기 활동에서, 교사는 책의 내용을 일방적으로 아동에게 전하는 것이 아니라 어떤 방식으로든지 아동의 다양한 참여를 촉진한다. 이때 아동은 책 후렴구의 내용을 율동에 맞추어 따라 한다든지 책 내용과 관련된 여러 신체 동작을 모방하게 된다. 이러한 적극적인 동화 읽어 주기 활동을 통하여 아동은 자신의 언어 능력, 사고 능력 그리고 문제해결 능력을 자연스럽게 발달시키게 된다.

마지막 킨더뮤직 경험은 음악 합주다. 킨더뮤직 프로그램에는 다양한 수준의 기악 합주 활동을 포함하고 있는데, 아동은 합주에 참여함으로써 자신의 연주 부분이 전체 연주에 기여할 수 있다는 것을 깨닫게 된다. 이것은 합주 활동의 가장 중요한 목적이기도 하다. 4세 이상의 아동들은 합주를 위해 간단한 키보드, 현악기, 관악기 기술들을 습득하게 된다. 킨더뮤직 교사는 아동들에게 합주에 필요한 연주 기술을 주입식 방법으로 교육하기보다, 아동 스스로 다양한 악기를 연주해 보고 각 악기의 음색이 어떻게 다른지 느껴 보도록 하는 경험적 학습 방식을 지향한다(Kindermusik International, 2002).

4. 킨더뮤직 교과과정

킨더뮤직은 0~7세까지의 아동을 대상으로 한 유아음악 프로그램으로 아동의 연령에 따라 'Village' 'Our Time' 'Imagine That!' 'Young Child' 의 네 단계 교과과정으로 나누어 진다(Kindermusik, 2004b). 모든 교과과정은 유아교육전문가와 음악교육전문가들이 프로그램으로 개발하였기 때문에, 킨더뮤직 교사는 아동의 연령에 맞는 교과과정을 선택하여 킨더뮤직 수업을 진행한다. 킨더뮤직 프로그램은 크게 일반 스튜디오 세팅을 위한 프로그램과 여름 캠프를 위한 Adventure 프로그램, 유치원에서 사용할 수 있도록 개발된 Music Box 프로그램으로 구성되어 있다.

1) 'Village' 과정

킨더뮤직 Village 교과과정은 유아교육 전문가들이 최근의 두뇌 개발 연구에 근거하여 제작한 가장 어린아이들을 위한 프로그램으로 출생 후 만 1.5세까지의 아동들이 그 대상이다(Kindermusik, 2004j). 이 같은 두뇌 개발 연구 결과에 따르면, 의도적인 음악 경험은 아동에게 인지, 언어, 사회, 정서뿐만 아니라 신체 발달까지 촉진시킨다고 한다(Kindermusik International, 2002). 즉, Village 수업은 음악의 혜택을 통하여 아이의 신체와 정서의 통합 교육을 제공하는 데 초점을 맞춘다.

'Village' 수업의 목적은 첫째, 부모와 아동의 유대 관계를 향상시키는 데 있다(Kindermusik, 2004j). 이 시기에 형성되는 부모와 아동의 애착 관계는 아이의 인생에 평생 영향을 미친다고 해도 과언이 아니다. 그러므로 이 프로그램은 이 중요한 시기에 부모와 아동 사이의 올바른 애착 관계 형성에 도움을 주며, 구체적인 활동과 올바른 유아교육 방안을 제시한다. 둘째, 아동은 'Village' 수업을 통하여 음악을 부담 없이 소개받게 된다. 여러 장르의 음악을 접하면서 아동은 음악이 즐겁고 재미난 것이라고 느끼게 된다. 셋째, 'Village' 수업은 음악활동에 온 가족이 참여하게 한다. 수업 시간에 진행한 활동을 집에서도 할 수 있게 부모를 교육함으로 아동이 음악을 어려서부터 자연스럽게 받아들이게 한다. 넷째, 'Village' 수업의 목적은 아동의 발달 단계에 알맞은 타임테이블에 따라 적절한 활동을 제시하는 것이다(Kindermusik, 2004j). 모든 아이들은 똑같은 속도로 성장하지 않는다. 어떤 아이는 음악에 즉시 반응하고 춤을 추는 반면 다른 아동은 수업에 잘 참여하지 않는다. 이때 킨더뮤직 교사는 수업에 적극적으로 참여하지 않는 아동에게 억지로 춤을 추게 하는 대신, 그 아이의 발달 단계를 인정하고 아이로 하여금 그 단계에서 음악을 즐길 수 있는 대안을 제공한다. 다섯째, 'Village' 수업의 목적은 아동의 전인교육을 위해 음악이 왜 좋은지를 부모에게 가르치는 것이다(Kindermusik International, 2002). 'Village' 수업은 다른 교과과정의 아동들과는 달리 아동 스스로가 의사 표현을 하지 못할 정도로 어리기 때문에 부모교육을 특별히 강조한다. 즉, 아동의 발달을 위해 교사, 아동, 부모가 상호 보완의 역할을 해야 하는 것이다. 부모는 가정용 교재를 이용해 수업 시간에 배웠던 활동을 집에서 연장할 수 있다.

'Village' 교과과정에서 사용하는 주제는 8종류다. 각 주제는 8주 수업으로 매주 45분 수업을 기본으로 한다. 반드시 부모나 주 보호자가 함께 수업에 참여해야 하며, 참여 가능한 아동의 수는 최대 12명이다(Kindermusik, 2004j). 주제는 'Dew Drops' 'Cock-a-dooddle-Moo!' 'Feathers' 'Do-si-Do' 'Zoom Buggy!' 'Dream Pillow' 'Hickory Dichory Tickle& Bounce' 'The Rhythm of My Day' 다(Kindermusik International, 2002).

2) 'Our Time' 과정

킨더뮤직 'Our Time' 교과과정은 만 1.5~3세까지의 아동을 대상으로 한다. 이 연령의 아동들의 특징은 부모로부터 독립하고 싶어 하면서 동시에 부모와 분리되어 있을 경우 불안감을 느낀다는 것이다. 이 과정은 아동과 부모가 함께 악기 탐구, 창의적인 신체표현, 듣기, 동화 읽기 등을 경험하게 함으로써 아동의 건강한 감성발달을 독려하며 아동에게 독립성과 의존성의 필요를 깨닫게 한다(Kindermusik, 2004i). 또한, 이 시기의 아동은 걷고 뛰는 운동신경이 발달하고, 간단한 지시사항을 이해하는 능력과 어휘력이 급속도로 향상된다. 따라서 킨더뮤직 'Our Time' 수업은 이 연령의 아동의 발달 상태에 알맞은 활동을 제시함으로써 아동과 엄마가 즐거운 경험을 하도록 한다.

이 과정의 목적은 첫째, 가정에서 온 가족이 자연스럽게 음악활동을 할 수 있도록 독려하는 데 있다(Kindermusik, 2004i). 수업 시간뿐만 아니라 일상생활 가운데서 음악을 가까이 하고 즐길 수 있는 방법을 알려 준다. 둘째, 아동이 노래나 춤, 놀이를 할 때 부모에게 리드할 수 있는 기회를 주고, 아동의 발달 상황에 맞는 방법으로 여유를 갖고 놀이에 임하도록 도와준다(Kindermusik, 2004i). 셋째, 학교생활을 성공적으로 하기 위해 필요한 자신감, 호기심, 자기표현, 사회성, 협동심 등을 발달시킨다. 넷째, 수업 시간 동안의 부모교육을 통하여 아동에 대한 지식과 이해를 넓혀 준다.

'Our Time' 수업은 아동의 전인교육을 강조하는 신체활동, 음악활동, 문학활동이 중점을 이룬다. 그리고 매 수업이 연속적으로 진행되는 것이 아니어서 언제든지 새로운 아동이 학기 중에 들어올 수 있고, 각 주제마다 창의성, 탐구력, 언어발달, 신체활동, 사회성 발달을 위한 다양한 활동들이 소개된다. Our Time 프로그램은 네 가지 주제가 있고 각 주제 당 총 15주의 수업을 한다. 'Village' 수업과 마찬가지로 어머니가 아동과 함께 처음부터 끝까지 수업에 참여한다. 주제는 'Away We Go!' 'Fiddle-dee-dee' 'Milk & Cookies' 'Wiggles & Giggles' 다(Kindermusik International, 2002).

3) 'Imagine That!' 과정

'Imagine That!' 수업은 만 3~4세 대상의 아동들을 위한 프로그램으로 음악과 언어표현, 또래 상호작용과 역할놀이를 다루고 있다. 이 수업의 핵심은 아동의 상상력과 놀이를 통하여 세상을 탐구하려는 그들의 자연스러운 욕망을 더욱 향상시키는 것이다(Kindermusik, 2004f).

이 연령의 아동은 대근육과 소근육이 많이 발달하고, 집중 시간이 길어지며 어휘력 또한 몰라보게 발달하고 다른 친구들과 함께 활동하는 것에 관심을 가진다. 'Imagine That!' 수업은 아동들의 발달적 특징에 맞는 주제를 선택하여 이에 연관된 활동과 다양한 장르의 음악 경험을 아동에게 제공한다.

이 과정에서의 목적은 첫째, 아동으로 하여금 수동적인 자세를 취하지 않고 능동적이고 주도적인 역할을 하도록 그를 돕는 것이다(Kindermusik, 2004f). 킨더뮤직 교사는 아동에게 자신의 지시사항을 무조건 따르라고 강요하지 않는다. 오히려 교사는 아동이 자발적으로 활동에 임하도록 흥미를 유발시키고 아동의 아이디어를 존중해서 이를 수업에 최대한 반영하며, 아동으로 하여금 수업을 리드하도록 격려한다. 둘째, 아동이 음악의 가치를 감상할 수 있도록 한다. 음악은 따분하고 어려운 일이 아니라 일상생활을 윤택하고 즐겁게 만드는 소중한 선물이라고 느껴지게 한다(Kindermusik, 2004f). 셋째, 아동의 잠재력을 최대한 끌어낸다. 이 연령의 아동은 부모로부터 상당 부분 독립한 상태다. 그래서 아동은 'Imagine That!' 수업의 처음 30분을 부모 없이 혼자 참여하고, 부모는 수업을 마치기 15분 전부터 활동에 참여하게 된다. 이 시간에 부모는 아동을 깊이 관찰함으로 아동의 발달 상태를 파악할 수 있는 기회를 가지게 된다. 넷째, 'Imagine That!' 수업의 목적은 아동의 창의성과 상상력을 향상시키는 것이다. 이 수업에서 역할놀이는 높은 비중을 차지한다(Kindermusik, 2004f). 아동은 역할놀이를 통하여 부모로부터 독립하면서 자기만의 세계를 만들어 가기 시작한다. 한 학기 동안 아동은 동일한 주제를 가지고 그들의 상상력과 창의성을 발휘해 멋진 이야기를 만들어 간다. 예를 들어, 'Toys I make, Trips I take(내가 만든 장난감, 내가 한 여행)'란 주제는 아동들이 좋아하는 장난감 친구들과 여행을 떠난다는 내용이다. 이 과정에서 아동들은 어디로 어떻게 여행을 떠날 것인지에 관해 다양한 의견을 표현하여 이야기를 만들어 가게 된다. 다섯째, 'Imagine That!' 수업을 통하여 아동은 기초적인 악상 기호와 음악 개념을 소개받고, 다양한 타악기를 연주할 기회를 제공받게 된다. 이 시기에 아동은 북을 가지고 크고 작게, 빠르게 느리게, 고정 박을 연주하도록 교육받는다.

이 과정은 'See What I Saw' 'Toys I make, trips I take' 'Hello, Weather, Let's Play together!' 'Cities, Busy Places!'의 총 네 가지 주제로 구성된다. 'See What I Saw'는 친구와 공원에 놀러가 공원 안을 다니면서 여러 가지 일들을 경험하는 내용이다. 이 교과과정에서, 아동은 공원 안에서 여러 활동을 함으로써 여러 가지 음악적인 요소들을 학습하게 된다. 예를 들어, 미끄럼을 타는 역할놀이를 통하여, 아동은 올라가는 소리와 내려가는 소리의 개념을 이해하게 된다. 즉, 음정이 올라갈 때 아동은 미끄럼 계단을 올라가고, 내려가는 음정을 노래하면서 미끄럼 위에서 미끄러져 내려온다.

한편, 'Toys I make, trips I take'는 아동이 장난감을 만들고 팔기도 하는 장난감 가게를 방문하는 주제로 구성된다. 아동은 자신이 좋아하는 장난감을 상상으로 만들고, 장난감 친구들과 춤도 추고 노래도 부르면서 이야기를 만들어 간다. 'Hello, Weather, Let's Play together!'는 우리가 경험하는 다양한 날씨—해, 비, 천둥과 번개, 별—를 아동이 상상 속에서 경험하면서 펼쳐지는 이야기를 다룬다. 예를 들어, 비가 올 때 부르는 노래는 빗방울이 떨어지는 소리를 모방한 멜로디이고, 이 빗소리를 모티브로 하여 아동은 북으로 즉흥연주를 하기도 한다. 'Cities, Busy Places!'는 우리가 살고 있는 도시를 모델로 구성한 주제다. 길을 걸으면서 종탑 위의 종소리, 상점들, 박물관 등 여러 곳을 구경하는 이야기다.

이와 같이 'Imagine That!'의 모든 주제는 아동의 상상력을 절대적으로 필요로 한다. 아동은 상상력을 동원하여 이야기를 만들어 가면서 동시에 음악, 신체, 정서, 사회성, 언어, 인지기술을 학습하게 된다.

4) 'Young Child' 과정

'Young Child' 교과과정은 만 5~7세의 아동을 대상으로 한다. 이 시기의 아동은 악기

탐구와 연주에 강한 관심과 흥미를 가진다(Kindermusik International, 2002). Young Child 수업에서는 총 4학기 동안 각 악기군 별로 한 개의 악기를 연주할 수 있도록 한다(Kinder-musik, 2004k). 이 수업에 참여하는 아동들은 기초적인 건반악기인 종금(Glockenspiel)과 두 줄짜리 현악기인 덜시머(Dulcimer), 관악기인 피리를 4학기 동안 연주하게 되고, 이런 경험을 통하여 자신이 어떤 군의 악기를 선호하는지를 깨닫게 된다. 또한 이 수업은 음악교육의 기초 이론 학습을 포함하는데, 자칫하면 지루하고 어렵게 느껴지는 이론 공부를 게임을 이용하여 즐거운 경험이 되도록 한다. 궁극적으로 4학기의 'Young Child' 수업을 모두 마친 아동은 차후 어떤 악기라도 쉽게 배울 수 있고 즐길 수 있게 된다. 이 교과과정은 4학기로 구성되어 있고 내용이 연결되지만, 매 시간마다 충분한 복습을 하기 때문에 학기 초 3~4주까지는 새로운 학생들의 참여가 가능하다.

'Young Child' 수업의 목적은 첫째, 음악 개념을 학습하는 데 있다. 둘째, 아동이 정확한 음정과 박자로 노래를 부를 수 있도록 하는 데 초점을 두며 이는 궁극적으로 정확한 음정과 박자를 가지고 악기 연주를 하기 위함이다. 셋째, 아동이 악기 연주를 할 수 있도록 한다. 만 5~7세의 아동은 악기 연주에 많은 관심을 나타내는 경향이 있고 신체적으로 악기 연주가 가능하기 때문에, Young Child 교사는 이 시기의 아동이 다양한 악기를 접할 수 있도록 격려한다. 넷째, 악보를 읽고 적을 수 있도록 한다. 이 과정의 수업은 아동으로 하여금 단순히 음악을 경험하도록 하는 데 머물지 않고 그들의 경험을 상징화하는 음악 기보 훈련을 제공한다. 그러나 이 과정은 게임 형식으로 진행되기 때문에 아동은 부담감이나 지루함 없이 수업에 참여할 수 있다(Kindermusik, 2004k).

'Young Child' 수업은 다른 연령대의 교과과정과는 달리 특별한 주제 없이 1학기, 2학기, 3학기, 4학기 수업으로 진행된다. 각 학기 교과과정은 연속적으로 진행되기 때문에, 이 수업에 참여하고자 하는 학생은 1학기 수업부터 순차적으로 참여해야 한다.

5) 'Adventures!' 과정

'Adventures'는 캠프용으로 고안된 킨더뮤직 프로그램이다. 그래서 여름 방학이나 겨울 방학 혹은 학기가 끝나고 새 학기가 시작하기 전 5주 동안 진행된다. 이 프로그램은 연령별로 3개 분야로 나누어지고, 총 8개의 주제로 이루어져 있다(Kindermusik, 2004e).

0~1.5세용 프로그램의 주제는 'Peekaboo, I love you'로 부모와 아기가 함께 한다.

1.5~3세용 프로그램은 'Zoo Train' 'Creatures in My Backyard' 와 'Creatures at the Ocean' 의 3개의 주제로 구성되어 있다. 각 주제는 45분 수업으로 부모가 수업 처음부터 끝까지 함께 한다.

3~5세용으로는 'Confetti Days!(사육제 날!)' 와 'On the Road(길에서)' 라는 두 가지 주제가 있고, 부모는 후반 30분 동안 수업에 참여하게 된다. 최대 참가 인원은 10명까지로, 간식 시간과 미술활동 시간이 있다. 5~7세용으로는 2개의 주제 'Around the World' 와 'Near and Far' 가 있다. 두 시간씩 5주 동안 수업이 진행되며, 부모는 참여를 선택할 수 있다. 3~5세 프로그램과 마찬가지로 간식 시간과 미술 시간이 포함된다.

6) 'Music Box' 과정

'Music Box' 는 3~5세 아동이 유치원에서 참여할 수 있도록 고안된 프로그램이다. 수업 내용은 'Imagine That!' 과 비슷하나 부모 없이 유치원에서 진행된다는 점이 다르다. 주제는 3~4세 아동용으로 'Music all around' 'I can make music' 'Music for Everything' 등이 있다. 4~5세용으로는 'Sing and Play together' 'Exploring Music together' 'Making Music Together' 가 있다.

이 수업의 목적은 첫째, 음악의 기본 요소를 교육하는 것이며, 둘째, 감상 훈련을 하는 것이다(Kindermusik, 2004g). 감상 훈련은 아동의 집중력을 길러 줄 뿐만 아니라, 음악교육의 기본이기도 하다. 셋째는 음성 훈련이며, 넷째는 친구들과 함께 활동을 하면서 사회성을 발전시키는 것이다(Kindermusik, 2004g).

이 수업은 부모 없이 유치원에서 하는 프로그램이기 때문에 아동의 부모를 직접 교육할 수 없다. 따라서 부모들이 집에서 자녀와 상호 교류할 수 있도록, 아동들이 구입하는 가정용 교재에 간단한 교육내용과 CD가 수록된다.

7) 킨더뮤직 활동의 예

다음에 소개되는 전형적인 킨더뮤직 수업 교본은 4~5세 아동을 대상으로 하는 Our Time! 단계 중 'See What I Saw!' 교과과정에 포함된 내용이다. 여기에 제시된 예는 16주 과정 중 첫 주에 해당하는 수업 교본이다(Kindermusik International, 2001). 킨더뮤직 교사는 이 수업 교본을 기초로 하여 수업을 진행하며, 자신의 수업에 이 교본의 내용을 최대한 반영하도록 노력한다. 그러나 수업에 참여하는 아동들이 과제 수행에 어려움을 겪는 경우, 교사는 활동의 내용을 단순화시키거나 활동의 수를 제한하기도 한다. 또한 장애아동이 수업에 참여한 경우, 그들의 필요에 따라 활동의 내용은 수정될 수 있다.

수업 교본의 예 : 'See What I Saw!

활동	내용
'Hello, How Do You Do(안녕)' : 안녕 노래 부르기	아동들과 서로 인사한다. 아동들은 다양한 방법으로 인사한다(예를 들어, 손 흔들기, 고개 끄덕이기, 박수 치기 등).
'This Old Man(이 나이 든 아저씨)' : CD에 수록된 이 동요를 감상하며 악기 연주	아동들은 음악에 맞추어 리듬 스틱을 가지고 고정박을 연주한다.
'On Our Way(우리의 길 따라)' : 핸드 드럼 활동	아동들은 교사의 핸드 드럼 소리와 찬트에 함축된 지시에 맞추어 걷거나 뛰며 멈추는 신체활동을 한다.
'What Shall We Do?(무얼 할까?)' : 노래 부르기와 신체 표현	공원에서 무얼 할까에 관해 노래 부른 후, 아동들은 그 가사의 내용을 신체적으로 표현한다(예를 들어, 정글짐에 올라가는 내용이라면 아동들은 노래를 부르며 그 동작을 흉내 냄).
베짱이 공원 이야기: 동화 읽기, 노래 부르기, 신체 표현	공원에서 무엇을 할 수 있는지 아동들과 토론한다. 교사는 시소, 그네, 미끄럼틀들의 그림과 같은 소품을 이용하여 공원 이야기를 읽어 준다. 각각의 소품이 등장할 때 그에 대한 노래를 아동과 함께 부른다.
'Ball Play(공놀이)' : 공을 가지고 탐구하는 활동	각 아동에게 공을 제공하고 교사의 구체적인 지시에 따라 아동들은 공을 탐색한다(예를 들어, 공을 가지고 아치 만들기, 옆 사람에게 공 전달하기 등).
'Do As I'm Doing(내가 한 대로 해 봐요)' : 노래 부르기, 공을 가지고 신체활동	교사의 지시와 노래의 리듬에 맞추어 아동들은 다양한 장소에서 공을 튕긴다(예를 들어, 바닥, 발 등, 배, 팔 위에서 공 튕기기).
어머니나 주 보호자 입장	어머니나 주보호자가 수업참여를 위해 교실로 입장한다. 이때 교사는 안녕 노래로 이들을 환영할 수 있다.
베짱이 공원 이야기 반복	교사는 이 활동을 짧은 버전으로 반복함으로 부모들과 그 내용을 공유하며, 이 활동을 가정에서도 활용할 수 있도록 그들을 교육한다.

가정용 교재 활동 #1 소개: 보호자와 함께 하는 활동으로 일주일간 집에서 이 활동을 함께 할 수 있도록 교재를 소개함	교사는 집에서 아동 스스로 베짱이 공원 이야기를 만들 수 있도록 격려하고 아동의 풍부한 상상력이 이 활동 속에서 반영되도록 부모를 교육한다.
'Ha, Ha, This-a-Way(하하, 이렇게 해 봐요)' : 노래 부르기, 지시 따르기	아동들은 노래 가사에 나타난 활동을 신체로 표현한다(예를 들어, 발끝으로 걷기, 한 발로 뛰기 등).
'Everybody Wave and Sing Goodbye(안녕 노래 부르기): 헤어지는 노래 부르기	수업을 마무리하는 안녕 노래를 부른다.

5. 한국에서의 킨더뮤직

한국에서는 지난 1997년 처음으로 킨더뮤직 프로그램이 시작된 이후 여러 유치원들과 개인 음악 스튜디오에서 킨더뮤직 수업을 진행하고 있다. 2005년에 킨더슐레(주)는 Kindermusik International과 마스터 프랜차이즈 독점 계약을 맺고 한국의 킨더뮤직 관련사업을 운영하고 있다. 현재 킨더슐레(주)에서 운영하고 있는 킨더뮤직 직영센터들과 2005년 이전 킨더뮤직 프로그램을 도입한 연구소 및 유치원 등에서 킨더뮤직 수업이 진행되고 있다. 하지만 한국에서의 킨더뮤직 프로그램은 주로 장애가 없는 일반 아동을 중심으로 제공되고 있으며 장애아가 참여할 수 있는 킨더뮤직 프로그램 운영은 현재 추진 중에 있다.

킨더뮤직의 모든 교과과정은 영어로 이루어져 있으며 아직 공식적으로 한국어로 번역되지 않았다. 따라서 국내에서의 모든 킨더뮤직 수업은 많은 부분 영어로 이루어진다. 물론 교사의 지시사항이나 아동들의 반응, 동화 읽기 등의 활동들은 한국어로 표현되지만, 그 외에 수업 시간에 사용되는 모든 노래는 원어 그대로 활용되며 CD에 수록된 모든 음악작품들도 특별히 번안하지 않고 원곡 그대로 사용된다.

6. 킨더뮤직과 음악치료

킨더뮤직은 본래 0~7세까지의 장애가 없는 일반 아동들을 위해 개발된 유아음악 프로그램이다. 그러나 킨더뮤직 프로그램의 철학이 아동을 위한 음악치료 철학과 유사한 점이 많

고 그 활동들이 장애아동들의 치료에 유익하다고 생각한 일련의 음악치료사들이 그들의 임
상에서 킨더뮤직 프로그램을 사용하기 위해 킨더뮤직 교사 자격증을 취득하게 되었다. 다
시 말해, 킨더뮤직 프로그램 안에 장애아동을 위해 특별히 고안된 교과과정이 포함된 것이
아니라, 특수교육에 관심이 있는 킨더뮤직 교사와 음악치료사인 킨더뮤직 교사들이 일반
아동을 위해 이미 개발된 킨더뮤직 교과과정을 장애아동의 필요에 맞게 적용시키고 있다는
것이다. 이러한 음악치료사인 킨더뮤직 교사들은 일반 아동들을 위한 전통적인 킨더뮤직
수업을 진행함과 동시에, 장애아동들을 일반 아동들이 참여하는 수업에 포함시키는 킨더뮤
직 통합 교육 수업을 지향하거나 혹은 장애아동만을 위한 킨더뮤직 수업을 진행하기도 한다
(Kindermusik, 2004c). 이들이 킨더뮤직 프로그램을 치료적인 목적으로 사용하는 근거는 다
음과 같다.

1) 발달적 접근

킨더뮤직 프로그램을 장애아동에게 치료적으로 사용할 수 있는 첫 번째 근거는 킨더뮤직
프로그램이 발달적 접근방식을 취하고 있기 때문이다. 음악치료사들은 아동의 발달연령을
중요시 여기고 모든 음악치료 활동을 아동의 발달연령에 맞도록 계획한다. 킨더뮤직 프로
그램은 0~7세까지 아동들을 위해 만들어진 교과과정이므로 장애아동들은 그들의 발달연
령에 맞는 킨더뮤직 교과과정에 참여할 수 있다(Pasiali, De L' Etoile, & Tandy, 2004). 예를
들어, 5세의 발달장애아동이라고 해서 5세 아동을 위한 교과과정인 Imagine That! 과정에
일률적으로 참여해야 하는 것이 아니라, 그 아동의 발달연령에 맞는 Our Time 과정에 참여
할 수 있다는 것이다. 이 같은 규칙은 장애아동에게만 적용되는 것이 아니라, 특별한 장애
가 없는 아동일지라도 언어발달이 늦다든지 사회성이 부족한 경우 자신의 연령대보다 한 단
계 낮은 연령대의 수업에 참여할 수 있다.

또한 킨더뮤직 프로그램이 치료적일 수 있는 이유는 모든 킨더뮤직 활동들이 장애아의 필
요를 고려하여 수정될 수 있기 때문이다(Pasiali, De L' Etoile, & Tandy, 2004). 킨더뮤직의
전체 교과과정과 활동들은 융통성과 개별화를 강조한다(Kindermusik International, 2003).
예를 들어, 일반 아동들과 같이 킨더뮤직 수업에 참여하는 발달장애아동의 경우, 이 아동은
일반 아동들과 동일한 과제를 동일한 수준으로 수행하도록 요구받지 않는다. 동일한 수준
의 과제 수행을 요구하는 것은 현실적이지 않을 뿐 아니라 발달연령을 고려하는 킨더뮤직

교육철학과도 맞지 않기 때문이다. 구체적으로, 치료사가 제시한 과제가 음악에 맞춰 고정박을 가지고 걷기 활동을 하는 것이었다고 가정하자. 킨더뮤직 교사는 장애가 없는 아동들에게는 고정박대로 걷도록 격려하고 이러한 과제 수행에 어려움이 있는 장애아동에게는 박자에 구애받지 않고 자유롭게 걸어 다니도록 도와줄 수 있다.

이러한 아동의 필요에 따른 킨더뮤직 활동의 수정은 서로 다른 발달 단계에 머물러 있지만 동일한 그룹에 속해 있는 일반 아동들에게도 해당된다(Pasiali, De L' Etoile, & Tandy, 2004). Village 수업의 경우, 수업에 참가하는 대상의 연령 특성상 여러 발달 단계의 아동들이 참여 하는 경우가 많다. 이때 교사는 걷는 아이에게는 걷는 활동을, 기는 아이에게는 기는 활동을 하도록 격려하고, 신체활동에 참가하지 않고 가만히 앉아 있는 아이에게는 음악을 감상하도록 기회를 허락하며 아기에게 억지로 움직일 것을 강요하지 않는다. 이와 같이 킨더뮤직 교사는 아동들의 발달연령과 장애 정도를 고려하여 활동을 계획하고 수정한다.

2) 통합적 접근

킨더뮤직 프로그램이 치료적일 수 있는 또 하나의 근거는 이것이 음악을 사용하여 아동의 음악적 기술을 향상시키지만 그 외에도 비음악적 영역들의 발전을 강조하는 통합적 접근방식을 취하기 때문이다(Kindermusik, 2004h). 킨더뮤직 프로그램은 음악을 도구로 사용하지만 음악적 영역만을 발전시키는 것이 목적이 아니라, 음악을 통하여 아동의 신체, 사회, 정서, 인지, 언어 영역에서의 발달을 추구한다. 이러한 접근방식은 음악치료와 유사하다. 음악치료는 음악을 매개로 사용하여 비음악적인 기술을 습득하는 것을 그 목표로 한다. 장애아동은 킨더뮤직 프로그램에 참여함으로써, 즐거운 음악적 경험을 통하여 자신의 치료적 목적을 달성할 수 있다. 예를 들어, 자폐아동은 'Ring around Rosy(장미꽃 덤불을 돌아라)'라는 원(circle) 활동에 참여함으로, 일반 아동들과 사회적 관계를 맺고, 가사에 함축된 교사의 지시에 따라 신체를 움직여(타 아동들과 손잡기, 오른쪽이나 왼쪽으로 돌기, 깡충 뛰기 등) 감각 통합 기술과 대근육 기술을 향상시킬 수 있다.

이와 같은 통합적 접근방식은 킨더뮤직 모델이 다양식적이며 다감각적 디자인을 추구하기 때문에 가능하다(Kindermusik International, 2003). 물론 음악은 그 자체가 다 감각적이기에 아동들은 음악을 감상하고 창조하는 과정을 통하여 그들의 청각과 촉각을 발달시킬 수 있다. 킨더뮤직 프로그램은 음악활동에 동화, 그림, 창조적 신체활동, 다양한 소도구를 사용하여 아동의 다양한 감각들을 자극함으로, 아동들이 선호하는 학습 스타일이나 양식과 상관 없이 그들의 학습 능력을 최대한 개발할 수 있다. 특정한 감각 기술이나 양식에 문제가 있는 장애아동의 경우, 다양한 다감각적 활동들을 통하여 그들의 치료 목표를 달성할 수 있다.

3) 과정 지향적 접근

세 번째 킨더뮤직 프로그램이 치료적일 수 있는 근거는 이것이 결과 중심적이 아니라 과정 중심적 접근양식을 취하기 때문이다(Pasiali, De L' Etoile, & Tandy, 2004). 이것은 클라이언트가 수행한 결과물을 가지고 그를 평가하기보다는 그가 경험한 과정을 존중하는 음악치료의 접근방식과 상통한다. 킨더뮤직 수업에서 아동들은 음악활동에 참여하지만 궁극적인 목적은 음악 기술을 향상시키는 것이 아니라, 음악활동에 참여하는 과정을 통하여 다양한 영역들의 기술을 자연스럽게 습득하도록 하는 것이다. 또한 교사들은 아동들이 수행한 활동의 결과물에 관심을 가지기보다 아동들이 경험하고 있는 그 자체를 중요하게 여기고, 아동들이 흥미 있게 수업에 참여함으로써 자연스럽게 여러 기술들을 습득하도록 격려한다.

4) 부모와 자녀의 관계

부모와 자녀 간의 관계를 의미 있게 발전시킨다는 점은 킨더뮤직 프로그램이 치료적일 수 있는 네 번째 근거다(Pasiali, De L' Etoile, & Tandy, 2004). 킨더뮤직 프로그램만의 독특한 특성 중 하나가 부모의 수업 참여. 부모는 아동의 최초의 선생님이자 가장 중요한 인물이다. 부모가 아동의 수업에 함께 참여함으로써 부모는 아동과 교류하는 방법은 물론 집에서 아동을 효과적으로 교육할 수 있는 방법들을 교육받게 된다. 대부분의 부모들이 자신의 아이와 양적으로 많은 시간을 보내지만 질적으로 훌륭한 시간을 보내는 것은 아니다. 부모는 자녀들과 의미 있는 시간을 보내기를 원하지만 많은 경우에 그 방법을 알지 못한다. 이에 킨더뮤직 프로그램은 다양하고 질 높은 음악활동을 통하여 부모와 자녀가 질적으로 의미 있는 시간을 갖도록 도와주며, 더 나아가 킨더뮤직 세팅 외에서도 그 교류가 이어지도록 권장한다.

자녀와 부모의 의미 있는 교류의 문제는 비단 일반 아동 가정에만 해당되는 것은 아니다. 오히려 장애아를 가진 많은 부모들은 어떻게 자녀와 교류해야 하는지 그 방법을 알지 못할 때가 많다. 장애아동들은 감각적이며 시각적인 혹은 촉각적인 여러 자극에 일반 아동같이 반응하지 않을 때가 많다. 이 경우 킨더뮤직 프로그램은 자녀와의 의사소통을 성공적으로 이끄는 방법들을 장애아를 가진 부모에게 제시한다(Pasiali, De L' Etoile, & Tandy, 2004). 그 결과로 부모들은 자녀와 보내는 시간을 좀 더 효과적으로 사용할 수 있게 될 것이다.

7. 킨더뮤직 프로그램의 치료적 적용

킨더뮤직 프로그램은 발달적 · 통합적 · 과정 지향적 접근방식을 지향하고 있고 또한 부모와 자녀의 관계 형성을 촉진하기 때문에 다양한 장애를 가진 아동들도 킨더뮤직 수업에 참여할 수 있다. 그러나 앞에서 언급한 바와 같이, 장애아동들을 위해 특별히 개발된 킨더뮤직 교과과정이 존재하는 것은 아니다. 따라서 장애아동에 대한 사전 지식이나 경험이 있는 킨더뮤직 교사 혹은 음악치료사인 킨더뮤직 교사들이 자신의 재량에 따라 다양한 장애아동들을 킨더뮤직 수업에 참여하도록 격려하고 그들의 필요에 따라 킨더뮤직 활동들을 수정하여 프로그램을 진행하게 된다.

Pasiali, De L' Etoile와 Tandy(2004)는 킨더뮤직 프로그램을 다양한 대상자들을 위해 적용하고 있음을 설명하였다. 그들에 따르면, 킨더뮤직 교사는 감각장애아동들을 위해 다양한 시각적, 청각적, 촉각적 자극을 사용하며, 발달장애아동들을 위해서는 여러 프로그램 중 그들의 발달연령에 맞는 교과과정을 선택하도록 격려한다. 또한 킨더뮤직 활동들은 신체장애를 가진 아동들이 다양한 악기를 연주하고 그 연주를 통해 다양한 촉각적 경험을 하게 하여, 그들의 청각적이고 촉각적인 능력을 자극시키고 환경과 적극적으로 교류하도록 도울 수 있다(Kindermusik International, 2003). 이 밖에도 언어 문제나 관계의 문제로 고통받는 아동들, 학대받는 아동들, 약물 중독 아동들도 킨더뮤직의 수혜자가 될 수 있다. 그러나 장애가 심각한 아동의 경우, 개별 음악치료를 통하여 자신의 개인적 치료 목적을 성취한 후 사회성 계발을 위해 킨더뮤직 수업에 참여하는 것이 바람직하다.

앞에서 살펴본 바와 같이 킨더뮤직 프로그램은 장애아동을 위하여 사용되기도 하지만 최근 들어 그 대상이 양로원에 있는 노인들에게까지 확장되고 있다(Kindermusik, 2004j). 이 접근방식은 노인들을 위한 특별한 킨더뮤직 프로그램을 개발하여 적용시키는 것이 아니라, 0~1.5세의 영아들을 위한 Village 수업을 킨더뮤직 스튜디오 대신 노인들이 상주하는 양로원에서 제공하는 방식으로 진행된다. 양로원에 거주하는 노인들은 가족과 떨어져 외로운 삶을 살 때가 많다. 그리고 접촉하는 사람들도 간호를 해 주는 성인 의료인과 동료 노인들로 제한된다. 이때 노인들은 Village 수업을 관찰하고 영아들을 도와주는 도우미로 수업에 함께 참여할 수 있다. 그들은 영아들과 교류하며 돕는 자로서의 역할을 성공적으로 수행함으로써 그들의 삶에 즐거움과 보람을 느낄 수 있게 된다.

킨더뮤직은 0~7세의 아동을 대상으로 한 통합 유아음악 프로그램이다. 아동들은 자신의 발달 단계에 따른 킨더뮤직 프로그램에 참여함으로써 음악 기술을 학습할 뿐 아니라 이를 통하여 신체, 정서, 인지, 사회 기술들을 향상시킬 수 있다. 이러한 발달적, 통합적 접근방식을 강조하는 킨더뮤직의 교육철학이 음악치료의 그것과 유사하기 때문에, 킨더뮤직 교과과정은 장애아동들을 위해서 이용될 수 있다. 특히 최근 들어 음악치료사인 킨더뮤직 교사들이 그들의 일반 아동들을 위한 킨더뮤직 수업에 장애아동들을 함께 참여시키거나 장애아동만을 위한 킨더뮤직 수업을 개설하고 있다.

장애아동들이 킨더뮤직 수업에 참여할 경우, 그들의 발달연령을 고려해 적절한 킨더뮤직 교과과정에 배정된다. 또한 킨더뮤직 교사는 장애아동의 필요에 따라 킨더뮤직 활동들을 단순화시키거나 수정할 수 있다. 그러나 장애아동만을 위해 특별히 고안된 킨더뮤직 교과과정이 존재하는 것이 아니며 또한 모든 킨더뮤직 수업은 그룹으로 진행되기 때문에, 장애의 정도가 심하거나 관계 맺음에 어려움이 심한 아동들은 킨더뮤직 프로그램의 참여가 제한될 수도 있다.

용어 해설

Bruner의 지식의 구조이론: Bruner 이론의 핵심은 학습이란 능동적인 과정이며, 학습자가 그들의 과거/현재 지식을 바탕으로 새로운 아이디어나 개념들을 구성한다는 것이다. 학습자는 자신의 인지적 구조가 요구하는 대로 스스로 정보를 선택하고 변형하며 가설을 설정하고 행동에 대한 결정을 한다는 것이다.

Gardner의 다중지능이론: 전통적인 지능이론은 지능을 언어적 지능과 수학적 지능으로 구별된 개인의 일반적인 능력으로 평가하는 반면에, Gardner가 제안한 다중지능이론은 지능을 사회 속에 직면해 있는 문제를 해결하는 지적 능력이나 자연스런 상황에서 그 문화권이 가치를 두고 있는 산물을 창조하는 능력으로 정의하는 이론이다. Gardner는 인간의 지적 활동을 서로 독립적인 9개의 분야로 나누어 각 분야에 대응하는 9가지의 지능(논리-수리지능, 언어지능, 음악지능, 공간지능, 운동감각지능, 대인관계지능, 개인지각지능, 자연관찰지능, 실존지능)을 언급하였다.

Orff 악기: Orff가 아동들을 위해 특별히 고안한 악기들로 대부분이 타악기들이다.

Solfège: 프랑스어로 노래를 통하여 악보를 읽고 쓰고 이해하는 방법을 일컫는다.

청각적 구분: 일반적인 소리 중에서 특정한 소리를 구분하는 것이다. 예를 들어, 음악 속에서 북 소리를 구별해내는 것이다.

청각적 순서: 청취하였던 소리들의 순서를 파악하는 것이다. 예를 들어, 북소리, 피아노 소리, 바이올린 소리 중 어떤 소리를 제일 먼저 들었는지를 지각하는 것이다.

청각적 지각: 어떤 소리를 들었는지를 인식하는 것이다. 예를 들어, 지금 들은 소리가 화장실 물 내리는 소리인지, 빗방울이 떨어지는 소리인지를 파악하는 것이다.

참고문헌

Brownell, M. D., Frego, R. D., Kwak, E., & Rayburn, A. M. (2004). The Kodály Approach to Music Therapy. In A. Darrow (Ed.), *Introduction to approaches in music therapy* (pp. 25-33). Silver Spring, MD: American Music Therapy Association, Inc.

Colwell, C. M., Achey, C., Gillmeister, G., & Woolrich, J. (2004). The Orff Approach to Music Therapy. In A. Darrow (Ed.), *Introduction to approaches in music therapy* (pp. 3-13). Silver Spring, MD: American Music Therapy Association, Inc.

Frego, R. D., Liston, R. E., Hama, M., & Gillmeister, G. (2004). The Dalcroze Approach to Music Therapy. In A. Darrow (Ed.), *Introduction to approaches in music therapy* (pp. 16-24). Silver Spring, MD: American Music Therapy Association, Inc.

Kindermusik (1999). *Kindermusik professional educator training.* Greensboro, NC: Author.

Kindermusik (2004a). About Kindermusik. Retrieved June, 13, 2004 from http://www.kindermusik.com/parents/about.asp

Kindermusik (2004b). Classes. Retrieved June, 10, 2004 from http://www.kindermusik.com/parents/parent2.asp

Kindermusik (2004c). Did you know... Retrieved June, 19, 2004 from http://www.kindermusik.com/specialNeeds.asp

Kindermusik (2004d). Foundation of learning. Retrieved June, 20, 2004 from http://www.kindermusik.com/parents/found.htm

Kindermusik (2004e). Kindermusik Adventures, June 13, 2004 from http://www.kindermusik.com/parents/adventures.asp

Kindermusik (2004f). Kindermusik Imagine That!, June 11, 2004 from http://www.kindermusik.com/parents/imagineThat.asp

Kindermusik (2004g). Kindermusik Music Box, June 13, 2004 from http://www.kindermusik.com/parents/musicBox.asp

Kindermusik (2004h). Kindermusik and music therapists. Retrieved June, 19, 2004 from http://www.kindermusik.com/LicensedEducator/HearPT.asp

Kindermusik (2004i). Kindermusik Our Time, June 11, 2004 from http://www.kindermusik.com/parents/ourTime.asp

Kindermusik (2004j). Kindermusik Village June, 10, 2004 from http://www.kindermusik.com/parents/village.asp

Kindermusik (2004k). Kindermusik Young Child, June 12, 2004 from http://www.kindermusik.com/parents/youngchild.asp

Kindermusik International, Inc (1998a, October). Kindermusik touches the lives of children with special needs. *Kindermusik notes*, 1-7.

Kindermusik International, Inc (1998b). *Kindermusik Village: Cock-a-doodle-MOO! teacher's guide*. Greensboro, NC: Author.

Kindermusik International, Inc (2001). *Kindermusik Imagine That!: See What I Saw, teacher's guide*. Greensboro, NC: Author.

Kindermusik International, Inc (2002). *The Kindermusik classroom: Stepping stones to masterful teaching*. Greensboro, NC: Author.

Kindermusik International, Inc (2003). *The Power of Kindermusik for children with special needs*. Greensboro, NC: Author.

Pasiali, P., De L'Etoile, S. K., & Tandy, K. (2004). Kindermusik and Music Therapy. In A. Darrow (Ed.). *Introduction to approaches in music therapy* (pp. 35-49). Silver Spring, MD: American Music Therapy Association, Inc.

Richmond, P. G. (1994). Piaget 이론 입문(강인언 역). 학지사.

제5장
오디에이션

노주희

　오디에이션 음악학습이론은 미국의 세계적인 음악교육학자 Gordon(Edwin E. Gordon)
이 창안한 음악교육 방법론이다. Gordon의 음악학습이론은 Kodály, Dalcroze, Orff와 더
불어 세계의 주요 일반 음악교육 방법론이다(Mark, 1986). Kodály(1882~1967),
Dalcroze(1865~1950), Orff(1895~1982) 모두 19세기에 태어나 20세기에 생을 마감한 것
과 달리 Gordon은 1927년에 태어나 올 9월에 78세로 20세기에 태어나 21세기를 살고 있
는 생존하는 음악교육 방법론의 창안자이며, 유럽이 아닌 미국 출신의 음악교육학자로서
유일한 존재다.

　Gordon의 음악학습이론은 약 40여 년밖에 지나지 않은 짧은 역사를 지녔기에 상대적으
로 젊은 방법론이며 조직의 크기나 양성된 교사의 수 등 양적인 성장 면에서 다른 교육방법
론에 비하여 미약한 면이 있다. 그러나 체계적인 이론과 음악적인 교수법이 조화롭게 결합
된 방법론이며 또한 오디에이션으로 대표되는 새로운 음악교육의 목표를 제안하여 매력적
인 음악교육 방법론으로 세계의 주목을 받고 있다.

　미국과 유럽을 통틀어 가장 권위 있는 음악적 소질에 대한 연구자로서 Gordon의 발견은
음악학습이론의 내용과 틀을 형성하는 데 중요한 역할을 하였다. 또한 그는 음악적 소질과
성취를 판단하는 검사도구들을 발전시키는 데 탁월한 업적을 쌓았으며 그의 과학적인 평가

체계는 음악학습이론을 신뢰도 높은 방법론으로 거듭 발달시켰다. 음악학습이론은 일반 음악교육 이외에 유아음악교육으로서도 명성이 높다. 세계에서 유일하게 가장 먼저 신생아들을 대상으로 음악교육을 시작하여 여러 음악교육 프로그램에서 교육대상의 연령을 낮추는 데 영향을 주었으며, Gordon의 제자들은 많은 대학에서 유아음악교육 전문가로 활약하고 있다. 일반음악과 유아음악뿐 아니라 기악 음악교육 영역에서도, 연주기술과 반복연습을 통해 악기를 공부하는 것이 아니라 잘 들을 수 있도록 섬세하게 청취능력을 닦아 줌으로써 아이들이 스스로 연습하고 연주곡목을 선택하고, 나아가 즉흥연주와 하모니의 구성을 자유로이 수행하도록 성장시키는 목표의 교육이 실행된다.

유럽의 방법론 창안자들이 작곡가를 겸한 음악교육가였던 반면, Gordon은 교육학 학위와 더불어 베이스를 연주하는 재즈 음악가로서의 경력을 갖고 있는 유일한 교육가였다. 작곡가인지 자유로운 즉흥연주가 가능한 재즈 연주가인지의 차이는 교육방법에 커다란 영향을 미치는 요소다. 그는 서양음악의 작품관, 즉 악곡을 음악예술의 중심으로 여기고 음악을 향유하기 위하여 작곡가와 음악이론, 음악역사 등을 중시하는 고전적인 음악관과는 다른 철학을 갖고 있다. 순수예술의 결정체로서의 작품 개념을 통해 음악을 바라보지 않고 음악을 수용하는 경험 주체의 수용 능력에 따라 음악에 대한 이해의 폭과 깊이가 달라진다는 사실에 주목함으로써, 수용자가 음악과 맺는 관계 형성 능력을 향상시키는 경험론적 사고를 갖도록 강조하였다.

더불어 악보 그 자체가 음악이 아니라 수용자가 악보 속에 담긴 소리를 마음으로 듣고 의미를 부여할 때 비로소 음악이 된다는 점, 8분의 6박자 음악을 2박자 음악으로 분류하는 구조화된 음악이론에 반대하고, 템포에 따라 그리고 그 음악을 듣는 사람의 인식 여하에 따라 3박이 될 수도 2박으로 느낄 수도 있다는 점, 4분의 4박자와 4분의 2박자의 악보상의 차이는 음악의 실재에서 존재하는 것이 아니라는 점 등, 획기적인 음악학습 이론의 명제들은 전통적 음악교육의 거센 반대에 부딪히기도 하였으나, 경험론의 사고 속에서 음악적 소리의 특성을 명확하게 설명함으로써 음악에 관한 혼돈을 불식시켜 왔다.

음악은 존재의 틀을 시간과 소리에 두고 있어 사라져 버리고 마는 특성을 갖고 있기 때문에 음악을 이해시켜야 하는 임무를 가진 음악교육은 쉽사리 악보중심, 이론중심, 작품중심의 사고에 빠져들고 만다. 설명이 용이하다는 장점이 있으나 결국 음악의 본질을 왜곡시키기 쉬운 전통적인 음악교육의 폐해를 답습하지 않기 위해 Gordon의 음악학습이론은 청각중심, 소리중심, 경험중심의 사고를 투철하게 추구하여 음악을 느끼고 소리로서 이해하며 자유롭게 음악과 관계를 맺을 수 있도록 하는 교육의 장치들을 보유하고 있다.

　음악학습이론의 참신한 음악교육의 개념과 논리적인 이론체계는 음악학자 및 음악교사들을 사로잡고 있으나 아동들의 음악적 경험을 촉구한다는 목표 아래 풍부한 음악성과 숙련된 방법론적 기술이 매우 높은 수준으로 교사들에게 요구된다. 이러한 이유로 인하여 미국과 유럽에서도 음악학습이론은 누구나 쉽게 배울 수 있는 대중성 높은 음악교육 현장으로 자리잡는 데 어려움을 겪고 있다. Gordon은 "음악 선생님이야말로 최고의 음악가여야 한다."는 말로 그의 교육방법론이 대중성을 위해 한 치의 양보도 고려하지 않음을 분명히 한다(Gordon, 2003). 아동이 음악을 듣고 이해하며 음악과 무한한 대화를 나눌 수 있는 문화적 주체로 성장하기 위한 교육학적 철학과 방법론을 좀 더 자세히 살펴보자.

1. 음악학습이론과 오디에이션

1) 오디에이션

　음악학습이론의 교육목표는 그 대상인 아동 및 유아들의 오디에이션(Audiation) 능력을 향상시키는 것이다. 오디에이션은 Gordon(1997)이 창안한 신조어로 아래와 같은 의미로 정의된다.

> 오디에이션은 방금 들었거나 혹은 과거에 들었던 음악을 우리가 마음속으로 불러들여 이해할 때 발생한다…. 소리 그 자체는 음악이 아니다. 마치 언어에서처럼 소리는 우리가 마음속으로 소리를 번역하여 의미를 부여할 때만, 즉 오디에이션을 통해서만 음악이 된다 (pp. 4-5).

　음악을 듣고 이해하고 심지어 물리적 소리가 없는 순간에도 마음속으로 음악을 듣고 이해하는 오디에이션의 정의는 시간예술로서의 음악의 본질에 대해 말하고 있다. 사라지는 소리를 포착하고 기억하며 질서를 찾아내고, 그 다음 들을 소리를 예측하는 모든 음악에 대한 이해의 전제는 '잘 들을 수 있는 능력'이다. 이는 단순히 소리를 듣는 물리적 귀가 아니라 마음이 담긴 내면적 귀를 의미한다. 음높이와 리듬을 인식할 수 있는 귀, 음악의 내재적 질서를 파악하는 귀, 음악에 대하여 반응할 수 있는 귀, 음악을 상상할 수 있는 귀, 음악을 생각할 수 있는 귀, 창의적인 귀 등의 내적 능력을 키우는 일과 동의어인 오디에이션은 음악교육이 아이들에 대하여 품을 수 있는 최고의 목표라 하지 않을 수 없다.

오디에이션 능력은 모든 음악활동에 요청된다. 작곡가에게 핵심적인 음악적 능력은 내면의 소리를 상상하는 능력이지만 연주가는 자신이 이해한 작품 세계를 소리로 표현하는 일이므로 자신이 만드는 음악이 의도대로 형상화되는지 확인하는 귀의 능력이 본질적으로 필요하다. 지휘자는 자신이 스스로 연주하는 것이 아니어도 연주 행위와 동일한 오디에이션 능력을 필요로 하며, 분석가와 평론가 또한 오디에이션 능력이 자신의 활동에 기초가 된다(노주희, 1993).

Gordon(2003)은 아래의 〈표 5-1〉과 〈표 5-2〉와 같이 오디에이션이 발생하는 여덟 가

〈표 5-1〉 오디에이션의 8가지 유형

유형	현상
1	익숙하거나 그렇지 않은 음악을 들을 때
2	익숙하거나 그렇지 않은 악곡의 악보를 보면서 노래하거나 연주할 때 혹은 마음속으로 악보를 읽을 때
3	익숙하거나 그렇지 않은 음악을 받아 적을 때
4	익숙한 음악을 마음속으로 기억하거나 노래 부르거나 연주할 때
5	기억에 의존하여 익숙한 음악을 기보할 때
6	새로운 음악을 마음속으로 즉흥연주하거나 만들 때 혹은 소리 내어 노래하거나 연주할 때
7	악보를 보면서 다른 새로운 음악을 만들 때
8	마음속으로부터 즉흥연주하거나 새로이 만든 음악을 기보할 때

〈표 5-2〉 오디에이션 6단계

단계	현상
1	소리를 듣고 기억한다.
2	중심음과 강박을 인식하고 들은 소리를 음고 패턴과 리듬패턴으로 구분한다.
3	음고 패턴과 리듬패턴에 기초가 되는 음악구문, 조성과 박자를 파악한다.
4	이미 구분된 음고패턴과 리듬패턴을 이해하여 기억한다.
5	다른 음악으로부터 기억하는 음고패턴과 리듬패턴 가운데 방금 들은 음악과의 같음과 다름을 기억하여 비교한다.
6	음악을 들으면서 다음에 이어질 음고패턴과 리듬패턴을 익숙한 음악에서 예측하며 익숙하지 않은 음악에서 예견감을 가진다.

지 유형(p. 14)과 여섯 가지의 단계를 구분하여 음악활동의 중심에 오디에이션이 있음을 설명한다.

귀가 아니라 마음으로 음악을 듣고 이해하는 능력은 음악을 깊이 경험하고 자유로이 누릴 수 있게 해 주고, 음악을 잘 들을 수 있는 힘은 아이들이 음악을 오래 사랑할 수 있게 도와주며, 음악을 공부하고 싶은 학습 동기를 부여해 줄 것이다. 또한 음악에 대하여 유연하고 적극적인 소통의 창을 마련해 줄 것이다.

2) 음악학습이론

Gordon의 음악학습이론은 많은 교육학적 그리고 심리학적 유산에 빚을 지고 있다. 그 가운데 아래와 같은 Pestalozzi의 교육관은 음악학습이론 속에 생생히 살아 있다(Bluestein, 1995, Gerherdstein, 2001).

- 악보 이전에 소리를 가르치라.
- 가능한 한 설명하려 하지 말고 아이들이 관찰하고 듣고 따라 부르고 소리의 차이를 구분하도록 하여 수동적 학습이 아닌 능동적 학습으로 인도하라.
- 한 번에 하나씩 가르쳐라. 리듬, 멜로디, 표현 등을 동시에 가르치려 하지 말라.
- 매 단계에서 충분히 반복하여 완전히 익힌 다음 다음 단계로 이동하라.

전체가 함께 노래하는 것과 혼자 노래하는 개별적 반응의 차이점과 중요성에 대한 인식은 Weaver로부터 영향을 받았다. Skinner에게서 행동주의의 작동 조건들이 도입되었는데 즉, 학습을 유도할 때의 명확한 개별성 개념, 점진적으로 난이도가 높아지는 자극(질문)과 반응(대답)의 틀, 모든 반응에 대해 즉각적인 피드백 제공 등이 중요한 내용을 구성한다. 그리고 단순한 부분의 합으로 전체의 인식에 도달할 수 없다는 명제로 유명한 게슈탈트 심리학으로부터 음악학습이론은 '전체-부분-전체'라는 학습 절차를 만들어 내었다.

Piaget의 유아의 발달단계에 대한 깊은 이해를 바탕으로 Gordon은 유아의 음악감수성 발달단계를 밝히고 "지식은 행위를 통해 구조화된다."는 명제가 음악에서도 예외가 아님에 동의한다. Vygotskyi와 Chomsky의 영향으로 말미암아 언어와 사고력의 관계를 모델로 한 모국어적 음악학습 과정이 구성되었으며 Gagné의 학습조건은 학습기술의 단계를 설명하는 Gordon의 이론에 모델이 되었다는 이야기가 유력하다.

Gordon은 앞의 이론들의 영향 및 음악소질에 대해 연구한 결과, 통계학과 객관적 측정에 대한 연구물 그리고 재즈 음악가로서의 음악적 본질에 대한 이해 등이 결합된 음악학습이론의 학습모델을 제안하였다. Gordon(2003)의 음악교육의 꽃이라 불리는 패턴학습의 체계적인 학습방법론 각 레벨의 단계 및 하위 단계들은 〈표 5-3〉과 같다.

위의 학습 단계들은 이론적으로 복잡하고 섬세한 논리체계를 이룰 뿐 아니라 각 단계에 해당하는 교사의 교수기술 또한 매우 상세한 안내를 필요로 한다. 아동의 음악학습은 교사가 아동을 가르치는 '변별학습 단계'와 이미 보유하게 된 단어들을 바탕으로 아동이 스스로 학습을 확장하는 '추론학습 단계'로 나뉜다.

변별학습은 아동의 어휘력을 신장시키기 위하여 패턴을 듣고 노래하게 하는 듣기/노래하기(aural/oral) 단계에서 시작되고, 학습된 음고패턴이 장조의 으뜸화음 패턴인지 딸림화음 패턴인지, 리듬패턴이라면 2박 패턴인지 3박 패턴인지 어떠한 기능의 패턴인지의 용어를 소리와 연관 짓는 용어결합(verbal association)으로 교사는 아동을 안내한다. 이 두 단계에서 많은 어휘를 알게 된 아동에게 부분적 종합(partial synthesis)과정이 시작되는데, 이는 일련의 패턴 조성을 비교하여 듣고 장조인지 단조인지 구분할 수 있도록, 또한 리듬상으로는 패턴의 박자를 비교하여 2박인지 3박인지 차이를 인식하도록 돕는다. 이 과정은 악보를 공부하기 직전에 조성과 박자라는 음악의 큰 맥락 안에서 패턴의 의미를 파악하게 하려는 중간 점검 기지와도 같다. 악보를 소개하는 악보결합(symbolic association)은 이미 듣고 노래하고 용어를 알게 된 바로 그 어휘들을 악보로 소개하여 아동이 읽고 또 써 보는 과정을 경험하게 하는 것이다. 단어 하나씩을 읽고 쓰는 일이 악보결합 단계에서 이루어진다면, 일련

〈표 5-3〉 Gordon의 음악학습 기술의 단계

변별학습(Discrimination)	추론학습(Inference)
듣기/노래하기(aural/oral)	일반화(Generalization) (듣기/노래하기-용어-악보) (Aural/Oral-Verbal-Symbolic)
용어결합(verbal association)	
부분적 종합(partial synthesis)	창작-즉흥연주(Creativity-Improvisation) (듣기/노래하기-악보) (Aural/Oral-Symbolic)
악보결합(symbolic association) (읽기-쓰기) (reading-writing)	
통합적 종합(composite synthesis) (읽기-쓰기) (reading-writing)	이론적 이해(Theoretical Understanding) (듣기/노래하기-용어-악보) (Aural/Oral-Verbal-Symbolic)

의 단어 묶음을 읽고 쓰는 기능이 통합적 종합(composite synthesis) 단계에서 성취된다.

추론학습 단계의 첫 번째는 일반화 단계다. 이제 아동은 변별학습에서 익숙해진 패턴 이외의 낯선 단어를 접하게 되며 처음 듣는 패턴을 듣고 노래하면서 교사가 가르쳐주지 않아도 처음 듣는 패턴의 기능이 무엇인지 생각해 보는 기회를 갖는다. 변별학습과정에서는 아동이 패턴을 모방하고 익히고 교사의 안내를 받지만 추론학습 단계에 이른 아동은 변별학습에서 쌓은 경험을 바탕으로 배우지 않은 낯선 패턴을 읽거나 쓸 수 있게 된다. 창작/즉흥연주(creativity/improvisation) 단계에서 아동은 패턴을 듣고 그와 다른 패턴을 노래하거나, 악보를 보고 그와 종류는 같으나 다른 패턴을 노래하거나 쓸 수 있으며, 아예 종류가 다른 패턴을 노래하거나 쓸 수도 있다. 추론학습의 마지막 단계인 이론적 이해(theoretical under-standing)는 소리를 설명하는 이론이 소리를 이해한 단계에서 주어진다.

익숙한 패턴 어휘를 풍부히 하여 궁극적으로 낯선 어휘의 의미 파악에 도달하게 하는 학습안내, 다 함께 노래하는 클래스 패턴과 혼자 노래하는 개별 패턴의 차이를 이용하여 한 사람 한 사람 모두의 성취를 소중하게 여기는 교육, 가르치는 순간과 평가하는 순간의 차이에 입각한 환경조성, 노래할 때도 평가하는 순간에도 아이들의 마음이 다치지 않도록 배려하는 교육철학이 단계마다 스며 있다. 또한 아이들의 음악적 능력을 향상시키기 위한 전략 등 음악학습이론의 패턴학습법 속에 숨어 있는 교육적 배려와 장치들은 공부하는 것 자체만으로도 올바른 교사상과 교육의 이상을 깊이 숙고하게 만들어 준다.

2. 유아음악교육과 예비 오디에이션

1) 예비 오디에이션

유아들의 음악적 발달이 언어적 발달과 흡사하다는 사실은 놀라운 발견이었다. 대부분의 학자들이 유아의 음악적 능력이 언제 나타나는지 그 현상에 주목한 반면, Gordon은 언어교육에서의 모국어 학습과정이 음악에서도 동일하게 이루어짐을 관찰하였을 뿐 아니라 언어적 발달과 음악적 발달이 동일한 시기에 이루어짐을 알게 되었다. 즉, 태어나는 순간부터 만나는 모든 음악환경은 마치 아이의 언어적 환경이 언어성장에 영향을 미치듯 동일한 방식으로 유아들의 음악적 성장에 커다란 역할을 하게 된다는 것이다(노주희, 2003, 9월호).

유아기에 말하기와 듣기 능력이 선행되어야 학교에서의 언어교육을 소화해낼 수 있는 것처럼 유아기의 음악적 발달은 아이가 받게 될 학교에서의 일반 음악교육이나 또한 개별적인 기악교육을 잘 수행할 수 있는 토대를 이룬다 하여 '준비도 교육(Readiness)' 이라 일컫는다. 즉, 음악을 듣고 이해할 수 있는 경험능력으로서의 오디에이션 단계에 이르기 전까지 유아음악교육은 오디에이션을 준비하는 기초공사로서의 예비 오디에이션(preparatory audiation) 단계의 발달을 성공적으로 도울 수 있어야 한다.

국내에서 '유아 음악감수성 발달단계' 라는 제목으로 번역된 Gordon(1997)의 예비 오디에이션 단계는 크게는 세 가지 유형으로, 세부적으로는 일곱 단계로 나누어진다(노주희, 2003). 이 시기의 무형의 교육, 즉 안내를 통해 자율적인 음악환경을 제공받는다면 아이들은 오디에이션 단계에서 받을 유형의 음악교육, 즉 지도를 받을 수 있는 준비를 갖춘다(〈표 5-4〉).

갓 태어난 아이들은 노출기(acculturation)에 놓인다. 환경을 의식하지 못하고 환경에 절대적으로 영향을 받는 민감한 시기로서 무조건적으로 받아들이고 다소 음악적이지 않은 반응을 보이지만 점차 의도적인 음악적 반응을 시도할 수 있게 된다. 두 번째 유형의 발달은 모방이다. 아이들이 따라 하기에 힘쓰는 시기로서 입을 벌리고 받아들이던 노출기의 반응

〈표 5-4〉 유아 음악감수성 발달단계

유 형	단 계
노출 (출생~2-4세) 환경을 거의 의식하지 못한 채 반응	1. 받아들이기(absorption) 환경의 음악적 소리를 청각적으로 받아들인다. 2. 무의식적 반응(random response) 환경의 음악적 소리에 반응하여 옹알이하고 움직이지만, 음악적 소리와 관련되지 않는다. 3. 의식적 반응(purposeful response) 환경의 음악적 소리와 관련된 동작과 옹알이를 시도한다.
모방 (2-4세~3-5세) 주로 환경에 초점을 맞춰 의식적으로 반응	4. 자기중심성의 탈피(shedding egocentricity) 동작과 옹알이가 환경의 음악적 소리와 일치하지 않는다는 것을 인식한다. 5. 음악문법의 해독(breaking the code) 환경의 음악적 소리, 특히 음고패턴과 리듬패턴을 어느 정도 정확하게 모방한다.
동화 (3-5세~4-6세) 자신에게 초점을 맞춰 의식적으로 반응	6. 자기 깨닫기(introspection) 선율노래(song), 리듬노래(chant), 호흡, 동작이 협응되지 않음을 인식한다. 7. 동작과 노래(coordination) 선율노래, 리듬노래와 호흡, 동작을 조화시킨다.

과 달리 인상을 찌푸리며 차이점을 인식하려는 오디에이션 응시가 나타나는 시기이기도 하다. 중심음과 강박을 인식할 수 있게 되는 시기로서 보다 정교한 모방능력을 갖추게 된다. 마지막 유형은 자기 자신 안의 조화로움을 추구하는 동화 단계다. 무조건적인 모방을 떠나 자기성찰을 하게 되는 시기로서 강박과 중간박, 약박의 존재를 알게 되고 음고에 대하여도 다양한 관심을 갖게 됨으로써 이제 유아는 음악 옹알이를 벗어나 오디에이션 단계에 진입할 준비를 모두 마치게 된다.

2) 유아음악교육

　음악학습이론에서 유아음악교육은 매우 중요한 위치를 차지한다. 일생을 통해 음악적 삶을 쌓을 수 있는 굳건한 토대에 관한 학문이기 때문이다. Gordon은 음악 소질을 연구하면서 유아기 음악교육의 중요성을 깊이 인식하지 않을 수 없었기에 일생을 통해 유아음악교육에 대한 관심을 갖고 있었다. 헝가리의 음악교육가 Kodály를 비롯하여 많은 음악학자들이 조기 음악교육의 중요성을 강조하였고 심지어 음악교육은 엄마의 뱃속에서 시작되어야 한다고 주장하였으나 실제로는 아주 어린아이들을 교육대상으로 삼지 않았다. 이 주장은 때로 이상주의적인 사고에서, 또 한편으로는 기악교육의 조기 교육으로서 해석되었을 뿐이다.

　1984년 미국의 Temple 대학교에서 Gordon은 18개월 이상의 아이들에게 음악수업을 시작하였으며 1991년에 드디어 신생아를 대상으로 수업을 제공하는 방법론상의 혁신적인 발전을 이루게 되어 이 사실은 미국 전역에 뉴스거리로 다루어진 바 있다. 필스버리 학교에서 유아들의 내재적 음악성을 관찰한 Moorhead와 Pond(1977)는 아동의 자발적인 노래 속에 있는 다양성의 중요성을 발견하였으며, 유아들의 음악성을 자극하고 소리에 대한 지식을 쌓고 음악적 소리에 대하여 생각할 수 있도록 하기 위하여 즉흥연주 기술을 북돋아 주어야 할 필요가 있음을 주장하였다. Gordon의 유아음악교육은 필스버리 학교의 유산을 지키며 Piaget의 발달단계이론을 음악에 적용시키고 Montesori의 스스로 학습할 수 있는 존재로서 유아를 바라보는 시각에 동의하는 역사적 배경을 갖고 있다. 미국 음악교육가 총연맹 MENC의 영향력도 배제할 수 없다. 1940년대 말기와 1950년대 초기에 유아음악교육의 중요성을 인식한 MENC의 후원 활동으로 말미암아 미국 전역에서 음악교육의 연령이 낮아져 유아 학교 교육과정에 포함되었고, 1994년에는 신생아와 유아의 음악적 발달을 촉구하는 안내문을 작성하여 발표하기에 이르렀다(MENC, 1994).

Gordon의 유아음악교육에서의 방법론상의 학습원리를 살펴볼 때, 학습을 이끄는 교사의 교수개념이 지도가 아닌 '안내(guidance)'라는 점을 주목해야 한다. 지도는 교사가 특정한 방식으로 아이들의 음악적 반응을 기대하고 통제하는 유형의 교육인 반면, 안내는 지도와 달리 마치 집과 같은 자연스러운 학습환경을 일컫는다. 칠판과 교과서가 없어도 말을 배우는 갓난아이처럼 아이의 반응이 무조건적으로 수용되는 편안하고 따뜻한 교육환경, 즉 아이들의 음악적 관심이 성장할 수 있도록 가르치는 교육환경이 바로 안내다(노주희, 2003a).

안내의 환경은 무엇보다 상호작용이 활발하게 일어나도록 만드는 환경이다. 상호작용을 일으키기 위하여 Gordon이 가장 소중하게 생각하는 매체는 '육성'이다. 유아들은 녹음된 소리보다 직접적인 사람의 목소리에 더욱 귀 기울인다는 연구에 따라서 수업 전체가 육성으로 이루어지는데, 육성수업은 아이들의 반응을 소중히 여겨 그들의 음악적 반응에 일일이 답해 줄 수 있기 때문에 상호작용 원리의 투철한 실천 현장이다. 안내의 환경에서는 언어적 상호작용이 아니라 음악적 상호작용을 위하여 가사의 사용이 제한된다는 점을 주목해야 한다. 가사 없는 육성 노래로서의 음악적 상호작용은 유아 음악교육현장의 첫 번째 학습원리다.

안내의 환경에서 유아들을 지도하는 두 번째 원리는 '동작'이라고 할 수 있다. 유아들은 음악을 들으면 자연스럽게 몸을 움직이는 경향이 있는데 따라서 동작에 내재된 힘을 이용하여 음악을 가르치려는 교수법은 Dalcroze 이래 모든 음악교육 프로그램의 원칙이 되었다. Gordon은 동작 이론가인 Rudolf von Laban의 네 가지 동작 요소가 음악의 모습을 이해시키는 표현으로서 적합하다고 여겨 음악학습이론 동작교육의 틀로 삼았다(Valerio et al., 1998). 흐름(구속-자유), 무게(강함-부드러움), 공간(곧장가기-돌아가기), 시간(빨리-느리게)의 네 가지 요소 가운데 특히 자유로운 흐름에 끊임없이 이어지는 느린 동작, 이른바 자유연속동작(Free-Flowing Movement)을 유아의 음악성 향상을 도모하는 동작으로 추천하는 것은 Gordon의 음악교육방법론의 커다란 특징 가운데 한 가지다.

놀이수업을 진행하는 이유는 유아들의 자발적인 학습을 이끌어내기 위해서인데 수업을 놀이환경처럼 여길 수 있도록 도와주는 여러 가지 소품들을 이용하여 음악을 '만지고, 쓰다듬고, 보고, 느낄 수 있게' 도움으로써 통합 감각적인 접근을 통해 총체적으로 음악을 받아들일 수 있게 한다. 스카프, 모래주머니, 낙하산, 손인형, 공, 비눗방울 등 흔하게 볼 수 있는 소품이지만 이것들이 음악을 경험시키는 도구로서 탈바꿈하는 순간 아이들의 상상력은 음악학습과 결합된 통합교육으로서 가치를 빛낸다.

패턴학습은 유아음악교육에서도 여전히 중요한 부분이다. 수업 안에서 전체로서가 아니라 하나하나 일대일 접촉을 통해 아이들 개개인의 음악적 강점과 약점을 낱낱이 파악할 수 있을 뿐 아니라 음악적 어휘력을 발달시키는 데 기여한다. 유아기의 패턴학습법은 일반음악에서의 그것과는 사뭇 다르다. 음높이의 인식력과 변별력을 키워 주려는 목표로 불러 주는 레가토 패턴, 모방기의 으뜸–딸림 관계를 강조하는 두음 패턴을 거쳐 음악적 기능을 일깨워 주는 아르페지오 패턴으로 나아가기까지 유아들의 음악감수성 발달단계에 패턴학습법은 보조를 맞추도록 요구된다.

한편, 많은 침묵을 사용하는 것은 유아음악교육이 실행되는 Gordon의 교실의 큰 특징 가운데 하나다. 이는 음악적 자극을 교사가 제공하고 자극을 받아들이는 유아 자신이 소리를 만들어 내고 들을 수 있는 기회를 적극적으로 마련하려는 것일 뿐만 아니라 물리적 소리를 내면화할 수 있도록 교육적인 환경을 마련하려는 의도에서다. 이것은 음악이 사라진 공간에서 아이들이 방금 들은 음악을 마음속으로 다시 듣고 그 소리를 노래해 보고 싶도록 만드는 교육적 장치다.

3. 음악소질과 검사

1) 음악소질

음악소질(aptitude)은 Gordon(2003)에게 있어 "음악을 공부할 수 있는 내적 가능성(p. 41)"이라고 정의된다. 따라서 소질은 공부를 한 결과가 아니라 공부를 할 수 있는 잠재력을 의미하는 용어이며 소질을 바탕으로 이미 공부한 것을 음악 성취, 즉 외적 실체로 구분한다. 어떠한 영역에서이든 소질은 '적은 노력으로도 쉽게 익혀 효과적인 결과를 거둘 수 있게 하는 것'으로 알려져 있으며, 특히 음악에 소질이 없다면 음악공부 자체가 불가능하다는 생각이 있는 반면, 또 한편으로는 소질보다는 노력에 따라서 음악공부의 성패가 갈린다는 양 극단의 사고가 존재하였다. 소질을 규명하는 그의 연구는 소질에 대한 여러 가지 편견을 제거하는 데 기여한다.

무엇보다 그의 소질 연구는 유아음악교육론을 낳는 데 큰 역할을 하였는데 논리나 이론에 앞서 '소리 구조물'로서 음악의 존재를 받아들이는 아동의 경험능력은 음악소질에 바탕을 두고 있으며, 따라서 음악을 가르치고 배우는 과정에서 반드시 음악소질의 향상과 발전이 일어나야 한다는 생각이 교육방법론으로 이어졌기 때문이다(노주희, 2003b).

음악소질에 대한 Gordon의 획기적인 연구는 첫째, "이 세상 모든 아이들은 저마다 음악소질을 타고 태어난다."는 명제로 대표된다(Gordon, 2003, p. 42). 누구나 음악을 배울 수 있으며 세상의 모든 사람들이 어느 정도의 지능을 갖고 태어나는 것과 마찬가지로 저마다의 소질을 갖고 태어난다고 하는 Gordon의 연구는 음악이 특수한 경우에만 주어지는 것이 아니라 언어나 사회성 같이 인류 모두가 예외 없이 소유하는 보편 능력임을 깨닫게 해 준다.

둘째, 음악소질은 선천적 자질과 후천적 환경의 상호작용으로 형성된다(Gordon, 1987, p. 17). "인간의 생리학적 한계는 연습으로 극복될 수 없다."고 한 Seashore의 '선천론'과 달리 Suzuki는 동일한 교육을 받으면 누구든 동일한 능력을 갖게 된다는 '후천론'적 교육철학을 펼쳤다. Gordon의 연구는 아무리 높은 소질을 갖고 태어난다 하더라도 풍부한 음악적 경험이 뒤따르지 않으면 타고난 소질은 현저히 줄어들 것이라며 선천론을 반박하고, 또한 아무리 좋은 환경이 제공된다고 해도 모든 아이들이 같은 정도의 발전을 보이는 것은 아니라고 후천론을 반박한다. 그러나 소질의 발전은 무한한 것이 아니라 개인에 따라 발전 가능한 최고치가 있음을 인정함으로써 선천론을 편들며 교육이 할 수 있는 일은 최선을 다해 풍성한 환경을 제공하는 일이라고 후천론을 지지한다. 이러한 이유로 소질에 대한 고전적 논쟁인 후천론과 선천론을 화해시켜 새로운 소질론을 부각시킨 인물이라는 평가가 Gordon을 따라다닌다.

셋째, 환경에 따라 향상되거나 발전하는 음악소질의 특성은 평생이 아니라 단지 만 9세에 이를 때까지라고 국한된다(Gordon, 1987, p. 9). 자라면서 향상될 수 있는 유동성의 폭은 점차 줄어들어 9세 이후에 특정 수준으로 고정되므로 9세 이전의 음악소질을 '유동 음악소질', 9세 이후의 음악소질을 '고정 음악소질'이라고 부른다. '고정 음악소질'의 시기에는 각자의 고정 음악소질이 허락하는 만큼 음악을 배우고 익히는 성취교육에 몰두하여야 하며, '유동 음악소질'의 시기에는 음악소질의 함양 자체를 위해 노력해야 하는 교육 목적의 차이가 교육연령에 따라 발생하게 되었다.

넷째, 유동 음악소질의 시기에 가장 중요한 두 가지 음악소질은 '음높이 관련 소질'과 '리듬 관련 소질'이다(Gordon, 1987, p. 48). 두 가지 음악소질은 서로 독립적이라서 모두 높거나 모두 낮은 경우는 드물다(Gordon, 1997, p. 11). 이 시기에 유아는 리듬과 음고 두 가지 요소에 동시에 집중하기 어렵다(p. 12). 고정 음악소질의 경우 더 많은 요소의 관련 음악소질로 이루어진다.

다섯째, 음악발달 과정에서 나타나는 '음악 옹알이' 는 유아기에 음악환경의 자극이 없으면 벗어나기 어려우며 고정 음악소질의 단계에 접어들면 가능성은 극도로 줄어든다. 때로는 음악 외적 요인, 즉 성격이나 감정상태가 옹알이를 벗어나는 데 방해가 되기도 한다(p. 13).

여섯째, 높은 소질의 보유자가 음악 옹알이로부터 벗어나지 못하는 경우도 있다. 흔히 심리학적으로, 음악적으로 미숙한데 아무런 선행 준비 없이 기악교육을 받는 경우 아이들의 장기적인 음악발달이 단기 목표로 희생되는 일이 발생한다. 이 경우 감정적, 물리적, 음악적 좌절을 경험하게 되어 평생 음악 옹알이 단계에 머무는 장애로 이어질 수 있다(p. 14).

2) 소질 검사도구

Seashore(1919)의 '음악재능검사(Seashore Measures of Musical Talents)' 가 처음 발표된 이래 그의 검사도구는 많은 후학에게 하나의 영감으로 존재한다. Gordon은 1979년부터 1997년까지 필라델피아의 Temple 대학에서 시쇼어 음악교육 연구교수의 직책을 맡아 Seashore가 시작한 음악소질검사가 역사와 전통으로 이어질 수 있도록 힘썼다. Seashore는 이 분야의 선구자였으나, 그가 계발한 검사는 음악적 능력을 검사한다기보다 사람의 귀가 듣기 어려운 음향적 요소에 더 집중하는 것처럼 보였다. 따라서 교육적 환경의 영향과는 무관하게 음악소질을 파악하고 있다는 비난을 받아 왔다(Gerhardstein, 2001).

1965년에 '음악소질 프로파일(Musical Aptitude Profile)' 을 처음 출판하고, 이어 많은 음악소질 검사도구를 제작하면서 Gordon(1986b)은 음악소질검사가 음악교육의 맥락 안에서 연구되어 음악소질의 본성을 밝히는 일에 쓰일 수 있도록 연구의 방향을 바꾸어 놓았다.

그가 제안하는 음악소질 검사도구의 목적은 첫째, 교사의 지도력을 향상시키기 위해서다. 아동의 음악소질 검사 결과는 교사가 미처 파악하기 어려운 아동의 음악적 가능성을 드러내 보여 주므로 교사가 개별적 아동의 음악적 강점과 약점에 적합한 음악처치가 용이해진다. 아동 개개인의 차이를 소중하게 생각하는 교실에서 소질 검사도구는 매우 소중한 장치다. 뿐만 아니라 학기 초 아동의 소질검사에 비교하여 학기 말 검사 성적이 충분히 향상되지 않았거나 오히려 떨어졌다면 교사는 자신의 수업내용 및 교육을 반성해야 할 터이고 반대의 경우라면 수업이 효과적이었음을 증명하는 것이므로 소질검사는 교사의 자기 점검수단으로서 또한 유용하다. 소질이 낮은 아이가 좌절하지 않도록, 소질이 높은 아이가 지루해 하지 않도록 수업 안에서 개별적 아동에 대한 음악 자극의 수위를 조절함으로써 교실 내의 개별적 차이를 뛰어넘는 역량을 교사에게 실어 주는 역할을 소질 검사도구가 수행한다 (Gordon, 1997, p. 15).

둘째, 뛰어난 음악소질을 가진 상위 20%의 아이들이 교사가 간과하는 현실에서 아이들이 음악교육에 노출될 수 있도록 도와주는 역할을 검사도구가 수행할 수 있다(p. 16). 훌륭한 교사는 아이들의 가능성을 발견해 주고 격려해 주어야 한다. 악기교육을 받았거나 이론공부를 미리 한 아이들이 교사의 눈에 더 띄기 쉬운 음악활동의 속성 때문에 개별적으로 음악활동을 하지 않아도 잘 들을 수 있는 능력을 보유하여 높은 소질을 갖고 있는 아이들은 교실에서

〈표 5-5〉 Gordon의 음악소질 검사도구

이름(출판연도)	하위도구	대상연령	검사시간
오디(Audie, 1989)	멜로디 리듬	만 3~4세	각기 약 5분
오디에이션 초급 검사 (Primary Measures of Music Audiation, 1979)	음고 리듬	유치원~초등학교 3년	각기 약 20분
오디에이션 중급 검사 (Intermediate Measures of Music Audiation, 1982)	음고 리듬	초등 1~6년	각기 약 20분
오디에이션 고급 검사 (Advanced Measures of Music Audiation, 1989)	음고 리듬	중, 고, 대학생 (전공자 및 비전공자)	전체 약 20분
음악소질 프로파일 (Music Aptitude Profile, 1965)	음고(멜로디, 하모니) 리듬(템포, 박자) 감수성(프레이징, 밸런스, 스타일)	초등 5년~고등학생	각기 30분 총 3시간 30분
화성즉흥연주 준비기록 (Harmonic Improvisation Readiness Record, 1996)	화성즉흥연주	초등 3년부터	각기 20분 미만
리듬즉흥연주 준비기록 (Rhythm Improvisation Readiness Record, 1998)	리듬즉흥연주	음악대학원생	
난 음악적인 사람인가요? (Am I Musical?, 2003)	멜로디 리듬 화성	청소년(7~12세)용 성인(13세 이상)용	연령별 총 12분씩

잘 드러나지 않는데, 음악소질은 이들을 발굴하여 아동의 자질이 낭비되지 않도록 돕는다. Gordon(2003)은 "음악소질은 교사가 볼 수 없는 것을 듣게 해 준다(p. 48)."라는 말로써 소질검사의 역할을 정의한다. 음악소질에 관련된 Gordon의 검사도구를 살펴보면 〈표 5-5〉와 같다.

4. 한국에서의 오디에이션

1) 설립 및 방법론적 적용

1997년 한국에서 창설된 오디에이션 음악교육센터의 교육현장은 유아음악을 Gordon의 방법론으로 가르치는 유아 음악감수성 계발 프로그램 '오디'다. '오디'는 한국 최초의 음악학습이론 교육 현장일 뿐 아니라 음악교육방법론을 도입하고 실천한 최초의 교육기관이다.

음악학습이론이 한국 교육환경에서 적용되었을 때 그 성패를 가늠하는 중요한 문제가 있었는데, 그것은 오디의 수업이 가능하기 위한 아이들의 사회성과 '귀 기울여 듣는' 환경의 조성이었다. 이 두 가지는 오디 수업의 한국적 적용에서 중요하고도 긴급한 목표였다. 문제해결을 위한 노력의 일환으로 오디의 수업에서 아이들의 사회성을 키우고, 함께 하는 수업에서 필요한 만큼의 예의를 가르치는 일은 매우 중요한 교육적 목표가 되었다. 배웠다는 생각도 남지 않으면서 수업 속에서 저절로, 쉽게 배워가도록 도우려면 어떻게 해야 하는지에 관한 교육의 목표는 오디에서 음악적 목표와 더불어 양립해야 하는 중요한 기둥이 된 것이다.

수입된 프로그램을 가지고 우리나라 아이들에게 올바른 교육으로 정착시키는 일은 오디의 중대 과제였으며, 그 과정과 결과는 학위논문의 주제로 다루어졌다(Rho, 2004). 음악 전문교육 프로그램으로서 교육대상의 음악적 성장을 소질 검사의 성적향상으로써 증명하고 오디 수업을 하는 유치원의 교사 및 기관장이 오디 프로그램을 관찰하고 평가한 결과는 매우 긍정적이었다. 다음의 표는 미국의 프로그램과 달리 오디가 음악 외적 교육 목표로 설정한 사회성 향상에 관한 세부 항목이다(p. 19).

〈표 5-6〉 오디의 음악 외적 교육목표-사회성 향상

순서를 기다리기
차례 지키기
집중하여 듣기
능동적으로 참여하기
친구들 이름을 알고 부르기
자기 존중감 갖기
공손한 태도 배우기
창의적 아이디어 나누기
예의 바르게 행동하기
옆의 사람을 배려하기
감정을 적절하게 표현하기

2) 수업 계획 및 활동 전개 절차

Gordon(1997)은 다양성, 반복, 침묵, 이 세 요소를 교과과정 수립의 원칙으로 꼽았다(p. 114). 수업 시간에 4~5개의 서로 다른 조성(Tonality)과 박자(Meter)의 음악을 선택하는 것은 다양성을 충족시키는 일이다. 이것은 음악적 대조를 통해 유아들이 매번 음악을 새롭게 집중하도록 환경을 조성하는 조건이다. 서로 다른 음악을 통해서가 아니라 음고의 질서, 즉 조성으로서 그리고 음가의 질서, 즉 박자로서 다양성을 추구하는 것은 Gordon 음악교육의 큰 특징이다.

만약 다양성의 추구를 위하여 계속 새로운 음악만을 선택한다면 아이들의 음악감수성은 자라나지 않는다. 반복적 청취를 통하여 유아들은 특정음악을 인식하고 그 음악을 좋아하기 시작하며 노래를 따라 부를 수 있고 음악을 들으면서 음악을 상상하는 음악적 예견감을 발달시킬 수 있다. 따라서 다양한 음악을 반복해서 들을 수 있도록 수업을 운영해야 한다. 새로이 소개되는 음악과 더불어 귀에 익숙한 음악, 반복되는 음악을 들을 수 있는 수업에서 아이들은 음악적 기대감을 충족시킬 수 있다.

'침묵' 또한 중요한 원칙이다. Gordon의 음악철학이 오디에이션에 있음을 알지 못한다면 '침묵'의 원칙에 대해 조금 의아할 수 있다. 음악 수업에 침묵이 원칙이라는 사실은 아이러니하게 느껴진다. 그러나 음악소리가 있건 없건 간에 그 음악을 마음속에 자유로이 불러

들여 듣고 깊은 이해를 갖는 것이 오디에이션이므로 유아가 방금 들은 소리를 내면화하는 기회를 갖는 것은 방법론의 목적에서 핵심적 내용에 해당한다. 소리자극이 사라진 순간 유아는 소리에 대한 새로운 관심을 갖게 된다. 침묵은 그래서 소리보다 더 소중하게 여겨지는 시간이다.

한국 아이들에게 적합한 수업방식을 찾으려는 오디의 노력은 미국 프로그램과 차별화되는 결과를 가져왔다. 철학과 방법론을 공유하지만 교육대상과 문화의 차이에 적응한 오디의 프로그램은 몇 가지 범주로 정리되며, 간략히 소개하면 다음과 같다.

오디의 수업방식은 첫 번째 수업에서 각 노래의 반복이 강화되는 형태를 띠게 된다. 특히 유치원 대그룹 수업에서는 20~30분 수업에서 집중적으로 두세 개의 음악내용을 강조하는 방식으로 수업을 진행한다. 정해진 시간 안에서 반복이 강화되면 자연히 여러 음악을 소개하는 다양성의 희생이 따를 수밖에 없어서 조성과 박자의 다양성은 일회 수업에서의 가짓수는 줄어들었으나 전체 학기의 교과과정에서 고루 담는 형식으로 조정되었다.

마음으로 듣는 침묵의 중요성은 부분 침묵이 강화되는 특성을 갖게 되었다. 특정음고, 특정음가 또는 특정부분의 침묵으로 노래하기를 미리 설계하는 방식으로 활동의 목표를 조성한다. 음악의 구조에 따라, 귀에 익숙한지 아닌지 등의 요인에 따라 침묵의 구조가 달라지며 조직적인 침묵 설계를 통해 전체 침묵으로 안내할 때 유아의 내면화 및 내적 청취가 더욱 효과적으로 일어나는 것이 관찰되었다.

또한 국내 오디 수업에서는 놀이가 강화된다. 미국의 '예비 오디에이션' 프로그램과는 달리 유치원 연령이 포함되었고 대그룹 수업방식을 발달시키는 과정에서, 사회성 발달과 같은 숨은 목표가 설정되면서 자율적인 활동을 조장하고 질서를 유지하고 일상에 파고드는 놀이들이 다양하게 계발되었다. 집에서의 일상 놀이 시리즈, 가족관계를 돈독하게 하는 활동, 친구와의 관계형성을 돕는 놀이, 또한 다양한 범주의 놀이, 즉 기능놀이부터 역할놀이, 상상놀이, 상황놀이, 단체놀이, 상징놀이 등의 놀이들이 구분되어 사용된다.

놀잇감으로서 소품의 적극적인 활용도 모색되었다. 흔히 소품의 이용은 아이들이 자발적인 학습으로 수업을 이끌려는 목적, 시선을 집중하는 목적 등으로 이해되어 왔으나 더욱 근본적인 목적은 음악을 이해할 수 있게 도와주는 데 있다. 즉, 소리를 보여 주고 느끼게 하고 만지게 해서 음악을 구체적으로 이해시키고 음악이 다양하게 해석될 수 있음을 보여 주는 기능이 제일 중요하며 음악 외적 목표를 달성하게 하는 데도 훌륭한 교구로 이용된다. 오디에서 새로운 놀이들을 계발함으로써 부수적으로 얻은 자산은 많은 소품을 교구로 확장하게 되었다는 사실이다. 악기를 악기로서가 아니라 소품으로 사용하는 놀이방식도 계발되었다.

대그룹 수업을 통해 고안되고 정착된 오디활동의 전개방식은 아래 〈표 5-7〉의 형태로 발전되었다. 효과적으로 목표가 달성되며 아동의 내면화를 촉구할 수 있는 방식이다. 이러한 절차는 여러 형태로 변주되기도 하는데 연령과 음악의 친숙도, 악곡의 난이도, 유아의 반응 등등 다양한 변수가 존재한다. 수업의 계획 단계부터 활동의 전개구조를 전제하며 이러한 구조에 따라 수업을 진행할 때 예기치 않은 현상이 발생하더라도 교사가 쉽게 통제할 수 있게 된다. 그러나 활동의 전개는 항상 활동의 목표에 구속된다. 아래의 표는 오디활동의 교수절차를 보여 준다(Rho, 2004).

〈표 5-7〉 오디활동의 교수절차

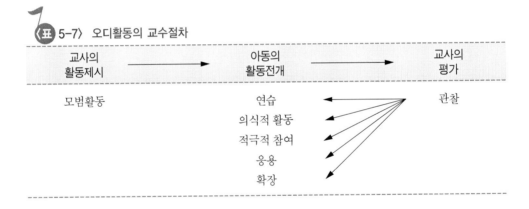

5. 오디와 음악치료

오디는 치료기관으로 설립되지 않았고 장애아동을 위한 클래스도 개설되지 않은 순수 교육기관이다. 그러나 오디의 역사 속에는 많은 장애아동들이 함께 했으며 이들은 오디 교육 대상인 정상 아동 이상으로 소중한 기여를 오디에 남겼다. 이들과의 경험적 시간 속에서 오디는 치료기법으로서 오디가 음악치료와 이미 관련되어 있고, 그 연관성은 무한한 가능성을 가지고 있음을 깨닫게 되었다.

오디가 장애아동을 수업대상으로 받아들이게 된 철학적 배경에는 Gordon의 음악소질에 대한 명제가 존재한다. Gordon은 "모든 아이들은 음악소질을 타고 태어난다."고 하였으며 Gordon의 음악소질 검사도구는 이미 장애아동들에게도 높은 신뢰도와 타당도를 갖는 유용한 도구임이 증명된 바 있다(Bell, 1981; Newnham, 1994). 오디가 일산에 설립되자마자

문을 두드린 첫 번째 아동은 24개월된 이 군으로 18개월에 자폐증 판단을 받았을 만큼 유아기 증후군이 뚜렷했다. 오디가 치료기관이 아님을 확인하는 절차를 거쳤고, 필자가 음악치료 학문 영역의 전문가가 아니며, 다만 이 군이 다른 아이들과 마찬가지로 가지고 있을 음악학습의 잠재력, 즉 음악감수성을 고취시키는 목적으로 수업하는 것이라는 오디의 교육목표를 명백히 한 후 만남이 시작되었다.

이 군의 수업을 진행하면서 그 이후 오디에 찾아온 장애아동들과 7년째 오디에 다니고 있는 중증 복합장애아동 이 양의 발전을 보며, 또한 효과적인 수업을 하기 어려운 경우도 만나면서 오디 수업의 어떠한 측면이 장애아동을 위하여 효과적이었는지 생각해 볼 기회가 매우 많았다. 기법의 측면에서 장애아동들과의 바람직한 수업을 펼칠 수 있었던 오디 수업의 요인들을 손꼽아 본다면 다음과 같다.

첫째, 육성을 통한 상호작용의 기술이다. 오디는 음반을 사용하여 수업을 진행하는 것이 아니라 Live Music Education, 즉 교사들이 아이들과 얼굴을 맞대고 눈을 맞추고 직접 노래를 불러 주는 방식을 45분 수업 내내 고수한다. 육성을 주요 매체로 수업을 하는 데는 유아가 녹음된 소리보다 육성에 더 많이 반응한다는 연구에 바탕을 두고 있기에, 특히 상호작용의 능력이 결여되어 있고 사회성의 발달이 요구되는 애착장애, 자폐아동에게 오디는 바람직한 교육환경을 제공한다.

둘째, 개별적 아동의 요구를 민감하게 관찰한다. 그룹 수업을 진행하지만 확장수업이 일어나는 패턴학습 방식은 항상 일대일 개별접촉을 통해 이루어지므로 패턴학습의 타이밍을 알기 위하여, 또한 패턴학습이 효과적으로 일어나기 위하여 아동 한 사람 한 사람의 개인이 어떠한 활동을 좋아하는지 어떠한 교구를 싫어하는지 어떠한 음악에 더 많이 반응하는지 관찰하는 연습은 오디 교사의 자질에 필수적인 훈련이다. 이전 수업의 관찰결과가 그 다음 수업의 바탕에 놓여 수업을 계획하게 되므로 아동을 이해하는 폭이 수업을 진행함에 따라 폭발적으로 늘어나게 되어 아동의 반응의 양과 질을 높일 수 있는 교육환경을 보유한다.

셋째, 아동의 반응에 즉각적으로 대처한다. 활동의 전개 상황에서 수업의 진행 절차마다 교사가 관찰에 따라서 즉각적인 피드백으로 수업을 교정하는 역동적인 수업환경을 갖고 있다. 오디에서는 주어진 계획을 계획대로 달성하는 것이 훌륭한 수업이 아니라 아이들의 반응에 따라 수업계획을 무참하게 깨버리고 반응에 맞게 새로운 교구, 새로운 노래, 새로운 활동으로 아이들을 이끌어 갈 수 있어야 참다운 교사임을 훈련한다. 따라서 장애아동의 예측불허의 행동과 예상 외의 반응에 대하여 대처하고 교사의 계획을 즉각 수정하여 아이가 반응할 수 있고 반응하고자 원하는 시각에서 재조율하는 기술은 성공적인 수업을 이끌어 낼 수 있는 교육환경을 구성한다.

넷째, 많은 놀이 레퍼토리를 보유한다. 오디의 교육환경은 미국의 프로그램을 공수받는 수입 프로그램이 아니라 모든 수업내용은 창작활동으로 선율노래 및 리듬노래들은 오디 교사가 만든다. 미국에서 만 3세까지의 아동들이 안내교육의 혜택을 받는 데 비하여 우리나라의 유치원 오디수업은 대상연령의 확대에 따른 안내교육의 확대라는 결과를 가져왔다. 놀이의 강화로 인하여 다양한 음악놀이가 계발되었고 수많은 소품이 교구로 이용되므로 장애아동이 수업에 관심을 갖고 참여할 가능성이 높은 교육환경이다.

다섯째, 아동의 필요에 따른 놀이를 계발한다. 오디가 음악 외적 목표에 관심을 갖기 시작하면서 행동을 수정하는 결과를 수반하는 놀이들을 계발해 왔다. 기다리는 놀이, 줄을 맞추어 이동하는 놀이 등등을 계발한 경험은 장애아들의 특수하고 세밀한 행동교정, 예컨대 자폐아들의 포인팅 능력 부족을 보완하는 놀이 등 부모의 요청과 교사의 관찰이 목표하는 새로운 놀이들로 이어졌다. 눈맞춤이 일어나지 않는 아동을 위하여, 포옹을 싫어하는 아동을 위하여 특정행동을 교정하기 위한 노력의 일환으로 놀이들이 계발되었다. 행동을 교정하는 것은 오랜 시간이 걸리지만 장애아동에게 마음에 남는 특정한 경험 한 번이 행동에 영향을 준다는 사실을 부모의 보고와 교사의 관찰로 알게 되었기 때문에 이러한 목표를 담는 놀이를 계발하는 것은 커다란 의미가 있었다. 세심하게 수립된 목표에 따라 놀이를 계발할 수 있는 교육환경을 제공할 수 있었다.

여섯째, 유머가 있는 수업환경이다. 오디에 다니면서 웃지 않던 유 군과 이 양은 웃을 줄 아는 아이가 되었고 이 군이 오디 수업을 재미있다고 표현하였다는 부모의 보고는 수업을 이끄는 교사로서는 보람이 아닐 수 없다. 웃음과 장난, 유머로 아동을 대하는 교사의 태도가 장애아동에게는 특별한 의미를 갖는다는 사실을 깨닫게 되었는데, 장애아동의 치료에 수반되는 심각함과 진지함, 의학적 치료환경 속에 항상 환자로 인식되어야 하는 삶을 살게 되어 부모와 아동 모두 대부분 심리적으로 소진되어 있음을 알 수 있었다. 따라서 환자가 아니라 아동으로 대하여 주고 많이 웃게 하는 수업내용이 예상 외의 효과를 거둔다는 사실을 인식함에 따라 항시 유머가 있는 교육환경을 제공할 수 있게 되었다.

일곱째, 그룹수업을 통한 통합교육의 환경이다. 장애아동은 일반아동과 함께 수업을 받는 과정에서 교사가 기대하는 반응이 무엇인지 일반아동의 태도를 보고 학습할 수 있는 교육환경이 제공된다. 교사의 모델링보다 또래집단의 모델링이 아동에게 미치는 영향이 매우 크다고 할 수 있는데, 장애아동의 경우에도 음악활동을 진행하는 동안 다른 아이들 속에서 스스로 보고 느끼고 배우는 부분, 즉 교사가 제공하지 않는 과외의 소득이 발생하는 교육환경은 바람직하다. 그러나 이러한 환경의 혜택을 받을 수 있는 인원은 확실히 제한적이고, 최소한 수업의 방해가 적은 장애아 혹은 부모가 행동을 통제할 수 있는 아동에 한정되는 아쉬움이 있으나 그렇다고 해서 장애의 정도가 미미한 경우에만 수업을 받을 수 있는 것은 아니다. 중증 장애아라고 하더라도 음악수업의 특성상 소리를 방해하지 않는 경우라면 최소한의 조건을 만족시킨다고 할 수 있다.

여덟째, 두 사람의 교사가 함께 수업하는 협력교육이다. 한 치도 낭비되지 않아야 하는 소중한 수업시간을 두 교사의 판단으로 속도감 있게 진행할 수 있으며, 수업 안에서 교사들 간의 상호작용이 존재한다. 교사 간의 상호 모델링을 통해 지시하지 않고 자발성을 조장할 수 있는 놀이환경, 하모니가 있는 음악적 환경을 통해 혼자가 아니라 함께 노래하는 즐거움을 경험할 수 있는데 아동은 소통의 통로가 많은 수업환경을 통해서 보다 활발한 사회적 작용을 수업 안에서 경험할 기회를 갖는다.

음악치료는 단순한 경험적 학문이 아니고 다양한 장애를 다루고 의학 및 심리학적 학문의 업적이 얽혀 있는 총체적이고 복합적인 영역이다. 또한 음악치료는 음악교육의 응용학문으로 출발하여 교육과 많은 부분을 공유하는 영역이며(정현주, 2004), 오디 역시 더 많은 장애아동을 돕는 데 사용될 수 있다. 오디는 장애아동들의 음악적 능력 계발에도 적용되고 있으며, 치료사들이 이용할 때는 목표와 치료결과가 더욱 효과적으로 넓게 확장될 수 있다.

오디를 통해 장애아동을 가르치면서 배운 또 한 가지 교훈은 장애아동을 위하여 계발한 놀이들은 모두 일반아동을 가르치는 데 효과적인 놀이가 된다는 사실이다. 극도로 어려운 상황을 극복하는 놀이들이 일반아동을 가르치는 데 강력한 교육 효과를 거둔다는 사실은 그다지 놀라운 일이 아니다. 또한 장애아동을 가르치는 교육의 효과를 인식하는 일은 일반아동의 성장을 바라보는 것과는 다른 차원의 보람을 교사에게 가져다준다. 어느 경우에나 아이들의 발전을 바라보는 일은 교사에게 즐거움이지만 장애아동의 행동수정이나 부모의 기쁨을 알게 되면 교사는 강한 피드백을 교육적으로, 감정적으로 또한 심리적으로 받게 된다.

오디에이션은 음악의 풍요로움이 뛰어난 교육방법론이므로 음악치료에 종사하는 인력이 오디의 기법에 대해 관심을 갖기 이전이라도, 오디가 제공하는 음악적 자원으로 소진된 치료사의 자아를 음악적으로 회복할 수 있을 것이다.

〈부록 1〉   수업계획안

오디 수업의 계획안은 사용되는 노래의 정보, 즉 노래의 제목, 작곡가와 그 음악이 실린 원전, 악보 및 가사, 조성과 박자, 사용된 교구나 소품, 악기 등의 정보가 기입된다. 활동의 목표를 음악 내적 · 외적으로 명시해서 기록해야 하며, 활동의 전개상 모델링, 연습, 의식화, 참여, 응용 및 확장 순서로 기록한다. 교사의 관찰이 어느 대목에 중점을 주어야 하는지 관찰요소를 적는 것까지 수업 계획안에 해당한다(〈표 5-8〉).

 〈표 5-8〉 오디활동 수업계획안

수업계획

수업단위(Unfamiliar Song)
악수

김소연
-오디 수업

가사: _____/안녕/_____/안녕/_____/안녕, 우유/_____/안녕//
_____/눈눈/_____/눈눈/_____/눈눈, 우유/_____/눈눈//

조성: 다중조성
박자: 2박
소품: 우레탄 타일/손가락 인형
목표: 음악 내적-길고 짧은 2박 리듬의 내면화
　　　음악 외적-눈맞춤, 인사, 악수 등의 원활한 상호작용

활동절차:
모델링-교사가 작은 인형을 손가락에 끼우고 우레탄 타일 밖으로 보여 주며 안녕할 때마다 인사
　　　시킨다.
연습-인형처럼 동작으로 인사한다. 선생님께, 옆의 친구에게, 엄마께 그리고 멀리 있는 친구에게
　　　다가가며 인사한다.
의식화-언제 인사했는지 묻는다.
참여-'안녕' 부분을 소리 없이 노래한다. 안녕 부분만 제외하고 소리 없이 노래한다. 전체를 마음
　　　속으로 노래하고 난 후 전체 음악을 소리 내서 노래한다.
응용-"인사할 때는 어디를 쳐다보아야 하나요?" 눈이라는 대답을 유도한 후 '안녕' 가사 대신
　　　'눈, 눈'으로 바꾸어 노래하고 노래하면서 눈을 쳐다본다. 구멍이 뚫린 꽃 풍선이나 휴지 심
　　　과 같이 시선이 모아질 수 있는 교구를 사용하여 눈을 맞춘다.
관찰-아동이 인사를 하는 순간을 아는지, 인사에만 열중하는지 관찰한다.
　　　아동이 즐거움을 갖고 눈을 맞추는지, 눈을 맞추는 순간을 인식하는지 관찰한다.

🎵 용어 해설

고정 음악소질(Stabilized Music Aptitude): 더 이상 환경의 요인의 영향을 받지 않는 음악소질. 약 9세에 이르면 아동은 고정 소질의 시기에 들어서며 평생 동안 동일한 수준의 음악소질을 유지한다.

노출(acculturation): 유아 음악감수성의 발달에서 나타나는 첫 번째 유형. 환경을 의식하지 못한 채 환경에 절대적으로 영향을 받는 시기. 흡수, 무의식적 반응, 의식적 반응의 세 단계를 포함한다.

다양한 조성과 다양한 박자(diverse tonality and meter): 장조 이외에 단조, 도리안과 믹소리디안, 프리지안, 리디안, 로크리안 그리고 다중 조성 음악까지 여러 음고 질서에 유아를 노출시키는 것이 강조된다. 또한 2박 음악 이외에 3박 음악, 5, 7박 등의 불규칙 2박 및 불규칙 3박 그리고 다중박자음악까지 여러 리듬 질서에 유아를 노출시키는 것이 강조된다.

동화(assimilation): 유아 음악감수성의 발달에서 나타나는 세 번째 유형. 자신의 음악적 조화로움을 찾는 데 관심이 많은 시기. 자기 깨닫기와 동작과 노래 두 단계를 포함한다.

레가토 패턴(legato pattern): 연속된 반음이나 온음으로 움직이되 반음계가 포함되지 않은 음고패턴. 노출 유형에 놓여 있는 유아기에게 주로 개별적으로 주어진다.

리듬노래: 멜로디 없이 리듬만으로 이루어지는 노래를 말한다.

모방(imtation): 유아 음악감수성의 발달에서 나타나는 두 번째 유형. 환경의 소리를 따라 하는 데 많은 관심을 보이는 시기. 자기중심성 탈피, 음악문법의 해독 두 단계를 포함한다.

무형의 교육, 안내(informal guidance): 유아 감수성 발달기에 놓인 유아들에게 체계적으로 주어지는 교육방법. 음악에 자발적이고 자연스럽게 반응하도록 격려되므로 음악에 대해 아동의 특정한 반응을 기대하는 것이 아니라 집에서처럼 편안하게 단순히 음악 속에 교육대상을 노출하는 것이며 오디에이션의 방식과 직관이 강조된다.

유동 음악소질(Developmental Music Aptitude): 환경적 요인의 영향을 받는 음악소질. 탄생 후 약 9세에 이르기까지 아동은 유동 음악소질의 시기에 놓인다.

유형의 교육, 지도(formal instruction): 아동에게 공식적으로 부여되는 학습방식으로서 객관적 주관적 조성과 박자 감수성의 발달을 도모한다. 주로 학교나 개인 레슨의 형태에서 나타나며 오디에이션 이외에도 음악적 인식이 강조된다.

자유연속동작: 자유롭고 유연하며 멈추지 않고 느리게 움직이면서 엉덩이, 등, 어깨, 무릎 등 온 몸이 구부러지고 둥글게 이어지는 동작을 말한다.

참고문헌

노주희(2004). 오디에이션 음악활동이 유치원 아동의 음악소질 향상에 미치는 영향. 한국음악치료교육학회학술지, 1(1), 11-32.

노주희(2003a). 가르치지 않고 가르치기, 안내. 에듀클래식 1월호. 음악교육사, pp. 124-125.

노주희(2003b). 음악소질연구에 담긴 철학. 에듀클래식 5월호. 음악교육사, pp. 84-85.

노주희(2003c). 유아음악 감수성의 발달단계. 에듀클래식 9월호. 음악교육사, pp. 96-97.

이원영(1999). 젊은 엄마를 위하여. 서울: 샘터사.

정현주(2004. 8. 28). 한국음악치료교육학회 창립학회 강연.

Babies bounce to the beat in infant music development classes. (1991, Fall). *Keynotes.* Temple University, Esther Boyer College of Music.

Bell, W. A. (1981). An investigation of the validity of the Primary Measures of Music Audiation for use with learning disabled children. *Dissertation Abstracts International, 42*(06), 2551A. (UMI No. 8124579)

Bluestine, E. (1995). *The ways children learn music: An introduction and practical guide to music learning theory.* Chicago: GIA.

Bolton, B. M. (1995). An investigation of same and different as manifested in the developmental music aptitudes of students in first, second, and third grades. *Dissertation Abstracts International, 56*(06), 2160A. (UMI No. 9535717)

Bolton, B. M. (1999). *Childsong collection book one: Songs in varied tonalities and meters.* East Norriton, PA: Bestbael Music.

Bolton, B. M. (2000a). *Autumnsong: Songs and suggestions for informal guidance.* East Norriton, PA: Bestbael Music.

Bolton, B. M. (2000b). *Musicianship: Developing tonal and rhythm skill.* East Norriton, PA: Bestbael Music.

Bolton, B. M. (2002). *Childsong collection book two.* Philadelphia: East Norriton, PA: Bestbael Music.

Gerhardstein, R. C. (2001). Edwin E. Gordon: A biographical and historical account of an American music educator and researcher. *Dissertation Abstracts International, 62*(05), 1766A. (UMI No. 3014435)

Gordon, E. E. (1965). *Music Aptitude Profile.* Boston: Houghton Mifflin.

Gordon, E. E. (1970). First-year results of a five-year longitudinal study of the musical achievement of culturally disadvantaged students. *Journal of Research in Music Education, 18*, 195-213.

Gordon, E. E. (1974). Toward the developments of a taxonomy of tonal patterns and rhythm patterns: Evidence of difficulty level and growth rate. *Experimental Research in the Psychology of Music: Studies in the Psychology of Music, 9*, 39-232.

Gordon, E. E. (1976). *Tonal and rhythm patterns: An objective analysis*. Albany, NY: State university of New York press.

Gordon, E. E. (1979a). *Primary measures of music audiation*. Chicago: GIA.

Gordon, E. E. (1980b). *Learning sequences in music: Skill, content, and patterns* (1st ed.). Chicago: GIA.

Gordon, E. E. (1982). *Intermediate measures of music audiation*. Chicago: GIA.

Gordon, E. E. (1986b). *Manual for the Primary Measures of Music Audiation and the Intermediate Measures of Music Audiation: Music aptitude tests for Kindergarten and first, second, thirds, and fourth grade children* (2nd ed.). Chicago: GIA.

Gordon, E. E. (1986c). *Primary Measures of Music Audiation and the Intermediate Measures of Music Audiation: Music aptitude tests for Kindergarten and first, second, thirds, and fourth grade children* (2nd ed.). Chicago: GIA.

Gordon, E. E. (1987). *The nature, description, measurement, and evaluation of music aptitudes*. Chicago: GIA.

Gordon, E. E. (1988). *Learning sequences in music: Skill, content, and patterns* (*3rd ed.*). Chicago: GIA.

Gordon, E. E. (1989a). *Advanced Measures of Music Audiation*. Chicago: GIA.

Gordon, E. E. (1989b). *Audie: A game for understanding and analyzing your child's music potential*. Chicago: GIA.

Gordon, E. E. (1996a). *Harmonic improvisation readiness record, Manual*. Chicago: GIA.

Gordon, E. E. (1996b). *Harmonic improvisation readiness record*. Chicago: GIA.

Gordon, E. E. (1997). *A music learning theory for newborn and young children* (2nd ed.). Chicago: GIA.

Gordon, E. E. (1998a). *Rhythmic improvisation readiness record, Manual*. Chicago: GIA.

Gordon, E. E. (1998b). *Rhythmic improvisation readiness record*. Chicago: GIA.

Gordon, E. E. (2000). *More songs and chants without words*. Chicago: GIA.

Gordon, E. E. (2003). *Learning sequences in music: Skill, content, and patterns* (6th ed.).

Chicago: GIA.

Gordon, E. E., Bolton, B. M., Hicks, W. K., & Taggart, C. C. (1993). *Experimental songs and chants, book one.* Chicago: GIA.

MENC Task Force for National Standards in the Arts. (1994). *The school music program: A new vision-the K-12 national standards, pre-K standards and what they mean to music educators.* Reston, VA: Author.

Moog, H. (1976). *The musical experience of the pre-school child* (C. Clarke Trans.). London: Schott Music.

Moorhead, G. E., & Pond, D. (1977). *Music of young children.* Santa Barbara, CA: Newnham, D. L. (1994). An investigation of the validity of a procedural adaptation of Primary Measures of Music Audiationdesigned for group administration to visually impaired student. Unpublished Master's thesis, Temple University, Philadelphia.

Rho, J. (2004). Development of an early childhood music curriculum for south Korean children. *Dissertation Abstracts International, 65*(04), 1295A. (UMI No. 3128569)

Seashore, C. (1919). *Psychology of Musical Talent.* New York: Silver Burdett.

Valerio, W. H., Reynolds, A. M., Bolton, B. M., Taggart, C. C., & Gordon, E. E. (1998). *Music play.* Chicago: GIA.

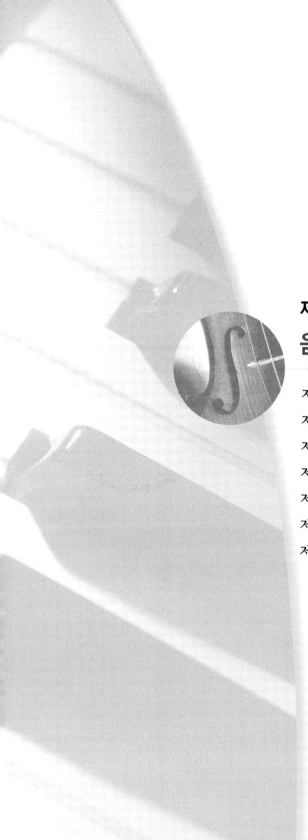

제3부
음악치료 기법과 방법

제6장
치료적 가창 기법

곽은미

음악 감상, 가창, 악기연주는 음악치료에서 사용되는 여러 가지 음악활동 중 가장 대표적인 것들이다. 그중에서도 가창은 음악 감상 다음으로 가장 많이 쓰이는 활동으로 가창의 감정 표현과 심리정화적 측면은 그 치료적 효능에 대해 긍정적으로 논의되고 임상적으로도 많이 이용되고 있다. 이 장에서는 음악치료에서 가창의 다른 기능 중 하나인 언어습득의 역할에 초점을 맞추어 설명하고자 한다.

가창을 의사소통 능력 발달이나 재활에 치료적 목적으로 사용하기 위한 노력은 음악치료 초기부터 계속적으로 시도되어 왔다. 1970년 초부터 보다 구체적이고 체계적인 방법으로 접근을 시도한 결과 멜로디 억양 치료법(Melodic Intonation Therapy: MIT)이 개발되었고, 그 이후 다각적인 연구와 신경학의 발달을 통해 자극 접근법(Stimulation Approach), 리듬적인 언어 자극법(Rhythmic Speech Cueing: RSC) 등도 개발되었다. 이들은 대부분 영어권에서 개발되고 적용된 개념들로 한국어로 이용될 때는 한국어의 특성에 맞는 운율과 멜로디 등을 찾아내고 적용하는 전환과정이 반드시 필요하다(Sparks et al., 1974; Basso et al., 1979; Thaut, 1999).

언어발달에 관한 여러 이론들은 상호보완적으로 통합되어 인간이 언어에 관한 능력을 생물학적으로 가지고 태어나고, 사회환경적인 자극과 모방 그리고 강화에 따라서 습득되고 발달되는 것으로 인식되고 있다. 가창치료 기법에서 언어습득에 특별한 도움을 필요로 하는 클라이언트를 위하여 음악이 가지는 언어적 특징들을 집중적으로 이용한다. 여기서 언어습득에 특별한 도움을 필요로 하는 대상자란, 어떠한 원인 때문에 일상적인 학습의 경로, 즉 단순한 자극, 반복, 모방, 강화 등을 통해서는 언어습득이 어려운 클라이언트를 지칭한다. 일반적인 가창도 효과적인 언어습득에 도움을 줄 수 있으나, 음악치료가 필요한 클라이언트의 다양한 특수 상황을 고려했을 때, 음악치료에서의 가창은 이와 같은 효과들을 '고농축'하여 집중적으로 사용하는 것으로 생각할 수 있다. 이것은 마치 건강한 사람이 식품을 통해서 섭취할 수 있는 영양소들을 환자를 위해서는 정제하여 먹기 좋은 '알약'의 상태로 만드는 과정과도 같다.

언어장애의 원인과 발달 단계를 이해하는 것은 치료의 목적과 방법을 결정하는 데 중요한 역할을 한다. '말이 어눌하다'고 표현되는 이면에는 여러 가지 근본적인 다른 원인들이 작용한다고 볼 수 있다. 따라서 음악치료에서 가창치료의 사용은 원인에 따라 근본적으로 다르게 적용되어야 한다. 언어발달 단계를 이해하고 단계에 따라 치료의 목표를 재조정하는 것도 치료의 효율성을 위해 필요한 과정이다. 이를 신체발달과 비교해서 설명하면, 걸음마는 보행 훈련에서 최종목표이지만, 보행 이전 단계의 신생아는 머리 가누기, 허리 가누기, 혼자 앉기, 혼자 일어서기의 과정을 모두 거쳐야 한다. 언어발달도 이와 유사한 것으로 가창 음악치료에서는 과제분석을 통해서 클라이언트가 단계별로 언어를 습득할 수 있도록 클라이언트의 현재 상태와 원인 그리고 치료의 주요 목적에 따라 흐름도(flowchart)의 개념으로 음악치료 활동의 세부사항을 결정하게 된다.

언어장애를 위한 음악치료에서 음악이 가지고 있는 각각의 요소, 즉 가사, 리듬, 멜로디 등은 치료의 목적에 따라 특정 요소들이 더 강조되기도 하고 덜 강조되기도 한다. 가사는 조음장애와 어휘력 향상을 위한 치료에 중점적으로 사용되고, 리듬은 유창성 장애, 멜로디는 음도장애의 경우에 중점적으로 사용된다. 따라서 가창이 가지고 있는 유효한 측면들은 강화하고, 중요하지 않은 부분들은 최소화하여 치료적 목적에 맞추어 사용한다. 이에 따라, 이 장에서는 영유아 및 언어장애아동을 중심으로 언어발달에 관한 기본적인 개념과 음악치료가 언어장애에서 적용될 수 있는 영역들을 설명할 것이다.

1. 치료적 가창 기법의 특성과 적용

아직 말이 서툰 영유아나 자폐아동 등이 노래를 따라 부르는 경우나, 뇌졸중이나 외상성 뇌손상으로 인한 실어증 환자가 애국가 또는 자신이 평소 좋아하는 노래의 일부분을 따라 부르는 경우를 임상에서 종종 접할 수 있다. 이처럼 장애아동이나 뇌손상으로 인한 신경학적 문제를 가진 클라이언트에 대한 가창과 언어기술 향상의 관계에 관한 연구들은 긍정적이고 효과적인 결과를 보고하고 있다(Cohen, 1992; Cohen & Mase, 1993; Darrow & Starmer, 1986; Lucia, 1987). 음악은 언어를 사용할 때 이용되는 음의 높낮이, 리듬, 빠르기, 강세 등을 가지고 있으며, 우리가 누군가의 말을 들을 때 '말투가 이상하다' 혹은 '모노톤이다' 라고 판단을 내리는 것은 언어에 이러한 음악적 특징들이 잘 반영되지 않을 때다. 따라서 언어적 특성을 고려하여 작곡된 곡들은 가사가 가지고 있는 운율, 높낮이, 리듬패턴 등을 강화하여 클라이언트로 하여금 언어가 가지고 있는 특성들을 보다 잘 반영하게 할 수 있도록 도와줄 수 있다(Cohen, 1992; Colman, McNairn & Shioleno, 1995; Peters, 2000).

이는 음악이 청각과 촉각 자극으로써 언어발달에 필요한 다양한 자극과 경험들을 제공할 수 있기 때문이다. 인간의 언어발달은 우리가 일반적으로 생각하는 것보다 훨씬 더 다양한 경험들을 바탕으로 촉진된다. 첫 마디를 하기까지 1년 여 동안 신생아는 언어 발화 이전 단계의 인지능력과 조음에 필요한 각 기관들의 운동능력, 다른 사람과의 상호관계에 바탕이 되는 사회성 향상 등을 필요로 한다. 클라이언트 중 일부는 기능상 제한으로 언어적 의사소통이 불가능하여 비언어적 의사소통을 먼저 발달시켜야 하는 경우도 있다. 음악치료를 통한 언어교육은 치료대상의 각 발달단계에 맞는 접근이 가능하며 다른 치료 방법으로는 접근이 용이하지 않은 대상에게도 효율적으로 사용할 수 있다(Peters, 2000). 또한 음악치료 활동 중에는 그림 자료들을 통하여 명사의 의미를 전달하거나 노랫말을 통하여 동사나 형용사 혹은 추상명사의 의미를 전달하는 등 단순히 청각적 자극이 아닌 시각, 촉각, 공감각 등 '다감각'을 이용한 접근이 가능하다. 예를 들면, '옆에 옆에 옆에 옆으로' 라는 가사가 쓰인 곡을 통해서 '옆' 이라는 비교개념의 명사는 노래를 통해 동작으로 표현할 수도 있고, 스카프, 보자기, 낙하산 등의 사물을 이용하여 시각적으로도 그 의미를 전달할 수 있다.

언어와 노래는 유사성을 가지고 있으나, 그 근본적인 차이에서 언어는 종종 소음으로 인지될 수 있는데 이와 달리 '음악'은 대상(전경)과 배경의 문제에서, 분명히 구별되는 대상으로 역할을 할 수 있다는 점이다. 이와 같은 음악의 특성은 대상과 배경을 구별하는 데 어려움이 있는 환자의 치료에 효과적으로 이용될 수 있다. 정신지체인의 경우, 어떤 것이 중요한 정보이고 어떤 것이 상대적으로 덜 중요한 정보인지를 구별해내는 과정에서 문제가 발생되기도 한다. 정신지체아동의 청각 인지에 관한 연구에 따르면, 정신지체아동은 의미 있는 언어 자극과 주변에서 일어나는 소음을 구별해내지 못하여 말소리를 듣고는 있으나 그것을 인지하지는 못하는 경우가 발생하게 된다(Grant, 1989: Lanthom, 1980). 또한 정신지체아동의 경우, 그 모든 소리를 동일 수준에서 인지하여 어떤 소리에 집중해야 하는지 구별하지 못하는 경우가 있다. 이와 같은 과정은 대뇌에서 오감을 통해서 들어온 정보들을 조직화하는 과정에서 전경과 배경(figure ground)을 구분하는 변별능력과 연관되어 있다(Davis, 1999). 예를 들어, 우리가 타 언어권에 나가서 생활할 때 공항 같이 시끄러운 장소에 있을 경우, 외국어를 어느 정도 말하고 이해하고 있더라도 상대편의 대화에 집중하지 않으면 상대편의 말은 언어로 이해되지 않고, 소음으로 인식된다. 반면 음악의 경우 그것을 들으려고 집중하지 않더라도 음악은 배경이 되는 소음과는 다르게 인식된다. 같은 내용을 노래로 불렀을 때와 말로써 전달했을 때, 대뇌의 어떠한 작용으로 다른 결과를 나타내는지 아직 정확한 메커니즘이 밝혀져 있지는 않지만, 노래로 지시사항을 전달하였을 때 말로 전달하는 것과는 다른 높은 집중을 불러올 수 있다는 것이 일반적 견해다. 이는 또한 음악치료 세션을 통하여 그리고 일상생활에서 경험적으로 이용되고 있다.

음악은 '감정의 언어'의 언어로써 감정 표현과 직접적으로 연결되어 있다(Gfeller, 1999; Winner, 1982). 언어발달 또한 아동의 심리 정서의 발달과 밀접한 연관을 가지고 있으며 감각 운동의 발달과도 깊은 상관관계를 가지고 있는 것으로 인식되고 있다. 최혜륜(1994)은 "언어장애아동의 치료와 교육은 발성과 발화를 위한 여러 가지 방법에 앞서서 아동에게 자신감을 불어넣어 주고, 대인관계를 원만하게 유지할 수 있도록 하고, 자신의 의사를 표현하고 싶은 의욕을 일깨워 주는 것이 중요하다. 또한 감각 운동의 자극을 풍부하게 하고 실체 경험의 폭을 넓혀 주며, 전신을 통하는 것이 언어교육에 우선되어야 한다."고 제시하였다(p. 275). 그러므로 아동의 언어발달을 위해서 부모와 주변 사람들이 해 주어야 하는 역할은 다양한 영역에 걸쳐 충분한 자극을 주어 아동의 언어 발화에 필요한 환경을 만들어 주는 것이다. 음악치료는 아동의 심리적·정서적 발달을 돕고, 자신감, 대인관계, 의사표현 욕구, 감각 운동 자극 음악치료의 기본요소로써 모든 음악치료활동에 기본적으로 전제되어 있다.

특히 가창을 통한 언어교육은 자칫 지루해지기 쉬운 단순 반복적인 언어습득 과정을 음악이라는 매개체를 통해 즐겁게 참여할 수 있는 동기를 제공하고, 일반적인 언어치료 과정에 비해 장시간 치료에 자발적으로 집중할 수 있도록 할 수 있는 장점을 가지고 있다.

2. 가창음악치료의 접근단계와 목표

1) 가창음악치료의 접근단계

가창음악치료의 가장 선행되는 단계는 바로 대상자의 현재 상태를 정확하게 파악하는 것이다. 언어발달지체의 원인이 되는 문제점들은 주로 클라이언트의 관찰, 검사도구를 이용한 언어평가 검사 결과의 분석, 보호자와의 면담을 통해 그 원인이 분석된다. 예를 들어, 윌리엄증후군 아동은 같은 나이의 다운증후군 아동에 비하여 많은 단어를 알고 있으나, 의미는 파악하지 못하는 경우가 있다. 이는 신경병리학적으로 다른 구조를 가진 윌리엄증후군과 다운증후군의 차이에서 발생하는 것으로써, 음악치료를 통해서 윌리엄증후군 아동은 어휘의 증가보다는 단어의 의미를 이해하는 것에 중점을 두고, 다운증후군 아동은 이해하는 어휘의 증가에 초점을 맞추어야 한다. 이와 같이 각각의 환자군에 관한 가장 최근의 정보들을 수집하고 환자군에 따른 행동적 특성이나 인지 습득과정의 특성들을 기존 자료들을 통해 파악하는 것이 두 번째 단계다. 클라이언트의 특성과 음악의 특성을 치료적으로 적용하는 일이 치료사의 역할로써, 단순한 사실 후면에 있는 원인을 최대한 파악하는 일이 중요하다.

세 번째 가창음악치료단계에서는 가창의 치료적 적용을 위하여 클라이언트의 여러 가지 어려움 중에서 가장 선행적으로 고려해야 할 점을 선별하게 된다. 언어소통에 가장 걸림돌이 되고 있는 요소를 과제분석을 통하여 각 단계별로 집중적으로 수정해 나간다. 이때 보호자의 관점과 치료사의 관점에서 차이를 보일 수 있으며, 보호자와의 면담을 통해 실생활에서 느껴지는 문제점들을 파악하고, 치료의 전체 목적에 부합하는 경우 최대한 반영하는 것을 고려해야 한다. 마지막 단계에서는 매 세션에서 이루어지는 클라이언트와의 상호작용을 통해, 전체 과정을 분석하여 다음 세션에 반영하는 과정이다. 대략적으로 네 단계로 구성되지만, 모든 과정은 반드시 순차적으로 나타나는 것이 아니며 세션이 진행되면서 주기적으로 이루어지기도 하고, 모든 과정이 동시에 이루어지기도 한다.

2) 가창음악치료의 목표

가창음악치료의 목표는 크게 다음과 같이 분류된다.

- 조음을 위한 호흡과 근육조절 능력의 향상
- 조음의 정확도 향상
- 언어발달을 위한 인지능력의 향상
- 어휘의 증가
- 구문론적 능력의 향상
- 화용론적 능력의 향상
- 자존감 향상
- 사회성 향상

3. 음악치료에서의 영역별 활용 방안

1) 언어발달 단계

언어의 발달 단계는 옹알이라고 표현되는 발성화(음성화)의 단계부터 시작된다. 대부분의 경우 3~4개월에서 옹알이를 시작하여 한 낱말 발화 시기인 1세 이후까지 계속적으로 진행된다(〈표 6-1〉). 한 낱말의 발화 시기에 대부분의 아이들은 '엄마' 혹은 '맘마(먹을 것)' '안아(안아주세요)' 등의 한 단어로 자신의 의사를 표시하기 시작한다. 이 시기에 아동들은 단음절 '어' 하나만 가지고도 자신의 모든 의사표현, 즉 '좋다, 싫다, 아니다, 맞다, 하고 싶다' 등을 음의 고저와 표정, 몸짓으로 나타낸다. 통상적으로 여아가 남아보다 언어발달에서 전반적으로 빠른 진전을 보이며, 여아의 경우 1세에서 2세, 남아의 경우 3세까지도 이 시기를 거치는 경우가 있다. 이 시기 이후에는 두 단어를 연결하여 '엄마 안아' '엄마 맘마' 등의 표현을 사용하기 시작하며, 대화 상대와 언어로써 의사소통을 할 수 있는 사회적 반응의 시기로 접어든다.

〈표 6-1〉 연령별 언어발달 단계

3~4개월	옹알이 시작
12개월	'엄마' '아빠' 한 단어 의사소통 시작
18개월	한 단어 문장 의사소통 계속 어휘 급등 현상 30~50단어(50% 이상이 명사)
18~24개월	두 개의 단어 결합 시작: '엄마 물' '아빠 쉬' 전보문식 언어(telegraphic speech) 24개월: 　수용성 이해 단어 약 500개 　표현 언어 약 200개
20~26개월	주어-목적어-동사 형식의 세 단어 문장을 사용 시작 '엄마 빵 줘' '언니 꼬꼬야 줘'
36~48개월	물건의 기능에 관한 질문에 대답 시작: 　Wh-의문문의 사용
48~84개월	사회언어적 이해가 증진된다. 종속절, 접속사 및 전치사를 갖는 복문의 사용 72개월: 800~14,000개의 단어

2) 발화 이전의 조음을 위한 호흡과 근육조절 능력의 향상

　발화의 단계에서 기질적인 문제, 즉 호흡과 근육조절 능력의 문제로 인한 어려움들은 치료 대상자로 하여금 최대한 발화에 관계되는 근육들을 사용하게 하는 것에 초점을 맞추어야 한다. 관악기 불기와 노래 부르기를 통한 호흡연습은 발화를 위한 근육을 사용하도록 하는 좋은 예가 될 것이다. 관악기 불기에서 호흡량의 부족으로 소리를 내기 어려운 경우에는 깃털이나 습자지와 같이 가벼운 것 불기를 시작으로, 촛불을 불어서 움직이는 것 보기, 촛불 끄기 등을 시도하여 구강근육의 강화를 시도할 수 있다. 이 활동과 관계된 음악의 선곡을 위해서는 '불기' 라는 활동에 집중할 수 있도록 단순한 멜로디에 같은 리듬패턴의 곡들이 유용하다.

　다음에 제시된 곡 [악보 6-1]은 '불기' 활동에 적합한 리듬패턴의 예로써 2박자 동안 준비(들숨)하고 3박자에서 불기(날숨)를 할 수 있도록 구성되어 있다. 일정한 리듬패턴의 제공은 클라이언트로 하여금 다음 행동, 즉 불기에 대해서 준비할 수 있도록 기회를 제공하고 예측 가능한 시간 구조 안에서 각 근육의 움직임이 순차적으로 준비되고 활성화되어 클라이언 트가 가진 최대한의 기능을 발휘할 수 있도록 할 수 있다. 밑에 제시되어 있는 구강근육 강 화 및 통제에 도움이 되는 놀이들을 음악치료 활동에 포함하여, 소리를 내야 하는 놀이들은 노래 부르기를 통해서, 활동이나 동작이 포함되는 놀이들은 노랫말에 있는 지시어를 사용 하여 활용할 수 있다(〈표 6-2〉).

[악보 6-1]　　　　　　　　　　　　　　　　　　　　　　　　　　　　　　　　　　곽은미 곡

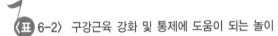

〈표 6-2〉 구강근육 강화 및 통제에 도움이 되는 놀이

소리를 내는 놀이

혀로 여러 가지 소리 내기 ('끌끌' '츠츠' '짭짭')

'오오', '에에' 발음하기(단모음에서 이중모음으로 연습)

'음———' 발음하기

자연이나 사물의 소리들 모방하기

악기 소리 모방하기

활동이나 동작이 포함되는 놀이

입술 돌리기

입술을 물고기처럼 만들기

미소 짓다가 주름잡기

얼굴 찡그리기

입을 최대한 크게 벌리기

입을 꾹 다물기

혀로 코 만지기

혀로 입술 핥기(아이의 입술에 아이스크림이나 젤리 등을 이용)

하품하기

한숨 내쉬기

풍선 불기

파티 놀이 기구 중 불기 놀이 기구를 이용한 놀이

구강근육 강화 및 통제에 도움이 되는 놀이

호루라기 불기

악기 불기

카드를 이용한 얼굴 표정 짓기 놀이

거품 놀이

비눗방울 놀이

---

3) 조음장애를 위한 가창활동

조음장애는 발음이 부정확한 것을 의미한다. 조음장애는 언어장애 중에 가장 많은 유형으로 언어치료 대상자의 60~75%가 이 장애로 분류된다(ASHA, 1980; Lovejoy & Estridge, 1987). '말이 어눌하다, 말이 좀 이상하다, 발음이 이상하다' 등의 표현들이 주로 쓰이고, 모음보다는 자음에서 대체, 왜곡, 생략 등의 현상을 보인다. 예를 들면, '경찰'을 '정찰'로 발음하거나, '사탕'을 '아탕'으로 '파인애플'을 '빨래플'로 발음하는 경우가 이에 해당한다. 영유아 시기에는 이와 같은 오류가 많이 발견되며 성장하면서 스스로 혹은 환경에 따라 수정되어서 특정 연령까지는 언어장애로 분류되지는 않는다.

언어발달에서 모든 음소가 같은 시기에 발달하는 것은 아니며, 모음은 단모음부터 발달하기 시작하여 중모음으로 발달하며, 상대적으로 쉬운 모음과는 달리 자음은 비음, 파열음, 파찰음, 마찰음, 측음(유음)의 순서로 발달한다. 마찰음과 측음의 경우 7세 정도에서 완성된다. 엄정희(1994)에 따르면 'ㅅ' 계열('ㅅ' 'ㅆ'), 'ㅈ' 계열('ㅈ' 'ㅊ' 'ㅉ'), 그리고 'ㄹ'이 잘못 발음되는 경향이 가장 높으며, 다음으로 'ㄱ' 계열('ㄱ' 'ㅋ' 'ㄲ'), 'ㄷ' 계열('ㄷ' 'ㅌ' 'ㄸ')과 'ㅂ' 계열('ㅂ' 'ㅃ' 'ㅍ')이고, 'ㅁ'과 'ㄴ'에서는 조음 장애가 나타나지 않는 것으로 보고하였다. 이는 자음의 발달 순서를 반영하는 결과로서, 치료 대상자가 'ㅅ'을 'ㅇ'으로, 즉 '사탕'을 '아탕'으로 '삼촌'을 '따춘'으로 발음하는 경우 아직 마찰음의 발달이 이루어지

〈표 6-3〉 자음 발달 단계

1단계	비음	ㅁ, ㄴ, ㅇ
2단계	파열음	ㄱ, ㅋ, ㄲ, ㄷ, ㄸ, ㅌ, ㅃ, ㅍ
3단계	파찰음	ㅈ, ㅊ, ㅉ
4단계	마찰음	ㅅ, ㅆ, ㅎ
5단계	측음(유음)	ㄹ

지 않은 것으로 추정할 수 있다. 이와 같이 자음의 발달 순서를 아는 것은, 아동의 현재 언어 발달 상황을 판별하거나 치료의 목표를 설정하는 데 중요한 역할을 한다. 자음의 발달 순서 는 다음의 〈표 6-3〉에 정리되어 있다.

발음의 정확도를 높이기 위한 음악치료에서는 노래의 곡조가 언어의 패턴이나 강세를 잘 반영하고 있는 곡을 선곡하는 것이 중요하다. 클라이언트의 자음 발달 단계와 개인적인 편 차를 고려하여 선정하되, 대부분의 아동이 단순한 명사보다는 의성어나 의태어를 쉽게 모 방하는 점을 고려하여 선곡한다. 대표적으로 유용한 곡으로는 '작은 동물원', '혼자서도 잘 해요', '파파파' 등과 같은 노래가 있다. 이 과정에서는 노래의 모든 부분을 따라 하는 것을 치료의 목적으로 삼기보다는, 특정 부분의 의성어나 의태어 부분만을 부분적으로 따라 하 는 것을 일차 목표로 삼고 진행한다. 의성어와 의태어는 비음과 파열음만을 이용하는 경우 가 대부분이어서, 파찰음, 마찰음, 측음의 경우는 새로운 곡을 만들어야 하는 경우가 대부 분이다.

특정한 발음을 연속적으로 다른 발음으로 대치, 왜곡하는 경우는 클라이언트가 그 유사한 발음 사이에서 그 차이를 구별할 수 있는지 청각 분별력을 확인하는 과정이 필요하다. 그 예 로써, 20대 초반 정신지체자의 경우 '경찰'을 '정찰'로 대치하여 발음하여서, 발음을 수정 하기 위해 모방하기를 시행하였다. 연속되는 시도 중 '경찰'과 '정찰'을 복합적으로 사용 하는 것을 발견하였다. 치료자가 '경찰' 혹은 '정찰'을 발음하고, 어떤 것을 발음하였는지 맞추는 과정에서 약 50% 이하의 정확도를 보여서 두 발음 간의 차이점을 분별하지 못하는 것이 확인되었다. 따라서 'ㄱ'과 'ㅈ'을 구별하는 청각 분별 훈련을 통해 두 발음을 분별하 는 연습을 했을 때, '경찰'을 정확하게 발음할 수 있는 능력도 함께 향상되었다. 클라이언트 가 분별하여 들을 수 없는 발음은 모방의 과정에서도 오류를 발생하여 정확하지 않은 발음 을 산출할 수 있으므로, 실제적인 발음 훈련과 함께 청각 분별 훈련도 동반되어야 한다. 발

〈표 6-4〉 발음의 정확도를 높이기 위한 음악치료에 유용한 곡

노래 제목	강조되는 단어	자음 발달 단계
오리는 꽥꽥	메	1단계(비음)
	꽥꽥	2단계(파열음)
개구리	이야이야요	1단계(비음)
	꽥꽥, 깩깩, 개굴	2단계(파열음)
작은 동물원	음메	1단계(비음)
	삐약, 따당, 뒤뚱, 푸	2단계(파열음)
혼자서도 잘해요	꺼야	2단계(파열음)
파파파	파	2단계(파열음)
우리 모두 흉내 내 보자	개굴	2단계(파열음)
	삐약	2단계(파열음)
	짹	3단계(파찰음)
리 자로 끝나는 말은	리	5단계(측음)

음의 정확도를 높이기 위한 활동들은 〈표 6-4〉에 정리되어 있다.

4) 유창성 장애를 위한 가창활동

유창성 장애는 흔히 말더듬이라고 부르는데, 특정 음이나 음절 또는 말의 시작 부분에서 반복, 연장 등으로 말의 흐름이 방해를 받을 때 일어난다. 언어가 급증하는 2~6세 사이의 아동의 경우, 아무런 기질적(신체적) 이상이 없어도 발생하는 경우가 있으며, 환경적 요인에 따라 고착되기도 하지만 대부분의 경우 성장하면서 자연스럽게 없어지는 경우가 많다(80% 정도로 추산). 말더듬의 경우 심리적인 요인도 많이 작용하여, 특정 상황 혹은 특정 인물 앞에서 어려움을 보이는 경우도 자주 관찰할 수 있다.

유창성 장애는 음악이 가지고 있는 리듬적인 요소를 이용하여 접근한다. 신경음악치료(Neurologic Music Therapy)의 한 방법인 Rhythmic Speech Cueing(RSC)은 말의 시작과 적절한 속도, 말 시작 전의 더듬거림을 최소화하도록 하는 것으로 실어증, 구음장애, 유창성 장애 등을 위해 활용되고 있다. 유창성 장애를 위한 RSC에서는 리듬적인 요소를 이용하기 위해 타악기, 손가락 두들기기, 메트로놈 등이 이용된다. 주로 두들기기(tapping)가 많이 사용되는데, 클라이언트의 말더듬 패턴을 분석하여 말을 더듬는 부분은 타악기 연주하기

혹은 손가락 두들기기로 대체하여 말을 시작할 때 더듬는 부분이 없도록 유도한다. 예를 들면, '아아아아, 안녕하세요.' 라고 대략적으로 4번 더듬고 말을 시작하는 클라이언트의 경우는 북을 4번 두들기면서 말을 시작하는 준비를 하고 5번째는 말을 시작하도록 유도한다. 치료의 도입부분에서는 치료사와 함께 타악기 연주로 시도하고 점진적으로 치료사의 개입을 최소화하고 타악기를 연주하는 것에서 타인들이 알 수 없도록 가볍게 손가락을 두들기는 정도로 전환시켜 주어야 한다. 최종적인 목적은 실제적인 두들김 없이 생각을 통해서 말의 더듬거리는 부분을 제거하는 것이다(Clair, 2004).

말의 흐름이나 속도에 문제가 있는 경우는 리듬이나 '메트로놈' 을 이용하여 적절하게 속도를 조절할 수 있다. 클라이언트의 말의 속도가 너무 빠르거나 늦을 때는 RAS와 같은 원리로 클라이언트의 현재 말의 속도를 측정하여, 기초선보다 약간 빠르거나, 느리게 메트로놈 한 비트당 한 개의 음절을 발음하도록 훈련하고(metric speech), 점진적으로 속도를 높여 주거나, 낮추어 주면서 말의 속도를 조절할 수 있다. 그러나 이 방법은 음절의 장단을 조절해 주지 못하고 말의 흐름을 조절해 줄 수 없기 때문에, 장기간 사용 시에는 말이 단속적이고 기계적으로 패턴화된다는 사실을 유념해야 한다.

말의 흐름(유창성)이 보통의 경우와 다를 때, 일반적으로 클라이언트가 가지고 있는 잠재적 능력보다 저하된 의사소통 능력을 보인다. 말의 흐름을 위한 훈련에서는 통상적으로 쓰이는 말의 흐름을 습득하기 위하여 일상적인 말의 흐름을 반영한 리듬패턴(patterned speech)을 사용한다. 이 방법에서는 음절마다 강세를 주는 대신에 단어별로 강세를 주게 되며, 전체적인 말의 흐름이 자연스러운 리듬을 가지도록 유도한다. 전래 동요 '여우야 여우야 뭐하니' 에서 그 예를 찾을 수 있는데, 이것은 언어가 가지고 있는 운율을 반영하여 4/4박자에 맞추어 만들어졌다. 같은 원리로 RSC에서도 생활에 필요한 말을 중심으로 일반적인 말의 패턴으로 교정해 나간다. RSC는 주로 구어장애(dysarthria), 실어증(apraxia) 등을 위해서 많이 쓰이고 있지만, 이외에도 뇌졸중, 외상성 뇌손상, 뇌성마비, 자폐증에도 쓰이고 있다(Thaut, 1999).

5) 기호장애를 위한 치료적 모방활동

기호장애는 '언어' 라는 기호를 이해하거나 표현하는 능력을 관할하는 대뇌의 처리 과정에서의 결함으로 인하여 언어 습득이 지체되어 수용성, 표현성 언어 부분 모두에서 장애를 나타내는 유형이다. 기호장애는 의미론적 영역, 구문론적 영역, 화용론적 영역으로 분류할 수 있다.

의미론적 영역은 언어가 가지고 있는 상징을 이해해서 언어의 의미를 파악하는 영역이다. 수용성 언어 영역에서는 지시어를 이해하지 못하거나 부분적으로 이해할 수 있고, 이해할 수 있는 단어의 수가 한정되어 있으며, 사용하는 어휘가 제한적이고 문법 체계가 단순하다. 구문론적 영역은 언어적 형식을 의미하며 소위 '문법'이라고 볼 수 있다. 유아는 4세를 전후하여 대략적인 모국어의 구조를 파악하고 사용할 수 있는데, 그 이전 단계에서는 형용사의 위치나 부정어의 위치가 뒤바뀌는 등 정확한 문법의 사용에 제한이 있다. 화용론적 영역은 언어의 사회적 기능 측면을 의미하는 것으로, 화용론적 영역이 가장 큰 손상을 입은 경우는 자폐 증상에서 그 예를 찾아볼 수 있다. 자폐인의 경우 상황에 부적절한 말을 하거나, 상대편의 이야기와 관계없이 자신의 이야기만을 하고, 말의 패턴에서 지나치게 크게 말하거나 음율이 맞지 않는 등, 사회적 기능에 부적절한 언어의 사용을 보인다. 각각의 영역들은 상호작용적인 관계로써 어떤 영역에 심각한 장애가 있다면 다른 영역까지 그 영향을 미치며, 의사전달 과정의 전반에 영향을 미치게 된다.

수용성 언어발달이 제한되어 지시사항 따르기에 어려움이 있을 경우는 생활에 필요한 몇 가지 지시어들을 노래로 만들어 사용할 수 있다. 지시사항은 언어로 전달했을 때보다 노래로 전달했을 때 수행률의 향상을 이끌 수 있는데, 이는 앞서 지적한 대상과 배경의 문제, 즉 음악이 주의 집중력을 높여 주고 언어보다 상대적으로 다차원적인 자극이라는 점 때문이다. 이때 명령어들은 언어적 의미를 음악적인 효과로 최대화할 수 있도록 의도되어 만들어야 한다. 명령어들은 각기 뚜렷이 구별되는 다른 멜로디를 가지는 것이 효과적이며, 도입 부분에서 치료사가 모두 시범을 보이지만, 세션이 진행됨에 따라 치료사는 처음 부분만 부르고 아동이 나머지를 부르도록 유도한다. 최종적인 목표는 치료사가 멜로디 부분만 부르면 아동이 의미를 파악하여 의도된 행동을 하는 것이다. 이 방법은 유치원에서 많이 사용하고 있는 '준비됐나요? 준비됐어요'를 그 예로 생각할 수 있다. 유치원에서 선생님은 아동들의 주의를 집중시키기 위해 '준비됐나요?'라고 질문하고, 아동들은 '준비됐어요'라고 응답하는 과정에서 선생님에게 집중하고 다음 행동을 준비하게 된다. 유치원 과정에서 그룹 통제를 위해서 사용되고 있는 이런 짧은 음악적 명령어들은 음악치료적인 개념에서 볼 때, 음악이 가지고 있는 유용성을 적절히 이용하고 있는 경우로 음악이 과학으로 증명되기 이전에 실생활에서 이미 사용되고 있었던 실례다.

표현성 언어 측면에서 치료적 가창 기법은 특히 어휘를 향상시켜 주고, 가사 안에서 구문론을 훈련시킬 수 있는 장점을 지니므로 수용언어에 비해 그 효과성이 두드러진다. 이러한 표현언어 발달을 촉진하는 음악활동에 대해 보다 자세히 살펴보면 다음과 같다.

(1) 표현성 언어의 발달을 위한 음악활동

표현성 언어의 발달은 인지발달과 더불어 함께 균형적으로 발달하며, 언어의 세 가지 측면, 즉 의미론적, 구문론적, 화용론적 측면이 모두 함께 발달해야 한다. 장애 영역에 따라 각기 다른 어려움들을 가지고 있으며, 크게 구분하여 인지발달에 어려움이 있는 경우 주로 의미론적 측면에, 자폐아동의 경우는 주로 구문론과 화용론적인 측면에서 어려움을 보인다.

의미론적 측면의 어려움들은 노래가 가지고 있는 반복성, 예측가능성, 시간순차성 등을 이용하여 접근할 수 있다. 초기 어휘 습득에서는 자신이 직접 조작한 사물을 먼저 배우고, 상태를 나타내는 형용사나 부사보다는 동사를 먼저 습득한다. 특히 눈으로 그 변화를 직접 관찰할 수 있는 동사들, 즉 '넣어' '빼' '안아' 등을 먼저 습득한다(Clark, 1973; 박현영, 1994). 이는 추상적인 동작이나 명사보다는 구체적이고 조작 가능한 단어들을 쉽게 인식할 수 있다는 것을 의미한다. 음악치료에서 이러한 특성들은 앞에서 언급한 다감각적 학습을 통해서 접근한다.

어휘를 확장시켜 주기 위해서는 세션 중에 직접 만질 수 있거나 표현할 수 있는 명사나 동사가 포함되어 있는 곡을 선택한다. 대표적인 곡으로는 본인의 이름이 포함된 곡들, 신체의 일부분이 포함된 곡들, 일상생활에서 접할 수 있거나 볼 수 있는 사물이나 동물 등이 포함된 곡들이다. '당신은 누구입니까' 혹은 '머리 어깨 무릎 발' 등의 곡 등이 대표적인 곡들이라 할 수 있다. 표현성 언어발달을 위한 선곡 시 가사의 내용에 유의해야 하는데 추상명사나 비교적인 수식어, 즉 크다, 작다, 많다, 적다 등의 개념 등은 클라이언트의 능력에 따라 사용되어야 한다. 예를 들면, 2~3세 아동에게 부모나 보호자가 많이 불러 주는 구전 동요인 '아침 바람 찬바람'의 경우, 같이 시도하는 율동에 아동이 모방하고 어른과 상호작용을 하는 과정에서 서로가 재미를 느끼며, 율동에 흥미를 느끼기 때문에 반복적으로 사용된다. 그러나 치료적 관점에서 살펴보면 가사의 내용 중 대부분이 이해할 수 없고, 추상적인 내용이 많이 포함되어 있다.

치료적 관점에서 몇 곡들을 분석해 보면, 아침, 바람, 기러기, 엽서, 우체통 등등 모두 추상적인 개념이며, 또한 문맥상 언어를 이해하는 것에 효과적이지 않다. 이와는 다르게 '주

'먹 쥐고'의 경우 곡의 전반부에서는 주먹, 손, 손뼉 등과 같은 신체에 관계된 단어들과 쥐고, 펴고, 치고, 위에 등과 같은 동작을 나타내는 동사들이 사용되어 어휘를 향상시키는 데 효율적으로 사용될 수 있다(1절에서는 해님이라는 상대적으로 추상적인 개념이 사용되어 있으므로, 3절을 먼저 사용하게 되면 직접적으로 보고 만질 수 있는 나팔이라는 개념이 상대적으로 이해되기 쉬울 것이다). 나비의 경우 시각자료의 사용이 가능하다. 단 자폐증과 같이 범주화(혹은 일반화)의 어려움이 있는 경우, 똑같은 나비 그림이 아닐 때 나비라고 인식할 수 없는 경우가 있어서, 시각자료의 사용 시 클라이언트의 인지능력과 인지적 특성을 고려하여 사진자료나 그림자료의 사용을 검토해야 한다.

이와 같이 언어발달 단계와 클라이언트의 현재 상태를 고려하여 선곡하는 일이 중요하다. 클라이언트의 경우 학습의 속도가 정상아동에 비하여 많이 늦고, 상대적으로 제한된 어휘력을 가지게 되는 경우가 대부분이므로, 치료에 사용되는 단어의 선택에서 생활에 필요한 단어들을 중심으로 진행한다. 따라서 가창음악치료에서는 클라이언트에 맞게 작곡된 곡들이 많이 이용되고 있다. 장기적으로는 음악치료의 목적으로 작곡된 곡들은 데이터베이스화하여 치료사 개인적으로 필요한 곡들을 상황에 따라 만들어야 하는 불필요한 노력들을 줄여 나가야 할 것이다.

구문론적인 영역을 위한 가창음악치료에서는 문법적으로 정확하고 일상생활을 표현한 곡들을 사용해야 한다. 가사 중 일정 부분, 즉 주어, 목적어 혹은 서술어 부분을 변형하여 구문론적인 사용법을 익힐 수 있도록 한다. '곰을 잡으러 갑시다'라는 곡의 일부 개사된 곡인 '잡으러 갑시다 [악보 6-2]'의 경우 '곰'의 자리에 신체의 부분인 코, 귀, 손 등을 사용하여 어휘력을 증진시키는 동시에 정확한 문법의 사용을 학습할 수 있다. '주세요 [악보 6-3]'도 같은 경우에 해당하는 곡으로써 '목적어'에 해당하는 부분에 화자가 원하는 사물의 이름을 넣어 이용한다. '주세요'라는 동사의 습득이 목적인 경우, 클라이언트의 선호 사물을 제시하고 '주세요' 부분을 모방하도록 유도한다[악보 6-3]. 클라이언트의 인지에 따라 몸짓으로 표현하거나(코 부분을 만지거나 사물을 만지거나), 그림카드를 제시하여 해당하는 문장을 완성시킬 수도 있고, 글자인지가 가능할 경우는 단어카드를 사용한다. 최종적으로는 다른 자료의 도움 없이 클라이언트 스스로 생각하여 언어적으로 표현할 수 있는 것을 최종적인 목적으로 삼아야 한다.

[악보 6-2]

('곰을 잡으러 갑시다' 개사)

코 를잡으러 갑 시 다　살 금 살 금 갑 시 다　코 를잡으러

갑 시 다　살 금 살 금 갑 시 다

[악보 6-3]

곽은미 곡

0　주 세 요　0　주 세 요　0　주 세 요　0　주 세 요

0　주 세 요　0　주 세 요　0　주 세 요　0　주 세 요

　목적어 서술어 관계 혹은 두 개의 낱말을 이어서 문장을 완성하는 형태가 습득되었을 경우, 세 단어 표현 영역인 주어, 목적어, 동사로 연결되는 훈련할 수 있다[악보 6-4].

　화용론적 측면에서의 표현성 언어발달을 위해서는 의사소통을 위해 필요한 차례 지키기(turn-taking), 주고받기(give-and-take) 등과 같은 사회적 규칙을 익히는 것이 필요하다. 이와 같은 개념은 가창 이전에 악기활동이나 동작활동을 통해서도 치료사와 함께 혹은 그룹 세션의 경우는 다른 클라이언트와 함께 경험적으로 습득할 수 있다. Buday(1995)는 자폐증 아동과의 연구에서 표현성 언어발달을 위해서 수화나 단어를 학습할 때, 단순한 리듬패턴만 제공하는 것보다는 멜로디가 포함된 형식이 더 효과적이라는 것을 보고하였다.

　이 단계부터는 동화책을 이용하는 방법도 효과적이다. 같은 패턴의 말이 반복적으로 나오는 동화책의 경우, 패턴화되고 반복적이며 문법적으로 정확한 구절을 선택하여 멜로디를 만들고, 치료사가 부르고 아동이 모방할 수 있도록 유도하고, 최종적으로는 치료사의 언어적 지시 없이 반주만 제공했을 때, 독립적으로 부를 수 있도록 유도한다. 저자가 7세 과잉행

[악보 6-4] 레인스틱

곽은미 곡

설 이 가 설 이 가 레 인 스 틱 소 리 냅 니 다

설 이 가 설 이 가 레 인 스 틱 소 리 냅 니 다

동장애 아동과의 세션에서 사용했던 '옛날 옛날에 파리 한 마리를…(심스태백 글, 그림/김정희 역/베틀북)'의 경우, 제목과 같은 문장이 전체 책에 걸쳐 10회 이상 반복되어, 동화책 전체를 내레이션의 형식으로 작곡하였고, 활동의 도입 단계에서는 반복되는 부분은 클라이언트가 치료사와 함께 노래를 부르도록 했으며, 활동이 진행되면서 점차적으로 치료사의 개입을 최소화하고 반복적인 문장이 나오는 후렴 부분에서는 독립적으로 부를 수 있도록 했다. 최종적으로는 동화책의 전 영역을 혼자 독립적으로 부를 수 있었다.

　클라이언트가 노래를 모방하여 부르기 위해서는 대략적으로 4단계의 과정〈표 6-5〉를 거치게 되는데, 노래를 들으면서 노래에 익숙해지는 단계, 같이 부르는 단계, 점차적으로 혼자 부르기 단계 등을 거쳐서 독립적으로 부를 수 있게 된다. 다음 표에서는 각 단계별 특성을 열거하였다.

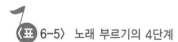

〈표 6-5〉 노래 부르기의 4단계

단계 1 노래 들려주기	노래와 연관된 장난감을 제공하고 보조자로서의 역할을 수행하면서, 반복적이고 계속적으로 노래를 들려줌으로써 아동이 노래를 익히도록 한다. 아동이 노래를 부르는 것보다는 들려주는 데 목적을 가진다. 간헐적으로 아동이 노래를 듣고 있는지 등을 파악해 주의를 환기시킨다. 아동이 어느 정도 노래에 흥미를 가지고 익숙해지면 장난감을 없애고 아동을 마주 앉혀 그림과 가사가 함께 있는 책이나 시각자료를 보면서 노래를 들려준다. 이때 아동이 내용을 이해할 수 있도록 그림의 내용들을 손가락으로 짚어 준다.

단계 2 노래 같이 부르기	2단계의 마지막 부분에서 치료사의 중재를 최소화하여, 노래의 첫 부분만을 제공하거나, 치료사는 시각자료만을 제공하여 노래 부르기를 유도한다. 5초 정도 기다리고, 5초 이내에 아동이 다음 소절을 부르면 강화하고, 다음 소절로 옮겨 간다. 아동이 시간 내에 반응하지 않으면 2단계를 다시 반복한다.
단계 3 노래 같이 부르다가 혼자 부르기	아동이 노래를 듣고 흥얼거리기 시작하면 치료사는 아동의 속도에 맞춰 가사를 정확하게 발음하며 아동과 함께 부른다. 아동과 그림과 가사가 있는 시각자료를 함께 보며 노래를 부르다가 뒤 소절을 부를 때에는 소리를 아주 작게 하거나 입 모양만을 제시해 보인다. 아동이 계속적으로 부르는지 살핀다.
단계 4 혼자 노래 부르기	노래의 전주 부분을 치료사가 제공했을 때, 아동은 혼자 노래를 부를 수 있다.

4. 적용 대상의 제한 및 고려사항

　가창음악치료에서 가장 중점적으로 고려해야 할 사항은, 클라이언트의 현재의 언어적 능력 상태에서 가장 우선적으로 습득되어야 하는 것이 무엇인지를 파악하고 그것을 중점적으로 학습하는 것이다. 같은 곡을 치료에 이용하는 경우도 치료의 목적에 따라 조음부분을 강조할 수도 있고, 어휘력, 구문법적 측면 혹은 언어의 화용론적인 측면을 강조할 수도 있다.

　가창음악치료는 그 광범위한 활용성과 응용 가능성에도 불구하고, 아직까지는 기법으로 체계화되어 정립되지 못했다. 이는 언어장애가 가지는 광범위한 영역과 장애의 원인이 되는 다양한 환자군의 특성에 그 원인이 있다. 기존의 전래동요나 동요 등과 음악치료를 위해서 작곡된 곡들을 치료의 목적에 따라 분류하고 치료에 적용하여 각각의 문제점이나 고려해야 할 사항들에 대해 계속적이고 체계적으로 분석해야 할 것이다.

📖 용어 해설

구어장애: 말더듬이, 눌어증, 마비성구음장애. 중추 또는 말초신경계의 손상으로 인하여 근육조절이 제대로 되지 않는 데서 오는 장애를 일컫는다.

모노톤: 문장을 말할 때, 말의 강세, 높낮이, 리듬 형태 등의 변화가 없어 단조롭게 들리는 현상을 말한다.

발화: 모음과 자음의 조합을 통해 의미 있는 단어를 산출하는 것을 말한다.

수용성 언어: 언어가 상징하는 의미를 이해(수용)할 수 있는 능력으로, 즉 "연필을 가져와."라는 문장에서 '연필'이라는 물체를 구별할 수 있고, "가져와."라는 명령을 이해하고 실행할 수 있는 능력이다.

유창성 장애: 흔히 말더듬으로 불리는 장애로 특정 음이나 음절 또는 말의 시작 부분에서 반복, 연장 등으로 말의 흐름을 방해받을 때 발생되는 장애다.

전경과 배경의 구별: 사물을 인지할 때 필요한 능력으로 사물을 배경이 되는 것과 구별할 수 있는 능력을 의미한다. 그림을 보는 것을 예로 들면 건물이 그림 중앙에 배치된 그림을 볼 때, 주변에 있는 산이나 나무 등을 배경으로써 인지하고, 중앙에 있는 건물을 중점적으로 인식 할 수 있는 능력이라 하겠다.

표현성 언어: 화자가 자신의 요구나 필요를 언어로서 표현하고 청자가 이해할 수 있는 능력으로서, 인지발달과 더불어 함께 균형적으로 발달하며, 언어의 세 가지 측면, 즉 의미론적, 구문론적, 화용론적 측면의 통합적인 발달이 요구된다.

참고문헌

김수지, 고일주, 권혜경 공역(2002). 음악치료학 개론: 이론과 실제(Davis, Gfeller, Thaut 공저). 권혜경 음악치료센터.

김양순 역(2001). 놀이치료의 동반자로서 부모(Arthur Kraft & Garry Landreth 공저). 학문사.

김태련 역(1998). 발달장애인을 위한 음악치료. 서울: 이화여자대학교 출판부.

김혜리, 유경 공역(2001). 자폐아동도 마음읽기를 배울 수 있다(H. Patricia, S. Baron-Cohen, J. Hadwin 공저). 서울: 시그마프레스.

박현영(1994). 낱말 지도. 언어장애 아동의 가정지도, 4(pp. 100-131). 한국 언어병리학회 편.

송준만(1984). 특수아 지도. 서울: 한국 방송통신대학.

엄정희(1994). 언어장애아동의 발음 지도. 언어장애아동의 가정지도, 4(pp. 179-210). 한국 언어병리학회 편.

이승복 역(2005). 언어발달(Robert E. Owens. Jr. 저). 서울: 시그마프레스.

정보인 외(2000). 0~5세 발달 단계별 놀이 프로그램. 서울: 교육과학사.

정보인 외(2000). 뇌성마비 영유아 바로 키우기. 서울: 교육과학사.

정보인 외(2000). 발달장애 영유아 바로 키우기. 서울: 교육과학사.

최혜련(1994). 언어 발달에 있어서 몸과 움직임의 의미. 언어장애아동의 가정지도, 4(pp. 274-282). 한국 언어병리학회 편.

한국 언어병리학회 편(1994). 언어장애아동의 가정지도, 4. 군자출판사.

American Speech and Hearing Association [ASHA]. (1980). *Speech and language disorders and the speech and language pathologist.* Washington, D.C.: Author.

Basso, A., Capatini, E., & Vignolo, L. A. (1979). Influence of rehabilitation of language skills in aphasic patients. *Archives of Neurology, 36,* 190-196.

Buday, E. M. (1995). The effect of signed and spoken words taught with music on sign and speech imitation by children with autism. *Journal of Music Therapy, 32*(3), 189-202.

Clair, A. A. (2004). Neurologic Music Therapy. In A. A. Darrow (Eds.), *Introduction to approaches in music therapy* (pp. 143-157). American Music Therapy Association, Inc.

Clark, E. V. (1973). What's in word? On childs' acquisition of semantics in his first language. In T. Moore (Ed.), *Cognitive development and the acquisition of language.* New York: Academic Press.

Cohen, N. S. (1992). The effect of singing instruction on the speech production of neurologically impaired persons. *Journal of Music Therapy, 29*(2), 87-102.

Cohen, N. S., & Masse, R. (1993). The application of singing and rhythmic instruction as a therapeutic intervention for persons with neurogenic communication disorders. *Journal of Music Therapy, 30*(2), 81-99.

Colman, K., McNairn, P., & Shioleno, C. (1995). *Quick tech magic: Music based literacy activities.* Solana Beach, CA: Mayer-Jhonson.

Davis, W. B. (1999). Music therapy for mentally retarded children and adults. In W. B. Davis, K. E. Gfeller, & M. H. Thaut (Eds.), *An introduction to music therapy: Theory and practice* (2nd ed., pp. 64-88). McGraw-Hill College.

Darrow, A. A., & Starmer, G. W. (1986). The effect of vocal training on the intonation and rate of hearing impaired children's speech: A pilot study. *Journal of Music Therapy, 23*(4), 194-201.

Finch-Williams, A. (1984). The Developmental Relationship between Cognition and Communication: Implications for Assessment. *Topics in Language Disorder, 5,* 1-13.

Gfeller, K. E. (1999). Music: a human phenomenon and therapeutic tool. In W. B. Davis, K. E. Gfeller, & M. H. Thaut (Eds.), *An introduction to music therapy: Theory and practice* (2nd ed., pp. 35-59). McGraw-Hill College.

Grant, R. E. (1989). Music therapy guidelines for developmentally disabled children. *Music Therapy Perspectives, 6,* 18-22.

., J. V. (1984). Cognitive Training and Initial Use of Referential Speech. *Topic in Language Disorders, 5,* 14-28.

Lanthom, W. (1980). An overview of music therapy. *In the use of the creative art in therapy* (pp. 36-38). Washington, D.C.: American Psychiatric Association.

Lovejoy, F. H., & Estridge, D. (Eds.). (1987). *The new child health encyclopedia.* New York: Delacorte Press.

Lucia, C. M. (1987). Toward developing a model of music therapy intervention in the rehabilitation of head trauma patients. *Music Therapy Perspectives, 4,* 34-39.

Peters, J. (2000). *Music Therapy: An introduction* (2nd ed.). Charles C. Thomas Publisher.

Sparks, R., N. Helm & Martin, A. (1974). Aphasia rehabilitation resulting from melodic intonation therapy. *Cortex, 10,* 303-316.

Thaut, M. H. (1999). Music therapy in neurological rehabilitation. In W. B. Davis, K. E. Gfeller, & M. H. Thaut (Eds.), *An introduction to music therapy: Theory and practice* (2nd ed., pp. 221-247). McGraw-Hill College.

Winner, E. (1982). *Invented worlds.* Cambridge, MA: Harvard University Press.

제7장
신경학적 음악치료

이승희

1. 신경학적 음악치료의 역사

신경재활의 목적을 가진, 신경음악치료(Neurologic Music Therapy)는 Michael Thaut[1]와 콜로라도 주립대학 Center for Biomedical Research in Music(CBRM)의 연구원들이 발달시켰다. 신경음악치료는 음악이 가지고 있는 모든 요소들, 즉 리듬, 박자, 멜로디, 강약, 하모니, 악기의 기능 등을 사용하여 뇌손상 환자의 인지, 언어 그리고 신체적 기능을 향상시키려는 목적을 가지고 있다. 특히 신경음악치료는 물리치료사와 함께 병원이나 재활센터에서 뇌졸중, 파킨슨 증후군, 외상성 뇌손상, 뇌성마비 등 뇌손상 어른과 어린이 클라이언트들의 신체 재활치료에 많이 사용되고 있다.

역사적으로 보면, 음악, 특히 리듬은 오래전부터 여러 사람들이 동시에 움직일 수 있도록 사용되어 왔다. 예를 들면, 군인들이 동시에 대열을 짓고 행진할 때 4분의 2박자의 음악이 쓰이고 있다. 또 농부들이 벼를 심을 때도 4분의 3박자의 음악을 사용하여, 동시에 벼를 가지런히 심을 수 있도록 사용되어 왔다. 많은 사람들이 동시에 일할 때 사용했던 음악들은 그

---

1) 콜로라도 주립대학 음악치료학과 교수이며 CBRM의 책임자다.

들이 하는 일에 따라 다른 리듬을 사용하였다. 음악, 즉 리듬은 사람들이 몸을 동시에 움직여 일을 할 수 있도록 도와주는 역할뿐 아니라, 일할 때 피로함을 덜 느끼게 하는 역할도 해왔다(Lee & Itoh, 1989). 많은 연구가들은 음악적 리듬이 가지고 있는 박자, 빠르기, 악센트 등이 조직적인 신체적 움직임, 근육의 활동, 움직임의 타이밍과 연계성이 있다는 것을 보고하였다(Thaut, 1999a). 그 결과, 음악적 리듬이 알맞은 시기의 신호(timing cue)를 제공하여 능률적이고 일치적인 신체적 반응을 끌어내는 데 사용할 수 있다는 것을 보여 준다(Paltseve & Elner, 1967; Rossignol & Melvill Jones, 1967; Thaut, 1988). 또한 최근의 많은 연구는 리듬이 신체적 통제 과정에 영향을 미칠 수 있다는 결과를 찾아내었다. 여기서 말하는 신체적 통제 과정은 걸음걸이, 관절가동범위(range of motion), 근육의 힘(muscle strength), 근육의 움직임, 일상생활에 필요한 움직임 등을 말한다(Batavia, Gianutsos, & Kambouriom, 1997; Engardt, 1994; Freeman, Cody, & Schady, 1993; Georgiou et al., 1993; Miller et al., 1996; Thaut, 1985; Thaut, McIntoch, & Rice, 1997). Thaut와 Johnson[2] 그리고 콜로라도 주립대학의 CBRM의 연구원들은 리듬과 신체의 연구 결과에 따라 신경음악치료학의 정의와 음악이 뇌손상 클라이언트의 재활에 어떻게 도움이 되는지를 보다 구체적이고 체계적으로 정리하여 하나의 학문으로 발전시켰다.

리듬이 신체 움직임에 영향을 미친다는 많은 연구결과에 따라, 음악치료사들은 리듬을 신체 재활 운동이 필요한 클라이언트들을 위한 치료를 목적으로 사용하고 있다. 여기서 음악치료사는 클라이언트의 신체 재활을 위해 주로 세 가지의 테크닉을 사용한다. 이 세 가지의 테크닉은 리듬 청각 자극(Rhythmic Auditory Stimulation: RAS), 패턴화된 감각 증진(Patterned Sensory Enhancement: PSE), 치료목적을 위한 악기연주(Therapeutic Instrumental Music Performance)다.

2. 리듬 청각 자극 기법

리듬 청각 자극(RAS)의 가장 중요한 원리는 인간의 몸이 청각 운동을 통해 동시에 리듬적으로 움직일 수 있다는 것이다. 예를 들면, 손가락을 리듬에 맞추어 가볍게 두드릴(finger

---

2) Sarah Johnson: Poudre Valley Hospital와 CBRM의 음악치료사. NMT 테크닉을 처음 사용하였다.

2. 리듬 청각 자극 기법

tapping) 때 속도가 갑자기 늦어지거나 빨라지면 사람은 금방 인지할 수 있으며, 손가락도 자연스럽게 늦추어진 속도에 맞추어 움직이게 된다. 하지만 리듬 속도가 아주 미세하게 변하면, 사람들은 그 속도 변화에 대해 인지하지는 못하지만 손가락은 그 변한 리듬에 맞추어서 움직일 수 있다(Tecchio et al., 2000). 이 연구는 청각과 신체 움직임은 서로 연결되어 있으며, 비록 사람들이 인지하지 못하더라도 리듬을 사용하여 움직임에 자극을 줄 수 있다는 것을 입증해 주고 있다. RAS에서 리듬은 움직임에 자극을 주는 신호와 박자(time keeper)에 맞추어 움직일 수 있도록 사용하고 있다. 따라서 Thaut(1999b)는 RAS를 "내면적이고 생리학적인 리듬을 가지고 있는 움직임의 재활을 돕는 테크닉"이라 정의하고 있다. 이 중 가장 중요한 움직임은 보행(gait)이다. 그러므로 RAS는 주로 보행장애 클라이언트, 예를 들면 뇌졸중 클라이언트와 외상성 뇌손상 클라이언트에게 적용된다(pp. 239-240).

(1) RAS의 경로

RAS에서 사용되는 리듬적인 신호(cue)가 즉각적인 신체적 운동에 효과적인 것은 우리의 몸이 리듬에 무의식적으로 반응을 하기 때문이다. 이 반응은 경악 반사(startle reflex)에 비유할 수 있다. 경악 반사는 크고 갑작스러운 소리에 신체가 반응하는 것을 말한다. 예를 들면, 갑자기 상대방이 손뼉을 크게 칠 때 눈이 깜박거리는 증상이 그것이다. 이때 소리를 듣고 눈을 깜박거리는 시간은 일반 청각 운동 경로에 비해 짧게 걸린다. 그 이유는 소리가 귀를 통해 대뇌 피질(cerebral cortex)로 가서 눈을 움직이라고 명령을 하는 게 아니라 소리가 청각통로를 통해 척수(spinal cord)로 내려가는 동시에 척수상의 청각 시스템(supraspinal auditory system)을 통해 대뇌 피질로 가기 때문이다(Palteve & El' ner, 1967; Rossignol & Melvill Jones, 1976; Tecchio et al., 2000). Palteve와 El' ner는 이 현상을 달팽이핵(cochlear nuclei)과 망상체(reticular formation) 그리고 척수 간의 연결성으로 설명하였다. 여기서 망상체는 경악 반사와 청각 자극반사에 중요한 역할을 하고 있다. 뇌에서 척수로 하행하는 신경로는 망상체에서 시작한다. 그러므로 RAS 경로는 의식적이고 일반적인 청각경로와 다르다. 기본적인 청각경로와 다르게 RAS의 청각 운동 경로는 뇌간에 있는 달팽이핵(cochlear nuclei)[3]에서 운동 신경계의 흥분을 위해 두 경로로 나누어진다([그림 7-1]).

---

3) 사람의 귀는 외이, 중이, 내이로 구분되는데 달팽이 핵은 내이에 있으며, 외이를 통해 소리가 고막을 진동시키고, 중이를 통해 내이에 있는 달팽이관에 전달된다.

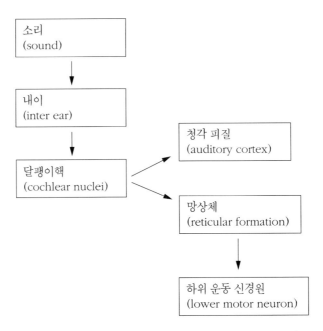

[그림 7-1] 청각 운동 경로(Auditory Motor Pathway)

하나는 측두엽(temporal lobe)에 있는 일차 청각 피질(primary auditory cortex)로 이동한다. 같은 시간에 다른 하나는 망상체로 이동한 다음 망상척수로(reticulospinal tracts)를 통해 하위 운동 신경원(low motor neurons)으로 이동한다. 여기서 망상척수로는 척수의 하행 신경로인 수의 운동(voluntary movement)의 중재 역할을 하는 경로로 볼 수 있다. 이러한 경로를 가지고 있는 청각 경악 반사는 청각 피질과 수의 운동(voluntary movement)[4]의 활동이 동시에 반응할 수 있도록 해 준다. RAS는 청각 경악 반사 경로에 바탕을 두고 청각 리듬 신호(auditory rhythm cues)를 운동 반응에 사용하고 있다.

(2) RAS를 통한 보행훈련

RAS의 사용 목적은 리듬이 가지고 있는 특성을 사용하여 클라이언트의 보행 속도(velocity), 균형(symmetry), 보폭(stride length), 걸음걸이 보조(step cadence)를 향상시키는 데 있다. Thaut(1999b)는 "리듬이 가지고 있는 박자, 속도, 악센트를 사용하여 클라이언트의 걷는 패턴, 속도, 근육 움직임의 시간을 조화시켜 좀 더 자연스럽고 부드럽게 움직일 수 있도

---

4) 사람은 수의 운동과 반사 운동을 가지고 있다. 수의 운동은 의식적으로 행하는 정상적인 운동을 말한다.

_.라준다.”고 하였다. RAS의 보행훈련은 여섯 단계로 진행된다. 그것은 진단, 공명된 빈도수 반출, 빈도수 조정, 향상−적응된 보행, 소멸, 재평가의 순서다(Thaut, 1999a).

① 진단(assessment)

보행훈련을 들어가기 전에 가장 먼저 해야 할 일은 클라이언트의 걸음걸이 상태, 자세, 균형 등을 확인하는 것이다. 기본적으로 보조 또는 보행률(cadence), 속도(velocity), 보폭(stride length)을 평가한 다음, 클라이언트의 상태에 맞게 치료를 해야 한다. 보조는 60초 동안 클라이언트의 발뒤꿈치가 땅에 얼마나 닿는지를 재는 것이다. 속도는 60초 동안 클라이언트가 얼마나 많은 거리를 걷는가를 말하며, 보폭은 한 발의 뒤꿈치가 땅에 닿은 다음 다시 그 발이 땅에 닿는 거리를 말한다. 보행의 매개 변수를 재는 것은 다음과 같다.

보조 = 걸음걸이/시간(steps/min)　클라이언트를 60초 동안 걷게 하고, 치료사는 그 클라이언트의 걸음걸이를 센다. 평균 어른의 걸음은 105에서 120이다(Thaut, 1999b). 먼저 30초 동안 걷게 한 후, 그 보행수를 측정하여 2를 곱하여 계산할 수도 있다.

속도 = 미터/시간(meters/min)　클라이언트를 60초 동안 걷게 한 다음 미터 길이를 잰다. 이 방법은 클라이언트나 치료 기관의 상태에 따라 다소 힘든 경향이 있어, 많은 치료 기관에서는 바닥에 색깔 테이프로 10m를 표시하고, 클라이언트에게 10m를 걷게 한다. 10m를 걷는 동안의 시간을 재어서 10을 곱한다. 예를 들어, 클라이언트가 10m를 걷는 데 10초 걸렸다 하면, 60/10×10을 하면 된다. 평균 어른의 속도는 60초 동안 80m 정도다(Thaut, 1999b).

보폭 = 속도/보조 x 2(velocity/cadence×2)　보폭은 속도를 보조로 나눈 다음 2를 곱하면 계산된다.

② 공명된 빈도수 반출(resonant frequency entrainment)

클라이언트의 상태를 평가한 후 처음 RAS 보행훈련에서 시작하는 단계로, 클라이언트의 걸음 속도에 리듬을 맞추는 것이다. 주로 2박의 행진풍 리듬을 사용하며, 이때 사용되는 리듬 템포는 클라이언트의 내면적인 리듬에 바로 맞추어 주는 것이 가장 중요하다. 리듬을 통해 가장 효과적으로 움직임을 반출하기 위해서는 공명된 빈도수 안에서 이루어지게 하는 것이다. 만약 클라이언트가 지팡이나 보행기를 사용하는 경우라면, 클라이언트의 보행 패턴에 따라 다른 박자를 사용해야 한다. 예를 들어, 보행기를 사용하는 클라이언트는 주로 3박이나 6박의 왈츠풍 리듬을 준다. 클라이언트가 아직 걷지 못할 경우는 pre-gait 운동을 이 단계부터 시작한다. Pre-gait 운동에는 다리 올리기, 발가락 올렸다 내리기(toe tapping), 발 뒤꿈치 올렸다 내리기(heel tapping), 앉아서 또는 서서 몸을 양 옆으로 움직이기(weight shifting), 일어서고 앉기, 발 떼기 운동 등이 있다. 이때 사용하는 리듬은 운동의 특성에 따라 다르게 사용된다. 즉, 발가락을 올렸다 내리기에는 2박자를, 몸을 양 옆으로 움직이기에는 6박자를 사용하는 것이 좋다. 또한 pre-gait에서 사용하는 테크닉은 RAS보다는 패턴화된 감각 증진(patterned sensory enhancement: PSE)을 사용한다.

③ 빈도수 조정(frequency modulation)

RAS의 빈도수를 5%~10% 높여 주거나 낮추어 주는 단계다. 리듬 속도는 클라이언트가 인지할 수 있고 리듬에 맞춰 걸을 수 있는 속도여야 한다. 이때 구두 신호(verbal cues)를 리듬과 함께 주면 보다 나은 효과를 얻을 수 있다. 그것은 클라이언트의 걸음걸이, 자세나 균형 등을 구두로 수정해 주는 것을 말한다. 또 리듬 속도를 숫자로 세어 준다든가, 아니면 오른발, 왼발 같은 구두 신호를 주어서 클라이언트가 자신의 걸음 속도보다 빠르거나 느린 리듬에 맞추어 걸을 수 있도록 촉진시켜 준다. 하지만 구두 신호는 가능한 한 적게 사용하는 것이 좋다. 처음 리듬 속도와 패턴이 바뀌었을 경우, 클라이언트가 바뀐 리듬에 맞추어 걷기 힘들 수 있기 때문이다. 그러므로 구두 신호를 함께 사용하다가 클라이언트가 어느 정도 리듬에 맞추어 걷게 되면, 구두 신호를 조금씩 없앤다. 이때 리듬에 맞고 클라이언트가 좋아하는 노래를 부르면 효과적이다. 클라이언트는 노래와 리듬에 맞추어 좀 더 자연적이고 부드럽게 걸을 수 있기 때문이다. 이 단계에서는 클라이언트의 걸음 속도뿐만이 아니라 클라이언트의 자세나 균형도 향상시켜 주어야 한다. 특히 보다 자연스럽고 부드럽게 걷기 위해서는 몸통 컨트롤, 균형, 팔 움직임이 중요하다.

④ 향상-적응된 보행(advanced adaptive gait)

이 단계에서는 클라이언트의 치료목적과 상태에 따라 보다 자유로운 리듬 신호를 사용하여 클라이언트가 보행훈련을 하도록 한다. 예를 들면, RAS의 속도를 빠르게, 느리게 그리고 보통으로 주어서 클라이언트가 달라지는 리듬에 맞추어 걸을 수 있는 훈련을 하게 하는 것이다. 또 서기/걷기나 계단 올라가기/내려가기 등의 훈련도 여기에 포함된다.

⑤ 소멸(fading)

RAS 보행훈련의 마지막 단계는 소멸 단계다. 이 단계에서는 클라이언트가 RAS의 신호 없이 RAS 신호와 함께 걸었던 것처럼 보행할 수 있도록 도와주게 된다. 클라이언트가 세 번째 단계에서 불렀던 노래나 리듬 이미지를 걷기 전에 혹은 걷는 동안 떠올리며 훈련을 할 수 있도록 한다.

⑥ 재평가(reassessment)

마지막 단계는 클라이언트가 RAS 훈련을 통해 얼마만큼 향상되었는지 확인하도록 한다. 또한 클라이언트가 RAS 훈련에서 걸었던 속도, 자세, 균형을 가지고 걸을 수 있는지의 여부도 이 단계에서 확인한다.

(3) RAS 연구 사례

많은 연구가들은 RAS가 보행장애(gait disorder) 클라이언트의 보행 운동에 효과적으로 사용할 수 있다는 사실을 입증하였다. RAS를 통한 재활운동에서 뇌졸중 환자의 걸음걸이의 보조, 보폭, 속도, 뒤축 딛기, 균형, 자세, 몸통 조절이 향상되었음을 많은 연구에서 확인할 수 있다(Cross et al., 1984; McIntosh et al., 1993; Prassas et al., 1997; Thaut et al., 1995; Thaut et al., 1993). 파킨슨 증후군의 보행 재활에 관한 연구에서는 클라이언트 걸음걸이의 속도, 보폭, 뒤축 딛기, 균형의 향상, 보조의 감소에 RAS를 효과적으로 사용할 수 있음을 보여 주고 있다(McIntosh et al., 1997; Miller et al., 1996; Richards et al., 1992; Thaut et al., 1996; Thaut et al., 1995). 또한 뇌졸중이나 파킨슨 증후군만큼 많은 연구는 없지만, RAS를 외상성 뇌손상 환자, 헌팅턴 증후군(Huntington's disease) 환자 그리고 뇌성마비 어린이의 보행 운동에 사용한 연구결과, 클라이언트의 보행이 향상되었음을 보여 주고 있다(Hurt et al., 1998; Thaut et al., 1997; Thaut et al., 1996; Thaut et al., 1998; Kwak, 2000).

3. 패턴화된 감각 증진 기법

청각 리듬 신호는 신체의 조정(coordination)과 움직임의 속도뿐만 아니라 움직임의 거리에도 영향을 미친다. 따라서 RAS는 보행훈련뿐 아니라 뇌손상 클라이언트들의 하지(lower extremity)와 상지(upper extremity) 운동에도 도움이 된다(Thaut, 1999a; Thaut et al., 2002; Lee, 2003). 그러나 보다 복잡한 움직임에는 그에 맞는 리듬패턴이 필요하다. PSE는 RAS와 같은 간단한 리듬패턴은 물론 구체적이고 기능적인 운동 패턴까지 포함한다. 예를 들면, 팔을 뻗어서 물체를 잡는 동작에서는 세 가지의 리듬패턴이 필요하다. 첫째, 팔을 뻗을 때의 리듬, 둘째, 손을 펴는 리듬, 셋째, 물체를 잡을 때의 리듬이다. 따라서 특정한 기능의 향상을 목적으로 하는 신체 재활 훈련은 RAS보다 PSE 테크닉을 사용한다. PSE(patterned sensory enhancement)의 주된 사용 목적은 클라이언트들이 일상생활에 필요한 기능적 운동을 다시 배우고 연습하여, 사고 전의 생활로 돌아갈 수 있도록 도와주는 것이다. 따라서 Thaut(1999b)는 "PSE를 음악적 요소인 리듬, 멜로디, 하모니, 다이내믹을 사용하여, 일상생활에 필요한 기능적 운동과 활동에 필요한 시간적, 공간적 그리고 힘의 신호들을 제공해 준다."고 하였다. 또한 그는 PSE가 RAS보다 사용 범위가 광범위하다고 했는데, 그 이유는 첫째, 자연적으로 리듬이 없는 움직임에 적용이 가능하고(예: 대부분의 팔과 손의 움직임, 옷 입기, 앉았다 일어나는 동작), 둘째, 시간적 신호 이상의 것을 제공해 주기 때문이라고 했다. PSE는 하나의 동작, 예를 들어 팔을 뻗어서 물체를 잡는 동작의 순서와 패턴을 만들고 시간적, 공간적, 역동적(dynamical) 신호를 사용하여 훈련을 한다.

(1) PSE의 사용법

PSE는 RAS와 함께 신체적 재활운동에 사용되며, 효과적인 PSE 치료를 위해서는 음악이 가지고 있는 공간적, 시간적 그리고 힘의 신호들을 사용하여 클라이언트의 운동 패턴에 알맞게 맞추어 주어야 한다.

① 공간적 신호(spatial cueing)

공간적 신호는 음악의 성분 중 음높이(pitch), 음량(volume), 소리의 연속성(sound duration), 화성(harmony)을 사용하여 클라이언트의 관절 운동 범위(range of motion) 안에 있는 수평과 수직의 움직임을 향상시켜 주는 데 사용된다. 예를 들면, 크레센도(crescendo)와 함께 저음부터 높은 음으로 올라가는 멜로디 라인은 두 팔을 머리 위로 올리는 동작에 사용된다. 반면, 데크레센도(decrescendo)와 함께 높은 음부터 낮은 음으로 내려가는 멜로디 라인은 머리 위에 있는 두 팔을 다리나 바닥으로 내리는 움직임에 사용할 수 있다. 느리게 팔을 옆으로 뻗는 움직임에는 긴 음(long sound duration)과 열린 화음(open chord)을 사용할 수 있다.

세게 쥐는 동작은 닫힌 화음(closed chords)을 사용하면 효과적이다(Thaut, 1999a).

② 시간적 신호(Temporal cueing)

Thaut(1999a)에 따르면, 시간적 신호는 음악의 속도, 박자, 리듬패턴, 형식을 이용하여 클라이언트가 보다 규칙적으로 재활 운동을 할 수 있도록 도와준다고 하였다. 여기에 악센트도 시간적 신호에 중요한 역할을 한다(Lee, 2003). 이 중 속도는 가장 주요한 시간적 신호로 사용되는데, 이유는 사람 개개인마다 그들이 가지고 있는 움직임의 빠르기가 다르기 때문이다. 그러므로 클라이언트의 운동/동작의 속도에 따라 음악의 빠르기가 다르게 사용되어야 한다.

박자 또한 클라이언트에 따라 같은 운동 패턴이라도 다르게 사용되어야 하는데, 움직임의 속도와 같이 개인이 내면에 가지고 있는 움직임의 패턴도 다르기 때문이다. 이승희(2003)의 연구에서 두 명의 뇌졸중 클라이언트가 팔을 양 옆으로 움직이는 동작에 리듬 신호를 주었는데, 이 두 클라이언트에게 다른 박자의 리듬을 사용하였다. 한 클라이언트에게는 3박의 리듬을, 다른 클라이언트에게는 2박의 리듬을 사용하였는데, 그 이유는 두 클라이언트의 움직임의 속도와 패턴이 달랐기 때문이다. 박자와 함께 알맞은 악센트 사용도 클라이언트의 재활운동에 중요한 역할을 한다. 예를 들어, 행진(march)과 발가락 올렸다 내리기(toe tap-ping) 운동에 4분의 2박자와 악센트가 필요하며, 강한 장단(strong beat)을 내려가는 동작에 주는 게 아니라 올라가는 동작에 주어야 한다. 그것은 발이나 다리를 올리는 동작이 내리는 동작보다 어렵고 보다 많은 근육과 힘이 필요하기 때문이다. 팔 뻗기 운동에서는 주로 8분의 6박자가 사용되는데, 팔을 앞으로 뻗을 때 강한 장단을 준다. 팔을 앞으로 뻗는 동작이 팔을 가슴 안으로 옮기는 동작보다 어렵기 때문이다.

시간적 신호에서 사용되는 리듬패턴은 기능적인 움직임에 리듬 구조를 제공하여 클라이언트가 자신의 신체를 언제 움직여야 하는지 미리 알려 주는 역할을 한다. 이 이론은 Rossignal과 Melvill Jones(1976)가 연구하였다. 깡총깡총 뛰는(hopping) 운동에서, 연구에 참가했던 참가자들의 발은 오디오에서 들려주는 신호보다 0.51초 전에 땅에 닿았다. 이 연구는 사람의 근육은 이미 다음 동작을 준비하고 있다는 것을 보여 준다. 또한 운동과 청각의 신호가 동시에 일어난다는 것을 증명해 주고 있다.

시간적 신호에 사용되는 음악의 형식은 운동 패턴의 순서로 사용이 가능하다. 그 예로 앉았다 일어나는 치료적 운동에서 절(verse)은 클라이언트가 앉는 동작에 사용하고, 합창 부분에서는 클라이언트가 일어나는 동작에 사용할 수 있다(Thaut, 1999a). 또 절은 클라이언트의 팔 운동에 사용하고, 합창 부분은 다리 운동에 사용할 수 있다.

③ 힘의 신호(force cueing)

힘의 신호는 주로 근육활동을 자극하는 데 쓰인다. 여기서는 음악의 하모니와 속도가 이용된다. 하모니의 진행은 음악의 속도(pace)와 긴장(tension)에 따라 근육의 수축과 완화에 영향을 미친다. 빠른 템포는 근육이 운동을 준비하는 데 영향을 주며, 느린 템포는 근육이 느리게 움직여서 완화할 수 있도록 도와준다(Thaut, 1999a).

4. 치료목적을 위한 악기연주 기법

TIMP(therapeutic instrumental music performance)는 PSE와 같이 치료 목적을 위한 악기연주 테크닉이다. 단지 PSE와 다른 점은 TIMP는 리듬 신호(cue)에 맞추어 신체 재활의 목적을 가지고 악기를 연주한다는 것이다. 여기에서 사용되는 악기연주는 클라이언트의 재활훈련에 시각적 신호(target area)를 제공하기 때문에 PSE만을 사용할 때보다 운동을 효과적으로 실행할 수 있다. 예를 들어, '팔 올리기' 운동을 할 때, 손 드럼이나 탬버린을 클라이언트의 앞과 머리 위에 두고, 클라이언트가 PSE 신호에 맞추어 팔을 올려서 위에 있는 드럼을 치고, 팔을 내려서 앞에 놓여 있는 드럼을 치는 운동을 반복한다. 이때 사용되는 악기는 클라이언트에게 시각적 신호가 되어 팔을 어느 정도로 올리고 내려야 하는지를 알려주는 역할을 한다. 따라서 TIMP에서 사용되는 악기연주는 연주 목적이 아닌 클라이언트의 관절 운동범위(range of motion), 내구력(endurance), 힘(strength), 기능적인 손 움직임(functional hand movements), 기능적이고 능숙한 손가락 움직임(functional finger dexterity), 신체균형과 협응(motor balance and coordination) 등의 훈련과 치료의 목적으로 사용한다.

Thaut(1999b)는 TIMP를 악기연주를 사용하여 기능적인 움직임 패턴을 자극하고 훈련하는 기법이라 정의하고 있다. RAS와 PSE와 같이 클라이언트의 치료목적과 상태에 따라 리듬과 신호를 다르게 사용하듯이, TIMP에서도 클라이언트의 치료목적과 상태에 따라 알맞은 악기 선택과 리듬 그리고 연주패턴을 정하는 것이 무엇보다도 중요하다.

(1) TIMP에서 악기 사용의 예

① 발가락 올렸다 내리기(toe tapping)

캐스터네츠를 바닥에 부착시킨다. 클라이언트의 발뒤꿈치가 바닥에 닿은 상태에서 클라이언트의 발가락을 사용하여 캐스터네츠를 리듬 신호에 맞추어 친다. 이때 사용하는 박자는 2박이며, 올리는 동작에 강한 악센트를 준다.

② 다리 올리기(knee extension)

드럼이나 탬버린을 클라이언트가 발로 칠 수 있는 거리에 두고, 오른쪽 다리를 올려 악기를 치고 내린다. 그 다음에는 왼쪽 다리를 올려 악기를 치고 내리는 동작을 리듬에 맞추어 계속한다. 이때 사용하는 박자는 주로 6박이며, 올리는 동작에 악센트를 준다.

③ 손목을 양 옆으로 돌리기

실로폰(xylophone)이나 비브라폰(vibraphone)의 낮은 음과 높은 음의 건반만을 남겨 둔다. 클라이언트는 악기의 채를 두 손으로 쥐고 왼쪽과 오른쪽에 있는 건반을 리듬에 맞추어 친다. 이때 사용하는 박자는 주로 6박이며, 건반을 치는 박을 한 박으로 하여 강한 악센트를 준다.

④ 균형운동(일어서서 몸통 돌리기)

일어서서 몸통을 양 옆으로 돌리는 운동은 균형운동에 많이 사용된다. 두 개의 드럼이나 건반악기를 오른쪽과 왼쪽에 두고 클라이언트가 오른쪽에 있는 악기를 왼손으로 치고, 왼쪽에 있는 악기를 오른손으로 친다. 아주 느린 6박의 리듬을 준다.

⑤ 팔꿈치 구부리고 펴기

팔을 펼 때 악기를 치는 것으로 클라이언트가 팔을 쭉 펼 수 있는 거리에 악기를 두는 것이 중요하다. 이때 사용하는 박자는 클라이언트에 따라 4박이나 6박을 준다.

(2) 리듬 신호에 음악치료사가 사용할 수 있는 악기

① 피아노

피아노는 음악이 가지고 있는 모든 성분 요소들을 표현하고 연주할 수 있는 악기다. 특히 PSE 테크닉에서 사용할 수 있는 가장 좋은 악기라 할 수 있다. 단점은 클라이언트와 함께 움직일 수 없다는 것이다. 따라서 그룹 세션보다는 개인 세션에서 보다 효과적으로 사용할 수 있다.

② 오토하프

오토하프(autoharp)는 NMT 테크닉에서 리듬적 신호를 잘 표현하고 연주할 수 있는 악기다. 기타는 6개의 줄을 가지고 있지만, 이 악기는 36개의 줄을 가지고 있어 음높이, 음량, 음 길이, 하모니 등을 포함하는 리듬패턴을 가장 적절하게 표현할 수 있는 악기이기도 하다. 또한 오토하프는 기타와 마찬가지로 들고 다니면서 연주할 수 있어 시각, 구두, 리듬 신호를 클라이언트에게 가장 효과적으로 줄 수 있는 악기다. 소리 역시 기타보다 훨씬 자극적이어서 클라이언트의 움직임에 효과적으로 사용할 수 있다.

③ 기타

기타는 줄이 6개밖에 없기 때문에 오토하프보다는 기능이 떨어지기는 하나 간단한 리듬 신호를 주는 데 사용할 수 있다. 그룹보다는 개인 세션에 사용할 수 있다.

④ 메트로놈

메트로놈은 가장 기본적인 리듬 신호를 줄 때 사용할 수 있다. 특히 RAS나 TIMP에서 음악치료사가 보조나 물리치료사 없이 혼자 일할 때 청각/리듬 신호를 효과적이고 쉽게 주고자 할 때 사용할 수 있다. 예를 들어, RAS에서 클라이언트의 보행훈련을 음악치료사 혼자 치료할 때, 음악치료사는 클라이언트와 함께 걸어야 하는데 이때 음악치료사가 메트로놈을 클라이언트의 보행 속도나 클라이언트의 보행 속도보다 빠르게 혹은 느리게 맞추어 놓고 한 손은 클라이언트의 몸을 지지하고, 한 손에는 메트로놈을 들고 구두 신호와 함께 걸을 수 있다.

(3) 생음악 사용의 중요성

RAS, PSE, TIMP는 신체 재활 운동에 가치 있게 사용할 수 있는 아주 중요한 테크닉이다. 이 테크닉을 보다 성공적으로 사용하기 위해서 음악치료사들은 생음악을 사용하는 게 좋다. 생음악은 개개인의 상태에 맞게 공간적, 시간적, 그리고 힘의 신호를 적절하게 사용할 수 있기 때문에 중요하다. 클라이언트가 음악에 맞추는 게 아니라 음악을 클라이언트에 맞추고, 음악을 통해 클라이언트의 움직임을 향상시켜 주어야 한다. 또한 클라이언트의 지구

인내력을 높이기 위해 클라이언트가 리듬과 구두(verbal) 신호에 맞추어 움직일 때, 클라이언트가 좋아하는 노래를 자연스럽게 불러 주면 클라이언트는 자연스럽게 노래가 끝날 때까지 운동을 할 수 있다. 이때 사용되는 노래는 클라이언트에게 운동의 인내력과 지구력을 길러 주는 역할뿐만 아니라 운동의 즐거움과 운동이 언제 끝나는지 알려주는 역할을 한다.

5. 신경학적 음악치료 기법의 적용

신체 재활을 위한 신경음악치료 테크닉은 개인과 그룹 세션에서 사용할 수 있다. 개인 세션은 클라이언트의 상태에 맞게 세션을 계획하여 RAS, PSE, TIMP를 사용하면 되지만, 그룹에서는 개개인의 상태에 맞추어 세션을 디자인할 수 없다. CBRM에서는 뇌졸중과 파킨슨 증후군 클라이언트들이 그룹 세션을 통해 신체 재활 운동을 음악치료사와 물리치료사에게 받는다. CBRM에서는 다음과 같이 RAS, PSE, TIMP를 그룹 세션에 사용한다.

(1) 신체 재활을 위한 그룹 세션의 예

한 세션에 클라이언트는 6~8명으로 제한을 한다. 클라이언트가 도착하면 제일 먼저 혈압을 체크하여 몸 상태를 확인한다. 클라이언트가 다 모이면 세션을 시작하는데, 세션 순서는 다음과 같다.

① 준비 운동(Warm-up)

본 운동에 들어가기 전 클라이언트들의 몸을 가볍게 풀고 유연성을 증가시켜 주기 위한 단계로, 여기서 사용하는 테크닉은 주로 PSE다. 클라이언트는 앉아 있는 상태에서 PSE를 사용하여 발가락 올렸다 내리기(toe tapping), 발뒤꿈치 올렸다 내리기(heel tapping), 다리 올리기, 행진하기(marching), 몸을 양 옆으로 움직이기(weight shifting), 팔 뻗기, 팔꿈치 구부리고 펴기, 팔 올리기, 어깨 올리기, 돌리기, 팔 뻗은 상태에서 손바닥 올렸다 내리기 등을 한다.

② Pre-gait

보행 운동에 들어가기 전에 하는 준비 운동으로, 클라이언트가 일어나서 하는 운동이다.

이 단계에서도 주로 PSE가 사용된다. 이때의 운동은 앉았다 일어나기, 서서 몸을 양 옆으로 움직이기, 기마자세 운동, 종아리 늘리기 운동(한 발을 뒤쪽으로 뻗은 상태에서 다른 한 발을 앞으로 하고 무릎 구부렸다 펴기), 행진, 옆으로 걷기, 앞으로 걷기, 뒤로 걷기 등이 있다. 옆으로 걷기, 앞으로 걷기, 뒤로 걷기는 제자리에서 두 걸음에서 네 걸음 정도만 한다. 이 걷기 운동은 RAS의 신호를 사용한다.

③ 보행과 TIMP

Pre-gait 다음에 하는 보행 운동은 본 운동의 단계라 할 수 있다. 보행 운동은 개인별로 하는데 그 이유는 위에서 설명했던 것처럼 개개인의 걸음걸이, 상태, 속도가 다르기 때문이다. 이때 개인이 보행 운동을 음악치료사와 물리치료사와 함께 하는 동안, 다른 음악치료사들은 나머지 클라이언트들과 TIMP를 한다. 클라이언트의 상태에 맞게 악기를 준비하여 리듬에 맞추어 운동을 할 수 있게 해 준다. 보행 운동을 바로 해야 하는 클라이언트나 보행 운동을 바로 하고 돌아온 클라이언트에게는 하지 운동보다는 상지 운동에 맞추어 TIMP를 할 수 있도록 해 준다.

④ 정리/완화 운동

이 운동은 본 운동 다음에 하는 마지막 단계의 운동으로 클라이언트들의 몸을 가볍게 풀어 주고 완화시켜 준다. 여기에서는 음악이 가지고 있는 힘의 신호가 많이 사용된다. 느린 템포의 리듬과 하모니 진행이 가진 음악의 속도와 긴장을 사용하여 근육의 수축과 완화를 해 주어야 하므로, 오토하프보다는 피아노나 키보드를 사용하는 것이 좋다. 주로 머리부터 시작해서 발로 끝나는 운동을 한다. 예를 들어, 목 운동(바닥, 천장, 왼쪽, 오른쪽 보기, 목 돌리기), 어깨 돌리기, 가슴과 등 펴기, 몸통 돌리기, 팔을 위에서 아래로 내렸다 올리기, 다리 올리기, 발 돌리기, 숨쉬기 등의 순서로 할 수 있다.

리듬적 신호를 사용하는 RAS, PSE, TIMP 테크닉은 뇌손상 클라이언트의 신체 재활 운동에 효과적으로 사용될 수 있다. 뇌손상 클라이언트들이 신체 재활 운동을 받는 가장 큰 이유는 사고 전의 생활로 돌아가기 위해서다. 그러므로 신경음악치료사들은 음악을 사용하는 세션 안에서의 즉각적인 효과가 세션 밖에서도 오래 지속될 수 있도록 도와주어야 한다. 신체 재활을 위한 신경음악치료의 테크닉은 뇌손상 클라이언트뿐만 아니라, 보행이나 하지와 상지 움직임에 어려움을 가지고 있는 모든 어린이, 어른, 노인에게 적용이 가능하다. 특히 PSE는 일반인들의 삶의 질을 높이기 위한 운동에 사용하면 보다 좋은 효과를 얻을 수 있다.

용어 해설

경악 반사(startle reflex): 크고 갑작스런 소리에 신체가 무의식적으로 나타내는 반응을 말한다.

뇌간(brain stem): 뇌는 대뇌, 소뇌, 뇌간으로 구성되어 있다. 뇌간은 다시 연수(medulla oblonga-ta), 교뇌(pons), 중뇌(midbrain)로 나누어진다. 뇌간은 뇌에서 가장 아래쪽에 있으며, 척수(spinal card)와 연결되어 있다.

달팽이핵(cochlear nuclei): 사람의 귀는 중이, 내이로 구분되는데, 달팽이핵은 내이에 있으며, 외이를 통해 소리가 고막을 진동시켜, 중이를 통해 내이에 있는 달팽이관에 전달된다. 달팽이핵을 통해 소리가 대뇌에 전달된다.

대뇌 피질(cerebral cortex): 대뇌반구(cerebral hemisphere)를 덮고 있는 바깥 표면으로, 여러 층의 세포층판으로 구성되어 있다. 대뇌 피질의 기능적 영역으로는 감각 영역(sensory area), 운동 영역(motor area), 연합 영역(association area)으로 나누어진다. 인지능력, 언어능력, 기억력 등 사람의 고등정신능력이 연합 영역에 포함된다.

망상체(reticular formation): 뇌간에 신경세포(nerve cell)와 신경섬유(nerve fibers)의 다발로 구성되어 있으며, 섬유 다발이 신경세포들을 그물처럼 감싸고 있다. 신경과 척수를 연결하는 역할을 하고 있으며, 수면과 각성(arousal, waking state), 의식 등의 대뇌 피질 기능을 조절한다. 또한 호흡, 심장 박동, 감각전달과 운동기능의 조절 등 여러 가지 중요한 역할을 담당한다.

수의 운동(voluntary movement): 사람은 수의 운동과 반사 운동을 가지고 있다. 수의 운동은 의식적으로 행하는 정상적인 운동을 말한다.

측두엽(temporal lobe): 대뇌 피질(cerebral cortex)의 한 부분으로, 언어, 소리, 냄새, 기억력 등을 담당하고 있다.

참고문헌

Batvia, M., Gianutsos, J. G., & Kambouris, M. (1997). An augmented auditory feedback device. *Archives of Physical Medicine and Rehabilitation, 78*(12), 1389-1392.

Cross, P., McLellan, M., Vomber, E., Monga, M., & Monga, T. N. (1984). Observations on the use of music in rehabilitation of stroke patients. *Physiotherapy Canada, 36,* 197-201.

Engardt, M. (1994). Rising and sitting down in stroke patients. Auditory feedback and dynamic strength training to enhance symmetrical body weight distributing. Scandinavian *Journal of Rehabilitation Medicine-Supplement, 31,* 1-57.

Freeman, J. S., Cody, F. J., & Schady, W. (1993). The influence of external timing cues upon the rhythm of voluntary movements in Parkinson's disease. *Journal of Neurology, Neurosurgery and Psychiatry, 56,* 1078-1084.

Georgiou, N., Iansek, R., Bradshaw, J. L., Phillips, J. G., Mattingly, J. B., & Bradshaw, J. A. (1993). An evaluation of the role of internal cues in the pathogenesis of Parkinsonian hypokinesia. *Brain, 116,* 1575-1587.

Hurt, C. P., Rice, R. R., McIntosh, G. C., & Thaut, M. H. (1998). Rhythmic auditory stimulation in gait training for patients with traumatic brain injury. *Journal of Music Therapy, 35*(4), 228-241.

Kwak, E. E. (2000). "Effect of rhythmic auditory stimulation on gait performance in children with spastic cerebral palsy." Unpublished master's thesis, University of Kansas, Lawrence, Kansas.

Lee, S. H. (2003). "Lasting effectiveness of using patterned sensory enhancement technique on upper motor movements in stroke patients." Unpublished master's thesis, Colorado State University, Fort Collins, Colorado.

McIntosh, G. C., Thaut, M. H., Rice, R. R., & Prassas, S. G. (1993). Auditory rhythmic cuing in gait rehabilitation with stroke patients. *Canadian Journal of Neurological Sciences, 20,* 168. [Abstract]

McIntosh, G. C., Brown, S., Rice, R. R., & Thaut, M. H. (1997). Rhythmic auditory-motor facilitation of gait patterns in patients with Parkinson's disease. *Journal of Neurology, Neurosurgery, and Psychiatry, 62,* 22-26.

Miller, R. A., Thaut, M. H., McIntosh, G. C., & Rice, R. R. (1996). Components of EMG symmetry and variability in Parkinsonian and healthy elderly gait. *Electroencephalography and Clinical Neurophysiology, 101,* 1-7.

Itoh, M., & Lee, M. H. M. (1989). Epidemiology of disability and music. In M. H. M.Lee (ed.), *Rehabilitation, music, and human well-being* (pp. 13-30). Missouri: Thomson-Shore, Inc.

Paltseve, Y. I., & Elner, A. M. (1967). Change in functional state of the segmental apparatus of the spinal cord under the influence of sound stimuli and its role in voluntary movement. *Biophysics, 12,* 1219-1226.

Prassas, S. G., Thaut, M. H., McIntosh, G. C., & Rice, R. R. (1997). Effect of auditory rhythmic cueing on gait kinematic parameters in stroke patients. *Gait and Posture, 6,* 218-223.

Richards, C. L., Malouin, F., Bedard, P. J., & Cioni, M. (1992). Changes induced by L-Dopa

...nd sensory cues on the gait of Parkinsonian patients. In M. Woolancott & F. Horak (Eds.), *Posture and Gait: Control Mechanisms* (pp. 126-129). University of Oregon.

Rossignol, S., & Melvill Jones, G. (1976). Audio-spinal influence in man studied by the H-reflex and its possible role on rhythmic movements synchronized to sound. *Electroencephalography and Clinical Neurophysiology, 41*, 83-92.

Tecchio, F., Salustri, C., Thaut, M. H., Pasqualetti, P., & Rossini, P. M. (2000). Conscious and preconscious adaptation to rhythmic auditory stimuli: a magnetoencephalographic study of human brain responses. *Experimental Brain Research, 135*, 222-230.

Thaut, M. (1985). The use of auditory rhythm and rhythmic speech to aid temporal muscular control in children with gross motor dysfunction. *Journal of Music Therapy, 22*(3), 108-128.

Thaut, M. H., McIntosh, G. C., Rice, R. R., & Prassas, S. G. (1993). The effect of auditory rhythmic cueing on stride and EMG patterns in hemiparetic gait of stroke patients. *Journal of Neurologic Rehabilitation, 7*, 9-16.

Thaut, M. H., McIntosh, G. C., Rice, R. R., & Miller, R. A. (1995). Rhythmic auditory motor training in gait rehabilitation with stroke patients. *Journal of Stroke and Cerebrovascular Disease, 5*, 100-101. [Abstract]

Thaut, M. H., Miller, R. A., Mezza, C. M., Rice, R. R., & McIntosh, G. C. (1995). Synchronization effects of auditory rhythm on gait healthy elderly and Parkinsonian patients on and off medication. *Proceedings of the Society for Neuroscience, 819*, 1.

Thaut, M. H., Lange, H., Miltner, R., Hurt, C. P., & Hoemberg, V. (1996). Rhythmic entrainment of gait patterns in Huntington's disease patients. *Proceedings of the Society for Neuroscience, 727*, 6. [Abstract]

Thaut, M. H., McIntosh, G. C., Rice, R. R., Miller, R. A., Rathbun, J., & Brault, J. M. (1996). Rhythmic auditory stimulation in gait training with Parkinson's disease patients. *Movement Disorders, 11*, 193-200.

Thaut, M. H., McIntosh, G. C., & Rice, R. R. (1997). Rhythmic facilitation of gait training in hemiparetic stroke rehabilitation. *Journal of Neurological Sciences, 151*, 207-212.

Thaut, M. H., Hurt, C. P., & McIntosh, G. C. (1997). Rhythmic entrainment of gait patterns in traumatic brain injury rehabilitation. *Journal of Neurologic Rehabilitation, 11*, 131. [Abstract]

Thaut, M. H. (1988). Rhythmic intervention techniques in music therapy with gross motor dysfunction. *Arts in Psychotherapy, 15,* 127-137.

Thaut, M. H., Hurt, C. P., Dragan, D., & McIntosh, G. C. (1998). Rhythmic entrainment of gait patterns in children with cerebral palsy. *Developmental Medicine and Child Neurology, 40*(78), 15.

Thaut, M. H., McIntosh, G. S., Rice, R. R., Miller, R. A., Rathburn, J., & Brault, J. M. (1996). Rhythmic auditory stimulation in gait training with Parkinson's disease patients. *Movement Disorders, 11,* 193-200.

Thaut, M. H., McIntosh, G. C., & Rice, R. R. (1997). Rhythmic facilitation of gait training in hemiparetic stroke rehabulutatuin. *Journal of Neurological Science, 151,*207-212.

Thaut, M., Miller, R., & Schauer, L. (1997). Multiple synchronization strategies in rhythmic sensorimotor tasks: phase vs period correction. *Biological cybernetics,* 241-250.

Thaut, M. H., Miltner, R., Lange, H. L., Hurt, C. P., & Hoemberg, V. (1998). Gait velocity modulation with and without rhythmic facilitation in Huntington's disease patients. *Movement Disorders, 14,* 808-819.

Thaut, M. H. (1988). Rhythmic intervention techniques in music therapy with gross motor dysfunction. *Arts in Psychotherapy, 15,* 127-137.

Thaut, M. H. (1999a). "Training manual for neurologic music therapy." Unpublished manuscript, Center for Biomedical Research in Music at Colorado State University at Fort Collins.

Thaut, M. H. (1999b). Music therapy in neurological rehabilitaion. In W. B. Davis, K. E. Gfeller., & M. H. Thaut (Eds.), *An introduction to music therapy: Theory and practices* (2nd ed., pp. 221-247). Dubuque, IA: Mcgraw-Hill College.

Thaut, M. H., Kenyon, G. P., McInosh, G. C., Hoemberg, M. D. (2002) Kinematic optimization of spatiotemporal patterns in paretic arm training with stroke patients. *Neuropsychologia, 40,* 1073-1081.

제8장
건반악기연주 재활 기법

문소영

최근 뇌혈관 질환이나 외상 등으로 비롯된 뇌손상 유병률이 급격한 증가 추세를 보임에 따라, 뇌손상에 동반되는 신경학적 장애의 재활치료를 위한 효율적인 음악치료의 계발 또한 시급해지고 있다. 악기를 이용한 재활치료도 그중 하나이며, 이 장에서는 뇌손상 환자의 재활 음악치료 분야 중에서 악기를 이용한 손 기능 재활 기법에 대해 다루고자 한다. 임상에서 음악치료가 적용된 연구문헌을 중심으로 이와 관련된 이론적 토대와 동향을 살펴본 다음, 건반악기연주 기법을 이용한 개별 재활치료 사례연구를 통하여 구체적인 음악치료 접근 기법을 고찰하고자 한다.

1. 신경학적 재활치료의 이론적 전제

근래의 기능적 뇌 자기공명영상검사(functional Magnetic Resonance Imaging: fMRI)나 양전자단층촬영검사(Positron Emission Tomography: PET)와 같은 기술적 진보 덕분에, 신경학적 치료 분야에서 재활치료 프로그램을 실시한 이후 뇌손상 환자의 대뇌 조직이 얼마나 재조직화(Brain reorganization)되고 기능 회복(Functional recovery)이 되었는지를 좀 더 객관적이고 과학적으로 입증할 수 있게 되었다.

Carr과 Shepherd(2003)가 기술했듯이, 손상된 운동 영역은 재조직되거나 손상되지 않은 대뇌 반구의 변화 경로를 통해 기능적 회복이 가능하다. 이와 같은 맥락에서, 뇌졸중(Stroke)이나 외상성 뇌손상(Traumatic Brain Injury)으로 특정 기능을 상실했을 때 상실된 기능의 복원은 생의학적 기제를 통한 보상(Compensation through bio medical mechanism)과 체계적이고 반복된 연습으로 인한 기술의 재획득이라는 두 가지 경로를 통해 이루어질 수 있다.

1) 대뇌 재조직과 기능적 회복: 생의학적 기제를 통한 보상

뇌혈관 질환이나 외상성 뇌손상은 뇌의 특정 부위의 뉴런을 파괴하고 이들이 담당하는 기능에 장해를 유발하여 심각한 기능장애를 초래한다. 그러나 여러 임상연구에서 보고되고 있듯이, 이런 손상된 기능도 특정한 생의학적 기제를 통해 보상될 수 있다. 손상된 뇌기능 시스템을 연구한 Goldstein과 Ruthven(1980)은 행동 복원을 목적으로 재활치료를 할 경우, 다음과 같은 차원에서 실행될 수 있다고 제안하였다. 첫째, 뇌의 다른 부위가 뇌 손상으로 인한 비정상적인 행동의 매개를 양도하는 방식, 둘째, 좀 더 복잡한 기술을 수행하기 위해 단순한 동작의 조합으로 대체하는 방식, 마지막으로 뇌 병변 부위에 의존하지 않고 손상으로 장애를 입은 기능을 수행하기 위한 새로운 방법을 모색하는 방식을 통해서다.

동물실험에 기초한 Plotnik과 Mollehauer(1978)의 연구에서는, 손상되지 않은 뉴런이 손상된 부위를 보상하기 위한 새로운 확장에 관여하며, 신경 연결에서 나타나는 이러한 증가가 뇌손상으로 인한 기능의 상실을 보상하는 하나의 방법이 될 수 있다고 제시하고 있다.

Gerloff, Cowell, Chen, Hallett, Cohen(1997)의 임상연구에서는 서로 다른 복잡한 기술을 요구하는 순차적인 손가락 움직임의 운용에 대한 근위의 전중앙피질의 역할을 고찰하기 위해 높은 빈도의 rTMS(repetitive Transcranial Magnetic Stimulation)가 사용되었다. 이들의 연구 결과에서는 보조적 운동 기능의 상실을 보상하는 것에 관여하는 뇌의 특수한 회복 잠재력이 입증되었다. 또한 Pascual-Leone, Nguyet, Cohen, Brasil-neto, Cammarota, Hallett(1995)는 소근육 운동기술 습득에서 이루어지는 운동 시스템의 역할 변화를 연구하기 위해 매일 두 시간씩 다섯 손가락 연습으로 구성된 5일 코스의 임상 연구를 실시하고 피험자들의 장지의 굴근(屈筋)과 신근(伸筋)의 변화를 측정하였다. 측정 결과, 피험자들의 피동영역이 확장되고 활동 역치(threshold)는 감소하였는데, 이는 소근육 운동기술의 습득이 피질 운동 인출의 변조와 특정 과업을 수행하는 근육 움직임에 밀접하게 관여함을 시사한다.

2) 기술 재획득

재활치료에서 상실된 기능을 회복하기 위해서는 특정한 과업들이 재학습되고 훈련되어야 한다. Fitts(1964)는 기술이 습득되는 원리를 세 가지 영역으로 나누어 단계별로 제시했다. 첫 번째 단계는 기본적인 방법이 학습되고 이를 수행하는 데 필요한 능력이 요구되는 인지적인 단계다. 다음은 조합하는 단계로, 이 기간에는 서로 다른 임무의 요소를 파악하고 과업수행의 성공과 실패를 거듭한다. 이러한 일련의 과정을 통해 성공에 기인하는 요소들이 지원되는 반면, 실패를 초래하는 요소들은 배제된다. 과업 수행상의 피드백은 이 두 번째 단계에서 특히 중요하다(Johnson, 1984). 세 번째의 자율 단계에서는 상당한 주의력을 요하지 않고도 과업이 정확하고 지속적으로 이루어진다. 이 단계에서 과업수행은 학습자가 다른 임무를 동시에 관여하더라도 가능해진다.

2. 재활치료 기법의 원리와 개념

재활치료 프로그램을 통해 Fitts(1964)가 언급한 바와 같이 상실된 기능이 회복되고 재습득될 수 있음을 전제로 하는 많은 임상연구들이 시행되어 왔다. Wade, Langton-Hewer, Skilbeck와 David(1985)의 연구에는 재활치료의 타당성과 치료사들이 재활 프로그램을 고안할 때 숙지할 만한 몇 가지 일반적인 원리와 개념이 제시되어 있다. 그러한 원리들은 크게 다섯 가지로 요약될 수 있다.

첫째, 뇌손상 후유증으로 인해 자연적인 회복이 방해를 받는 경우 근육 약화나 수축 또는 다른 질환으로의 합병증을 예방하는 차원에서 재활치료가 시행될 수 있다는 것이며, 둘째, 환자가 특정 신체 부위를 더 이상 사용할 수 없는 경우 손상된 부위를 대체할 수 있는 기능을 계발할 수 있다는 것이다. 셋째, 요구되는 훈련 기술들은 손상된 신경계의 집중적인 재훈련을 통해 습득될 수 있고, 넷째, 환자의 일상생활 영위에서 필수적인 적합한 보조기구가 최대한 활용될 수 있다. 다섯째, 장기간 지속되는 장애의 경우 이는 본래의 상실 때문만이 아닌 사용하지 않는 후천적인 상태에서 장애가 비롯될 수 있다.

마지막에 기술된 사용하지 않는 후천적인 원인이 장애의 요인으로 작용된다는 전제는 Taub(1980)의 연구 주제이기도 했는데, 그는 손상된 신체 부위는 사지의 움직임이 심각하게 제한된 경우라 해도 재활 훈련을 통해 기능이 재습득될 수 있다고 주장하였다. 이는 최근 재활치료 임상연구에서 활발하게 적용되고 있는 억제유도 동작치료(Constraint-Induced Movement Therapy), 즉 마비되지 않은 부위의 사용을 억제하고 손상된 부위의 사용을 유도하는 치료방식이 이의 타당성을 입증한다고 할 수 있겠다.

3. 기악연주를 이용한 재활음악치료

신경학적 접근에서 재활을 목적으로 한 음악치료의 기법은 일반적으로 정서적인 영역, 인지적인 영역, 언어적인 영역, 감각 운동적인 영역으로 범주화하여 적용될 수 있다. 여기서는 재활음악치료의 범위를 감각 운동적인 영역에 국한하고, 방법론적인 관점에서는 기악연주가 가지는 특성에 초점을 맞추어 이와 관련된 음악치료의 문헌들을 다루도록 한다.

1) 감각 운동영역에서의 악기연주 기법

초기 음악치료 문헌에서 Fields(1954)는 뇌손상 환자의 치료에서 음악이 근육활동과 협응력을 촉진시키는 것에 능동적으로 관여함을 시사한 바 있다. 당시 음악치료 세션에서는 어깨와 손목, 손가락 관절의 유연성과 신전(extension), 회전에 대한 패턴을 증가시키기 위한 목적으로 악기연주 기법이 이용되었다. 특히 악기연주를 통해 야기된 리듬적 통제력은 일상생활에서의 다른 임무 수행에 긍정적인 영향을 끼쳤다고 기술하였다. 또한 근육활동에서 반사 동작이 차단된 경우, 신중하게 채택된 음악이 둔화된 반응을 환기시켜서 회복을 이끌어 냄을 밝혔는데, 이는 발달상의 신경학적 패턴과 대근육 운동발달에 영향을 미치는 음악의 기능에 관한 통찰력을 제공한다.

한편, Cross, McLellan, Vomberg, Monga와 Monga(1984)는 뇌졸중 발병 후 1~9개월의 유병기간을 보유하며 편측마비를 동반한 24명의 환자를 대상으로 그룹 음악치료 프로그램을 진행한 후, 비디오 녹화물의 분석을 토대로 하여 다음과 같은 결과를 제시하였다.

- 음악이 제공되지 않은 상황과 비교하여, 환자들은 음악이 제공된 경우 다양한 방식으로 더욱 많은 활동에 참여하였다.
- 환자들은 친숙한 선율이 주어졌을 때 최상의 반응을 보였다.
- 단순한 형식과 명료하고 변별 가능한 박자, 리듬적 패턴을 갖춘 음악이 필수적인 중재가 되었다.
- 동작과 음악은 적절한 대응을 필요로 하였다.
- 음악이 실제 상황에서 직접 연주된 경우, 템포에 변화를 주는 것이 가능하였다.
- 세션 전반에 걸쳐 치료사는 구술적, 시각적 신호를 포함한 다양한 단서를 제공하였다.
- 음악에 맞춘 동작을 시행하는 경우, 이때 요구되는 움직임은 사전 예행 연습을 필요로 하였다.

근래에 와서, Thaut(2000)는 신경학적 음악치료(Neurologic Music Therapy)라는 분야를 새롭게 구축하며 활발한 연구활동을 전개해 오고 있는데, 그는 감각 운동영역에서 과학적인 모델에 기반을 둔 음악치료 재활 기법을 제안하였다. 신경학적 음악치료에서 고안된 세 가지 표준화된 음악치료 재활 기법은 리듬적 청각자극(Rhythmic Auditory Stimulus)과 패턴화된 감각촉진(Patterned Sensory Enhancement) 그리고 치료적 악기연주(Therapeutic Instrumental Music Performance)라 할 수 있다. 예를 들어, 리듬적 악센트가 예측 가능한 시간적 단서로 작용하여, 리듬에 후속되는 훈련이 시간대에 맞추어 움직임을 조직화할 수 있도록 돕는 것, 기능적 동작을 패턴화하고 보유시키기 위한 목적으로 음악적 단서를 이용하는 것 등이 이에 해당한다.

특히 세 번째의 치료적 악기연주(TIMP)와 관련하여, Thaut(1999)는 악기 사용으로 인한 치료적 이점으로 다음과 같은 점들을 열거한다.

- 악기 사용은 환자에게 즉각적인 피드백을 제공하며, 이는 환자에게 보상기제로 작용하여 적절한 움직임과 활동을 고취시킨다.
- 신체 재활을 목적으로 하는 프로그램 전반에서 악기는 환자에게 동기를 부여하는 중요한 인자가 된다.
- 악기연주 시에 환자는 리듬에 맞추어 근육을 동시적으로 움직이는 활동에 관여하게 되

며, 이 과정에서 적절한 협응력을 수행하는 데 필수적인 유연한 운동 능력을 계발할 수 있다.

2) 건반악기연주 기법의 특성

음악치료의 임상에서 악기를 이용한 치료기법과 활동을 고안하고자 할 때, 치료적 측면에서 악기가 가지는 이점을 고찰하기에 앞서, 치료 외적인 상황에서 특정 악기가 보유하는 일반적인 특성을 고찰해 보는 과정이 선행되어야 한다. 이는 음악치료사가 자신의 치료 프로그램에 대한 이론적인 준거를 제시하고, 일반적인 음악활동을 치료적 음악 경험으로 전이하는 작업에 대한 토대를 제공하기 때문이다. 따라서 음악치료 임상에 피아노 연주가 어떻게 이용되었는지와 피아노 연주의 특성이 무엇인지를 살펴보면 다음과 같다.

피아노 연주는 개별적인 손가락의 움직임 구도에서, 조직적이고 순차적인 통제력과 양손을 운용할 수 있는 고도의 협응력을 요구한다. 피아노 연주자가 연주 시 주의를 기울여야 하는 몇 가지 국면이 있는데, 이는 손의 자세, 손가락의 동작, 건반 상에서 누르는 음들에 대한 배열, 누르게 되는 각각의 음에 대한 속력(셈여림의 요소)과 지속 정도(시간적 요소)의 부분들이다.

또한 인지적인 영역에서는 연주 내용에서 요구되는 사항과 음악적 상징을 이해할 수 있어야 하며, 눈과 손의 협응력을 구사할 수 있어야 한다. 연습을 통해 연주자는 각각의 단독적인 손가락 움직임을 세련되게 할 수 있고, 시각적, 자기 감응적(proprioceptive), 청각적인 피드백을 바탕으로 한 질서 정연한 전개과정 안에서 연주의 일관성과 유려함을 확보하게 된다(Pascual-Leone et al., 1995).

음악적인 관점에서, 피아노 연주는 일반적인 수작업에서는 다루기 힘든 리듬적 요소와 표현적 요소를 보유한다. 또한 음악적 연주 기법인 스타카토나 아르페지오, 트릴 등을 응용하여 특정 손가락을 훈련하고 특정한 기능을 강화시키는 것을 가능하게 한다(Lundin, 1967; Rosenbaum, 1991; Moon, 2000).

3) 건반악기연주 기법의 치료적 적용

건반악기 연습을 통한 음악치료의 효용성을 논증한 문헌들을 살펴보면, 뇌성마비 환자들상으로 한 연구에서 Kozak(1968)은 일반적인 피아노 연주 자세에서 손가락의 근력을 강화하고, 손가락 관절들을 부분적으로 유연하게 움직일 수 있는 건반상의 지침을 논의한 바 있다. 그는 연구결과를 통하여 건반을 이용하는 동안 오른손의 기능이 향상되었음을 입증하였다.

이와 유사한 맥락에서, Cofrancesco(1985)는 재활치료 과정에 있는 뇌졸중 환자들의 손의 악력(握力)과 기능적인 임무 수행력을 높이는 기악연주의 효과를 고찰하였다. 음악치료 세션이 진행되는 동안 악기연주를 이용한 기능 수행과 손의 악력, 운동 범위의 확장에 관여하는 훈련이 실행되었다. 이 프로그램을 통하여 모든 피험자들은 기능적 기술에서 진전을 보였으며 손의 악력이 향상되었다고 보고했다.

Erdonmez(1991)는 좌측 뇌혈관 발작(left cerebrovascular accident) 환자를 대상으로 한 사례 보고에서 피아노 연주 기술을 이용한 음악치료가 효과가 있었다고 발표했다. 주 1회씩 3년간 지속된 치료 세션 이후, 환자는 리듬에 대한 단기 기억력, 건반상에서의 손가락의 민첩성, 복잡하게 배열된 음과 리듬을 연주하는 능력 등이 향상되었다. 또한 이 연구는 두뇌의 영역이 훈련을 통해 보상되는 경로와 전략을 통해서 손상된 부위가 새로운 운동 기술 능력을 획득할 수 있음을 시사하였다. 특히 이 사례에서 환자의 피아노 연습을 통한 손가락의 기능적 회복은 음악 외적인 상황, 예를 들면 그림을 그리는 작업에까지 연계되어 뇌손상 이후 잔존하는 기능이 어떻게 재계발될 수 있는가를 제시했다. Baker와 Roth(2004)는 이 연구를 예로 하여 재활치료에서 음악치료가 담당하는 보상의 기능을 논증한 바 있다.

4. 건반악기연주 기법의 목표 및 접근

1) 목표 설정

뇌손상으로 인해 상실된 손 기능 재활을 전제로 했을 때 건반악기연주 기법 중심의 치료 목표는 다음과 같은 세부 영역으로 나누어 설정할 수 있을 것이다.

- 각 손가락이 목적한 대로 움직일 수 있는 협응력 증진
- 손가락의 민첩성과 독립적인 움직임 증진
- 손가락의 유연성 증진을 통한 운동 범위의 확장

- 손과 손가락의 근력 향상
- 손과 손가락의 악력 향상

뇌혈관 질환이나 외상성 뇌손상의 경우, 신경학적 장애로 인한 손 기능의 손상은 그 병인이나 병변, 중증도의 수준과 경과 등 많은 요인에 따라 환자 개인차가 심하다. 때문에 음악치료사는 위의 영역을 참고로 하여 환자 중심의 개별적인 치료 목표를 수립하는 것이 필수적이다. 또한 치료 목표를 설정할 때는 치료 경과와 치료 목표 달성 여부를 과학적으로 검증할 수 있는 평가와 분석 도구를 계발하는 것이 요구된다.

2) 접근 단계

Thaut(2000)는 『치료와 의학에서의 과학적 음악 모델(A Scientific Model of Music in Therapy and Medicine)』이라는 책에서, 신경학적 음악치료(NMT) 분야에서 과학적이고 이성적인 접근에 주안점을 둔 몇 가지 음악치료의 접근 모델을 제시하였다. 이 중에서 변형된 설계 모델(Transformational Design Model, 이하 TDM)이라는 이론을 제기하였는데, TDM의 다섯 가지 기본 단계는 다음과 같다.

- 환자의 진단과 기능 평가
- 치료 목적과 목표 계발
- 기능적, 비음악적 치료활동과 자극 고안
- 세 번째 단계를 기능적, 치료적 음악 경험으로 유입
- 치료로 인한 학습 결과를 실제 세계로 전이

이 모델에서 첫 번째에서 세 번째까지의 과정, 즉 환자의 기능 수준을 진단하고 평가한 후 이를 바탕으로 치료 목적과 목표를 수립하고 적용 가능한 활동계획서를 고안하는 과정은 음악치료를 포함한 타 치료 분야에서도 보편적으로 적용되는 접근 단계라고 볼 수 있다. 음악치료사의 고유한 역할이 강조되는 단계는 이 과정을 네 번째 단계로 유입시키고, 기능적인 음악치료 기법의 유효성을 최종 단계, 즉 임상 외적인 세계로 일반화시키는 것이라고 할 수 있겠다.

5. 건반악기연주 기법의 임상 사례

신경학적 접근에서, 수부(手部) 손상에 대한 음악치료 기법 연구는 아직까지 소수에 불과한 실정인데, 이는 보행장애나 언어장애의 분야에서 활발한 연구가 진행되어 온 것과는 대조적이다. 또한 영역 면에서도 손의 악력과 근력 강화에 비중을 두어 왔으며, 독립적인 손가락의 움직임과 민첩성, 협응력에 관한 연구는 미진한 편이라고 할 수 있다. 이러한 이유로 여기서는 필자가 연구한 두 가지 임상 사례를 중심으로 손 기능 재활에 목적을 둔 피아노 연주 기법을 이용한 재활의 효과를 살펴보고자 한다.

1) 사례 A-외상성 뇌손상 환자의 손가락 협응력 재활에 관한 피아노 연습의 효과

(1) 배경정보

25세 여성으로 교통사고로 인한 중증의 폐쇄성 뇌손상(closed head injury)으로 재활치료에 임했으며, 외상 후 19개월이 경과한 시점에서 음악치료에 참여하였다. 의무기록에 따르면, 글라스고 혼수척도(Glasgow Coma Scale) 3에 해당하는 심각한 폐쇄성 뇌손상과 9주간의 외상 후 기억상실증이 동반되었고, 양 전두의 좌상과 뇌량에서의 점상 출혈(Computed Tomography 뇌 scan에서 명시됨)을 보였으며, 우측 편마비로 인해 오른손 기능의 장애를 수반하였다. 이외에 좌측 복시(double vision)와 뇌손상에 따르는 부전 실어증(dysphasia)과 실조성 구음장애(dysarthria)를 동반하였다.

(2) 진단평가

음악치료 진단평가([악보 8-1] 참조)에서는 환자의 오른손 피아노 연주 기술과 연관된 손가락 협응력 기능에서 다음과 같은 몇 가지 문제점이 관찰되었다.

- 오른손 손가락 간의 협응력 난조와 양손 간의 협응력 난조
- 오른손과 손가락 자세의 불안정과 균형 유지의 곤란
- 오른손 네 번째 손가락의 과도한 신전
- 오른손 다섯 번째 손가락의 경직
- 오른손 네 번째 손가락과 다섯 번째 손가락의 근력 결핍

[악보 8-1] 손가락 협응력 진단평가

(3) 치료 설계와 방법

집중적인 피아노 연습과 피아노 이중주로 30분간 구성된 음악치료 세션이 주 5회씩 3주 동안 시행되었으며, 한 주의 세션 휴지부 이후, 3주에 걸친 음악치료 세션이 후속 진행되었

5-2] 손가락 협응력 진단평가

다. 음악치료 세션이 경과하면서 환자가 피아노 연주에 진전을 보임에 따라 손가락의 기능을 훈련하는 기술적 측면의 피아노 연습([악보 8-2] 참조)과 더불어 창조적인 형태의 피아노 이중주도 진행되었다. 단순한 선율을 바탕으로 작곡한 피아노 소곡([악보 8-3] 참조)들과 기존의 대중 가요와 교회 찬송가 등이 환자의 선호도를 기본으로 하여 채택되었다. 각각의 피아노 선율은 환자가 최소한의 난이도 범위에서 연습할 수 있도록 음악치료사가 다시 편곡하였으며, 이를 위해 원래 조에서 다장조로의 전조라든가, 연속적이고 순차적인 운지법의 배열, 리듬과 가락의 단순화 등의 방법이 사용되었다. 환자는 재조정된 주선율을 오른손으로 연주하는 법을 연습하였고, 음악치료사는 피아노의 저 음역에서 화성적인 형태의 반주로 환자의 연주를 지지하며 이중주를 시행하였다([악보 8-4] 참조).

[악보 8-3]

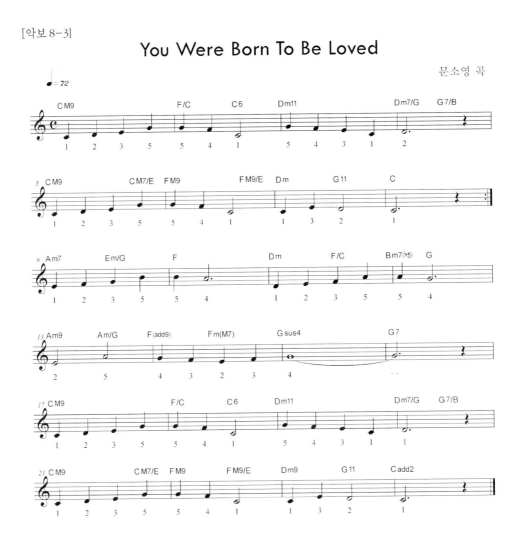

[악보 8-4]

You Were Born To Be Loved

문소영 곡

(4) 결과 및 분석

평가는 음악치료 세션 시행 전, 3주 후, 4주(세션 휴지부) 후, 7주의 세션 경과 후 실시되었고, MIDI(Musical Instrument Digital Interface) 데이터 분석을 이용하여 건반을 누르는 속력(key velocity)과 건반을 누르는 시간의 경과에 대한 지속도(key duration)가 측정되었다.

MIDI 자료 수집을 이용한 최초와 최종 평가에서, 환자의 연주 비교 결과는 강도의 균등성을 측정하기 위해 채택된 변수인 속력의 고른 정도(velocity evenness)와 템포의 균등성을 측정하기 위해 채택된 변수인 지속도의 고른 정도(duration evenness) 양측 모두에서 통계학적 유의성을 보였다([그림 8-1], [그림 8-2]).

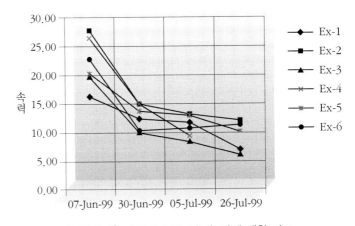

[그림 8-1] 속력의 고른 정도(VE)에 대한 비교

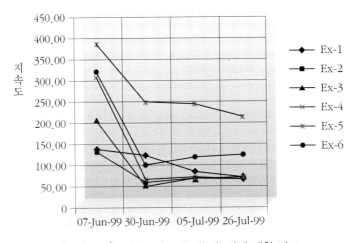

[그림 8-2] 지속도의 고른 정도(DE)에 대한 비교

간의 집중적인 피아노 연습을 통해 환자는 다음과 같은 영역에서 손가락 기능의 진전을 보였다.

- 손과 손가락 자세의 안정과 균형 향상
- 손가락의 협응력 향상
- 손가락의 불필요한 신전과 경직 완화
- 손가락의 근력 향상과 독립성 증진

이를 토대로, 피아노 연주 기법이 외상성 뇌손상 환자의 손가락 협응력 재활에서 실행 가능한 음악치료의 도구가 될 수 있음을 보여 주었다(Moon, 2000).

2) 사례 B-뇌졸중 환자의 손가락 기민성 재활에 관한 피아노 연습의 효과

(1) 배경정보

50세 여자 환자로 뇌교(pons) 내출혈(Intracranial Hemorrhage)이 발생하여 재활의학과에 입원하였으며, 뇌졸중 발병 3개월 후 음악치료를 시작하였다. 환자는 보행장애로 휠체어에 의존하며, 우측 편마비를 동반한 상태였다. 신경학적 검사상 의식 상태는 명료하였으며, 인지기능 검사상의 약식 정신능력 평가(Mini-Mental State Exam)는 27점을 기록했다. 또한 Brunnstrom 운동단계에서는 4단계의 소견을 보였고, 일상생활 동작(Activities of Daily Living)은 중간 정도에서 최대한도의 의존성을 나타냈다. Jebsen Hand Function Test와 그 외의 손 기능 평가 결과를 토대로 하면, 환자는 우측 편마비로 인해 일상생활에서 요구되는 오른손 기능, 예를 들면 grasp와 pinch의 곤란 등에서 심각한 제약을 보였으며, 각각의 기능 수행상 많은 시간을 필요로 하고 있었다.

(2) 치료설계와 방법

뇌졸중 환자의 손가락 기능 회복에 목적을 둔 집중적인 피아노 연습이 주 3회 30분간 개별 음악치료의 방식으로 8주 동안 시행되었다. 환자의 연주 경과는 MIDI 프로그램을 이용해 컴퓨터에 기록되었으며, MS Windows용 SPSS 10.0을 이용하여 치료 전후의 통계학적 유의성을 검정하였다.

(3) 결과와 분석

MIDI 자료에서 환자의 음계 연주패턴(오른손 다섯 손가락을 위한 순차적 음계 연습, c-d-e-f-g-f-e-d-c)은 다음의 세 가지 항목을 중심으로 기록되었으며, 반복 측정 방식을 이용하여 자료가 분석되었다.

- 각 음의 속력(velocity): 건반을 누르는 속도에 대해 비교 가능한 정밀도의 단위
- 각 음의 지속도(duration): 건반을 누르고 있는 시간적 길이에 대한 정밀도의 단위
- 각 음의 중복 타건(overlapping): 건반상에서 각 손가락이 독립적으로 타건했는가를 파악하기 위한 단위

[그림 8-3]에 명시된 자료 분석에 따르면, 환자의 오른손 음계연주 패턴은 속력과 지속도 그리고 중복타건 항목 모두에서 통계학적 유의성을 나타냈다.

본 사례 연구에서는 피아노 연주 기법이 치료적인 목적, 예컨대 뇌졸중 환자의 손상된 오른손의 기민성을 향상시키는 데 효과적이라는 사실을 보여 주었다.

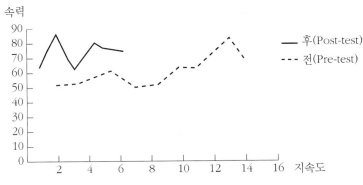

[그림 8-3] 음계 연주패턴에서 속력과 지속도의 사전, 사후 평가 간의 비교

6. 음악치료 현장에서의 활용 제안

1) 음악치료 진단평가

손가락의 움직임을 진단하고 협응력을 훈련하기 위한 목적으로 고안된 여섯 가지 피아노 연습 시리즈를 소개하면 다음과 같다([악보 8-1] 참조).

- 오른손 다섯 손가락을 위한 순차적 음계 연습
- 양손 다섯 손가락을 이용한 음계 연습
- 오른손 네 번째 손가락과 다섯 번째 손가락을 위한 트릴 연습
- 오른손 세 번째 손가락과 네 번째 손가락을 위한 반음계 연습
- 오른손을 이용한 아르페지오 연습
- 이전의 모든 연습을 통합한 패턴 연습(연습 2의 양손 음계연습을 제외한)

2) 집중적인 피아노 연습 프로그램

음악치료 임상에서 체계적으로 적용할 수 있는 기본적인 여섯 단계의 피아노 연습 프로그램은 다음과 같다.

- 이완과 손 마사지를 포함한 준비운동
- 손이 이완된 상태를 유지하며 느린 템포와 빠른 템포로 시행되는 각 곡의 피아노 연습
- 각 손가락의 독립성과 운동 범위 확장을 목적으로 각각의 손가락을 가능한 한 높이 들어 올리다가 떨어뜨리며 건반을 누르는 패턴으로 느린 템포와 빠른 템포로 피아노 연습
- 네 번째와 다섯 번째 손가락을 위한 집중 연습
- 메트로놈을 이용해서 외부 리듬자극에 맞추어 일정한 박자를 유지하는 연습과 가능한 고른 셈여림을 유지하는 피아노 연습
- 자신이 편안하게 느끼는 속도에서 일정한 박자와 셈여림을 유지하는 피아노 연습

3) 치료를 목적으로 한 피아노 교수전략

손가락 협응력 재활에 관한 피아노연주기법 중심의 음악치료 프로그램을 시행하는 과정에서, 치료사 나름대로의 치료를 목적으로 하는 피아노 교수 전략을 강구하였으며, 이를 요약하면 다음과 같다.

- 세션이 시작되는 도입부에서 클라이언트에게 음악치료의 목적과 각 세션의 상세한 목표가 명백하게 제시되고 설명되었다. 피아노 연습 목적을 상기하는 것을 통해 클라이언트는 각각의 연습에서 요구되는 치료 목적에 능동적으로 초점을 맞출 수 있었고, 자

신의 손가락이 목적에 부합되게 움직이는가에 관해 의식적으로 관여하게 되었다.

- 클라이언트와 음악치료사가 함께 한 피아노 이중주에서는 클라이언트의 선호도에 기초한 음악이 선별되었고, 기능수준과 진도에 적합하게 음악이 편곡되어 제공되었다. 음악 목록의 증가와 연주를 통한 성취감은 그 성취도가 경미한 경우라도 클라이언트에게 긍정적인 강화로 작용하였고, 재활에서의 동기 부여와 자긍심 향상에 기여하였다.

- 클라이언트가 손과 손가락의 균형 유지에 어려움을 보이거나 손가락 움직임이 지나치게 경직되고 과도하게 진전(tremor)되는 경우, 치료사는 적정 수준에서 신체적인 지지를 제공하였다([사진 8-1]).

- 새로운 과업을 학습하기 위한 방편으로 체계적인 교수법이 적용되었다. 예를 들면, 클라이언트가 새로운 곡을 접하는 경우 치료사는 느린 템포에서 연주 시범을 보였다. 클라이언트가 악보를 읽은 후, 효과적인 연습을 위해서 여러 형태의 단서들(시각적 단서, 청각적 단서, 촉각적 단서와 노래를 통한 단서)이 제공되었다. 이후 반복적인 연습과 세심한 주의력이 요구되는 복잡한 악절에 대해서는 부분 연습이 시행되었고, 클라이언트가 연주 내용을 숙지한 단계에서는 치료사의 화성적인 형태의 반주가 음악적 지지로 제공되었다([악보 8-4], [사진 8-2] 참조).

- 매 세션의 종료 시점에서는 클라이언트의 하루 일정과 신체 상태를 고려한 일정한 연습 과제가 부과되었다. 과제는 양적인 수치로 표기되었고, 클라이언트 자신이 체크하며 연습할 수 있는 치료 목적에 적합한 움직임의 형태 등이 상세히 명시되었다.

- 연구와 평가를 위해 각 세션은 비디오테이프에 녹화되었다. 이 테이프는 치료사가 세션 진행과정에서 미처 파악하지 못한 요소나 오인할 수 있는 맹점들을 검토할 수 있는

[사진 8-1] 클라이언트가 마비된 왼손과 손가락을 이용해 건반을 타건하는 모습과 음악치료사가 신체적인 지지를 제공하는 장면

[사진 8-2] 클라이언트는 주 선율을 한 손으로 연주하고 음악치료사가 화성적인 반주를 저음역에서 제공하며 이중주하는 장면

회를 제공하였고, 클라이언트의 치료 경과를 서술적인 형태로 일지에 기록하는 데 객관적인 자료가 되었으며, 차기 세션의 계획을 위한 분석과 평가 자료로 활용되었다.

4) 적용 대상의 제한이나 고려사항

뇌손상으로 손 기능 재활을 필요로 하는 클라이언트들을 위한 음악치료 프로그램을 고안할 때, 치료사가 숙지해야 할 기본적인 고려사항은, 우선 감각 운동적인 영역에서 클라이언트가 수부에 심각한 경직이나 이완을 동반하는 경우 능동적인 피아노 연습 프로그램의 참여에서 제외해야 한다는 것이다. 둘째, 클라이언트가 수부 움직임에 통증을 수반하는 경우도 환자군 설정에서 배제된다. 또한 인지적인 영역에서 클라이언트는 음악치료사의 지침과 MIDI 진단평가에 응할 수 있는 지적 능력이 요구된다(MMSE 점수에서 24점 이상). 마지막으로 건반상에서 클라이언트 자신이 눈과 손의 협응을 운용할 수 있는 시지각 능력이 요구된다는 점을 반드시 고려해야 할 것이다.

이러한 환자군 설정에서 재활의학과 전문의와 뇌신경 재활을 전문으로 하는 물리치료사와의 협력이 필수적으로 요청된다. 이러한 학제 간의 연계와 영역의 상호보완을 통해 재활치료에 임하는 클라이언트들에게 최상의 치료서비스를 제공할 수 있기 때문이다.

이 장에서는 신경학적 접근에서 뇌혈관 질환이나 외상으로 뇌손상을 입은 클라이언트를 대상으로 재활을 목적으로 한 건반악기연주 기법을 고찰하였다. 체계적인 훈련과 보상 기제를 통해 손상된 대뇌가 재조직되고 기능적인 회복을 달성하는 것에 관한 이론적인 내용을 살펴보았고, 이를 토대로 한 음악치료 문헌을 검토하였다. 또한 임상 사례에서 외상성 뇌손상 환자와 뇌졸중 환자의 손 기능 재활에 피아노 연주가 유효한 치료기제가 될 수 있음을 제시하였다.

추후의 연구에서는 건반악기연주 기법을 이용한 손가락 기능 회복에 관한 치료의 효과가 일상생활의 수작업에서도 연장되었는가에 대한 과학적 검증이 지속되어야 한다고 사료된다. 이는 음악치료의 기법이 보다 더 타당하고 유효한 임상의 기법으로 수렴되고 성장하는 데 필수 불가결한 논리적, 과학적인 기반을 제공할 수 있기 때문이다.

🔖 용어 해설

굴근(屈筋): 관절을 구부리게 하는 근의 총칭이다.

글라스고 혼수척도(Glasgow Coma Scale): 뇌손상 이후의 혼수의 중증도와 의식장해를 평가하는 척도를 말한다.

뇌졸중(stroke): 뇌혈관이 터지거나 막혀서 국소 뇌조직 대사에 이상을 일으키게 되어 나타나는 장애를 말한다.

반복적 두개골 자기자극(repetitive Transcranial Magnetic Stimulation: rTMS): 두개골 간의 반복적인 자기자극이다.

병변(病變): 병리적 외상성의 조직 장애 또는 기능 상실을 말한다.

복시(複視, double vision): 단일 물체에 대하여 두 개의 상을 느끼는 증상이다.

부전 실어증(dysphasia): 중추장애로 인해 언어를 바르게 배열하지 못함으로 인해 일어나는 증상이다.

신근(伸筋): 관절을 뻗는 근의 총칭이다.

실조성 구음장애(dysarthria): 중추 또는 말초신경계의 손상으로 근육조절이 제대로 되지 않는 데서 오는 불완전 구어를 말한다.

억제유도 동작치료(Constraint-Induced Movement Therapy: CIMT): 마비되지 않은 부위의 활동을 억제하고 손상된 부위에 집중적인 훈련을 가하는 치료다.

역치(threshold): 자극이 감각을 일으켜 감지하거나, 지각의 범위 내에서 오는 최소한의 자극의 한 계값을 말한다.

외상성 뇌손상(traumatic brain injury): 외부의 힘으로 인해 뇌에 가해진 손상을 총체적으로 일컫는다.

자기 감응적(proprioceptive): 고유수용적, 신체의 조직 내에서 자극을 수용하는 것을 말한다.

폐쇄성 뇌손상(closed head injury): 두개골이 골절되지 않은 상태에서의 뇌손상을 일컫는다.

📖 참고문헌

Baker, F., & Roth, E. (2004). Neuroplasticity and functional recovery. *Nordic Journal of Music Therapy, 13*(1), 20-32.

Carr, J., & Shepherd, R. (2003). *Stroke rehabilitation: guidelines for exercises and training to optimize motor skill.* Scotland, New York: Butterworth-Heinemann.

Cofrancesco, E. M. (1985). The effect of music therapy on hand grasp strength and functional task performance in stroke patients. *Journal of Music Therapy, 22*(3),

129-145.

Cross, P., McLellan, M., Vomberg, E., Monga, M., & Monga, T. N. (1984). Observations on the use of music in rehabilitation of stroke patients. *Physiotherapy Canada, 36,* 197-201.

Erdonmez, D. (1991). Rehabilitation of piano performance skills following a left cerebral vascular accident. In K. E. Bruscia (Ed.), *Case Studies in Music Therapy* (pp. 561-570). NH: Barcelona Publishers.

Fields, B. (1954). Music as an adjunct in the treatment of brain damaged patients. *American Journal of Physical medicine, 33,* 2273-2283.

Fitts, P. M. (1964). Perceptual-motor skill learning. In A. W. Melton (Ed.), *Categories of human learning* (pp. 243-285). New York: Academic Press.

Gerloff, C., Cowell, B., Chen, R., Hallett, M., & Cohen, L. G. (1997). Stimulation over the human supplementary motor area interferes with the organization of future elements in complex motor sequences. *Brain, 120,* 1587-1602.

Goldstein, G., & Ruthven, L. (1980). *Rehabilitation of the brain-damaged adult.* New York: Plenum.

Johnson, P. (1984). The acquisition of skill. In M. M. Smyth & A.M. Wing (Eds.), *The psychology of human movement* (pp. 215-240). London: Academic Press.

Kozak, Y. (1968). Music therapy for orthopaedic patients in a rehabilitation setting. In E. T. Gaston (Ed.), *Music in Therapy.* New York: Macmillan Co.

Lundin, R. W. (1967). *An objective psychology of music* (2nd ed.). New York: Ronald Press.

Moon, So-Young (2000). *"The effect of piano exercises on the rehabilitation of right hand finger coordination for a patient with traumatic brain injury."* Unpublished Masters Thesis: The University of Melbourne.

Pascual-Leone, A., Nguyet, D., Cohen, L. G., Brasil-Neto, J. P., Cammarota, A., & Hallett, M. (1995). Modulation of muscle responses evoked by transcranial magnetic stimulation during the acquisition of new fine motor skills. *Journal of Neurophysiology, 74,* 1037-1045.

Plotnik, R., & Mollenauer, S. (1978). *Brain and behavior.* New York: Harper & Row.

Rosenbaum, D. A. (1991). *Human motor control.* Academic Press, Inc.

Taub, E. (1980). Somatosensory differentiation research with monkey: Implications for rehabilitation medicine. In L. P. Ince (Ed.), *Behavioral psychology in rehabilitation medicine* (pp. 371-401). Baltimore: Williams and Wilkins.

Thaut, M. H. (1999). Music therapy in neurological rehabilitation. In W. B. Davis, K. E. Gfeller, & M. H. Thaut (2nd eds.), *An Introduction to Music Therapy: Theory and Practice* (pp. 221-247). New York. McGraw-Hill College.

Thaut, M. H. (2000). *A Scientific Model of Music in Therapy and Medicine.* San Antonio, TX: IMR Press, The University of San Antonio.

Wade, D. T., Langton-Hewer, R., Skilbeck, C. E., & David, R. M. (1985). *Stroke: a Critical approach to diagnosis, treatment and management.* Chicago. Yearbook Medical Publications.

제9장
성악심리치료

Diane Austin, 정현주

음악심리치료 기법 중 목소리를 주 매개체로 하는 기법은 Diane Austin의 성악심리치료 기법과 Lisa Sokolov의 성악즉흥치료 모델을 들 수 있다. 1970년대에 Lisa Sokolov는 신체소리통합(embodies vocal work) 모델을 개발하여 자신의 목소리를 통해 자기표현의 자유로움을 만끽하게 함으로써 정신적 긴장감과 위축에서 해방될 수 있는 목소리의 심리적 특성 및 치료적 기능에 대하여 연구하였다. 또한 Austin은 다양한 차원의 목소리 사용을 체계화하여 현장에 적합하게 적용할 수 있는 단계적인 접근을 고안하였다. 성악활동의 심리치료적 기능은 영국의 Paul Newham(1992, 1999)이 임상적으로 검증하였으며 실제 많은 사례연구를 통해 발화, 발성, 가창과 같은 목소리를 이용한 음악활동이 인간의 심리적 건강과 치료에 어느 정도 유의미한 기능을 하는지를 보여 주었다. 이 장에서는 Austin이 개발한 성악심리치료 방법의 다양한 기법들을 소개하고자 한다.

1. 철학적 배경 및 이론적 전제

목소리를 이용한 성악심리치료 기법은 다양한 치료 모형에 그 기반을 두었다. Sokolov는 치료에 참여하고 변화를 추구하는 과정에서 클라이언트 자신이 그 주체가 되는 것을 강조하였으며, 가지고 있는 목소리는 치료 과정의 주 매개체라고 하였다. 대상관계이론에 입각하여 지지적 음악 환경의 재경험, 그리고 치료사의 대리−모성 역할 등을 강조하기도 한다. 대상관계이론에서는 태어나서 유아에게 가장 유의미한 관계는 주 양육자와의 관계이므로 유아가 어머니와 상호작용하면서 대상에 대한 상을 내면화한다고 하였다. 내적인 형상으로 자리 잡은 이 상은 타인들과 관계를 맺는 과정에서 절대적인 영향을 미치는데, 좋은 양육과 정서적인 공감을 경험한 유아는 내면화된 타인과 자신에 대한 신뢰가 크다고 볼 수 있다.

또한 대상관계 이론가인 Winnicott(1965)과 Miller(1981)는 상실된 '참자아'를 설명하면서, 거짓으로 대치된 '자기'에 대한 정신적 분리를 지적하였다. 이러한 정신적 분리는 주 양육자의 장기간의 감정이입의 결여, 일관적이지 못한 반응, 과도한 자극 등으로부터 야기된다고 하였다. Masterson(1988)은 유아기 때 가지고 태어난 '참자아'는 엄마에게 버림받게 될지도 모른다는 두려움으로 아동기를 일찍 사멸하게 된다고 하면서 이러한 아동기의 사멸은 고통스런 감정을 억압하고 자율성을 지연시키는 방어적이고 거짓된 자기를 창조하는 데에 기여한다고 하였다. 이에 성악심리치료는 억압된 감정과 본능적 욕구(need)를 음악 안에서 반영하면서 잃어버렸던 모성의 지지적 역할을 음악환경 안에서 재경험하게 하는 데 초점을 둔다. 또한 현실에서의 거짓자아가 아닌 본능과 감정을 그대로 경험할 수 있는 기회를 가짐으로써 참자아를 탐색하고 찾는 데 목적을 둔다.

Jung은 "언어는 사람이 가지고 있는 감정, 두려움, 무서움, 분노, 사랑 등을 표현하지만, 일어나고 있는 실제의 상황에 대한 내용을 인지적으로 정리해서 제시하므로 신체로부터 나오는 자연적 소리야말로 그때의 감정과 정서를 표현하기에 더욱 효율적이다."라고 하였다. 또한 정신분석적으로는 음악을 이용해 개인적, 집단적 무의식, 창조적 자아 그리고 상징과 원형적 심상을 체험하는 것을 강조한다. Jung은 정신은 환경에 따라 분리되는 경향이 있고 콤플렉스를 가져올 수 있다고 하였다. 자아감이 발달되는 시기의 치명적인 상처들은 다른 것을 차단하고 하나의 콤플렉스를 가진 자아의 정체성을 만든다. Jung은 정신의 어떤 한 부분은 다른 부분을 능동적으로 공격하고 학대하는 것이 가능하며, 의식을 위축시킨다고 하였다. 여기서 콤플렉스란 부모나 사회적 가치관과 기대들에 부합되지 않거나 그것에 의한 외상적 상처들의 결과로 형성된 자아로부터 나온 의식의 파편들이라 하겠다. 또한 콤플렉스란 일련의 생각들과 이미지들이 연합되어 형성된 감정을 불러일으키는 에너지의 중심이라 할 수 있다(Austin, 1996; Edinger, 1972; Jung, 1959, 1969; Kast, 1992). 이러한 콤플렉스가 다양한 감정적 색깔, 강도와 연관된 만큼 음악은 이를 자극하는 감정적 매개체로 사용된다. 음악을 이용한 심리치료 과정에서 목소리를 이용한 자기표현은 이러한 콤플렉스와의 만남을 촉진시켜 주며, 다양한 질적 내용의 감정을 경험하도록 도와준다.

'자아상실(loss of ego)'에 관한 다양한 징후들은 많은 임상연구와 사례 발표를 통해 여러 가지로 명명되었다. 이러한 징후들이 보이면서 방어는 자아를 보호하기 위해 작용한다. 이러한 경우 클라이언트들은 해결되지 않은 정신적 외상 상태에 있다고 할 수 있다. 여기서 외상은 유아기나 아동기에 발생된 미해결된 정신적 고통이나 불안을 의미하며, 이러한 경험은 개인이 참자아를 지키고 자신에 대한 안정감을 유지하는 데 부정적인 영향을 미친다(Ulman & Brothers, 1988). 외상의 경험은 성적 또는 신체적 학대에 대한 공포에서 발생된 것부터 충족되지 않은 욕구들, 부적절한 양육, 애착 형성까지 모두를 포함한다. 이러한 경험은 공통적으로 단절된 자기 통합과 혼동감, 무능함, 무기력한 공포감을 야기시킨다(Terr, 1990; Kalsched, 1996). 그러므로 외상 경험이 있는 클라이언트는 분열되고 왜곡된 자아상을 가지고 있는 경우가 많으며, 이러한 문제는 치료사와 클라이언트 관계에서 전이-역전이의 형태로 나타나는 경우도 많다(Davies & Frawley, 1994).

성악심리치료에서는 이러한 관계적 이슈들이 음악 자체에 대한 혹은 음악 안에서 치료사와 클라이언트의 전이와 역전이로 보여지며, 자아 문제는 목소리나 악기 등으로 투사되기도 한다. 특히 목소리를 주 매개체로 이용한 성악심리치료 기법에서 Austin(1993)은 외상과 연관된 심리적 이슈를 직접적으로 표현하도록 격려하며, 이러한 외상으로 인한 심리적 위축과 긴장감, 무기력한 부적 에너지 등을 표출시키고, 참자아와의 통합을 가져오는 데 치료적 목표를 둔다.

1) 인간과 목소리

출산 전 양수 환경에서 태아에게 가장 빈번하게 들리는 소리는 바로 어머니의 목소리다. 태아는 출산하기 4개월 전부터 어머니의 목소리에 반응을 하게 된다고 하며, 이 목소리는 외부의 다른 소리보다 훨씬 더 강한 청각적 자극이 된다(Smootherman & Robinson, 1988; Hepper & Shahidullah, 1993). 자궁 안에서 '뇌를 자극시키고 피질을 활성화하는' 엄마의 심장박동 리듬을 듣고, 호흡의 리듬 그리고 목소리 음색에 노출된다. 이러한 환경은 뇌와 중추신경계 발달에 중요한 역할을 한다(Minson, 1992; Tomatis, 1991; Storr, 1992).

Austin은 정신역동적 시각에서 목소리의 심리적 의미를 강조하였다. 인간은 세상에 태어날 때 '첫 소리(our first sound)'로 세상에 도착했다는 사실에 대해 공표하며, 이는 삶의 힘을 의미한다고 하였다. 인간은 본능적으로 소리를 만들고, 그것으로 입술과 혀 그리고 발성을 탐색한다. 소리로 표현되는 자기(self)에 대해 자유로움과 몰입을 동시에 경험할 수 있다. 출생 후에 유아는 자신을 돌봐 주는 사람들에게 선택적으로 다른 반응을 보이게 되는데, 다른 사람의 목소리보다 어머니의 목소리를 훨씬 더 선호하는 경향을 보인다(DeCaspter & Fifer, 1981). 이와 같이 유아가 어머니의 목소리를 다른 사람의 목소리와 구별할 수 있는 능력을 지닌 것은 출산 전 어머니의 목소리에 노출되어 왔기 때문이라고 볼 수 있다.

태어나서 3~4개월 사이의 유아는 노래와 비슷한 소리를 만든다. 6개월이 되면 유아는 '라-라-라(lalling)'와 같은 소리를 리듬적으로 또는 각기 다른 음높이를 사용하여 만들어 낸다(Moses, 1954). 이 시기의 아이는 의사소통을 시도하기보다는 소리를 만들어 내는 데 즐거움을 느끼며 스스로 자극한다. 전언어적(pre-verbal) 시기의 이러한 음성적 경험은 자신의 정서를 무한하게 표현하고, 이에 필요한 신체적 한계 또한 초월하게 해 준다. 노래에 필요한 호흡 기능도 강화되며, 높거나 낮은 음을 소리 내는 데 필요한 음역도 확장된다.

같은 시기에 유아는 엄마의 음성을 구별하기 시작한다. 말이나 노래를 통한 엄마와 아동 사이의 음성적 상호 교류와 그 연결성은 이후 아동이 타인과 관계를 맺고 자아감을 발달시키는 데 매우 중요하다. 이러한 소리 교류(sound connection)는 엄마와 아동 사이에 감정적이고 심리적인 유대감을 형성해 준다(Moses, 1954; Newham, 1998). 예를 들어, 산후우울증의 병력을 가진 엄마는 자신의 아동과 음성적, 신체적, 감정적으로 상호 교류하는 것이 불가능할 것이다. 이러한 접촉의 결여는 아동이 엄마와 안전한 애착을 형성하는 데 심각한 영향을 미치며, 이후 삶에서 친밀한 관계를 형성하고 유지하는 데 어려움을 갖게 할 것이다(Minson, 1992; Tomatis; 1991).

어머니의 목소리는 유아기 애착 형성 과정에서 아주 중대한 역할을 담당한다(Fifer, 1981). McDonald(1990)에 따르면, 유아는 어머니의 목소리로 불리는 노랫소리를 들으면서 음악의 부가적인 의미를 습득하게 된다고 하였다. 어머니의 부재 시에 유아에게 자장가를 불러 주면 유아는 어머니로부터의 분리경험으로 인한 불안을 잊게 된다. 즉, 자장가가 중간선율(transitional tune)로서의 기능을 수행하게 되는 것이다. 자장가는 불안을 극복하기 위한 방어책으로 사용될 뿐만 아니라 어머니와 유아를 연결해 주는 역할도 수행한다.

아동이 점차 성장하고 발달함에 따라, 그들은 삶에서 중요한 역할을 하는 사람들과 언어

,은 비언어적 교류를 시도한다. 이렇게 언어적으로 혹은 비언어적으로 자신을 알리고 표현하는 과정에서 음성적 매개체의 질과 특성을 의식하기 시작하게 된다. 이와 함께 자신의 목소리와 소리를 통한 표현을 의식하게 된다.

Austin(2002)은 대다수의 사람들이 성장과정에서 자기의 진실한 목소리를 잃는다고 하였다. 때로는 의식할 수 없는 차원에서 서서히 잃게 된다. 자신이 가진 감정이나 욕구가 외부로부터 반영되기보다는 판단되거나 무시될 때, 우리 자신 역시 무시하는 법을 배운다. 우리는 생각하고 느끼는 것을 그대로 표현하기보다는 받아들여지거나 안전하지 않기 때문에 인격의 중요한 부분인 자신을 대표하는 우리 자신 고유의 '진실된(true) 목소리'를 숨겨 놓는다. 이렇게 숨기는 과정에서 자기 고유의 모습에 대한 외부의 반대와 거절을 두려워하게 된다. 더욱 안타까운 것은 이러한 감정을 드러낼 수 있는 상황에서조차도 자유롭게 표현하지 못하게 되는 것이다. 즉, 진실된 감정을 너무 깊이 숨겨 놓아서 다시 찾아내는 데 시간과 에너지가 필요하다.

이러한 억압된 감정과 절제된 자신은 목소리를 통해서 알 수 있다. Linkater(1976)는 "감정이 보호받는 한, 호흡은 자유로우며… 목소리는 목과 입 근육에서 곧바로 나오게 된다."고 하였다. 순간적으로 감정적 혹은 에너지 충동을 느낄 때, 짧은 시간 동안 그것을 억제하는 이차 충동을 거치게 된다. 원초적 에너지를 통제하고 절제하는 이차 충동은 어느 시점에 이르러서는 익숙하게 되어 자동적 기제로 자리 잡으며, 일차충동보다 이차충동에 더욱 익숙해져 간다. 이 과정에서 시간이 지나면 익숙하지 않은 일차충동도 인지적인 차원에서조차 지각되지 않는다. 우리는 성장과정에서 자기 조절이나 이성적 판단을 상실할지도 모른다는 공포감으로 인해 자신의 원초적인 충동과 본능을 외면하고 직접적으로 다루려 하지 않게 된다. 이렇게 억압된 감정들과 에너지는 소리 표현에서도 보이는데, 호흡의 불균형, 제한된 음역, 명확하지 않은 소리와 같은 특성을 갖게 된다. Austin(2002)은 이를 '가짜 목소리'라고 하였으며 본인의 내면과 연결되지 않은, 단지 듣기 좋은 하나의 목소리라고 하였다. 우리는 한때 소리나, 움직임, 감정의 자유로운 몰입 안에서 위축되어져 자신을 표현할 수 있었던 그 능력을 점차적으로 잃어버리게 된다.

2) 호흡과 토닝의 심리치료적 의미

Austin은 누군가가 자신의 '목소리를 찾는다'는 것은 바로 '자신을 찾는다'는 의미라고 하였다. 말 그대로 자신의 목소리를 찾는다는 것은 내면을 알아가는 과정이며 자기정체성을 확인하는 작업이다. 이러한 과정은 시간과 인내 그리고 용기가 필요하지만, 그 보상은 무한하다.

자신의 진실한 목소리를 회복하는 것은 그 목소리가 신체에 다시 내재하는 것을 필요로 한다. 여기서 호흡은 그 첫 단계다. 신체, 즉 자신의 재결합을 위한 첫걸음은 깊게 호흡하는 방법을 배우는 것이라 할 수 있다. 영혼을 의미하는 그리스어의 'psyche'라는 말은 '호흡하다'라는 뜻을 가진 'psychein'과 같은 어원을 지닌다. 호흡은 마음과 신체 그리고 영혼을 연결시켜 주는 삶의 에너지다. 성대나 가슴, 복부가 충분한 호흡을 할 수 없다면 이는 말을 할 때나 노래를 부를 때 목소리에 매우 부정적인 영향을 미친다. 그렇기 때문에 호흡을 통한 감정과의 만남 그리고 표현은 심리적인 작업이라고 할 수 있다(Austin, 1986, 1991, 2001).

호흡은 심리적 상태와 신체적 상태를 반영한다. 들숨과 날숨의 깊이, 비율, 균형 등은 현재 그 사람이 가지고 있는 긴장이나 불안 혹은 또 다른 심리적 이슈를 반영한다. 이는 현재 무엇을 경험하는가에 따라 호흡이 달라질 수 있기 때문이다. Gaynor(1999)는 "숨쉬기는 기계적인 산소 교환 그 이상이다. 그것은 우리 몸 세포의 기능들과 활기찬 건강 또는 정서적인 건강의 토대가 된다. 깊은 숨을 쉴 때, 우리는 긴장 해소와 활력을 필요로 하는 몸의 각 부분에 연결되는 에너지를 만들어 낸다(pp. 56-57)."라고 하였다. 또한 깊은 숨은 심박동을 느리게 하고, 평온하게 하며 신경체계를 튼튼히 해 준다. 이완되고 집중된 상태는 모든 사람들에게 도움이 되지만, 특히 발작(panic)이나 불안 상태에 있는 사람들에게 더욱 효과적이다(Austin, 1999, 2001; Braddock, 1995; Gardner, 1990; Newham, 1998).

호흡 훈련은 클라이언트를 이완시키고 공기가 몸 안의 깊은 곳까지 도달하게 도와주며, 목소리를 사용하는 작업에 대한 준비과정이라고 할 수 있다. 원활한 호흡과 함께 음성적 탐색(vocal exploration)을 통해 가능한 모든 소리를 낼 수 있게 하는 데 목표를 두며, 특정 기술이나 훈련을 필요로 하지 않기 때문에 노래 부르기와는 달리 부담이 없다. Austin은 다양한 강도와 음높이를 탐색해 보는 활동은 클라이언트의 즉흥성과 창의성을 증진시키는 데 효율적이라고 하였다.

인간이 가지고 있는 생리적 소리와 같은 자연발생적인 소리들은 토닝(toning)을 하기 위한 준비 과정의 하나가 될 수 있다. 토닝은 신체의 균형을 회복시킬 목적으로 모음(vowel sounds)을 계속해서 의식적으로 사용하는 것으로, 예를 들어 크게 하품을 하면서 내는 소리 혹은 몸을 스트레칭하면서 내는 소리 등이라 할 수 있다. 소리의 진동은 막힌 에너지를 자유롭게 하고 신체의 특정 부분을 공명하면서 육체적 긴장을 완화시켜 준다(Campbell, 1989; Crowe, 1996; Goldman, 1992; Keyes, 1973). 성악심리치료에서는 클라이언트의 콤플렉스와 연관된 감정이나 심상, 소리를 다루는데 이 과정에서 토닝은 클라이언트의 콤플렉스를 다룰 수 있는 효과적인 음악적 활동이다. Jung(1969)은 콤플렉스 안에 담겨진 에너지는 클라이언트의 상처에 대한 치유와 건강한 분화를 위해 필요한 에너지라고 하였으며, 토닝은 이러한 에너지를 다루어 주는 역할을 한다.

2. 성악심리치료의 기법들

1) 목소리즉흥 기법

목소리즉흥 기법(Vocal Improvisation)은 치료사나 클라이언트의 노래 혹은 말하는 것 모두 목소리를 사용하는 심리치료기법이라고 할 수 있다(Austin, 2004). 치료사는 각 세션마다 클라이언트가 어떠한 이슈와 문제를 가지고 올지 모르며, 또한 가끔씩 치료가 어디로 전개되고 있는지, 어떻게 도달했는지에 대해 모든 것을 예측할 수 없다. 즉흥적인 태도는 치료사와 클라이언트가 기존의 낡은 틀이나 이미 만들어진 반응들에서 자유로이 벗어나, 비예측성과 충동성을 담당할 수 있게 해 준다. 즉흥은 새로운 행동이 창조될 공간 및 새로운 자아상과 연결되는 길을 만들어 준다. 즉흥적인 태도는 매 순간 각 클라이언트 고유의 '음악성'을 보다 깊게 듣고 집중하는 것이다.

성악심리치료에서 목소리즉흥(vocal improvisation)은 세 가지 개념에서 전개된다. 첫째는 '지금-여기'의 경험으로서, 둘째는 소리나 단어들을 사용한 놀이를 통해 억압되고 왜곡된 무의식을 의식화하기 위한 다리(bridge)로, 그리고 마지막으로 상징적인 언어로서이다(Austin, 1996). 음악에서는 즉흥성(spontaneity)을 강조하는데 이는 내재된 에너지 혹은 본능적 충동이 목소리(vocal)나 음악적 놀이를 통해 의식되지 않은 차원에서 자유롭게 표현되도록 하는 데 초점을 두기 때문이다. 이 과정에서 가장 큰 동기(motive)로 작용하는 것은 자발성이다(Spolin, 1963). 즉흥성은 자발성을 요구하고 이는 모든 형태의 심리치료에서 역동적인 역할을 한다. 클라이언트가 자발적일 때 내면에서 나오는 충동을 허용하고 자신을 그대로 표현할 수 있다. 클라이언트는 무거운 '의무들'과 '해야 하는 것'으로부터 스스로를 자유롭게 경험하고, 진실한 감정에 도달하고 그것을 표현할 수 있다. 다시 말해 클라이언트가 의식하지 않은 상태에서 자신의 진실한 목소리와 만날 때 치유적인 경험을 할 수 있는 것이다.

치료사는 클라이언트와 목소리로 즉흥할 때 그들에게 선택권을 줄 수 있다. 때때로 아카펠라를 부르기도 하고, 다양한 악기 반주와 함께 하기도 한다. 그 순간 클라이언트와 그들의 요구에 따라 드럼이나 자일로폰, 기타나 피아노 등과 함께 노래할 수도 있다. 치료사와 클라이언트가 같은 악기를 연주하기도 한다. 혹은 클라이언트가 피아노나 첼로와 같은 주요 악기를 연주하고 치료사가 다른 악기나 목소리만을 사용하여 지지할 수도 있다. 또는 클라이언트와 함께 목소리로 즉흥을 할 때 치료사가 피아노를 연주할 수도 있다.

2) 보컬홀딩 기법

보컬홀딩(vocal holding) 기법은 목소리 즉흥 기법의 하나로 자아와 타인과의 즉각적이고 감정적인 연결을 촉진시키는 데 목표를 둔 활동이며 Austin이 개발하였다(Austin, 1996, 1998, 1999, 2001). 클라이언트와 치료사 간의 직접적인 목소리 접촉은 친밀감을 유도한다. 이러한 접촉을 촉진하기 위해 두 개의 코드를 기본적으로 사용하여 소리 발생을 유도한다. 클라이언트가 주로 화음을 선택하지만, 만약 클라이언트가 화음에 대한 지식이 부족하거나 자신이 원하는 것을 찾도록 치료사가 도와야 할 필요성이 있을 경우는 치료사가 여러 가지 다른 코드(major, minor, suspended 등)를 제시한 후 클라이언트가 선호하는 코드를 선택하도록 한다. 간혹 클라이언트가 불러일으키고 싶은 감정이나 기분을 묘사할 경우는 치료사와 함께 적절한 코드를 찾을 수 있다. 또한 클라이언트는 특정 리듬패턴이나 피아노 코드를 제안하기도 하는데 특히 전자 피아노는 그 분위기를 다양하게 조절할 수 있는 장점이 있다.

이 기법에서는 클라이언트에게 안전한 음악적 수용감과 예측감을 주기 위하여 두 개의 코드로만 제한적으로 제시된다. 안전한 음악적 수용감이란, 클라이언트가 음악적 환경을 특별히 의식하지 않고, 무의식적으로 표출되는 즉각적인 자기표현을 허용할 수 있는 환경에서 모든 것을 수용하는 개념을 의미한다. 코드의 형식은 클라이언트의 즉흥을 위해 반복적으로 연주된다. 음악적 간결함과 반복적인 두 가지 코드로 리듬의 움직임과 한 음절 노래 부르기는 클라이언트의 참여를 유도하기에 효율적이다.

보컬홀딩(Vocal Holding) 기법은 특히 생의 초기 감정적인 외상으로 고통을 경험했던 클

.ㅐ트들과의 작업에서 유용하게 쓰인다. 지속적인 화음 및 리듬적인 지지와 '충분히 좋은 엄마(good-enough-mother)' 인 치료사와의 음성적인 동질감은 안정적이며 수용적인 경험을 제공한다. 이러한 양육적 환경 안에서 클라이언트는 대개 연주하기에 충분할 만큼 안전함을 느끼고, 창조적인 자기-표현의 자유로움을 만끽하게 된다. 이 기법은 하나의 음악적 개입 혹은 중재라기보다는 과정 중심으로 단계적으로 전개된다. 그러므로 세션에서 이러한 기법들은 클라이언트의 치료적 목적에 따라 접근 강도와 그 수준이 조절될 수 있으며 다른 치료적 중재와 같이 클라이언트의 증상, 전이 반응과 성격, 필요에 따라 조절될 수 있다. 필요에 따라 구조화된 음악적 개입을 위해서 모음으로 된 가사를 사용하여 함께 단계적으로 비구조화된 발성을 하거나 노래를 부르거나 유도할 수도 있다.

3) 자유연상적 노래활동

성악심리치료에서 자유연상적 노래활동(Free Associative Singing)은 프로이트의 자유연상 기법에 그 근거를 두었다. 클라이언트가 언어적으로나 비언어적으로 음성이나 악기를 통해 즉흥을 할 때, 이는 자유연상 행동이라고 할 수 있으며, 스스로 음악적 자아상을 그리고 있다고 볼 수 있다. 프로이트의 자유연상은 클라이언트의 머릿속에 떠오른 어떤 것이든 언어화하도록 고무하고, 그렇게 함으로써 감정과 연관된 무의식적인 상이나 기억을 의식화하고 이들과 만날 수 있는 기회를 갖게 하는 기법이다. Austin의 자유연상노래는 연상된 감정이나 심상들을 언어로 표현하는 것이 아니라 노래로 하는 것이다. 이러한 방법은 클라이언트의 의식적 흐름에 언어적이고 음악적인 개입을 모두 할 수 있다는 장점이 있다.

이 기법의 목표 중 하나는 언어에 담긴 감정을 구체화시키고, 더욱 그 감정적 내용을 체험하고 말과 음악을 상호적으로 투영하게 하는 것이다(Austin 1996, 1998). 대체적으로 두 개의 코드를 사용하거나 반복적 악구를 사용하는 형식을 이용하여 치료사는 클라이언트의 음악적 경험을 지지한다. 그러나 여기에서 강조할 것은 클라이언트를 단순히 '지지하는 것(holding)' 뿐 아니라 표현된 내용을 음악과 가사를 통해 창조적인 결과물로 만들어 내는 것이다. 치료사는 클라이언트와의 관계에서 보다 더 적극적인 역할을 수행해야 한다. 치료자와 클라이언트는 즉흥 안에서 질문을 하거나 내용의 재구성을 시작하는데, 이때 전이나 역전이가 보다 복잡하게 작용하게 된다. 클라이언트는 치료사를 통해 '충분히 좋은(good-enough) 엄마' 뿐 아니라 지지적 혹은 도전적 역할들을 함께 경험하게 된다.

　자유연상적 노래활동은 클라이언트가 노래한 가사를 치료사가 반영하면서 모방해 주고 반복해 주는 것이다. 여기에 유니슨으로 노래하기, 화음 맞추기, 그라운딩하기 등이 추가되어 부가적인 지지와 변화 등을 줄 수 있다. 두 개의 코드가 즉흥적으로 사용되지만 클라이언트의 느낌이나 감정의 변화는 확장된 음악적 범위를 요구하므로 다이내믹, 템포, 음색, 아르페지오, 리듬, 악센트, 휴지, 대체 코드, 코드 확장(7th, 9th, 11th, 13th 등의 추가) 등을 활용하여 클라이언트의 경험을 반영하고 표현을 촉진하도록 지지한다. 이러한 방법으로 치료사는 자신의 목소리와 가사뿐 아니라 음악 만들기에 필요한 다른 음악적 기술을 활용하여 경험의 깊이를 유도한다.

　자유연상적인 노래에서는 화성적 구조가 중요한 기능을 하는데, 이러한 화성적 지지는 클라이언트 자신의 무의식적 과정을 탐색하는 데 필요한 창의력을 자극해 준다. 노래하기를 통해 이완을 경험하고 어떤 화음이 들리는지를 인지함으로써 꿈이나 기억, 연상들, 과거나 현재 이슈 그리고 치료사를 향한 전이 감정 등에 자유롭게 몰입할 수 있게 된다. 언제, 어떻게, 무엇을 클라이언트와 노래하는가는 즉흥적인 상황에서 예측 불가능하다. 치료사는 클라이언트의 가사와 음악을 단순히 모방(mirroring)하는 것이 아니라, 감정적인 반영, 경험의 깊이를 유도하는 역할 등 클라이언트가 현재 무엇을 경험하고 있는지에 대한 날카로운 통찰력을 발휘하여 클라이언트가 자신을 어떻게 받아들이고 이에 반응하는지를 인지하면서 세션을 이끌어 나가야 한다. 이러한 과정을 통해 예전의 낡고 건강하지 않은 자아개념은 자기수용과 자긍심 향상과 함께 새롭고 현실적인 자아로 대체될 수 있다.

　이 기법은 특히 정신과 신체의 분리를 경험하는 클라이언트들에게 효과적이다. 언어만을 사용했을 경우, 감정이나 느낌과 완전히 분리된 상태에서 사건에 대해 이야기할 수 있다. 클라이언트가 연상된 사건이나 이에 연관된 감정 또는 느낌을 말하면서 혹은 정서적인 경험이 없이 음악을 연주하거나 또는 집중된 느낌을 표현하는 경우 이러한 경험의 의미를 파악할 수 있도록 해 준다.

3. 치료목표 및 활동 단계

성악심리치료 기법은 다음과 같은 심리치료적 목표를 위해 사용될 수 있다.

첫째, 대상관계이론에 입각하여 치료사와 음악을 대상으로 한 긍정적 관계를 재경험함으로써 관계형성과 신뢰를 접할 수 있게 한다. 둘째, 내재된 부조화와 억압된 감정 그리고 긴장으로 인해 격앙된 상태에 안정감을 제공한다. 셋째, 자신의 목소리가 들리는 것을 경험하고 자긍심 증진을 통해 수용되고 반영되는 경험을 제공한다. 넷째, 자유로운 목소리 사용과 즉흥적 표현을 증진시킴으로써 저항을 감소시키는 기능을 해 준다.

보다 더 임상적인 목표는 해리성 증상을 가진 클라이언트들의 현실적 이슈들을 확인하고 이러한 문제를 치료하는 기회를 갖게 하는 것이다. 또한 외상으로 인한 정신적인 문제를 가지고 있는 대상들에게는 유아적 소리 활동을 유도하는데, 이러한 치료적 퇴행은 외상과 관련된 경험을 다시 다루는 데 효과적이다.

1) 유니슨으로 노래하기

보컬홀딩(Vocal Holding) 기법을 사용할 때 시작 단계에서 치료사와 클라이언트는 '동음(unison)'으로 노래한다. 이러한 노래 부르기는 전이와 역전이 같은 상생적인 관계를 증진시킨다. 이때의 소리들은 3~6개월 된 유아의 재잘거림과 유사하다(Gardner, 1994).

2) 화음 맞추기

그 다음 단계인 '화음 맞추기(Harmonizing)'는 유니슨보다는 훨씬 더 분리된 경험이라 할 수 있지만, 적절한 거리를 두고 치료사와 친밀하게 상호 교류할 수 있는 활동이다. 치료사는 클라이언트의 소리를 잘 듣고 화음을 제시하며, 차차 클라이언트가 다른 화음과 선율을 시도하도록 격려한다. 다만, 치료사가 클라이언트가 따라 하기 어려운 불협음이나 멜로디로 노래하는 경우, 부적절한 거리감을 느끼게 할 수 있다. Austin은 종종 클라이언트가 소리를 산출하는 과정에서 '구강기적(sensation of feeding)' 경험을 하게 된다고 하였다. 이는 발달과정에서 구강기 때 욕구 충족의 원천인 입이 소리를 내는 감각적 경험을 제공하기 때문이다.

3) 모방하기

모방하기(mirroring) 혹은 반영하기는 자신의 목소리를 찾고자 하는 클라이언트를 지지할 때 매우 유용하다. 모방하기는 클라이언트가 자신의 멜로디 라인을 부르면 그에 대한 응답으로 치료사가 그것을 그대로 따라하는 것이다. 이러한 음악적 반영은 클라이언트를 격려하고 자아감을 강화시킨다. 클라이언트들은 음악 안에서 들리는 자신의 목소리에 대한 반영을 통해 인지감과 타당성을 경험한다.

4) 그라운딩하기

그라운딩(grounding)은 클라이언트의 즉흥에 기초를 제공하기 위해 치료사가 화음의 주음이나 근음을 노래하는 것을 말한다. 치료사는 아카펠라로 노래하거나 악기를 사용하여 하나의 베이스 음(drone)을 지속적으로 연주한다. 이러한 음악적 중재는 아동이 분리를 시작하여 환경을 탐색하는 시기에서 아동과 초기 양육자 간 상호작용의 형태를 상징한다. 제공되는 지속적인 음은 하나의 지지적 자원(support system)의 양상을 띤다. 아동이 긍정적인 유대감과 엄마 혹은 초기양육자와 안정적인 애착관계를 갖고 있다면, 그 아동은 분리 불안이 적을 것이다. 반면, 아동이 감정의 박탈감 또는 어떤 이유로 야기된 무기력감을 경험했다거나, 엄마 스스로 아동과의 분리에 두려움이나 불안을 갖고 있다거나 하는 이유로 안정적인 애착관계가 형성되지 않았으면, 이는 아동의 탐험을 방해하고 발달을 저해한다(Bowlby, 1969). 이러한 그라운딩 작업은 애착 문제가 하나의 외상으로 존재할 때 유용하게 쓰일 수 있다. 함께 노래를 부른다는 것은 눈맞춤과 같은 비언어적 교류를 촉진한다. 또한 음성적인(voacal) 상호작용과 대화는 애착과 유대감을 경험하도록 해 준다(Bateson, 1975; Winnicott, 1971).

5) 블루스로 노래하기

12마디로 구성된 단순한 블루스 패턴은 특히 즉흥 경험이 많지 않은 클라이언트와 즉흥을 시작 할 때 효과적인 방법이다. 여러 다양한 블루스의 형식들이 있지만 12마디 블루스가 가장 대중적이다. 대부분의 모든 블루스 음악은 4분의 4박자로 연주되는데, 모든 마디에 4개의 일정한 박이 있고 4분음표를 한 박으로 한다. 12마디 블루스는 세 개의 네 소절로 나뉜다. 정통 블루스는 Ⅰ도와 Ⅳ도 그리고 Ⅴ(V7)도로 구성된 3개의 코드로 진행된다. 12마디 블루스의 가사는 종종 AAB라 불리는 형식을 따른다. 'A'는 처음 네 소절과 두 번째 네 소

_살하며, 'B'는 세 번째 네 소절을 말한다. 첫 번째와 두 번째 소절은 반복되며, 세 번째 소절은 그것에 대한 대답으로 주로 리듬적으로 끝을 맺는다(Bagdanov, Woodstra, & Erlewine, 2003).

12마디 블루스의 반복되는 구조는 단순하기 때문에 배우기 쉽다. 멜로디는 각 프레이즈 안에서 종종 같은 리듬 형식을 지니는데, 음악적 프레이즈는 짧고 간결하며 Ⅰ도, Ⅳ도, Ⅴ도 진행으로 예측성을 갖고 있어 목소리즉흥을 위한 이상적인 블루스를 만들기에 좋다. 기본 형식은 빠르게 받아들여지며, 그 후에 다양한 멜로디와 템포, 리듬 등을 실험적으로 사용해 볼 수도 있다. 즉흥적인 음악 혹은 블루스 음악과 가사는 초보자가 안전하고 흥미롭게 음악을 경험을 하도록 돕는다.

4. 성악즉흥심리치료 사례

1) 사례 1-수지

처음 수지를 만났을 때 그녀는 자신과 많은 갈등을 경험하고 있었다. 항상 남들을 배려해야 한다는 강박관념과 본인이 원하는 대로 하고 싶은 것과의 타협에서 수지는 항상 남을 위주로 양보하게 된다고 하였다. 중요한 것은 이 과정에서 본인이 무의식적으로 이에 대한 불만과 분노를 경험하고 이를 억압하는 것이었다. 수지는 자신의 의견을 제시하고 표현하는 과정에서 더 당당해지기 위한 노력을 하고 있었다. "나의 남성적 면모를 강화하는 것이 쉽지 않아요. 나는 주로 다른 사람이 하자는 대로 따라가는 쪽이거든요. 갈등을 피하기 위해서…."

집안에서 수지의 존재는 항상 긴장을 동반했다. 가족구성원 중에서도 수지는 가정의 평화를 위해 안간힘을 쓰면서 자신의 역할에 충실하였다. 이 역할은 수지의 존재를 특별하게 만들었고 수지는 이를 위해 모든 것을 배려하는 입장이었다. "나는 착한 아이였죠. 말 잘 듣고, 엄마와 아빠의 관계를 개선해 주고, 또 엄마와 오빠와의 관계도 잘 유지될 수 있도록 도와주고…." 이러한 환경에서 자란 수지는 친구관계나 회사 동료와의 관계에서도 지속적으로 그런 역할을 해 왔었다.

하지만 이 시점에서 수지는 모두 자신을 이용하려고만 한다는 생각이 든다고 하였다. 그녀는 모두를 즐겁고 편안하게만 해 주는 데 이력이 생겼다고 하면서 이제는 분노를 쌓아 두기보다는 표현하고 싶다고 하였다. 이러한 역할이 즐겁기보다는, 계속 내재된 분노로 쌓이게 되며, 이는 삶에 대한 태도와 정서가 불만과 짜증으로 인하여 건강하지 않게 또는 부적절하게 분출되는 것 같다고 하였다.

이 과정에서 노래 작업은 먼저 그녀로 하여금 감정표출을 시도하도록 유도하였다. 노래 안에서는 어떠한 감정표현도 가능하므로 그녀가 자신으로 하여금 무엇이든지 표현할 수 있다는 것을 경험하는 것이 중요하였다. 하지만 자신을 허용하는 것은 익숙하지 않았으며, 특히 목소리를 이용한 극히 개인적인 표현은 도전적으로 경험된다고 하였다.

초기 세션에서 수지는 자연적인 소리를 내는 것에 대해서 불편해 하였으며 즉흥적으로 노래하는 것조차 힘들어 하였다. 통제력을 잃는 것에 대해서 두려워하였으며 감미롭지 못한 흉한 소리를 냄으로써 치료사가 거부반응을 보일까 봐 의식하였다. 시간이 흐르면서 이러한 의식들로 인해 항상 본인의 느낌과 감정을 부정하고 더 나아가 자신에 대한 부정적인 견해를 가지고 성장해 왔음을 인식하게 되었다. 그녀는 아빠의 부정적인 부성 콤플렉스(father complex)를 나에게 전이시켰다. 서서히, 우리는 그녀의 분노에 대해서 작업하였으며, 타인으로 하여금 외면시(reject)되는 것에 대한 불안을 다루었다. 그녀는 더 이상 치료사를 자신의 아버지와 연관 짓지 않았으며 긍정적인 모성대상으로 보기 시작하였다. 노래 작업이 계속적으로 전개되면서 수지는 "내 자신을 들을 수 있고, 내 자신이 살아 있음을 느낄 수 있어요. 내 몸이 울리고 있음을 지각할 수 있고, 얼마든지 크게 소리를 낼 수도 있고, 내가 만드는 소리가 예쁜지, 아름다운지에 대해서 신경 쓰거나 걱정하지 않아도 된다는 자체가 힘이 되어요." 이러한 시각의 변화는 안정감을 제공하였으며, 그녀로 하여금 표현할 수 있는 자유를 허락하였다. 이는 계속 새롭게 경험하는 소리와 노래를 이용한 치료 작업에 더 몰두할 수 있게 해 주었다.

많은 세션 중에서 하나를 소개하고자 한다. 항상 세션을 시작할 때 그날의 주제를 이야기하는데, 그날 수지는 동료와 일에 관해 면담을 해야 할지 모른다는 이야기를 하면서 이에 대해 긴장과 도전감을 느낀다고 하였다. 이러한 긴장감과 도전감을 해결하기 위해 토닝을 하고 싶다고 하였으며 이를 위해 깊은 호흡활동에 들어갔다. 나는 그녀의 호흡패턴에 나의 호흡을 맞추었으며, 점차적으로 그녀는 다양한 소리를 탐색하기 시작하였다. 하품을 하기도 하였으며, 으르렁 소리를 내보기도 하였다. 이후 우리는 같이 울음소리를 내기도 하였다. "가능한 모든 것을 소리로 표현하고, 소리에 실어서 내보내세요." 그녀는 쉰 소리 또는 걸걸

한 거친 소리도 내었다. 처음 '아(ah)'에서 시작한 소리는 '라(rah)'로 변했고, 3도 상승하다가 반음을 더 올리기도 하였다. 우리가 멈추었을 때, 그녀는 어떤 목소리가 그녀를 부르고 있다는 것을 느꼈다고 하였다. 처음 이 목소리는 남자의 목소리 같았는데, 나중에 보니 낮은 음의 여자 목소리였다고 하였다.

나는 무엇이 그녀의 표현을 지지해 줄 수 있을까 고민하였으며 악기를 시도하였다. 그녀는 토닝과 함께 북을 연주하였으며, 나는 콩가 드럼을 연주하였다. 이번엔 그녀의 톤이 훨씬 명확해지면서 더 커졌고 단조음역을 내기도 하였다. 나는 주로 그녀의 소리에 화음을 제시하였는데 때론 협화음을 또는 불협화음을 시도하였다. 이러한 소리 탐색과 조화를 통해 나중엔 모든 소리는 하나의 가사로 변하였다. "더 가까이 오렴… 더 가까이… 두려워하지 말고…." 그녀는 눈을 감고 이러한 가사를 찬트의 형태로 노래하였다.

그 후 수지는 갑자기 큰 에너지를 온몸으로 느낄 수 있었다고 하였다. 수지는 어두운 숲 속이 보인다고 하였고 거기엔 까만 머리의 키 큰 여자가 서 있다고 하였다. 그 여자는 무사처럼 두려움 없고 강해 보였다고 했다. 그녀는 수지에게 신발을 벗고 땅을 느껴 보라고 하면서, 땅이 그녀를 충분히 지탱한다고 믿고 안심하고 내딛으라고 말하였다. 수지는 발을 내딛으면서 몸 안에 내재된 분노가 하나의 힘이 되어 땅 위로 전이되는 것을 느꼈다고 하였다. 그리고 원하는 대로 행동할 수 있었다는 것에 뿌듯해 하였으며, 특히 행동하는 자신을 신뢰하고 자신을 지지해 주는 땅을 느껴 볼 수 있었다는 것에 대해서 감동하였다. 이 경험은 수지로 하여금 많은 것을 깨닫게 하였다. 그 여자의 제안은 수지가 필요로 했던 메시지였다. 우리는 내재된 분노와 힘의 연관성을 이야기하였다. 세션을 마치기 전 마지막으로 숲 속에서 보았던 무사와 같았던 그 여자를 그림으로 표현하였다. 그리고 그 여인을 마음속에 간직하고, 필요할 때 자신을 지지해 주는 땅이 있음을 믿고 앞으로 행동을 옮길 수 있는 자신을 신뢰할 것을 기억하기로 하였다.

2) 사례 2-미셸

처음 미셸이 왔을 때 나는 그녀의 목소리 특징을 느낄 수 있었다. 아주 작은 소리로 이야기하고 있었고, 필요 이상의 호흡을 하고 있다는 것을 알 수 있었다. 그녀의 목소리처럼 그녀 역시 공중에 떠 있는 듯한 느낌이 들었고, 에너지가 많이 낮음을 알 수 있었다. 그녀는 비교적 '행복한 유년기'를 보냈다고 하였지만, 나는 그녀가 많은 시간을 혼자서 보냈고, 그녀의 세계에서 살았다는 것을 알 수 있었다. 그녀는 가족이 자주 이사를 했다는 것 말고는 다른 구체적인 기억조차 할 수 없었다. 이탈리아에서 캐나다로 이사했었는데, 이는 그녀에게 힘든 과정이었다. 그녀는 이탈리아에서의 삶을 좋아하였으나 캐나다로 온 이후 줄곧 혼자라고 생각했었다고 하였다.

치료과정에서 미셸은 삶의 부분 부분을 자유연상적인 노래활동을 통해 떠올리고 그때의 상황과 재연결하려고 시도하였다. 초기 한 세션에서 미셸은 잃어버린, 고립된 어릴 적 기억의 한 부분과 만날 수 있었으며, 그때의 슬픔과 외로움에 공감하고 감정이입을 경험하였다. 이 세션에서는 보컬홀딩 기법을 사용하였다. 미셸은 단조코드를 선호하였다. 주로 b단조와 e단조 코드를 사용하였다. 우리는 유니슨으로 "아――"를 같이 소리 내면서 화음을 맞추기도 또는 서로 분리되기도 하였다. 이러한 소리 탐색과 유니슨, 화음 맞추기 작업을 하면서 그녀는 눈을 감고 자신의 내면세계에 모든 초점을 맞추면서 전치된 의식 상태를 경험하였다. 그녀는 특정 단어를 노래하기 시작하였고, 나는 그녀의 멜로디와 가사를 계속 모방하면서 지지하였다.

> 미 셸: 나무가 보여요.
>
> 치료사: 나무가 보여요.
>
> 미 셸: 그리고 강이 보여요.
>
> 치료사: 그리고 강이 보여요.
>
> 미 셸: 그리고 또 보고 있어요.
>
> 치료사: 그리고 또 보고 있어요.
>
> 미 셸: 숲을.
>
> 치료사: 숲을.
>
> 미 셸: 혼자서.
>
> 치료사: 혼자서.
>
> 미 셸: 그런데 할 수 있는 것이 아무것도 없어요.
>
> 치료사: 아무것도.
>
> 같 이: 아무것도.

나는 그녀의 멜로디가 3도와 4도 간격으로 좁은 음역 내에서 진행되는 경우가 많다는 것을 알게 되었다. 이러한 음역의 전개는 특히 동요에서 볼 수 있는 특징이다. 몇 달 이후 나는 멜로디와 가사를 그대로 모방하기보다 조금 변형된 형태의 멜로디와 가사를 제시하면서 진행하였다.

미　셸: 나는 방황하고 있어요.

치료사: 혼자서.

미　셸: 나무와 강을 따라서.

치료사: 나는 혼자예요.

미　셸: 나는 혼자예요.

치료사: 평화롭네요.

미　셸: 나는 혼자예요.

치료사: 그리고 슬퍼요.

미　셸: 그리고 슬퍼요.

이러한 성악적 대화에서 나는 역전이를 경험할 수 있었으며, 이러한 현상은 이 시점에서 치료적으로 작용하였다. 미셸이 "나는 혼자예요."라고 했을 때 나는 "그리고 슬퍼요."라고 응답하였으며, 이 단어에 묻힌 나의 슬픔을 느낄 수 있었다. 미셸이 그 부분을 반복해 주었을 때, 그녀가 내가 노래한 이 슬픔을 그녀의 것으로 경험하고 있음을 알 수 있었다. 그녀 역시도 내가 표현한 이 슬픔에 대해서 반영할 수 있었다. 나는 계속 가사와 음악을 이용하여 계속 적극적인 개입을 시도하면서 전개하였다. 속도감을 증가시켰으며 더 크게 부르도록 유도하였다.

치료사: 다른 사람들은 어디?

미　셸: 다른 사람들은 어디?

미　셸: 그들은 여기 없어요.

치료사: 혼자만 있나? 그들은 어디에?

미　셸: 나는 여기 혼자 있고, 그들은 이곳이 오지 않을 거예요.

치료사: 그리고 그들은 나를 볼 수 없어요.

미　셸: 그들은 나를 볼 수 없어요.

치료사: 그들은 나를 볼 수 없어요.

함　께: 그들은 나를 볼 수 없어요!

그들은 나를 볼 수 없어요!

이 세션의 마지막 부분에서 미셸은 어린 시절 혼자서 지냈던 부분과 아무도 본인의 존재를 몰라 준다고 생각했던 때와 다시 만나 그때의 아픈 상처들을 재경험하고 있다는 것을 알 수 있었다. 그녀는 어린 시절 자신이 보여지고, 들려지고, 이해되었다고 느끼면서 성장하지 못했으며 정체성 문제와 그녀 본연의 감정과 욕구 혹은 필요를 표현할 수 없음에 힘들어 하고 있다는 것을 볼 수 있었다. 우린 계속 노래하였다. 우린 그녀가 다음 여행을 떠날 준비가 되어 있는지에 대해서 노래하였고, 이젠 더 이상 숨거나 감출 필요가 없다는 것에 대해서도 노래하였다. 그녀에겐 표현의 선택이 주어졌음을 또한 노래하였다.

미   셸: 다시 학교로 돌아갈 수만 있다면.

치료사: 학교로.

미   셸: 그리고 어떻게 하면 혼자가 되지 않는지를 배울 수만 있다면.

치료사: 엄마가 내게 한 번이라도 가르쳐 주셨더라면.

미   셸: 엄마가 내 옆에 있었더라면.

치료사: 나를 도와주고.

미   셸: 내 성장에 필요한 부분을 주고.

치료사: 하지만 아무도 없었어요.

미   셸: 하지만 아무도 없었어요.

치료사: 내가 무엇을 느꼈는지에 대해서 이해하지도 못했어요.

미   셸: 정말 그래요.

함   께: 정말 그래요.

미   셸: 아무도 나를 도와주지 못했어요.

치료사: 아무도 나를 도와주지 못했어요.

미   셸: 아무도 나를 들어주지 못했어요.

치료사: 아무도 몰랐어요.

미   셸: 내가 얼마나 슬프고 외로웠는지.

치료사: 아무도 나를 도와주지 않았어요.

미   셸: 느낄 수 있게.

치료사: 느낄 수 있게.

미   셸: 정말 맞아요.

치료사: 정말 맞아요.
함　께: 정말 맞아요.
함　께: 정말 맞아요!

　이러한 과거의 기억이나 사건을 재경험하는 시간은 그때의 상처를 다시 다루고 감정적인 해결을 시도할 수 있는 기회를 제공한다. 미셸의 경우 혼자라는 고립감은 완전히 해결되지 않았더라도 그때의 자신의 감정과 경험이 치료사와 함께 음악적으로 공유되고 정서를 나누면서 고립감을 부분적으로 해결하는 접근을 시도했던 것이다. 계속되는 세션을 통해 미셸은 자신의 참자아와 통합을 이룸으로써 고립감을 해결하고, 외부의 자원에 의존하기보다는 자신의 내적 자원을 규명하고 이를 활용하는 통찰력을 기를 수 있었다.

　음악과 언어는 치료적 과정에서 같은 역할을 한다고 볼 수 있다. 신뢰를 형성하고, 지지하고, 이슈를 명확히 하며, 통찰을 고무시키고, 감정에 접근하고, 무의식적 요소들을 드러내고, 클라이언트의 심리적 과정을 수용하고 지지하며, 클라이언트의 새로운 경험을 통합하는 데 도움을 준다. 두 가지 모두 누구와 언제, 어떻게 사용하느냐에 따라 그 효과성이 다르게 나타나지만, 클라이언트의 강점들, 나약함, 저항들 그리고 필요성을 충분히 고려한 이후 제공되어야 할 것이다.

　성악심리치료는 심층심리학적 접근 안에서 언어와 음악을 통합한다. 말을 하는 목소리에는 클라이언트의 신체적, 감정적, 심리적 상태를 나타내는 음악이 존재한다. 클라이언트의 음악에는 심상들, 연상들 그리고 이와 연관된 개인적 의미들이 표현되고 교류된다. 기존에 만들어진 가사가 있는 노래를 부를 때 또는 즉흥 노래나 자유연상적인 노래하기를 할 때, 음악과 언어는 하나다. 음악과 언어의 결합 또는 하나의 '언어'에서 또 다른 언어로 편안하고 자유롭게 움직이는 것은 클라이언트가 발달상 어떤 시기에 있든지 간에 치료사가 클라이언트에게 도달할 수 있는 보다 많은 길을 갖고 있다는 것을 의미한다. 언어적 그리고 음악적 중재는 상호 중첩되고 지지적이다. 치료적 맥락 내에서 언어와 음악은 거부되었거나 잃어버렸거나 숨겨 두었던 클라이언트의 감춰진 자아와 관계를 맺고 점차적으로 통합하는 것을 돕는다. 소리나 음악, 가사, 말할 때의 음성 그리고 침묵 안에서의 상, 감각, 느낌, 에너지 등의 흐름은 치료사-클라이언트 관계를 확장시키고, 클라이언트가 적절한 감정 경험을 통해 초기 양육자와의 단절된 관계에 중요한 접합점을 재형성할 수 있는 기회를 제공한다.

Diane Austin(오른쪽)

📖 용어 해설

보컬홀딩 기법: 두 개의 코드(chord)를 기본적으로 사용하여 클라이언트의 소리를 유도하는 기법이다.

외상(trauma): 외상이란 전쟁, 강간, 폭행, 살인, 재해 등 죽음이나 심각한 신체적 손상을 초래하는 충격적인 사건을 의미한다. 자아가 미성숙한 아이나 자아를 방어하는 에너지가 약한 사람들은 외상을 일으키는 외부적 힘에 크게 상처를 받으며, 이러한 외상은 신경증 증상의 원인으로 작용한다.

자유연상노래 기법(free associative singing): 연상된 감정이나 심상들을 언어로 표현하는 것이 아니라 노래로 하는 기법을 의미한다.

중간선율(transitional tune): 유아기 때 주 양육자의 자장가는 부가적인 의미를 가지게 되며, 주양육자의 부재 시에 유아에게 자장가를 불러 주면 분리경험으로 인한 불안을 잊게 된다. 이때 자장가는 불안을 극복하기 위한 방어책으로 사용될 뿐만 아니라 어머니와 유아를 연결해 주는 역할도 수행하는 유의미한 음악적 의미를 가진 선율이라고 할 수 있다.

콤플렉스(complex): 자아감이 발달되는 시기의 치명적인 상처들을 의미하며 이때의 상처들은 자아의 정체성에 부정적인 영향을 미친다.

토닝(toning): 신체의 균형을 회복시키는 데 목적을 두고 모음(vowel sounds)을 계속해서 의식적으로 사용하는 기법을 말한다.

참고문헌

Aldridge, D. (2001). Music Therapy and Neurological Rehabilitation: Recognition and the Performed Body in an Ecological Niche [online]. *Music Therapy Today*, November 01. Retrieved February 24, 2004, from http://www.musictherapyworld.info

Anderson, J. (1982). Acquisition of Cognitive Skill. *Psychological Review, 89*, 369-406.

Austin, D. (2003). "*When Words Sing and Music Speaks: A Qualitative Study Of In Depth Music Psychotherapy With Adults.*" Unpublished Doctoral Dissertation. New York University, New York.

Austin, D. (2002). The Voice of Trauma: A Wounded Healer's Perspective. In Sutton, J. (Ed.). *Music, Music Therapy and Trauma: International Perspectives.* London: Jessica Kingsley Publishers.

Austin, D. (2001). In Search of the Self: The Use of Vocal Holding Techniques with Adults Traumatized as Children. *Music Therapy Perspectives, 19*(1), 22-30.

Beaton, P. (1995). The Importance of Music in the Early Childhood Language Curriculum. *International Schools Journal, 15*(1), 28-38.

Belin, P. (1996). Recovery From Non-fluent Aphasia After Melodic Intonation Therapy: A PET Study. *Neurology, 47*, 1504-1511.

Boswell, B., & Vidret, M. (1993). Rhythmic Movement and Music for Adolescents with Severe and Profound Disabilities. *Music Therapy Perspectives, 11*, 37-41.

Boukydis, Z. (1985). *Infant Crying: Theoretical and Research Perspectives.* New York: Plenum press.

Chen-Hafteck, L. (1996). Music and Language Development in Early Childhood: Integrating Past Research in the two Domains. *Early Child Development and Care, 130*, 85-97.

Cohen, N., & Masse, R. (1993). Application of Singing and Rhythmic Instruction on the Rate of Speech of Neurologically Impaired Persons. *Journal of Music Therapy, 30*(2), 81-99.

Craik, F., & Lockhart, R. (1972). Levels of Processing: A Framework for Memory Research. *Journal of Verbal Learning and Verbal Behavior, 11*, 671-84.

Darrow, A. A. (1996, April). "The Effect of two Selected Interventions on Preservice Music Teachers' Attitudes Toward the Inclusion of Students with Disabilities into the Music Classroom." Paper presented at the Music Educators National Conference,

Kansas City, MO.

Darwin, C. (1877). *A Biological Sketch of an Infant.* New York: Appalacian.

DeCasper, A. J., & Fifer, W. P. (1980). Of human bonding: Newborns prefer their mother's voices. *Science, 208,* 1174-1176.

Evidence is a bit off-key. Claims for Melodic Intonation Therapy don't Ring True (2003). *Bottomlines: Research Findings Informing Early Childhood Practices 1*(8), 1. Retrieved February 25 from http://www.evidencebasedpractices.org/bottomlines/bottomlines_vol1_no8.pdf

Ewers, K., & Helmus, K. (1968). Music Therapy for Speech Disorders. In Gaston, E. T. (Ed.). *Music in Therapy* (pp. 159-161). New York: MacMillan.

Gfeller, K., & Bauman, A. (1988). Assessment Procedures for Music Therapy with Hearing Impaired Children: Language Development. *Journal of Music Therapy, 25*(4), 192-206.

Gfeller, K. (1987). Songwriting as a Tool for Language and Reading Remediation. *Music Therapy, 6*(2), 28-38.

Gfeller, K. (1983). Musical Mnemonics as an Aid to Retention with Normal and Learning Disabled Students. *Journal of Music Therapy, 20*(4), 179-1990.

Hepper, P., Scott, D., & Shahidullah, S. (1993). Newborn and fetal response to maternal voice. *Journal of Reproductive and Infant Psychology, 11,* 147-153.

Helfrich-Miller, K. (1994). A Clinical Perspective: Melodic Intonation Therapy for Developmental Apraxia. *Clinics in Communication Disorders, 4*(3).

Jnsdttir, Valgerür. (2001). "Early Intervention as a Framework for Music Therapy with Caretakers and Their Special-Needs Infants." Unpublished thesis. Sogn og Fjordane University College, Sandane, Norway.

Jourdain, R. (2002). *Music, the Brain, and Ecstasy.* New York: Quill Press.

Leung, K. (1985). "Enhancing the Speech and Language Development of Communicatively Disordered Children Through Music and Movement." Paper presented at the third Annual Convention of the Council for Exceptional Children, Anaheim, CA. *Retrieved February 25,* 2004, from ERIC Reproduction Service Document No. ED257282.

Lirio, Alba (Ed.) (n.d.). Vox Mundi Project. *Retrieved February 24* from http://www.voxmundiproject.com

Lisasokolov.com (n.d.) (online). *Retrieved February 24,* 2004 from http://www.Lisasokolov.com

.y, J. V. (1985). *Musical Sign in Autism: A Multi-Sensory Approach. Masters Thesis.* New York: New York University.

Loewy, J. V. (1995). The Musical Stages of Speech: A Developmental Model of Preverbal Sound Making. *Music Therapy, 13*(1), 47-73.

Mehler, J., & Dupoix, E. (1997). *What Infants Know* (pp. 39-47, pp. 174-181). Oxford: Blackwell Publishers.

Melodic Intonation Therapy (1994). Report of the Therapeutic and Technology Assessment Subcommittee of the American Academy of Neurology. *Neurology, 44,* 566-568.

Meyer, L. (1956). *Emotion and Meaning in Music.* Chicago: University of Chicago Press.

Michel, D. (1968). Music Therapy in Speech Habilitation for Cleft-palate Children. In Gaston, E. T. (Ed.). *Music in Therapy* (pp. 162-166). New York: MacMillan.

Michel, D., & May, N. (1974). The Development of Music Therapy Procedures with Speech and Language Disorders. *Journal of Music Therapy, 11,* 74-80.

Miller, R., Thaut, M., McIntosh, G., & Rice, R. (1996). Components of EMG Symmetry and Variability in Patients with Parkinson's Disease. *Journal of Neurology, Neurosurgery, and Psychiatry, 62,* 122-126.

Musical Training During Childhood May Influence Regional Brain Growth (2001). Science Daily, May 11, 2001. *Retrieved February 25,* 2004, from http://www.sciencedaily. com/releases/2001/05/010510072912.htm

Mora, C. (2000). Foreign Language Acquisition and Melody Singing. *ELT Journal, 54*(2), 146-152.

Nordoff, P., & Robbins, C. (1977). *Creative Music Therapy.* New York: John Day Company.

Orange, J., vanGenapp, K., Miller, L., & Johnson, A. (1998). Resolution of Communication Breakdown in Dementia of the Alzheimer's Type: A Longitudinal Study. *Journal of Applied Communication Research, 26*(1), 120-138.

Ostwald, P., Phibbs, R., & Fox, S. (1968). Diagnostic Use of Infant Cry. *Biology of the Neonate, 13,* 68-82.

Palmer, C., & Kelly, M. (1992). Linguistic Prosody and Musical Meter in Song. *Journal of Memory and Language, 31,* 525-541.

Prickett, C., & Moore, R. (1991). The Use of Music to Aid Memory of Alzheimer's Patients. *Journal of Music Therapy, 27*(2), 101-110.

Pribram, K. (1984). Proleomena for a Theory of Meaning in Music. In Clynes, Manford (Ed.). *Brain Mechanisms in Music* (pp. 21-35). Engelwood, NJ: Plenum Press.

Rogers, A., & Fleming, P. (1981). Rhythm and Melody for Speech Therapy in the Neurologically Impaired. *Music Therapy, 1*(1), 33-39.

Roskam, K. (1979). Music Therapy as an Aid for Increasing Auditory Awareness and Improving Reading Skill. *Journal of Music Therapy, 16,* 31-42.

Sacks, O. (1995). *An Anthropologist on Mars.* New York: Alfred Knopf.

Schwartz, F. (1999). Music and Sound Affect on Perinatal Brain Development and the Premature Baby. In Loewy, J. (Ed.). *Music Therapy in the Neonatal Intensive Care Unit* (pp. 9-15). New York: Satchnote Press.

Sloboda, J. (1989). *The Musical Mind: The Cognitive Psychology of Music.* New York: Oxford University Press.

Smootherman, W., & Robinson, S. (1988). *Behavior of the Fetus.* Caldwell, NJ: The Telford Press.

Sokolov, L. (2002). *Embodied Voice Work: Voice through the Body to the Self* (in press). Phoenixville, PA: Barcelona Publishers.

Sparks R. W., & Holland, A. L. (1976). Melodic Intonation Therapy for Aphasia. *Journal of Speech and Hearing Disorders 41,* 298-300.

Stansell, J. W. (2001). "The Use of Music in Learning Languages: A Review [online]." University of Illinois at Urbana-Champaign. Retrieved February 24, 2004, from http://www.mste.uiuc.edu/courses/ci407su02/students/stansell/Literature%20Review%201.htm

Steinke, W. R., Cuddy, L. L., & Holden, R. R. (1997). Dissociation of Musical Tonality and Pitch Memory from Nonmusical Cognitive Abilities. *Canadian Journal of Experimental Psychology, 51*(4), 316-334.

Thaut, M., & McIntosh, G. (1999). Music Therapy and Mobility Training with the Elderly: A Review of Current Research. *Care Managemnet Journal, 1,* 71-74.

Thaut, M., McIntosh, G., & Rice, R. (1997). Rhythmic Facilitation of Gait Training in Hemiparetic Stroke Rehabilitation. *Journal of Neurological Sciences, 151,* 207-212.

Tomaino, C. (1999). Active Music Therapy Approaches for Neurologically Impaired Patients. In Dileo, C. (Ed.). *Music Therapy and Medicine* (pp. 115-122). Silver Spring, MD: American Music Therapy Association.

제10장
노래심리치료

최미환

노래 부르기나 감상은 인간에게 매우 친숙한 음악적 활동으로 거의 모든 연령대 사람들의 일상생활에서 관찰할 수 있는 대중화된 음악경험이라 할 수 있다. 노래는 인류와 함께 오랫동안 존재해 왔으며, 한 사회의 문화와 시대성을 반영하는 것과 동시에 전 시대를 관통하는 인간 본질의 다양한 감정들을 담고 있는 좋은 자료다.

Bruscia(1998)는 노래가 우리의 기쁨과 슬픔을 이야기하며, 깊은 내면의 비밀을 드러내 주고, 희망과 좌절, 불안과 승리의 순간들을 표현해 준다고 하였다. 이와 같은 이유로 노래는 우리의 삶 속에서 다양한 기능을 수행하며, 이러한 기능들은 치료적 자원으로서의 역할을 가능하게 한다. 또한 노래는 우리의 무의식을 자극하여 치료 대상자의 무의식 세계를 이해하는 데 도움을 줄 수 있는데, Freud(1910, 1957b)는 우리가 무의식중에 흥얼거리고 있는 멜로디가 의식적으로 감춰진 우리의 충동과 의도들을 표현하고 있다고 보았다. Jung(1907, 1960)은 이러한 견해에 동의하면서 우리에게 돌발적으로 떠오르는 멜로디들은 개인의 억압된 사고를 보여 주는 단면이라고 해석하였다. 따라서 우리의 무의식에 작용하는 노래는 치료자원으로써 매우 유용하게 활용될 수 있다.

노래심리치료는 다양한 형태의 노래를 치료의 주 자원으로 하여 대상자의 삶의 질을 향상시키는 데 도움을 주는 음악심리치료의 한 접근이다. 치료대상자가 자신에게 의미 있는 노래들을 통해 자신의 과거 및 현재의 내적인 갈등을 자연스럽게 드러내면서 현재 자신의 마음에 고통을 주는 핵심감정을 파악하고 다스리도록 통찰의 경험을 주는 과정중심(process-oriented)의 치료방법이다. 이는 또한 자아의 건강을 위한 '개성화 과정(individuation process)'이라고 할 수 있다. 노래는 이러한 과정에서 대상자가 자신의 상태를 객관적으로 볼 수 있는 도구가 되며, 또한 지속적으로 나타나는 감정을 반영해 주는 호수와 같은 역할을 한다. 이 과정에서는 노래와 더불어 음악치료사의 역량이 매우 중요하다. 이는 노래가 인지-행동적 치료접근에서와 같이 활동계획과 구체적인 시행단계에 따라 대상자에게 도움을 줄 수도 있지만, 비구조화된 치료에서는 대상자가 노래를 통해 자신의 과거와 현재를 의미 있게 분석하도록 안전하게 인도해 줄 수 있는 치료사의 민감한 스캐닝 및 직관과 통찰력이 치료의 진전을 위해 필수적이기 때문이다.

1. 노래의 치료적 근거 및 기능

1) 노래와 언어의 유사성

Robarts(2003)는 노래의 본질을 "노래는 인간 존재의 가장 깊은 내면으로부터 나오는 창조물이며, 누구에게나 내재되어 있는 것으로 생활을 그대로 반영하는 것"이라고 설명하였다. 이러한 인간의 본질을 반영하는 노래는 많은 음악적 활동 가운데 우리가 태아기 때부터 경험하는 것으로 언어와 매우 유사한 특징을 가지고 있다. 부모는 자녀를 달래거나 안정시키기 위해 자장가를 부르는 것뿐만 아니라, 자녀와의 일상적인 상호작용에서도 노래의 특성을 보이는 언어적 의사소통을 한다.

영유아를 대상으로 하는 성인들의 표현 언어를 관찰해 보면 노래의 특징을 잘 반영하고 있다. 그 이유는 아기들이 처음 언어를 습득하기 시작할 때는 자신에게 이야기하는 말들에서 사용되는 단어 하나하나의 뜻을 알고 익히게 되는 것이 아니라, 타인이 자신에게 전하려고 하는 감정, 정서 등의 뉘앙스를 멜로디적인 언어를 통해서 받아들이기 때문이다. 이 과정에서 성인은 노래의 구성요소들과 비슷한 언어의 억양, 리듬, 빠르기, 크기, 음색 등으로 자신의 목소리를 다양하게 조절하여 아기에게 감정표현과 의사소통을 한다. 이때 목소리는 그 사람의 본질과 본심을 전달하는 통로가 된다(Fruchard & Lecourt, 2003).

이와 같은 음악과 언어의 유사성 때문에 노래에서 언어는 자연스럽게 표현될 수 있는데, 노래에서 사용되고 있는 멜로디의 구(phrase)는 언어의 문장, 쉼표(rests)는 호흡, 음정(pitches)은 억양을 반영한다. 또한 음악적인 요소인 리듬은 '말'의 강세, 길이, 빠르기와 매우 유사하다(최미환, 2002). 이처럼 노래와 언어는 유사한 구성요소를 가지고 인간의 다양한 감정을 담아 의사소통을 위해 쓰인다는 점에서 공통점이 많다고 할 수 있다. 하지만 언어를 유일한 매개로 하는 치료적인 접근은 대상자에게 자칫 위협적일 수 있으므로, 노래와 같이 언어를 내포하고 있으면서도 대상자들에게 위협적이지 않은 음악치료적 접근은 대상자의 불안과 과도한 자기방어를 감소시켜 치료의 진전을 가져오는 데 도움을 줄 수 있다.

2) 치료자원으로서의 노래와 그 기능

언어와 밀접한 관련이 있고, 삶의 다양한 모습을 전달하며 우리의 무의식에 영향을 미치는 노래는 치료에 적용될 때 각 사람으로부터 매우 개별화된 반응(individualized response)을 불러일으킬 수 있다. 예를 들어, 우리가 같은 노래를 듣고 좋아하더라도 개개인이 의미를 두는 이유는 실로 다양할 수 있다. 각 사람이 선호하는 노래, 노래와 관계를 맺는 방법, 투사 및 연상되는 내용 등은 그 사람의 과거와 현재의 삶을 반영하고 있다. 때문에 노래는 치료의 진단과 분석과정에서 매우 매력적인 자원이 될 수 있다.

노래가 지닌 또 다른 특성은 노래에 대한 인간의 반응이 매우 다양한 수준과 형태로 나타날 수 있다는 것이다. 흔히 우리는 노래를 인간의 감정과 정서만을 관련지어 노래가 가진 영향력을 축소시키려는 경향이 있지만, 노래는 우리의 마음을 움직일 뿐만 아니라 신체−생리적, 행동적, 정신적, 인지적인 측면까지도 영향을 미칠 수 있다(Lecourt, 2003). 이러한 반응은 사회현상을 통해 빈번히 관찰되고 있는데, 청소년들이 어느 대중가수의 노래를 듣고 자신의 행동을 바꾸는 것, 일탈행동을 하는 것, 노래를 통해 학습을 촉진하는 것, 집회에서 군중의 응집력을 극대화하기 위해 노래를 부르는 것과 같은 경우가 그 예다.

노래가 갖는 치료적 기능은 다양하다. 첫째, 노래는 인간의 본질을 반영하고 인간 내면의 다양한 감정들을 여러 차원의 수준과 정도로 전달하고 있어, 대상자가 고통받고 있는 감정의 공명상자(emotional resonating box)가 될 수 있다. 언어적으로 호소 또는 표현하기 어려운 차원의 감정들을 노래가 반영해 주며, 더 나아가 노래는 대상자의 상태와 문제를 수용해 주고 비위협적으로 외부에 표현해 준다. 즉, 노래는 인간의 감정을 반영하고 표현하며 타인의 감정을 수용하는 매개체가 된다.

둘째, 노래는 삶의 다양하고 보편적인 부분들을 담고 있으므로 대상자가 삶의 많은 주제들과 접하고 있는 자신의 상태를 객관적으로 볼 수 있도록 한다. 대상자는 노래에서 등장하는 자신과 비슷한 문제로 고통받고 있는 많은 사람들의 삶을 재경험해 봄으로써 자신의 문제를 타인의 입장에서 면밀하게 관찰할 수 있다.

셋째, 노래는 비위협적으로 대상자가 자신의 내면을 탐색하고 심도 있게 관찰할 수 있도록 편안한 구조를 제공한다. 대상자가 말로 자신의 상태를 표현하지 않아도, 노래선곡, 노래를 부를 때의 목소리, 노래회상, 연상내용, 노래 만들기 주제 등을 통하여 자연스럽게 무의식에 있는 자신의 감정과 갈등을 드러내게 되고, 이를 통하여 대상자의 마음을 살펴보는 것이 가능하게 된다.

마지막으로 노래는 개별화된 반응을 일으킬 수 있도록 다양한 형태와 수준의 활동으로 융통성 있게 변화되어 적용될 수 있다. 따라서 대상자의 필요와 선호에 따라 감상에서 작곡까지 다양하게 작업형태를 변화하여 활용할 수 있다.

3) 노래심리치료의 연구동향

음악치료에서는 다차원적인 노래의 영향력에 따른 인간의 다양한 반응을 통해 대상자를 이해하고, 궁극적으로 개인의 삶의 질을 향상시키는 데 도움을 줄 수 있도록 전문 음악치료사를 통한 매우 세심한 치료가 시행되고 있다. 실제로 노래를 치료에 적용하여 대상자들의 문제를 완화시키는 데 도움을 준 연구들이 지속적으로 나오고 있으며 연구의 범위 또한 매우 넓다.

Diaz(2001; 2000; 1998a; 1998b; 1998c; 1992)는 무의식이나 의식적으로 떠올리게 되는 노래들에서 관찰되는 전이와 역전이 이슈를 지속적으로 연구하면서, 노래가 치료 대상자와 치료사, 두 사람 간의 관계에서 그들의 무의식 세계를 이해할 수 있는 도구가 될 수 있음을 시사하였다. Fruchard와 Lecourt(2003)는 개인 내면의 이야기를 전하고 타인과의 관계를 회복시키는 데 기여하는 노래의 역할을 분석하였다. 그 밖에도 많은 음악치료 연구들이 대상자의 대인관계 회복과 의사소통 또는 자기표현에 긍정적인 영향을 미치는 노래심리치료의 효능성을 규명하였다(Austin, 2001; di Franco, 2003; Edgerton, 1990; Howard, 1997; MacIntosh, 2003; Montello, 2003; Robarts, 2003). 이러한 노래심리치료의 방법들은 다양한

를 지닌 대상자들의 기분, 자아개념이나 자존감 향상과 같은 정서적인 안녕을 위해 적극적으로 도입되기도 하였다(홍인실, 2004; Kenny & Faunce, 2004; Leef, 1982; Mayers, 1995; Robb, 1996; Unwin, Kenny, & Davis, 2002). 또한 대상자들의 신체 및 행동상태의 개선을 위한 노래심리치료의 적용도 연구의 중요한 부분이 되고 있다(Coulter, 2000; Welsley, 2003).

2. 노래심리치료의 기법

1) 노래의 종류 및 가사의 적용

노래심리치료에서 사용되는 노래들은 치료 대상자의 필요와 취향에 따라 선곡되거나 만들어진다. 따라서 노래심리치료에서는 클래식 가곡, 대중가요, 민요, 동요, 종교음악 등의 매우 다양한 종류의 노래를 사용할 수 있다. 대부분의 경우 가사가 있는 곡을 사용하지만, 가사가 없고 대신 부제가 있는 노래들을 적용하기도 한다. 가사가 없는 노래들은 대상자에게 조금 더 다양한 해석을 할 수 있는 공간을 만들어 주며, 상상과 여러 가지 심상을 경험할 수 있도록 한다. 반면에 가사가 있는 노래들은 치료 대상자에게 경계(boundary)를 제공함으로써 안전한 구조 안에서 자신을 탐색하고 분석하도록 돕는다. 예를 들어, 대상자가 치료사와 라포형성이 잘 되어 있고, 자신의 내면을 탐색할 준비가 되어 있는 경우는 가사가 없는 노래들도 적합하고, 대상자가 자기방어가 심하거나, 불안해 하거나 치료초기에 있는 경우에는 가사가 있는 노래들을 적용하는 것이 적절하다. 그러므로 대상자의 필요와 반응수준에 따라 접근방법을 선택하여, 대상자가 노래심리치료 과정에 대해 어렵다고 생각하거나 부담을 느끼지 않도록 주의하는 것이 중요하다.

치료에서 사용하는 노래의 선곡에서도 역시 대상자의 필요와 취향 및 반응에 따라 스스로 제안하도록 하거나, 치료사가 임의로 곡을 준비할 수 있다. 여기에서 노래 선곡의 기준은 치료가 비구조화된 성격을 가지느냐 혹은 구조화된 성격이 되느냐에 따라 달라진다. 기본적으로 인지-행동적인 치료접근이 대상자에게 효과적이라고 판단되면 구조화된 세션을 계획하여 노래 선곡을 매 세션의 치료목표에 따라 치료사가 대부분 담당한다. 정신역동적인 접근이 고려되는 경우는 상징적인 분석 작업을 위한 치료사의 노래 선곡이 있을 수 있으나, 좀 더 비구조화된 세션을 계획하는 경우는 대상자가 대부분의 곡을 선곡하여 세션에서 주

자료로 사용한다. 이때 치료사는 대상자의 무의식을 좀 더 자극하거나 핵심감정을 더 확실하게 인식하는 데 도움이 될 수 있는 곡을 선곡하여 추천하기도 한다. Howard(1997)는 치료사가 노래를 선곡하는 데 가사의 선택이 중요하다고 하며, 주의사항으로 대상자에게 너무 추상적이지 않은 노래가사를 적용할 것을 권장하고 있으나 이 부분 역시 대상자의 필요에 따라 결정하는 것이 적절하다. 대상자 자신의 상태를 너무 직접적으로 반영하고 있는 듯한 노래가사를 다루는 것보다 은유적인 작업을 선호하고 편안해 하는 경우에는 추상적인 가사가 더 바람직하다.

2) 노래심리치료의 형태

노래심리치료는 크게 네 가지의 작업 형태로 구성되어 있다. 이 모든 형태는 대상자가 현재 자신에게 고통을 주는 과거로부터 비롯된 갈등 및 문제를 드러내고 치료사와 함께 탐색, 관찰, 실험, 분석을 할 수 있는 환경을 만들어 주기 위한 것이다. 각 형태에는 분석과정이 따르는데, 여기서는 치료 대상자가 치료에서 작업한 내용, 과정, 결과물(예: 작사한 가사, 작곡된 노래, 노래를 부른 자신의 목소리 등)에 대해 치료사와 함께 논의하는 시간을 갖게 된다.

〈표 10-1〉 노래심리치료의 작업형태 및 방법

회상 중심의 치료	1. 노래회상유도(Induced song recall)
	  – 무의식적 노래회상유도
	  – 의식적 노래회상유도
	2. 노래회상(Song reminiscence)
	  – 노래인생 회고
	  – 노래인생 이야기

감상 중심의 치료	1. 투사적 감상 2. 의식적 감상

노래 부르기 중심의 치료	1. 노래 전 단계의 즉흥적으로 목소리 내기(Vocal improvisation)
	2. 노래 부르기
	  – 즉흥노래 부르기
	  – 노래 부르기 및 노래 연주

표현예술, 글쓰기 또는 악기연주 중심의 치료	1. 노래와 표현예술(Songs & Expressive arts) 2. 치료적 노래 만들기(Therapeutic song writing)

(1) 회상 중심의 치료

대상자가 노래를 회상하는 과정을 통하여 자신을 돌아보고 분석하는 기회를 갖도록 도움을 주는 방법으로는 노래회상유도(induced song recall)와 노래회상(song reminiscence)이 있다. 노래회상유도는 치료과정에서 무의식적으로 떠오르거나 의식적으로 유도하여 회상하게 되는 노래 모두를 분석의 주 자료로 삼으며, 전이와 역전이와 같은 관계를 주제로 다루고 있는 반면, 노래회상은 주로 의식적으로 어느 시점이나 상황을 떠올리게 하여 노래를 통해 과거를 재경험하고 분석하는 형태를 취한다. 예를 들어, 호스피스 환자들의 음악치료에서 그들 인생의 중요 사건들을 회상하면서 관련된 노래를 찾고 분석하는 작업이 여기에 해당된다. 두 방법 간의 근본적인 차이점은 노래회상유도의 경우 지금-여기에 근거한 회상을 다루고 있고, 노래회상의 경우는 과거에 경험한 내용을 생생하게 다시 경험한다는 점이다.

① 노래회상유도

노래회상유도 방법의 종류는 무의식적 노래회상유도(unconsciously induced song recall)와 의식적 노래회상유도(consciously induced song recall)의 두 가지로 구분된다. 치료과정에서 나타나는 특정 주제나 상황과 관련해서 대상자가 무의식중에 떠올리게 되는 노래를 치료의 자료로 사용하는 것이 무의식적으로 유발된 노래회상이고, 치료사가 특정 주제에 대해 대상자에게 노래를 떠올리도록 유도하는 것이 의식적 노래회상이다. 많은 경우 무의식중에 떠오르는 노래가 나타날 때까지 치료 세션에서 기다리는 것에 대한 비효율성 때문에 의식적 노래회상유도 방법이 좀 더 적극적으로 활용될 수 있다(Diaz de Chumaceiro, 2001).

 〈표 10-2〉 의식적 노래회상유도의 예

의식적 노래회상유도 과정의 예(Diaz de Chumaceiro, 1998c)
1) 지금 어떤 노래가 생각나는지 질문한다.

2) 다음의 심층 질문을 통해 대화를 나누면서 노래와 대상자의 관계를 이해한다.
  - 누가 부른 노래인가?
  - 언제 나온 노래이며, 대상자는 언제 처음 혹은 주로 들었는가?
  - 무엇에 관한 노래인가? 노래의 어떤 부분이 떠올랐는가?
  - 어떻게 이 노래가 생각났는가? 언제 이 노래가 당신에게 중요했는지?
3) 치료사에게는 무엇이 연상되었는가?
4) 세션 후 분석한다.

회상된 내용은 매우 세밀하게 분석되는데, 예를 들면 가수가 이 노래를 부르게 된 이유, 이 노래를 대상자가 언제 처음 들었는지 어떤 이유로 좋아하게 혹은 싫어하게 되었는지, 세션에서 이 노래를 떠올리고 불러보았을 때 왜 어떤 부분에서 가사가 생각나지 않았는지 등을 조사하면서 대상자의 내면을 이해하게 된다. 또한 치료과정 중에 나타나는 치료사 자신의 반응도 분석의 일부를 구성한다.

② 노래회상

노래회상에는 일반적으로 노래인생 회고와 노래인생 이야기의 두 가지 방법이 사용된다.

노래인생 회고 노래인생 회고(song life review)는 회고를 통해 자신의 삶을 돌아보고 인생의 소중한 시간들을 다시 한 번 떠올리고 기억할 필요가 있는 성인 후기에 있는 환자들이나, 병의 말기에서 고통받는 환자들 또는 어떤 사건이나 사고로 인해 상실감에 빠져 있는 사람들에게 적절한 방법이다. 노래인생 회고에서는 대상자의 삶에 있어 중요한 시점(유년기, 청소년기, 대학시절, 취업, 결혼 등)에 적합한 노래들을 찾아 함께 감상하거나 부른 후에, 그때를 회상하며 여러 가지 추억들을 떠올리고, 이야기를 나누며, 자신의 인생을 정리해 보고, 의미 있는 시간들을 기억하도록 한다. 대상자에게 의미 있는 노래들을 하나의 CD로 만들어 가족과 함께 나누기도 한다.

노래인생 이야기 노래인생 이야기(song life story)는 노래인생 회고와는 달리 대상자의 인생에서 의미 있고 중요한 특정 사건, 인물 또는 시대를 선택하여 초점을 맞추고, 그것과 관련된 노래를 듣고 대상자의 내면을 탐색하는 접근방법이다. 이 과정에서 선택된 특정 사건, 인물 등이 매우 주의 깊게 분석되며, 대상자가 그것에 대한 감각적인 기억을 최대한 되살리도록 하여 재경험을 가능하도록 한다.

예를 들어, 가족과 떨어져 생활하면서 가족에 대한 그리움으로 고통받는 외국인 노동자들에게 자녀와 함께 한 기쁜 순간(예: 생일파티)에 대한 노래를 부르고, 감각적인 기억들을 떠올려 보도록 한다. 가령, 자녀의 얼굴 표정은 어떠했는지, 눈은 어떠한 표정을 짓고 있었는지, 어떤 행동을 보였는지, 자녀를 안아 주었을 때 어떤 향기가 났는지 등을 회상하도록 한다.

(2) 감상 중심의 치료

감상 중심의 치료는 대상자나 치료사가 선곡한 노래를 감상하거나 함께 부른 후 노래 분을 통하여 대상자의 생각이나 느낌을 분석하는 방법으로, 투사적 감상 방법과 의식적 감상 방법이 사용된다. 투사적 감상에서는 노래를 감상하고 자유롭게 대상자에게 연상되는 느낌, 기분 등을 분석 주제로 다루게 되고, 의식적 감상에서는 대상자에게 감상 전이나 후에 주제를 제시하고 그것에 대한 대상자의 감상 후 생각이나 느낌을 분석한다.

① 투사적 감상

대상자가 노래를 통해 자신을 다른 각도에서 바라보면서, 미처 깨닫지 못했던 자신의 문제를 확인하거나 수용하도록 돕는 방법이다. 치료사가 대상자의 현재 문제를 반영하는 노래를 준비하거나, 대상자가 스스로 자신에게 의미가 있는 노래를 제시하여 감상하거나 직접 부른 후에 드는 느낌이나 감정 또는 자신에게 의미 있는 단어, 구절 등에 대해 이야기하거나, 마음에 드는 혹은 그렇지 않은 부분, 연상되는 것들에 대해 분석한다. 이야기를 유도할 때 치료사는 대상자의 사고와 심상에 영향을 미치지 않도록 주의해야 하는데, 만약 대상자가 너무 막연해 하거나 어려움을 겪는 경우 간단한 제시어를 주어 좀 더 편안하게 이야기를 시작할 수 있도록 돕는다. 예를 들어, 노래를 동물, 식물, 계절, 날씨, 색깔, 풍경 등에 비유해 보도록 유도하고, 그 이유를 말하도록 하거나, 만약 대상자가 노래에 나오는 주인공이라면 어떻겠는지에 대한 이야기로 시작하는 것도 효과적이다.

② 의식적 감상

의식적 감상은 대상자가 자기방어가 심해 치료에서 의미 있는 작업을 하기가 어려울 때 비위협적으로 접근할 수 있는 방법으로, 노래의 주제나 등장인물 혹은 음악적 요소에 대해 이야기를 나눈다. 즉, 대상자와 노래를 관계 맺지 않은 상태에서 표면적인 수준의 분석을 하게 된다. 예를 들면, 노래에 등장하는 주인공은 어떤 사람일지, 작곡자는 왜 이런 곡을 만들게 되었을지, 노래의 핵심 주제는 무엇인지 등에 대한 분석을 통하여 이러한 작업에 대한 대상자의 저항을 줄이고, 타인의 입장에서 상황을 파악하도록 하면서 공감의 기회를 갖도록 한다.

(3) 노래 부르기 중심의 치료

이것은 대상자가 자신의 목소리를 사용하여 표현하는 모든 형태의 음악적 행동을 포함한다. 노래 부르기는 일반적으로 매우 효과적인 치료적 접근이지만, 어떤 사람들에게는 두려움을 주는 행위일 수 있다(Montello, 1998). 특히, 갑작스런 사고나 성적 학대 등의 경험으로 인해 타인과 접촉하는 것을 두려워하고 말로 표현하는 것이 불편한 대상자들에게는 처음부터 자신의 목소리를 사용하여 노래를 부르도록 요구하는 것이 매우 위협적인 행위가 될 수 있다. 그러므로 그러한 특징을 보이는 대상자들에게는 노래 부르기 방법이 치료에 필요하다고 판단된 경우에, 성악즉흥(Vocal improvisation)으로 시작하여 자신의 목소리를 통해 표현하는 것에 편안함을 느낄 수 있도록 도와준다. 그 후 즉흥노래 부르기(song improvisation), 노래 부르기(singing/song performance) 등의 목소리를 사용한 방법들을 통해 대상자에게 도움을 줄 수 있다.

① 즉흥적으로 목소리 내기

즉흥적으로 목소리 내기는 일반적으로 배경음악을 치료사가 즉흥적으로 연주하고, 그것을 토대로 대상자에게 발성을 유도한다. 멜로디를 반드시 완성해야 할 필요는 없으며, 자신의 목소리를 다양하게 탐색하고, 목소리로 표현하는 것에 대해 자신감을 얻을 수 있도록 도와주는 것이 중요하다. 이 방법에서는 대상자가 치료사와 매우 즉각적이고 순발력 있게 상호작용을 하게 되는데, 특별한 가사가 없기 때문에 부담 없이 참여할 수 있다. 즉흥적으로 연주되는 기악음악의 특성상 중요한 점은 대상자의 불안감을 최소화시키도록 구성하는 것이다. 예측할 수 있는 화성진행으로 단순한 음악 형식을 유지하며 반복적인 악구를 연주하는 것이 필요하다. 치료사는 대상자의 반응 정도와 필요에 따라 대상자의 목소리를 치료사의 목소리로 잡아 주거나(vocal holding), 화음을 넣어 주거나, 반영하거나, 질문 형태로 자극하거나, 다양한 표현을 할 수 있도록 유도하게 된다. 대상자가 목소리로 표현하는 것에 익숙해지면 노래 부르기나 즉흥노래 부르기를 시도한다.

② 노래 부르기

노래 부르기에는 즉흥노래 부르기와 노래 부르기가 있다.

즉흥노래 부르기 즉흥노래 부르기는 지금-여기(here and now)에 입각해서 대상자가 자신의 노래를 통해 자신의 삶을 이야기하는 음악활동이다. 과거의 경험들이 즉흥노래의 주제가 될 수도 있지만, 예전의 사건을 그대로 다시 경험하는 것이 아니라 현재 자신의 관점에서 재구현하거나 해석한다. 멜로디, 가사 등으로 예전 기억에 대한 현재의 느낌, 기분, 생각을 노래를 통해 고백한다.

대상자가 편안하게 노래를 시작하도록 돕는 방법으로 기악즉흥연주를 시작하여 발성을 유도하고 그것이 가능해지면 의미 있는 단어나 구절로 멜로디와 가사를 발전시키면서 노래를 완성해 나간다. 제한된 음계와 오스티나토 패턴을 제공하면서 안전한 음악적 환경을 조성해 준다. 치료사는 대상자의 반응에 따라 질문-답(call & response)이나 대화(dialogue) 형식으로 대상자의 표현을 촉진하기도 하며, 독창하도록 기회를 제공하기도 한다.

노래 부르기　노래 부르기 활동은 대상자가 노래가 담고 있는 상황을 직접 연주하는 경험을 통해 그것에 대한 대상자 내면의 목소리를 들을 수 있는 좋은 방법으로, 기존의 노래를 사용하거나 대상자나 치료사가 창작한 곡을 직접 부르는 것이다.

Austin(1998)은 노래 부르기의 기능에 대해 설명하였는데, 그것은 심한 고통, 두려움, 분노를 해소할 수 있도록 표현의 기회를 주고, 기쁨을 나누고 표현할 수 있도록 하며, 일상생활의 실제를 보여 주는 역할을 한다. 또한 노래는 삶의 영적이고 정신적인 부분에 접근하고, 타인과 상호 교류를 도우며, 공동체를 결속시키는 기능을 가지고 있다.

(4) 표현예술, 글쓰기 및 악기연주 중심의 치료

노래를 감상한 후에 자유롭게 연상되는 상을 그림이나 동작으로 표현하게 하는 방법이나, 기존의 노래에서 가사의 빈 부분을 새로운 단어로 채워 넣거나, 원래 가사를 개사하거나, 작사를 하거나 노래와 연상되는 스토리를 만드는 등의 형태도 노래 심리치료의 한 부분이다. 말로 표현하는 것에 거부감이 있거나 글쓰기 혹은 그림 그리기를 더 선호하는 대상자들에게 효과적이라고 볼 수 있다.

① 노래와 표현예술

대상자는 치료목적에 맞게 선곡된 기존의 노래나 자신이 선택한 노래 또는 자신이 창작한 노래를 감상하면서 경험하게 되는 기분이나 감정, 기억들을 미술 매체나 창조적 동작을 통해 표현한다. 언어적으로 표현하는 데 저항이 있는 대상자들이나 치료에서 핵심문제와는 관계가 없는 말을 너무 많이 하면서 치료의 본질을 흐리는 대상자들에게 적합하다. 대상자들은 그림 그리기, 콜라주, 핑거페인팅 등의 미술활동으로 노래에 대한 반응을 나타내거나, 노래에 맞는 춤을 안무하거나, 자신이 연상하는 것들을 동작으로 표현하는 등의 행위를 통해 표현하게 된다.

② 치료적 노래 만들기

치료적 노래 만들기(therapeutic song writing)는 음악에서 일반적으로 이야기하는 작곡 (composing) 행위보다 좀 더 편안하고 포괄적 의미의 창작활동이다. 이것은 대상자의 필요 에 따라 그리고 치료적 목적에 따라 적용되는 다양한 형태의 노래와 관련된 음악적 창작경 험을 의미한다. 이러한 창작경험은 치료 대상자의 자아존중감을 회복시키고, 무의식에 억 압된 기억들과 연결시키고, 그들의 생각을 이해할 수 있는 데 매우 효과적인 접근으로 보고 되고 있다(Osweiler, 1998; Robb, 1966). 또한 Silverman(2003)은 노래 만들기가 대상자들 이 자신의 행동에 대한 통찰력을 기르고, 치료에 몰입하는 데 매우 효과적이라고 하였다.

노래 만들기의 방법은 대상자의 인지수준, 반응 정도, 취향에 따라 달라질 수 있는데, 노 랫말 채우기(fill-in-the-Blank), 개사하기, 노래 변주하기(song variation), 랩 만들기(rap), 작 사하기, 멜로디 만들기, 내레이션/기악을 통한 즉흥노래 만들기, 작곡하기 등의 활동이 있 다. 노래 만들기는 즉흥적인 성격을 띠거나, 대상자가 미리 노래를 부분적으로 만들고 치료 에 가지고 와서 창작을 완성할 수 있다(최미환, 2004). 치료적 노래 만들기는 대상자의 음악 활동에 대한 선호, 음악적 능력, 치료 목적 등에 따라 그림과 같이 다양한 형태의 활동으로 구성된다([그림 10-1] 참조).

노랫말 채우기   노랫말 채우기는 기존의 노래를 사용하여 대상자의 필요에 따라 치료 사가 의도적으로 가사에 빈칸을 남겨 놓아 대상자의 단어로 채우게 하는 방법으로, 치료에 서 심각한 이슈를 다루기에 아직 적절하지 않은 상태일 경우 어색함을 완화시키거나(ice-breaking) 초기 활동으로 적합하다. 하지만 대상자들에게 이러한 활동을 먼저 소개할 경우, 자신과 관련된 심각한 주제들을 피하기 위해 우스꽝스러운 노랫말을 제시하거나 저항의 일

[그림 10-1] 치료적 노래 만들기의 구조

￣로 웃거나 킥킥거리는 등의 행동을 보이기도 하므로(Kowski, 2003), 대상자들의 수준과 반응 정도를 고려하여 노래를 사용하는 음악치료 시간이 오락활동으로 치우치거나 단지 표면적인 수준에 머무르지 않도록 주의할 필요가 있다. 이에 대한 예는 〈표 10-3〉을 참조하기 바란다.

개사하기　개사하기는 기존의 노래가사를 대상자의 필요에 따라 자유롭게 바꾸는 작업을 의미한다. 보통 대상자가 자신의 심정을 좀 더 정확하게 규명하고 표현하기 위하여 이러한 시도를 하게 된다. 개사하기는 노래를 통해 대상자의 상태를 파악하고, 어떤 문제상황에 대한 대상자의 반응양식을 알아보기 위한 평가방법으로 적용하기도 한다.

〈표 10-3〉 노랫말 채우기의 예

성인 대상의 그룹음악치료 초기, 그룹의 구성원들이 자신의 가족소개를 하는 데 사용된 '비둘기 집' 노래

1. 참여자들에게 자신의 가족에 대한 다음의 질문에 한 단어로 답을 적도록 유도한다.
   1) 자신의 가족을 동물/사물/꽃/계절 등으로 비유한다면 어떤 것일까요?
   2) 왜 이러한 단어로 비유하게 되었는지 한 단어 형용사로 적는다면?
   3) 자신의 가정에서 가장 빈번하게 들리는 소리는 어떤 것일까요?
   4) 주거형태는 어떠한가요?(예: 아파트, 빌라)
   5) 식구는 총 몇 명인가요?
   6) 사는 동네이름은 무엇인가요?

   답의 예: 1) 부엉이
   　　　　2) 야행성
   　　　　3) 대화
   　　　　4) 주택
   　　　　5) 4명
   　　　　6) 홍은동

2. '비둘기 집'이라는 제목을 참여자의 이름으로 바꾸고, 답을 노래 빈칸에 넣어 가족소개 노래를 부른다.
   　　　　　예제: '(이제연) 집'
   　　　(부엉이)처럼 (야행성인) 사람들이라면,
   　　　포근한 사랑 엮어 갈 그런 집을 지어요.
   　　　　(대화)소리 해맑은 (주택)길 따라
   　　　(네 명)의 노래 즐거운 (홍은동) 샘터에
   　　　(부엉이)처럼 (야행성인) 사람들이라면,
   　　　포근한 사랑 엮어 갈 그런 집을 지어요.

3. 노래를 부른 후 가족구성원에 대한 소개를 한다.

노래변주   노래 패러디라고도 불리고 있으나, 패러디라는 단어가 전달하는 부정적인 뉘앙스 때문에 저자는 노래변주(song variation)로 명명하고자 한다. 단순 패러디와 달리 이 방법에서는 치료 대상자가 기존의 노래를 주 소재로 하여 자신의 이야기를 더욱 효과적으로 전달하고 규명하기 위한 목적으로 변형-재창작하는 것을 의미하기 때문에, 대상자의 독특한 개별성과 창의성이 반영되는 치료활동이다. 가사나 멜로디 혹은 노래의 악기편성, 리듬 등을 재구성하면서 자신만의 새로운 해석을 창조할 수 있다.

작사   대상자가 자신이 하고 싶은 이야기를 짧은 글이나 시의 형태로 적는다. 치료사는 배경음악을 준비하거나, 대상자가 자신의 글에 맞는 음악을 선곡하여 세션에서 작시낭송을 하기도 한다. 일반적으로 대상자가 작사한 글에 치료사가 멜로디를 붙여 곡을 완성하고 세션에서 함께 노래를 부른 후에 내용분석을 하게 된다. 청소년들의 경우 랩을 완성하여 함께 연주하고 분석하기도 한다. 치료사는 대상자의 표현을 제한하지 않도록 최대한 주의하며, 무조건적인 수용으로 표현이 좀 더 자유로워지도록 돕는다.

집단으로 가사를 완성하게 되는 경우는 기본적인 틀을 제공해 주는 것이 효과적이라고 보고되고 있다(Marlatt & Fromme, 1987). 예를 들면, 개인이 지금 이러한 고통이나 문제를 가지게 되기까지의 역사를 묘사하고, 이러한 문제를 지금까지 유지하게 하는 개인적 요인과 악화시키는 혹은 대상자에게 더욱더 부담을 안겨 주는 가정 및 사회적 요인들을 적고, 이러한 문제로 인해 파생하는 결과들을 기록하여 가사에 포함시키도록 하는 기본 틀이 집단 작사하기에서 사용될 수 있다. 또한 찬팅과 같은 형태를 도입하여, 그룹 구성원들이 자신이 작사한 간단한 찬트를 어떤 의식의 일종으로 함께 반복적으로 부르면서 그룹의 결속을 강화시킬 수 있다(MacIntosh, 2003).

내레이션/기악을 통한 즉흥노래 만들기(Robb, 1996)   이 방법에서는 대상자가 자신이 표현하고자 하는 기분, 경험, 기억, 감정, 사건 등을 치료사에게 미리 설명하고, 어떤 악기로 어떻게 표현하는 것이 가장 적합할지에 대한 이야기를 나누는 과정이 선행된다. 이러한 준비과정 후 기악즉흥연주를 하게 되며 그 과정에서도 치료사와 대상자 간의 의사소통을 바탕으로 악기, 음성, 내레이션, 노래를 통한 다양한 표현이 시도된다.

작곡   대상자가 완성하는 노래로, 대상자 스스로 노래 멜로디를 제시하고 노랫말을 붙이게 된다. 여기에서는 음악의 질(quality)이 중요하지 않고, 대상자가 노래를 통해 전하고

자 하는 자신만의 이야기와 표현하고자 하는 주제 및 내용이 분석의 쟁점이 된다.

3. 노래심리치료의 대상 및 치료목적

1) 치료대상

음악치료의 일반적인 치료목표들을 수행하는 데도 노래심리치료가 적용될 수 있으나, 노래심리치료의 고유성을 반영하고 효과적으로 적용될 수 있는 대상은 다음과 같다. 자기 탐구가 필요한 사람, 통찰의 기회가 필요한 사람, 억압된 감정이나 내재된 심리적 갈등으로 고통받는 사람, 언어적 표현에 어려움이 있는 사람, 자기표현을 위한 긍정적인 분출구가 필요한 사람, 노래를 좋아하는 사람 등을 꼽을 수 있다.

2) 치료의 목적 및 고려사항

노래심리치료는 크게 다음의 네 가지 치료적인 목적의 수행에 도움을 줄 수 있다.

첫째, 치료대상자가 자신만의 사고 패러다임에서 벗어나 새로운 시각으로 자신의 문제를 볼 수 있도록 인도해 준다. 자신이 겪고 있는 부정적인 감정들을 담고 있는 유사한 주제의 노래들을 분석하면서, 문제와 직면하게 되고 새로운 관점에서 자신의 상태를 관찰하게 된다.

둘째, 타인의 입장을 이해할 수 있는 공감의 경험을 제공한다. 대상자는 치료과정을 통해 다양한 주제의 노래들을 여러 차원에서 분석해 봄으로써, 삶의 많은 주제들과 익숙해지게 되고, 노래 안에 등장하는 다양한 인물의 삶을 탐구하고, 동일시하고, 분석하는 과정을 통하여 공감능력을 확장시킨다.

셋째, 대상자가 치료과정 동안 자신의 삶을 돌아보는 기회를 갖게 되어 현재 자신의 마음에 고통을 주는 과거로부터 영향을 미치고 있는 핵심 감정을 파악하고, 그것의 존재를 수용하고 다스리도록 돕는다. 이것은 세션에서 대상자가 선택하거나 창작하는 노래들에 지속적이고 공통적으로 나타나는 감정을 분석하는 것으로 가능하게 된다.

넷째, 대상자가 말로 표현하기 어려운 감정의 다양한 차원들을 노래심리치료의 방법들을 통해 점진적으로 표현하면서 카타르시스를 경험하고, 이러한 과정을 통하여 자신의 생각을 정리하고 통찰력을 기르도록 돕는다.

한편 노래심리치료의 효과적인 적용을 위해서 대상자들은 다음의 몇 가지 요건을 충족시켜야 한다. 먼저 병식이 있고, 언어적인 표현이 가능하고, 언어와 사고에 일관성이 있어야 하며, 읽고 쓰기가 가능하고, 추상적 사고능력을 갖추어야 한다(Alschuler, 1997; Unkefer, 1990). 그룹치료의 경우는 그룹구성원들이 너무 자주 바뀐다든지, 그룹이 형성된 기간이 짧다면 작사나 작곡과 같은 치료적 노래 만들기 기법을 적용하기에 적합하지 않다(Hiney, 2001).

3) 노래심리치료의 적용 단계

노래심리치료를 통한 치료과정은 치료사의 개인적 치료철학, 교육배경, 대상자의 반응수준과 필요, 음악 및 관계적 선호에 따라 달라진다. 치료사는 이러한 배경에 따라 다양한 노래심리치료의 접근방법들을 조합하여 대상자의 치료목표에 맞게 치료에 적용하게 된다. 그러므로 노래심리치료의 치료과정을 한두 가지로 설명하기가 어렵기 때문에, 다음에서는 노래심리치료를 활발하게 적용하고 있는 몇 명의 연구자들이 사용한 접근단계를 제시하고자 한다.

① 약물남용을 한 부모를 가진 아동들을 위한 노래 만들기
　　—분석적 음악치료그룹 세션의 과정(Kowski, 2003)
• 환영인사 노래로 시작을 알린다.
• 드럼 연주하기(drumming) 또는 찬팅을 한다.
• 기존의 노래를 사용하거나 노래 만들기를 시행한다.
• 자유로운 즉흥연주를 한다.
• 마침인사 노래로 마무리한다.

② 성적 학대로 인해 고통받는 아동을 치료하기 위한 노래와 심상의 적용
　　—노래 부르기와 가사분석 과정(Wesley, 2003)
• 대상자가 좋아하는 노래곡명 리스트를 만들고 노래 부른다.
• 노래를 한 곡 부르고, 어떤 감정들을 담고 있는지 이야기한다.
• 대상자가 이런 감정이 들었을 때 무엇을 했는지/어떤 행동을 했는지 토론한다.
• 대상자의 감정과 기분을 파악하기 위해 이야기를 만들게 하면서 작사한다. 이야기를 만

끌어 낼 수 있는 주제를 선택하도록 제시어를 준다(예: 동물, 색깔, 음식, 이름).

③ 정신적 외상이 있는 아동들의 불안과 고통 감소를 위한 노래 만들기
   ─ 노래 만들기의 과정(Mayers, 1995)

• 아동들에게 노래 만들기를 위한 노래의 주제를 선택하도록 한다. 예를 들어, 아동들이 겪는 비슷한 문제를 가진 동물에 대한 이야기를 만들도록 한다.

• 이 주제가 담긴 간단한 노래를 들려주면서 모델링을 한다.

• 아동들이 기존의 노래가사를 개사하여 노래 만들기를 완성하도록 돕는다.

• 세션이 끝나기 전에 아동들과 함께 완성한 노래를 여러 차례 불러 본다.

• 세션에서 완성한 노래의 악보나 테이프를 아동들에게 준다.

• 세션 마무리에서 각 아동이 완성된 노래를 독창하도록 함으로서 힘을 얻도록 한다.

• 부모들에게 한 주 동안 아동과 함께 오늘 완성한 노래를 집에서 불러 보도록 지시한다.

④ 노래를 통한 의사소통

• 치료대상자가 노래를 가지고 오거나 치료사가 대상자가 작업할 만한 노래를 준비한다.

• 노래를 감상하고 단순하게 언어적으로 감정을 다루는 것이 아니라, 감상을 통해 그러한 감정을 재경험할 수 있는 기회를 갖는다.

• 노래를 통해 경험한 부분에 대한 논의를 갖는다. 가사에 대한 토론과 더불어 감상 중에 생긴 기분이나 느낌 등에 초점을 맞춘다(Bruscia, 1998).

⑤ 성인 대상의 노래심리치료─ 구조화된 과정(최미환, 2003)

• 치료대상자(들)의 필요와 수준을 고려하여 치료에 대한 경계를 줄이고, 편안하고 자유롭게 자신을 탐색할 수 있도록 준비시키기 위하여 다음의 활동 중 하나로 세션을 시작한다. 음악과 심상(music imaging), 음악과 표현예술, 투사적 감상, 자유즉흥연주 등이 가능하다.

• 대상자의 치료목표에 맞게 선곡된 노래를 의식적 감상이나 노래 부르기를 통해 경험하고 분석하도록 한다.

• 위에서 나온 핵심주제를 토대로 노래가사를 개사 혹은 작사하거나 멜로디를 만드는 작업 등의 창작을 통해 심도 있게 자신의 마음을 관찰하고 분석한다.

• 대상자가 가장 애착을 가지고 있는 주제 노래(치료 초기에 설문지를 통해 정보를 수집한다)를 부르며 잠시 치료에서 다루어진 내용을 정리하는 시간을 갖고 마무리한다.

4. 노래심리치료의 PEC 과정 모델

'준비-탐색-창작(Preparing-Exploring-Creating: PEC)' 의 노래심리치료 모델은 핵심 감정의 확인 및 성찰을 위한 목적으로 시행된 치료과정에서 정립된 모델로, 이는 국내에서 7년 동안 말기 암 환자, 정신장애 환자, 음악치료 전공생 및 일반인을 대상으로 시행된 임상을 토대로 만들어진 것이다(최미환, 2004). 그 기간 동안 발견된 효과적인 노래심리치료의 공통점들과 음악치료 전공생들을 위한 노래심리치료의 수련과정을 지도해 오면서 좀 더 효율적인 노래심리치료를 위한 대안을 모색하는 가운데 다음과 같은 몇 가지 기본 요인을 정리하게 되었다. 첫째, 노래를 통해 대상자에게 도움을 주기 위해서는 대상자에게 의미 있는, 즉 대상자의 삶의 맥락에 초점을 둔 노래를 통해 접근하는 것이 심리치료 과정에서 매우 중요하다는 점이다. 둘째, 국내 성인 환자들이 노래를 통해 자신을 드러내고 표현하는 것이 가능하기 위해서는 섬세하게 계획된 준비과정이 선행되어야 한다는 것이다. 준비 단계의 부족은 노래심리치료를 자칫 표면적인 수준에 머물게 한다. 이러한 요인들과 국내 성인들의 정서를 포함하여 고안된 노래 심리치료의 PEC 과정 모델에 대해 살펴보도록 하겠다.

1) PEC의 정의

PEC 과정은 노래심리치료의 한 모델로서 노래를 매개로 하고 있기는 하지만, 기존의 노래심리치료 작업형태를 자유롭게 조합하여 치료대상자의 필요에 따라 적용하게 되는 방법이다. 즉, 노래를 매개로 한 감상, 회상, 연주, 창작 등의 작업형태가 치료에서 대상자의 선호와 필요에 따라 준비-탐색-창작(PEC)이라는 단계로 제공되면서 좀 더 구조화된 상태에서 자신을 돌아볼 기회를 갖게 한다.

중요한 것은, 치료대상자가 치료 초기인 준비 단계에서는 자신에게 의미 있는 노래들을 통해 자신의 내면을 들여다보는 연습을 하게 되고, 탐색 단계에서는 자신에게 친밀한 노래심리치료의 작업형태를 가지고 자신의 과거 및 현재의 내적인 갈등을 조명하고, 과거로부터 비롯된 현재의 마음에 고통을 주는 핵심감정을 파악하며, 창작 단계에 이르면 탐색 단계에서 찾아낸 자신만의 노래를 통한 표현 형태로 그것을 자연스럽게 표현해 내면서 감정을 정리하고 통찰의 경험을 갖게 된다는 점이다. 그러므로 노래심리치료의 PEC 과정은 비구조화된 클라이언트 중심 치료방법으로 과정중심적인 특성을 지닌다.

2) PEC의 단계

PEC 과정에서는 노래심리치료의 일반적인 작업형태뿐만 아니라, 치료적 노래 만들기의 주요 기법들이 각 단계에서 적극적으로 적용되어 대상자의 필요에 맞는 도움을 제공하게 된다. 여기서의 과정은 시행 단계(procedural steps)를 의미하는 것이 아니라 치료적인 단계 (treatment phase)를 말한다. 각 단계는 노래 만들기의 다양한 기법들을 대상자의 반응정도에 맞게 편안하게 소개할 수 있고, 효과적으로 경험할 수 있도록 단계에 따라 분류하고 있다.

(1) 준비 단계

이 기간 동안에는 비위협적인 성격의 노래심리치료 활동들을 적용하여 대상자가 치료 환경에 익숙해지도록 하고, 대상자의 문제를 파악하고, 치료에서 다룰 주제를 검열 (screening)함으로써 좀 더 심도 있는 분석을 위한 준비를 시킨다.

준비의 첫 단계에서는 치료대상자가 자신과 관련된 노래를 찾도록 한다. 이것은 치료적 노래 만들기의 출발점이라고 할 수 있다. 먼저 자신이 좋아하거나 의미 있는 노래, 무의식 중에 흥얼거리는 노래, 자신의 인생 스토리를 담고 있는 노래 또는 자신의 현재 삶을 반영하는 노래를 찾도록 한다. 첫 세션부터 대상자에게 자신의 노래를 만들도록 요구하면, 그것이 어떤 형태이든지 간에 그 사람의 음악적 배경과는 별개로 치료 자체에 대한 부담감을 가질 수 있어 참여 동기에 영향을 미친다. 실제로 이 준비 기간을 거치지 않고 노랫말 채우기나 개사하기, 노래 변주하기와 같이 간단한 노래 만들기 활동을 시도할 경우에도 대상자가 너무 어려워하거나, 자신을 방어하고 상황을 모면하기 위하여 무의미하거나 우스꽝스러운 행동을 하는 경우를 흔히 볼 수 있다. 그러므로 대상자에게 의미 있는 노래로 감상, 회상, 노래 부르기 등의 작업형태를 통해 접근하는 것이 이러한 저항이나 방어를 줄이는 데 도움이 될 수 있다.

준비 두 번째 단계에서는 대상자에게 위협적이지 않도록 기존의 노래들을 가지고 노래분석을 한다. 여기서 단순히 가사분석이라고 하지 않는 이유는 노래의 가사뿐만 아니라 음악적인 요소까지 분석의 내용이 될 수 있기 때문이다. 자신이 선곡한 노래들을 감상하거나 부르고, 가사를 음미하면서 다양한 방법들을 가지고 표면적인 수준의 분석을 시행한다. 이를테면, 노래가 전하는 전반적인 정서를 파악하기, 노래를 색이나 날씨 등으로 비유하기, 가사 속 등장인물을 분석하기, 반주악기의 편성을 파악하기, 가수의 목소리나 강조하는 부분을 분석하기 등의 일반적인 차원에서의 분석을 의미한다.

(2) 탐색 단계

탐색 단계는 심화된 가사분석의 과정으로, 대상자가 '노래-나'의 관계를 형성하는 기간이며, 이것을 통하여 자신에게 지속적으로 나타나는 쟁점 및 핵심 감정을 파악한다. 또한 노래를 사용한 다양한 표현의 방법(개사, 작사, 노래 변주, 멜로디 창작)들을 시도해 보고, 자신에게 편안하고 익숙한 표현 방법을 찾도록 한다.

(3) 창작 단계

창작 단계에서는 그동안 연습한 음악적인 기술들과 작업형태들을 활용하여 가장 편안한 표현방식으로 자신의 이야기를 노래로 만들어 낸다. 창작과 연주 후 만든 노래를 분석하고, 노래분석을 통하여 현재의 감정, 문제, 갈등, 해결방법 등을 논의한다.

5. PEC 과정의 적용 사례

1) 클라이언트 A

만 27세 된 여성 클라이언트로 17세경부터 근이양증이 시작되어 양측 하지가 마비되고, 점진적으로 양측 상지까지 진행되었다. 오랜 투병 생활로 우울감이 심하여 담당 간호사가 음악치료에 의뢰하였다.

음악치료 진단평가를 통하여 A의 심리적인 문제를 구체적으로 확인하였는데, 주 증상으로는 우울감과 왜곡된 자아상 및 자기 비하로 반영되는 낮은 자존감, 대인관계에서의 부정적인 태도가 관찰되었다. 또한 소극적인 상호작용, 트집 잡기, 끊임없이 상대방을 시험하거나 상처 주는 말하기 등의 건강하지 못한 방법으로 자신을 방어하는 모습이 두드러졌다.

A와의 음악치료는 주 1회, 30~45분 세션으로 진행하여 2년 6개월 동안 총 78회 세션을 시행하였다. 준비 단계(preparing period)는 세션 1~7까지로, 이 기간에는 치료사와의 관계를 형성하고 '노래-나'의 관계를 형성하기 위하여 노래 선곡, 의식적 및 투사적 감상, 노래 부르기, 개사, 노래 콜라주, 노래분석 등의 작업형태로 접근하였다. 탐색 단계(exploring

...씨)는 세션 8~25까지로 작사, 노래 변주, 노래 부르기, 분석, 작사 발표회 등의 작업 형태를 통하여 '노래–나'의 관계 안에서 자신을 돌아보고 자신의 현재 마음에 고통을 주는 핵심 감정을 짚어 보는 기회를 가졌다. 마지막 창작 단계(creating period)에서는 A가 직접 노래를 작사·작곡하여 부르고 작곡 발표회를 열어 노래를 통해 자신을 자유롭게 표현하도록 하였다. 이러한 과정을 통해 타인과의 관계 회복을 자연스럽게 지지하였다.

(1) 치료목표

A를 위한 치료목표는 다음과 같다. 첫째, 무조건적인 수용을 통해 환자를 지지하고 환자와 치료사 간의 신뢰 관계를 형성, 둘째, 클라이언트가 스스로 자신에게 고통을 주는 쟁점 및 핵심 감정을 파악, 셋째, 자유로운 자기표현과 음악적인 성취를 통하여 자존감을 회복하기, 넷째, 타인과의 관계를 회복, 마지막으로 삶에 대한 긍정적인 태도의 형성이었다.

(2) 치료과정

① 준비 단계—세션 1~7: 음악, 치료사와 익숙해지기

• 접근방법: 음악 선곡, 노래 부르기, 노래 콜라주, 노래분석

　클라이언트 자신이 좋아하는 노래들, 함께 부르고 이야기 나누고 싶은 노래들을 찾아보도록 하였다. 노래를 부르고, 다양하게 분석하면서 노래분석방법과 익숙해지도록 하였다. 감상 후 A에게 노래에 대한 전반적인 느낌을 색깔, 날씨, 이미지 등으로 비유하면서 음악이 전달하는 정서나 감정을 파악하도록 하였다.

• 사용된 노래들: Without you, 사랑하게 되면, *축복합니다, 보이지 않는 사랑, 이루어질 수 없는 사랑, 사랑한 후에, 지금처럼만, *인형의 꿈, 내 생애의, 사랑이라는 이유로(*는 치료사가 A를 지지하거나, A의 쟁점을 쉽게 찾아내기 위해 선곡한 노래).

　사용된 노래들 가운데 A가 제시한 곡들은 유사점들을 가지고 있었는데, 첫째로 이성 간의 사랑을 주제로 하고 있고, 사랑이란 감정으로 어느 한쪽이 고통을 당하고 있다는 점이다.

• 세션 요약: 치료사와 보조치료사를 의식하고 경계하는 듯한 태도가 지배적이었으며, 계속해서 치료사를 시험하려는 의도가 있었고, 종종 치료사의 실수를 찾아내어 지적하

면서 심한 자기방어적인 행동을 하였다. 노래들을 색깔로 비유하려는 시도에서는 적절하게 표현하는 것이 가능하였으나, 노래가 전달하는 보편적인 주제에서 벗어나 '사랑하게 되면' 과 '이루어질 수 없는 사랑' 과 같은 노래에서 파랑색이 연상된다고 하면서, 이전의 관계가 끝나고 새로운 관계를 시작한다는 면에서 희망적인 노래라고 하였다. 치료사가 선곡한 '축복합니다' 를 부를 때는 조용히 듣기만 하면서 눈물을 글썽거리는 반응을 보였다. 위로를 받은 듯한 인상이었다.

A는 이 기간에 우연히 알게 된 성가곡에 애착을 보이며('내 생애의'), 이 노래를 들었을 때, 가진 자와 안 가진 자를 막론하고 다 연약한 인간이며 주님께서 그걸 다 아시고 보살펴 주시는 듯한 느낌을 받았다고 자신의 마음을 표현하였다. 노래에 자신을 투사하여 연상되는 느낌들을 보고하기 시작한 것이다. 이것으로 '노래-나' 의 관계 형성을 위한 준비가 되었다고 판단하였다.

② 탐색 단계 1―세션 8~16: '노래-나' 의 관계형성하기, 노래 속의 대상을 이해하고 (공감), 음악 속에서 '나' 를 발견하기

• 접근방법: 음악선곡, 노래 부르기, 의식적 감상, 개사, 심화된 노래분석
    노래 속에 등장하는 인물의 심리를 묘사하거나, 내가 가사 속에 나오는 인물이라고 가정하고 이야기하거나, 개사를 시도하면서 노래가 전달하는 보편적인 정서를 발견하게 하였다. 더 나아가 노래가사에서 등장하는 대상의 심리를 읽고, 나를 그곳에 대입시키면서 타인의 경험을 이해하고, 나의 관점에서 설명하도록 하였다.

• 사용된 노래들: 가시나무, 오래전 그날, 세상이 그대를, 서른을 바라보며, 바보(박효신), 기도(정일영), 편지(김광진), 그때 또다시, *비처럼 음악처럼, 날 닮은 너, 영원히 내게

• 세션 요약: 노래선곡에서는 초기 세션들과 별다른 차이가 없이 계속 한쪽의 순애보적인 사랑을 주제로 한 노래들을 제시하였는데, 그런 노래들을 함께 부르고 이야기하면서 노래의 주인공이 되고 있는 여자(A는 '여자' 일 것이라고 단정하였다)들에 대한 부러움을 표현하면서, 동경의 마음을 나타내었다. 이 기간 동안의 특징적인 점은 A가 좀 더 자신의 이야기를 많이 하기 시작하였다는 것인데, 그것이 무엇이든지 간에 매우 완강하게 표현하였다. 예를 들어, "저랑 똑같네요." "절대로 용납할 수 없다." "한쪽이 죽어서 하늘나라로 갔다." "나이가 들어서 인생의 반을 벌써 살았다."라는 식으로 표현하였다. 노래

에서 등장하는 대상을 여성으로 간주하면서 소극적인 여성이라고 말하고(세상이 그대를) 남자 주인공들의 헌신적인 사랑을 자주 언급하였다. 특히, '서른을 바라보며'에서는 자신의 노래라는 즉각적인 반응을 보이면서, 치료사와 자신을 비교하고 치료사는 부군이 있지만 자신은 아무도 없다며 쓸쓸한 심경을 표현하였다.

　　세션 16에서는 자신이 함께 부르자고 제시한 '영원히 내게(안상수)'라는 곡에 대한 강한 애착을 나타내었는데, 이것은 A가 어린 시절 동안 겪은 잦은 이별과 근이양증의 발병으로 인해 생긴 많은 상실 경험에 대한 불안과 슬픔을 보여 주는 일면으로 생각되었다.

③ 탐색 단계 2- 세션 17~24: 노래 속 대상을 이해하고 '나'를 발견하기

• 접근방법: 음악선곡, 노래 부르기, 투사적·의도적 감상, 심화된 노래분석

　　노래에서 주제가 되는 부분을 찾고 분석을 하면서 가사 이면에 깔려 있는 쟁점을 파악하는 것에 중심을 두었다. 노래 안에서 '나'를 설명하는 기회를 가졌다.

• 사용된 노래들: 사랑이라는 이유로, *서른 즈음에, 고백, 내게 오는 길, 사랑해 사랑해, 그 겨울의 찻집

• 세션 요약: 이 기간 동안에는 A의 인생에서 쟁점이 되고 있는 감정들이 좀 더 구체적으로 나타났는데, 이별, 그리움, 외로움, 사모하는 사람에 대한 암시가 등장하였다. 노래분석에서는 계속하여 극단적인 해석들을 하였다. 노래들에서 나오는 헤어짐의 상황에 대해 하늘로 갔거나 외국으로 간 경우라고 하는 생각이 지배적이었으나, 다시 만날 수 있다는 긍정을 암시하였다. 이는 어머니와의 이별과 외국에 있는 자신이 사모하는 대상에 대한 마음을 표현하는 것으로 생각되었다. 특히, '고백'이라는 노래에서는 주인공이 여자라고 확신하며 어떤 사람을 좋아하지만 고백을 하게 됨으로써 친구로서도 거절당하는 것이 두려워 말을 못하고 있는 상태인 것 같다고 하였다. 노래의 주인공과 자신을 동일시하는 모습이 관찰되었다.

④ 창작 단계 1- 세션 25~58: '나'를 돌아보기

• 접근방법: 노래 부르기, 투사적 감상, 노래 변주, 작사 및 분석과 병원에서의 작사 발표회 클라이언트가 글 쓰는 것을 좋아하기 때문에 작사를 하는 기회를 제공함으로써 자신을 돌아보고, 기억에 있는 일들을 노래가사로 정리해 보는 작업을 하였다. 이것은 A가 자신의 삶에서 쟁점이 된 것들이 무엇인지를 깨닫도록 하고, 그것들에 대한 자신의 태

도나 해결 방법이 어떤 것들이었는지를 생각해 보게 하였다.

A가 매주 한 편의 작사를 한 후 음악치료 세션에서 치료사에게 주면, 치료사가 다음 주까지 멜로디를 붙여 곡을 완성한 후 컴퓨터 음악으로 완성하여 그 주 세션에서 함께 노래하고 분석하였다. 그리고 반주만 녹음된 노래와 반주와 보컬이 함께 녹음된 노래 테이프를 만들어 A에게 주었다. 이것은 A가 세션 후에도 자신이 작사한 노래를 듣고 다시 생각해 볼 수 있는 시간을 허락하며, 그러한 자신의 노래를 병원의 다른 환자와 스태프들과 함께 들어 보면서 긍정적으로 상호작용하는 것이 가능하도록 하였다.

- 작사되어 사용된 노래들: 우리, 바다로, 해바라기 사랑, 그리운 날들, 편지, 안타까운 사랑, 그대는, 산다는 건, 첫사랑, 행복한 왕자, 님, 마음을 열어요, 어느 소녀의 일기, 사랑은, 있는 그대로의 모습만으로도, 정, 꿈, 친구, 풍요 속 빈곤 등

- 세션 요약: A가 작사한 노래들은 자신, 어머니, 사모하는 친구에 대한 이야기들로, 자신이 아끼는 사람들과의 잦은 이별로 인한 상처, 사모하는 사람에 대한 그리움, 돌아가신 어머니에 대한 그리움과 슬픔, 자신의 장애로 인한 상실감, 자신을 아껴 주는 사람들을 만나고 싶은 마음을 표현하는 자기고백적인 내용들이다. 제일 처음으로 작사한 '우리' 라는 곡은 예전에 A가 잠시 만났던 사모하는 친구가 먼 곳으로 떠나면서 편지를 주고받게 되었는데, 비록 멀리 떨어져 있지만 그 친구는 A의 마음속에 항상 함께 있다고 하였다. 자신에게 소중한 친구를 떠올리고 기억하면서 자신이 더 이상 외로운 존재가 아니라는 믿음이 가사에 반영되었다. '편지' 라는 가사에 대해서는 자신에게 슬픈 마음이 많아서 이런 가사를 지은 것 같다고 하였다.

'편지'

가끔씩 날아들던 그대의 숨결이 내가 살아가는 힘이 되었고,
내게 찾아 온 작은 새의 지저귐이 아픈 나를 행복하게 했었지.
아직도 내 안엔 그대가 남긴 말들이 나와 함께 숨 쉬고 있는데,
이미 떠나고 다시 없을 그대 사랑이 슬퍼 하늘도 울고 있어요.
듣고 있나요 내 얘기를, 이젠 내가 그대 있는 곳에 편지할게요.
너무 멀어 받을 수 없다면, 투명한 눈으로 열린 내 맘을 보아요.
그 속에 모두 담아됬으니…

친구로부터 오던 편지를 '작은 새의 지저귐' 이라는 상징적인 표현으로 나타내었다. 그리고 그 대상이 지금은 멀리 떠나갔기 때문에 이 노래는 매우 슬픈 노래라고 하였다. '그대는' 에서는 처음으로 자기 자신을 주인공으로 하여 자신에 대한 이야기를 적었는데, 자신의 아픈 모습까지도 사랑해 줄 수 있는 대상을 동경하는 마음의 표현이 있었다.

'그대는'

그대는 항상 밝게 웃으며 얘기하지만
왠지 그대 두 눈에 슬픔이 고여 있어요.
그대는 이 아픔조차 삶의 이유라지만
때론 그대 작은 어깨가 무거워 보여요.
(그대는 내게 담담한 표정 보여주지만
나는 그대의 여린 그 마음 볼 수 있어요.
그대는 이 아픔을 혼자 인내하려 하지만
나는 그대의 슬픔도 함께 나누고 싶어요)
그댄 모르죠 부족함 속의 아름다움을
아무것도 할 수 없어도 내겐 소중한 걸
사랑해요. 그대 모든 것을 영혼까지도
이젠 내가 지켜줄게요. 그대 원한다면
함께 하는 그 날까지…

괄호 부분은 치료사가 멜로디를 만드는 과정에서 가사가 더 필요하게 되어 덧붙인 부분인데, A는 이 가사 부분을 발견하고 매우 기뻐하며 주위 사람들에게 노래를 적극적으로 들려주기도 하면서 개인적으로 제일 좋아하는 노래라고 하였다.

'산다는 건' 이라는 노래는 A가 지금까지의 자신의 삶에 대한 정의를 적은 가사로, 가사를 작업하면서 자신의 삶을 돌아보며 경험에 비추어 적은 글이라고 하였다.

'산다는 건'

산다는 건 만남과 이별의 연속인 것 같아,
날이 저물고 새 날을 맞이하듯 늘 반복해.
산다는 건 기쁨과 슬픔의 줄다리기 같아,

> 느낌표 가는 곳에 마음도 따라 울고 웃고.
> 하지만 때론 삶의 무게를 벗고 새털처럼
> 가볍게 뜨는 듯한 환희 속에 행복해하지.
> 그래, 산다는 건 산다는 건 영원을 향한
> 끊임없는 우리 소망이 찾아가는 미로 같아
> 언제까지나 삶의 미로 속에서 헤매이는…

이 가사는 A에게 지금까지 고통을 주던 이별이라는 경험을 고백하면서도, 삶의 그러한 경험들을 담담하게 마음으로 받아들이는 그녀의 변화를 글로 표현하고 있다.

'님'이라는 가사에서는 처음으로 어머니와의 이별을 말하였는데, 어머니를 기억하면서 하늘나라로 가신 때 겪은 슬픔과 그리움을 표현하였다.

'님'

> 그날도 오늘처럼 바람이 몹시 불었었지.
> 생각만 해도 가슴 저리는 내 님 가신 날에…
> 오늘도 그 때처럼 눈물이 자꾸 흘러내리네.
> 바람만 불면 나도 모르게 나의 님 생각에…
> 저 하늘이 맺어 준 맨 처음 사람이었는데
> 이젠 님 없는 세상에 나 홀로 남아,
> 따뜻했던 그 마음 잊을 수가 없는데,
> 지금 내 앞엔 빈자리만 남아 있어요.
> 다시 되돌아 갈 순 없나요. 단 한 번이라도
> 나 아직도 하고 싶은 말 다 하지 못했는데…
> 미안해요 날 용서해요. 힘들게 했던 일들
> 모두 잊고서 하늘에선 행복하세요.
> 나, 여기서 기도할게요.

치료사는 병원에서 A를 위해 작사 발표회를 갖도록 계획하였는데, A는 이 기간에 작사된 곡들 중에 특별히 음악회에서 연주하고 싶은 곡들을 선택하여 연주 프로그램을 만들도록 하였다. 또한 연주회에 초대하고 싶은 사람들의 명단을 만들어서 치료사와 함께 초대장을 발송하는 등의 분주하고 활동적인 시간을 보냈다. 치료사는 작사된 노래들을 음악치료 전공생들에게 연습시켜서 발표회에서 노래하도록 준비하였다. 이러한 경험을 통하여 A는 자신에게 소중하지만 자주 만나지 못했던 사람들과 다시 연결되었고, 노래를 통하여 자신의 이야기를 들어 주는 사람들과 관계를 점차 형성, 확장하게 되었다.

⑤ 창작 단계 2— 세션 59~78: 노래를 통해 '나' 를 이야기하기
- 접근방법: 작곡 및 분석과 작곡 발표회

- 작곡한 노래들: 널 처음 만났던 그 날, 하루, 활짝 웃어 봐요, 홀로서기

- 세션 요약: A는 자신이 적은 작시에 멜로디를 붙이는 것에 관심을 갖게 되면서, 가사에 부분적으로 멜로디를 만들고 치료사와 함께 완성하거나, 기보를 할 수 있는 친구나 스태프의 도움을 받아 곡을 만들어 오기도 하였다. 특히 음악치료에서 기보법을 점차 연습하게 되면서 스스로 멜로디를 악보로 옮기는 것이 가능하게 되었다. 작곡된 노래들은 자신이 좋아하는 친구에 대한 적극적인 표현이나, 자신의 미래에 대한 계획, 홀로 서기에 대한 희망 및 다짐에 대한 내용을 담고 있다.

'홀로 서기'

나 자꾸 욕심이 생겨요. 자유로워지고픈
늘 뭔가 갈망해 하면서 내 안에 갇혀 있죠.
나 자꾸 자신이 없어요. 혼자라는 이유로
누군가 용기를 준다면 다시 시작할 테죠.
하지만 너무 아파요. 혼자라는 외로움이 슬퍼요
타는 듯한 목마름도 흔들리는 맘도 막을 순 없어요.
이제 난 최면을 걸어요. 난 할 수 있다고 할 수 있다고.
간절히 원하면 이루어질 테니까, 그렇게 믿으니까.
이 시간 기억하며 웃는 그 날까지 홀로서긴 계속될 테죠(당신 위해 기도할게요).

(3) 치료 결과
치료적 노래 만들기 중심의 PEC 과정은 다양한 수준에 있는, 각기 다른 필요를 가진 대상자들에게 융통성 있게 적용될 수 있는 노래심리치료의 한 방법이다. A의 사례에서도 그녀가 자기 회고를 통해 현재의 슬픔, 우울감에 영향을 미치는 핵심 주제를 파악하고 수용하는

긍정의 태도를 가지도록 하는 데 도움을 주었다. 그 결과 A가 이별에 대한 두려움으로 타인들에게 의도적으로 상처를 주는 행동이 감소되었으며, 먼저 타인에게 마음을 열고 다가가는 적극성을 보이게 되었다. 또한 자신의 상태를 수용하고 새로운 미래에 대한 희망을 가지게 되어 남은 삶에서 자신이 가진 능력을 통하여 다른 사람들을 돕겠다는 의지를 표현하였고 현재까지 그러한 작업을 실천하고 있다. 이것은 PEC 과정이 A로 하여금 안전한 구조 안에서 자유롭게 자신을 표현하고, 치료과정에서 반복적으로 나타나는 주제들을 분석하는 경험을 통하여 자신의 마음에 고통을 주는 쟁점들을 스스로 인식할 수 있도록 한 것에 기인한다고 생각된다. 치료 기간 동안 나타난 그녀의 노력들은 '그녀만의 노래'라는 완성된 성과물로 연주되었고, 그녀의 노래는 타인들에게 효과적으로 자신의 마음을 전달하는 의사소통의 기능을 하였으며, 이것은 그들에게 적극적으로 수용되었다. 이러한 지지적인 환경은 A에게 성취감을 경험하게 하여 자존감 향상에 도움을 주었고, 나아가 제한된 병원 생활에서의 삶의 질 향상에 기여한 것으로 사료된다.

노래심리치료는 과거와 현재에도 계속 시행되고 있는 치료의 한 형태로, 인간에게 매우 친숙한 음악적 활동인 노래를 이용하여 대상자의 기쁨과 슬픔, 희망과 절망, 좌절과 승리의 순간들을 표현하고 대상자 자신을 돌아보게 함으로써 치료의 효과를 얻는 음악치료의 한 분야다. 이 장에서는 노래심리치료에 대한 기본적인 개념과 지금까지 시행된 노래심리치료 방법들을 종합하고 체계화하였다. 또한 이 글을 읽고 노래심리치료를 시도할 다른 치료자들에게 도움이 될 수 있도록 자세한 노래심리치료 사례를 소개하였다. 노래심리치료를 시행하면서 느낀 것은 노래심리치료가 대상자에게 일방적으로 치료를 베푸는 행위가 아니라 치료자와 대상자가 서로의 감정과 경험을 진심으로 공유함으로써 함께 치유되어 가는 (healing) 과정이었다는 것이다. 이 글이 노래심리치료를 시도하려는 많은 이들에게 도움이 되었으면 한다.

용어 해설

PEC 과정(Preparing-Exploring-Creating Process): 모델 노래심리치료의 작업형태를 자유롭게 조합하여 대상자의 내면을 편안하게 드러내도록 하고, 전 생애 동안 나타나는 핵심 감정을 파악하며, 그러한 감정에 대한 통찰력을 기르기 위한 목적으로 준비(preparing), 탐색(exploring), 창작(creating)단계를 통해 비위협적으로 접근하는 노래심리치료의 치료모델을 말한다.

...기: 기존의 노래가사를 대상자의 필요에 따라 자유롭게 바꾸는 작업을 말한다.

노래 변주(Song variation): 단순 노래 패러디와 달리 이 방법에서는 치료대상자가 기존의 노래를 주 소재로 하여 자신의 이야기를 더욱 효과적으로 전달하고 규명하기 위한 목적으로 변형-재창작 하는 방법이다.

노래심리치료: 대상자의 심리적인 치료를 목적으로 노래를 치료의 주 매개로 하여 감상, 회상, 연주, 창작 등의 작업형태를 통해 접근하는 음악치료의 한 방법이다.

노래회상(Song reminiscence): 주로 대상자에게 의식적으로 어느 시점이나 상황을 떠올리게 하여 노래를 통해 그때를 재경험하고 분석하는 형태의 노래회상 방법이다.

노래회상유도(Induced song recall): 치료과정에서 무의식적으로 떠오르거나 의식적으로 유도하여 회상하게 되는 노래에서 나타나는 전이와 역전이와 같은 관계를 분석의 주요 주제로 다루게 되는, 지금-여기(here and now)에 근거한 노래회상 방법이다.

노랫말 채우기(Fill-in-the-Blank): 기존의 노래나 창작된 노래에서 대상자의 필요에 따라 치료사가 의도적으로 가사에 빈칸을 남겨 놓아 대상자의 단어로 채우게 하는 방법이다.

의식적 감상: 어떤 특정 주제나 감정에 대한 탐색과 표현을 위해 감상하는 동안 구체적으로 집중해야 할 주제를 알려 주는 구조화된 감상방법이다.

치료적 노래 만들기(therapeutic song writing): 음악에서 일반적으로 이야기하는 작곡(composing) 행위보다 좀 더 편안하고 포괄적인 의미의 창작(creating) 활동으로 노랫말 채우기, 개사하기, 노래 변주하기, 랩 만들기, 작사하기, 멜로디 만들기, 내레이션/기악을 통한 즉흥노래 만들기, 작곡하기 등의 작업형태를 말한다.

투사적 감상: 대상자가 자유롭게 노래감상을 하고 난 후 드는 느낌이나 감정, 연상되는 내용, 자신에게 의미 있는 단어, 구절 등에 대해 표현하고 분석하게 되는 감상방법이다.

참고문헌

최미환(2002). 언어지체 아동의 음악치료. 음악치료학과 제1회 정기세미나. 명지대학교.

최미환(2003). Song writing을 통한 자기탐구: 사례분석을 중심으로. "당신의 건강한 삶을 위한 음악치료 워크숍" 제주 경실련 평생교육아카데미.

최미환(2004). Extension of therapeutic song writing techniques: 성인 신체재활환자의 삶의 질 향상을 위한 Preparing-Exploring-Creating Process의 적용. 한국음악치료교육학회 *Proceedings of Symposium, 1*(1), 17-25.

홍인실(2004). 음악치료의 song writing이 기관절개환자의 언어표현과 자아존중감에 미치는 영향. 인간발달을 위한 다학문적 치료접근(pp. 73-89). 제1회 치료학과 공동 학술대회. 명지대학교.

Alschuler, M. (1997). LifeStories-Biography and autobiography as healing tools for adults with mental illness. *Journal of Poetry Therapy, 11*(2), 113-117.

Austin, D. S. (1998). When the psyche sings: Transference and countertransference in improvised singing with individual adults. In K. E. Bruscia (Ed.), *The dynamics of music psychotherapy* (pp. 315-333). Gilsum, NH: Barcelona Publishers.

Austin, D. S. (2001). In search of the self: The use of vocal holding techniques with adults traumatized as children, *Music Therapy Perspectives, 19,* 22-30.

Bruscia, K. E. (1998). *The dynamics of music psychotherapy.* Gilsum, NH: Barcelona Publishers.

Coulter, S. J. (2000). Effect of song writing versus recreational music on posttraumatic stress disorder (PTSD) symptoms and abuse attribution in abused children. *Journal of Poetry Therapy, 13*(4), 189-208.

Di Franco, G. (2003). Melodic song as crying/rhythmic song as laughing: A case study of vocal improvisation with an autistic child. In S. Hadley (Ed.). *Psychodynamic music therapy: Case studies* (pp. 73-85). Gilsum, NH: Barcelona Publishers.

Diaz De Chumaceiro. (2001). A therapist's induced recall of Sinatra singing "My way". *Journal of Poetry Therapy, 14*(4), 235-239.

Diaz De Chumaceiro. (2000). Sources of joy: Induced recall of Sigmund Romberg's music. *Journal of Poetry Therapy, 14*(2), 97-103.

Diaz De Chumaceiro. (1998a). Induced recall of film music: An overlooked mirror of transference-countertransference interactions. *American Journal of Psychoanalysis, 58,* 317-327.

Diaz De Chumaceiro. (1998b). Unconsciously induced song recall: A historical perspective. In K. E. Bruscia (Ed.). *The dynamics of music psychotherapy* (pp. 335-363). Gilsum, NH: Barcelona Publishers.

Diaz De Chumaceiro, C. L. (1998c). Consciously induced song recall: Transference-countertransference implications. In K. E. Bruscia (Ed.). *The dynamics of music psychotherapy* (pp. 365-385). Gilsum, NH: Barcelona Publishers.

Diaz de Chumaceiro. (1992). What song comes to mind?. Induced song recall: Transference/countertransference in dyadic music association in treatment and supervision. *The Arts in Psychotherapy, 19,* 325-332.

Edgerton, C. D. (1990). Creative group song writing. *Music Therapy Perspectives, 8,* 15-19.

Freud, S. (1957b). Five lectures on psycho-analysis: Third lecture. In J. Strachey (Ed.

and Trans.), The standard edition of the complete psychological works of Sigmund Freud (Vol. 11, pp. 29-39). London: Hogarth Press (Original work published 1910)

Fruchard, G., & Lecourt, E. (2003). "Music speaks of a story": The vocal universe of an adolescent. In S. Hadley (Ed.). *Psychodynamic music therapy: Case studies* (pp. 242-253). Gilsum, NH: Barcelona Publishers.

Hiney, T. J. (2001). The use of line poetry as a therapeutic technique in sexual assault survivors support groups. *Journal of Poetry Therapy, 15*(2), 93-98.

Howard, A. A. (1997). The effects of music and poetry therapy on the treatment of women and adolescents with chemical addictions. *Journal of Poetry Therapy, 11*(2), 81-102.

Jung, C. G. (1960). Uber die psychologie der dementia praecox: Ein versuch. Halle (The psychology of dementia praecox). In R. F. C. Hull (Trans.), *The psychogenesis of mental disease: The collected works of C. G. Jung* Vol. (3). Princeton, NJ: Princeton University Press. (Original work published 1907)

Kenny, D. T., & Faunce, G. (2004). The impact of group singing on mood, coping, and perceived pain in chronic pain patients attending a multidisciplinary pain clinic. *Journal of Music Therapy, 41*(3), 241-258.

Kowski, J. (2003). Growing up along: Analytical music therapy with children of parents treated within a drug and substance abuse program. In S. Hadley (Ed.). *Psychodynamic music therapy: Case studies* (pp. 88-104). Gilsum, NH: Barcelona Publishers.

MacIntosh, H. B. (2003). Sounds of healing: Music in group work with survivors of sexual abuse. *The Arts in Psychotherapy, 30,* 17-23.

Marlatt, G. A., & Fromme, K. (1987). Metaphors for addictions. *Journal of Drug Issues, 17*(1-2), 9-28.

Mayers, K. S. (1995). Songwriting as a way to decrease anxiety and distress in traumatized children. *The Arts in Psychotherapy, 22*(5), 495-498.

Montello, L. (1998). Relational issues in psychoanalytic music therapy with traumatized individuals. In K. E. Bruscia (Ed.). *The dynamics of music psychotherapy* (pp. 299-313). Gilsum, NH: Barcelona Publishers.

Osweiler, M. E. (1998). The use of music therapy techniques to help individuals cope with psychosocial aspects of epilepsy: Three case studies. Unpublished Master's Thesis, Florida State University, Tallahassee.

Robb, S. (1996). Techniques in song writing: Restoring emotional and physical well being in adolescents who have been traumatically injured. *Music Therapy Perspectives, 14,* 30-37.

Robarts, J. Z. (2003). The healing function of improvised songs in music therapy with a child survivor of early trauma and sexual abuse. In S. Hadley (Ed.). *Psychodynamic music therapy: Case studies* (pp. 142-182). Gilsum, NH: Barcelona Publishers.

Silverman, M. J. (2003). Contingency songwriting to reduce combativeness and non-cooperation in a client with schizophrenia: a case study. *The Arts in Psychotherapy, 30,* 25-33.

Unkefer, R. F. (Ed.). (1990). *Music therapy in the treatment of adults with mental disorders: Theoretical basis and clinical interventions.* New York: Shirmer.

Unwin, M. M., Kenny, D. T., & Davis, P. J. (2002). The effects of group singing on mood. *Psychology of Music, 30,* 175-185.

Wesley, S. B. (2003). The voice from the cocoon: Song and imagery in treating trauma in children. In S. Hadley (Ed.). *Psychodynamic music therapy: Case studies* (pp. 106-121). Gilsum, NH: Barcelona Publishers.

제11장
직무 웰니스 음악치료 기법

배민정

전문 분업화 시대에 들어선 이래 더욱 일상화된 직무 관련 스트레스는 이제 사회 곳곳에서 그 부작용들을 만들어 내고 있다. 직무에서 오는 스트레스는 적절한 대처와 치료를 하지 않을 경우 직종을 막론하고 다양한 분야에 종사하는 직장인들에게 신체적, 정서적, 심리적으로 막대한 영향을 끼친다. 이로 인해 생산 효율성 감퇴, 통증 및 신체적 질병의 발생과 악화, 의욕 상실, 자신감 및 자존감 저하, 우울증, 성격장애 등의 부정적 결과가 초래되기도 한다. 따라서 오늘날에는 스트레스에 대한 관심이 더욱 높아지고 있으며, 각 분야에서 웰빙(Well-Being)과 웰니스(Wellness)가 각광을 받게 되었다. 'Performance Wellness'는 개인의 삶에서 가장 많은 시간과 노력을 투자하는 직장 생활을 보다 효율적이고 건강하게 할 수 있도록 도우며, 직장 외의 사회생활과 개인의 자기 발전에도 긍정적 효과를 가져다준다.

직장과 관련된 광범위한 모든 업무, 즉 개인의 분담 업무, 부서에서의 의무, 직장 내 대인관계 등을 통틀어 직무라고 정의한다. 이러한 직무 및 환경에 따른 스트레스적 요인들에는 요구, 조절, 동료 및 상사와의 관계, 역할, 변화 등이 있다(Bond, 2004). 효율적인 직무 이행을 위해서는 개인의 신체적 건강뿐만 아니라 정신적, 심리적, 정서적, 영적 건강이 중시되며, 이러한 건강의 측면들은 서로 간의 긴밀한 상호작용을 통해 개인의 총체적인 건강과 그 유지를 돕는다(Bae, 2003). 개인의 전체적인 건강에 불균형이 초래되면 직무 관련 부상의 가능성이 높아지고, 스트레스에 효과적으로 대응하는 능력이 저하되어 생산 효율성의 감소를 야기시킨다. 더불어 이러한 상태가 지속적으로 반복되어 직무 스트레스 지수가 일정 한도를 넘어서면, 개인은 더 이상 일하고자 하는 의욕을 상실하여 임상병리적인 증세(Burnout)를 경험하기도 한다. 이렇듯 직무로 인한 스트레스에 효과적으로 대처하지 않고 장기간 노출될 경우, 직장 내 생활은 물론 직장 외 가족생활 등 사회생활에도 부정적 영향을 미쳐 헤어나지 못하는 악순환이 반복될 수 있다.

근래에 직장인의 건강과 전반적 스트레스에 대한 이해를 더하려는 노력과 관심이 높아짐에 따라 다양한 대처 방안들이 대두되었다. 여기에는 직장 내에서 실시하는 스트레스 해소법 워크숍, 직장 구성원들로 이루어진 기능적 문제 해소를 위한 모임, 개인 혹은 단체의 심리상담 치료 및 창의적 예술 치료 등이 있다. 이 중 창의적 예술치료 접근은 인간의 내재된 예술적 본능을 이용하여 자연스러운 치유적 반응을 구할 수 있는 장점을 가지고 있으며, 개인의 건강 증진 및 대인 관계에도 긍정적 효과를 가져온다. 창의적 예술치료인 음악치료는 스트레스 대처 방법의 일환으로써 직장인들의 스트레스 영역에 광범위하고 다양하게 적용될 수 있다.

직무 스트레스에 관한 음악치료의 대표적인 접근방법으로는 수동적 접근이라 할 수 있는 개인 선호 음악 감상(Preferred Music Listening), 음악과 근육이완법(Music and Muscle Relaxation) 등이 주로 사용되어 왔다. 이에 대한 연구결과(Lesiuk, 2001)에 따르면, 수동적 음악치료의 방법으로도 스트레스와 긴장도를 감소시키고 직무에 대한 의욕 등을 증가시킬 수 있다고 보고하고 있다. 이에 반해 적극적 음악치료의 방법으로는 현재까지 소개된 접근 방식이 거의 없었으나, 사회적 요구와 필요성에 부응하여 개발된 직무 웰니스(Performance Wellness, 이하 PW) 음악치료를 꼽을 수 있다.

직무 웰니스 음악치료는 클라이언트가 경험하는 스트레스에 대한 이해를 높이는 한편, 지나친 직무 관련 스트레스에 대처하고 부작용을 예방하는 데 필요한 기술을 습득하는 음악치료 접근방법이다. 직무 웰니스의 초기 클라이언트는 전문 음악인이나 음악교육, 음악치료계에 종사하는 사람들이었으나, 최근에 와서는 그 치료적 효과와 가치가 더욱 널리 인정되어 음악 외 타 분야의 사람들도 그 대상으로 하고 있다. 그러나 음악 외 타 분야에서의 임상과 연구는 아직 초기 단계라고 할 수 있다.

1. 직무 웰니스 음악치료 시작의 배경

직무 웰니스(Performance Wellness)를 위한 음악치료는 1990년대 전, 후반에 걸쳐 음악치료사이자 심리분석가인 Montello가 15여 년간의 임상과 연구 경험을 토대로 개발한 음악치료 접근방법이다. Montello는 전문 연주자들을 대상으로 임상치료를 하면서 음악인 및 음악 관련 분야에 종사하는 층의 전반적 직무 스트레스에 대한 효율적 치료 방안이 필요함을 인식하고 직무 웰니스를 위한 음악적 접근방법을 창안했다. 본래 연주가들의 연주 관련 스트레스를 집중 치료하는 목적으로 시작되었기 때문에 원어에서의 'Performance'는 곧 '연주'의 뜻을 가지나, 현재는 연주뿐만이 아닌 음악인으로서의 전반적 직무와 관련한 스트레스의 이해를 높이고 이에 대한 대책을 강구함으로써 통합적 의미의 직무 스트레스를 다룸에 따라 단순한 '연주'의 뜻을 벗어나 보다 폭넓은 영역을 포함하게 되었다.

1990년대 이후 미국을 포함한 전 세계의 많은 사회에서는 지식과 정보의 홍수, 도덕적 문란, 사회적 정체성의 과도기 등의 사회적 문제들을 겪고 있다. 이와 더불어 개인의 가치와 정체성에 관한 문제가 제기되면서 인간의 존재와 가치를 재발견하고 개인의 정체성을 회복, 발전시키고자 하는 노력이 일기 시작하였다. 또한 이미 오래전부터 널리 알려진 심리학자 Maslow의 '필요성의 단계' 이론에서와 같이 생리적 필요와 요구의 단계를 넘어 개인의 존재 의미를 탐구하고 자기 정체성을 확립하고 키우며 자아를 실현하려는 욕구가 팽창하였다.

당시 뉴욕 대학교의 연구진이었던 Montello는 자신의 클라이언트들 중 대부분을 이루는 전문 음악인을 상대로 음악치료사이자 심리분석가로서 임상 활동을 하며 그들만의 독특한 소문화적 특성에 대해 알게 되었고, 음악인으로서의 직업적 특성에 따르는 다양한 스트레스적 요소들을 발견하였다. 음악인들은 직무 스트레스에 따르는 직무 관련 부상, 즉 근육 부상, 소화계 및 호흡계 질환 등의 횟수가 빈번하고, 직무 스트레스에 따른 심리적, 정서적 불균형, 이를테면 우울증, 조울증, 성격장애, 약물 중독 등의 사례가 많은 경향을 보였다. 그러나 음악인들의 직무 스트레스에 대한 근원적 이해와 인식이 부족하고 스트레스적 상황에 적절하게 대처할 수 있는 능력과 지식이 충분하지 않아 개인의 직장 외 생활에서도 그 영향을 받아 스트레스적 악순환을 경험한다는 것을 알게 되었다. Montello는 이러한 음악인들의 직무 스트레스가 단순히 현 직무의 성격이나 환경 때문에 개인에게 부정적 결과를 낳게 되기보다는, 대개의 경우 개인의 성장 과정에서의 환경과 문화 등의 경험을 통한 결과에서 비롯되는 것이라고 보았다. 그 결과 스트레스적 상황에서 더욱 부정적으로 자극을 받아 신체적으로나 정신적, 심리적 혹은 정서적인 면에서 부정적인 영향이 나타나게 되는 경우가 많다는 것이다.

Montello는 종전의 치료 방법이 일시적 단기치료의 효과만 있을 뿐, 개인의 근원적인 스트레스 관련 원인의 규명이나 장기 치유 효과의 결과를 가져올 수 없다고 보았다. 따라서 음악인뿐 아니라 인간 모두에게 자연스러운 치료 수단인 음악을 이용해 이를 가장 가까이에서 접하는 음악인들을 대상으로 보다 통합적이고 장기적 치유 목적의 음악치료 접근방법을 구상할 필요성을 인식하였다. 이러한 통합적 음악치료를 위해 기존의 음악치료에서 사용되던 기술적 요소들을 도입하는 동시에, 심리치료와 요가 등의 타 분야의 지식을 도입한 치료적 이점을 살려 직무 스트레스에 적용하였다. 전문 음악인들의 주요 스트레스 요소들인 신체, 심리, 사회 및 환경적 측면에 대한 이해를 높이고, 직무 스트레스의 배경 요인들을 탐구하여 거기에 맞는 접근 방식을 채택해 적용하였다.

음악인으로서 경험하는 직무 스트레스에 대한 배경 요인에는 기술적 요인뿐만 아니라 부적절한 비판적 사고(inner critic), 연주 및 직무와 관련한 부정적 기억, 그 외의 사회적 인식과 태도 등 보다 다양하고 깊이 있는 요인들이 많아 이에 대한 이해와 회복이 필요하다. 예를 들어, 개인이 가지는 자신에 대한 비판적 사고는 개인사와 성격 등에 따라 그 종류와 정도에 차이가 있으므로 각 개인에게 맞도록 개념에 대한 이해를 돕고 긍정적 영향을 줄 수 있는 치료가 이루어져야 한다.

또한 Montello는 음악인의 직무 스트레스를 줄이고 그와 관련한 약물 복용 및 부상의 사례가 없는 것을 목표로 하여, 2000년 8월에 뜻을 같이 하는 음악인들과 Musicians' Wellness, Inc.(MW)을 발족하였다. MW의 설립 배경에는 음악인들이 인간의 내재된 음악적 본능을 이용하여 개인의 신체적, 정신적, 심리적, 정서적 불균형을 치유할 수 있는 방법을 터득하도록 도움으로써 더욱 깊이 있고 질 높은 음악활동을 할 수 있다는 확신이 있었다.

이러한 치료목적의 일환으로, 음악인들의 직무 스트레스에 대한 이해를 높이고 이와 관련한 지식과 기술을 습득하는 기회를 제공할 필요성을 깨달아 직무 웰니스(Performance Wellness) 훈련 과정을 개설했다. 그 과정은 크게 세 단계로 이루어졌다. 제1단계(Level I: Practices, Techniques & Theory)에서는 음악 직무 스트레스에 대한 전반적 개관과 함께 개인이 쉽게 습득하여 적용할 수 있는 음악적 접근에 관해 배우는 데 중점을 두었다. 그리고 즉흥음악활동, 역할활동, 심상활동 등을 통해 음악 자체의 자기반영적, 치유적 효과를 접함 개인에 내재된 치유 능력을 복원하고 계발하는 데 그 목적을 두었다. 주로 3일에 걸친 이러한 첫 번째 훈련 단계는 연주활동 등의 음악활동에 대한 활력을 되찾고 직무 스트레스에 대한 이해를 높이는 데 관심이 있는 이들을 대상으로 했으며, 음악적 접근 외에 호흡법, 근육 이완법, 역할활동, 명상법 등의 타 치료 분야에서 쓰이는 방법들도 접할 수 있도록 했다. 제2단계(Level II: Intensive Teacher Training)는 음악교육자, 음악치료사 등을 포함해 직무 웰니스 훈련 과정을 필요로 하는 계층에 적용하는 동시에 임상전문가 양성을 그 목적으로 하고, 제1단계에서보다 한층 깊이 있고 다양한 접근에 대해 배우고자 하는 이들을 위해 5일간에 걸친 집중 훈련 방식으로 설계하였다. 제3단계(Level III: Apprenticeship)는 직무 웰니스 훈련 과정 중 마지막 단계로, Montello가 제1단계 훈련 과정을 분담 지도하는 기회를 가지고 개인적 훈련을 거쳐 직무 웰니스 훈련 과정 임상전문가에 대한 자격증을 취득하는 것을 목표로 했다.

2001년 9월 첫 웰니스 훈련 과정을 신설한 이래 현재까지 비교적 짧은 기간 동안 훈련 과정을 수료한 이들이 수백 명에 달하고 자격증을 취득한 훈련사는 미국, 유럽, 캐나다에 걸쳐 십여 명으로 보고된다. 타 접근 방법에 비해 뒤늦게 시작되었고 또 그 필요성에 대한 인식도 늦었지만, 교사, 음악치료사, 연주가, 일반 회사원을 비롯한 직장인 등 훈련 과정 수강생 계층의 폭이 넓고 거기에 따른 연구와 임상도 점차적으로 활발해지고 있다.

2. PW의 철학적 배경

직무 웰니스 음악치료는 인간을 근원적으로 음악적 존재로서 인식하고 여러 음악적 요소를 이용하여 창의적 능력 향상과 통합적인 건강을 추구한다. 이러한 관점은 Howard Gardner의 다중지능이론(Multiple Intelligences), Daniel Goleman의 감성적 지능(Emotional Intelligence), Nordoff와 Robbins의 음악아(Musical Child) 등의 이론과 철학을 그 배경으로 한다. 한편, 신체적, 정신적, 심리적, 정서적, 영적 건강의 총체적 화합을 목적으로 하는 것은 수피즘의 시초인 Hazrat Inayat Kahn과 힌두교적 명상과 요가 및 웰니스의 대가인 Swami Rama 등의 철학을 따른다. 그 외에 Herbert Benson, Deepak Chopra, Joan Borisenko 등의 철학에 영향을 받아 접근방법 내에 명상 및 요가 기법과 심리학적 방식을 도입하고 음악적 접근을 통해 자아 형성 및 자기 향상을 꾀한다. 이들 학자, 철학가, 명상가들이 가진 공통점은 인간을 신체적 · 정신적인 면에만 국한하여 보지 않고 모든 측면을 균등한 존재로 인식하고 있다는 것이다. 각 측면들의 상호작용 및 교감 상태에 따라 전체적 건강이 영향을 받으며 결과적으로 건강한 상태 혹은 질병을 가져올 수 있다는 사고다. 또한 이러한 전체적 건강을 증진하고 건강적 측면들의 긍정적 상호 교감을 도모하기 위해서는 일률적인 치료 방식을 적용하기보다 개개인의 성격, 문화, 스트레스를 받아들이는 태도, 스트레스적 상황 등을 고려하여 개인에게 적합한 대처 방안을 모색해야 한다. 또한 지속적이고 반복적으로 그 방안을 적용함으로써 회복되고 증진된 건강은 그 개인의 창의적 능력 배양과 자아 향상에도 긍정적 영향을 끼친다고 보는 시각이 그 배경을 이룬다.

　　Montello는 자신의 임상 경험과 철학적 배경을 통해 음악인이나 비음악인인 것에 관계없이 인간이면 누구나 '음악적 본능' 혹은 '음악적 치유능력(Essential Musical Intelligence, 이하 EMI)'이 있고 이를 이용해 통합적인 의미로서의 건강을 증진할 수 있다고 보았다. 이 개념의 이해를 위해서는 PW에서의 신체와 정신을 보는 시각에 대해 더 상세히 살펴볼 필요가 있다. Montello의 책 『Essential Musical Intelligence』에 정의되어 있듯, PW에서 보는 '신체'는 직감 혹은 절정 경험(Peak Experience)에서 비롯하는 극적 느낌(Blissful Feelings) 등을 포함하고, 이러한 의식의 고단위 기능을 가능하게 하는 부분이다. 여기에서의 의식은 5가지 단계로 나누어 생각해 볼 수 있는데, 이것은 신체적 단위(physical body), 호흡 및 활력의 단위(energy/breath), 정신(mind), 직감 및 지능(intuition/intellect), 극적 단위(bliss)를 포함한다(p. 29). [그림 11-1]은 의식의 다섯 가지 단위적 기능을 보여 준다.

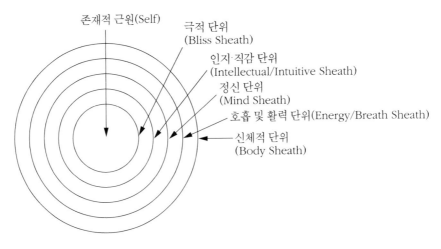

[그림 11-1] 의식의 5가지 단위적 기능

의식의 단위들은 상호 영향을 주고받으며 인간의 신체적, 심리적, 정서적, 영적 존재성에 대한 균형을 이룬다고 본다. 예를 들어, 호흡 및 활력 단위는 신체적 단위의 건강에 직접적인 영향을 줄 수 있고, 영향을 받은 신체적 단위는 정신이나 직감 및 지능 등에 영향을 미칠 수 있기 때문에 각 단위 간 균형과 유연한 흐름이 중요하다.

신체는 진동과 리듬으로 이루어진 음악적 존재로 인식되며, 원자들의 지속적인 율동으로 이루어지는 전자파의 파동은 신체의 각 구조에 따라 그 빠르기나 진동 정도를 과학적으로 측정할 수 있다는 의미에서 과학적인 시각에서의 건강 또한 음악적 균형을 보여 준다. 또한 심리, 정서 등의 측면들에서 오는 불균형은 곧 신체적으로도 그 음악적 화합과 균형을 잃게 하며, 이에 따라 심장 박동, 혈압, 뇌파 진동 등의 이상 및 불규칙성뿐만 아니라 신경계 및 소화기관 등에도 직접적으로 일으키는 부정적 파동 등이 일어나게 된다(Montello, 2002). 스트레스는 이러한 불규칙적 리듬이나 불균형이 지속적으로 되풀이되는 과정에서 생겨나게 되고 그 결과는 질병이나 만성 통증 등으로 나타나게 되는 것이다. 음악과 음악 관련 요소들을 이용한 접근은 이러한 불균형을 치료하기 위한 가장 자연스러운 방법 중 하나다. 이 접근 방법을 통해 잠재해 있는 EMI를 회복, 향상시킴으로써 건강에 도움을 주고 질병 예방의 역할도 겸할 수 있게 된다. Montello가 제시하는 EMI를 통한 치유의 단계는 6가지로 구분할 수 있으며 다음과 같다.

첫 번째, 문제의 인식 단계다. 직면한 상황에 대한 올바른 인식과 특정 문제를 정의하는 단계를 말하며, 여기에는 신체적, 심리적, 정서적, 영적 영역이 모두 포함된다. 두 번째, 자신의 존재 가치성을 기억하는 단계다. 성장 과정에서의 학대 및 방관이나 폭력 등의 극한 경험이 있는 대상에게는 어려운 단계로, 자신이 무조건적으로 가치성을 인정받았던 기억으로 돌아가는 것을 의미한다. 세 번째, 문제에 대한 깊이 있는 시각과 준비를 시작하는 단계다. 당장 눈앞에 보이고 느껴지는 단편적 경험에 대한 시각에서 벗어나 음악의 치유적 능력, 즉 EMI를 이용해 스트레스 상황에서 오는 부정적 감정과 느낌들을 긍정적으로 전환할 수 있다는 심리적 준비를 말한다. 네 번째, 목 차크라와 연결하는 단계다. 차크라는 산스크리트어의 '바퀴'에서 유래하는 용어로 척추를 따라 몸의 각 부위를 도는 신경 연결선의 흐름을 뜻한다(Montello, 2002). 이 단계에서는 목 차크라를 통한 EMI와의 연결을 위해 호흡에 집중하면서 자신에게 필요한 EMI 능력을 자연스럽게 이용할 수 있도록 준비한다. 다섯 번째, 자기표현을 촉진하는 단계다. 여기에서는 상황에 따른 감정의 변화를 인식하고 이에 따른 적절한 표현 능력을 기르게 된다. 이때의 표현 방식은 EMI를 회복하고 깊이 있게 하기 위한

PW 치료 기술을 이용한 것으로, 예를 들어 찬팅이나 음악 감상, 명상, 호흡법 중 자신의 상황에 적합한 방법을 적용한다. 여섯 번째, 상태에 대한 인정과 긍정적 사고를 향상시키는 단계다. 이 단계는 자신에게 내재하는 음악적 치유 능력을 인정하고 이를 이용한 긍정적 사고의 전환에 대해 훈습하는 단계다.

직무 웰니스 음악치료에서는 이같이 창의예술치료와 심리치료, 요가나 명상 등에서 적용되어 온 이론과 철학 및 기술 그리고 Montello가 임상 경험에 비추어 개발한 '근원적 음악의 치유능력' 개념이 접목되어 보다 효율적이고 통합적인 접근방식을 갖추어 발전했다.

3. PW 음악치료의 기본 전제

위에서 언급한 바와 같이, PW는 Montello의 전문 음악인들을 대상으로 한 임상과 연구를 바탕으로 하였다. 그의 연구 이전에도 전문 음악인의 직무 스트레스에 관한 설문조사와 연구는 있어 왔고 그 결과에 따라 이들을 위한 치료와 연구의 필요성에 대한 인식은 점차 높아졌으나 이에 부합하는 치료 방법에 관한 연구나 구체적인 방안에 대해서는 그 예가 많지 않았다. Fishbein과 그의 동료들(Fishbein, Middlestadt, Ottati, Strauss, & Ellis, 1988)이 국제 심포니 오케스트라 협회 회원들을 대상으로 설문조사한 결과에 따르면 이들 중 76%의 연주자가 적어도 한 가지 이상의 연주 스트레스와 관련한 의학적 질병 증세가 있다고 보고했으며, 전체 대상자 중 58%는 연주 중에도 통증을 경험하는 것으로 알려졌다. 또 다른 설문조사(Kella, 1985)의 결과에 따르면, 조사 대상 음악인들 중 50%가 현악연주자들이 연주 및 직무 스트레스를 줄이기 위해 관련 약물을 복용한다고 답했으며, 그 스트레스의 원인으로 신체적, 심리적 면 외에 지휘자와 동료 간의 관계, 리허설 설정 형식 등의 사회적, 환경적 요소들을 꼽았다. 전문 음악인들의 직무 스트레스의 심각함이 부각되면서 이와 관련한 연구 및 치료 방안의 필요성 또한 논의되기 시작하였다.

심리학계에서는 인지적 행동과학적 기술 등을 이용한 연주 스트레스를 감소시키는 연구들(Kendrick et al., 1982; Sweeney & Horan, 1982)이 있었으나, 연구 대상자의 연주 및 직무 스트레스에 대한 잠재적 요인에 대한 분석이나 치료적 접근을 통한 대상들의 경험에 대한 질적 연구는 이루어지지 않은 상태였다(1992). Montello는 여기에 따른 연구 및 교육과 임상의 필요성을 인식하고 종전의 신체적 혹은 심리적, 감성적인 면만을 중심으로 한 치료 방식

셧어나 통합적 치료를 개발하기 위해 노력하였다. 이러한 치료철학을 기반으로 2000년 Montello를 주축으로 설립된 Musicians' Wellness, Inc.는 다음의 사항들을 기본 전제 및 목표로 하여 음악인들의 통합적 건강 증진에 도움을 주는 역할을 해 나갔다.

PW 음악치료는 인간을 음악적 존재로 보는 시각과 함께 균형적 건강과 창의성 간의 밀접한 관계를 중시하는 것을 주요 관점으로 하여 이를 위한 치유 대책을 마련하는 것을 기본 치료 목적으로 설정하였다.

4. PW 음악치료의 목표

PW 음악치료의 궁극적 목표는 다양한 음악치료적 경험을 통해 신체적, 심리적, 감성적, 영적 건강을 회복 및 증진하는 데 있다. 여기에서의 다양한 음악치료적 경험의 필요성은 종전의 심리 중심 혹은 신체 건강 중심의 치료적 시각의 한계를 인식하고, 보다 균형적인 건강을 위해서는 이러한 여러 측면들의 상호 교감을 도와야 한다는 사고의 발전에서 비롯한 것이다. 따라서 PW 치료는 개인사와 현 상황에 맞추어 음악의 자연적 접근을 시도함으로써 신체적으로 나타나는 인식되지 않은 심리적 혹은 감성적 성격의 근원을 파악하고 긍정적 전환을 도와 균형을 이루는 것을 주안점으로 두고 이루어진다. 즉, '근원적 음악의 치유 능력'의 존재를 인식하고 이러한 능력의 회복 및 향상을 위해 다양한 음악적 접근을 시도하는 데 중점을 두는 것이다.

PW 음악치료에서 인간의 정신을 보는 시각은 동서양의 심리 철학을 적절히 통합한 형식이다. Montello의 책『근원적 음악의 치유 능력』에도 설명되어 있듯이, 정신은 크게 네 가지 요소로 나뉜다. 그중 한 가지는 근육, 신경계 등을 통해 느끼는 감각적 요소다. 두 번째 요소는 이러한 감각적 경험을 자기의 상태에 맞게 사고하는 자아적 단위(ego)이고, 세 번째 요소는 사고와 경험 간의 중재를 담당하는 부분(discriminative faculty)을 들 수 있다. 마지막으로 의식과 무의식을 넘나들며 교류적 역할을 담당하는 잠재의식(subconscious)을 주요 요소로 본다. 이 중 잠재의식은 개인의 기억, 경험 및 느낌 등을 저장하며, 심리분석가 Jung의 집단적 무의식(collective unconscious)—개인의 경험들을 원형적(archetypal) 혹은 본능적(instinctual) 부분과 연관하고 직접적으로 전환시키는 인간의 내재된 심리작용—과 함께 개인이 기억하지 못하거나 극단적 경험으로 변형된 기억 등의 무의식 세계를 상호 교

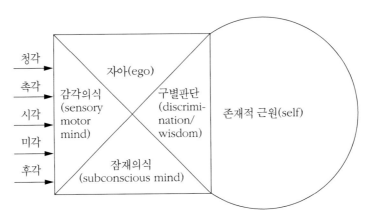

[그림 11-2] 정신의 네 가지 요소

감시키는 작용을 한다(2002). [그림 11-2]는 이러한 정신의 네 가지 요소를 보여 주고 있다 (Montello, 2002).

음악적 접근을 통해 이러한 인간의 정신 심리 세계를 탐구하고 무의식과 잠재의식 간의 교류를 활성화시키는 것을 치료의 주요 기능으로 보는 시각은 PW 치료에 매우 중요한 기반이 되는 사고다. 예를 들어, PW 음악치료의 한 방법으로 음악을 통해 의식과 무의식을 접하고 경험함으로써 심리적, 성격적, 신체적 문제들을 파악하고 긍정적 전환을 시도하는 음악과 심상이 있다. 이 치료 방법에서는 심상적 경험을 마친 후 만다라, 즉흥음악활동, 율동 등을 이용해 심리적 경험의 정리 및 안정적 전환을 위한 기회를 가지도록 한다. 그중 만다라는 이 음악치료 기법의 모체인 Bonny 방식의 GIM에서도 널리 쓰이는 방법으로, Jung 의 정의에 따르면 "총체적 의미로서의 성격의 근원이자 중심"을 뜻한다(Jung, 1968). PW 음악치료에서는 이러한 만다라 경험을 통하여 개인의 의식 및 무의식적 본능을 자연스럽게 탐구 관찰하고 성격적 이해와 전환을 함으로써 인식된 개인의 치료 요인들에 대한 긍정적 변화를 가져올 수 있다고 본다.

PW 음악치료 과정은 클라이언트의 심리적, 신체적, 감성적 상황에 따라 접근방식이나 기법 등을 바꾸어 가며 적용하는데, 심리학적 관점에서는 현 상황을 중시하는 '지금-여기' 의 시각과 맥락을 같이한다. 이러한 현 상황 중심의 치료 관점은 Nordoff Robbins의 즉흥 음악치료와 Bonny 방식의 GIM에서도 찾아볼 수 있다. 당장의 치료 결과보다는 환자의 현 상태를 더 고려한다는 점과 치료를 통한 개인의 자아 회복과 성장이 근본적 치료목표라는 점은 Abraham Maslow의 자아실현과 Carl Rogers의 클라이언트 중심치료 시각과 상통한다. 실제 PW 음악치료에는 즉흥음악 치료적 요소, 그리고 심상유도 음악치료에서의 심상 유도 방식을 부분적으로 도입하거나 필요에 따라 변형된 치료 기법들이 포함되어 있으나, 이러한 요소들이 주요 방식으로 적용되기보다는 환자의 필요 정도와 성격에 따라 여러 치료 요소들 중의 하나로 사용된다.

PW 음악치료에서는 스트레스적 상황이나 요인들에 대해 수동적인 태도로 대처하기보다는 환자 자신이 직접 대응하여 문제를 인식하고 그것에 맞추어 적극적인 자세로 치유 과정에 임하는 것을 중요하게 본다. 이러한 적극적 대처 행동의 성격은 최근 대처 행동 관련 연구들의 결과가 강조하는 적극적 대처 행동의 중요성에 대한 논리와 일치한다(Robb, 2001; Snow, et al., 2003). 환경과 상황을 대하는 행동 형태 중 적극적인 대처 행동형(정보 및 관련 지식과 기술의 적극적 수집과 습득, 감정의 자연스러운 표현, 긍정적 태도 등)이 소극적인 대처 행동형(무관심, 적절한 감정 표현의 부족, 부정적 태도 등)에 비해 스트레스적 상황에 처했을 때 긴장도 및 통증 체감의 정도가 적고 효과적인 상황 대처를 할 수 있다는 것이다. 적극적인 대처형은 인지적, 사회보조적, 행동적 면을 통틀어 위의 성격을 지닌 행동형을 말하는 것이다. 소극적 대처형에서 볼 수 있는 상황에 대한 기피적 태도와는 달리 적극적이고 긍정적인 사회 행동을 하며 스트레스 상황을 자연스럽게 받아들이고 융화하고자 하는 태도다. 이러한 대처 행동에 관한 시각에 비추어 볼 때, PW 치료에서의 즉흥음악치료, 심상음악활동, 호흡법, 명상, 그 밖의 인지행동적 접근들은 치료사가 제공하는 것을 환자가 수동적으로 받기보다는 환자 자신이 적극적으로 치료과정에서 문제를 인식하고 행동 및 사고 전환에 참여한다는 면에서 적극적인 대처 행동형과 같은 맥락을 지닌다고 할 수 있다.

5. PW 음악치료의 적용과 특성

PW에서 쓰이는 기술적, 이론적 적용 방법에는 기존의 음악심리학적, 행동학적 요소를 비롯해 심리치료 및 요가 등으로부터 도입한 비음악적 요소들도 포함된다. 이 중 음악심리학적 방법으로는 즉흥연주 및 토닝, 내재적 비판, 음악적 대화(giving and receiving feedback loop), 찬팅(chanting), 음악 저널(musical journal), 음악을 이용한 이완요법(music and relaxation), 음악과 심상(musical imagery), 창의적 시각화 훈련(creative visualization) 등을 들 수 있고, 행동학적 요소에는 행동 리허설(behavior rehearsal), 자기주장 훈련

(assertiveness training), 인지적 재구성(cognitive reconstructing) 등의 방법이, 심리치료 및 요가에서 받아들인 기법에는 다양한 호흡법, 차크라 이론(chakra), 양극성 완벽주의(polarized perfectionism)에 대한 이해 등이 포함된다. 이러한 기법들은 철학적 혹은 이론적 기반이 상통하는 경우가 많기 때문에 사실상 영역적으로 뚜렷한 구분을 하기는 어려우며 치료과정 중 복합적으로 적용되는 예도 있다. 또한 여기에서의 음악치료적 요소들은 비음악적 요소들과 각각의 치료 상황에 맞도록 자연스럽게 어울려 적용되는 것이 상례다. 예를 들어, 인지적 재구성에 대한 이해와 적용을 위해서는 창의적 시각화 훈련을 함께 하기도 하고, 때에 따라서는 호흡법을 적용하기도 하며, 이를 자연적으로 이끌기 위해 심상유도적 요소가 포함되기도 한다. 다음은 PW 치료에서 쓰이는 주요 치료적 방법들이며, 각각의 방법 내에서 적용되는 기술들은 한 가지의 정해진 방법에 속하는 것이 아니라 상황에 따라 여러 방법들로 다양하게 적용될 수 있음을 염두에 두고 살펴본다.

1) 전문 음악인이 경험하는 스트레스에 대한 전체 개요

연주가 및 음악 관련 직종의 계층이 경험하는 스트레스의 성격을 구체적으로 분석하는 기회를 가진다. 이론적 요소들에 대한 이해와 함께 음악적 기억 유도(guided musical development journey exercise)가 적용된다. 음악적 기억 유도는 개인의 첫 음악적 경험에 대한 기억을 시작으로 하여 시간의 흐름에 따라 단계적인 음악적 경험을 더듬어 나가는 방법으로 음악에 대한 긍정적 혹은 부정적 기억을 재경험함으로써 개인에 내재한 음악적 본능(music child)을 회복하고 향상할 수 있도록 돕는 과정이다. 이 과정 중 치료사는 클라이언트가 가장 처음으로 스스럼없이 즐겁게 음악을 경험한 기억을 재경험할 수 있도록 시각, 청각, 촉각 등의 감각을 이용한 심상 경험을 유도한다.

2) 신체와 정신의 융합 훈련

신체와 정신적인 면에서의 건강을 함께 보며 균형을 이루기 위한 훈련으로 여기에는 심근 이완법, 다양한 호흡법, 심상유도 음악치료 등이 포함된다. 또한 신체를 포함한 심리, 감성 등의 건강 측면 각각의 상태 변화와 상호 관계 변화에 따라 신체적으로 나타나는 통증 등의 이상 상태를 지속적으로 점검하는 방법들이 제시된다. 이 중 근육 이완법에서는 점진 이완,

이완, 61개점 이완법을, 호흡법에는 복식호흡, 균형호흡, 2:1 호흡, 클렌징 호흡, 교체 비도 호흡, 브라마리 호흡 등을 적용한다. 이러한 훈련들은 근육의 움직임 및 호흡에서 일어나는 리듬감을 음악적 요소로 간주하여 그 빠르기와 정도를 조절하는 것이다. 음악과 심상은 Bonny 방식의 개발된 GIM에서 기원한 것으로, 15~20분가량 음악의 길이를 간소화시킨 형태로 제시된다. 음악과 심상 경험을 통해 무의식 속에 존재하는 개인의 여러 면과 문제들을 돌아보고 불확실함에 대한 공포감을 감소시키며, 나아가서는 신체와 정신의 융합과 균형을 이루는 데 그 목적을 둔다. 여기에 사용되는 음악은 주로 서양전통음악이며, 심상 경험 후에는 GIM에서와 같이 만다라를 그리도록 하여 치료 그룹과 나누게 한다.

3) 인지적 재구성

인지적 재구성은 부적절하고 부정적인 인지 능력을 분석하고 재구성함으로써 긍정적으로 전환하는 것을 목표로 하며, 이에 대한 기술적 방법에는 사고 나열과 재구성, 창의적 시각화 훈련(creative visualization), 주제 중심의 명상법 등이 있다. 사고 나열과 재구성은 자신에 대한 부정적 사고들을 일일이 나열하여 목록을 작성한 후 이를 대신하거나 전환할 수 있는 긍정적 요소들을 직접적으로 살펴보는 과정을 말한다. 이때 긍정적인 전환의 경험을 강조하기 위해 과정의 결과를 리듬 악기나 멜로디 악기를 통한 즉흥연주로 표현할 수 있다. 창의적 시각화 훈련은 연주 상황에 대한 단계적 대비로, 연주를 약 한 달 앞두고 반복적으로 연습하는 방법이며, 연주나 발표 당일 기상하는 것을 시작으로 발표회 시간까지, 연주 도중과 연주 경험 후에까지 일어날 수 있는 가능성들을 미리 짚어보고 경험함으로써 스트레스적 상황에 대한 피해의식적 사고에서 벗어나 긍정적으로 상황을 극복하려는 의지를 회복하고 향상시키는 데 그 목적이 있다.

4) 양극성 완벽주의

양극성 완벽주의는 모든 일에서 완벽하지 않으면 그 개인의 존재와 가치마저 상실하는 사고방식이며, 이러한 사고는 타인으로부터 인정을 받을 때만 자신의 존재와 가치성을 느낄 수 있는 낮은 자존감, 허탈함, 승자 혹은 패자라는 극단적 태도, 감정의 적절한 표현 부족, 나르시시즘 등에서 비롯된다. 그 결과는 단체로부터의 자기 분리, 우유부단함, 극단적 감정 표현,

타인의 인정에 대한 비정상적 갈망, 공허함 및 우울증, 존재성 상실, 비정상적으로 높은 경쟁심, 과정보다 결과만 중시하는 태도 등의 증세들로 나타난다. 이러한 사고는 물론 전문 음악인들뿐만 아니라 결과 중심의 교육, 창의적 욕구 충족의 기회가 부족한 환경 등에서 성장하고 생활하는 경우에도 생기게 된다. 단기적 치료보다는 충분한 시간을 두고 배경적 요인들을 파악한 후 단계적으로 치료하는 것이 중요하다.

여기에 쓰일 수 있는 치료적 기술은 정기적인 개인 및 단체 즉흥연주, 토닝, 내재적 비판, 음악적 대화, 찬팅, 음악 저널 등이 있다. 개인 및 단체 즉흥연주에는 여러 가지 방법이 있다. 예를 들어, 치료사가 악기 소개와 함께 즉흥연주 시범을 한 뒤, 개인에게 가장 관심을 끄는 악기를 선택하도록 하여 그 상황에서 일어나는 감정의 변화나 내면세계에서 표현하고자 하는 욕망을 퇴고 없이 표출하게 하며 연주 후에는 연주 중의 느낌이나 감정적 변화 등에 대해 대화(musical self-statement)나 그림 등으로 표현할 수 있게 하는 방법이 있다. 단체 즉흥연주(group improvisation)에서는 3~4명이 원 둘레에 서거나 앉아 각각 선택한 악기로 즉흥적 연주를 하되, 연주 후에는 서로 간에 이루어졌던 음악적 대화나 연주 도중 느꼈던 상호 관계의 성격 등을 토의한다. 이외에 또 한 가지 즉흥연주의 방법으로는 정서적으로 복합적 내용을 담은 시나리오를 적은 용지들 중 하나를 3~4명이 선택하도록 하여 음악과 동작 등으로 표현하고 나머지 구성원이 관중의 역할을 하는 것이 있다. 이때 구성원들이 시나리오 내용을 생각해 보게 하는 과정을 통하여 언어로 표현하기 어려울 수 있는 감정들, 즉 소외감, 상실감, 무력함 등에 대해 통찰하는 것을 목표로 하는 음악적 집합(musical charade)의 방법 등이 있다.

토닝은 신체 중 경직되거나 통증을 느끼는 부위에 관심을 집중하고, 이때 나타나는 심상 경험을 시각적, 청각적으로 느끼며 그 특정 부위에 대해 소리를 통해 발산할 수 있는 기회를 제공하는 방법이다. 내재적 비판은 인간 모두에게 존재하는 자기비판의 목소리를 살펴보고 즉흥연주를 통해 현 상황과 비판적 사고와의 대화를 시도함으로써 상호 간의 이해와 긍정적 전환을 돕는 과정이다. 여기에서는 3~4가지의 부정적 사고를 놓고 각각의 사고를 악기로 표현한 후 즉흥연주로써 대화하고 대응하는 기회를 가지는 것을 주요 과정으로 한다.

5) 스트레스와 관련한 기타 요소들에 대한 이해와 적용

스트레스로 인한 약물 복용의 실제와 스트레스적 상황에 대한 단계적 대응 방안을 살펴보는 기회를 제공하며, 자기 주장 훈련, 성별에 따른 대화 방식, 행동 리허설 등이 포함된다.

자기주장 훈련에서는 연주에 대한 공포감을 가지는 연주자가 단체 치료구성원들을 관중으로 하고 직접 무대에 서서 연주하는 경험을 가지며, 연주 직전 및 연주 도중, 직후에 걸쳐 단계적으로 나타나는 경험에 대해 실 상황에 따라 토의하는 기회를 제공한다.

6. PW 음악치료의 활용 및 적용 방안

PW 음악치료는 음악인 및 음악교육, 음악치료 등의 음악 관련직 종사자들을 위한 음악치료적 접근방법으로 자리를 굳혀 나가고 있으며, 그 외 직업 종사자들을 위해서도 적용할 수 있도록 연구가 진행되고 있다. 현재까지 알려진 PW 음악치료 관련 연구는 대개 전문 연주인들을 그 목적대상으로 했고, 연구방법은 PW 치료 안에서 쓰이는 기법들의 치료적 효과성을 비교하거나 몇 가지 기법들을 선택해 긴장감이나 통증, 저항 능력 등을 측정하는 방식을 택하였다(Montello, 1995, 1989; Montello, Coons, & Kantor, 1990; Coons, & Perez, 1992; Coons, , Perez, 1995; Kim 2003). 경우에 따라서는 음악인 외에 높은 스트레스직 종사자들, 즉 병원 직원이나 교사, 회사원들을 대상으로 한 가지 혹은 일부 기법들을 적용한 예도 있다(Field et al., 1997; Knight, 2001; Lesiuk, 2001).

단체 음악치료적 접근을 통한 연주 관련 스트레스 조절에 대한 초기 연구(Montello, 1989; Coons, & Kantor, 1990)에서는 과정 중심의 단체 음악치료적 접근의 결과 대상들의 긴장도가 감소하고 연주가로서의 자신감이 향상되었다. 또한 이 연구의 질적 영역을 분석한 후속 연구에서는 대상들의 스트레스 및 자기편협성(Narcissistic Personality) 등이 감소하고 음악성이 향상되는 등의 결과를 보고하였다. 이후 연구에서는 침 속 저항 호로몬인 S-IgA의 수치를 측정하여 음악치료의 연주 관련 스트레스에 대한 저항력 변화를 알아보았는데, 실험 대상의 연주 직후에는 S-IgA수치가 감소한 데 비해 연주 후 1시간 30분이 경과하면서 대폭 증가한 것으로 나타났다. 호르몬 측정과 더불어 감성지수(Nowlis Mood Adjective Checklist)의 측정 및 분석에 대한 연구결과는 연주 등의 스트레스적 상황에 대해 융통성 있게 대처하는 능력, 연주가의 자신감 및 상황에 대한 인정과 음악을 통한 감정의 긍정적 전환 능력 등에 따라 연주가 개인의 저항 능력이 영향받을 수 있음을 보여 주었다(Coons, Montello & Perez, 1992; Coons, Montello, Perez, 1995; Montello, 1995). 이러한 연구들은 연주 및 직무 스트레스에 대해 질적, 양적인 면들을 다양하게 살펴보려는 시도였다는 점에서 의미가 있다고 볼 수 있다. 즉흥음악적 방법과 심상 요법을 통한 심근이완적 방법을 비교분석한 연구(Kim, 2003)에서는 30명의 피아노 연주 대학생들을 대상으로 일주일에 한 번 30분씩 6주간에 걸쳐 치료한 결과, 두 가지 치료 기법 모두 대상들의 연주 긴장도를 감소시키는 데 치료적 효과가 있음을 보여 주었다.

Knight와 Rickard의 연구(2001)는 음악의 긴장도 감화 효과 중 공적인 발표 등의 스트레스적 상황에 대한 치료적 효과에 대해 살펴본 예다. 87명의 대학생들을 대상으로 주제별 발표라는 스트레스적 요소를 제공하고 실험군의 발표 준비 과정 중 파헬벨의 D장조 캐논을 감상하게 한 결과, 실험군이 조정군에 비해 긴장도, 심장 박동, 혈압 등의 측정지수가 높은 것으로 나타나 스트레스에 대한 치료적 대처방안으로서의 음악의 긍정적 효과를 부분적으로나마 알렸다(Knight & Rickard, 2001).

병원 직원들을 대상으로 실시한 연구(Fields et al., 1997)에서는 마사지 치료, 심상음악치료, 음악과 심근이완법 및 사회적 보조단체(social support group) 등의 방법들을 비교 분석한 결과, 이 연구에서 적용한 모든 치료적 접근방법들을 통해 대상들의 긴장감, 우울증, 피로, 혼란함 등의 증세들을 약화시킨 것으로 나타났다. 또한 컴퓨터 관련 회사의 그래픽 디자인부 직원들을 대상으로 5주간의 선호 음악 감상을 통한 음악치료적 접근을 실시한 결과, 음악이 직무 중 긍정적 감정으로의 전환 및 직무 시간을 줄이는 효과가 있음이 보고된 바 있다(Liesuk, 2001).

PW 음악치료에서 적용되는 치료 기법들은 직접적 직무 스트레스의 문제들뿐만 아니라 현재 경험하는 직무 스트레스를 일으키는 보다 근원적인 문제들, 즉 가정환경, 성장과정에서의 문제 등을 파악하는 데도 자주 적용된다. 다음은 이러한 면에 비추어 PW 치료의 몇 가지 사례를 살펴본 것이다.

즉흥연주 기법들을 사용한 연구 사례는 그 종류와 성격이 다양하고, 연구결과는 긍정적으로 보고된 바 있다. 한 연구에서는 건강한 비음악인 성인들을 대상으로 한 단체 북 연주(Group Drumming) 음악치료로 저항 세포의 활동을 증대시키는 결과를 보여 주었다(Bittman, 2002). 이러한 즉흥연주의 기원인 Nordoff Robbins 방식의 즉흥음악치료에 대한 연구 역시 긍정적 결과를 낳아 즉흥연주 기법은 현 음악치료계에서 널리 사용되는 접근방법이기도 하다. 즉흥연주 기법을 PW 음악치료 내에서 사용하는 예로 내재적 비판에 대한 이해와 치유를 위한 즉흥연주를 들 수 있다. 내재적 비판에 대한 이해와 치유를 위한 즉흥연주에서는 대개 3~4명이 함께 치료과정에 참여하여 상호 관계를 통해 비판의 성격과 종류 등

＿찰하고 파악하며 긍정적 전환을 돕는데, 다음은 이에 관한 사례를 소개한 것으로 비음악인을 대상으로 한 개인치료의 경우다.

1) 사례 소개

수잔(가명)은 20대 중반의 여성으로, 성장하면서 아버지의 어머니에 대한 언어폭력 및 신체폭력을 반복적으로 목격하여 간접적 가정폭력의 피해를 입은 경우다. 최근에는 아버지의 자살로 심리적 충격을 받았고, 천주교 외의 다른 종교들을 접하게 되면서 독실한 천주교도인 어머니와도 거리를 느끼게 되었다고 밝혔다. 자신의 존재에 대한 자신감과 안정감을 느끼는 데 어려움을 가지고 있어 그 근원적 원인을 살펴보기 위해 PW 치료 중 내재적 비판과의 관계를 알아보는 과정을 적용하였다. 여기에 사용하는 악기는 수잔이 연주에 비교적 부담을 적게 느끼는 타악기들 중에서 선택하도록 하였다. 자신에 내재하는 비판적 목소리가 무엇이며 그 소리는 어떻게 들리는가에 대해 치료사와 토의한 후, 수잔은 이러한 비판의 소리를 표현할 악기로 핸드드럼을 선택했고 그것에 대응하는 자신의 소리는 비판의 소리를 표현하는 핸드드럼보다 작은 크기의 페달드럼을 택하였다. 치료사가 비판의 소리를 표현하는 동안 수잔은 자신의 소리를 치료사의 연주 소리와 함께 10~15분 동안 연주했다. 즉흥연주를 통해 내재적 비판의 소리와 자신의 존재성과의 관계를 탐구한 수잔은 아버지의 죽음에도 불구하고 자신의 심리 세계에 그 아버지가 여전히 강한 비판의 소리로 존재함을 알게 되었고, 이 존재와의 화합적이고 건강한 관계에 대한 필요성을 인식하게 되었다. 또한 수잔은 이러한 비판적 존재가 단순한 과거의 일로 기억 속에서 지워지는 것이 아니라, 자신의 현 생활의 여러 면에 직접적으로 부정적인 영향을 미친다는 사실을 알게 되었다.

위의 사례는 인간에게 항상 내재하는 부정적 시각 및 비판적 목소리와 자기 본연의 존재적 목소리와의 관계에 대해 탐구하여 긍정적이고 화합적 관계로 전환하기 위해 내재적 비판에 관한 음악치료 기법을 적용한 예로, 언어로 표현하기 힘든 자신의 부정적 모습을 음악을 통해 관찰하고 표현할 수 있는 기회를 부여한 것이다.

음악적 기억 유도 활동은 환자의 상실된, 혹은 손상된 음악적 본능을 회복시키고 향상시킴으로써 삶에 대한 의지와 창의성을 되찾기 위한 기법이다. 예를 들어, 부모로부터 방관과 무관심의 형태로 아동 학대를 받아온 성인 피해자에게 이 기법을 적용한 결과, 자신의 어린 시절 버스에서 거침없이 어린이 동요를 부르던 자신의 모습을 음악적 본능의 시각적 형태로 재경험하고, 자기 존재와 삶에 대한 의지와 창의성을 회복했다(Montello, 2002).

2) 활동에서의 고려점

대부분의 음악치료 방법들을 적용할 때와 마찬가지로, PW 음악치료를 적용할 때도 대상의 상황에 따라 융통성 있게 변화시키고 조절하는 치료사의 자세가 필요하다. 대개 PW 치료의 적용 과정은 앞에서 소개된 10가지 훈련영역을 토대로 진행하나, 대상의 치료를 받을 수 있는 심리적, 신체적, 정서적 준비 상태, 치료사와의 관계 적응도 및 심적 부담의 정도 등에 따라 각기 영역의 적용 순서나 깊이, 가감 정도를 결정한다.

7. 적용 대상에 대한 논의

PW 음악치료는 이미 언급한 바와 같이 본래의 치료목적 대상이었던 전문 연주가 및 음악 관련직 종사자 외에도 학생, 주부, 회사원, 병원 직원, 공무원, 자영업자 등 직무 스트레스를 경험하는 다양한 직업 종사자들을 대상으로 할 수 있는 장점이 있다. PW 음악치료에 포함되는 기법들을 모든 대상에게 같은 방식과 순서로 적용하기보다는 각 개인이 가지고 있는 특수한 상황과 성격 등을 고려해 개인에게 적합한 방식으로 바꾸어 가며 그때마다의 치료 상황에 맞게 적용하는 것이 매우 중요하다. 또한 전문 음악인이 아닌 타 직종 종사자를 대상으로 하는 경우에는 그 해당 직업의 성격 및 환경, 스트레스적 요인들을 치료사의 입장에서 충분히 이해하고 치료 방식을 정하는 준비가 필요하다. 예를 들어, 연주가의 직무 스트레스적 요인에는 지휘자와 동료들 간의 관계적 특성 및 리허설 시간과 환경적 요인들이 포함되는 반면, 병원 직원의 경우는 원내 직원들 간이나 환자와의 관계적 특성이 전자의 경우와 판이하게 다를 수 있고 병원 환경에서만 경험하는 특성적 요인들이 존재하기 때문이다. PW 음악치료 내에서 쓰이는 특정 치료 기법들 중 즉흥음악치료 및 심상유도 음악치료적 요소들은 이들의 기원이 되는 Nordoff Robbins의 창조적 음악치료와 Bonny 방식의 GIM과는 구별하여 적용되어야 한다. 그 근원적 성격의 유사성을 이해하되, 이들 기원적 음악치료 접근 방법들을 임상전문가로서 적용하기 위해서는 거기에 따르는 임상전문가 과정을 거쳐 충분한 지식의 습득과 임상경험을 통해 사용하는 도덕적 자세가 필요하다.

치료 상황에 따라 치료과정에 포함되는 모든 기법들 중 일부를 적용하거나 원 기법의 형태를 대상의 상태에 맞게 변형하는 경우도 있다. 예를 들어, 즉흥음악치료적 기법을 잘 수용하지 못하는 경우는 심상유도적 기법을 더 반복적으로 사용할 수도 있으며, 토닝(Toning)을 부담스러워하는 대상을 위해서는 이 단계에 앞서 호흡법 등 비교적 수용하기 쉬운 기법부터 적용하는 것이 효과적일 수 있다. PW 치료기법들 중 음악적 대화고리 활동과 일부, 즉흥음악적 활동 등의 방법들은 이에 앞서 타 기법들을 통해 치료적 진행이 된 후에 적용하는 것이 바람직하다. 이것은 이들 기법들이 환자들 간의 상호관계 및 환자와 치료사 간의 관계에 무리가 없고 깊이를 가진 후에야 치료적 효과가 나타나기 때문이다. 또한 단체 음악치료로서의 기법들에 대한 준비가 되지 않은 대상에게는 단체적 기법들을 무리하게 적용하기보다는 개인치료를 통해 치료적 진행을 시작하여 점차적으로 단체 치료 환경도 접할 수 있는 기회를 제공하는 것이 좋다.

나르시시즘 성향의 클라이언트는 이와 같은 치료 접근방법에 대해 방어적 태도를 보이며 치료를 수용하지 않으려는 자세가 지나치게 강한 경우가 많아 이 접근방법이 적합하지 않다 (Montello, Coons, & Kantor, 1990). 그러므로 이러한 성격적 장애요소들은 심리치료 등을 통해 그 방어적 태도에 대한 근원적 치유가 이루어진 후에 이 접근방법을 적용하는 것이 치료적 시각에서 바람직하다.

PW 음악치료에 쓰이는 치료적 기법들은 기존의 음악치료 및 심리치료, 명상, 요가 등의 분야에서 널리 사용되어 왔으나, 통합적인 치료 접근방법으로서 직무 웰니스를 치료목적으로 했다는 것에 가장 큰 치료적 의미가 있다. 현재 보고되는 연구에서는 PW 치료 내의 기법들을 비교 분석하고 타 접근방법과의 치료적 효과를 비교하는 등의 방법적 분석이 점차적으로 진행 중인 것에 반해, PW 음악치료의 개체적 기법들이 모인 포괄적 개념의 접근방법으로서의 연구는 부족한 실정이다. 앞으로의 연구로는 이러한 기법적 시각에서 벗어나 총체적 치료로서의 임상 효과를 살펴보고, 보다 다양한 치료대상을 위한 깊이 있고 적절한 치료적 접근방법을 개발해 나가며, 거기에 따르는 과학적이고 연구 목적에 적합한 측정 및 분석이 이루어져야 한다.

또한 음악 관련 분야에만 국한된 치료로만 적용하기보다는 타 직종 분야의 문화 및 성격을 파악하여 그것에 맞는 치료 방안을 개발하는 자세가 필요하다. 이러한 시각에서 볼 때 PW 치료의 연구적 가치는 매우 높을 것으로 기대된다. PW 음악치료의 학문적, 임상적 발전을 위해서는 임상 연구의 개발과 더불어, 음악 및 음악치료와 음악교육 등의 학과 내에 과

목으로 지정함으로써 음악인들의 직무 스트레스에 대한 인식을 높이고 연주, 교육 및 치료의 질적 효율성을 증대하는 계기를 마련하는 것이 필요하다. 이를 위해 더 많은 임상 훈련 과정을 개설하고 직무 스트레스의 이해 및 예방의 중요성을 보다 다양한 직업층에 알리는 것이 중요한 과제다.

용어 해설

교감신경계(sympathetic nervous system): 자율신경계의 하나로 몸을 긴장시키고 혈압과 맥박을 촉진시키며 스트레스적 상황에 대해 대비하는 기능을 한다.

극적 경험(peak experience): 극적 감정 혹은 희열(bliss)을 경험하는 상태로, 존재의 근원적 가치성에 대해 일치감을 느끼는 상태이기도 하다.

내재적 비판(inner critic): 인간에 내재된, 자신을 비판하는 목소리나 존재를 말한다.

내재적 음악의 치유 능력(essential musical intelligence): 음악과 소리를 반사적이고 전환적 도구를 사용해 전체적 건강의 균형을 이루는 내재적 능력을 말한다.

만다라(mandala): 내면세계를 담는 도구의 역할로 원을 이용한 그림의 형태를 말한다.

만트라명상(mantra meditation): 조용히 앉아 반복적인 만트라, 즉 세계 공통적인 근원적 단어를 반복하는 명상활동으로, 이를 통해 마음의 평안과 균형감을 경험하는 것을 목적으로 한다.

목 차크라(throat chakra): 고도의 창의성과 감성적 영역을 연결하는 차크라이며 목을 이용한 토닝(toning)과 찬팅(chanting) 등의 음악적 접근과 밀접한 관계가 있다.

부교감신경계(parasympathetic nervous system): 자율신경계의 하나로 몸을 안정시키고 소화작용을 촉진하며 노곤함 등을 느끼게 하는 작용을 한다.

선호 음악 감상(preferred music listening): 정해진 음악 장르 및 종류가 아닌 클라이언트가 선호하는 음악을 선택하여 감상하는 것이다. 클라이언트가 자신의 수집 음악 중에서 음악을 직접 고르는 방법과 치료사가 클라이언트의 음악 경향에 맞추어 제시하는 음악 목록 중에서 선택하는 방법이 있다.

수집적 무의식(collective unconscious): 개인의 경험들을 상징적이고 본능적인 측면과 직접적으로 연관시키는 인간의 내재된 심리적 능력을 말한다.

쉬드(sheaths): 요가 철학에서 유래한 것으로, 의식의 5가지 단위적 기능에 대한 구분을 말한다.

음악과 심근이완법(music and relaxation): 음악을 청취하며 몸의 각 근육 부위를 따라 수축, 이완하는 방법을 말한다.

음악적 대화(giving and receiving feedback loop): 클라이언트가 치료그룹 내 나머지 구성원들에게 활력과 치유의 영향을 준다는 것을 목적으로 생각하고 무대연주를 하는 치료방법이다. 이해 관중으로서의 구성원들은 음악적 경험에 대한 긍정적 측면들에 대해 토의한다.

음악적 집합(musical charade): 감성적으로 복합적인 의미를 지닐 수 있는 여러 시나리오들을 정한 후 그중 하나를 선택해 치료그룹 구성원들이 즉흥음악과 마임 등을 통해 표현하게 하고 나머지 치료그룹 구성원들이 답을 찾도록 함으로써 특정 상황과 문제에 대한 인식과 탐구의 기회를 가지는 치료방법이다.

의식(consciousness): 존재에 대한 기본적 인식을 말한다.

자아(ego): 의식의 일부로 개인 중심적으로 감각적 느낌을 경험화시키는 요소를 말한다.

차크라(chakra): 동양철학적 용어로 '바퀴' 혹은 '원'을 뜻하며, 척추를 따라 몸 전체에 7개 점을 걸쳐 존재하는 의식의 지점이다. 이는 척추를 따라 퍼져 있는 신경계와도 밀접한 관계가 있다고 한다.

토닝(toning): 명상의 상태에서 몸에 나타나는 통증이나 경직된 느낌들을 더 깊이 경험하고 탐구하는 방법으로, 통증이나 경직 부위에 집중한 후 그 부위에 소리를 낼 수 있는 기회를 주어 클라이언트 자신이 그 소리를 직접 내 보며 경험한다.

참고문헌

Bae, M. (2003). *The effect of active music making compared to active music listening and artwork making on the level of anxiety and pain perception.* Unpublished master's thesis. The University of Kansas.

Bond, W. (2004). Getting the balance right: The need for a comprehensive approach to occupational health. *Work and Stress, 18*(2), 146-148.

Bonny, H., & Savary, L. (1990). *Music and Your Mind.* New York, NY: Station-Hill.

Coons, E. L., & Perez, J. (1995). Confidence and denial factors affect musicians' postperformance immune responses. *International Journal of Alternative Medicine, 4*(1), 4-14.

Fishbein, J., Middlestadt, S. E., Ottai, V., Strauss S., & Ellis, A. (1988). Medical problems among ICSOM musicians. *Medical Problems of Performing Artists, 3*(1), 1-8.

Gardner, H. (1985). *Frames of Mind.* New York, NY: Basic Books.

Goleman, D. (1995). *Emotional Intelligence.* New York, NY: Bantam Books.

Jung, C. G. (1968). *Analytical Psychology, Its Theory and Practice.* New York: NY: Pantheon.

Kahn, H. I. (1983). *The Music of Life.* New Lebanon: Omega.

Kella, J. (1985). Experts study the role of stress in. the arts. *International Musician, 8.*

Kim, Y. (2003). Effects of improvisation-assisted desensitization, and music-assisted progressive muscle relaxation and imagery on ameliorating music performance anxiety of female college pianists. Unpublished Doctoral Dissertation. The University of Kansas.

Knight, W. E., & Rickard, N. S. (2001). *'Relaxing Music Prevents Stress-Induced Increases in Subjective Anxiety, Systolic Blood Pressure, and Heart Rate in Healthy Males and Females',* Journal of Music Therapy, *38*(4), 254-272.

Lesiuk, T. (2005). The effect of music listening on work performance. *Psychology of Music, 33*(2), 173-191.

Montello, L. (1992). Exploring the causes and treatment of music performance stress: A process-oriented group music therapy approach. In R. Spintge & R. Droh (Eds.). *MusicMedicine* (pp. 284-297). St. Louise, MO: MMB Music, Inc.

Montello, L. (1995). Music therapy for musicians: Reducing stress and enhancing immunity. *International Journal Alternative Medicine, 4*(2), 14-20.

Montello, L. (2002). *Essential Musical Intelligence: Using music as your path to healing, creativity, and radiant wholeness,* Wheaton, Illinois: The Theosophical Publishing House.

Montello L., Coons, E., & Kantor, J. (1990). The use of group music therapy as a treatment for musical performance stress. *Medical Problems of Performing Artists, 5,* 49-57.

Rama, S., Ballentine, R., & Ajaya, S. (1976). *Yoga and Psychotherapy: The Evolution of Consciousness.* Honesdale, PQ: Himalayan Institute.

Robb, S. L. (2000). The effect of therapeutic music interventions on the behavior of hospitalized children in isolation: Developing a contextual support model of music therapy. *Journal of Music Therapy, 37,* 118-146.

Snow, D. L., Swan, S. C., Raghavan, C., Connell, C. M., & Klein, I. (2003). The relationship of work stressors, coping and social support to psychological symptoms among female secretarial employees. *Work and Stress, 17*(3), 241-263.

Wickramasekera, I. (1998). Secrets kept from the mind but not the body or behavior: The unsolved problems of identifying and treating somatizationi and psychophysiological disease. *Advances 14*(2), 79-164.

제12장
심상유도와 음악

Lisa Summer, 정현주

심상유도와 음악(Guided Imagery and Music: GIM)[1]은 치료목표에 적합한 음악 감상을 통해 다양한 심상을 경험함으로써 인간의 내면세계를 탐색하는 심층적 심리치료기법이다 (Summer, 1988). GIM을 음악감상기법 혹은 긴장이완기법이라고 알고 있는 경우가 흔한데, 이는 잘못된 정보다. GIM은 음악심리치료 영역에서 훈련된 치료사들이 음악의 심미적 경험보다는 음악으로 유도된 다른 감각적 경험에 초점을 두고 단계적으로 전개하는 심리치료 방법(method)이라고 할 수 있다.

GIM은 Helen Bonny가 프로그램화하였으며 현재까지 계속 음악치료 분야에서 효율적으로 사용되고 있다. Bonny의 GIM 이후에 음악과 심상을 연관 지어 개발된 유사한 기법들이 많이 소개되었는데, 각 접근 내용과 이론적 배경은 많은 부분에서 차이가 있다. 이 장에서는 Helen Bonny가 개발한 GIM, 즉 Bonny Method Guided Imagery and Music(BMGIM, 이하 GIM)을 소개하였다.

---

1) Guided Imagery and Music(GIM)을 한국어로 번역하는 과정에서 다양한 용어를 사용할 수 있지만 이 장에서는 '심상유도와 음악'이라고 명명하였다. 이는 GIM에서는 심상을 중심으로 치료적 작업이 시작되며 심상을 치료사가 유도하는 것이 아니라 음악으로 유도됨을 암시하기 때문이다.

1. GIM 기법의 철학적 근거

GIM은 하나 이상의 심리치료적 원리와 시각에 근거한 기법이다. Bonny는 크게 정신역동적, 인본주의적 그리고 초월심리치료(transpersonal psychotherapy)에 바탕을 두고 이 기법을 개발하였다. 즉, 클라이언트들 자신에 대한 이해를 얻고 궁극적으로 일상과 삶에 필요한 대응전략과 문제해결력을 촉진하는 데 목적을 둔 체계화된 음악심리치료 방법이다. Bruscia(1992)는 자아, 초자아, 원초아의 세 가지 성격구조의 역동적 상호작용이 음악으로 유도된 심상을 통해 표현되며, GIM 과정에서 이러한 역동적 상호작용의 이해와 통찰을 얻을 수 있다고 하면서 GIM의 정신역동적 측면을 강조하였다.

또한 GIM은 인본주의적인 치료개념인 자기실현과 욕구충족 그리고 '완전히 기능' 하기 위한 잠재력의 탐색 등을 강조한다(Maslow, 1968). 여기서 자기실현은 개인의 잠재력을 현실로 보여 주는 과정을 말하며 이에 도달하기 위해서는 여러 과정들을 거치게 되는데, GIM에서는 음악을 이용하여 전치된 의식 상태[2]에 들어감으로써 외부세계가 아닌 내면세계를 탐색하고 자기실현에 필요한 잠재력을 확인하고 체험하게 된다(AMI, 2003). 클라이언트는 전치된 의식 상태에서 자신의 다양한 측면을 탐색함으로써 기본적인 욕구들은 물론 감정적, 정신적, 영적 필요들을 탐색하고 해결에 필요한 내적 자원과 외적 자원을 규명하는 과정을 거친다.

그리고 GIM은 초월경험(transpersonal experience)을 중요시하는데 여기에서 초월의 개념은 내적 혹은 내면세계와 초월적 영역(transpersonal dimension)에서의 경험을 말한다. GIM에서는 음악을 통해 내면세계를 탐색함으로써 자신의 존재를 인간의 형태가 아닌 다양한 원형과 심상의 형태로 경험하고 전체적인 시각과 보다 깊이 있는 이해를 얻도록 한다. 이러한 탐색 영역을 초월적 영역이라고 하는데, 인간적인 존재로서가 아닌 다른 존재적 경험을 통해 삶에 대한 보다 더 큰 이해와 깨달음을 얻게 하는 데 그 의미가 있다. 현실세계가 아닌 내면세계를 탐색함으로써 클라이언트는 내재된 욕구들을 규명하는 기회를 갖게 되고, 존재의 의미 및 정체성을 확인하며 이를 통해 얻어진 통찰력은 현실에서 자기실현을 촉진하는 데 기여한다(Burns & Woolrich, 2004).

---

2) Altered State of Consciousness(ASC)을 한국어로 번역하는 과정에서 'altered' 의 의미를 '전치된' 으로 하였다. 이는 전의식과 의식의 중간 상태를 가리키며 심상유도를 위한 내면세계(inner world)와의 접촉(contact)이 가능한 의식 상태라고 할 수 있다.

..심리학은 모든 클라이언트들이 자연스러운 개인적 치유 과정을 통해 독립적으로 성장하고 발전하는 잠재력을 지녔다고 전제한다. 초월심리학의 치료목적들 중 하나는 클라이언트들이 그들 자신의 내적 자원을 만나는 것이다. 여기서 내적 자원이란 자아의 힘과 존재의 중심이 될 수 있는 내재된 힘을 의미하며, 자기의 중심과 만남으로써 환경과의 상호 교류에 필요한 자원들을 활용하는 것이 치료적 목표라고 할 수 있다. 따라서 치료사는 클라이언트의 문제를 해결하는 데 직접적인 역할을 하기보다는 클라이언트 스스로 자신에 대해 통찰할 수 있도록 지지하고 격려하는 역할을 한다.

  GIM에서 일어나는 경험들의 궁극적인 목적은 자기변화다. 음악으로 유도된 심상을 통해 내면세계를 부분적으로, 또는 전체적으로 접하면서 자신에 대한 이해를 높이고 자신을 조율할 수 있는 능력을 개발한다. 또한 이 과정에서 존재의 목적과 책임감을 인정하고 진정한 자유로움과 자기 고유의 가치를 높이는 것이 GIM의 치료목표라 할 수 있다.

2. GIM의 역사

  심상을 이용한 음악치료 기법인 Guided Imagery and Music(심상유도와 음악, GIM) 기법은 Helen Bonny가 처음 개발하였다. Helen Bonny는 캔자스대학교에서 바이올린과 음악치료를 전공한 후, 미국 동부 메릴랜드 주에 있는 정신병원에서 정신장애 전문가들 및 연구자들과 함께 약물 중독과 분열성을 가진 클라이언트들을 대상으로 사이키델릭치료(psychedelic therapy)에 대한 연구에 참여하였다. '사이키델릭 심리치료(pscychedelic peak pscyhotherapy)'는 심리치료의 한 접근으로 LSD(Lysergic Acid Diethylamide) 등의 환각제를 사용하여 클라이언트가 가지고 있는 심각한 불안증, 긴장감, 부적 정서 혹은 피해의식 등을 감소시켜 주고, 환경에 대응하는 태도와 자세를 갖게 해 주는 치료적 효과에 목적을 둔 치료기법이다. 또한 사이키델릭 심리치료는 치료과정에서 대상에 따라 감정분출이나 퇴행에 대한 심리적 문제를 다루어야 하는 경우 일시적인 환각 상태 또는 감각 체험을 유도하는 등의 치료적 효과를 보고자 할 때 사용되었다. 보통 사이키델릭 심리치료는 10~20세션으로 구성되는데, 클라이언트가 본인의 경험을 이해하고 자신에 대한 통찰력을 얻기 위해 선택적으로 제공되는 치료적 중재 가운데 하나였다.

  Helen Bonny는 음악치료사로서 이 과정에서 음악을 보조적 자극제로 활용하여 치료적 반응을 촉진시키는 데 활용하였다. 이러한 약물치료 과정에서의 세 가지 주요 변인은 약물의 복용량, 클라이언트의 상태, 복용 조건이다. 이때 음악은 비약물적 자극제로써 클라이언트의 상태에 따라 적용되었는데, 상태란 클라이언트의 성향, 기질, 배경, 통제력, 심미적 경험에 대한 태도 등을 고려하여 음악을 선택한다는 것이며, 조건은 클라이언트가 처한 환경적 조건에 따라 음악의 선곡을 달리해야 한다는 것을 말한다. 이러한 치료과정에서 음악치료사는 클라이언트와 규칙적인 면담을 통해 음악에 대한 선호도와 반응에 대해서 이야기한 후 약물치료 기간 동안 효과적인 음악을 선곡하여 들려주었다.

의식 상태의 전환을 통해 치료적 변화를 유도하는 사이키델릭 심리치료에서 음악이 보조적으로 사용된 600회 세션을 분석한 결과, 음악은 다음과 같은 부분에서 매우 효율적인 자극제였다고 보고되었다.

- 클라이언트가 내면의 세계로 집중할 수 있도록 지지해 주는 역할을 한다.
- 극한 감정을 표출할 수 있도록 지지해 주는 역할을 한다.
- 절정 경험을 촉진시켜 준다.
- 시간을 초월한 경험을 가능케 해 준다.
- 전반적인 경험의 전개와 흐름을 구조화해 준다.

이러한 연구결과들은 일차적으로 LSD 사용에 소비되는 기금을 줄이는 데 공헌하였으며, 전문적인 분야로서 음악치료의 발전에도 큰 기여를 했다. 연구자들은 음악 자체가 클라이언트를 '절정 경험'에 도달하도록 안내할 수 있는지의 여부를 연구하기 시작하였으며, 이에 많은 후속 연구결과들은 음악이 클라이언트들의 보다 깊은 의식 수준까지 탐색하는 데 도움을 주고 그 과정에서 절정 체험을 촉진시켰음을 보여 주었다.

Bonny는 이러한 임상 경험을 바탕으로 음악을 체계적으로 사용한 연구를 통해 입증된 감상 중심의 음악심리치료 기법을 개발하였으며, 이를 '심상유도와 음악(GIM)'이라고 명명하였다. 인간의 전치된 의식세계를 자극하는 과정에서 음악은 보조적 수준에서 시도되었지만, 연구 과정을 통해 사용된 음악의 기능이 임상적으로 검증되었고 그 효율성 또한 입증되었다. 즉, 음악 감상 동안 일어나는 감상자의 반응을 연구하는 문제를 과학적으로 다룬 GIM에서 그 단계와 수준은 더욱 체계화되었고, 인간 내면의 탐색과 자기 이해에 목적을 두고 음악을 활용하는 데 효율적인 치료적 방법으로 개발되기에 이르렀다.

3. GIM의 치료적 특성

1) 심상

Summer(1990)는 GIM에 대한 이해에서 심상, 즉 Imagery의 의미를 충분히 알고 들어갈 것을 강조한다. GIM에서 감상 동안 다루어지는 심상에는 내적 경험의 신화적, 원형적, 상징적 이미지 혹은 형태들이 포함된다. 여기서 상징은 그자체가 지니고 있는 본질적인 의미 이외에 개인적 의미를 담은 표상을 의미하며, '원형'이란 상징성이 내재된 우주적 표상이라 할 수 있다(Jung, 1974).

심상은 음악을 통해 자극되고 표현되므로 체험되는 심상은 감상자의 정서 및 감정과 연관되어 있다. 심상은 인간의 외부세계와의 상호 교류에서 일어나는 내적 갈등의 표상이며 이에 대한 긴장을 표현해 주는 상징적인 역할을 한다. 외적 현실의 효율적인 기능을 위한 내적 현실의 이해가 중요하다는 전제하에 음악으로 유도된 이미지들은 내적 세계를 이해하기 위한 치료과정에서 의미 있는 역할을 한다.

GIM에서도 심상이란 시각적인 상은 물론 이를 포함하여 훨씬 더 넓은 감각적 의미의 심상까지 포함한다. 흔히 꿈은 모든 사람들이 경험하는 이미지의 한 형태라고 본다. 꿈을 꾸어 본 사람은 알듯이 꿈은 오직 시각적인 이미지만을 담고 있지는 않다. 꿈은 감각적이기도 하며, 촉각적, 청각적 또는 감각운동적인 내용이 담겨 있는 경우도 있다. 예를 들어, 특정 신체 부위의 통증이나, 두통, 근육의 뭉침 혹은 결림 등이 있을 수 있으며, 정서 및 감정적 반응으로는 슬픔, 기쁨, 각성, 흥분, 공포 등이 있고, 감각적인 반응으로는 오싹함, 추위, 더위, 축축함 등이 있다. GIM에서 심상은 이러한 감각적 상들을 의미하며, 다양한 내용과 강도로 제시된다. 이러한 심상들은 음악을 통해 자극된 내면적인 문제나 감상 동안의 경험을 감각적으로 표현하게 해 준다는 데 의미가 있다. 내면의 심리적인 이슈들은 음악을 통해 수동적으로 심상의 형태로 유도되지만, 치료과정에서 이들은 극히 역동적으로 작용한다.

2) 원형

GIM에서의 심상은 다양한 종류의 원형(archtype)과도 연관이 있다. Jung은 본능과 같은 일차적 과정은 무의식 차원에서 자기충족, 생존, 항상성을 추구하는데, 이는 기억과 충동을 표현해 주는 '원형'으로도 상징되어 표현될 수 있다고 하였다. 또한 자아는 원형과 같은 창조적 표현 형식을 통해 인간의 본질적인 부분을 이미지로 보여 줌으로써 인간이 완전한 존재로 향하게 하는 방법과 목적 그리고 방향을 제시해 준다(Austin, 1996). 이러한 시각에서 음악으로 유도된 원형은 심상의 하나일 수 있으며 내재된 원초적인 욕구와 본질을 표현해 주는 역할을 한다.

GIM에서는 클라이언트로 하여금 의식적으로 인지하고 있는 선을 넘어서 조금 더 우주적인 경험을 할 수 있도록 하는데, 이를 집단무의식(collective unconsciouness) 혹은 개인 무의식(personal unconsciousness)의 탐색이라고도 한다. 이렇게 탐색되는 내용의 상황, 욕구, 강도 등은 상징적인 방법으로 표현되는데, 이러한 방법 중 하나가 전래동화, 신화 등에 등장하는 원형적 이미지(archetypical image)를 통해서다. 하나의 예로, 여러 문화의 전래동화에서 '엄마'는 새엄마, 나쁜 엄마, 늑대, 마귀할멈 등 각기 다양한 이미지로 묘사된다. 부정적 의미의 엄마는 『헨델과 그레텔』의 악독한 이미지, 『백설공주』에서처럼 정체성이 변신하는 이미지 또는 『메두사』에서처럼 에너지를 흡수해 버리는 압도적인 이미지도 있다. 한편 '좋은 엄마' 원형은 지혜가 있고, 용기도 있으며, 선과 악을 구분할 수 있고, 도전력과 인내심을 가진, 즉 모든 것을 적절히 균형 있게 가지고 있으며 여성성을 장점으로 활용하는 이미지다(Ventre, 1994). 이러한 엄마에 대한 원형은 개인의 경험과 배경에 따라 다양하게 나타날 수 있다. 그러므로 GIM에서 어떠한 원형이 심상으로 체험되었는지에 따라 그 의미와 정서, 상황, 투사되는 내용들이 다를 수 있다.

Pearson(2002)의 '내면의 영웅'에서는 인간의 동기와 의미가 연관된 심층적 구조(deep structure)에 대한 이해를 돕기 위하여 Campbell(1949)의 작품인 『천의 얼굴을 가진 영웅(A hero with thousand faces)』을 부분적으로 발췌하여 제시하였다. 여기서 소개된 12가지의 원형들은 인간과 감정적인 연관이 있으며 예술 영역에서, 문학에서, 인간관계에서, 개인적 또는 집단적 상황에서 특정 감정을 자극하고 투사시킨다. Pearson은 이러한 원형들을 통해 자신에 대한 이해를 얻을 수 있다고 하면서 인간과 원형에 내재된 성향들을 연관 지어 설명하였다. 이해를 돕기 위해 소개된 12가지의 원형 중 몇 가지를 소개하자면, 무사(warrior)는 모든 것이 폐허가 되었을 때 용감한 영웅처럼 나타나 목표를 이루는 원형적 이미지를 지니고 있다. 이 원형은 방해물을 해치고 넘어서 어려운 과정을 잘 넘기는 능력을 가진 성향을 상징할 수 있다. 이 원형의 성향은 또한 다른 사람들이 모두 투쟁 대상이고 싸워야 할 대상이라는 사고도 같이 가지고 있다. 다른 예는 방랑자(wanderer)인데, 이러한 방랑자 원형은

￣ 것을 알기 위한 탐험과 여행을 계속한다. 항상 외로움과 고립감을 느끼고 있으며, 이를 극복하기 위해 개인적인 용맹을 미지 탐험이라는 명목으로 계속 확인한다. 마지막으로 연인(lover)의 원형은 부모와의 사랑에서, 우정, 영적 사랑, 이성적 사랑까지 모든 형태의 사랑을 통제하고 싶어 한다. 사랑에 따른 고통도 있지만, 이를 통한 친밀감, 순종, 소유욕, 충성심 등을 확인하려고 한다. 이렇듯 GIM의 심상에서 경험되는 원형적 이미지는 개인적인 상징성보다 더 큰 우주적 의미를 지닌다. 이러한 우주적 이미지는 각기 문화권에 따라 다를 수 있다는 것 역시 기억해야 한다. 또한 원형을 해석하는 과정에서는 원형에 대한 객관적 의미를 바탕으로 개인이 경험한 원형에 대한 느낌, 의미, 시각 등을 더 중요하게 다룬다.

3) 음악

음악은 치료사가 클라이언트와 면담을 거친 후 클라이언트의 상황과 심리적 문제에 따라 선택된다. 여기서 음악은 하나의 '자극제(input)'가 아닌 다양한 소리 자극의 형태와 패턴으로 구성된 복합체이므로 음악을 구성하는 요소들을 고려하여 선곡해야 한다. Bonny(1972)는 음악 선율의 흐름, 다이내믹의 범위, 화성의 구조, 리듬, 연주 형태 등을 중심으로 다양한 감정 영역과 심리적 이슈에 따라 음악을 구분하여 감상 프로그램(listening programs) 시리즈를 개발하였는데, 이 프로그램은 계속적으로 GIM 치료에서 활용되어 왔다.

치료사는 적절한 음악을 선택함으로써 클라이언트의 내면적인 욕구와 필요에 대한 접근을 시도한다. 면담 과정을 거쳐 치료사는 클라이언트의 내면적인 갈등을 이해하고 충분히 감정이입함으로써 클라이언트의 내면적인 문제가 같이 공유되고 반영되고 있다는 것을 충분히 전달한다.

도입 부분에서 치료목적을 비롯하여 회기의 전개에 필요한 정보가 수집되면 이에 따라 단계마다 음악을 선택한다. 이러한 전개 과정에서 음악이 지지적이거나 도전적일 수 있다. 이에 대해 Summer(1993)는 Winnicott의 '충분히 좋은 엄마(good enough mothering)'라는 개념을 빌려, 음악도 '충분한' 역할을 하면 된다고 설명하였다. GIM의 치료목표는 음악의 심미적 경험이 아닌, 심리적 작업을 위한 것이므로 음악에 대한 클라이언트의 경험이 더 중요하다는 것을 기억해야 한다. 즉, 지지적인 음악만이 좋거나 도전적인 음악만이 좋은 것이 아니라, 클라이언트의 상태와 태도, 혹은 필요에 따라서 지지적인 음악 혹은 도전적인 음악이 활용될 수 있다는 것이다. 또한 대상에 따라 같은 음악을 받아들이는 과정에서 음악에 따라 그 반응이 달라질 수 있음을 유념해야 한다. 즉, 너무 단순하고 복잡성이 적어 예측 가능한 음악은 안정적인 정서만을 강화시키기 때문에 클라이언트로 하여금 작업해야 할 감정 영역을 다루지 못하게 한다. 이에 반해 적절한 복잡성과 비예측적인 구조 그리고 모호한 전개 등이 가져다주는 최소의 불안은 새로운 심상을 자극하고 유도하는 역할을 해 준다. 하지만 이 복잡성이 클라이언트가 감당할 수 있는 정도를 넘어선다면 이는 필요 이상의 불안을 유도한다. 그러므로 음악은 적절하게 클라이언트를 밀었다 당겼다 하는 역할을 할 수 있어야 하는데, 마치 엄마(음악)가 아이(클라이언트)를 품에 안고 있다가 잠시 놀도록 내보냈다가 다시 안아 주는 비유로 표현할 수 있다(Burns & Woolrich, 2004). GIM 세션에서 음악이 갖는 역할과 기능이 유의미한 만큼 음악치료사는 심상을 유도하는 데 사용되는 음악 분석에 대한 전문적 지식이 있어야 한다.

현재 GIM에서 사용되는 음악은 모두 18개의 특성에 따라 분류되어 녹음되어 있으며, 이러한 프로그램은 계속 GIM 전문가들이 다시 정리하는 과정을 거치고 있다. Grocke(2002)는 각 곡의 특성과 경험의 목적에 따라 18가지로 분류된 기존의 GIM 음악 프로그램을 소개하였다. 위로(comforting), 감정 분출(affect release), 탐색(explorations), 심상(imagery), 고요함(quiet music), 돌봄(caring), 회상(recollections), 긍정적 정서(positive affect), 절정경험(peak experience), 바흐(mostly Bach), 슬픔(grieving), 감정 표현(emotional expression), 이행(transitions), 우주(cosmic-Astral), 죽음과 환생(death-rebirth), 평온(serenity), 관계(relationship), 내면의 오디세이(inner Odyssey)가 그것이다. 이들 특성에 따라 4~5개의 곡이 선곡되어 있는데, 그중 몇 가지만 〈표 12-1〉에 적어 놓았다(Grocke, 2002). GIM 음악들은 계속 재정리되고 있으며 GIM 치료사나 클라이언트에 따라 부분적으로 선곡되는 등 곡의 사용은 어느 정도 융통적인 부분이 있다.

〈표 12-1〉 GIM 음악프로그램의 예

프로그램명	곡명
돌봄(Caring)	• Haydn, Cello Concerto in C. Adagio • Puccini, Madame Butterfly, Humming Chorus • Debussy, String Quarter, op.10, Andantino • Bach, Christmas Oratory, Shepherds' Song • Dvorak, Serenade in E major, Larghetto • Warlock, Capitol Suite, Pieds-en-l' air

고요함(Quiet Music)	• Debussy, Danse Sacred and Profane • Debussy, Prelude to the Afternoon of a Fawn • Holst, The Planets, Venus • Vaughan Williams, Fantasia on 'Greensleeves'
긍정적 정서(Positive Affect)	• Elgar, Enigma Variations, W. N., Nimrod • Mozart, Solemn Vespers, Laudate Dominus • Barber, Adagio for Strings • Gounod, Offertoire, Sanctus • Strauss, Death and Transfiguration
절정경험(Peak Experience)	• Beethoven, Piano Concerto #5, Adagio • Vivaldi, Gloria, Et en terra pax • Bach, Adagio in C • Faure, Requiem, In Paradisum • Wagner, Lohengrin, Prelude to Act 1

4) 심상과 감정 그리고 음악의 상호작용

GIM에서 음악은 치료사와 클라이언트와의 관계를 촉진시켜 줄 뿐만 아니라, 클라이언트가 두 대상(치료사와 음악)과 상호 교류할 수 있는 음악적 공간을 제공한다. 이 공간 내에서 음악은 클라이언트의 심상을 유도하고, 심상은 치료사와 경험하는 내면의 문제를 감정적으로나 내용적으로 공유하고 공감할 수 있도록 해 준다. 전치된 의식 상태에서의 이러한 교류는 충분히 자극적이지만, 음악적 공간으로 인해 안정적으로 체험될 수 있다([그림 12-1]).

Goldberg(1992)는 장이론(Field Theory)을 통해 어떻게 음악이 심상을 자극하고 유도하며, 음악이 감정을 유도하고 자극하는지를 설명하였다. Goldberg는 음악과 심상 그리고 감

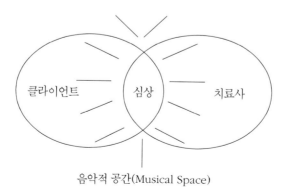

[그림 12-1] 음악과 심상의 상호작용(Kenny, 1989)

정을 의식(consciousness) 차원에서 설명하면서, 이 세 요소의 상호작용에 관한 복합적 과정을 설명한다. 여기서의 음악은 서양고전음악을 말하며, 심상은 감상 과정에서 경험하는 시각적, 감각적, 운동적 느낌 또는 생각과 직관력 등을 포함한다. 감정은 조금 더 복잡한 정의를 지닌다. 심리치료 영역에서는 감정을 정서(affect)라는 의미로도 사용하는데, 정서는 자율신경계로 인해 '행동적으로 표현되는 반응(overt response)'을 말한다. 이러한 반응은 흔히 그 자극에 대한 확인과 원인을 채 인지하기 전에 경험된다고 할 수 있다. 느낌 혹은 기분(feeling)은 자신과 관련된 본능적인 정서 반응을 말한다. 감정(emotion)은 복합적인 개념(사랑, 분노, 좌절, 슬픔 등)들에 개인적 의미가 적용되면서 다양한 색깔과 강도의 기분 상태들이 통합되면서 경험되는 것을 말한다.

GIM이 감정을 중심으로 다루는 방법인 만큼 감정을 명확히 정의하고 들어가는 것이 중요한데, Goldgerg(2002)는 감정을 '외부 혹은 내부의 유의미한 사건에 대한 신경생리적 각성, 운동적 표현, 주관적 느낌을 포함한 몇 가지 이상의 요소들이 동시에 경험되는 에피소드(p. 361)'라고 소개하였다. 또한 다른 감정이론가들도 이 세 가지의 요소들을 '3대 반응 행동'이라고 불렀다. 이러한 정의와 함께 Goldberg는 GIM의 장이론에 대해 다음과 같은 기본 전제를 제시하였다.

첫째, GIM에서의 심상 형성은 음악에 대한 감정적 반응에서 비롯된다. 둘째, 음악은 자율신경계를 자극함으로써 의식적 혹은 무의식적 감정을 유도하고, 감정은 심상을 유도한다. 그 뒤에 따르는 이미지는 감정과 계속 연계되어 있는 한 뒤따라 제시되며, 음악의 감정적 영향은 계속적으로 새로운 이미지를 발생시킨다. 이러한 과정으로 인해 음악-감정-심상의 주기가 형성된다.

여기서 이 두 가지 기본 전제는 서로 관련이 있다. 음악의 감정적 요소는 GIM 과정의 핵심적 요소다. 이는 임상에서도 흔히 증명되는데 감정적인 이미지는 그만큼의 행동적 표현으로 이어진다. 이는 음악이 자율신경계에 직접적으로 작용하면서 이러한 감정적 반응이 나오기 때문이다. 감정적 반응은 자율신경계의 생리적인 각성과 함께 시작되며 각성의 수준은 감정적 경험의 강도와 질을 지지해 준다(Mandler, 1984).

심상의 내용은 감정적 상태와 경험에 따라 영향을 받기도 하며 감정을 더욱 자극하기도 한다. 심상은 자율신경계와 뇌의 중간 역할을 한다고도 할 수 있다. Lusebrink(1990)도 심상은 몸과 마음의 다리 역할을 한다고 하였으며, 몸의 변화 상태에서나 정보처리 과정에서 연계적 기능을 한다고 하였다. 이처럼 음악이 자율신경계를 자극하고, 이로 인해 감정적 반유도되고, 심상은 자율신경계와 뇌의 중간 의사소통 역할을 한다. 이는 곧 심상이 GIM 과정에서 감정의 표상이라는 사실을 암시한다.

세 번째 전제는 GIM에서는 개인적 위계질서를 통해 심상이 떠오른다는 것이다. 게슈탈트 장이론에서와 같이 인식의 장에서 가장 중심적인 부분은 다른 부분과의 완전한 분리가 되지 않았더라도 충분히 부각되고 구별될 수 있다는 전제다. 음악적 장은 계속 존재하지만, 이 과정에서도 어떠한 부분은 의식적으로 유의미한 게슈탈트로 집중을 요구하는 경우가 있다. 이러한 게슈탈트는 '즉각적 중요성(spontaneously dominant)'을 띠며 위계질서상 가장 시급하게 작업되어야 할 문제를 부각시켜 준다.

[그림 12-2]는 장이론 과정을 보여 준다. 음악적 장이 감정을 자극하고, 이는 곧 이미지를 자극한다. 이러한 이미지는 그에 담긴 감정적 측면과 관련된 심상을 자극한다. 이러한 창의적인 프로세스는 감정이 작업될 때까지 계속되며, 음악-감정-심상의 주기가 계속되는 한 이어진다. 비록 심상이 약해지면서 철회된다 하더라도 그 프로세스는 계속되면서 내적 경험과 탐색에 필요한 초점과 구조, 이미지에 역동성과 감정적 지원을 제공한다.

Goldberg(2004)에 따르면 심상은 내면의 다양한 갈등들에 대한 표상이며 이에 대한 정서적 반응을 함축하고 있다. 음악은 자율신경계를 자극하여 각성을 유도하며, 클라이언트의 주 감정을 자극한다. 또한 음악이 바뀌게 되면서 감정적 고조는 변화하고 심상 역시 같이 변형된다. 이들 감정들은 무의식적일 수도 있고, 의식적일 수도 있다. 만일 클라이언트가 그 감정 자체를 인식하지 않고 있을 경우 이러한 심상은 위에서 언급되었듯이 다양한 형태중에서도 감정적 반응으로 경험된다. 즉, 클라이언트는 이전에 인식하지 못했던 문제를 전치된 의식 상태에서 음악에 대한 감정적 반응을 통해 내재된 심리적 이슈를 경험하게 된다.

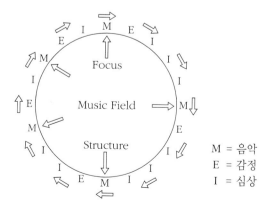

[그림 12-2] GIM의 음악 장이론(Music Field Theory)

네 번째 전제인 방어적 자원(Defensive Maneuver: DM)은 음악에 대한 감정적 반응으로 인해 발달되며, 이는 자아를 보호하기 위해 꼭 필요한 기제다. 방어적 자원이라는 단어는 방어기제와는 다른 의미로 쓰이는데, Freud 개념의 방어기제는 지지적 역할 측면에서 방어적 자원과 그 차이가 있다. 방어기제의 경우 이로 인해 치료과정에서 방해적 요인으로 작용하는 경우가 있다. DM의 경우는 GIM 세션에서 보여지는 내용에 대해 클라이언트가 나름대로 활용하는 내면적 자원과 이에 대한 보호적 기제를 의미한다. GIM 세션에서 심상들을 감당할 수 있는 충분한 내적 자원이 있는 경우는 문제가 없을 수 있지만, 그렇지 못할 경우는 경험으로의 몰입이 어렵거나 특정 심상이 떠오르지 않는 경우가 많다. 예를 들어, 음악이 너무 거슬리기 때문에 몰입이 어렵다고 불평하는 반응은 '감정적 저항'의 한 예가 될 수 있으며, 심상을 만화적 형태로 떠올리는 것도 실제 감정적 내용을 감당하는 과정에서 그 강도나 깊이를 약화시키려는 경향을 보이는 것이다. 이러한 반응은 클라이언트 고유의 보호적 전략으로 볼 수 있다. 반대로, 실제 세션 내에서 경험이 극히 깊어지면서 심상의 내용이나 강도가 클라이언트가 감당하기에 도전적일 경우는 내적 자료를 통해 감당할 수 있는 상들을 동시에 떠올리기도 한다. 예를 들어, 클라이언트가 심한 추위를 호소하면서 몸을 감쌀 수 있는 것을 찾는다든지 혹은 차가 오는 것을 보면서 위험을 감지하고 피할 곳을 찾는 등 심상 체험과정에서 클라이언트가 보호적인 기제를 취하는 것을 볼 수 있다. 결과적으로 이러한 DM은 건강한 내적 자원이라고 할 수 있으며 단계적으로 내면세계와 경험의 통찰에 다다르는 데 필수적인 요소다. Goldberg는 건강한 클라이언트는 세션에서 경험되는 불안을 최대한 감당할 수 있는 수준에서 이러한 기제를 적절히 활용하는 반면, 그렇지 못한 클라이언트들은 이러한 기제를 활용하지 못해서 감정 자체에 빠지게 되는 경우도 있다고 하였다. 그렇기 때문에 치료사는 클라이언트가 어느 정도 자기 보호적 자원을 가지고 있는지를 판단하고 이를 활용할 수 있도록 적절한 구조와 지지를 제공해야 한다.

마지막으로 음악에 다양한 수준의 감정적 각성은 의식적이든 무의식적이든 이미지들로 인해 자극된다. 깊은 감정적 경험에서 가장 중요한 요소들은 클라이언트의 감정적 상태, 음악의 집중도, 음악과 클라이언트가 얼마나 맞는지에 대한 일치성, 음악 그 자체가 있다. 이러한 요소들은 매우 복잡한 방법으로 상호작용하지만, 감상자의 일상에서 실제 사건들에 대한 감정적 이슈들을 많이 가지고 있다면 음악과 내면세계에 더 집중을 강화하여 감정적 반응의 깊이를 심화할 수 있다.

4. GIM 세션과 치료 단계

GIM은 개인과 그룹 세션의 형태로 제공되는데, 그 형태에 따라 치료의 과정과 단계가 다르다. GIM이 개인 세션에 초점을 두고 기법이 개발되었기 때문에 먼저 개인 세션과 그 과정을 우선적으로 다루고자 한다.

1) 개인 세션

Helen Bonny가 개발한 이 기법은 프로그램화된 서양고전음악을 사용하며 각 세션은 구체적인 절차와 단계를 가진다. 한 세션은 1시간에서 2시간 정도로 4단계로 나뉜다. 이 네 가지 단계는 각각 초기 면담(prelude), 이완과 도입(relaxation and induction), 감상(music and Imagery), 그리고 마무리(postlude)로 이루어진다.

첫 단계에서는 세션에서 초점을 두어야 할 클라이언트의 이슈를 언어적으로 규명하는 작업을 중심으로 현재의 어려움이나 본인이 지각하고 있는 육체적, 심리적 혹은 사회적 문제 등을 나눈다. 이 과정에서 개인적인 배경과 경험 등이 모두 이야기될 수 있으며 이러한 시간은 치료사가 GIM 세션을 어떻게 이끌어 나갈 것인지를 판단하는 데 도움을 제공한다.

두 번째 단계는 이완과 도입으로 구성된다. 이완에서는 좌뇌의 역할을 최소화하는 과정이 목적이며, 도입에서는 세션에 들어가기 위해 우뇌에 적절한 자극을 제공하는 데 목표를 둔다(Summer, 1992). 이완은 음악 감상에 들어가기 전에 최대한으로 편안한 상태를 갖기 위함이다. 이 과정에서는 근육의 수축과 이완을 유도하는 점진적 근육이완 기법(progressive muscle relaxation)과 시각적 혹은 촉각적 이미지를 유도하여 이완을 경험하도록 하는 오토제닉 이완 기법(autogenic relaxation)이 주로 사용된다. 이 단계에서 중요한 부분은 표면적 긴장도(superficial tension)라 불리는 육체적 긴장을 감소하는 것이다. 반면에 감정적 혹은 정신적 긴장은 GIM의 감상 부분에서 활용할 수 있는 자원이므로 너무 이완 상태로 이끌기보다는 잔존 긴장도가 있는 상태에서 시작해야 한다.

도입 부분은 적극적인 음악 감상에 들어가기에 앞서 클라이언트가 음악 감상을 시작하는 출발점을 정립하는 시간이기도 하다. 도입에서 주요하게 고려해야 할 작업은 세션의 목표를 설정하고, 그 목표에 따라 제시되는 이미지라 하겠다. 치료사는 클라이언트가 이완된 상태에서 시각적인 집중과 초점을 유도하기 위해 이미지를 제시하고 음악이 시작되면 보다 더 열린 마음으로 음악을 받아들일 수 있도록 격려한다. 여기서 제시되는 이미지는 현재 클라이언트를 위해 설정된 치료목적과 연관 지어 선택되어야 하며, 이에 치료사적인 통찰력은 필수적이다. 효과적이고 적합한 이미지 제공을 위해서는 초기 면담(prelude) 동안 클라이언트의 지지적 자원에 대한 충분한 정보와 이해를 얻는 것이 중요하다.

세 번째 단계는 음악 감상이다. 여러 예술적 매체 중에서 음악은 무의식 수준에 잠재된 감정을 자극하는 데 효율적이다. 보이지 않는 소리의 형태인 음악을 듣고, 이를 통해 울고 웃고, 에너지 고조를 경험하는 것은 우리의 감정, 즉 무의식에 내재된 에너지를 자극하는 음악의 힘 때문이다. 따라서 치료사는 클라이언트의 삶과 현재의 기능에 대한 문제와 목표를 중심으로 감상 프로그램을 선곡해야 한다. 한 프로그램은 최소 3~5곡으로 이루어져 있으며 시간으로는 30~40분 정도다. 클라이언트는 음악을 감상하는 동안 떠오르는 심상이나 경험하는 감각적 반응들을 계속 구두로 치료사와 대화하면서 심상여행을 한다. 여기서 대화란, 클라이언트가 음악을 감상하는 동안 체험하는 심상들을 계속 구두로 치료사에게 알리고, 치료사는 클라이언트가 그 체험의 깊이와 강도를 충분히 탐색하고 경험할 수 있도록 언어적 지시를 주어 클라이언트가 어디에 있는지를 확인하는 언어적 개입을 말한다. 'Guide'를 직역하면 '안내' 혹은 '유도'가 되지만, GIM은 치료사가 특정 이미지나 심상을 유도하거나 제시하지 않고 현재 클라이언트가 경험하는 심상에서 시작하고 그 경험 자체를 중심으로 하기 때문에, 'guide'를 단순 직역하여 '안내 혹은 유도'라는 단어를 사용할 경우 혼란이 올 수 있다. Goldberg(2005)는 이러한 혼란을 피하기 위해 개념 정의 과정에서 'guided'란 단어가 'conversation'에 더 가깝다는 것을 강조하였다. 즉, '대화'로 번역할 경우에 의미 전달이 더욱 적합하다고 볼 수 있다.

감상 동안 치료사는 클라이언트의 반응, 심상에 대한 태도, 감정을 읽으면서 프로그램에 수록된 곡을 조정하거나 차례를 바꾸는 등의 융통성을 발휘할 필요가 있으며, 따라서 치료사의 날카로운 임상적 판단력과 순발력 그리고 신중한 통찰이 필요하다. 또한 감상 동안 치료사는 최대한 집중하여 클라이언트가 경험하는 모든 것(청각적, 촉각적, 시각적, 운동적 등)을 언어로 대화하고 그 과정에서 치료사가 '함께 있음'을 전달한다.

마지막 단계는 프로세스 혹은 마무리(postlude) 시간으로, 클라이언트는 감상을 마치고 자신이 경험했던 전체 시간에 대한 느낌과 감정을 치료사와 나눈다. 이러한 나눔은 먼저 비언어적인 매개체를 통해 표현되도록 유도하는데, 그림 작업이나 시 쓰기 혹은 동작 등을 이용한다. 이 과정은 경험한 무의식적인 자료들을 의식화시키는 데 그 목적을 둔다. 감상에

기 전 초기 면담에서 어떠한 매개체를 사용하여 프로세스할 것인지를 미리 결정하는 경우도 있고, 감상 후 클라이언트의 상태와 필요에 따라 결정될 수도 있다. 치료사와 클라이언트는 감상 동안의 경험들을 같이 탐색하고 이야기하면서 경험된 심상들이 클라이언트의 내적 세계 혹은 현실과 어떻게 연관 지어질 수 있는지를 이야기한다. 이 과정에서 치료사는 적극적인 분석이나 문제 해결을 제공하는 역할보다는 클라이언트가 자신의 경험에 대한 의미와 관련성을 이해할 수 있도록 도와준다. 치료사의 역할은 최대한 클라이언트가 본인의 경험을 보는 시각을 키우도록 도와주고, 잠재된 자기 가치와 존재에 대한 통찰력을 촉진시키는 것이다. 이러한 과정이 감정적으로 힘겹고 고통스러울지라도 치료사는 충분한 공감과 감정이입을 제공하고, 궁극적으로 클라이언트가 본인의 문제에 대해 얻은 새로운 시각을 실제 삶에도 적용하도록 격려해 준다(Burns & Woolrich, 2004).

2) 그룹 음악과 심상

위에서와 같이 GIM은 음악 감상 동안 대화가 가능해야 한다. 개인 치료의 경우 클라이언트가 체험하는 심상을 대화하면서 전개하는 것이 가능한 반면, 그룹 세션의 경우는 그렇지 않다. 이에 Summer는 그룹 세션에 맞는 GIM을 고안하였는데, 이는 기관에 있는 클라이언트들이 개인 GIM을 한다는 것이 현실적으로 여러 가지 어려움을 갖고 있다는 사실을 직시하여 기관의 환경적 특성, 음악치료사들이 가지고 있는 GIM 관련 기술 등을 고려해 개발되었다. 이것은 기존의 GIM(Guided Imagery and Music)과는 달리, 그룹 구성원들과의 언어적 대화가 가능하지 않으므로 '그룹(Group) MI'라는 새로운 명칭으로 명명하였다(Summer, 2002).

그룹 MI는 그룹 형태를 고려한 비교적 재교육적(re-educative) 혹은 교수학적(pedagogical) 차원의 음악심상 기법이다. 여기서 교수학적이란 극히 구조화된 음악의 활용과 언어적 지시를 중심으로 전개되는 치료 접근을 의미한다. 한편 그룹 치료에서는 개인 세션에서 다루는 개인적인 프로세스보다 집단 역동을 활용한 프로세스를 유도하는 데 초점을 둔다(Summer, 2002). 정신장애 기관을 중심으로 한 환경에서 제공되는 그룹 MI 기법은 그 환경과 대상의 특성을 고려했을 때 세션 구성과 접근이 최대한 구조화되어야 한다. 이는 정신장애가 가지고 있는 취약함과 현실감이 결여될 수 있는 가능성 때문이다. 그룹 MI은 목표 중심의 접근이며, 그룹의 수준과 단계에 따라 그 접근 역시 달라질 수 있다. 현재 미국의 많은 대학에서는 MI를 수용적 음악치료 기법으로 수업에서 가르치고 있으며 실제 실습 환경에 맞게 적용할 수 있도록 고안하였다.

그룹 MI에서 첫 단계를 초기 면담(prelude)이라고 하며 이 단계의 목적은 그룹 목표를 정하는 것이다. 이 과정에서 치료사는 현재 그룹이 어디에 와 있는지를 파악하고 확인하는 것이 중요하다. 예를 들어, 정신과 병동에 입원한 환자들과 그룹 세션을 한다고 가정하였을 때 그룹을 시작하면서 치료사는 구성원의 한 사람에게 다음과 같은 질문을 할 수 있다.

"오늘 오전에 사이코드라마가 있었는데, 어떠했나요? 혹시 사이코드라마 이후 해결되지 않았거나, 계속 마음에 남아 있는 생각이나 감정, 이런 것이 있으면 말씀해 주실 수 있나요?"

이런 식으로 모든 그룹의 구성원과 만남(check-in)을 가진 후, 다음과 같이 진행할 수 있다.

"그렇군요, 우리 모두가 각기 다른 정도와 색깔의 감정을 가지고 있네요. 그렇다면 그 감정을 외면하지 말고, 이번 세션에서 한번 다루어 볼 수 있을 것 같아요. 이번 세션에서는 사이코드라마에서 여러분들이 접한 특정 장면이 아니라, 현재 여러분들 마음에 아직 해소되지 않고 남겨져 있는 감정만을 다룰 것입니다. 우리가 항상 해 왔듯이, 깊은 호흡을 하고 음악의 세계로 들어가 봅시다."

또한 그룹의 구성원들은 각기 다른 정서와 감정 상태에 있으므로 치료사는 순발력 있게 그룹의 동질감을 형성할 수 있는 하나의 공통 주제를 규명해야 한다. 이에는 다양한 방법이 있겠지만, 이 중 Summer(1992)는 '주고받기(Give and Take)'란 표현을 사용하면서 그룹을 하나의 공동체라고 생각했을 때, '내가 그룹에게 줄 수 있는 것은 무엇인지'를 생각해 보도록 한다. "혹시 그룹 내에 특정 구성원에게 줄 수 있다고 생각되는 것이 있나요? 반대로, 여러분이 그룹에서 얻을 수 있다고 생각되는 것은 어떤 것이 있나요? 있다면 이 그룹에서 누가, 어떻게 줄 수 있나요? 음악이 들리면 이런 부분에 대해서 생각해 보시길 바랍니다."라고 시작할 수 있다. 여기서 'Give and Take'는 그룹원들로 하여금 본인들이 가지고 있는 지지적 자원과 이를 주고 받을 수 있는 능력, 자신 혹은 타인에 대한 긍정적인 면모 그리고 새로운 경험에 대한 열린 마음을 들 수 있다.

이와 같이 초기 면담에서는 그룹원들을 위한 공통 목표를 구체적으로 설정하고 들어간다. GIM이 인본주의적 철학에 근거한 기법인 것을 고려할 때, 이렇게 그룹에 초점을 두고 치료사가 설정한 목표에 맞추어 세션을 이끄는 것은 치료철학과는 사뭇 다른 접근이라고 할 수 있겠지만, 그룹 세션의 목적은 그룹의 안정과 치료 변화를 최대화하기 위함이다. 개인적인 문제에 치료목표를 설정하고 세션을 이끌게 되면, 감상 중 개인적인 문제들이 모두 보이게 되고, 그렇다면 그룹의 역동성을 활용하지 못하게 된다. 그룹 세션에서는 그룹의 역동성을 최대한으로 활용해야 하므로, 이러한 역동성에 참여하고 역할을 할 수 있는 인지기능을 가진 클라이언트들이 적합한 대상이 될 수 있다. 하지만 인지나 감정 혹은 사회적 기능이 너무 낮거나 병동 생활을 오래한 클라이언트의 경우는 어려울 수 있다.

세 번째 단계에서는 5~7분 정도 음악을 듣는다. 이 세션 동안 치료사는 이 시간의 목적이 음악을 감상하는 것이 아니라 음악이 가져다주는 여러 가지 것들을 탐색하는 데 있다는 점을 강조한다. 예를 들어, 음악이 하나의 장소를 떠올리게 할 수도 있으며, 아니면 몹시 복받치게 슬프거나 화나는 감정을 경험할 수 있으며, 혹은 하늘을 날 것처럼 신나는 행복감을 느끼게 할 수도 있음을 설명한 후, 음악을 통한 심상 체험을 열린 마음으로 받아들이도록 한다.

개인 치료와는 달리 그룹에서는 감상 동안 대화가 이루어지지 않고 음악 감상이 끝난 후 언어적 프로세스 시간을 갖는다. 음악을 통해 본인의 내면세계와의 만남이 종료되었음을 알리고는 다시 현실세계로 돌아왔음을 주지시킨다. 세션의 목적을 구체적으로 설정하고 들어가기 때문에 음악적 전개가 단순한 곡을 반복해서 듣는 등 극히 구조화된 음악을 활용하는 것이 중요하다.

마지막 단계인 프로세스 혹은 마무리 시간에서는 그룹의 모든 구성원이 치료원이 될 수 있다. 음악 감상 동안은 개인적으로 심상을 경험하지만, 프로세스 시간에는 그 개인적 경험을 공유함으로써 그룹의 경험으로 확장한다. 여기서 프로세스란 감상 이후 나누어진 심상에 대해 개인적으로 어떤 의미가 있는지 혹은 현재 현실에서 벌어지고 있는 문제와는 어떠한 관련이 있는지를 구두로 나눈 후, 다른 그룹원들의 의견과 그 심상에 대한 지지와 공감을 이끌어 냄으로써 그룹의 치료적 역동성을 높이는 것을 의미한다.

3) 그룹 MI와 치료 수준

개인 GIM 세션과 그룹 세션은 공통적으로 세 가지 수준으로 적용할 수 있다. 이 세 가지 수준은 Wheeler가 제안한 심리치료 단계의 기본 개념을 도입하여 제시되었는데, 지지적 수준, 재교육적 수준, 재구성적 수준에서의 음악심리치료적 접근으로 나누어진다. 이는 클라이언트의 문제, 치료목표, 심상 체험의 적합성, 능력에 따라 결정되며, 이와 함께 음악 혹은 프로그램의 선곡, 치료사의 역할 등이 결정된다.

(1) 지지적 수준의 그룹 MI

지지적 수준에서 그룹 GIM은 음악을 말 그대로 지지적인 수준에서만 사용한다. 기관에 입원한 클라이언트들은 심리적, 인지적, 의사소통 문제 그리고 정신운동적 어려움 등을 가지고 있다. 이러한 대상군은 단기 입원 환자들보다 더 의식화된 내용과 분명한 음악적 자극과 심리적 이슈를 가지고 시작한다. 즉, 이 수준에서의 그룹 MI는 환경에서의 지지적 자원을 규명하고 그룹 구성원들이 가지고 있는 장점을 확인하는 데 초점을 둔다. 그러므로 이 단계에서는 그룹의 신뢰감이 무엇보다도 중요하며 이러한 신뢰감 위에 그룹원들이 긍정적으로 상호작용하고 교류하도록 유도한다. 이 과정에서 음악과 심상의 경험은 그룹 역동성을 유도하는 데 사용되며, 서로의 이미지들에 대하여 반영해 주고, 각자의 시각들을 들어주는 기회를 갖는다.

지지적 수준에서의 세션 도입은 특정 느낌이나 주제, 단어 혹은 시각적 이미지를 제공함으로써 시작되는데, 이러한 이미지는 갈등적인 내용이 아닌 긍정적인 경험을 유도하기 위해 제공된다. 이러한 정적 이미지는 안정감과 자긍심 그리고 그룹의 소속감을 고양시켜 준다. 만일 그룹원 중 불안이나 감정적 불안정감을 보이는 클라이언트가 있는 경우 치료사는 이러한 감정적 문제에 대한 예리함과 순발력을 지녀야 한다.

(2) 재교육적 수준의 그룹 MI

이 수준의 음악심상 세션 목표는 변화를 도모하는 데 초점을 둔다. 이 단계는 즉, 내적 작업에 들어가는 단계로서, 그룹의 역동성과 신뢰가 바탕이 된 이후에 가능하다고 할 수 있다. 이 과정에서 그룹의 구성원들은 치료사와 약간은 독립된 태도를 보이기도 하고, 지지적 수준(supportive level)보다는 장기간의 치료 목표를 두고 진행된다.

이 단계의 목표는 자기 인식과 자기 이해다. 치료사는 그룹원들이 서로 도우면서 건강하지 못한 상호 교류 패턴이나 현재 삶의 기능을 방해하는 문제들에 대한 이해를 높인다. 여기서 중요한 것은 서로가 어떻게 서로를 보느냐 하는 시각을 얻는 것이다. 그러므로 그룹의 참여와 나눔 그리고 서로에 대한 이해가 기본적으로 필요하다고 할 수 있다. 그룹 내에서의 지지적 자원이 충분히 탐색된 후 개인적 문제나 갈등들을 작업할 수 있다. 그러므로 이 단계에서의 도입은 개인적인 문제, 기분, 특정 관계의 어려움 혹은 대면하고 있는 고민, 예를 들면 지금 내 인생은 어디로 가고 있는가 등에서 시작할 수 있다.

이 단계에서의 음악은 지지적 수준에서와 같이 기본적으로 심미적이고 진정적 기능을 가

ㅡ 각을 사용하지만, 필요에 따라 음악의 전개가 있는 곡들을 선택한다. 예를 들어, 클래식 음악에서는 단순한 교향곡의 2악장들이 효과적이며, 이에는 Wagner의 Siegfied Idyll 혹은 Beethoven 제7번 교향곡 등이 효율적으로 쓰일 수 있다.

재교육적 수준에서는 언어적 교류가 많이 일어날 수 있는데, 기억해야 할 것은 특정 심리적 문제에 대한 해결 중심의 언어적 프로세스가 아닌, 문제에 대해 보다 깊이 있는 이해 그리고 전체적인 시각을 볼 수 있는 통찰력을 기르기 위한 언어적 프로세스라는 점이다. 이 수준의 프로세스에서는 서로의 이미지를 지지하기보다는 각기 개인적인 시각을 표현하도록 격려한다. 즉, 다른 사람의 이미지가 본인에게는 어떠한 의미로 다가오는지 등에 대하여 나눈다. 여기서 클라이언트들은 상호 교류적인 프로세스들을 통해 어떻게 본인들의 내재된 갈등이나 문제들이 이미지를 통해 표상될 수 있는지에 대한 통찰력을 얻고 관계적 문제를 탐색하고 이해하게 된다. 치료사는 이 과정에서 서로의 이야기를 감정적으로 이해하고 이입할 수 있도록 격려하고, 지지적인 이미지와 대면적인 이미지 모두를 다루도록 하며, 서로의 이미지에 정서적으로 공감하면서 각 그룹원들이 서로를 위한 치료의 일원으로 기여하도록 한다.

(3) 재구성적 수준의 그룹 MI

재구성적 수준의 그룹 MI 세션은 자아의 재구성을 목적으로 개인적인 혹은 초개인적인 변화를 목표로 한다. 이는 지속적이고 신중한 구성원들로 이루어진 그룹일 경우, 장기간의 깊이 있는 세션 전개를 필요로 하며, 개인적인, 존재론적인 또는 영적인 문제를 가지고 있는 경우에 적합하다. 이 수준에서 도입은 재교육적 수준에서보다 더욱 이완을 유도하여, 의식의 안정과 심층적인 탐색을 허용할 수 있는 의식 상태로 유도한다.

이 수준에서는 자극적인 고전 음악이 사용되는데 각각 10분 정도의 길이와 그 음악적 요소의 특성이 더욱 복합적인 발전을 가진 곡들로 선택한다. 고전적인 장르의 선택은 특정 악장들인데, 예를 들면 Brahms의 첫째, 셋째 교향곡의 3악장이 효율적이며 Mahler의 5번째와 7번째 교향곡 4악장이 적절하다(Summer, 2002).

재교육적인 수준에서와 같이 재구성적인 수준에서도 적극적인 언어적 프로세스에 참여하도록 유도하며 각자의 경험에 대한 지지는 물론 특정 심리적인 문제에 대한 적극적인 대면과 깊이 있는 통찰을 나누도록 한다.

음악과 심상의 치료 전개가 명확히 이러한 세 단계로 나누어지지 않는 경우도 있으며 또한 모든 세션 구성원들이 이러한 단계로 발전되지는 않는다. 어떤 그룹은 평생 지지적 수준에서 벗어나지 못하는 경우도 있다. 입원 기간이 짧은 클라이언트의 경우 혹은 증상이 심한 경우, 아니면 그룹원이 계속 바뀌는 경우도 그렇다. 반면, 어떤 그룹은 신속하게 응집력을 얻고 단기간에 작업을 하는 경우도 있다. 숙지해야 할 것은 치료 세션 전에, 그룹의 수준과 단계를 고려하여 어느 정도 치료사가 중심을 갖고 전개해야 하지만, 예외적인 상황에서는 치료사의 순발력과 그룹의 필요에 따라 개입해야 한다는 점이다. 예를 들어, 지지적 수준에서도 얼마든지 그룹원들이 통찰력을 얻는 경험을 할 수도 있다는 것을 기억해야 하며, 직면(confrontation)이 필요한 클라이언트에게는 간접적 혹은 직접적인 개입을 제공해야 한다.

5. 그룹 MI의 치료 사례

Summer는 본 장을 위해 본인이 초기에 경험했던 그룹 MI 사례에 대하여 소개하였으며, 이 사례를 통해 그룹에서 음악심상 기법이 어떻게 사용될 수 있는지, 이에 따른 고려사항은 어떠한 것이 있는지를 독자들과 나누고자 하였다.

그룹 음악심리치료의 한 방법으로 GIM은 약물중독자들을 위해 28일간의 프로그램을 운영하는 노스웨스턴 정신병원(Northwetern Psychiatric Hospital)에서 처음으로 시도되었다. 이 과정에서 Helen Bonny로부터 대부분 다른 치료사들과 함께 GIM을 훈련받으면서 주로 서로 클라이언트의 역할을 해 주었기 때문에 항상 적극적인 참여 태도에만 익숙해 있었다. 하지만 GIM을 처음 그룹에서 시도하면서 음악을 거부하거나 소극적으로 참여하는 성인 클라이언트들에 대해서 난감함을 느꼈다.

첫 번째 그룹 세션에서 12명의 화난 알코올 중독자와 마약 중독자 그룹에게 Debussy를 들려주면서 엄청난 저항에 부딪쳤다. 12명의 입원 클라이언트들은 내가 그들의 장애에 대해 어떤 도움을 줄 수 있을 것이라고는 믿지 않았으며 세션이 진행되는 중 선택된 음악에 반대하거나 심지어 음악치료에 대해서 비웃기도 하였다. 차라리 음악을 들어야 한다면 이름 모를 프랑스 인상주의 작곡가의 음악이 아닌 그들이 좋아하는 음악만을 듣기를 원했다. 세션의 초기에 그룹원들은 공공연하게 나를 비웃었으며 "눈을 감고 초원에서 쉬는 모습을 상상해 보세요."라는 나의 제안에 냉담했다. 그럼에도 불구하고 나는 계속했으며 Debussy의

Dances Sacred and Profane를 연주했다. 음악이 끝난 후 각각의 그룹원들에게 경험을 나눌 것을 제안했다. 처음엔 모두 거부반응을 보였다. 그룹원들은 음악을 듣는 동안 졸았고, 음악이 싫었으며, 다른 곳에 있었으면 하는 생각을 하였고, 음악이 매우 지루했다고 답변하였다.

그러나 한 명의 클라이언트가 그룹과 다른 답을 했는데 그는 한 번도 클래식 음악을 들어본 적이 없으나 음악을 들으면서 이미 잘 알고 있었던 것처럼 느꼈으며 한 번도 가 보지 못했지만 평화로운 '아름다운 초원'을 선명하게 상상했다고 말했다. 처음 듣는 음악이었지만, 마치 익숙한 음악처럼 초원이 떠오르면서 편안함을 느낄 수 있었다고 했다. 그는 동료 그룹원들과 나에게 음악이 너무 익숙해서 춤을 출 수도 있을 정도였다고 하면서 실제로 초원에서 Debussy의 음악에 맞추어 춤을 추었다고 하였다. 이런 긍정적인 경험은 나뿐 아니라 동료들에게도 전달되었다. 정서적 장애를 가진 화난 사람들 사이에서도 그는 차분하였고 중심에 있었으며, 자신의 상상과 감정을 이야기하는 데 거리낌이 없었고, 그의 경험과 그에 대한 그룹의 적개심에 대해 아랑곳하지 않았다. 이후의 세션에서 그룹원들의 거부는 눈에 띄게 줄었는데 이는 나의 치료 때문이 아니라 12명 중 무의식에서 자극과 변화를 추구하는 한 명의 클라이언트 때문이었다고 생각한다.

이 세션에서 음악을 통한 심상 체험을 사용하는 나의 접근방식이 정신장애를 가지고 있는 그룹에 사용되기 위해서는 변화가 필요하다는 것을 깨달았다. GIM을 하고자 하는 정상적인 개인에게 효과적인 단계(prelude, induction, music and postlude)들은 그룹 상황에서는 비효율적이었다. GIM의 특징인 연상시키는 클래식 음악과 상징적인 심상의 사용은 12명의 그룹원들 중 한 명에게만 의미 있는 경험을 제공했으며 나머지 11명에게는 전혀 의미가 없었다. 또한 정신병원에 입원한 이들 12명이 세션에 들어가는 도입 단계부터 무관심을 보였다는 것은 GIM 접근의 실패를 보여 주는 한 예라고 할 수 있다. 나는 치료(therapy)를 하는 것이 아니었고, 연주(performing)를 하고 있었다. 클라이언트들을 치료하는 것이 아니라 청중으로 취급하여 호른 협주곡을 연주하는 것과 다를 바 없었다.

Northwestern 정신병원에서 우울증과 불안장애 그리고 중독장애로 진단받은 클라이언트들과 함께 한 1년 동안, 나는 Bonny의 GIM 모델을 그룹 형태에 맞게 효과적으로 사용하기 위해 변화시키기 시작했다. 한 시간에서 한 시간 반 동안의 그룹 세션에서 쉽고 효율적으로 할 수 있는 한 가지 혹은 그 이상의 간단한 심상 또는 이미지를 유도하기 위해 음악적인 요소의 사용을 최소화시켰으며 음악적 전개가 가장 단순한 클래식 곡을 사용함으로써 그룹원들이 서로 공감하며 관계를 형성할 수 있도록 진행했다.

이 과정에서 가장 중요한 부분의 하나는 도입이었다. 도입은 세션의 목표를 설정하고 들어가기 때문이다. 초원에서 Debussy 음악에 맞추어 춤추는 것은 알코올 중독자에게 술을 계속 마시거나 끊거나 하는 결심을 세우는 데 특별히 유용한 도움이 되지 못했다. 긍정적인 도입은 그룹의 역동성을 일깨우는 데 큰 역할을 한다. 그래서 각 그룹원들이 긍정적인 경험을 하지 않는다 할지라도 그룹은 몇몇의 긍정적 경험을 나눔으로써 전체적인 경험으로 전이시킬 수 있다. 몇몇의 클라이언트들은 음악을 통한 심상들이 비이성적인 환상이라고 생각하였으며, 심상에 대한 견제를 보였다. 이러한 상황에서 한 사람의 긍정적 반응은 특별히 치료적 경험을 하지 못한 개개인에게 치료에 대한 저항을 줄이는 데 큰 기여를 하였다.

도입과정은 모든 그룹원들이 같이 하는 시간인 만큼 음악으로 인한 심상 경험의 차이를 떠나 동일하게 소외감을 느끼지 않고 경험할 수 있는 시간이다. 심상 경험이라는 추상적인 작업에서 내적 저항을 넘어 공유하는 음악과 각자의 심상에 대한 나눔은 의미 있는 시간이 되었다.

6. 개인 치료 사례

앞에서 언급된 치료 유형에 따른 수준(level)은 개인 치료에도 적용될 수 있다. 개인 치료에서 치료사가 숙지해야 할 것은 클라이언트가 어느 정도의 내적 자원과 치료적 변화에 준비되어 있나 하는 것이다. 다음 치료 사례를 통해서 지지적, 재교육적, 재구성적 수준에서 적용된 GIM을 통해 각 수준의 구체적 치료목표와 그에 따른 변화를 볼 수 있다. 공통적으로 음악과 심상을 통한 내면 세계로의 여행은 새로운 세계로의 여행과 같다. 익숙한 현실세계를 떠나 내면세계로 가는 여행은 새로운 문화권에 들어가는 것과도 같으며, 이 과정에서 여러 가지 사건에 대응하는 것을 경험한다. 이러한 환경에서 내면의 언어가 바로 심상이라고 할 수 있다. 개인 치료에서 더욱 중요한 것은 음악 감상 동안 클라이언트는 반드시 심상(시각적 심상, 느낌, 신체적 감각 등)을 체험할 수 있어야 하며, 체험된 심상의 상징적인 이미지를 이해할 수 있을 뿐 아니라 그 체험을 언어적으로 표현할 수 있어야 한다. 더 나아가, 클

ㅇㅓ언트는 반드시 그 이미지들을 그의 외부세계(일상생활)에 긍정적인 변화를 위해 적용할 수 있어야 한다(Summer, 1988). 치료사 역시 내면세계에서 체험된 것들을 현실세계와 연관 지어 클라이언트의 삶에서 긍정적인 변화를 유도할 수 있도록 자신에 대한 새로운 이해, 시각, 통찰력을 촉진시켜야 한다. 다음은 지지적 수준, 재교육적 수준, 재구성적 수준에서 음악과 심상(MI)을 적용한 사례들이며, 개별적으로 소개되는 사례를 통해 실제 접근과 전개에 대한 이해를 얻을 수 있다.

1) 지지적 수준의 개인 세션: 카일

1993년 성인을 대상으로 사설기관에서 음악치료사로 일하면서 많은 클라이언트들을 의뢰받았다. 클라이언트들은 입원 클라이언트들이 아닌 한 큰 마을 공동체의 일원들로서 그 대부분이 요직에 있는 사람들이었다. 의사인 카일은 고급스럽고도 세련된 양복과 넥타이에 잘 다려진 하얀 셔츠 차림으로 첫 모임에 등장하였다. 정신병동의 찢어진 청바지를 입은 정신이 와해된 중독자와는 거리가 멀어 보였다. 그는 분명 나보다 영리하고 부유했으며 나는 마을 공동체 운영진이자 상류층인 그에게 과연 어떤 도움을 제공할 수 있을지 의문스러웠다. 내게 의뢰한 그의 주 치료사는 그가 우울하고 강박적이라고 하였는데, 그는 스스로의 우울과 강박에 대해 이야기할 때조차 논리 정연하고, 건강하고, 자기인식이 가능하고, 통제적으로 보였다. 나는 그가 단순히 냉소적인 것이 아닌가 생각되었다. 그가 주 6일 내내 하루 10시간씩 강박적으로 일한다고 말했을 때, 다소 과장된 것으로 느꼈고 그 이유 또한 그의 직업과 유관한 것으로 생각되었다. 그는 자신의 업무량이 항상 부족하다는 생각을 떨칠 수 없었다. 그는 강박장애와 주요 우울장애에 대한 약을 복용하고 있었고 2년에 걸쳐 심리치료를 받고 있었다. 심리치료와 약물이 그의 우울 증상들을 많이 감소시켰지만, 그의 주 치료사는 그의 근무시간을 줄이고 근무속도를 늦추고 부족감을 다루어 주는 일에 성공하지 못했다.

초기 세션에서 나는 카일을 위해 긴장도가 높고 비예측적인 인상주의적 음악을 포함한 Bonny 프로그램을 들려주었다. 나의 목적은 그의 태도에 음악을 동일시시키는 것이었다. 음악이 끝났을 때 그는 음악과 자신의 삶이 동일화된 듯하다고 이야기하였다. 감상 동안 카일은 단편적이고 혼란스러운 심상들을 보고하였다. "나는 내게 재빨리 다가오는 소용돌이들이 보여요. 이제 희고 검은 새를 그린 듯한 그림이 보이는데… 어두워요… 모든 것들이 재빨리 오가서 뭔지 알아보기 힘들어요. 늦추어 보려고 하지만, 말을 듣지 않아요… 난 무덤 안에 있어요. 너무 어둡고 비어 있는 무덤 안에 있는 것 같아요. 나가려 하는데 그럴 수가 없어요…."

음악 안에서의 변화가 그의 경험의 본질과 속도를 바꿀 수 있는지를 보기 위하여 나는 몇 가지 상이한 음악들을 시도하였다. 음악의 어떠한 변화도 그의 심상을 변화시키지 못하였다. 카일은 이런 획일적 심상들이 일상에서 그를 괴롭히는 증상들과 유사하다고 하였다. 어느 것도 그에게 진정한 의미를 주지 못하였으며, 달갑지 않은 일들로 채워진 삶에 대해 아무런 변화를 줄 힘도 없다고 하였다. 일, 관계, 사건들은 정서적으로 멀게 느껴졌고, 그가 가진 부, 성공, 지적 성취들은 무의미하였다. 카일은 성취감을 느끼기 위해 강박적으로 일했으나 정서적으로는 단절되어 있었다. 그는 그토록 열심히 일하여 얻는 성취감에 대한 보상과 긍정적 감정들은 무의식-카일을 정서적으로 학대하는 일관성 없는 양육자였으며 우울하고 요구 많은 완벽주의자였던 그의 어머니와 매우 비판적이고 정서적으로 폭력적이며 무관심했던 아버지-에 의해 파괴되었다. 내재화된 부모상은 어린 시절의 학대와 비판을 계속하였고 그의 자존감을 방해하였다. 오히려 그의 심상에서 드러났듯이, 저항으로 채워진 그의 내적 세계는 더 많은 저항을 낳고 있었다. 어린 시절 그의 부모로 받은 학대에 대한 반응인 슬픔, 무기력, 무력감, 분노, 절망, 취약성들은 이제 그의 무의식 안에서 만성적으로 자리 잡고 있었다. 또한 그의 심상은 그의 우울증적 저항 밑의 어두운 뿌리인 죽음에 대한 깊은 존재적 두려움을 드러내었다. 어렸을 때 그는 격렬한 악몽과 공포를 겪었는데 그의 부모는 이에 대한 적절한 개입을 해 주지 않았다.

GIM은 카일에게 단편적이고 무상하고도 통제 불가능한 심상을 경험하도록 하였지만, 나는 그러한 경험이 그가 자신의 어려움을 직면하고 스스로에 대한 이해를 새롭게 하는 데 도움이 된다고 믿었다. 그의 삶에 대한 불만족은 그에게 변화— 업무량 감소, 속도 감축, 보다 풍성한 삶—의 동기로 작용하였다고 판단했다. 그러나 다음 세션에서 카일은 GIM 세션으로 인해 그의 상태가 안 좋게 되었음을 분명히 알 수 있었다. 그는 지난 세션에서 그의 삶이 그동안 얼마나 통제 불가능했는지를 인식하였고, 지난주 동안 자신에 대한 무기력이 증가됨을 느꼈다고 하였다. 안도감과 고무감이 아닌 무력감을 느낀 것이다. 그는 순간적으로 그의 정서적 거리감에 대한 아내와 아이들의 불만을 인식하게 되었지만 이에 반응하지는 않았다. 또한 그는 지난 세션이 불충분하였다고 느끼고 있었다. 그는 자신의 심상들을 이해할 수 없었으므로 스스로를 바보같다고 느끼고 있었다. 그는 내가 모든 심상들이 심리학적으로 무엇을 의미하는가를 정확히 이해하는 것과 그가 심각하게 병들어 있다고 판단하고 분석한 것을 깨닫게 되었다. 그는 창백한 얼굴로 내 눈을 똑바로 쳐다보지 못했으며 매우 비참해 보였다. 그리고 그의 단편적인 말투는 더 심화되었다.

대부분의 사람들이 어린 시절 다소 상처가 되는 양육을 받았다 치더라도, 대개 양육의 긍정적인 면들 또한 존재하기 마련이다. 심상이 대조적일 때, 긍정적 자원, 긴장과 학대에 대한 긍정적 수용은 자아의 힘을 상징해 주며, 심상에서 이러한 긍정적 경험들이 제공될 수 있다. 카일은 어떠한 긍정적 감정도 갖지 못했다. 자아의 힘이 있다고 하더라도 끈질긴 우울증 때문에 완전히 왜곡되었다. 비록 내가 모든 클라이언트의 증상을 치료할 수는 없지만, 이 경우엔 증상들을 더 악화시킨 것만 같았다. 나는 그 자신으로부터 카일을 구제하여 그의 끔찍하고 단편적인 세계로부터 안도감을 주고 싶었지만 난감함을 느꼈다.

GIM이 카일의 증상에 도움이 되지 못한다는 것은 분명했다. 나는 내적 세계가 부정적 시각으로 가득 차 있는 클라이언트들에 대한 경험이 있지만, 그런 점에 대해 아무것도 할 수 없고 정신과적 치료조차 도움이 안 될 정도로 내적 자원이 부족한 클라이언트를 다루어 보는 일은 처음이었다. 나는 카일에게 긍정적 경험들이 과연 가능하기나 한 건지 또는 내가 부모들이 하지 못한 긍정적이고 무조건적으로 수용적인 양육을 그에게 제공할 수 있는지에 대한 의문이 들었다.

학대 전에 존재했을 긍정적이며 순수한 카일과 그의 자아를 재형성하려면 긍정적 경험들이 반드시 있어야 했는데, 나는 이러한 긍정적 자아가 얼마나 깊숙한 과거에 또는 깊은 무의식 속에 묻혀 있는지 가늠할 수 없었다. 이제 첫발을 디딘 치료사로서 나는 그의 긍정적인 면들을 찾아낼 만한 기술과 테크닉이 부족함을 느꼈다. 내겐 GIM보다 가볍고 구조적이며 직접적인 음악과 심상 방법이 필요했다. 과연 잘하고 있는 건가 스스로 불안해 하면서도 몇 세션에 걸쳐 나는 이완 테크닉, 심상 없는 음악, 음악 없는 심상과 같은 다른 방법들을 시도하면서 MI를 중심으로 세션을 전개하였다.

8번째 세션에서 큰 발전이 있었다. 나는 카일이 지난 몇 년간 단 한 번이라도 즐겁고 유쾌한 순간이 있었는지 물어보았다. 그는 아내와의 휴가에서 일출을 보기 위해 새벽에 일어났던 일이 있었다고 하였다. 나는 앞에 놓인 종이에 그 경험한 장면을 그릴 것을 제안했다 (Dvorak의 String Serenade, Opus 22, 1악장을 소개하기 전 도입 단계에서). 음악이 시작했을 때 나는 그가 그림을 그리는 자신을 의식하고 있다는 것을 느낄 수 있었다. 약 1분간의 동요된 그림을 그린 후 카일은 긴장을 풀었다. 그의 그림 그리는 속도가 느려지면서 그의 팔은 매번 음악의 리듬에 맞추어 움직이기 시작했다. 나는 여러 번 그 곡을 반복해서 들려주었다. 견고한 결합문자가 순환되면서 카일의 하얀 셔츠는 모든 색깔의 분필로 더럽혀졌다. 그는 파스텔 색깔들을 종이에 칠한 후 손으로 문질러서 섞었다. 그가 종이 전체를 칠했을 때, 그는 끝난 것처럼 보였고 나는 음악을 멈추었다. 그는 한층 안정되고 편안한 모습은 보였다. 나는 무슨 일이 발생했는지에 관해 그의 경험을 서술할 것을 제안했다. 그는 그림을 그리는 동안 '집중(focused)' '참여(involved)' '창조(creative)'라고 하였다. 그가 고백하기를, 그는 문자 그대로의 일출을 그리려고 했지만 단지 일출의 느낌을 표현하는 것으로 그것을 대신했다고 했다. 강박적이며 우울하고 지속적으로 변하는 생각들로 가득 찬 그의 일상과는 달리 '방해가 없었다'는 점에 감사했다. 그는 진심으로 긴장을 풀 수 있었고 음악을 즐길 수 있었다고 했다. 처음으로 카일은 세션에서 긍정적인 느낌을 갖게 되었다. 그는 일출의 시각적인 이미지를 떠올리면서 회상을 시도하였고, 음악은 그가 기억에 집중할 수 있게 도왔다. Dvorak Serenade 곡의 심미적인 아름다움은 이미지 속에 있던 진실하고 긍정적인 의미들을 현재로 불러오게 하였다. 카일의 의식 상태는 '일의 압박감에서 떠나고 싶은 느낌'을 받았던 초기 세션의 경험으로부터 '만족스러운' 것으로 변했다. 그는 그의 그림에 '만족감(contentment)'이라는 제목을 붙였다.

카일은 세션에 만족했으며 치료에 대해 긍정적인 태도를 가지고 다음 세션에 참가했다. 나는 매주 동일한 순서를 사용했다. 클래식 음악으로 시작해서 그림 그리는 일로 이어졌다. 이때의 그림들은 다음과 같다. '혼돈과 즐거움의 결합 시도' '서로 아껴 주는 아버지와 아들 돌고래' '화를 버리는 것' 함께 일한 지 두 달 만에 카일은 스스로에게 있는 긍정적인 요소들과 연계할 수 있었으며 일상생활에서 그의 변화에 대해 만족감을 얻기 시작했다.

음악과 그림은 카일이 평소에 심리적으로 만나지 못한 의식의 단계를 발견하게 하였다. 음악이 연주되는 동안 그는 죽음에 대한 실제적인 공포, 부정적인 부모에 대한 태도와 우울증과 같이 깨어 있는 시간 동안 그를 괴롭혔던 방어기제로부터 자신을 자유롭게 할 수 있었다. 매주 음악과 함께 하는 긍정적이고 건전한 카일의 '집중훈련'은 심리적으로 쇠약해진 방어로부터 그의 정신을 자유롭게 하기 시작했다. 이런 증상들이 항상 되돌아옴에도 불구하고 카일은 약간씩 일상생활에서 이런 건전한 의식을 일반화시킬 수 있었다. 그는 그의 일상에서 태도와 삶의 질이 바뀌고 있음을 언급했다. 그러나 MI는 그의 원초적이며 일반화된 불안을 완전히 고치지는 못했다.

이런 초기의 지지적인 음악과 심상 체험 세션의 긍정적인 이득이 조금씩 쌓여 가면서 우

그에게 남겨진 불안감을 해소시킬 수 있는 재교육적인 음악과 심상 체험 세션이라는 새로운 치료의 방향에 들어섰다. 이후의 세션들은 '우울증에 갇힌' '화 속에 감춰진 슬픔' '아버지와의 거리감' 과 같이 이름 지어진 과다한 그림 그리기가 이루어졌다.

20번째 세션에서 그는 자신의 이혼에 관해 상담한 그의 클라이언트에게 정서적으로 공감할 수 있었다고 보고했다. 그가 기억하는 한 그의 인생에서 처음으로 타인에 대해 직업적인 공감이 아닌, 인간적인 연민의 정을 경험했다고 했다. 지지적인 음악과 심상 체험에서 카일은 그의 내적 심상이 외부세계와 연관되면서 긍정적 느낌과 만남을 가졌다. 이전의 부모의 학대와 모순된 양육으로 인한 상처는 음악과 심상 체험을 통해 긍정적인 내면으로 발전하였다. 이러한 긍정적 변화는 가족과 그의 일에도 전이되었다. 처음으로 그는 의사로서 놀라운 고백이지만 클라이언트와 진정한 인간적인 관계를 가질 수 있다고 보고했다.

카일의 치료는 3년간 거의 매주 한 번씩 장기간 이어졌지만 그는 성공적으로 자기변화를 지속하였다. 먼저 그의 내면의 삶이 부서졌다. 그는 눈을 감을 때마다 죽음과 상실감과 같은 부정적인 이미지들로 힘들어 했다. 음악을 들으면서 카일을 그의 증상들에 몰두하게 하는 것은 아무런 도움이 되지 않았고 그의 고통을 악화시켰다. 스스로의 내면 세계에 접근할 수 없었던 카일은 처음에 내가 GIM의 깊은 물에 그를 던졌을 때 예측할 수 없었던 경험에 대해서 혼란을 겪었으나 점차적으로 음악의 지지적 기능을 통해 여행에 필요한 힘을 얻을 수 있었다. GIM은 자유 연상(free association)처럼 자유롭고 특정 목적이 없는 여행과도 같다. 카일의 경우는 이러한 예측 불허한 내면을 여행하기에 필요한 동기, 용기, 에너지, 힘을 충전할 시간이 필요했었다. 카일은 GIM 형태의 세션보다는 지지적인 음악과 심상(MI)을 통해 안전감을 상실한 자신으로부터 성장에 필요한 힘과 자아를 강화시킬 수 있었다.

2) 재교육적 수준의 개인 세션: 스탠

45세의 의사인 스탠은 활동적이지만 냉담한 성격을 지녔다. 첫 번째 세션에서 그는 표현을 자제했고 망설였다. 심지어 그의 인생에서 잘못된 점에 대해 말하기를 꺼려했기에, 나는 그와 공감하기가 어려웠다. 같은 의사였던 스탠은 카일 못지않게 우울했다. 카일이 강박증이 있었던 반면에 스탠은 불안장애가 있었다. 스탠의 치료사는 약 6개월간의 상담치료와 약을 통해 그의 우울증을 치료했었다. 그의 치료가 난항을 겪자 그의 치료사는 그에게 또 다른 약을 처방하는 대신에 나에게 그를 보냈다. 알코올 중독치료를 위해 스탠은 10년간 술을 마시지 않았었다.

스탠은 엄격한 아버지에게서 양육받았으나, 반대로 그의 어머니는 그를 온정과 따뜻함으로 키웠다. 그의 아버지는 그를 양육할 때 많은 시간을 함께 하지 않았으나, 그의 어머니는 대분의 시간을 자연스럽게 놀거나 그 자신을 표현하도록 하면서 함께 보냈다. 그녀는 그가 이야기를 쓰거나 판타지 게임 등을 할 것을 권유하면서 정서적으로 공감하는 역할을 하였으나, 스탠은 그 이후 비극적인 죽음들 때문에 많은 상처를 받았다.

스탠이 8세가 되던 해에 그의 집에서 함께 생활해 왔던 할머니가 돌아가셨다. 10년 후 스탠이 십대일 때 여전히 그를 사랑으로 돌봐 주시던 어머니가 암으로 돌아가셨다. 그리고 얼마 후 스탠은 결혼하였다. 3년 후, 그의 21번째 생일이 지나자마자 그의 아버지가 천식과 알코올 중독으로 인한 합병증으로 돌아가셨다. 그의 아버지를 무덤에 묻자마자 스탠의 어린 아내가 암으로 진단받았고 얼마 후 죽었다. 스탠은 채 22세가 되지 않았다. 스탠은 이런 냉혹한 죽음 후 오랜 시간 동안 심각한 불안으로 고통받았다. 이런 초기의 충격들이 현재 실제 생활에서 일어나는 일이 아님에도 불구하고 스탠은 지금도 심각한 불안장애를 가지고 있었다.

"나는 불안에서 자유로운 나를 상상할 수 없어요. 불안은 나에게는 안전한 덮개와도 같아요."라고 스탠은 말했다. "나는 여전히 모든 것이 두려워요. 일이나 내가 하고자 하는 어떤 것에 대한 실패와 같은…. 나는 내 개를 잃어버릴까 봐 두렵고, 폭풍이 있을까 봐 두려워요. 나는 내가 상상하는 모든 것에 관해 하루 종일, 매일 최악의 시나리오들을 만들어요. 나는 불안이 외부의 사건을 조절하고자 하는 나의 시도라고 생각해요. 내가 비록 그것들을 조절할 수 없다는 것을 이성적으로 안다고 할지라도."

초기의 세션들에서 나는 내면의 세계를 여행하는 스탠의 능력이 상당하다고 판단했다. 치료의 초기는 약간의 지지적(supportive) 수준과 재교육적(re-educative) 수준 그리고 재구성적(reconstructive) 수준이 혼합된 세션들로 이루어졌다. 지지적인 세션들은 사망 소식들을 접하기 직전의 시절과 대학생활 동안의 긍정적인 부분과 재연결하도록 그를 도왔다. 그의 대학 시절은 그의 인생에서 가장 많이 즐거웠던 시간이었다.

초기의 지지적 세션에서 스탠은 긍정적인 경험들을 재경험하였으며, 이후 깊이 있는 작업을 위한 GIM 세션으로 이르렀다. 그는 엄청난 불안감을 경험하게 했던 꿈을 이야기했으며 나는 그의 꿈의 일부분을 도입에서 유도하였다. GIM 음악은 꿈으로 인한 불안감을 어린 시절 어머니와 함께 한 평화로운 장면으로 전환하게 하는 데 사용되었다. 이 세션 후 스스로를 긍정적으로 보는 면이 두드러지게 늘었다. 그는 대학 시절 쓰기 시작했던 소설을 다시 꺼내었고, 컴퓨터를 샀으며, 매일 퇴근 후 다시 쓰기 시작했다. 또 다른 GIM 세션이 그의 불안의 근본을 탐색하게 하였는데, 바로 그의 아버지의 임종을 다룬 세션이었다. 이 세션 후 그의 일상적인 불안은 약간 감소되었다. 그는 일상생활에서 음악을 다시 듣기 시작했다. 클래식 음반을 구입했고, 대학 시절 이후 듣지 않았던 음악을 새롭게 접했다. 대부분의 세션들 중에서의 그의 첫 번째 의견은 이전 세션에서 사용된 클래식 음악이 얼마나 아름답고 그가 얼만큼 강하게 영향을 받았는지에 관한 이야기였다.

14번째 세션에서 스탠은 그의 내면세계와 긍정적이며 효과적인 관계를 형성했다. 재교육적인 음악과 심상 체험인 이 세션은 스탠이 일상생활에서 그의 불안을 대할 때 진정으로 새로운 개념을 얻는 데 도움을 준 중요한 세션이었다. 도입에서 나는 그에게 눈을 감고 그의 불안을 생각하기보다는 느낄 것을 제안하였다. 그는 동의하면서 눈을 감았고, 음악 프로그램이 시작하기 전에 그의 심상 체험을 서술하기 시작했다. "모두 다르게 생긴 물체들이 보여요. 다른 크기의 다양한 물체들이 섞여 있어요. 정말로 시선이 그쪽으로 끌려요. 그림에 그려져 있는 것처럼 보이는데 아이가 그린 듯한 사진 같아요. 다른 방향에서 볼 수는 있지만 가질 수는 없어요… 이차원적이에요. 그런데 시선을 주려고 하니 집중해야 할 것 같아서 약간은 힘들어요. 다시 보니 그릇에 담겨진 보석들 같아요."

음악이 시작되기 전 도입 단계에서 스탠이 그의 불안에 대해 견고한 시각적인 이미지를 유도하였는데 이는 재교육적인 접근의 하나다. 스탠이 그의 불안에 대해 새로운 시각을 갖게끔 도와주기 위해 어떤 방법으로든 이미지와 작업을 할 수 있도록 음악을 제공해 주어야 했다. 간단한 아르페지오 반주로 이루어진 Faure의 Pavanne는 스탠이 계속 시각적인 이미지를 통해 작업할 수 있도록 도와주었다. Pavanne의 반주는 정적이며, A와 B 파트의 대조는 다른 시각으로 이미지를 바라보게 하는 자극을 제공했다. 음악의 도입부에 대해 그는 말했다. "보석들이 고정되어 있지는 않아요. 누군가 그릇을 움직이는 것처럼 이리저리 왔다 갔다하면서 보석들이 움직이네요." Faure의 음악이 천천히 들려지면서 스탠은 말했다. "자연스러워 보여요. 어떠한 충격이 그 보석들을 움직이려 하니깐 당연히 움직일 수밖에 없겠죠. 그것들은 자연의 일부분이에요. 비, 홍수, 눈 같은 것이 오고 있는 것 같아요. 보석들에게 변화를 주려고 하네요. 하지만 그 보석들은 크게 움직이지 않아요. 이중성 같아요. 움직이는 것 같은데, 결국 그 자리에 있으니까… 그런데 기분이 너무 슬퍼요."

다음 음악으로 나는 Faure보다는 훨씬 부드러운 짧고 경쾌한 4분의 3박자의 Warlock의

Pieds-en-l' air를 선택했다. Warlock을 들으면서 스탠은 말했다. "가벼운 곡이군요. 보석들에게 색깔을 입혀 주네요. 나는 그 새로운 빛을 통해 보석을 볼 수 있어요. 그런데 보석들이 실제로 보석이 아니라 돌이네요. 돌들을 보여 주네요. 빛으로 인해 다르게 보여요. 빛이 없어진다면 아마 단지 특정 부분만을 볼 수 있을 거예요. 하늘에 별을 보고 있는 것 같아요. 어둠 속에 있는 하늘의 별들을… 그런데, 나의 문제들인 것 같아요. 나의 불안을 보고 있는 것 같아요."

다음으로 나는 Grieg의 Holberg Suite 중에서 'Air' 악장을 선택했다. 스탠은 두 곡 동안 하나의 이미지에 집중하였으며 그 보석들은 느낌이 없고 이차원적이라고 하였다. 'Air'의 음악적 역동성과 함께 스탠은 더욱 이미지에 몰입할 수 있었다. '보석들'에 대한 그의 관점은 그 보석들이 단순하고 자연스러운 '돌들'이라는 것을 깨달았을 때 변했다. 그는 이미지에 대한 원초적인 느낌을 탐색하고자 하였다(나는 음악에 대한 그의 목소리, 얼굴 표정, 신체적 반응에서 오는 감정의 표현을 볼 수 있었다). Grieg의 곡은 이전의 두 곡보다는 강한 긴장감을 자극하는 음악적인 구조를 가지고 있다. 이것은 클라이언트의 긴장도와 일치하며 '작업'을 유도할 수 있는 곡으로 사용될 수 있었다. 다른 두 곡과 비슷하게 Grieg의 곡은 재교육적인 수준의 음악과 심상 체험에 매우 유용한 형식을 가지고 있다. 단, 이 곡은 화성적으로 긴장감을 조성하는 복잡한 발전부를 가지고 있다. 스탠은 "나는 다른 불빛과 함께 돌들을 바라볼 수 있어요. 이 돌들은 나의 한 부분이에요. 하나는 모서리를 비추고, 또 하나는 표면을 비추네요. 너무 밝아서 나는 다른 것들은 볼 수가 없어요. 돌들 중의 하나만 보이기 때문에 더 긴장되는 것 같아요. 나의 다른 감각들을 통해 돌들을 느껴 보려고 노력해요. 하나는 내 느낌으로, 또 하나는 내 귀로…. 내 다른 감각들을 모두 사용해서 느끼고 이해해야 할 필요가 있어요. 필요한 일이에요…. 모두 관심을 주어야 하거든요."

스탠의 세션에서 자신의 불안에 대한 심상 체험은 시각적으로 상징적인 이미지에서 다른 감각들을 통합시킨 의미 있는 세션으로 발전되었다. 이러한 경험은 자신과 내재된 불안에 대한 새로운 관계를 일깨웠다. 확장된 견해들로 인해 불안을 분리시키려고 하기보다는 내면의 한 부분으로 받아들일 수 있었다. "나는 노력해요… 나는 노력해야만 해요…."

Albinioni의 D 장조, Oboe Concerto 2악장은 Faure, Warlock, Grieg의 낭만적인 분위기와는 다른 음악적 언어를 가지고 있다. 세션에서 이 곡을 다음 곡으로 선택한 나의 취지는 스탠이 그의 불안을 받아들이는 데 충분한 치료적 과정을 겪었기에, 그의 심상 체험을 종결로 이끌기 위함이었다. 나는 한 세션 동안의 과정으로서는 충분했다고 느꼈지만 스탠은 아

_나지 않았으며 이전 세션에서 발전된 심상을 계속 경험하고 싶어 했다. Albinioni의 구조화된 음악이 시작되자, 스탠은 방어적인 어조로 "이제, 나는 그것들을 한 줄로 정리하고자 해요."라고 하면서 그 자체를 수용하기보다는 '정리'를 강조하였다. 그러다가 "아니에요. 돌들이 각각의 빛을 발해요. 전에 없었던 조화로움이 느껴져요. 한 줄로 정리할 수가 없어요. 현재 그 자리에서 각각의 빛들이 아름다운 조화를 보이고 있어요. 모든 보석의 같은 쪽을 바라보고 있어요. 또 하나의 빛이 돌들을 모두 비추고 있어요. 돌들을 더욱 아름답게 만들어요. 약간의 슬픔과 불안이 느껴져요…. 비춰지는 빛은 각각의 돌들이 가지고 있는 공통점을 보여 주고 있어요. 공통적인 부분이 모두 있어요. 서로 서로 비슷하게… 모두 그 자연 그 자체예요. 인위적이지 않고, 원초적인 상태 그 자체예요. 그 자체가 너무 자연스러워요. 나는 그것을 받아들여야만 할 것 같아요. 너무 자연스럽기에…." 나는 스탠의 심상체험에 관해 열정적이고 진실한 이야기가 이어져야 한다고 생각해서 Albinioni의 곡을 반복해서 들려주었다. "그러한 조화는 자연의 한 부분이죠. 거기엔 긴장도 있어요. 이 긴장도 자연의 한 부분이겠죠. 신비로워요. 아마 긴장이 이처럼 강하면서 신비스러울지도 모르죠. 빛이 움직이면 나는 다른 색깔들을 볼 수 있어요. 다음에 어떤 색이 될지 예측할 수는 없고 모두를 볼 수는 없지만, 신비스러움이 좋아요. 이러한 신비스러움과 같이 긴장도 가지고 있는 것 같아요."

마무리 단계(postlude)에서 스탠은 불안 자체가 나쁘지 않으며 그것이 자연스럽다는 것을 이해했다고 했다. "나의 이미지에서, 돌들은 유혹적이며 신비로웠어요."라고 스탠이 나에게 설명했다. 덧붙여서 스탠은 이전에 익숙했던 것처럼 공포와 분노를 동반한 불안으로부터 도망치기보다는 그 자체를 수용하고 인정함으로써 스스로를 조절할 준비가 되어 있었다.

그릇에서 아무렇게나 정리된 보석에 대한 스탠의 초기의 이미지는 '고결함(nobility)'이라는 자연스런 아름다움과 음악에 대한 감사로 변했다. 음악에서의 긴장은 보석의 이미지에서 긴장과 일치되었고, 이러한 긴장에 대한 저항을 음악의 아름다움과 선명함 그리고 심리적 경험으로 전환하였다. 이 동형이상적인(isomorphic) 관계는 스탠이 그의 내면의 긴장을 의미 있고 수용 가능한 본질적인 것으로 받아들이게 했다. 음악에서 긴장도가 아름답고 본질적인 것처럼 그의 내재된 긴장 역시 하나의 자연적인 본질로 받아들이게 되었다. 치료를 시작하기 전 스탠은 그의 불안을 진정으로 수용할 수 없었다. 초기 이미지는 생명력이 없었으며 이차원적으로 보여짐으로써 심상에 대한 감정적인 거리감이 있었다. 스탠이 보석에서 '조화(harmony)'를 발견하면서 보석이 담긴 그릇에 대한 그의 관점을 바꾸었을 때 수용이 이루어졌다.

음악을 통한 심상은 스탠이 추상적인 불안을 편안함으로 전환시킬 수 있도록 도왔다. 표면적으로는, 스탠으로 하여금 그의 불안을 받아들이게 하는 것이 이상하게 보일 수도 있다. 이에는 고통을 단순히 받아들이는 것이 아니라 새로운 시각과 이에 대한 수용을 통해 고통을 완화하고자 하는 치료적 목표가 포함되어 있다. 이런 재교육적인 음악과 심상 체험 세션은 스탠의 불안과 긴장을 거부를 수용으로 바꾸었다.

효과적인 재교육적 음악과 심상 체험에서 치료사는 일상생활에서 사용될 수 있는 클라이언트의 새로운 견해를 자극하여 문제를 해결할 수 있는 음악을 선곡한다. 이후 스탠은 문제에 대항하기 위해 심상 체험 세 곡에서 발전된 심상을 계속 사용하고 있다. 예를 들어, 최근 중요한 재정적 결정을 내려야 하였을 때 자신의 불안을 감당하기 위해 그는 보석 심상 체험으로 다시 돌아갔다. 재구성적인 수준에서의 치료적 목표는 이러한 증상들이 일상에서 다시 경험되지 않도록 하는 것이 궁극적인 목표이므로, 세션을 통해 그 목표가 이루어질 것이다.

3) 재구성적 수준의 개인 세션: 베베

31세의 여성 베베는 불면증을 치료하기 위해 처음 내과 의사를 방문했다. 의사는 그녀의 불면증이 정서적 장애의 한 증상이란 것을 깨닫고는 심리치료를 권했다. 7개월간의 언어 심리치료 동안 베베가 7년간 사귀었고 정서적인 학대를 일삼았던 남자친구 때문에 우울증으로 고통받고 있다는 것이 명백하게 밝혀졌다. 그녀는 에릭에게 대처하는 데 절망적이며 속수무책이라고 느꼈다. 4개월간의 심리치료를 통해, 베베는 우울증의 증상이 16세 때의 남동생 케니의 죽음과 연관이 있다는 것을 깨달았다. 에릭과의 관계에서 그녀 자신을 자유롭게 해야만 우울증에서 헤어날 수 있다는 것을 의식하였음에도 불구하고 그녀는 계속 학대하는 연인과 헤어질 수 없었다. 외로움이 자신을 감싸지 않을까 하는 두려움이 있었다. 몇 주 몇 달이 흘러도 베베는 여전히 헤어질 수 없었다. 이런 실패에 대한 그녀의 변명은 '어떤 남자도 없다'라는 그녀의 주관적 견해와 외로움에 대한 불안, 재정적인 불안정으로 합리화되었다. 또한 에릭에 대한 강박적이면서도 부적절한 생각들이 그녀를 방해하였다. 그녀는 만약에 에릭을 떠난다면 그가 '아무 일도 없었던 것처럼' 자신의 삶을 살아갈 것이라는 생각에 대한 불안과 분개를 표현하였다. 그녀는 다른 여자와 함께 하는 그에 대해 불타는 질투심에 사로잡혔다. 치료사는 에릭을 떠나는 것에 대한 저항력이 남동생의 죽음으로 인해 해결되지 않은 상실감에서 기인한 것이라고 피력하였다. 베베는 케니의 죽음이 갑작스러운 것이 아니었음에도 불구하고—그는 오랜 병마 끝에 죽었다—케니에게 모든 사력을 다했다. 그녀는 여전히 그의 죽음에 대해 준비되지 않았으며 편안한 마음으로 그를 애도하는 데 어려움을 느꼈다. 그녀의 가족은 케니의 오랜 병마 끝에 뿔뿔이 흩어졌고, 정말로 거대한 상실감을 애통해야 함에도 불구하고 함께 모일 수 없었다. 그녀는 가족들로부터 도움을 받지 못했다고 느꼈다. 그들은 사랑하는 이의 죽음에 대한 무력감, 상실감, 외로움에 대해 동정하지 않았다. 남동생이 죽었을 때 16세였음에도 불구하고 그녀는 집을 떠났다. 베베의 치료사는 그녀의 마음에서 에릭을 떠나보내는 데 대한 무력감이 그 당시 해결되지 않은 우울증과 연관되어 있다고 하였다. 그 당시 겪었던 외로움에 대한 공포는 불확실한 미래보다는 학대를 선택하게 했다. 그녀의 치료사는 그녀가 이런 늪에 사로잡혀 있는 한, 약물치료만이 해답이 될 수는 없다고 하였다. 그래서 7개월 동안의 상담 치료 후에 베베는 음악심리치료를 위해 나에게 의뢰되었다.

내가 만났을 때 베베는 매우 매혹적이며, 우아하고, 세련됐으며, 달변가이고, 민첩하고, 사리분별이 빨랐기에 감정적으로 학대하는 남자친구에 대한 그녀의 폭로는 나에게 충격이었다. 그는 계속하여 그녀를 모욕했다. 예를 들면, 그녀 앞에서 다른 여자들에게 성적인 관심을 보인 경우도 있었다. 상담을 통해 남동생의 상실을 애도하는 데 초점을 둔 음악과 심상을 계획하였다.

이 세션이 성공적으로 끝난 후, 나는 그녀가 내재된 우울증을 충분히 작업하면서 일상에 필요한 기능을 할 수 있다고 판단하였다. 성공적인 세 번의 GIM 세션과 그녀의 치료사와 함께 한 상담 세션에 이어 5번째 세션의 도입에서, 나는 그녀에게 눈을 감고 지금 그녀가 가지고 있는 우울함에 저항하지 말고 이를 깊이 탐색해 보고 그것들을 내게 묘사할 것을 제안했다. 그러자 그녀는 "그냥 가라앉음을 느껴요…. 감정이 푹 꺼지고, 비참하고, 쓸쓸하며, 황량하지만 안전하게 느껴져요. 약간의 공포가 인식돼요…. 위장에 붙어 있는 혹처럼요."라고 말했다. 나는 그녀에게 그 우울한 기분들을 제거하거나 거부하려 하지 말고 혹은 어떻게든 고쳐 보려 애쓰지 말고 같이 있어 볼 것을 독려했다. 그리고 우울한 영상을 떠올리는 음악을 그녀 자신에게 허용하면서 그 느낌들이 좀 더 깊이 여행을 할 수 있도록 격려했다. 나는 Bach의 Passacalia and Fugue in C단조, BWV 582를 Stokowski의 오케스트라 편곡으로 들려주었다. 이어서 Bach의 〈달콤한 죽음이여(Come Sweet Death)〉, BWV487과 〈Violin Partita in B단조〉, BWV1002 중 'Sarabande' 악장을 들려주었다.

"뉴욕의 한 지하실이에요…. 지저분하고, 음침하며, 수많은 바퀴벌레가 있고, 밖은 춥네요…. 어떻게 이런 데서 누가 살 수 있을까…. 지하실이고 창문도 전혀 없고 쾌쾌한 냄새가 나며 너무 우울하네요. 아파트에 페인트칠을 한 문이 있고 음악이 그 문을 여네요. 늙은 여자가 있어요. 그녀는 너무 허약하고, 초췌하고, 슬픈 표정을 하고 있고, 낡은 카디건을 입고 있어요. 그녀는 슬프고 버려졌어요." 그녀의 심상 체험 중 이 시점에서, 베베는 몇 분 동안 울었다. 나는 계속 눈물을 흘리도록 용기를 북돋았고, 이 울음은 결국 세션이 끝나기 전에 절정을 이루었다. 이것은 치료과정에서 첫 번째 확장된 감정적 카타르시스였다.

그녀는 Bach의 곡이 연주되는 동안 그녀의 심상 체험을 서술해 나갔다. '늙은 여인'의 이미지가 심사숙고된 후, 그녀는 "너무 슬퍼요. 그런데 내 눈물이 따뜻해요. 마치 슬픈 영화를 보는 듯… 그녀는 앉아 있고 시계는 무심히 흘러가고, 아무도 그녀를 염려하거나 사랑하지 않네요. 내가 그녀에게 어떠냐고 묻지만 그녀는 대답조차 하지 않아요."라고 말했다. 나는 그녀에게 음악이 어떤 것을 제시하느냐고 물었다. "내가 그녀의 손을 잡으려 해요. 그녀의 손은 메마르고 거칠어요. 그녀는 몸집이 작은 늙은 여인인데 친절한 느낌이 들어요. 아, 그녀의 이름은 쉴라이고 걷기를 원하네요. 만약 내가 그녀를 데리고 나가면 좋아할 거예요. 밖은 햇볕은 있기는 한데 좀 춥군요. 우리는 얘기를 하고 있는데 그녀가 좋아하네요. 누군가 그녀를 돌보는 느낌이 그녀에게 생기를 주는 듯해요. 우린 차를 마셔요…. 나는 그녀를 위해 꽃을 샀고, 우리는 공원에 앉아서 사람들을 둘러봐요. 매우 편안하네요. 그녀는 행복해 하며 밖에 있는 것을 즐겨요. 아파트로 돌아가기를 원하지 않아요. 음침하고 우울하거든요. 아파트에서 그녀는 단지 먹고, TV를 보고, 왜 아무도 오지 않나 하고 궁금해 하는 게 고작이죠. TV와 음식이 그녀에게 위안이 되기는 하지만 여전히 외로워요. 그녀 때문에 내가 슬프네요." 늙은 여인의 상징적인 상에 대한 교감에서 나는 쉴라가 무엇이 필요하겠느냐고 베베에게 물었다. "그녀는 내가 그녀를 정기적으로 방문해서 미용실과 극장에 데려가고, 공원에 있는 그녀의 동년배 친구들을 만나게 해 주는 것이 필요할 것 같아요. 이런 도움의 손길이 있다면 그녀는 괜찮을 거예요."

음악이 끝나자, 베베는 말했다. "이제 쉴라는 고독하지 않아요. 그녀는 희망과 삶에 대한 의지가 생겼죠. 자신을 돌볼 수 있고 깨끗이 하며 자신에 대해 생각할 수 있게 되었어요. 항상 기분이 좋을 수는 없겠지만 많이 여유로워지고 부드러워졌어요." 세션 후 베베의 심상 체험은 즉시 그녀의 생활에 영향을 끼쳤다. 그녀는 더욱 강해지고 희망적이 되었다. "여전히 걱정되지만, 나는 미래를 향해 자유로이 날아갈 준비가 되었어요."라고 말했다. 그녀는 떠날 수 있으며 만약에 그가 그녀에게 다시 돌아오기를 요구한다 할지라도 "아니요."라고 대답하는 자신을 상상할 수 있다고 보고했다. 그녀는 "나는 탈진했지만 안정되었고, 내가 무엇을 해야 할지 알고 있어요."라고 말했다. 정말로 그녀는 에릭을 떠날 계획을 생각했으며 언젠가 원했던 워크숍 프로그램에 참가할 것을 결심했다.

GIM 세션을 생각해 볼 때, '쉴라'라는 존재는 베베의 남동생의 죽음 이후 자신으로부터 원하지 않았고, 거부되었으며, 숨겨졌던 우울의 상징이었다고 추측된다. 쉴라는 어떤 의미에서는 케니가 돌아올 것을 기다리고 있었다. 쉴라는 조치를 취할 필요가 있었고 그녀가 처한 상태에서 움직일 필요가 있었다. 이제 베베는 쉴라를 받아들이고 같이 일을 할 수 있는 만남을 가졌다. 이 세션에서 Bach의 'Passacaglia and Fugue'가 시작될 때 음악 내의 긴장이 베베의 우울의 상이었던 쉴라를 자극하였고, 음악은 베베의 우울증을 대변하는 쉴라의 이미지를 심어 주었으며 베베의 쉴라를 통해 슬픈 감정들을 체험할 수 있었다. 베베는 그녀의 슬픔을 거부하기보다는 고마워했으며 이겨 낼 수 있었다. 음악을 들으면서 울 때, 그녀는 마침내 슬픔을 받아들일 수 있었다. GIM에서 클라이언트들은 수용을 넘어서서 진정한 전환을 시작한다. 음악이 낡은 아파트("창문도 전혀 없고 쾌쾌한 냄새가 나며 너무 우울하네요.")와 어두운 늙은 여인("그녀는 너무 허약하고, 초췌하고, 슬픈 표정을 하고 있어요.")의 이미지를 일깨웠으나, 실제로 음악은 그 이미지를 변형시켰고("그녀의 손을 잡으려 해요…. 만약 내가 그녀를 데리고 나가면 좋아할 거예요…. 그녀는 몸집이 작은 늙은 여인인데 친절한 느낌이에요, 좋군요."). 그렇게 함으로써 그녀의 우울증 또한 변형시켰다("이제 쉴라는 고독하지 않아요. 그녀는 희망과 삶에 대한 의지가 생겼죠. 자신을 돌볼 수 있고 깨끗이 하며 자신에 대해 생각할 수 있게 되었어요.").

음악이 바뀌고 발전되면서 쉴라의 이미지인 슬픔에 대항하는 유동성과 변화와 같은 과정이 유도된다. 베베가 쉴라를 미용실(향상된 자아상), 극장(인생의 즐거움을 느낄 수 있는 능력), 공원(일상과 외부 생활을 즐길 수 있는 능력)에 데리고 가기로 결심하면서 심지어 장소가 바뀌기도 하였다. 음악이 베베의 실생활에 긍정적인 활동을 하게 하기 위해서 그녀 내면의 긍정적인 힘(쉴라를 돌볼 수 있는 그녀의 일부분)을 활성화시켰다. 음악이 불러온 해결방법은 쉴라가 '빛'을 향해 걸어갈 수 있도록 무조건적으로 수용하고 그녀의 슬픔을 이해하고 손을 잡는 것이었다. 베베 자신에 대한 이미지는 스스로의 긍정적인 내면의 힘을 상징하였다. 이러한 힘은 즐거움과 희망에 대한 쉴라의 수동성과 우울함으로부터의 변화하도록 하였다.

다음 세션에서는 심상 체험의 의미에 대해 탐색하는 시간을 가졌다. 나는 이 세션에 대한

나 자신의 해석에 매우 애착을 갖게 되었고, 쉴라와 자신의 상징에 관한 베베의 해석이 나의 것과 달랐음에 놀랐다. 그러나 나는 나의 해석을 말하지 않았다. GIM에서 치료사는 클라이언트의 심상 체험을 해석하지 않으며 클라이언트는 심상 체험에 관한 스스로의 의미를 수집해야만 한다. 베베는 쉴라를 자기 자신의 상징으로 보았다. 그녀(쉴라)는 겁에 질렸고 가난했으며 슬펐다고 했다. 그녀는 '쉴라'가 심상 체험에서의 '베베'와 함께 하는 전환에 의지해서 그녀 내면의 슬픔을 피하고자 했다고 느꼈다. 나의 해석과는 반대로, 그녀는 그 심상 체험이 그녀의 또래와 함께 지낼 것을 지시한다고 느꼈다. 그녀는 이전 세션으로부터 그녀가 느끼기에 쉴라가 유의해야만 하는 충고를 상기했다. 바꿔 말하면 "그녀는 그녀와 동년배인 친구들을 만날 필요가 있어요…."라고 하며, 이제 의존하는 패턴을 멈추어야 한다는 의미로 받아들였다고 하였다. 7번의 세션이 진행된 후(그녀의 상담치료사와 함께 한 2번의 세션과 더불어) 베베는 학교로 떠났고 에릭에게 관계는 끝났다고 말했다.

4) 세 가지 수준의 GIM 사례 요약

GIM은 음악 프로그램을 심취해서 듣는 클라이언트의 경험에 중점을 둔다. 치료사는 생각, 느낌, 이미지들과 같은 클라이언트의 내적인 경험들을 좀 더 실재적이며 생생하게 만들기 위해 체험하는 심상을 표현할 것을 격려해야 한다. 음악으로 인해 긴장을 경험할 때 심리적 해결이 긴장 이후 이완을 통해 얻어지는 것처럼, 음악을 심취하여 들은 후 음악을 통해 체험하는 긴장을 이완할 수 있도록 유도한다. 베베의 세션에서 사용된 음악 프로그램은 자연스럽게 쉴라를 우울하고 소외된 여성상에서 활발하고 활동적인 여성상으로 변형시켰다.

지지적(supportive)이며 재교육적인(re-educative) 음악과 심상 체험은 치료과정에서 카일과 스탠의 미해결된 과거의 사건들을 재경험함으로써 증상의 완화와 건강한 부분들이 향상되었음을 보여 주었다. 이러한 심상 체험은 인지적(cognitive) 차원에서 경험되며 영구적이지는 않는다. 재구성적(reconstructive) 수준과의 주된 차이점은 음악과 심상체험을 통해 얼마나 즉시 그리고 영구적으로 증상이 바뀌느냐의 여부다. 카일의 세션에서 반복적인 음악을 사용하는 것은 그의 증상을 유지하는 것과 증상에 대한 새로운 관점(바뀌는 것이 아니라)을 얻는 것에 도움을 주었다. 반면에, 베베의 12번째 세션에서는 그녀의 내면의 삶과 외부의 삶을 변형시켰다. 베베의 내부와 외부의 세계가 일치하게 됨과 더불어 자아실현(self-actualization)을 향한 접근도 순조롭게 진행되었다. GIM 세션에서는 음악적 요소의 복잡성과 발전이 이미지 전개를 유도하며, 이미지 내에 포함된 느낌들 또한 변화시킨다.

음악과 심상(MI)에서 지지적, 재교육적, 재구성적 수준의 접근은 클라이언트가 치료상에 가져오는 정서적인 한계와 관련이 있으며, 클라이언트에 따라 이러한 한계들에 대해 다른 접근방식을 사용해야 한다. 카일의 내면적 외부적 세계는 제어가 어려웠으며 완고하게 고정된 증상으로 가득 차 있었다. 그것은 사람들과의 거리, 감정이 결여된 인간관계, 깊이가 결여된 성격, 의미가 결여된 삶을 초래했다. 지지적인 음악과 심상(MI)은 내면의 세계에 잠재되어 있었던 긍정적인 요소들과의 만남을 시도했다. 약간의 긴장도가 있고 반복적인 음악을 함께 사용하는 과정에서 카일은 치료 세션 내에서와 실제의 삶, 즉 그의 클라이언트들과 가족들 모두에게 사용될 수 있는 자원(resource)을 발전시킬 수 있었다. 카일에게는 지지적인 음악과 심상 체험 치료가 뿌리 깊은 부정적인 면 대신에 긍정적인 내면의 변화를 불러왔다.

스탠은 심리적으로 준비되지는 않지만, 불안장애를 감소시키기 위해 치료를 받게 되었다. 재교육적인 심상 체험은 그가 불안에 대한 새로운 개념에 직면하고 받아들일 수 있도록 도왔다. 도입에서는 약간의 화성적 긴장과 전개가 있는 음악으로 시작함으로써 주요 증상들에 초점을 두고 세션을 시작할 수 있게 구조화하였다. 스탠은 자신의 문제에 대한 새로운 시각을 얻음으로써 '재교육' 되었으며 불안에 대한 다른 태도를 얻었다. 스탠에게 재교육적인 음악과 심상(MI) 치료는 그의 일상생활에 영향을 미치며 불안을 감소하는 데 새로운 관점을 제시하였다.

베베는 그녀를 학대하는 남자친구를 떠나고자 하는 목표를 가지고 음악과 심상 체험 치료를 시작하게 되었다. 재구성적인 음악과 심상 체험은 무의식의 중심에서 그녀의 우울증에 초점을 맞추어 작업하였다. 복잡성이 높고 연상력이 강한 음악들을 선곡하여 전치된(altered) 의식세계에서 우울한 부분과 만남을 가질 수 있었으며, 결과적으로 베베의 우울한 심상이 건강한 심상으로 변형되었을 때 '재구성' 되었다고 할 수 있다. 베베에게 음악과 심상 체험은 남동생의 죽음에서 기인한 우울증으로부터 벗어나게 하였으며, 베베의 삶에 대해서도 수동적인 수용적 자세보다 적극적인 자세를 가질 수 있도록 도왔다.

GIM 치료사는 세션을 통해 더 넓은 무의식적 영역을 탐색함으로써 개인별 치료목표를 성취하고자 하였다. 이러한 의도에 GIM은 전치된 의식 상태에서 음악을 통해 자연스럽게 심상을 유도할 수 있다는 장점이 있다. 이러한 심상들은 음악이 들려지면서 체험된다. 물론 그 체험과 경험은 클라이언트 개인에 따라 모두 다르며 음악이 어떠한 것을 불러일으킬지도 혹은 심상이 어떻게 전개될지도 예측할 수 없다. 음악은 긴장과 이완, 복잡함과 단순함을 교대로 제시하면서 갈등적인 상황과 집과 같이 안위할 수 있는 상황들을 제공한다. 이렇듯 클라이언트의 반응은 특정 패턴을 보이는 등, 음악의 이중적인 기능을 통해 심상 여행이 전개된다.

Lisa Summer & Helen Bonny

📖 용어 해설

마무리 단계(Postlude): GIM 세션의 마지막 단계로 클라이언트가 경험했던 전체 시간에 대한 느낌과 감정을 치료사와 나눈다. 이러한 나눔은 먼저 그림 작업이나, 시 쓰기 혹은 동작과 같은 비언어적인 매개체를 통해 표현하고 난 후 다시 언어적으로 정리하는 시간을 갖는 것이 보통이며 프로세스(process)라고도 한다.

방어적 전략(Defense Maneuver: DM): 내면세계로 여행하는 과정에서 클라이언트가 활용하는 내면적 자원과 심상의 내용에 따라 작동되는 보호적 기제를 의미한다.

심상(imagery): GIM에서 음악으로 인해 유도된 내적 경험의 신화적, 원형적, 상징적인 이미지 혹은 형태들을 모두 포괄적으로 포함한다. 여기서 상징(symbol)은 그 자체가 지니고 있는 본질적인 의미 이외에 개인적 의미를 담은 표상을 의미하며, 원형(archetype)이란 상징성이 내재된 우주적 표

⌐ 의미한다.

장이론(Field Theory): Goldberg가 내놓은 이론으로 GIM 과정에서 음악과 심상 그리고 감정, 이 세 요소의 상호작용에 관한 복합적 과정을 의식(consciousness) 차원에서 설명한 이론이다.

전치된 의식 상태(Altered State of Consciousness: ASC): 전의식과 의식의 중간 상태를 가리키며 자신의 내면세계(inner world)와의 접촉(contact)이 가능한 의식 상태를 말한다.

초기 면담(Prelude): GIM 세션의 첫 단계로서 세션에서 초점을 두어야 할 클라이언트의 이슈를 언어적으로 규명하는 작업을 중심으로 현재의 어려움이나 본인이 지각하고 있는 육체적, 심리적 혹은 사회적 문제 등을 나누는 시간이다. 프리토크(pretalk)라고도 한다.

참고문헌

Association for Music and Imagery [AMI]. (2000). Welcome. Retrieved from: http://www.nas.com/ami/

Austin, D. (1999) Vocal Improvisation in Analytically Oriented Music Therapy with Adults in *Clinical Applications of Music Therapy in Psychiatry,* pp. 141-157 (Ed.) Tony Wigram and Jos De Backer.

Basch, M. F (1988). *Understanding psychotherapy.* New York. Basic Books.

Bonny, H. L. (1972). "Preferred records for use in LSD therapy." Unpublished report. Maryland Psychiatric Research Center, MD.

Bonny, H. L. (2002). *Music and consciousness: The evolution of guided imagery and music* (L. Summer, Ed.). Gilsum, NH: Barcelona Publishers.

Brusia, K. (1992). "Level Three: GIM Training Manual." Unpublished manuscript. Philadelphia, PA.

Burns, D., & Woolich, J. (2004). The Bonny Method of Guided Imagery and Music. In *Introduction to Approaches in Music Therapy.* A, Darrow (Ed.), pp. 50-62. American Association of Music Therapy.

Goldberg, F. S. (1992). Images of emotion: The role of emotion in Guided Imagery and Music. *Journal of the Association for Music and Imagery, 1,* 5-17.

Goldberg, F. (2005). "GIM training package for European Advanced Training Group." Unpublished Material.

Goldberg, F. (1992). Images of emotion: The role of emotion in Guided Imagery and Music. *Journal of the Association for Music and Imagery, 1,* 5-17.

Grocke, D. (2002). The Bonny music programs In *Guide Imagery and Music: The*

Bonny Method and Beyond(Ed. K. Bruscia & D. Grocke), pp. 100-133.

Jung, C. (1974). *Man and his symbols*. New York: Dell Publishing Co.

Kenny, C. (1989). *The field of play: A guide for the theory and practice of music therapy*. Atascadero, CA: Ridgeview Publishing Company.

Maslow, A. H. (1968). *Toward a psychology of being*. New York: Van Nostrand Reinhold.

Summer, L. (1990). *Guided Imagery and Music in the institutional setting*. MMB.

Summer, L. (1993). Meloding musical and psychological process: The therapeutic musical space. *Journal of the Association for Music and Imagery, 4*, 37-48.

Summer, (2002). Group music and imagery therapy: Emergent receptive techniques in music therapy practice. In *Guided Imagery and Music: The Bonny method and beyond*(Ed. K. Bruscia), pp. 297-305. Barcelona Publisher.

Ventre, M. (1994). Guided Imagery and Music in Process: The interweaving of the archetype of the mother, mandala and music. *Music Therapy, 12*(2), 19-38.

Wheeler, B. (1983). A psychotherapeutic classification of music therapy practices: A continuum of procedures. *Music Therapy Perspectives, 1*(2), 8-12.

GIM 관련 자료 사이트

http://www.bonnymethod.com/ami/

http://www.temple.edu/musictherapy/dbs.htm

http://www.musik.aau.dk/research/musikterapi/gim-resource-center/

http://www.gimterapi.dk/eframes.html

제4부
음악치료 모델

제13장
창조적 음악치료

김동민

Nordoff-Robbins 음악치료(Nordoff-Robbins Music Therapy)는 즉흥음악치료(Improvisational Music Therapy)의 한 형태로서, 창조성의 치료적인 면을 중시하고, 이를 최대한 이용하기 위해 즉흥연주를 사용한다는 점에서 창조적 음악치료[1]라고 명명되었다(Bruscia, 1987; Nordoff & Robbins, 2007; Robbins, 1984). 창조적 음악치료에서 창조성이란 인간의 건강한 면을 의미하며 이는 곧 창조적 음악치료의 주요 개념인 음악아동(Music Child)과도 연관된다. 창조적 음악치료는 본래 장애아동들을 대상으로 임상적, 경험적 음악치료로 출발하였으나 아동뿐만 아니라 다양한 어려움을 가진 성인 및 노인들과의 임상과 연구를 통해 그 치료적 폭을 넓혀 나가고 있으며 다양한 사회문화적, 언어적, 음악적 배경을 가진 치료사들을 배출함으로써 중다문화적 확장에 노력을 기울이고 있다.

---

1) 고유명사로서 '창조적 음악치료 Creative Music Therapy'는 'Nordoff-Robbins 음악치료'의 또 다른 하나의 이름으로서, 모든 음악치료를 포괄하는 개념인 일반 명사로서의 '창조적 음악치료 creative music therapy'와 구별되어야 한다. 따라서 Nordoff-Robbins 훈련과정을 거친 치료사들은 'Nordoff-Robbins 음악치료사, NRMT'란 직함을 사용한다. 일반적으로, '창조적 음악치료'란 이름은 대외적으로, 'Nordoff-Robbins 음악치료'는 대내적으로 더 자주 사용되는 경향이 있지만, 여기에서는 문맥과 참고문헌에 명시된 경우에 따라 창조적 음악치료와 Nordoff-Robbins 음악치료라는 두 이름들을 모두 사용하기로 한다.

1. 창조적 음악치료의 정의

창조적 음악치료는 1957년 피아니스트 겸 작곡가 Nordoff 박사와 특수교사 Robbins 박사의 발달장애아동들을 대상으로 한 선구적 공동 임상과 연구로부터 시작되었으며, 약 반세기에 걸쳐 여러 사회, 문화, 음악적 배경을 가진 치료사들의 다양한 임상과 연구활동을 통해 끊임없는 변화와 확장을 거듭하였다. 이러한 이유에서 창조적 음악치료의 정의는 계속적으로 재정립되어 왔으며, Nordoff-Robbins 치료사들이 공유하는 철학과 특성은 다음과 같이 요약될 수 있다(Nordoff-Robbins Center for Music Therapy, 2005).

- 치료사와 클라이언트의 협력적 과정을 중시하며, 이 과정에서 표현, 교류, 자기실현을 위해 음악을 창조한다.
- 음악적 인식, 창조성 및 음악 요소의 임상적 활용은 창조적 음악치료 과정의 필수요건이다.
- 클라이언트를 위한 조직적 힘(organizing force)으로서, 또한 음악적 관계를 위한 수단으로서 음악적 동기, 주제, 형식을 가치 있게 생각한다.
- 회기의 녹음 또는 녹화는 세부적 연구 및 임상적/음악적 계발을 위해 필수적이다.
- 많은 경우, 공동의 치료목표 아래 두 명의 치료사가 팀을 이루어 함께 작업한다.
- 적극적 청취와 지속적 진단을 강조한다.
- 음악의 영향은 원형적 본성이라고 믿는 동시에 각 개인의 독특한 음악적 반응에 주시한다.
- 치료로서의 음악예술을 추구한다.
- 클라이언트의 음악적 반응에 대한 민감한 강화를 중시한다.
- 중다문화적 음악 자원 확충을 요구한다.

창조적 음악치료에 대한 Nordoff-Robbins 음악치료사들의 정의를 살펴보면, 창조적 음악치료는 음악이 치료의 필수적 요소로 간주되는 음악중심 치료로서(Turry & Marcus, 2003), 치료의 핵심이 음악 안에 존재하는 '순전히 음악적인' [2] 음악치료이자 실증적인 음악치료다(Ansdell, 1995). 또한 장애의 유무와 상관없이 모든 개인은 선천적 음악성을 가진

---

2) 'purely musical', 곧 music-centered(음악중심)라는 의미로 볼 수 있다.

다는 믿음 위에서 이러한 음악적 감각들에 다가가기 위해 심미적 음악 형식을 창조하며 클라이언트의 성장과 발전을 촉진하기 위해 설계된 즉흥음악으로서 반응들과 접촉하는 치료다(Turry, 1998). 또한 음악의 객관성과 그 심미적 인식에 따른 치료적 가치를 강조하고(Aigen, 1998), 임상적 즉흥연주 과정에 기초하므로 음악은 필수적 핵심 요소인 동시에 임상과정과 치료관계의 연장선으로 간주된다(Lee, 2003). Lee(2003)는 이에 덧붙여 창조적 음악치료가 그토록 강력하고 예술적이며 역동적이면서도 다른 음악치료와의 분명한 경계를 가질 수 있는 것은 음악에 대한 심미적 인식[3] 때문이라고 말한 바 있다.

요컨대, 모든 Nordoff-Robbins 음악치료사들은 첫째, 모든 개인 안에 장애의 여부와 상관없이 존재하는 선천적 음악성을 통해 여러 장애적 요소를 넘어 개인이 자기실현적 성장을 할 수 있다는 신념을 가지며, 둘째, 음악을 치료의 가장 중요한 수행자로 간주하고, 셋째, 선천적 음악성을 최대한 발현시키기 위해 즉흥음악을 사용한다(Aigen, 1996, 2001; Bruscia, 1978; Nordoff & Robbins, 2007; Turry, 1998; Turry & Marus, 2003). 따라서 창조적 음악치료란 개인의 성장 기제로서의 선천적 음악성과 음악의 치료적 힘에 대한 기본적 믿음을 바탕으로 한 개인의 선천적 음악성 발현을 촉진하기 위해 치료로서의 음악(Music as Therapy)을 창조적으로 사용하는 음악치료의 한 형태로 정의할 수 있다.

2. 창조적 음악치료의 역사적 배경

1) 제1기: Nordoff와 Robbins의 개척

창조적 음악치료는 Nordoff와 Robbins의 17여 년에 걸친 공동 임상 및 연구로 탄생하였다. 1957년 영국의 선필드 어린이집의 특수교사로 재직하던 Clive Robbins와 영국을 여행 중이던 뉴욕 바드 음악학교(Bard School of Music) 작곡과 교수 Paul Nordoff와의 우연한 만남은 1976년 Nordoff의 죽음에 이르기까지 17년간의 즉흥음악치료의 선구적 임상 및 연구 업적으로 이어졌으며, 유사한 가치관, 스타일, 속도, 목표를 공유함으로써 그들의 팀워크가 용이하고도 자연스럽게 형성, 발전되었다(Robbins, 2005).

---

3) Colin Lee는 음악의 심미적 치료성을 부각시켜 'Aesthetic Music Therapy, 심미적 음악치료'를 창안하였다. Lee(2003)는 심미적 음악치료를 창조적 음악치료의 확장된 일부로 정의하고 있다.

미국 줄리아드 음악원에서 수학하고 뛰어난 작곡가로서 많은 상을 받았던 Nordoff는 안식년을 맞아 자신의 곡들을 연주하기 위해 영국을 방문 중이었는데, 우연히 예술과 치료의 접목에 대한 강의를 듣게 된 뒤 음악의 치료적 활용에 관심이 커졌고, 이러한 관심이 그를 당시 장애아동들의 음악교육을 중요시하던 선필드 어린이집을 방문하도록 이끌었다. 이때에 Robbins가 가르치던 중증 장애아동들을 대상으로 시범적으로 사용한 즉흥음악이 아동들의 정서적, 신체적 변화를 즉각적이고도 효과적으로 가져오는 것을 체험하게 되었고 이를 계기로 두 사람은 각자의 오랜 직업을 떠나 음악치료의 길을 함께 개척하게 되었다.

2) 제2기: Clive Robbins와 Carol Robbins의 확장

Nordoff의 건강이 악화되자, 1975년부터 Nordoff로부터 훈련을 받은 Carol Robbins[4]가 Nordoff의 자리를 대신하게 되었다. 1977년 Nordoff가 지병으로 타계함에 따라 Robbins 부부는 Nordoff-Robbins 음악치료를 이끄는 선두에 서게 되었다. 청각장애아동들과의 임상을 시작으로 Robbins 부부는 세계 각지로 초청되어 활발한 임상, 연구, 교육활동을 하였으며, 1984년 호주에 두 번째 Nordoff-Robbins 음악치료센터를 설립하게 된다.

이듬해인 1985년 독일 헤르대케 대학 내에 세 번째 Nordoff-Robbins 센터가 설립되었고 1976년 Nordoff-Robbins 음악치료의 재정적 지원을 위해 설립된 실버 클레프 재단(Silver-Clef Foundation)을 주축으로 하여 1988년 뉴욕 Nordoff-Robbins 음악치료 재단이 탄생하게 된다. 이 재단의 지원으로 1990년 뉴욕대 부설 Nordoff-Robbins 음악치료 센터가 설립되었고, 1996년 Carol Robbins가 암으로 타계하기까지 Robbins 부부는 뉴욕 센터의 소장으로 재직하며 활발한 임상, 연구, 저서 및 교육활동을 통해 창조적 음악치료의 임상적, 이론적 발전에 기여하였다.

---

4) Clive Robbins 박사의 부인으로서, 피아니스트이자 작곡가이며 동시에 음악교육가이기도 하였다. 화려한 경력의 작곡가이자 피아니스트였던 Nordoff는 여러 다양한 장애를 가진 아동들의 특수한 문제들을 돕기 위해 그의 음악적 창조성을 충분히 이용하였는데, 특히 피아노와 성악 즉흥연주는 이들과의 교류와 관계형성에 매우 효과적으로 이용되었다. 이에 마음이 움직인 여러 사람들의 지지와 도움으로 1975년 영국 런던에 첫 Nordoff-Robbins 음악치료센터가 설립되기에 이른다.

세3기: 현대의 다양한 철학적, 중다문화적 적용

발달장애아동들과의 임상에서 출발한 창조적 음악치료는 음악중심 음악치료로서 치료사의 개입이 음악 안에서 이루어지며 클라이언트의 변화과정은 음악적 반응을 통해 확인된다. 즉, 음악이 치료과정에서 가장 중요한 역할을 담당하며, 따라서 음악 외적인 통로를 통해 아동을 치료에 참여시키는 노력이 강조되지는 않는다(Nordoff & Robbins, 2007). 그 결과, 창조적 음악치료는 아동들을 주 대상으로 하는 치료이며 언어적 개입을 하지 않는 접근으로 간주되기 쉬우나 실제로는 섭식장애를 가진 청소년, 정신질환을 가진 성인, 치매노인, 암 환자 등 다양한 클라이언트들을 대상으로 창조적 음악치료가 시행되고 있으며 클라이언트의 필요에 따라 언어적 개입 또한 활발히 이루어지고 있다. 근래에 다양한 음악적, 심리학적, 임상적 배경을 가진 Nordoff-Robbins 치료사들이 음악적 개입과 경험이 치료의 중심이라는 공통적 믿음 위에서 여러 새로운 이론적, 임상적 연구들을 발표하고 있다. 재즈, 록, 팝뮤직 등 대중음악적 요소의 적극적 활용(Aigen, 2001; Lee, 2003), 음악적 개입과 언어적 개입의 균형적 사용, 정신분석학을 비롯한 다양한 심리학과의 접목 등을 통해 창조적 음악치료는 지속적인 확장선 위에 서 있는 것이다.

영국 런던 센터에서는 섭식장애 청소년, 성인 정신질환자, 에이즈 환자, 비장애 성인 등 다양한 클라이언트들과의 임상 현장에서 심리치료와 음악치료의 접목, 즉 언어적 개입과 음악적 개입의 접목을 활발히 시도하고 있고, 독일 헤르대케 센터에서는 대학 부설 병원에서 의학적 임상과 연구가 의욕적으로 진행되고 있다. 1998년부터 Ken Aigen과 Alan Turry가 Robbins의 뒤를 이어 소장으로 재직하고 있는 미국 뉴욕 센터에서는 10여 명의 치료사들이 매주 100여 명의 아동, 청소년, 성인 클라이언트를 대상으로 음악치료를 제공하고 있으며, Robbins는 2005년 현재 전과 다름없이 활발한 임상 활동과 더불어 저서, 강연, 워크, 교육 등을 통해 창조적 음악치료의 종적, 횡적 확장에 힘쓰고 있다.

현재 세계 Nordoff-Robbins 음악치료 협회가 인정하는 Nordoff-Robbins 음악치료 프로그램이 공식적으로 제공되고 있는 나라는 미국, 영국, 독일, 호주, 스코틀랜드, 한국 등이 있고 이 밖의 여러 국적을 가진 Nordoff-Robbins 음악치료사들이 세계 각국에서 다양한 문화적, 언어적 배경을 가진 클라이언트들과 역동적인 임상활동 및 연구를 하고 있다. 미국, 영국, 독일, 호주, 스코틀랜드에 있는 Nordoff-Robbins 음악치료 센터에서는 1년 이상의 집중적이고도 전문적인 훈련을 통해 Nordoff-Robbins 음악치료사를 양성하고 있는데,

2005년 현재 모두 여섯 명의 한국 국적을 가진 Nordoff-Robbins 음악치료사들이 배출되었으며 2004년 이화여자대학교 교육대학원 부설 음악치료 클리닉이 Nordoff-Robbins 음악치료 프로그램을 제공하는 클리닉으로 공식 지정된 바와 같이 한국의 사회문화적 특성을 고려한 '한국적 창조적 음악치료' 또한 활발히 시행되고 있다.

3. 창조적 음악치료의 철학적, 심리학적 배경

창조적 음악치료는 치료 그 자체로서의 음악(Music As Therapy)에 매우 큰 비중을 둔다. 따라서 창조적 음악치료의 철학은 Nordoff와 Robbins의 음악적 배경 및 철학과 매우유관하며 창조적 음악치료의 인간관 역시 음악의 본질과 특성, 인간과 음악과의 관계, 음악의 역할 등에 대한 Nordoff와 Robbins의 믿음과 경험을 바탕으로 형성되었다(Bruscia, 1987).

인간의 건강한 본성, 성장에 대한 자발적 동기와 욕구, 내적 변화 등에 대한 관심과 클라이언트 중심적 관점 등과 같은 창조적 음악치료의 특징들에 대한 피상적 이해는 자칫 창조적 음악치료를 단순히 인본주의적 음악치료로서 단정 짓게 하기 쉽다. 그러나 이는 마치 베토벤의 제1, 2교향곡들만 접하고 "베토벤은 전형적인 고전주의 음악가다."라고 정의하거나 그의 9번 교향곡만 접하고 "베토벤은 초기 낭만주의 음악가다."라고 단정 짓는 것과 같다. 베토벤의 음악관이 고전주의에서 출발하여 초기 낭만주의까지 확장되었듯이, 창조적 음악치료의 초기 인간관은 Steiner의 인지학(anthroposophy; 人智學)[5]에서 출발하였다. 또한 개인의 고유 능력 발현과 자기실현을 통한 성장에 가치를 두는 인본주의적/현상학적 경향이 짙은 것이 사실이나(Ansdell, 1995), 개인의 무의식적 갈등에 대한 통찰을 중요시하는 정신분석적 심리학과 자발적 동기와 창조적 자기실현을 통한 개인의 발전에 큰 의미를 두는 내적 동기론(Intrinsic Motivation Theory)에 이르기까지 그 심리학적, 철학적 반경은 지속적으로 확장되어 왔다(Robbins, 2003).

실제로 Robbins를 포함한 많은 Nordoff-Robbins 음악치료사들은 창조적 음악치료가 단순히 인본주의적 접근법으로 이해되는 것을 경계하는데, 이는 창조적 음악치료가 특정한

---

5) Anthroposophy(인지학): anthropos-man(인간); sophia-wisdom(지혜): 'wisdom of man(인간의 지혜)' (Robbins, 2003).

심리학적, 철학적 바탕 위에서 형성된 것이 아니라 창조적 음악치료를 보다 효과적으로 설명하기 위해 Maslow를 비롯한 심리학자들의 이론이 도입되었기 때문이다(Robbins, 2003). 다양한 철학적, 심리학적 배경과 믿음을 가진 Nordoff-Robbins 음악치료사들의 임상과 저서들은 창조적 음악치료가 단 하나의 심리학적, 철학적 이론에 국한되지 않는다는 것을 보여 주는 바와 같이, 창조적 음악치료는 어느 한 심리학 혹은 철학적 이론에 국한되어 설명될 수 없으며 창조적 음악치료의 최고 핵심 철학은 다름 아닌 음악과 음악의 힘에 대한 믿음이라 할 수 있다. 이러한 음악에 대한 믿음 안에서 치료사들은 클라이언트의 임상적 필요에 따라 다양한 심리학적 관점을 적용하는 것이다(Robbins & Robbins, 1996).

1) Steiner의 인지학의 영향

'인간의 지혜'로 풀이될 수 있는 인지학(Anthroposophy)은 Rudolf Steiner(1861~1925)의 인간의 존재와 우주의 본질에 대한 사상을 포괄하는 개념으로서 Nordoff와 Robbins의 초기 인간관 형성에 지대한 영향을 주었다(Ansdell, 1995; Robbins, 2003). Steiner는 심리학자들이 설명해내지 못하는 영혼의 병은 음악 용어로 설명될 수 있다고 하였다(Bruscia, 1984). 이러한 그의 자기(self), 정신(soul), 영혼(spirit), 육체(body) 간의 상관관계, 사랑의 창조적 본성, 의지(will) 등에 관한 이론들은 음악적 반응들이 개인의 정서적, 신체적 상태를 반영한다는 Nordoff와 Robbins의 음악치료 철학 안에서도 찾아볼 수 있다(Aigen, 1998; Nordoff & Robbins, 1992, 2007).

유리드믹스 강사였던 아내와 함께 인지학을 실천하는 모임에서 적극적으로 활동했을 만큼 Steiner의 사상에 심취했던 Nordoff는 1958년 역시 인지학적 교육철학을 바탕으로 운영되던 영국 런던의 선필드 장애아동의 집을 방문하면서 음악의 치료적 활용에 대한 확신을 가지게 되었다. 당시 선필드의 연구과장이었던 Herbert Geuter는 Steiner의 사상을 자기심리학으로 확장하고자 했던 상담가로서 그의 인간관과 음악관 역시 Nordoff와 Robbins의 임상과 연구의 틀을 형성하는 데 큰 영향을 미쳤다.

이렇듯 Steiner와 Geuter의 인지학적 배경 위에서 Nordoff와 Robbins는 음악치료사로서 첫발을 내디뎠으나 중요한 사실은 그들을 음악치료의 길로 인도한 것은 인지학이 아닌 바로 '음악' 그 자체였다(Robbins, 2003).

2) 인본주의/경험주의 심리학과의 연관

창조적 음악치료는 모든 개인에게 선천적 음악성이 있으며, 이러한 선천적 음악성은 개인의 성장과 발전을 돕는 역할을 한다는 기본적 믿음 위에서 출발한다. 이는 모든 개인에게는 스스로 발전하고자 하는 욕구와 능력이 있으며, 그 능력을 최대한으로 사용하여 현재의 어려움을 극복하고 자기실현을 성취함으로써 자기 성장을 할 수 있다는 인본주의적 심리학의 기본적 인간관과 일맥상통한다(Lee, 2003).

또한 음악아동의 창조적 발현이 곧 개인의 성장으로 간주되는 창조적 음악치료에서는 음악적 경험 그 자체가 중요한 치료목표가 되며, 그러한 경험은 과거나 미래가 아닌 현재 지금-여기에서 충실히 인식되어야 한다고 믿는다. 같은 맥락에서, 창조적 음악치료에서는 클라이언트를 진단명이나 겉으로 드러나는 행동적, 정서적, 신체적 증상들에 따라 분류적으로 이해하는 것을 지양하고, 고유한 존재 그 자체로서 이해하고 받아들여야 한다는 믿음을 가지고 있으며, 개인과 음악과의 접촉, 음악 안에서의 타인과의 접촉 등이 중요한 치료적 단계로 간주된다. 이러한 사실들은 Perls, Yontef 등과 같은 심리학자들이 창조적 음악치료를 설명하는 데 자주 거론되지는 않지만, 지금-여기, 즉 현재를 이해하고 인식하고 경험하는 것과 접촉을 중요시하는 현상학적·실존적 경험주의 심리학과 창조적 음악치료의 철학이 무관하지 않음을 시사한다.

3) Maslow의 자아초월심리학과의 연관

Maslow의 욕구단계(hierarchy of needs),[6] 절정경험(peak experience), 자기실현(self-actualization),[7] 내적 외적 학습(intrinsic and extrinsic learning), 존재심리학(Psychology of Being) 등과 같은 개념들은 창조적 음악치료의 철학을 보다 효과적으로 설명하고 있다. 그런데 흔히 알려진 바와는 달리 Maslow의 자아초월심리학[8]과의 연계는 이미 창조적 음악

---

6) Maslow의 욕구단계는 생태학적 욕구(Biological/Physiological needs), 안전의 욕구(Security Needs), 사회적 욕구(Social Needs), 자아 욕구(Ego Needs), 자기실현 욕구(Self-actualization Needs) 등의 순서로 구성된다.
7) 흔히 자아실현으로 번역되기도 하나 심리학자들 사이에서 'ego'와 'self'의 구별을 위하여 '자기실현'으로 번역하는 것이 바람직하다는 의견이 모아지고 있다.
8) 자아초월심리학은 'Beyond the personal'이라는 의미의 'transpersonal'이라는 용어에서 알 수 있듯이 개인적인 차원을 넘어서서 인간의 의식을 탐구하는 학문이다.

의 임상적, 이론적 틀이 충분히 성립되었던 1973년부터 시작되었으므로 창조적 음악치료의 기본 개념 형성에 영향을 미치지는 않았다(Robbins, 2003). 이는 당시 미 전역의 교육계를 지배하던 행동주의가 Nordoff-Robbins 음악치료의 인간관을 설명하기에 적합하지 않았으므로, Robbins 박사가 Nordoff-Robbins 음악치료를 보다 잘 설명해 줄 수 있는 심리학 이론을 탐구하는 과정에서 Maslow의 이론을 접했기 때문이다. 이에 대해, Robbins(2003)는 Maslow 이론과의 접목이 창조적 음악치료의 심리학적 바탕 형성에 많은 도움이 되었으며, 그중에서도 행동주의와 정신역동주의를 포함하는 동시에 이를 초월한다는 의미를 지닌 초행동주의적(epibehavioral), 초정신역동주의적(epipsychodynamic) 개념들은 창조적 음악치료의 개방적이고 포괄적인 철학을 설명하기에 매우 적절하다고 밝힌 바있다.

4) 정신역동주의 심리학과의 연관

흔히 창조적 음악치료는 발달장애아동을 위한 인본주의적 음악치료로서 단순히 이해되기 쉬우나, 무의식적 갈등과 역동탐색이 치료의 과정과 목표가 되는 정신역동적 인간관은 창조적 음악치료의 매우 중요한 철학적 바탕이다(Turry, 1998). 정신역동적 개념인 투사(projection), 전이(transference), 역전이(counter-transference) 등은 창조적 음악치료에서 광범위하게 탐색되며 음악이 일차적인 치료적 매개체로 사용되는 창조적 음악치료에서는 음악적 투사, 전이, 역전이의 탐색 역시 매우 중요하게 다루어진다.

Jung과 창조적 음악치료 철학 사이의 연계는 GIM(Guided Imagery and Music)이나 분석적 음악치료(Analytical Music therapy)에 비해 활발히 연구되거나 발표되지 않았지만 그의 원형과 상징에 대한 이론은 창조적 음악치료에서 이루어지고 있는 음악적 원형(musical archetype)[9]과 음악적 표현의 상징성에 대한 연구의 이론적 배경과 무관하지 않다. 융이 말하는 원형은 인간의 본성과 연관된 것으로서 동서고금을 막론하고 존재하는 보편적 특성들을 말한다. 음악에도 이러한 원형들이 존재하는데, 그중 대표적인 것이 전래동요나 구전 자장가에서 흔히 찾아볼 수 있는 오음계(Pentatonic)다. 또한 음악 그 자체도 원형적이다. Nordoff는 음악적 요소들이 원형적임을 설명하면서 융에 대해 언급하였으며 인간의 영혼

---

9) 음악의 원형성에 관한 고찰해 온 대표적 치료사로서 뉴욕 센터의 David Marcus 등이 있다.

과 전의식에 존재하며 경험에 따라 살아 움직이는 원형성에 음악이 포함된다고 하였다
(Robbins & Robbins, 1998). 따라서 창조적 음악치료의 훈련과 임상에서 중요하게 다루어지
는 음악적 요소들과 이에 대한 클라이언트의 반응은 원형적 경험과 유관하다. Nordoff는
간단하지만 핵심적인 질문을 통해 음악적 원형성에 대한 인식과 고찰의 필요성을 다음과 같
은 질문을 통해 역설하였다(Robbins & Robbins, 1998). 흑인 아동이 탱고에 반응하는 이유
는 무엇이라고 생각하는가?(p. 137)

이와 연관하여, Marcus(2004)는 다음과 같은 질문들을 통해 음악적 원형에 대한 연구를
지속하고 있다. Nordoff-Robbins 음악치료 과정에서 음악적 원형은 언제, 어디서, 어떻게
파악되는가? 음악적 원형은 의식적인가? 전의식적 또는 무의식적인가? 음악 자체도 원형적
인가? 이러한 음악적 원형들과 각각의 특성들에 관한 연구는 음악과 인간과의 관계의 측면
에서, 어떤 음악적 요소가 어떤 이유로 창조되고 사용되어 왔는가? 이 질문들에 대한 고찰
은 음악을 가장 중요한 치료적 매개체로 간주하는 창조적 음악치료의 기본 철학을 뒷받침하
는 역할을 한다고 볼 수 있다. 또한 음악적 개입이 언어적 개입보다 우선시되는 음악중심의
창조적 음악치료에서는 모든 세션을 비디오 녹화한 뒤 세세한 기록과 분석을 강조하는데,
이는 클라이언트의 모든 음악들은 클라이언트에 관한 중요한 내용들을 담고 있으며 음악적
변화는 곧 개인적 변화를 의미한다고 믿기 때문이다. 즉, 클라이언트의 음악이 그저 단순한
예술 형태의 음악으로서 취급되는 것이 아니라 클라이언트의 정서적, 의식적, 무의식적, 신
체적 상태를 나타내는 상징으로서 간주되는 것이다.

Nordoff-Robbins 음악치료사들은 장애아동, 정신질환을 가진 성인, 치매 노인 등 다양
한 문제를 가진 클라이언트들과 세계 각국에서 활발한 임상 및 연구활동을 하고 있지만, 기
본적으로 개인적인 음악 경험을 통한 관계형성과 내적 성장을 중요시하는 공통점을 가지고
있다. 자연발생적이면서도 임상적으로 유도된 음악적 기술과 감성은 클라이언트가 여러 장
애와 장해를 넘어 성장할 수 있도록 돕는 매개체이며, 음악과 음악 경험은 치료사의 개입과
클라이언트의 발전이 이루어지는 가장 중요한 장소가 된다. 이것은 Winnicott의 중간현상
(transitional phenomenon) 및 중간대상(transitional object) 이론과 연관될 수 있다.

Winnicott(1971)은 자기애적 단계에서 외적인 대상과 관계 맺는 능력으로 발달되어 가는
과정에 중간 단계를 설정하고 있으며 중간현상과 중간대상은 건강한 인간 발달에서 매우 일
반적이고 보편적인 것을 넘어 때로는 필수적인 것으로까지 간주하고 있다. 중간현상이 이
처럼 중요한 의미를 가지는 이유는 바로 이곳이 놀이(play)와 문화 경험이 일어나는 곳이며

창조적인 삶을 살 수 있는 건강한 공간이기 때문이다. 즉, 개인은 놀이 안에서 또는 놀이 안에서만 충분히 자유로울 수 있고 창조적일 수 있다는 것이다. 개인이 충분히 창조적일 수 있을 때라야 자아를 발견할 수 있으므로 치료도 놀이처럼 행해져야만 한다는 것이다. 음악은 중간대상의 하나로 이해될 수 있고(Aigen, 1996; Winnicott, 1971), 치료로서의 놀이 개념은 음악 자체를 치료로서 간주하는 '치료로서의 음악(Music As Therapy)' 개념과도 연관되며, 더 나아가 음악적 성장을 개인의 성장의 일면으로 이해하는 Nordoff-Robbins의 기본 철학과도 연관된다. 그의 '충분히 좋은 엄마(Good Enough Mother)' 의 역할, 엄마의 '안아주기(Holding)' 와 '반영하기(Mirroring)' 등의 개념들도 창조적 음악치료 안에서 치료사 및 음악의 역할과 치료과정을 매우 적절히 설명할 수 있다(Turry, 1998).

5) 창조적 음악치료와 관련된 최근 개념들: Quickening, Musicing과 Flow

마음과 신체의 관계를 설명하는 신경학자 Sacks[10]의 '태동' 과 내적 음악 경험을 설명하는 음악교육학자 Elliot의 'musicing',[11] Csikszentmihalyi의 '최적경험(Optimal Experience)' 과 '몰입(Flow)'[12] 등은 음악중심 치료로서의 창조적 음악치료의 치료철학을 설명하는 데 자주 등장하는 개념들이다.

'태동(Quickening)'[13]은 Sacks가 음악적 경험을 설명하기 위해 사용한 단어로서 '생명을 부여함(to give life to)' '에너지를 부여함(to impart energy)' 이란 의미를 가진다(Ansdell, 1995). Sacks(1993)는 음악의 태동적 성격이 신경학적 환자들에게 부족한 연속성, 즉 자연스러운 신체적 움직임들을 도와준다고 하였다. 비단 신체적 태동뿐만 아니라 음악은 개인의 일상적 삶 속에서 정서적, 사회적, 정신적 태동의 역할도 수행한다. 창조적 음악치료에서는 이러한 음악의 태동 역할이 중요한 치료적 수행자로 간주된다.

'Musicing(음악하다)' 는 'making music(음악을 만들다)' 보다 직접적인 음악활동을 의미하는 개념이다. Elliot(1995)에 따르면, 음악은 가장 가치 있는 인간 경험의 하나이며 음악적 활동의 우선적 이유는 자기성장(self-growth), 자기지식(self-knowledge)과 더불어 자기만끽

---

10) Oliver Sacks는 영화 'Awakening' 의 실제 주인공이기도 하다.
11) 'Musicing' 은 세계 Nordoff-Robbins 음악치료 저널의 공식 이름이기도 하다.
12) 'flow' 는 '삼매지경(三昧之境)' 으로 번역되기도 한다.
13) 'Quickening' 은 'motivating' 과 비슷한 뜻을 가진 고어(古語)다.

(self-enjoyment)이다. 즉, 음악은 다른 목적을 성취하기 위한 수단이 아니라 그 자체가 목적이며 또한 음악은 우리가 단순히 '아는(know)' 것이 아니라 '하는(do)' 것으로서 의도, 의식, 지식이 포함된 활동이다(Aigen, 2003). 이러한 패러다임에서 보면, 'musicing'은 우리 자신을 강화하고 구조화하는 활동이므로 진정한 음악치료의 목표는 음악을 수단으로 사용하여 음악 외적 목표를 추구하는 것에 앞서 음악과 음악적 경험 그 자체를 추구하는 것이라 할 수 있다. 이러한 패러다임은 또한 음악 그 자체를 치료의 가장 큰 매개체로서 간주하는 음악중심치료의 핵심 철학과 연관되는데, 이에 대해 Robbins(2005)는 즉흥음악치료 안에서 경험하는 'musicing'을 직관의 비신체적 수준으로 이해할 수 있다고 설명하였다.

Csikszentmihalyi의 '최적경험'과 '몰입' 개념은 적절한 수행목표를 수립하고 성취하는 과정에서 내적 동기가 발생하는데, 스스로 그 과정에 몰입함으로써 최적 경험을 할 수 있다는 것이다. 이러한 몰입과 최적 경험을 통해 내적 동기가 더욱 강화되고 그에 따라 좀 더 높은 수행목표를 세우고 몰입하고 성취하는 과정이 되풀이되며, 이러한 반복적 순환을 통해 개인의 능력이 상승되고 창조성이 발현된다. 'Flow'는 창조적 음악치료에서 추구하는 자발적 동기유도에 따른 창조적 활동과 그러한 활동을 통한 자기성장 과정을 효과적으로 설명하고 있다.

4. 창조적 음악치료에서의 주요 개념

음악적 본성과 음악의 힘에 대한 Steiner의 이론으로부터 영향을 받은 Nordoff와 Robbins는 개인의 건강한 본성을 의미하는 음악아동을 창조적 음악치료의 기본 개념으로 정립하였고, 음악을 단순한 치료적 도구가 아닌 치료적 수행자로 간주하였다. 개인을 성장시키는 충분한 음악적 경험과 환경을 제공하는 치료사의 임상적 음악성 또한 중요시하는 창조적 음악치료의 주요 개념들에 대해 보다 자세히 설명하자면 다음과 같다.

1) 음악아동과 제한아동

음악아동(Music Child)[14]은 창조적 음악치료 안에서 치료사와 치료적 동맹을 맺게 되는 개인의 음악적 본성으로서, 모든 개인 인에 존재하는 선천적 음악성이 여러 장애와 장해를

_ 개인의 성장과 발전을 돕는 역할을 한다는 창조적 음악치료의 독특한 기본 철학을 대표하는 개념이다. 음악아동은 음악적 경험에 반응하고, 의미를 부여하고, 참여를 원하고, 음악을 기억하고, 음악적 표현을 즐기는 내부 자아의 일부이며 음악과 인간의 관계를 상징하는 개념이다(Nordoff & Robbins, 2007). 모든 아동[15] 안에 존재하는 음악아동이 깨어나고 활동하기 위해서는 교류적이고 개방적 환경이 요구되고, 음악아동의 활발한 활동은 아동의 인지적, 표현적 능력의 발전을 수반하며(Robbins & Robbins, 1991) 자기발견(self-discovery), 자기표현(self-expression), 자기실현(self-actualization)을 촉진한다(Robbins, 2005). 근래에 들어 음악아동은 자신을 온전히 인식하기 위해 음악을 필요로 하는 존재를 의미하는 'Homo Musicus(Musical Human Being)'란 개념으로 확장되어 설명되기도 한다(Robbins, 2005).

이러한 음악아동과 대치되는 개념인 제한아동(Condition Child)[16]은 개인의 창조적 본성의 발현을 방해하는 다양한 장애와 장해들을 의미한다. 제한아동은 음악아동의 활동을 제한하는 역할을 하며 개인의 성장과 발전을 가로막고 있다. 따라서 창조적 음악치료에서 치료사는 음악과 음악적 활동을 통해 클라이언트의 음악아동과 접촉하고, 교류하면서 음악적·치료적 관계를 형성하며 음악아동을 일깨우고 자극하고 독려함으로써 제한아동을 극복하고 성장과 변화를 실현할 수 있도록 돕게 된다.

장애를 가진 아동의 경우 음악아동은 제한아동 안에 갇혀 활동에 제한을 받게 된다. 음악아동과 제한아동 모두 내부 자아의 일부분이므로 음악아동이 오랫동안 장애아동에 갇혀 제대로 활동하지 못할 경우 아동의 발달은 제한적, 부분적 또는 기형적으로 일어나게 된다. 창조적 음악치료에서 치료사는 음악을 통해 제한아동에 갇힌 음악아동을 깨우고, 활성화시키고, 확장시켜 아동의 성장과 발전을 돕는 역할을 한다. 음악아동의 활성과 확장을 통해 새로운 자기(new self)가 형성되며, 이때 제한아동은 옛 자기(old self)로 변화한다(Robbins & Robbins, 1991).

---

14) 여기에서 'child'는 '아동'보다는 '본성(nature)' 또는 '민감성(sensitivity)'의 의미에 가깝다.

15) 장애아동과의 임상에서 출발한 창조적 음악치료에서는 '개인이나 인간' 대신 '아동'이란 단어를 즐겨 사용한다. 따라서 창조적 음악치료에서의 '아동'은 성인과 노인도 포함하는 포괄적 개념으로 이해하는 것이 옳다.

16) '조건아동'으로 번역되기도 하나, 'Condition Child' 개념의 본 의미에 보다 알맞은 번역은 '제한아동' 또는 '장애아동'이다. 일반 명사로서의 장애아동과의 혼동을 피하기 위해 '제한아동'을 사용하기로 한다.

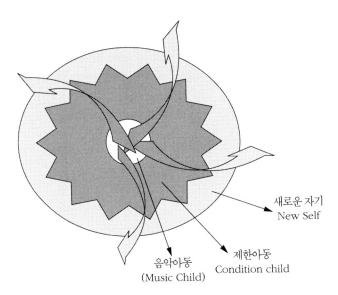

새로운 자기
New Self

음악아동
(Music Child)

제한아동
Condition child

[그림 13-1] 음악아동과 제한아동

2) 치료로서의 음악

음악은 기분의 변화, 관계의 변화, 태도의 변화, 주의력의 변화 등 다양한 영역의 변화를 가져오는 주체다(Robbins & Robbins, 1991). 그러므로 창조적 음악치료에서의 음악은 단순히 치료사와 클라이언트를 연결하는 수단이나 통로가 아닌, 치료 그 자체로서 사용된다. 즉, 음악이 치료의 중심에 서 있으며 음악은 가장 중요한 표현, 교류 및 개입의 주체인 것이다. Nordoff가 음악이 개인의 모든 내적 경험을 다룰 수 있다고 말했듯이(Aigen, 1996), 음악은 개인의 정서적, 신체적 상태와 깊은 연관이 있으므로 음악의 변화는 곧 개인의 변화로 간주된다(Aigen 1999; Ansdell, 1995; Nordoff & Robbins, 2007). 따라서 창조적 음악치료 안에서는 음악적 목표가 곧 음악 외적 목표, 즉 임상적 목표와 유관하다.

음악에 대한 클라이언트의 반응이 치료의 핵심을 이루며 음악은 클라이언트의 반응을 유발하고 강화하는 가장 강력한 요인이 된다. 이에 대해, Nordoff는 음악치료의 핵심은 음악과 음악에 반응하는 인간의 능력 안에 존재하며 치료사는 음악으로써 아동의 음악적 반응을 제한하는 장애를 극복하고 아동을 의미 있고 소중한 음악적 경험으로 이끌어야 한다고 밝혔다. 또한 그는 임상 현장에서 치료사를 이끄는 것은 음악 그 자체이므로 치료사는 음악의 힘에 대한 용기와 신념을 잃지 않아야 한다고 강조하였다(Aigen, 1996).[17]

Robbins는 Nordoff-Robbins 치료사 훈련 과정에서 "네 안의 음악을 믿어라. 네 안의 음악으로 하여금 일하도록 하라!"[18]라는 말을 자주 하는데, 이는 음악이 지니는 힘에 대한 믿음이 치료사로 하여금 클라이언트의 제한적이거나 다소 느린 반응을 인내하도록 돕기 때문이다(Turry, 1998). 이와 같이 창조적 음악치료에서는 음악의 힘에 대한 신뢰 및 연구가 동시에 강조되므로 훈련과 임상과정에서 음악의 요소들을 활용하고 분석하는 것이 필수적이라 하겠다.

3) 임상적 음악

음악과 음악적 경험이 치료사의 개입과 클라이언트의 변화가 일어나는 일차적 장소로 간주되는 창조적 음악치료에서는 치료사의 임상적 음악성이 치료에 지대한 영향을 미치므로 치료사는 임상적 음악성의 향상을 위해 지속적으로 노력해야 할 의무가 있다고 믿는다. 임상적 음악성은 직관(intuition), 통제된 의도(intention), 표현적 자발성(Expressive Spontaneity), 조직적 음악구조(methodical musical construction), 창조적 자유(creative freedom), 임상적 책임(clinical responsibility) 등으로 구성되는데, 직관과 의도, 자발성과 조직성, 자유와 책임 등 서로 상반되는 요소들이 상호 절충적이고도 상호 견제적인 역할을 하며 균형을 유지하게 된다(Robbins, 2003; Turry, 1998). 이러한 임상적 음악성을 통해 치료사는 음악의 무한한 가능성에 자신을 개방시키고, 음악과 클라이언트와의 관계를 이해하며 자신과 음악과의 관계에 대한 통찰력을 성장시킬 수 있다.

가장 효과적인 치료를 위해 치료사는 임상적 음악성의 각 요소들을 균형적이면서도 상호 보완적으로 사용해야 한다(Turry, 1998). 직관이나 창조적 자유에 비해 임상적 의도나 책임이 지나치게 강조될 경우, 치료는 클라이언트에 대한 융통성이나 개방성이 없는 음악의 일방적 또는 강요적 제공이 될 위험이 있으며 반대의 경우엔 치료가 아닌 단순한 즐거운 활동이 되어 버릴 소지가 있다. 따라서 치료사는 임상 현장에서 매 순간 자신이 언제, 어떻게, 왜 음악을 창조하고 있는가에 대한 통찰을 가지기 위하여 지속적으로 노력해야 한다.

---

17) Nordoff는 치료사 자신에 대한 믿음과 음악의 힘에 대한 신뢰는 음악치료사의 'Bread and Butter'와도 같다고 하였다(Aigen, 1996).

18) "Believe in music in you. Let it work!"은 치료사가 음악적 교류나 개입에 자신 없어 할 때마다 Robbins 박사가 등을 두드리며 해 주는 격려로서, 음악뿐만 아니라 치료사 자신을 믿으라는 뜻이기도 하다.

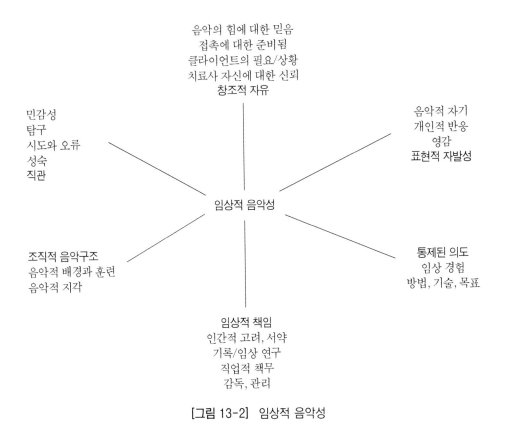

음악의 힘에 대한 믿음
접촉에 대한 준비됨
클라이언트의 필요/상황
치료사 자신에 대한 신뢰
창조적 자유

음악적 자기
개인적 반응
영감
표현적 자발성

민감성
탐구
시도와 오류
성숙
직관

임상적 음악성

조직적 음악구조
음악적 배경과 훈련
음악적 지각

통제된 의도
임상 경험
방법, 기술, 목표

임상적 책임
인간적 고려, 서약
기록/임상 연구
직업적 책무
감독, 관리

[그림 13-2] 임상적 음악성

4) 창조적 음악치료 임상 연구의 특징: 현상학적 질적 연구

개인의 내적 성장과 변화를 가장 중요한 치료목표로 생각하는 창조적 음악치료는 임상 사례에 대한 현상학적 질적 연구(phenomenological qualitative research)를 선호한다. 연구는 비디오 또는 오디오로 녹화/녹음된 각 세션을 세세히 기록하고 분석하는 일부터 시작되는데, 이때 클라이언트의 외적 행동에 관한 객관적 기술뿐만 아니라 그 행동을 유발한 원인을 다각도로 탐구한다. 그리고 관찰하는 행동에는 음악적 행동도 포함되며 이에 대한 음악적 원인도 고찰된다. 이는, 창조적 음악치료에서는 음악 그 자체가 치료적 수행자이기 때문이다. 즉, 치료는 음악 안에서 그리고 음악적 존재로서의 클라이언트-치료사 관계 안에서 일어나기 때문이다(Aigen, 1995; Ansdell, 1995; Robarts, 1998).

외적으로 관찰되는 음악적, 비음악적 행동들과 함께 감정이나 내적 상태에 대해서도 자세히 기록되는데, 이는 '어떤 행동을 하였나' 보다는 '어떤 행동을 왜 어떻게 하였나' 에 관심굴이는 것이다. 예를 들어, 박자에 맞추어 북을 한 번을 쳤는지, 열 번을 쳤는지보다는 북을 한 번 치더라도 어떻게 쳤는지, 의욕에 넘치는 표정으로 쳤는지, 자신 있게 쳤는지, 조심스럽게 쳤는지, 웃으며 쳤는지, 마지못해 쳤는지 또는 무성의하게 쳤는지에 주목하는 것이다. 즉, 북을 억지로 열 번 치는 것보다 의욕적으로 한 번 치는 것이 더 의미 있는 행동으로 간주되며 횟수나 시간 등의 숫자가 진정한 변화와 성장을 의미하지 않으므로 연구에서 중요한 자료로 사용되지 않는다. 따라서 창조적 음악치료에서의 연구 목표는 치료 효과의 일반화와 객관화가 아니고 개개인의 독특한 내적·외적 성장과 변화 과정을 자세히 탐색하는 것이다. 이러한 질적 연구는 치료적 관계 구축에 결정적인 역할을 하는 치료사의 내면적 통찰능력 향상에도 많은 도움이 된다(Turry, 1998).

질적 연구의 한 예인 사례 연구는 치료 상황 안에서 일어난 객관적 사실과 이에 대한 주관적 해석을 바탕으로 각 클라이언트의 고유한 성정과 변화과정을 기록하고 분석하는 과정이다. 객관적 사실에는 클라이언트와 치료사의 행동적, 언어적, 음악적, 정서적 표현 및 교류 등이 포함되며, 이러한 객관적 사실들을 바탕으로 한 주관적 해석에는 투사, 동일시, 전이, 역전이 등과 같은 클라이언트와 치료사의 무의식적 역동 탐구가 포함된다. 따라서 사례 연구는 클라이언트뿐만 아니라 치료사의 변화와 성장과정에 대한 탐구가 된다.

5. 치료목표 및 과정

모든 음악치료가 그러하듯 창조적 음악치료는 예술과 과학의 접목이다. 즉, 치료사는 음악의 예술적 창의성과 심미적 감각을 이용하여 클라이언트의 문제를 접하는 동시에 녹화/녹음된 각각의 세션의 기록, 분석 및 연구를 통해 지속적인 사정과 치료계획을 수립하게 된다. 치료사들은 각 세션 후, 비디오 녹음된 세션 1시간 정도 꼼꼼히 기록하고 분석하는 인덱스(index) 과정을 거치며 다음 세션을 준비한다. 이러한 기록, 분석 및 토론 과정을 통해 치료목표는 지속적으로 수정될 수 있다.

언어적 능력이 충분하지 않은 발달장애아동들과의 임상에서 출발한 Nordoff-Robbins 음악치료는 음악적 개입이 언어적 개입을 우선하는 음악중심(music-centered) 음악치료로서 치료사의 개입이 음악 안에서 이루어지며 클라이언트의 변화과정은 언어적 반응이 아닌 음악적 반응을 통해 확인된다. 즉, 음악이 치료과정에서 가장 중요한 역할을 담당하며, 따라서 음악 외적인 통로를 통해 아동을 치료에 참여시키는 노력이 필수적으로 간주되지 않는다.

1) 치료목표

창조적 음악치료에서의 일차적 목표는 행동의 수정이나 학습이라기보다는 음악아동의 창조적 힘을 통한 내적 성장과 발전이다. Nordoff와 Robbins가 그들의 치료목표는 일반화보다는 개인의 내적 성장임을 분명히 했듯이(Aigen, 1996), 창조적 음악치료에서는 외적 변화보다 내적 변화가 보다 궁극적인 치료목표가 된다. 그러나 창조적 음악치료가 행동수정이나 학습에 대한 목표를 배제하는 것으로 오해되어서는 안 된다. 창조적 음악치료에서도 클라이언트(특히 장애아동들)에 따라 행동의 수정, 강화 및 학습은 주요 치료목표가 되며 음악 안에서의 성장과 변화가 일상생활이나 학습현장에까지 확장되는 것에 많은 관심을 기울인다. 즉, 창조적 음악치료에서는 외적 변화 그 자체보다는 '내적 성장에 따른 외적 변화'를 보다 가치 있게 생각하며 외적으로 관찰될 수 없는 내적 성장이나 변화 또한 중요하게 생각한다.

2) 치료의 기본 형식

성인 개별 치료를 제외한 대부분의 치료에서 보통 두 명의 치료사가 팀이 되어 세션을 진행하는데, 주 치료사는 피아노에서 클라이언트와의 음악적 교류를 담당하고 협력치료사[19]는 클라이언트로 하여금 음악 안에서 최대한으로 반응, 표현, 교류하도록 도와준다. 개별 치료인 경우엔 보통 음악을 담당하는 치료사가 리더 역할을 하며 집단 치료의 경우엔 클라이언트들과 물리적으로 보다 가깝게 교류하는 치료사가 리더의 역할을 담당한다.[20]

또한 여러 장애를 가진 클라이언트의 창조성을 최대한 이끌어 내기 위하여 즉흥음악을 사

---

19) 초기에는 'assistant therapist 보조치료사'란 개념이 사용되었으나, 현대 창조적 음악치료에서는 'co-therapist'라는 개념을 사용하며, 그 역할은 '보조적'이기보다는 '보완적'이다. 따라서 창조적 음악치료의 'co-therapist'를 '보조치료사'보다는 '협력치료사'로 번역하는 것이 좋다.

20) 창조적 음악치료에서의 팀워크(teamwork)는 매우 중요하게 여겨지며, 팀을 구성하는 두 명의 치료사들 사이의 역동 탐색 또한 장려된다. 이에 따라, 뉴욕 센터의 치료사 Susan Nowikas는 팀 역동에 대한 연구 논문을 발표하기도 했다.

용하는데, 창조적 음악치료가 즉흥연주를 선호하는 데는 창조성의 극대화 이외에 다른 이유들도 있다. 첫째, 즉흥음악은 클라이언트에게 최소한의 음악적 기술이나 배경을 요한다. 즉, 창조적 음악치료의 기본 개념인 '음악아동' 만이 요구된다. 음악치료를 받는 클라이언트들은 여러 장애적 요소들로 인해 대부분 음악적 지식이나 기술을 습득할 만한 여건을 가지고 있지 못한 경우가 많은데, 치료사는 즉흥음악 안에서 이러한 클라이언트들의 음악적 능력을 있는 그대로 수용하기 때문에 아무런 음악적 교육을 받지 못한 클라이언트라 하더라도 음악적 표현 및 교류가 가능해진다. 둘째, 즉흥음악은 클라이언트에게 최대한의 표현적 자유를 제공한다. 음악의 즉흥적 경험은 미리 구조화되어 있는 음악의 재창조(연주) 경험과는 달리 클라이언트의 창조적 자유를 최대한으로 허용한다. 즉, 클라이언트는 이미 만들어진 틀 안에서의 제한적 자유가 아닌, 스스로 틀을 창조할 수 있는 무제한적 자유를 가진다. 클라이언트는 이러한 자유 안에서 그 자신의 음악을 창조하고, 또 그 음악을 통해 자신을 있는 그대로 표현하고 교류할 수 있는 것이다.

　치료는 일반적으로 주 1회 시행되며 한 세션은 보통 30분이 기준이지만, 성인의 경우엔 50분을 기준으로 하기도 한다.[21] 아동들과의 세션은 인사노래(Hello Song)로 시작해서 작별노래(Good Bye Song)로 끝나게 되는데, 인사노래에서 작별노래까지 각 세션의 임상적 목표에 따라 다양한 악기와 목소리를 이용한 즉흥연주, 미리 작곡된 곡 연주, 음악극 등의 활동들이 이어진다. 세션에서 사용되는 음악은 임상과정에서 즉흥적으로 창조되기도 하고 이미 작곡된(pre-composed) 곡이 사용되기도 한다. 이때 이미 작곡된 모든 곡들과 임상 과정에서 즉흥적으로 창조된 곡들을 완성시켜 '창조적'이고 '교류적'으로 재사용된다.

3) 치료사의 자격요건

　음악의 역할이 많은 비중을 차지하는 창조적 음악치료에서는 치료사의 음악성과 음악적 능력이 매우 중요한 치료적 요소로 사용되므로 치료사의 음악적 소양에 대한 기준이 다른 음악치료에 비해 매우 높은 편이다. Nordoff-Robbins 음악치료사가 되려면 자유로운 피아노 또는 기타 연주가 가능해야 하며 더불어 목소리의 사용에 두려움이 없을 정도의 성악적 능력을 보유해야 한다. 그리고 다양한 음악을 접하고 소화하려는 의지와 노력이 필요한데,

---

21) 처음 Nordoff와 Robbins가 발달장애아동들과 임상을 시작했을 당시엔 한 세션이 15분 정도였고, 주변 여건에 따라서는 주 3~4회의 치료가 행하여지기도 했다(Nordoff & Robbins, 1977; Aigen, 1998).

이는 다양한 클라이언트의 음악에 거부감이나 당혹감을 갖지 않고 적극적으로 대응하고 접촉할 수 있어야 하기 때문이다. 또한 음악치료 석사학위 이상의 학력과 일정 기간 동안 정신역동적 음악치료 또는 심리치료에 참여하는 경험이 요구되는데, 이는 클라이언트를 보다 잘 이해하기 위해서이며 동시에 클라이언트와 치료사 자신의 무의식적 역동에 대한 통찰력 훈련을 위해서이기도 하다.

4) 치료과정

창조적 음악치료의 치료과정은 행동치료나 인지행동치료와는 달리 명확한 목표와 단계에 따른 기법 설정, 철저한 목표달성, 효과의 객관적 입증 등을 추구하지 않는다. 이는 치료의 목표와 계획의 달성과 효과입증 등이 중요하지 않아서가 아니라 개인의 내적 경험과 변화 그 자체가 더 유의미하고 각 개인의 교유한 내적 경험이나 변화를 객관적 또는 양적으로 측정할 수 없다고 믿는 창조적 음악치료의 철학에서 비롯된 것이다. 즉, 창조적 음악치료의 과정은 경험적, 개인적, 주관적으로 이해되며, 따라서 일반화된 치료 기법이나 과정이 존재하지 않는다. 치료사는 클라이언트와 매 순간 서로 접촉하고, 교류하고, 함께 하고, 경험함으로써 클라이언트의 내적 성장을 통한 외적 변화를 유도하며, 임상적 목표나 계획 또한 임상적 이유만 분명하다면 세션 진행 중에도 즉석으로 수정되거나 변화될 수 있다. 따라서 창조적 음악치료의 과정은 클라이언트와 치료사에 따라 고유한 형태를 가진다.

(1) 음악적 진단

창조적 음악치료에서는 클라이언트와의 첫 면접과 진단도 음악 안에서 이루어진다. 일반적으로 면접 시에는 여러 다양한 악기를 사용하여 클라이언트와의 접촉을 시도하게 되는데, 이때 치료사는 음악이 개인의 정서적, 신체적, 정신적 상태를 나타낸다는 창조적 음악치료의 기본 철학을 바탕으로 클라이언트의 음악적 경향과 소양과 더불어 강점과 필요한 점을 파악하게 된다. 첫 면접에 대한 기록에는 클라이언트의 이름, 나이, 성별, 진단명 등과 함께, 클라이언트의 음악적 경향 및 표현에 대한 내용도 포함되며 이러한 음악적 진단을 통해 치료목표들이 수립된다.

⌐/ 임상 및 음악적 목표 설정

창조적 음악치료에서는 임상적 목표를 달성하기 위한 음악적 목표가 수립된다. 즉, 음악적 목표는 임상적 목표와 연관되는 것이다. 예를 들어, 과잉행동장애 아동의 치료에서 '다양한 빠르기와 셈여림 그리고 리듬패턴이 있는 치료사의 음악에 맞추어 북을 치도록 돕는다' 라는 목표는 단순한 음악적 소양을 증진하기 위한 목표가 아니라 '과잉행동을 자제하고 조절하는 능력을 기른다' 라는 임상적 목표의 음악적 표현인 것이다. 또한 '미리 작곡된 곡을 반복 학습하여 완벽히 연주하도록 한다' 라는 음악적 목표는 '반복 학습을 훈련하고 이를 통해 성취감과 자존감 향상을 돕는다' 라는 임상적 목표와 같은 것으로 볼 수 있다. 이와 같이, 창조적 음악치료에서는 임상적 목표들을 위해 음악적 목표들을 수립하며 음악적 목표들을 통해 임상적 목표들을 달성한다.

(3) 음악적 접촉, 관계형성 및 개입

창조적 음악치료에서 클라이언트와 치료사의 접촉(meeting)은 음악 안(in music)에서, 음악을 통해(through music) 이루어진다. 접촉은 신체적, 물리적 만남을 의미하는 것이 아니라 정서적, 정신적, 영혼적 만남을 의미하는데(Aigan, 1996), 창조적 음악치료에서는 음악 감상을 통한 수동적 만남보다는 치료사와 클라이언트의 공동 음악작업을 통한 적극적 만남을 추구한다. 치료사와 클라이언트는 적극적 접촉을 통해 교류하며 서로에 대해 이해하고 알아 가게 되는데, 클라이언트의 표정, 시선, 자세, 행동, 감정 등에 대한 치료사의 음악적 반영과 반응이 접촉의 주요방법이 된다.

창조적 음악치료에서는 치료사와 클라이언트가 동등한 위치를 가지거나 경우에 따라 클라이언트가 치료의 중심 역할을 하기도 한다.[22] 따라서 클라이언트의 능동적, 자발적 참여는 치료의 필수조건이 되며, 치료사는 음악을 통해 클라이언트의 적극적 참여를 유도한다. 이러한 능동적 참여와 접촉을 통해 치료사와 클라이언트는 음악적, 치료적 관계를 형성하게 되는데, 음악 안에서의 관계형성은 치료사와 클라이언트 사이에서만 일어나는 것이 아니다. 창조적 음악치료에서는 클라이언트와 음악, 치료사와 음악, 클라이언트의 음악과 치료사의 음악 사이에서의 관계형성도 중요한 치료과정으로 간주한다. 이러한 클라이언트와 치료사 그리고 음악 간의 관계형성은 경우에 따라 치료의 필요 충분조건으로 여겨지기도 하

---

22) 창조적 음악치료는 클라이언트 중심 치료(Client-centered Therapy)다.

는데, 이것은 관계형성 외의 다른 요소들에 대한 가치를 인정하지 않는다는 의미보다는 그만큼 음악 안에서의 관계형성이 중요하다는 것을 강조하는 뜻으로 이해해야 한다.

음악 안에서의 관계형성이 이루어지면, 치료사는 음악을 통해 여러 임상적 목표들을 향해 나아가게 된다. 음악을 통해 이루어지는 임상적 개입에는 접촉하기(to meet), 참여시키기(to engage), 표현하기(to express), 교류하기(to interact/exchange), 위로하기(to coax), 지지하기(to support), 반영하기(to mirror/reflect), 안정시키기(to ground), 자극하기(to stimulate), 격려하기(to encourage), 강화하기(to enhance), 도전하기(to challenge), 끌어내기(to evoke), 조직하기(to organize), 장려하기(to promote) 등[23]이 있는데, 이러한 모든 개입이 원활히 이루어지기 위해서는 접촉과 관계형성이 선행되어야만 한다. 이에 대해, Nordoff와 Robbins(2007)는 음악과 개인 간의 관계가 성립되어야 비로소 본격적인 음악치료가 성립될 수 있다고 밝혔다.

창조적 음악치료는 음악적 접촉, 관계형성 및 개입을 보다 원활히 하기 위해 즉흥연주를 사용하는데, 이는 즉흥연주가 매 순간 치료사와 클라이언트와의 접촉과 상호작용을 촉발하는 최고의 수단이 되기 때문이다(Bruscia, 1987). 즉흥음악연주를 통한 창조적 경험은 클라이언트의 잠재성, 즉 음악아동이 활성화되는 장소다. 음악은 언어적으로 불가능한 표현도 가능케 하며(Ansdell, 1995), 때론 모호하고 미묘한 인간의 감정을 표현하는 강력한 수단이 된다(Turry & Turry, 1998). 더 나아가 음악은 우리가 누구인가, 무엇을 느끼는가, 무엇을 원하고 필요로 하는가를 말해 주며(Ansdell, 1995), 개인의 음악은 그 자신의 무의식의 상징적 투사다. 즉, 음악적 요소들은 자신의 무의식적 요소들의 상징적 표상인 것이다. 각각의 음악적 요소는 성격의 특정한 면을 상징적으로 표상하며 음악적 과정은 심리적 과정과 부합된다(Bruscia, 1987). 이와 같은 믿음 위에서 Nordoff-Robbins 치료사들은 음악 안에서 그리고 음악을 통해 클라이언트와의 치료적, 음악적 관계를 형성하고 클라이언트의 내적, 외적 성장을 돕게 된다.

(4) 평가

Nordoff-Robbins 치료사들은 모든 세션을 녹음 또는 녹화한 뒤 자세히 분석하고 기록한

---

23) 이에 대해, Nordoff와 Robbins는 종종 'tease(놀리다, 장난치다)' 와 'seduce(유혹하다)' 란 단어를 사용하기도 하였는데(Aigen, 1996), 'tease' 는 'stimulate(자극하다)' 의, 'seduce' 는 'engage(참여시키다)' 의 익살스런 표현으로 이해할 수 있다.

다. 이러한 과정은 각각의 클라이언트와의 치료에 대한 평가에 가장 중요한 자료가 된다. 이러한 기록과 분석을 바탕으로 한 평가는 주관적이면서 동시에 객관적이다. 클라이언트의 내적 변화가 반드시 외적 변화를 동반하는 것이 아니며 외적 변화가 반드시 내적 변화를 의미하는 것도 아니므로, 외적·내적 변화와 성장에 관한 평가는 어느 정도 주관적일 수밖에 없다. 내적 변화와 성장에 보다 큰 의미를 두는 창조적 음악치료에서 내적 변화와 성장을 좀 더 객관적으로 평가하기 위해 자폐아와 특수아동을 위한 행동평가척도(BRIAAC, Behavioral Rating Instrument for Autistic and Atypical Children)와 다양한 클라이언트와의 경험을 바탕으로 세 가지의 평가척도를 개발하였다(Nordoff & Robbins, 2007; Robarts, 1998).

클라이언트–치료사 관계 척도(Client-Therapist Relationship Scale)는 임상 실제 현장의 발달에 대한 사정과 그에 따른 치료목표 설정을 위한 단계적 척도로서 클라이언트와 치료사의 관계 안에서 보여지는 참여와 저항 반응을 함께 평가한다. 음악적 교류 척도(Musical Communicativeness Scale)는 음성, 악기, 신체 등의 세 가지 반응 범주를 통하여 보여지는 음악적 교류를 평가하는 척도다. 음악적 반응 척도(Musical Response Scale)는 음악적 반응에서의 구조적, 표현적 요소들을 측정하는 척도로서 악기를 통한 리듬적 반응과 노래 형태의 반응으로 세분화되어 있다. 이러한 세 척도들 중, 현재 Nordoff-Robbins 치료사들이 가장 유용하게 사용하고 있는 클라이언트–치료사 관계 척도에 대한 좀 더 자세한 설명은 다음과 같다.

① 클라이언트–치료사 관계 척도
Scale I. Client-Therapists Relationship in Musical Activity
클라이언트와 치료사 간의 관계형성의 발달을 일곱 단계로 나누어 평가한다. 1단계에 근접할수록 음악활동에 관계된 행동이 전혀 나타나지 않음을 의미하며, 7단계에 가까이 갈수록 보다 활발한 음악적 반응과 관계형성 능력 발현을 의미한다.

참여도(Levels of Participation)　창조적 음악치료에서 치료사와 클라이언트의 관계는 음악적 반응에서 표현되는 적극적인 상호관계이므로 참여도의 각 단계는 음악적 상호 반응의 정도를 나타낸다. 1단계에서는 상황인지와 수용의 결여와 같은 다양한 자폐적 행동들이 나타나며 이러한 행동들은 2단계에서 사라진다. 3과 4단계에서는 적극적 개입을 통한 관계 발전이 일어나며 상호적 음악활동을 통해 긍정적 상호교류와 개인 고유의 음악적 표현이 가능하게 된다. 4단계부터 5와 6단계에 이르면서 자신감, 즐거움 등이 더해지고 음악적 교감과 같은 사회성이 현저히 발달하며 마지막인 7단계에서는 안정감과 자신감을 바탕으로 한 적극적 참여가 나타난다.

저항(Qualities of Resistiveness)   클라이언트의 반응들이 모두 참여적인 것은 아니다. 일반적으로 철수(withdrawal)나 적극적 거부(refusal)에서 회피, 강요, 고집과 독립성의 표현으로 변화하며 나타나는 저항은 클라이언트-치료사 간의 관계 발전에서 저해요소인 동시에 참여 결과물이기도 하다. 즉, 클라이언트들의 저항은 중요한 치료의 도구로 인식되고 저항의 단계는 참여도의 단계와 병렬적(Parallel) 형태로 나타난다.

채점(Rating)   클라이언트의 반응과 부합되는 여러 단계에 전체 10점을 적절히 나누어 부여한다. 세션에서의 참여와 저항의 정도에 따라 주된 행동이 보였던 단계에 점수를 부여한 후, 각 단계와 그에 부여된 점수를 곱하고 전체의 수를 더한 후 10으로 나누어 점수를 낸다. 이 점수는 클라이언트의 관계의 정도를 나타내는데, 참여도와 저항을 따로 계산하여 참여도와 저항의 다른 단계를 통해 클라이언트의 관계를 보다 구체적으로 이해할 수도 있다. 예를 들어, 비디오나 오디오로 녹음된 세션을 관찰한 후 음악활동을 통한 클라이언트와 치료사의 관계를 평가하는 데 전체 10점 중 단계 3의 참여도와 저항에 각 2점씩, 단계 4의 참여도에 5점, 단계 5의 참여도에 1점을 주었다면, 4(참여도 2+저항 2)×3(단계 3)+5×4+1×5=37, 이를 10으로 나누면=3.7, 즉 1에서 7까지의 단계에서 평균 3.7 정도의 관계형성을 나타낸다. 또 참여도와 저항을 따로 평균을 낼 경우는 참여도(P) 3.1, 저항(R) 0.6의 점수를 얻을 수 있으며 참여도가 저항도에 비해 약 5배가 되는 것으로 이해할 수 있다.

척도 I. 클라이언트-치료사 관계 척도

클라이언트: _____　　날짜: _____　　세션: _____

치료사: _____　　평가자: _____

평균	참여도(Levels of Participation)	저항(Qualities of Resistiveness)
_____	(7) 안정감과 자신감 　　퇴행에 대한 자발적 저항	치료사의 기대에 부응
_____	(6) 상호성과 협력적 창조성	(a)위기 → 해결 (b)무저항
_____	(5) 긍정적 상호 활동 　　자신감, 목적지향적 관계	무의미 또는 지속적 강요 융통성 없는 태도, 경쟁, 반항
_____	(4) 활동적 관계의 발달	고집과 조종
_____	(3) 제한적 참여	회피적 방어
_____	(2) 양가감정/부분적 수용	불안정/거부적 경향
_____	(1) 무반응/참여 결여	적극적 거부/지속적 반항

관계성 평균: _____

6. 사례 연구

1) 클라이언트 E

　E는 자폐적 성향을 동반한 전반적 발달장애와 감각통합장애를 가진 남아로, 처음 치료를 시작할 당시 만 2세 2개월이었다. 치료는 주 1회, 30분 동안 진행되었으며 모두 60회의 세

션이 진행되었다. E는 감각통합 능력이 많이 부족하여 신체적, 인지적 발달이 많이 지연되었고, 언어적 표현은 거의 없는 상태였다. 이름을 불러도 눈맞춤 등의 반응을 보이지 않았고, 사람보다는 장난감과 인형에 보다 많은 관심을 기울였다. 또한 떼쓰기(temper tantrum)와 분리불안을 자주 보였다.

(1) 출생 및 성장과정

E의 출생과정은 난산이었다. 자연분만 시 산도가 충분히 열리지 않아 흡입분만(Vacuum Extraction)이 시도되었지만 실패를 거듭한 후, E는 뒤늦게 시도된 겸자(forcept) 유도분만으로 어렵게 세상에 나오게 되었다. 그러나 이러한 출생과정에서 E의 우쇄골과 원위부 우상완골 등이 골절되었고, 이로 인해 E는 출생 직후부터 엄마 품이 아닌 중환자실에서 생활해야 했다. 골절은 치료되었으나, 그 후유증으로 E는 감각통합장애를 가지게 되었다. 감각통합장애는 자극에 대한 감각적 반응과 통합 과정이 정상적이지 않은 경우에 내려지는 진단으로서 보통 학습, 발달, 행동의 장애로 이어지기도 한다.

E의 발달이 전반적으로 지연되었으므로, 음악치료를 시작할 당시 E는 특수학교 프로그램과 함께 개별적 언어치료, 작업치료, 인지치료 등을 받고 있었다. 언어발달의 지연은 매우 심각한 정도였기에, 처음 치료를 시작할 당시 E는 몇 가지 수화로 기본적 의사소통을 하고 있었다. 많은 장애아동과 같이, 표현 언어에 비해 수용 언어 능력이 높았으므로, '앉아' '서' '인사해' '가자' 등과 같은 단순한 개별적 지시는 이해할 수 있었지만, 이름에 답하거나 "엄마 어디 계시지?"라는 물음에 엄마를 가리키는 반응 등은 보이지 않았다.

악기상이자 아마추어 음악가인 아버지와 가정주부인 어머니 그리고 두 누나들 모두 E에 대한 애정이 각별하였지만 아버지는 E의 장애를 있는 그대로 받아들이지 못하는 듯하였고, 어머니는 우울증 증세를 가지고 있었다. 그러나 이런 모든 장애적 요소들에도 불구하고 E는 매우 밝고 음악에 대한 흥미가 많은 아이였다. 그의 활달한 성격과 악기들에 대한 호기심을 통해 적극적 음악활동과 성장의 가능성을 볼 수 있었다.

(2) 음악적 진단: 1세션

E는 그를 반기는 치료사의 Hello Song(이하 HS)을 들으며 협력치료사의 품에 안겨 호기심 어린 눈으로 치료실에 들어왔다. E의 손에는 대기실에서 가지고 놀던 장난감 트럭이 들려 있었다. 새로운 환경으로 들어오는 것이 겁이 났었는지, E는 협력치료사의 권유에도 불

구하고 트럭을 꼭 쥐고 내려놓지 않으려 하였다. 장난감 트럭은 엄마의 품을 떠나 낯설지만 흥미로운 새로운 세계로 들어오는 E에게 분리불안을 조절하기 위한 중간대상(Winnicott, 1971) 역할을 하는 듯하였다. E를 품에 안은 협력치료사는 피아노 옆으로 다가와 어린 E(만 2세 2개월)를 따뜻하고 부드럽게 맞이하기 위해 선택된 단순하고도 감미로운 멜로디와 가사로 이루어진 4분의 3박자의 HS의 멜로디에 맞추어 마치 아기를 어르듯 천천히 몸을 양 옆으로 움직였다. E는 여전히 호기심 어린 눈빛으로 그를 위해 노래하는 치료사를 신기한 듯 바라보았다.

잠시 뒤 긴장이 풀린 듯 협력치료사의 품에서 내려온 E는 피아노 옆 탁자 위에 장난감 트럭을 내려놓고는 HS에 맞추어 트럭을 앞뒤로 움직였다. 협력치료사가 E의 다른 손에 북채를 쥐어 주며 음악에 맞추어 북을 치도록 유도하자 E는 곧장 북으로 다가가 한 손으로 연주하기 시작했는데, HS에 맞추어 치기보다는 E 자신이 원하는 박자로 연주하였고, 이내 E의 음악적 진단을 위해 준비된 다른 여러 악기들-심벌즈, 차임, 잘림바 등-을 차례로 짧게 탐색하기 시작했다. E가 북채를 쥐는 불안정한 모습과 북을 연주하는 부자연스런 팔 동작에서 그의 대소근육 발달의 지연을 볼 수 있었고 들려오는 음악과 상관없는 악기 탐색의 모습은 E의 상호교류가 원만하지 않음을 보여 주었다. 치료사의 계속적인 노력과 유도에도 불구하고 세션이 종결될 때까지 E의 목소리는 들을 수 없었다. 세션이 끝난 후, E는 그의 음성 대신 손을 사용하여 치료사에게 작별인사를 하였다.

진단 후 치료사들이 설정한 치료목표는 다음과 같다.

- 치료사와의 음악적 활동을 통한 협력적 관계를 형성한다.
- 즉흥음악연주를 통해 눈맞춤과 집중력을 향상한다.
- 성악적 즉흥연주와 기존의 작곡된 곡들을 통해 언어적 교류 능력을 향상한다.
- 악기를 사용한 즉흥연주 및 음악에 따른 동작 활동을 통해 대소근육 운동력을 향상한다.

(3) 음악아동과의 접촉: 10세션

HS이 끝난 뒤, E는 북으로 다가가 그 위에 놓인 북채를 왼손으로 쥐고는 북, 심벌즈, 차임을 차례대로 연주하기 시작하였다. 그의 연주는 세 악기를 순서대로 번갈아 연주한다는 점에서 구조적 요소를 가지고 있었지만 그의 기본 박자는 여전히 불안정하였다. 치료사는 곧 E와의 음악적 접촉과 그의 연주를 장려하기 위해 피아노를 사용한 즉흥연주를 시작하였다.

치료사는 E의 북 연주에 에너지와 안정성을 주기 위하여 c단조, 4분의 4박자의 명료하고도 힘 있는 반복 하행 음계(C-Bb-Ab-G)를 저음부 오스티나토로 사용하였다. 동시에, E의 음악을 치료사가 정한 형식 안에 가두어 놓지 않으려는 의도에서 멜로디는 구조적이면서고 E가 연주하는 악기에 따라 변형을 주어 음악 안에서 E와의 접촉을 시도하였다.

E의 불규칙한 북 연주는 쉽게 반복 저음의 구조 안으로 들어오지 않았다. 그러나 치료사가 규칙적인 저음을 충실히 유지하는 가운데, 멜로디로 그의 불규칙한 연주 리듬을 지속적으로 반영하자 E는 치료사가 그의 음악 안에서 그와의 접촉을 시도한다는 것을 인식하는 듯 여러 차례 치료사와 눈을 맞추며 미소를 지었고 그의 연주는 점차 반복적인 저음 안에서 안정된 박자를 찾아갔다. 창조적 음악치료 안에서는 아동의 불규칙하고 충동적인 연주에 응답하는 것이 아동과 접촉할 수 있는 지름길이라고 생각한다(Nordoff & Robbins, 1992). E는 음악 안에서 자신의 모습 그대로를 인정하고 만나기를 원하는 치료사의 의도를 인식하고 치료사와의 접촉을 허락한 듯 보였다. 비록 E의 연주가 항상 구조적이거나 안정적이지는 않았지만, E는 연주 도중 자주 치료사와 눈을 맞추며 함께 연주하려 노력하는 모습을 보였으며, 자신의 연주에 응답하는 치료사의 멜로디를 인식할 때마다 치료사에게 환한 미소를 보내 주었다.

치료과정 전반기 동안 엄마와의 분리불안으로 인해 E는 종종 치료실에 엄마와 함께 들어오기를 울며 고집하기도 하였다. 일단 치료실에 들어와 악기를 보면 곧 울음을 멈추고 연주를 시작하기는 했지만 치료실 안으로 들어오기까지는 협력치료사의 많은 노력이 필요하였다. E를 짧은 시간 안에 치료실로 유도하기 위하여 음악(music itself)과 E의 음악에 대한 열정을 이용하였는데, 협력치료사가 E를 인도하러 대기실에 갈 때 E가 좋아하는 악기를 가져가서 E로 하여금 대기실부터 HS에 맞추어 연주를 하게 하는 방법이 가장 자주 사용되었다. 치료사와의 관계가 형성되고 발전됨에 따라 분리불안은 차츰 감소하였고 치료 중반기에 접어들면서 자신을 반기는 HS이 들리자마자 미소를 지으며 치료실로 뛰어들어오는 모습을 자주 보였다.

(4) 음악 안에서의 관계 형성: 21세션

Aigen(1999)이 클라이언트의 음악적 표현은 그의 신체적, 심리적, 사회적, 정신적 장애에 대해 말해 준다고 한 바와 같이, E의 음악을 통해 치료사는 그의 음악아동과 더불어 제한아동의 모습을 볼 수 있었다. 그중에서도 특히 관계형성과 상호교류에서의 어려움은 E의 음악

,、 두드러지게 나타났다. E는 종종 치료사의 음악과는 상관없는 음악을 연주하였고 치료사의 음악을 듣지 않고 자신의 소리에 집착하거나 치료사의 음악적 지시에 무관심한 모습을 보였다. 이러한 E의 제한아동은 음악 안에서 치료사와 E가 관계를 형성하는 데 큰 장해가 되었다.

21번째 세션 중간에 E는 그의 소근육 운동력 향상에 도움을 주고자 준비된 G펜타 하프(오음계로 구성된 하프)를 연주하기 시작하였다. 오음계는 12음으로 이루어진 장단조 음악에 비해 구성음 수가 적으므로, 아동들이 보다 쉽게 멜로디를 인식하거나 연주할 수 있으며 원형적 성격을 가졌으므로 장애아동들에게 보다 친숙하게 느껴지는 장점이 있다. E가 바닥에 앉아 양손을 사용하여 하프를 연주하기 시작하자 치료사는 피아노에서 내려와 E와 마주 보고 바닥에 앉아 그의 하프 연주에 맞추어 오음계 선율로 "E가 하프를 연주하네요. 한 번 들어볼까요?"라고 노래하였다. 치료사가 여느 때와 같이 피아노를 사용해 E의 연주에 응하지 않고 그의 하프 소리에 맞추어 노래를 한 까닭은 첫째, E에게 좀 더 물리적으로 가까이 다가가 그가 활동에 집중하도록 돕기 위해서이고, 둘째, E의 음악 안에서 그와 접촉하고자 하였기 때문이며, 셋째, E로 하여금 치료사와 함께 노래하도록 유도하기 위함이었다. 언어적이든 비언어적이든, 노래는 언어장애를 가진 아동들이 음성을 사용하여 자신을 표현하고 타인과 교류하도록 도와주는 훌륭한 매개체이기 때문이다.

치료사가 'E가 하프를 연주하네요…'라는 가사를 붙여 노래한 까닭은 E의 음악적 활동에 의미를 부여하여 그로 하여금 자신이 무엇을 하고 있는가를 인지하도록 돕기 위함이었는데, E는 가사의 의미를 이해하는 듯한 모습을 보이지 않았고, 치료사의 노래에 주의를 기울이기보다는 자신의 손놀림에 대한 촉각적, 시각적 자극을 즐기는 것 같았다. 이러한 E의 무관심함이 E가 언어적 이해와 교류에서 겪는 어려움에서 비롯된 것으로 생각된 치료사는 곧 가사 대신에 단순한 모음을 사용하여 노래하기 시작하였고, 이를 감지한 E는 치료사와 눈을 맞추며 마치 대화를 나누는 듯 자신이 사용할 수 있는 모음과 자음을 이용하여 노래를 하기 시작하였다. E의 하프 연주를 반주 삼아 E와 치료사가 이중창처럼 때로는 주고받으며 교류를 나누는 동안, 치료사는 어린 E 안의 생명력 넘치는 음악아동과 깊은 관계형성이 시작되고 있음을 느낄 수 있었다. 치료사의 GBS(굿바이 송)을 들으며 치료실을 나가기 전, E는 치료사에게 손을 흔들며 작지만 분명한 소리로 "아녀(안녕)"라고 인사하였다.

이 세션 이후부터 E는 음성을 사용해 자신을 표현하거나 치료사와 소통하기를 점차 즐겨하게 되었으며 이를 바탕으로 치료사는 'ㅏ, ㅔ, ㅣ, ㅗ, ㅜ' 등 여러 가지 모음들을 사용한

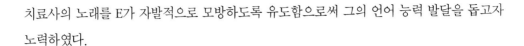
치료사의 노래를 E가 자발적으로 모방하도록 유도함으로써 그의 언어 능력 발달을 돕고자 노력하였다.

(5) 음악 안에서의 도전: 25세션

　치료사와의 관계가 발전함에 따라 E의 분리불안이 많이 감소하였지만 여러 치료들로 가득 찬 하루 일과에 지치거나 감기 등으로 몸이 좋지 않을 때마다 E는 엄마를 앞세워 치료실로 들어오고는 하였다. 이날 또한 E가 엄마 품을 떠나지 않으려 하였으므로 치료사들은 짧은 팀 회의를 거쳐 E를 엄마와 함께 치료실로 초대하였다. 엄마의 품에 안겨 치료실로 들어오자마자 E는 엄마의 품을 벗어나 그를 위해 준비된 스내어 드럼으로 다가가 그 위에 놓인 북채를 양손에 단단히 쥐고 HS에 맞추어 힘차게 연주하기 시작하였다.

　E는 모든 악기를 좋아했지만, 특히 울림이 큰 북을 좋아하였다. 북을 연주할 때 E는 자주 북의 소리보다는 울림을 통한 촉각적 자극에 몰두하는 듯한 모습을 보였는데, 이는 그의 감각통합장애에서 비롯된 행동인 듯하였다. 음악은 청각적 예술인 동시에 촉각적 예술이며 여러 악기의 다양한 울림이나 촉감 등은 E의 감각발달에 많은 도움이 될 수 있었다. 그래서 치료사는 E에게 심벌즈보다 울림이 큰 중국 악기인 공(Gong)[24]을 소개하였다. 거의 자신만한 크기의 공을 처음 본 순간 E는 다소 겁을 먹은 표정을 지으며 엄마 품으로 돌아갔지만 호기심 어린 눈빛으로 공을 계속 쳐다보다가 무언가를 결심한 듯 엄마 품을 떠나 공에게 다가가 협력치료사가 쥐어 준 큰 북채를 두 손으로 단단히 잡고는 공을 힘껏 내리쳤다. 공의 예상치 못한 큰 울림에 놀란 E는 반사적으로 엄마에게 돌아가다가 다시 방향을 틀어 공으로 다가가더니 다시 한 번 있는 힘껏 공을 연주한 뒤 재빨리 엄마 품으로 달려가 안겼다. 그러나 여전히 그의 두 눈은 공에게 고정되어 있었다. 이러한 그의 모습은 마치 처음 둥지 밖을 나와 힘껏 날갯짓을 해 본 뒤 스스로의 능력에 놀라 본능적으로 엄마의 존재를 재확인하고 곧이어 다시 한 번 용기를 내어 날갯짓을 해 보는 아기 독수리의 모습 같았다.

　몇 번의 도전을 반복한 뒤, E는 공 앞에 두 발로 단단히 서서 북채를 가지고 마치 공을 정복하는 듯한 모습으로 연주를 하였고 치료사는 그의 연주에 맞추어 중국 오음계 안에서 즉흥연주함으로써 그의 도전과 정복을 지지하고 성원하였다. 치료사는 E의 연주 사이사이에 멜로디를 진행을 하고 악구의 마지막을 그의 연주와 함께 맺음으로써 E의 공 연주에 좀 더

---

24) 우리나라의 징과 유사한 악기로서 일반적으로 싱보다 크기와 울림이 크다.

중요한 의미를 부여하고자 하였다.

Nordoff-Robbins 치료사들은 클라이언트와의 눈맞춤에 불필요한 의미나 집착을 가지지 않도록 훈련받는다. 음악 안에서의 교류는 청각적으로도 충분히 확인될 수 있으며 클라이언트의 표정이나 행동을 관찰하기에 앞서 그의 음악을 들음으로써 그에 대해 배울 수 있고 그와 교류할 수 있기 때문이다. 이 세션에서도 E와 치료사와의 눈맞춤은 많지 않았지만 치료사는 E의 음악을 통하여 그가 치료사의 음악을 충실히 듣고 이에 맞추어 공을 연주함으로써 치료사와 교류하고 있음을 알 수 있었다.

(6) 음악 안에서의 재충전: 32세션

치료 센터에 도착한 E는 무척 신경이 날카로워 보였다. 엄마 품에서 아예 떨어지지 않으려 하는 E 때문에 그의 엄마 또한 무척 지쳐 보였다. 그의 엄마에 따르면 이날은 새로운 특수학교에서의 첫날이었는데, E가 지시에 따르지 않고 고집을 부리는 바람에 선생님으로부터 야단도 맞고 벌도 서고 한 힘든 날이었다. 기분이 좋지 않은 E는 하루 종일 아무것도 먹지 않고 울며 떼만 부리다가 E를 데리러 온 엄마 목에 꼭 매달려 떨어지지 않으려 하였다. 이러한 E 때문에 언어나 작업치료는 치료사 얼굴만 보고 다시 발걸음을 돌려야 했다는 것이다. 평소와는 다르게 치료사를 보자마자 E는 엄마 가슴에 얼굴을 묻어버렸다. 인사를 건네도 반응이 없는 그의 손을 치료사가 슬며시 잡으려 하자 E는 이내 신경질적으로 치료사의 손을 뿌리쳤다. 치료사는 E가 세션에 참여할 수 있는 정도의 정서적 안정을 제공하기 위하여 E를 엄마와 함께 치료실로 들어오도록 하였다.

HS과 함께 치료가 시작되었지만, E는 음악활동에 참여하지 않고 엄마 곁에 조용히 앉아 있었다. 그러나 HS이 끝나갈 무렵, E는 탁자 위에 놓여진 핸드벨(C, E)을 향해 천천히 다가가서는 벨을 양손에 하나씩 잡고 흔들기 시작하였고 치료사는 그의 연주를 지지하기 위하여 즉흥연주를 시작하였다. 치료사는 어렵게 유도된 E의 참여를 지속시키기 위하여 낮은 음역에서 G 페달톤을 사용하여 조심스럽게 즉흥연주를 시작하다가 최대한 부드러운 음성으로 "벨을 울려요."라고 노래하였다. 매우 간단한 구조의 C장조의 선율들은 E에게 안정감을 주기 위해 많은 시간적 공간을 두고 반복되었는데, 이는 하루 종일 지시 따르기를 거부한 E가 스스로 음악 만들기에 참여하기를 기다려 주기 위해서였다. 또한 E의 벨소리에 좀 더 중요한 음악적 의미를 부여하기 위하여 치료사는 의도적으로 벨음이 포함된 중간 음역에서의 연주를 피하였다.

E가 점차 적극적으로 연주에 임함에 따라 치료사는 선율구(melodic phrase) 사이의 공간을 점진적으로 줄여 나가며 보다 구조적인 음악적 틀을 형성해 나갔다. 안정감을 제공하면서도 창조적 표현과 교류의 자유를 제한하지 않는 음악적 구조와 형식을 통해 치료사는 E의 적극적 참여를 자연스럽게 유도하고자 하였다. 하루 종일 지시에 따르는 것을 거부하던 E는 '벨을 울려요'라는 가사를 이용한 치료사의 지시에 자발적이고 적극적인 모습으로 응하였다. 시간이 흐름에 따라 E의 연주는 점점 더 자발적이고 적극적이 되었으며 세션 후에는 엄마의 손을 잡고 미소 띤 얼굴로 치료실을 걸어 나갔다.

(7) 음악 안에서의 성장: 39세션

치료사는 충동을 조절하고 지시에 따르는 능력의 향상이 필요한 E에게 이미 작곡된 곡인 'Beat That Drum Once'를 소개하였다. 단순하지만 견고한 음악적 구조를 가진 음악과 악구가 끝난 뒤 북을 '한 번만' 치도록 하는 간단하고도 명료한 지시를 담고 있는 가사는 곧잘 충동적 북 연주를 통해 자신만의 음악적 세계로 빠져 버리는 E에게 지시를 잘 듣고 따르는 방법을 가르쳐 주기에 알맞기 때문이었다. 치료사는 가사를 보다 정확히 전달하기 위해 공명과 바이브레이션을 최대한으로 자제한 음성을 사용하여 노래하였고 협력치료사는 E의 충동을 좀 더 효과적으로 조절하기 위해 핸드 드럼을 사용하였다.

E는 처음엔 '북을 한 번만 쳐요!'라는 가사를 듣고도 협력치료사가 제시한 핸드 드럼을 향해 북채를 움직였다. 이에, 협력치료사는 E가 북을 한 번 치자마자 핸드 드럼을 등 뒤로 숨겼다가 '북을 한 번만 쳐요'라는 가사 뒤에 다시 E에게 제시하는 것을 반복함으로써 E로 하여금 가사의 지시를 따르도록 도왔다. 이에, E는 곧 북을 한 번만 치라는 지시를 인식한 듯 협력치료사가 핸드 드럼을 제시할 때까지 기다렸다가 한 번만 힘껏 내리치기 시작하였다. 치료사는 E가 지시를 인식하고 받아들임에 따라, 북 치는 횟수를 두세 번으로 늘려 나갔고, 곡 사이 사이 자유롭게 북을 칠 수 있는 음악적 공간을 제공함으로써 충동을 조절하고 있는 E에게 '음악적 보상'을 주어 습득한 행동을 강화하고자 하였다. 곡의 마지막 박자는 심벌을 치도록 유도하여 곡의 종결을 알리는 동시에 E의 성공적 활동을 자축하도록 하였다. 이와 같이, 창조적 음악치료에서는 물질적 보상이나 벌 대신에 음악적 보상으로서 클라이언트의 바람직한 행동을 강화한다.

이러한 활동이 끝난 뒤, E는 또 다른 미리 작곡된 곡, 'Can You Play the Bell?'에 맞추어 리드 혼(G)을 연주하기 시작하였다. 이 곡은 본래 벨을 위해 작곡된 곡이지만 D 도리아

ᆫ단하고 반복적인 선율구는 다른 여러 가락 악기들을 이용한 즉흥연주의 중심 주제로 사용하기에 매우 유용한 곡이다.

E의 혼 연주는 길고 짧은 다양한 리듬들로 자유롭게 구성되어 있었으므로 치료사는 곡의 기본 구조를 무너뜨리지 않는 범위 안에서 E가 짧게 리듬적으로 연주할 때는 페달을 사용하지 않고 그가 길게 연주할 때는 페달을 사용함으로써 그로 하여금 곡의 기본 구조와 자신의 다양한 연주 형태를 인식하도록 도왔다. E는 곡의 선율구조를 인식한 듯 선율구의 마지막에는 혼을 연주하는 대신 치료사를 쳐다보며 "호온!"이라고 말하기를 여러 차례 반복하였다. 이렇듯 E가 혼자 중얼거리지 않고 치료사를 쳐다보며 자발적으로 음성을 사용하여 자신이 하는 일에 대해 표현하는 모습을 통해 치료사는 언어적 교류에 대한 E의 자발적 의지가 향상되었음을 볼 수 있었다.

이 세션 이후, 치료사는 E의 충동성 조절과 지시에 따르는 능력 및 상호교류 능력의 지속적인 향상을 위해 다양한 음악적 구조와 지시를 가진 미리 작곡된 곡들을 상황에 알맞게 단계적이면서도 창조적으로 사용하고자 하였다. 또한 E의 감각통합발달을 돕기 위해 다양한 동작을 유도하는 음악이 사용되었다. E는 그 자신의 음악에 대한 열정을 통해 임상적으로 의도된 음악 안에서 치료사와 교류하며 끊임없이 성장하는 모습을 보여 주었다.

(8) 음악아동의 확장: 58세션

북을 한 번 치는 등과 같이 매우 간단한 지시와 구조를 가진 곡에서 시작된 미리 작곡된 곡들의 활용은 E의 충동조절이나 지시에 따르는 능력뿐만 아니라 감각발달에도 많은 향상을 가져다주었다. 줄곧 한 손으로만 악기를 연주하던 E는 곧 양손을 동시에 사용해 북을 연주할 수 있게 되었지만 양손을 번갈아 사용하는 것에는 어려움이 있었다. 또한 충동조절에서도 셈여림과 빠르기의 조절능력에 어려움이 있었다. 이러한 어려움을 돕기 위해 치료사는 양손의 교차적 사용 및 셈여림과 빠르기 조절을 요구하는 'Charlie Knows How to Beat That Drum'이라는 미리 작곡된 곡을 사용하기로 하였다. 이 곡은 갑자기 작고 느리게 연주하는 부분이 나타나고 점점 크고 빨리 연주하여 트레몰로까지 갔다가 다시 처음 주제로 돌아가는 'ABA형식'을 가진 북과 심벌을 위한 곡으로서 충동을 조절해야 하는 부분을 수행하면 충동을 분출할 수 있는 음악적 보상 부분이 주어지게 된다.

양손을 번갈아 사용하는 것과 크기와 빠르기를 조절하는 것을 어려워하는 E를 돕기 위해 협력치료사는 E 등 뒤에서 E의 양손을 감싸 쥐고 곡의 지시에 따라 북을 함께 연주하였다.

처음에는 협력치료사의 HOH(Hand-over-Hand) 도움을 거북해 하던 E는 트레몰로 등 스스로 하기 어려운 음악적 경험에 대한 도움의 의미를 인지한 듯 양손의 힘을 빼고 즐거운 표정으로 협력치료사의 도움을 기꺼이 받아들였다. E는 트레몰로의 경험 후 흥분된 얼굴로 "아시(다시)!"라고 말하며 협력치료사에게 자신의 등을 대었다. 이는 E가 새로운 행동의 학습에 적극적으로 임하기 위해 협력치료사의 도움을 받아들이는 것에서 더 나아가 그 필요성을 인식하고 요청하는 언어적, 비언어적 행동이었다.

E의 요청에 따라 협력치료사의 도움으로 곡을 한 번 더 연주한 E의 표정은 만족감과 성취감으로 가득 차 있었고 계속적인 시도를 원하는 듯 E는 또 한 번 협력치료사에게 등을 가져다 대었다. E의 한 단계 높은 성장을 위해 세 번째 연주에서는 협력치료사가 E의 등 뒤에 서지 않고 E와 북을 사이에 무릎을 꿇고 키를 맞추어 마주 서서 같이 연주함으로써 E 스스로 연주를 완수할 수 있도록 유도하였다. 다소 힘들어 하기는 했지만, E는 혼자서 훌륭히 연주를 완수하였고 몇 번의 반복을 통해 그의 연주의 완성도가 높아졌다. 그는 스스로의 성취에 매우 만족하는 듯 연주 내내 자신감 넘치는 미소를 잃지 않았다. 치료사는 많은 감각통합적 장애에도 불구하고 적극적으로 도전하고 성취하고 성장하려는 E의 모습에서 그의 음악아동이 제한아동의 울타리를 넘어 확장되어 감을 알 수 있었다.

60회의 세션 후 여름 방학이 시작되었고 개별치료를 통해 음악 안에서 많은 성장을 한 E에게 향후 또래 아이들과의 상호작용 능력을 도울 수 있는 집단음악치료가 발달적으로 알맞을 시기라는 치료 팀의 의견에 따라 E의 개별 회기가 종결되었다.

(9) 사례의 평가

개별음악치료를 통하여 E는 다양한 악기와 음성을 사용하여 보다 적극적인 자기표현 및 상호교류를 할 수 있게 되었다. E의 성장은 여러 방면에서 이루어졌다. 다양한 악기의 이름과 자신의 이름 그리고 '안녕'과 '끝' '다시' 등과 같은 단어를 적절한 때 자발적으로 비교적 정확한 발음으로 노래할 수 있게 되었고, 음악적으로는 다양한 셈여림, 빠르기, 리듬, 박자들을 양손을 사용하여 좀 더 오랜 시간 동안 연주할 수 있게 되었다. 실제로 진단 시 E의 엄마가 희망한 치료목표 중, '한 가지 활동에 10초 이상 집중할 수 있다'라는 목표는 첫 세션부터 달성되었고 치료가 종결될 즈음에는 한 가지 활동에 평균적으로 10분 이상 집중할 수 있었다. 또한, 치료사의 음악적 지시에 귀 기울이고 자발적으로 참여하게 되었으며 더 이상 분리불안의 모습은 볼 수 없었다. 음악 안에서의 이러한 모든 E의 성장들은 동시에 자기표현, 상호교류, 자제력, 주의력 및 감각운동력 향상 등의 외적 성장을 의미하며 그의 음악에 대한 열정과 음악이 가지는 치료적 힘은 E의 치료과정에서 가장 중요한 원동력이 되었다.

　　자폐적 성향을 동반한 전반적 발달장애와 감각통합장애를 가진 어린 E와의 치료과정에서 치료사는 개인의 성장에서 중요한 매개체이자 주도자인 음악아동의 실제를 경험할 수 있었으며, Robbins가 항상 강조하던 바와 같이 '치료사의 가장 훌륭한 선생님은 다름 아닌 클라이언트'임을 다시 한 번 깨닫게 되었다.

7. 논의 및 요약

1) 음악의 심미성에 대한 치료사의 의식적, 무의식적 집착의 위험성

　　창조적 음악치료에서는 모든 음악적 요소들을 자유롭고 창조적으로 사용할 수 있는 치료사의 충분한 음악적 자질이 치료의 필수 요건으로 간주된다. 치료사 자신과 음악과의 관계와 클라이언트와 음악과의 관계, 임상적 음악성(clinical musicianship)에 대한 치료사의 통찰력이 부족할 경우 자칫 치료사가 '듣기 좋고 아름다운' 음악 창조에 집착함으로써 임상적 이유보다는 자신의 음악성을 과시하는 것에 치중하게 될 위험이 있다. 따라서 치료사는 치료 상황 안에서 음악이 자신을 위한 음악이 되지 않도록, 자신의 음악적 경향과 임상적 이유의 분명한 인식을 위해 끊임없는 노력을 기울여야 한다. 이에 대해, Turry(1998)는 치료사가 훈련된 음악가일수록 즉흥연주 시 음악의 심미적 가치에 집착하거나 타인의 평가나 실수에 민감하여 의식적·무의식적으로 클라이언트와의 접촉과 같은 임상적 목표보다는 치료사 자신의 만족이나 자존감 유지에 더 많은 관심을 기울이게 되고, 결과적으로 클라이언트와 관계없는 음악을 창조하게 될 소지가 있으므로 치료사는 자신의 진정한 음악적 자아를 찾고 실수나 비판에 대한 두려움과 같은 창조적 압박에서 해방되려는 노력을 지속적으로 해야 한다고 지적하고 있다.

2) 팀워크의 제한적 적용성

창조적 음악치료는 본래 두 명의 치료사가 한 팀을 이루는 접근법이다. 각각의 치료사는 역할을 분담하게 되며 모든 임상적 고려와 분석은 공동의 의견에 따라 이루어진다. 그러나 여러 이유로 인하여 실제적 임상에서 두 명의 치료사가 함께 일할 수 있는 환경은 흔하지 않으며, 한 명의 치료사가 여러 심각한 장애를 가진 클라이언트들로 구성된 집단을 담당하게 되는 경우도 많다. 이런 경우, 한 명의 치료사가 클라이언트와 물리적 거리를 두고 피아노를 이용해 클라이언트와 즉흥음악을 통한 깊은 음악적 접촉 및 교류를 하기란 쉽지 않으므로 창조적 음악치료의 접근법이 불가능할 수도 있다. 따라서 창조적 음악치료는 일반적이라기보다는 특수적 또는 이상적 상황에서만 충분히 가능할 수 있는 제한적 접근법이라는 의견이 있다. 이에 대해, 근래에 들어 피아노뿐만 아니라 클라이언트와 물리적으로 보다 가까운 접촉이 가능한 기타 등의 다른 악기들을 사용한 창조적 음악치료적 접근이 시도되고 있으며, 필요에 따라 순수한 즉흥연주 대신 음악극이나 합주곡 같은 미리 작곡된 음악 연주 활동도 즉흥적 유동성을 잃지 않는 범위 안에서 적극적으로 활용되고 있다.

3) 치료효과에 대한 연구방법의 제한적 객관성

클라이언트의 내적 성장과 변화가 궁극적 치료목표로 간주되고 각 클라이언트 고유의 치료과정을 주요 연구 대상으로 택하는 창조적 음악치료는 필연적으로 양적 연구보다는 질적 연구를 선호한다. 객관적 데이터와 가설 검증이 필수 요건이 되는 양적 연구와는 달리, 질적 연구는 치료사와 클라이언트에 따라 다양한 연구목표와 방법이 적용되는 다분히 주관적인 작업이므로 치료효과에 대한 연구결과의 일반화가 연구의 목표가 될 수 없다. 오히려 인간의 내면적, 외면적 성장과 변화를 수량화하는 작업에 반대하는 입장을 취한다. 이에 대해 연구방법론이 비일관적이고, 비객관적이며, 비과학적이라는 비판이 있다. 이러한 비판은 창조적 음악치료에 대한 비판이라기보다는 질적 연구방법에 대한 양적 연구방법론을 취하는 학자들의 일반적 비판으로서, 연구방법에 대한 양자의 입장 차이로 이해하는 것이 바람직하겠다. 근래에 들어 Nordoff-Robbins 음악치료사들 가운데 객관적 연구와 주관적 연구의 통합에 대한 의견이 제시되고 있으나, 개인 고유의 성장과 변화 과정을 양적으로 분석하거나 평가할 수 없으며 치료사의 고유성이 치료효과의 주요 변인이라는 창조적 음악치료의

．．　설학은 질적 연구 방법론에 보다 적절히 부합된다.

Nordoff와 Robbins의 17여 년에 걸친 선구적 공동 임상 및 연구로 탄생한 창조적 음악치료에서 음악과 음악적 경험은 음악치료사의 임상적 개입과 클라이언트의 변화가 일어나는 일차적 장소가 된다. 창조적 음악치료는 모든 개인 안에 존재하는 선천적 음악성이 개인의 성장과 발전을 촉진할 수 있다는 기본적 믿음 위에서 선천적 음악성을 최대한 발현시키기 위하여 즉흥음악을 사용한다. 클라이언트와 치료사는 동료적 창조자로서 여러 다양한 음악을 즉흥적으로 창조하는데, 옳고 그름의 판단을 하지 않는 즉흥연주는 클라이언트의 특별한 음악적 능력을 요구하지 않으므로 클라이언트의 표현을 최대한으로 자유롭고 안전하게 이끌어 내며, 개인의 정서적, 신체적, 인지적 장해를 극복하는 데 중요한 역할을 수행하는 내적 창조성을 활성화한다.

창조적 음악치료는 음악치료의 초점을 기법 중심에서 관계 중심으로, 결과 중심에서 과정 중심으로, 치료사 중심에서 클라이언트 중심으로 변환시키는 선구적 역할을 하였다. 또한 여러 치료 수단의 하나로 취급되던 음악을 치료의 가장 핵심적 수행자(agent)로 승격시킴으로써 음악치료와 다른 예술 매체 치료들과의 명백한 차별화에 기여하였다. 다양한 클라이언트들과의 풍부한 임상적 경험과 분석을 토대로 고유한 개인으로서의 클라이언트와 치료사 그리고 일차적 치료적 수행자인 음악이 치료과정과 효과에 미치는 영향력에 대한 평가척도와 연구방법을 개발하여 다양한 음악적 요소들의 임상적 사용에 대한 많은 연구들은 가능케 하였다.

현재 Nordoff-Robbins 음악치료사들은 세계 각지의 다양한 문화적 배경 안에서 여러 장애를 가진 아동들, 정신과적 치료를 요하는 성인들을 비롯하여 자아개발을 원하거나 정서적 어려움을 극복하고자 하는 성인들과 의학적 문제를 가진 노인들을 대상으로 임상활동을 하고 있다.

🕮 용어 해설

감각통합장애(Sensory Integration Disorder): 전정감각, 고유수용성 감각, 촉각 등 환경에서 들어오는 다양한 감각들이 우리 몸으로 들어와 뇌에서 감각정보를 인식하고 처리하는 과정에 문제가 있는 장애를 말한다.

몰입(flow): Mihaly Csikszentmihalyi가 주장한 최적 경험(optimal experience)의 상태로서 이 상

태에 있을 때 우리는 자신의 행동을 스스로 조절할 수 있으며, 의식은 질서 있게 움직이고, 심리적 에너지는 한 가지 목표에 집중되며, 기술과 능력은 최적의 상태로 활용된다. 몰입 상태에서는 몰입을 인식하지 못하며 '시간의 왜곡' '즐거움' 등의 현상을 경험하게 된다.

원형(archetype): 우리의 문학적 체험의 전체에 걸쳐 되풀이되는 관습적 이미지를 말한다.

음악아동(music child): 모든 인간이 가지고 있는 타고난 음악적 본성으로 인간의 건강한 본성을 의미한다.

자아실현(self-actualization): Abraham Maslow의 핵심 개념으로, 자기 개발과 목표 성취를 위해 끝없이 노력하는 자세이자 인간의 가치를 극대화하고 개인적이나 사회적으로 가장 풍족한 삶을 이끌어 주는 원동력을 의미한다. Maslow는 자아실현의 개념으로 다음과 같은 두 가지 내용을 반드시 포함시켜야 한다고 주장했다. 첫째, 자아실현은 잠재력 능력 및 가능성을 실현하는 것으로, 개인의 본질이 갖고 있는 가능성을 완전히 발휘하는 것이다. 둘째, 자아실현이란 질병, 신경증, 정신병 또는 기본적 인간 능력의 상실 혹은 감퇴 등이 가장 적게 있는 상태를 말한다.

절정 경험(peak experience): 자아실현을 한 성숙한 사람들이 인생의 여러 과정에서 얻게 되는, 종교적 경험과 비슷한 강렬하고 저항할 수 없는 황홀경 또는 경외감의 경험을 말한다.

제한아동(conditioned child): 인간의 건강한 본성인 음악아동의 발현을 제한하는 여러 장애와 장해적 요소를 말한다.

참고문헌

Aigen, K. (1996). *Being in Music: Foundations of Nordoff-Robbins Music Therapy.* Nordoff-Robbins Music Therapy Monograph Series #1. St. Louis, Missouri: MMB Music.

Aigen, K. (1997). *Here We Are in Music: One Year with an Adolescent, Creative Music Therapy Group.* Nordoff-Robbins Therapy Monograph Series #2. St. Louis, Missouri: MMB Music.

Aigen, K. (1998). *Paths of Development in Nordoff-Robbins Music Therapy.* Gilsum, New Hampshire: Barcelona Publishers.

Aigen, K. (1999). The True Nature of Music-Centered Music Therapy Theory. *British Journal of Music Therapy, 139*(2).

Aigen, K. (2001). Popular Musical Styles in Nordoff-Robbins Clinical Improvisation. *Music Therapy Perspectives, 19*, 31-44.

Aigen, K. (2003). *Music Centered Foundations of Music Therapy Theory and Practice.* Gilsum, New Hampshire: Barcelona Publishers.

Ansdell, G. (1995). *Music for Life. Aspect of Creative Music Therapy with Adult Clients.*

London and Bristol, Pennsylvania: Jessica Kingsley Publishers.

Bruscia, K. (1987). *Improvisational Models of Music Therapy.* St. Louis: Charles Thomas.

Bruscia, K. (1998). *Defining Music Therapy.* Gilsum, NH: Barcelona Publishers.

Kim, D. M. (2001). "The Singing Voice As an Important and Effective Tool in Creative Music Therapy." Unpublished Master's Thesis. New York University, New York.

Lee, C. A. (2003). *The Architecture of Aesthetic Music Therapy.* Gilsum, NH: Barcelona Publishers.

Nordoff, P., & Robbins, C. (1971). *Therapy in Music for Handicapped Children.* London: Victor Gillancz.

Nordoff, P., & Robbins, C. (2007). *Creative Music Therapy* (2nd ed.). New York: Nordoff-Robbins Center.

Robbins, C., & Robbins, C. (1991). Self-communications in creative music. In K. Bruscia (Ed.), *Case Studies in Music Therapy.* Gilsum, New Hampshire: Barcelona Publishers.

Robbins, C., & Robbins, C. (1998). *Healing Heritage: Paul Nordoff Exploring the Tonal Language of Music.* Gilsum, New Hampshire: Barcelona Publishers.

Robbins, C. (2003). On the connections between Nordoff-Robbins practice of creative music therapy, Steiner's anthroposophy, Maslow's humanistic psychology and other psychological and philosophical considerations. In *Clinical Improvisation Handbook*, New York: Nordoff-Robbins Center for Music Therapy.

Robbins, C. (2005). *A Journey into Creative Music Therapy.* New Hampshire: Barcelona Publishers.

Robarts, J. (1994). Music therapy for children with autism. In C. Trevarthen, K. Aitken, D. Papoudi & J. Robarts (Eds.), *Children with Autism.* London: Jessica Kingsley Publishers.

Turry, A. (1998). Transference and countertransference in Nordoff-Robbins music therapy. In K. E. Bruscia (Ed.), *The Dynamics of Music Psychotherapy.* Gilsum, New Hampshire: Barcelona Publishers.

Turry, A., & Turry, A. (1998). Music therapy for cancer survivors. *Coping,* September/October, 80-81.

Turry, A., & Marcus, D. (2003). Using the Nordoff-Robbins approach to music therapy with adults diagnosed with autism. In D. J. Wiener & L. K. Oxford (Ed.), *Action Therapy With Families and Groups: Using Creative Arts Improvisation in Clinical*

Practice. APA Books.

창조적 음악치료 관련 사이트

미국   www.nyu.edu/education/music/nrobbins
영국   www.nordoff-robbins.org.uk
독일   www.musictherapyworld.net
호주   www.nordoff-robbins.com.au
한국   www.ewhamtclinic.com(Nordoff-Robbins Music Therapy Program)

제14장
정신분석적 음악치료

김진아

정신분석적 음악치료는 이론과 실제에서 오늘날 심층심리학이라 불리는 정신분석에 영향을 받은 음악치료라 하겠다. 음악치료는 타 분야에 비해 비교적 짧은 역사를 가진 분야로 관련 분야, 특히 기존의 심리치료의 다양한 이론을 수용하며 발전해 왔다. 심리치료 분야는 넓은 의미에서 행동주의적 접근법과 정신역동적 접근법으로 나뉜다고 할 수 있는데(Brown & Peddar, 1991), 여기서는 정신역동적 음악치료(psychodynamically informed music therapy) 중에서도 특히 정신분석적 음악치료(psychoanalytically informed music therapy)에 대해 다루고자 한다.

행동주의적 음악치료가 학습이론과 Pavlov의 조건화 이론을 토대로, 겉으로 드러나는 클라이언트의 행동을 음악적 방법을 통해 강화 · 수정 및 보완해 가는 방법을 지향한다면, 정신분석적 혹은 정신역동적 접근법은 그와 정반대로 겉으로 드러나지 않는 인간의 내면세계와 쉽게 드러나지 않는 무의식적 동기에 주목하고, 음악을 자신의 내면세계를 탐색하고 이해하기 위한 수단으로 사용한다. 정신분석적 접근법에서는 항상 치료사와 클라이언트 간의 관계성을 매우 중시하는데, 음악을 치료적 관계성을 발전시키고 치료적 변화를 가져오는 매체(music as medium for therapy)로 여긴다. 이때 치료사는 각 임상 상황에 알맞은 숙련되고 창의적인 음악을 사용하여 클라이언트와의 상호작용을 확립하고 발전시키고자 노력하며, 이 두 사람이 함께 하는 음악적 경험은 곧 치료적 목표의 추구로 이어진다. 정신분석적 음악치료에서 음악은 주로 즉흥연주가 사용되는데, 특히 자유즉흥연주(free improvisation)가 주 역할을 한다. 영국전문음악치료사협회(Association of Professional Music Therapists)는 "치료사는 클라이언트를 이해할 수 있어야 할 뿐 아니라, 클라이언트에 대한 자신의 감정과 반응을 이해하고 소화해낼 수 있어야 한다."라고 음악치료사의 자질을 밝히고 있다. 이것은 간접적으로 정신분석적 접근법의 핵심인 치료적 관계성, 특히 전이와 역전이 현상을 치료에 적용하는 것을 가리킨다. 대체로 이와 같은 접근법을 협의로는 '정신분석적 음악치료', 광의로는 '정신역동적 음악치료' 또는 '음악심리치료(music psychotherapy)'라고 부른다. 유럽에서는 대체로 '정신역동적 음악치료'와 '정신분석적 음악치료'란 용어를 사용하는 데 반해, 미국에서는 '음악심리치료'란 용어를 사용하는 경향이 있는데, 이들 용어는 대체로 다음과 같은 차이를 내포하고 있다.

정신분석이란 심리적 과정, 특히 과거의 경험과 무의식적 측면을 탐색하고 문제를 치료하는 방법과 절차를 의미하며, 정신역동이란 인간의 마음이 고정되어 있지 않고 여러 힘들(욕망, 감정, 방어기제, 환상, 생물학적 욕구 등)이 작용하는 유동적인 상태를 의미한다(이병윤, 1990; 권석만, 2003). Bruscia(1998c)는 정신역동치료의 전통에서 가장 근본적인 전제는 치료의 역동이 전이와 역전이의 역동에 있다고 주장한다. 즉, 치료적 관계성에서 나타나는 치료사와 클라이언트 간의 유동적 마음의 움직임을 어떻게 이해하고 다루어 나가는가가 정신역동치료의 핵심이라고 하고 있다. Wigram, Pedersen과 Bonde(2002)는 과거의 경험보다 현재 삶에서 나타나는 총체적 경험에 더 큰 의미를 두는 현대 정신분석의 경향을 볼 때, 음악치료 임상에서 전이와 역전이의 역동성이 명료하게 다루어지고 표현된다면 '정신분석적 음악치료'라고 주장한다. 따라서 명확한 정의는 학자들에 따라 견해 차이가 있을 수 있으며, 대체로 정신분석은 협의의 의미로, 정신역동은 심층심리의 영향을 받은 심리치료기법을 통칭하는 의미로 사용되고 있다.

Bruscia(1998c)는 '음악심리치료'를 음악과 언어 개입의 정도를 기준 삼아 다음과 같이 네 가지 접근법으로 나누고 있다.

- '심리치료로서의 음악(music as psychotherapy)'은 언어의 사용 없이 주로 음악을 통해 치료적 접근을 해 나간다.
- '음악 중심의 심리치료(music-centered psychotherapy)'는 음악을 통해 치료과정을 끌

어가며, 언어 개입이 음악 경험을 이끌고 해석하고 촉진시키는 역할을 한다.

- '심리치료에서의 음악(music in psychotherapy)'은 치료과정에 언어와 음악이 그때그 때 치료적 필요성과 적합성에 따라 적절히 사용되고, 이때 음악은 치료적 과정에 중요 한 역할을 하며 언어는 개인의 자기이해와 성찰을 돕는 매체로 사용된다.
- '음악을 사용하는 언어심리치료(verbal psychotherapy with music)'의 치료적 접근과 과정은 주로 언어를 통해 이루어지며, 음악은 언어 과정을 돕는 매체로 사용된다.

음악과 언어의 관계는 항상 정신분석적 음악치료에서 불가분의 관계로 여겨져 왔다. 고전 적 의미의 정신분석적 개입은 언어의 역할을 매우 중시했기 때문에 '심리치료에서의 음악' 과 '음악을 사용하는 언어심리치료' 기법에 가까웠다고 할 수 있다. 하지만 오늘날 임상에 서 음악과 언어가 어떤 수준으로 치료과정에 개입되는가는 클라이언트의 병리와 상태, 필 요성 및 치료사의 치료철학과 성향에 따라 달라진다. 따라서 정신분석적 음악치료에서 중 요한 것은 어떤 매체가 어떤 역할을 하는가보다 지금 클라이언트가 어떤 개입을 더 필요로 하는가에 따라 음악과 언어 개입의 정도가 정해진다는 사실이다. 대체로 학계에서는 '음악 심리치료'와 '정신역동적 음악치료'란 용어를 동의어로 사용하는 경우가 많다. 하지만 용 어 자체는 의미상 미묘한 차이를 내포하고 있다. 음악심리치료라 하면 음악을 사용하는 '심 리치료'란 뜻이 되며, 정신역동적 혹은 정신분석적 음악치료라 하면 정신역동 또는 정신분 석의 영향을 받은 '음악치료'란 뜻이 된다. 즉, 이들 용어는 치료의 주체가 무엇인가를 나타 낸다고 할 수 있는데, 여기서는 바로 정신분석의 영향을 받은 음악치료를 다룰 것이다.

1. 정신분석적 접근법

1) 고전적 정신분석의 주요 이론

Freud의 정신분석은 인간의 이상행동이 심리적 원인에 있을 수 있다고 밝힌 최초의 체계 적 이론이며(권석만, 2003), '대화치료(talking cure)'의 장을 열어 그 후에 발전한 다양한 심 리치료와 상담 분야에 지대한 영향을 미쳤다. 정신분석과 그 영향을 받은 심리치료 및 상담 기법은 발견적 학문으로, 이론과 실제가 끊임없이 상호작용을 하며 발전해 가는 특성을 가 지고 있다. Freud 자신도 개별 정신분석 사례를 통해 자신의 주요이론을 확립, 수정해 나갔으며 자신의 이론을 인간심리의 불변의 법칙이라 보지는 않았다. 그의 정신분석은 그 후 정신역동적 심리치료의 근간이 되는데, 그를 통해 제1차 세계 대전 이전에 Jung의 분석심리 (Analytical Psychology)와 Adler의 개인심리 학파가 나왔고, 두 차례의 세계 대전 중에 Melanie Klein과 Anna Freud가 아동 정신분석을 발전시켰고 이것은 놀이치료로 이어졌으며, 제2차 세계 대전 중에 영국의 Foulkes와 Bion이 집단심리치료를 발전시켰다. 그 이후에는 가족치료, 결혼치료, 사회집단치료 등과 더불어 음악, 미술, 무용, 연극치료 등 다양한 분야의 예술치료가 발전했고, 미국의 Rogers는 일반인들이 접근하기 용이한 인간중심치료를 발전시켰다(Brown & Pedder, 1991; Cawley, 1977; 김진숙, 1992). 여기에서 미처 언급되지 못한 무수히 많은 학파와 기법들도 광의로는 Freud가 창시한 정신분석의 계보에 속한다고 볼 수 있을 것이다. Freud의 이론은 그 자체가 워낙 방대하고 오랜 세월 많은 수정을 거쳤기 때문에 짧은 지면에 간단하게 소개하는 것은 쉽지 않다. 하지만 그의 주요 이론—특히 인간의 심리구조, 방어기제, 갈등과 불안, 전이와 역전이 등의 이론—은 오늘날까지도 거의 모든 정신분석적 기법에 해당되는 점이라 할 수 있다.

　Freud는 인간의 행동에는 반드시 원인과 목적이 있으며, 무의식적 동기가 인간 행동을 유발시킨다고 생각했다. 그는 무의식적 동기를 본능적 성추동과 공격추동이라 보았는데, 이러한 본능적 추동은 인간의 마음에 갈등을 불러일으키게 된다고 했다. 그는 신경증 환자들을 치료하면서 그들이 호소하는 문제, 즉 신체적 증상이 스스로도 알지 못하는 정신적 갈등에서 기인함을 알게 되었다. 따라서 분석작업을 통한 자기이해와 성찰은 곧 증상의 제거와 본질적인 치유를 가져올 수 있다고 확신했다(Freud, 1901). 그는 임상경험을 근거로 인간의 마음이 의식, 잠재의식, 무의식의 층으로 나뉜다는 것을 발견했고, 곧 인간의 정신구조가 본질적으로 본능과 쾌락원칙에 따라 움직이는 원초아와 현실원칙에 따라 본능을 길들이고 통제하려고 하는 자아, 부모와 사회로부터 물려받은 도덕성과 관습, 양심, 이상, 가치관 등을 추구하려는 초자아의 갈등 구조하에 있다고 보았다. Freud는 개인이 건강한 삶을 살기 위해서는 자아, 원초아, 초자아가 서로 균형을 유지하며 공존할 수 있어야 한다고 보았는데, 균형을 유지하려고 하는 과정에서 이 세 요소들 간의 갈등이 유발되기 쉽고 어느 한 요소가 지나치게 강화될 경우 인간은 불안을 경험하게 된다고 보았다. 이에 인간은 무의식적으로 방어기제를 형성하게 된다고 한다.

　고전적 의미의 정신분석의 목표는 클라이언트와의 대화를 통해 이러한 무의식적 갈등이나 문제, 방어기제 등을 의식의 수준으로 끌어올리는 것이다. 그리기 위해서 자유연상 기법

꿈의 분석, 실언이나 망각 등을 언어를 통해 분석하는 작업을 하였다. 고전적 정신분석에서는 이러한 작업을 제대로 하기 위해서는 치료사가 중립적 입장을 취해야 한다고 보았다. 정신분석에서는 클라이언트가 자신의 감정이나 생각을 투사할 수 있도록 '치료사가 텅 빈 스크린(blank screen)이 되어야 한다'는 표현이 있는데, 이렇게 할 경우 클라이언트는 무의식적으로 자신의 삶에서 중요인물이나 그들과의 관계성, 생각, 감정, 환상 등을 투사하게 된다. 치료적 상황에서 이러한 현상을 전이라고 한다. 이에 대한 치료사의 심리적, 신체적 반응을 역전이라고 한다. 초기 Freud는 전이와 역전이를 치료사가 반드시 극복해야 할 장애물로 생각하였는데, 오늘날에는 클라이언트를 돕기 위해서 치료사가 잘 사용해야 할 치료적 도구이자 피할 수 없는 임상 현상으로 여겨진다.

정신분석은 기본적으로 "너 자신을 알라."는 가치관에서 출발한다. 정신분석은 관계성 중심의 치료이며, 치료사와의 관계성 안에서 자기 자신에 대한 이해와 성찰을 찾아가게 된다. 즉, 분석을 통해 자신도 모르던 무의식을 의식화하고, 자기의 복합적인 동기와 소망을 마주해 낯설고 두려운 나의 모습을 깊은 통찰과 지혜로 수용하고 정리하면서 새로운 나로 통합해 가는 과정이라 하겠다. 따라서 정신분석적 치료사의 훈련 과정에는 자기분석 과정이 필수이며, 치료사는 자기분석을 받는 과정을 통해 클라이언트의 위치에서 자신을 경험하고 배움으로써 자신과 남을 이해할 수 있는 토대를 쌓게 된다(김진아, 2003b). 앞에서도 설명했듯이 Freud는 전 생애를 거쳐 그의 이론을 수정·보완했었고, 그의 이론은 지금까지도 상당 부분 논란의 여지가 남아 있다.

하지만 Freud가 인간의 생에 미치는 무의식의 영향에 대해 밝힌 점과, 정신적 요인이 신체적 질병의 원인이 될 수 있다는 사실, 의학모델을 극복하고 새로운 '대화치료'의 장을 연 점, 치료적 관계성 규명, 즉 전이와 역전이의 현상을 발견하고 치료에 이용했다는 점은 오늘날까지 부인할 수 없는 그의 위대한 업적으로 여겨지고 있다.

2) 현대 정신분석의 주요 이론: 대상관계이론에서 발달학적 정신분석까지

현대 정신분석에는 이미 수많은 학파와 이론이 존재하기 때문에 그것을 모두 소개하는 것은 불가능한 일이다. 따라서 여기서는 음악치료에서 가장 널리 적용되는 이론만을 선정하여 소개하고자 한다.

대상관계이론은 인간을 내적·외적 관계성 안에서 이해하려는 특성을 가진다. 정신분석에서 대상관계(object relations)란 실제적 관계와는 구별된다. 인간은 주요대상과 환경과의 관계에서 발달과 성장을 하게 된다. 여기서 투사(projection)와 내재화(introjection)의 과정이 반복적으로 일어나며, 이를 통해 개인은 현실의 경험과 상상의 내용을 내재화하여, 심리적 표상을 형성하게 된다. 이러한 심리적 표상은 발달 과정에서 수정되거나 부분적으로 억압되어 무의식에 남아 있게 되며, 전이현상을 유발하는 주 요인이 된다고 한다. 고전적 정신분석과 대상관계이론에 바탕을 둔 정신분석의 차이는 치료의 초점이 개인의 무의식적 갈등에서 대상관계로 옮겨 갔다는 데 있다. 대상관계이론은 크게 영국학파와 미국학파로 나뉘는데, 영국학파는 다시 Melanie Klein 학파, Anna Freud 학파, 중간 학파로 나뉜다.

Klein이 소개한 투사동일시(projective identification)이론은 대상관계론에 중추적 역할을 하며, 현대 대상관계이론에서는 전이와 같은 개념으로 사용된다. Bion(1962)은 아기와 어머니의 관계를 비유하면서 투사동일시를 설명한다. 아기가 죽을 것 같은 불안과 공포감에 휩싸여 울기 시작하면 그 감정이 아기를 돌보는 어머니에게 그대로 전달된다고 한다. 이때 어머니가 비교적 건강하고 안정되어 있는 어머니이면 그 불안과 공포를 인정하고 받아들인 다음 아기가 재수용할 수 있는 형태로 돌려준다고 한다. 그러면 아기는 자신이 소화해낼 수 없어 투사했던 감정을 다시 재수용할 수 있을 뿐 아니라 이후에는 그러한 감정을 자신이 스스로 소화해낼 수 있게 된다. 이때 어머니가 하는 역할을 Winnicott(1971)은 안아주기(holding), Bion(1962)은 담아주기(containment)라 했다. 특히 음악치료에서는 음악 자체와 치료사가 이 역할을 수행하는데, Wigram(2004)은 그의 저서 『즉흥연주(Improvisation)』에서 실제 임상에서 어떻게 이러한 치료 기술이 사용될 수 있는지 자세히 설명하고 있다. '안아주기'와 '담아주기'는 흡사한 개념으로(정신분석의 세부 이론에서는 차이가 있지만) 대다수의 치료사들은 동의어처럼 사용한다. 이 개념은 다른 접근법에까지 널리 알려져 자주 인용되는 부분이기도 하다.

미국 학파의 경우 Mahler와 Sullivan 등의 학자들이 있다. Mahler의 경우 인간의 육체적 탄생과 정신적 탄생은 동시에 일어나지 않으므로 치료가 건강한 형태의 분리와 개별화를 촉진시켜야 한다고 주장하였다. Sullivan은 현대 대인관계 정신분석의 개념을 정립하였는데 음악치료에서도 분리와 개별화, 대인관계 등은 매우 중요한 이슈다.

임상에서 음악치료사들은 언어 사용이 제한되어 있는 클라이언트들과 일을 하게 되는 경우가 많다. Daniel Stern(1985)은 실험심리와 정신분석의 지류인 '모아 직접관찰(mother-infant observation)'에 근거한 이론을 바탕으로 정신분석의 일부 빌딜이론의 오류를 시정하면서, 정신분석과 유아발달심리학에 새로운 바람을 불러일으킴과 동시에 발달학적 정신분석의 장을 여는 역할을 한다.

　Stern의 이론은 '모아 양자모델(mother-infant dyadic model)' 을 바탕으로 한 상호주관성(intersubjectivity)과 상호관계성(interrelationship)에 대한 이론이다. 고전적 정신분석의 일반 개념이 '한 사람 심리학(one person psychology)' 의 성격을 가지고 있는 데 비해, 이것은 '두 사람 심리학(two persons psychology)' 의 특성을 띠고 있다 하겠다. 즉, 생의 초기 상호작용 형태와 관계성, 자아정체감(the sense of self) 형성의 과정에 집중하며, 특히 언어발달 이전의 아기가 어떻게 주변 세상에 대한 비언어적 지식(non-verbal knowledge of the world)을 습득하는지를 다룬다.

　Stern(1985)은 건강한 어머니와 아기의 상호작용을 '음악적 분야' 로 명했다. 어머니와 아기의 상호작용을 분석할 경우, 이들이 같은 조성, 리듬패턴, 박자, 종지의 사용 등을 하는 것이 관찰되며, 서로에게 알맞게 조율하며 즉흥적으로 상호작용을 진행한다는 사실이 밝혀졌다(김진아, 2003a). 이러한 경험의 축적이 아이의 자아정체감에 변화를 가져오며, 아이는 이러한 경험을 바탕으로 타인과 함께 하는 방법에 대한 묵언의 지식(implicit knowledge)을 습득하게 된다. Stern은 이러한 발달학적 관점을 비분석적 측면의 심리치료 이론으로 발전시켰다. 인간 생의 근원적인 상호작용과 관계성의 패턴을 연구함으로써, 근본적인 치료적 개입의 패턴을 제공하는 것이다. 음악치료는 특히 비언어적 매체를 주로 사용하므로, 인간의 근원적 관계성 및 상호작용과 깊은 연관을 가지며, 비언어적 · 내면적 경험의 층을 확대시키는 역할을 한다. 정신분석적 음악치료에서는 특히 어머니와 아기의 비언어적 상호작용이 '음악적 · 즉흥연주적 본질(musical-improvisational nature)' 을 가지고 있다고 주장할 뿐만 아니라 건강한 '모아 양자모델' 을 치료모델로 삼는다(Heal Hughes, 1995; Levinge, 1993; Pavlicevic, 1995; Robarts, 1996; Rogers, 1992). Stern의 영향을 받은 심리치료나 음악치료의 목표는 개인이 가지는 역기능적인 관계성 패턴을 탐색하고, 문제를 해결하고 변화시키는 것이다. 유아발달 신경학자(Segal 1999; Eliot, 1999)들은 이러한 대인관계가 아동의 뇌 기능과 뇌의 구조적 발달에 결정적인 영향을 미친다고 주장한다. 즉, 인간이 생의 초기에 어떤 의사소통을 경험했으며, 어떤 관계를 형성했는가가 신경학적 발달에 중추적 역할을 한다는 것이다. 이것은 생의 초기의 경험이 현재와 미래의 경험에 원형이 된다고 하는 대상관계이론과 맥을 함께 한다(김진아, 2003b). Alvarez(1992)와 Shore(2001) 등은 발달학적 정신분석을 신경학이론과 접목시킨 현대 정신분석가들이다. 발달학적 정신분석은 아기와

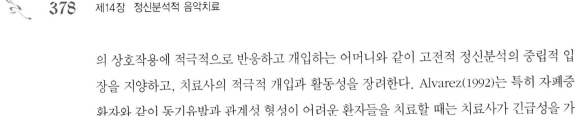

의 상호작용에 적극적으로 반응하고 개입하는 어머니와 같이 고전적 정신분석의 중립적 입장을 지양하고, 치료사의 적극적 개입과 활동성을 장려한다. Alvarez(1992)는 특히 자폐증 환자와 같이 동기유발과 관계성 형성이 어려운 환자들을 치료할 때는 치료사가 긴급성을 가지고 환자의 주의력과 생기를 되찾는 것이 중요하다고 주장한다. 발달장애인들과 일하는 상당수의 치료사들은 이러한 Alvarez의 발달학적 정신분석 기법에 공감하고 고무되어, Alvarez 학파를 형성하기에 이르렀다. 특히 정신분석적 음악치료와 발달학적 정신분석은 유사점이 많으며, 최근에는 긴밀한 교류를 통해 서로의 성장에 기여하고 있다고 할 수 있다.

3) 예술심리치료와 창의적 활동의 의미

Freud는 무의식이 예술에 미치는 영향에 대해 잘 알고 있었다. 그에 따르면, 예술가는 창작활동을 통해 환상의 세계와 현실세계를 연결하고, 작품을 통해 자신을 해방시킬 뿐 아니라 타인과 소통한다고 했다(Jones,1953). 그는 창의적 행위가 인간의 무의식적 표현이라고 함으로써 예술심리치료의 이론적 토대를 마련했을 뿐 아니라, 창조적 활동이 심리적 균형을 유지하는 데 기여한다고 했다.

김진숙(1993)은 예술심리치료에서 치료의 의미가 "창작활동을 통하여 그 증상이 경감되도록 돌보아 주는 것"이라고 정의하고 있다. 실제 예술심리치료가 무엇인가를 한마디로 정의하는 것은 상당히 어려운 일이다. 우선 다양한 예술 분야(음악, 미술, 무용, 연극, 공연예술 등)를 고려해야 하는데, 이는 이들 각자의 분야 안에서도 다양한 접근법과 이론적 배경이 존재하기 때문이다. 앞에서도 설명했듯이 여기서는 예술심리치료의 기본이라 할 수 있는 창조적 활동이 어떻게 심리이론과 연결되고 개인의 심리에 어떠한 영향을 미치는가 살펴볼 것이다.

Freud는 인간의 사고를 일차적 과정과 이차적 과정으로 나누고 있는데, 상당수의 예술심리치료사들은 예술의 창의적 활동을 통해 무의식적 과정인 일차적 과정이 어떻게 이차적 과정으로 변환되는가에 집중하고 있다. 이들은 또한 Winnicott(1971)이 말한 중간현상(transitional phenomena)을 창의적 활동이 생성되는 곳으로 볼 뿐 아니라 그것의 치유적 의미를 집중적으로 다룬다. Jahn-Langenberg(2002)와 Levinge(1993) 등 상당수의 정신분석적 음악치료사들도 치료사와 클라이언트가 만들어 가는 즉흥연주의 창의적 과정과 임상 현상을 Winnicott(1971)의 놀이(playing)와 중간 현상의 차원에서 설명하고 다루고 있다.

치료사 Eschen은 창의적 활동을 표방하는 자유즉흥연주가 제3의 사고과정(tertiary process thinking)을 가능케 한다고 주장한다. 제3의 사고과정이란 Freud의 1차와 2차적 과정처럼 분리된 정신세계관과 대조되는 표현으로, 창의적 과정은 우리의 자아의 경계를 자유롭게 확장시켜 무의식이나 잠재의식, 억압된 감정, 과거의 기억, 꿈, 현실을 연결시켜 새로운 자아로의 통합을 가져온다고 주장했다(Priestley & Eschen, 2002).

4) 정신분석적 음악치료의 배경 및 역사

음악치료의 정신역동적 혹은 정신분석적 사조를 이끌어 간 나라는 영국이라 할 수 있는데, 그 대표적 인물로 영국의 Juliette Alvin과 Mary Priestley가 있다. Alvin은 1950~1980년대의 즉흥음악치료(Improvisational Music Therapy)의 기반을 확립한 선구자였다. 그녀는 Pablo Casals의 제자로 국제적으로도 유명한 첼로 연주자이자 음악치료사였으며, 음악의 치료적 효과를 굳게 믿고 있었다. Alvin(1975)은 음악이 인간의 무의식을 드러내는 힘이 있으므로, Freud의 분석이론이 음악치료의 발달단계를 지지한다고 믿었다. 그녀는 "음악은 인간의 창조물이고, 인간은 자신이 창조한 음악 안에서 자기 자신을 볼 수 있다."라고 말했다. 또한 음악을 자유로운 표현의 장으로 보았으며, 어떤 음악적 형식이나 틀에 얽매이지 않고 완전히 자유롭게 연주할 때(자유즉흥연주) 음악은 연주하는 사람의 성격과 존재, 그 사람의 문제까지도 그대로 반영한다고 믿었다. 따라서 성공적인 치료과정이나 결과는 클라이언트와 치료사의 음악적 관계성이 어떻게 시작되고 발전하는가에 달려 있다고 보았다. 1960년대에 이와 같은 방식은 가히 혁명적이라 할 수 있었다. 미국에서는 전통적으로 기존의 작곡된 곡을 사용하는 행동수정주의가 주로 사용되었고, Nordoff-Robbins의 창조적 음악치료가 비슷했으나, 그들의 접근법도 좀 더 전통적이고 구조적인 작곡과 즉흥연주 기법을 사용했기 때문이다(Wigram, Pedersen, & Bonde, 2002).

Priestley는 Alvin의 제자로 Alvin의 정신분석적 접근과 자유즉흥연주 기법을 심도 깊게 발전시켜 '분석적 음악치료'를 창시한 선각자로 잘 알려져 있다. 그녀는 정신분석에서 Freud, Jung, Klein 등의 이론을 토대로 분석적 음악치료의 치료이론을 정립했다. 분석적 음악치료는 영국보다는 타 유럽 국가에서 더 활발히 성장하고 적용되었는데 그 이유는 다음과 같다.

영국에서는 Alvin이 정신분석이론을 음악치료에 접목시킨 후 이러한 접근법이 상당히 일반화되었다. 또한 정신분석이 자기 성찰과 근원적인 인간 이해의 수단으로 여겨져, 음악치료에 입문하기 전부터 정신분석을 경험해 본 음악치료사들도 있었고, 정신분석가에게서 임상지도를 받는 경우도 있었다. 따라서 임상 현상을 정신분석적 원리에 근거해 해석하고 다루는 기법은 영국 음악치료사들에게 자연스러운 선택이었으며, 분석적 음악치료는 그들에게 정신분석적 음악치료 중 하나였을 것이다. 1990년대에 들어서면서 북미와 유럽에서 정신역동적 접근법 전반에 대한 Priestley의 공헌과 역할을 재조명하는 움직임이 일어났고, Bruscia(1998c)와 Eschen(2002)은 그들의 저서를 Priestley에게 헌정하면서 정신역동적 음악치료에 큰 영향을 미친 그녀의 선구자적 역할을 높이 평가했다. 현재 유럽과 북미의 많은 음악치료사와 음악치료학과 교수들은 Alvin과 Priestley 치료 모델의 뒤를 이어 그들의 접근법을 더욱 발전시켜 교육과 임상에 적용하고 있다(Bruscia, 1998c; Eschen, 2002; Jahn-Langenberg, 2002; Lecourt, 1993, 1998; Metzner, 1999 Odell-Miller, 2001, 2002, 2003; Streeter, 1999a).

5) 주요 정신분석 개념과 음악의 관계

정신분석적 접근법은 기본적으로 '의미'를 추구하는 특징이 있다. 즉, 치료 상황에서 나타나는 음악적 현상이 어떤 의미를 가지고 있는가에 주목하고, 그것을 기존의 정신분석이론과 연결시켜 개인의 심리를 파악한다고 할 수 있다.

(1) 정신구조와 음악의 관계

Alvin(1975)은 음악이 인간의 정신구조-원초아, 자아, 초자아-에 미치는 영향에 주목했다. 그녀는 음악이 인간의 본능(원초아)과 잠재적 욕구를 일깨우고 사회적으로 용납되는 형태로 표현 가능케 하며, 자아의 기능을 강화시킬 수 있을 뿐 아니라, 동시에 감정을 표현하거나 승화시키거나 통제할 수 있게 한다고 생각했다. 즉, 음악을 임상에서 잘 활용할 경우 Freud가 주장한 원초아, 자아, 초자아의 균형 있는 공존을 도울 수 있다고 여겼다. Priestley(1994)는 자아강화를 위한 테크닉(techniques for ego-strengthening)을 그의 저서에서 소개하고 있기도 하다.

(2) 음악과 언어의 관계: 무의식의 의식화

Priestley(1975, 1994)는 음악적 표현은 의식적일 수도, 무의식적일 수도 있다고 했다. 음악은 무의식을 자극하여 밖으로 표출되도록 도울 수 있기 때문에, 자신도 인식하고 있지 못했던 과거의 경험이나 상처가 일시적으로 무의식에서 올라와 음악으로 표현될 수도 있는데, 이때 음악적 표현은 원초아에게는 일시적 긴장해소와 해방감을 주지만, 자아에게는 충분치 못하다고 한다. 즉, 연주 후에 대화를 통해 무의식의 문제들을 의식화하는 과정을 거쳐야 한다는 것이다. 이렇게 의식의 명료화 과정을 거치지 않으면 문제는 다시 무의식 차원으로 돌아가 같은 문제가 되풀이될 수 있다.

특히 이 단계는 음악의 상징적 상태에서 좀 더 심층적 자기이해와 성찰을 원하는 사람들에게 중요하다. 이러한 방법은 청소년 및 성인 정신과에서 기능이 높은 환자들을 대상으로 시작되었으며, 주로 언어능력과 변화의 욕구(자기 이해 및 성찰의 욕구)가 있는 환자 및 일반인을 대상으로 사용된다.

(3) 투사와 내재화

음악은 우리가 자신을 투사할 수 있는 대상이면서, 동시에 경험을 통해 내재화할 수 있는 대상이기도 하다(De Backer, 1993; Korteggard, 1993; Montello, 1998; Streeter, 1999a). 음악을 치료사와 클라이언트가 함께 즉흥적으로 만들어 갈 경우 투사와 내재화가 동시에 일어나는데, 치료사의 음악은 클라이언트가 스스로 소화하지 못하고 무의식적으로 부정하는 부분을 안아주고 담아주는 역할을 담당한다. Wigram(2004)은 '안아주기'를 클라이언트의 음악이 방향성과 중심 없이 간헐적이며 흔들릴 때, 리듬배경(rhythmic grounding)이나 조성배경(tonal grounding)을 통해 음악의 중심(musical anchor)을 잡아 주는 것이라 했고, '담아주기'의 경우 클라이언트가 매우 혼란스럽고 과장되게 연주할 때 클라이언트가 충분히 들을 수 있을 만한 강도로 자신감 있게 연주하는 것이라 정의했다. Priestley(1994)는 이 두 가지 개념을 거의 구분하지 않고 사용했는데, 대상관계이론에 입각한 치료개념을 음악치료 임상에서 어떻게 활용하고 해석하는가는 학자들마다 견해 차이가 있다.

(4) 상호주관성과 음악

정신분석적 음악치료는 즉흥연주를 주 치료 매개체로 사용한다. 앞서 설명했듯이 상호주관성의 원형은 '어머니와 아기의 상호작용'이라 할 수 있는데, 클라이언트와 치료사가 서로의 음악적 표현에 조율하며 맞추어 가는 즉흥연주의 경험은 비언어적인 경험의 층을 넓히고 새로운 자아로의 전환을 가능케 한다(Bruscia, 1998c; Pavlicevic, 1995; Priestley, 1994; Montello, 1998; Robarts, 1996). Bruscia(1998c)는 음악 경험이 치료의 주체가 되는 음악심리치료를 '전환적 음악심리치료(transformative music psychotherapy)' 라 정의하고 있다.

2. 정신분석적 음악치료의 특성

지금까지 정신분석 및 정신분석적 음악치료의 역사와 이론을 다루었다. 앞서 설명한 대로 정신분석적 음악치료의 중심에는 치료적 관계성이 있다. 음악치료에서 음악은 치료적 관계성을 발전시키는 중요한 매개체이고, '치료' 는 치료적 관계성, 특히 치료사와 환자 간의 음악적 관계성의 발전에 따라 이루어진다. 즉, 음악과 치료사, 환자의 3자 관계가 매우 중시된다(Jahn-Langenberg, 2002). 이것은 언뜻 보면 다른 음악치료 접근법과 크게 다를 것이 없는 듯 보인다.

영국의 정신분석적 음악치료사 Odell-Miller(2002)는 다음과 같이 자신의 기법을 설명하고 있다. "나의 음악치료 기법은 어느 한 이론에 얽매어 있지 않다. 그것은 수십 년간에 걸친 임상 경험(clinical practice)과 임상지도(supervision)로 양성된 것이다." Isenberg-Grzeda, Goldberg와 Dvorkin(2004)는 특정 정신분석이론이 특정 음악적 접근법과 연관되어 있는 것은 아니며, 정신분석이론은 치료사의 치료적 행동에 영향을 미치기보다는 치료사의 임상적 사고에 영향을 미친다고 주장하고 있다. 즉, 음악적 접근법의 차이가 정신분석에 기반을 둔 치료사와 그렇지 않은 치료사를 구분할 수 있는 차이점은 아니라는 것이다.

앞에서 설명했듯이 현대 정신분석에는 다양한 이론이 존재하므로, 어떤 한 이론이 우위에 있다고 주장할 수는 없다. 하지만 대체로 정신분석적 음악치료에서는 다음과 같은 정신분석의 기법이 공통적으로 사용된다. 즉, 치료적 관계성을 통해 클라이언트의 무의식적 동기, 전이와 역전이 현상, 저항 등의 방어기제를 다루게 되며, 과거를 재경험하고 자신의 기억을 되돌아봄으로써 과거의 문제점을 직면하고 갈등을 해소하는 방향으로 나아갈 수 있다. 또 경우에 따라서는 어린 시절로 퇴행하는데, 특히 음악은 비언어적이자 상징적인 매체로 다른 어떤 매체보다 치료적 퇴행을 용이하게 한다(Odell-Miller, 2003).

Isenberg-Grzeda, Goldberg와 Dvorkin(2004)은 다음을 음악치료와 연관된 정신역동의

\- 개념이라 하였다.

- 음악은 자유연상 기법으로 사용될 수 있다(Freud 이론을 바탕으로).
- 음악은 투사의 대상으로 사용될 수 있다(Klein 이론을 바탕으로).
- 음악은 중간 대상 역할을 할 수 있다(Winnicott 이론을 바탕으로).
- 음악은 담아주기(container)와 안아주기(holding) 역할을 할 수 있다(Bion 이론을 바탕으로).
- 음악은 거울(Mirror)의 역할을 할 수 있다(Kohut[1] 이론을 바탕으로).
- 음악은 전이, 역전이, 상호주관적 반응을 담을 수 있다(Freud와 Stern의 이론을 바탕으로).

1) 정신분석적 음악치료의 목적 및 목표

정신분석적 음악치료의 궁극적인 목적은 자기이해와 성찰이다. Freud는 인간의 자유의지를 믿었고 일반인 스스로가 왜 특정 행동을 하는지 그 이유를 알게 되면 스스로 자신을 통제할 수 있다고 생각하였다. 하지만 실제 임상에서 아는 것만으로 충분한 경우는 그리 흔치 않다. 환자의 경우도 자신이 왜 이런 행동을 하는지 알면서도 자신의 충동을 조절하지 못하는 경우도 있다. 다만 자신이 왜 그런 행동을 하는지 모르면서 하는 것과 알면서 하는 것에는 많은 차이가 있으며, 안다는 것, 즉 자기이해는 개인의 노력 여하에 따라 변화와 성장의 바탕이 될 수 있다.

정신분석적 음악치료의 가장 일반적이고 대표적인 목표라 할 수 있는 것은 무의식적 갈등, 문제, 방어기제 등의 의식화와 해결, 자기 수용감 향상, 건강한 자아구조 확립, 기존의 부정적 대인관계 문제 해결 및 변화라 하겠다. 정신분석적 기법은 기본적으로 '의미'를 추구하기 때문에, 매 세션에서 '함께 의미를 탐구하는 것'과 그것에 대한 '의사소통'이 필수적이다. 결국은 이 과정을 통해 깊고도 복합적인 자기이해와 성찰에 다다를 수 있다.

---

1) Kohut의 자기심리학(self psychology)은 '결핍심리학' 이론이며, 그 바탕에는 Freud의 나르시시즘 이론이 있다. 인간은 날 때부터 공감적 배려와 찬사를 필요로 하고 부모를 이상화하고자 하나, 그 욕구는 결코 충분히 채워질 수 없는 비극성을 내포하고 있다. 이 이론은 거의 모든 장애를 부모의 공감 결핍으로 환원시켜 인간 이해를 단순화하고 있다. Kohut은 자신의 이론을 초기에는 나르시시즘 장애에만 적용했으나 차츰 일반화하였기 때문에 현재는 거의 비정신분석적인 이론으로 간주되고 있다.

2) 정신분석적 음악치료의 구조 및 과정

(1) 기본 구조

정신분석적 음악치료는 다음과 같은 기본 구조로 되어 있다. 치료는 되도록 같은 방에서 매주 같은 요일과 시간에 같은 치료사가 하며, 치료를 방해하거나 중단시키는 요인이 없도록 사전에 준비한다. 치료의 중단(휴가나 일시 종결, 또는 영구 종결)은 항상 미리 예고하고 준비해야 하며, 치료의 중단이 환자에게 미칠 영향을 항상 고려해야 한다. Priestley(1994)는 이러한 음악치료의 기본 구조, 심지어는 정기적인 치료비 수납 등의 구조도 자아가 약한 환자들에게는 단단히 안아주는 기능(firm holding)을 하며, 자아에 안정감과 힘을 주어 삶에 강한 리듬을 가져온다고 했다. 반면 즉흥연주의 음악적 구조, 예를 들면 리듬이나 음높이는 연주할 당시의 클라이언트의 정신기능의 정도에 영향을 받고, 음색이나 강약은 기분에 좌우된다고 했다.

이러한 기본 구조를 바탕으로 음악치료사들이 가장 일반적으로 사용하는 음악 구조는 일정한 시작노래(hello song)와 작별노래(good-bye song)일 것이다. 매주 같은 노래를 첫 시작과 마지막에 부르거나 연주함으로써 심리적 안정성, 지속성을 추구할 뿐 아니라, 발달장애 아동 치료의 경우 학습과 훈련의 효과도 가져올 수 있다. 악기의 선택 및 종류의 경우, 임상 상황에 따라 새로운 악기를 제공하더라도, 항상 일정한 종류의 악기가 준비되어 있어야 한다. 하지만 클라이언트의 발달 정도나 상태, 필요성에 따라 융통성 있게 접근되어야 할 것이다.

(2) 치료과정

정신분석적 음악치료는 전통적으로 악기나 노래의 즉흥연주를 주 매체로 사용하는 과정 중심의 치료다. 일반적으로 정신분석적 접근법은 클라이언트에게 선택의 자율성을 주며, 비지시적, 비구조적인 특성을 지닌다. 치료대상과 목적에 따라 정도의 차이는 있을 수 있지만, 대체로 정신분석적 음악치료에서는 클라이언트가 도움을 요청하지 않는 한 치료사가 클라이언트에게 구체적 음악활동을 제시하는 경우는 드물다. 클라이언트가 어떤 악기를 선택해서 어떻게 연주하는지, 또 어떤 방식으로 치료사와 상호작용을 이어 나가는지, 치료시간과 치료사를 어떻게 이용하는지 등이 치료적 관계성에서 고려해야 할 주요 사항이기 때문이다 (De Backer & Van Kamp, 1999; Jahn-Langenberg, 2002; Metzner, 1999; Streeter, 1999a).

Alvin(Alvin, 1975, 1978)은 무엇보다 클라이언트가 음악과의 관계성을 성립하는 것이 우선이라 여겼다. 특히 발달장애나 자폐증 클라이언트들의 경우, 치료사와의 직접적인 관계를 성립하기 이전에 악기와의 관계성을 형성시켜 주는 것이 우선이기 때문에 클라이언트는 즉흥연주를 통해 먼저 치료사의 악기와 관계성을 형성하게 된다. 이렇게 형성된 음악적 관계성은 곧 치료적 관계의 토대가 된다.

Priestley(1994)는 주로 성인 정신과에서 일했는데, 그녀는 정신과 환자들의 증상이 주로 어린 시절의 상처에서 기인했다고 느꼈다. 따라서 음악은 치료적 상황에서 환자들의 퇴행(regression)과 자기표현을 용이하게 하는 데 사용되었다. 연주는 대체로 녹음되었고, 녹음된 음악을 함께 듣고 그것을 반영하는 대화의 시간을 가졌다. 대체로 신경증 환자들과 일할 때 이러한 방법을 사용했는데, 이때 치료사는 전통적 정신분석의 방법인 언어적 해석을 통한 명료화, 전이 현상의 분석 등을 행하였다.

Freud의 고전적 방법을 현대 정신분석에서 그대로 답습하지 않듯이, Alvin과 Priestley의 주장과 방법이 일반화되어 오늘날 모든 클라이언트에게 적용되는 것은 아니다. Aldridge(1996)는 Alvin과 반대로 관계성이 먼저 성립되어야 즉흥연주를 통한 음악적 상호작용을 할 수 있다고 주장했다. 음악치료의 이론은 앞에서 설명한 대로 임상과 이론이 함께 영향을 미치며 발전하는 발견적 학문이기 때문에, 대상과 그 특성에 따라 치료과정도 달라진다.

(3) 자유즉흥연주

① 음악적 전이와 역전이

임상 상황과 대상, 치료사에 따라 음악의 용도와 선택은 달라질 수 있으며, 비슷한 훈련과정을 거친 치료사라 할지라도 음악적 과정은 다르게 나타날 수 있다. 치료사만 연주하고 환자는 듣는 경우와 그 반대의 경우도 있을 수 있으며, 자아강도가 매우 낮고 자기표현을 두려워하는 클라이언트의 경우 음악 감상부터 시작하여 서서히 즉흥연주를 소개할 수도 있다. Bruscia(1998c)는 정신역동적 음악치료에서 주로 사용되는 음악적 방법은 즉흥연주, 노래, 음악과 심상(music and imaging)이라 했지만, 그의 분류는 GIM(Guided Imagery and Music)과 창조적 음악치료를 포함시키는 광의의 정신역동에 대해 다루고 있다. 서론에서 밝혔듯이 여기서는 협의의 정신분석적 음악치료를 집중적으로 다루기 때문에 정신분석적 음악치료의 주 매체인 자유즉흥연주(free improvisation)에 대해 집중적으로 다루기로 한다.

Streeter(1999a)와 Eschen(2002)은 자유즉흥연주는 음악에서의 자유연상 기법이라고 말하고 있다. 그럼 자유연상 기법이란 무엇인가? Freud는 분석가가 클라이언트에게 자유를 주고 그날의 주제를 스스로 선택할 수 있게 할 때 클라이언트가 분석가를 자신의 무의식의 세계로 더 잘 안내한다는 것을 알게 되었다. 이 자유연상 기법은 현재까지도 정신분석의 가장 중요한 테크닉으로 알려져 있다. Freud는 자유연상을 사용할 때 전이와 역전이 현상이 자연스럽게 발생하는 것을 발견했으며, 전이와 역전이 현상은 회피할 수 없음을 강조했다.

Streeter(1999a)는 음악적 자유연상 기법을 사용한다면 음악치료에서도 전이와 역전이 현상은 피할 수 없기 때문에 이러한 현상을 이해하고 치료에 사용할 수 있어야 한다고 했다. 이러한 현상이 중요한 이유 중 하나는 치료사도 자신이 해결하지 못했던 과거의 문제나 관계를 무의식적으로 클라이언트에게 투사할 수 있기 때문이다. 이런 경우 치료에 큰 장애가 되기 때문에 자기분석과 임상감독을 받는 일은 매우 중요하다. 무엇이 자신에게 속한 것이고 무엇이 상대방에게서 오는 것인가를 분간해내는 능력이 필수적이기 때문이다. 정신분석적 훈련을 받은 치료사는 자신의 역전이를 통해 전이 현상을 이해하고 전이 현상에 대한 작업에 들어갈 수 있다.

Streeter(1999a)는 음악적 전이를 임상에서 치료사가 어떻게 대처할 수 있는가를 매우 정밀한 악보를 첨부하며 다음과 같이 묘사한다. 여기서는 그 내용 전체를 소개하지는 못하지만 대략의 줄거리는 다음과 같다.[2]

A(클라이언트)는 게토 드럼을, 나(치료사)는 피아노를 연주했는데, A는 순환적 성격을 띤 연주를 했다. A는 간혹 16분음표로 연주하는 등 자신의 연주에서 새로운 시도를 했지만, 이 미약한 시도는 더 발전되지 못하고 곧 원래 패턴으로 돌아가거나 힘을 잃고 거의 멈춰 버리곤 했다. 나는 A의 이러한 시도를 지지하기 위해서 그에 상응하는 음악 모티브를 연주했지만, 얼마 후 나 자신이 음악을 이끌고 있고, A의 음악은 나를 따라오는 그림자가 되어 있음을 깨달았다. A와 연주할 때 나는 음악에서 공허감과 무기력을 느끼곤 했다. 연주 후 A는 연주 중에 무슨 일이 있었는지 또는 무엇을 느꼈는지 말하려다 하지 못하고 종종 침묵에 빠져들곤 했다. 이 침묵은 매우 강렬해서 어떻게 해야 할지, 만약 내가 침묵을 깬다면 무슨 말을 해야 할지 상상조차 할 수 없게 만들었다. A는 어색하게 움츠린 채로 바닥만 바라보고 있곤 했다. 나는 우리가 연주한 음악(녹음)을 다시 듣고, 음악적 전이와 역전이를 분석했다. 그리

---

2) Elaine Streeter(1999a). 『Definition and Use of the Musical Transference Relationship』에서 저자의 허락을 빌고 빌췌함.

- A와 음악을 연주하면서 당시에 느낀 내 감정에 대한 피드백을 주기로 결정했다. 내가 음악에서 마주친 공허감과 무기력은 A의 침묵의 순간에도 있었고, 음악에서 나타났던 문제점은 음악 외적 상황에서도 그대로 나타났다. A는 더 이상 앞으로 나아갈 수도, 자신의 문제를 직면할 수도 없었던 것이다. 나는 직접적으로 "어떻게 나가야 할지 완전히 길을 잃은 것 같군요."라고 말했다. 그러자 A는 바로 안도의 한숨을 쉬었다. "그래요. 모르겠어요. 어떻게 이 악순환을 빠져나가야 할지, 무엇을 해야 할지. 악순환에 사로잡혀서 꼼짝 못하고 있어요." 그리고 A는 이렇게 말했다. "하지만 내 안에는 이 악순환을 절박하게 벗어나고자 하는 아주 작은 부분이 있어요." A의 이 말은 바로 A가 나와 연주한 음악에도(16분음표 등의 새로운 시도) 나타난 바 있다. 나의 언어적 개입은 A에게 자신을 돌아보고 이해할 수 있는 계기를 마련했다. A는 이런 감정을 느꼈던 자신의 과거를 기억해 냈고, 과거의 경험과 현재의 연관성을 이해하는 것이 어떻게 현재 상황을 도울 수 있는지 인식하기 시작했다. 그 후 A는 이에 대한 작업을 해 나가기 시작했고, '절박하게 벗어나고자 하는' 작은 부분은 그녀가 연주하는 음악 안에서 발전하기 시작했다.

② 자유즉흥연주

자유즉흥연주란 어떤 형식이나 틀에 얽매이지 않고 자유롭게 즉흥연주를 하는 것을 뜻한다. 클라이언트를 이해하고 치료적 접근을 하는데 정신분석이 중요한 역할을 했지만 음악 자체의 특성이 대화치료와는 다른 역동을 가져온다는 것을 간과해선 안 된다(Alvin, 1975, 1978; Brusica, 1998c; Priestley, 1994; Streeter, 1999a). 자유즉흥연주의 역동적 특징은 다음과 같다.

첫째, 클라이언트의 현재와 과거의 경험, 내면세계, 대상관계 등은 그들이 연주하는 방식, 즉 소리나 음악 구조, 악기 선택 및 악기를 다루는 방식 등을 통해 재연된다고 본다(Alvin, 1975, 1978; De Backer, 1993; Heal Hughes, 1995; Metzner, 1999; Montello, 1998; Odell-Miller, 2001, 2002, 2003; Priestley, 1994; Streeter, 1999a).

둘째, 대체로 음악치료에서는 치료사와 클라이언트가 동시에 음악을 통해 즉각적인 상호작용을 하며 관계를 발전시킬 수 있는 데 비해, 심리치료에서는 한 사람이 말하면 다른 사람은 듣는 형태를 띠며, 직접적인 행동(action)을 하는 경우는 드물다. 따라서 고전적 정신분석에서 말하는 중립적 입장(neutrality)은 음악치료에 그대로 적용되지 않으며, 음악치료사는 음악을 통해 보다 적극적인 역할을 맡게 된다. 또한 치료사는 클라이언트가 연주를 통해 표현하는 관계성의 패턴이나 내면세계에 대한 인식을 할 수 있어야 하고, 클라이언트의 음악에 반응함과 동시에 서로 공유할 수 있는 음악적 경험을 만들어 갈 수 있어야 한다. 음악은 환자 혼자만의 음악이 아닌 것이다. 치료사는 음악을 통해 듣거나 지각하는 이슈들을 인식하고 그에 적절한 음악적 혹은 비음악적 개입을 하게 된다(Montello, 1998; Odell-Miller, 2002; Priestley, 1994; Robarts, 1996; Streeter, 1999a).

셋째, 언어는 비교적 명료한 표현인 반면 음악은 본질적으로 모호성을 지닌다. 이 모호성으로 인해 개개인은 말로 표현할 수 없는 억압된 소망, 충동, 은밀한 사고나 감정 등을 음악이라는 형식을 통해 창의적으로 승화(상징화)시켜 일종의 자기해방을 이룰 수도 있고, 안전하게 그 의미를 탐구하고 성찰해 볼 수도 있다(De Backer and Van Kamp, 1999; Korteggard, 1993; Levinge, 1993; Priestley, 1975, 1994).

넷째, 음악을 만들어 가는 작업은 지금-여기의 경험을 형성해 간다. 음악치료에서 매우 중요한 치료적 과정이 진행되는 순간이며, 음악적 과정 자체는 진정한 변화를 가져오기도 한다(Austin, 1998, 1999; Bruscia, 1998c; De Backer, 1993; Montello, 1998; Priestley, 1975, 1994; Wigram, Pedersen & Bonde, 2002).

3) 정신분석적 음악치료사의 요건

정신분석적 음악치료에서 치료적 관계란 치료 기간 동안의 암묵적 계약 관계로, 치료사는 전문가의 입장에서 치료에 대한 의무와 책임을 갖게 된다. 이 기간 동안 정신분석적 음악치료사들은 치료적 관계를 조절하는 규칙들, 예를 들면 전문적 훈련 기강 및 윤리 기준 등의 규칙을 따르게 된다.

정신분석적 음악치료사는 대체로 대학원에서 정신분석적 방법으로 임상훈련과 교육을 받고, 졸업 후에도 상당 기간 자기 분석과 임상감독을 받는다. 현재 유럽에서 정신분석적, 혹은 정신역동적 기법을 지향하는 대부분의 음악치료 교육과정은 집단음악 치료, 개별 치료, 경험집단 등을 필수훈련 과정으로 제공하고 있다.

4) 음악치료의 갈래 및 모델 그리고 정신분석적 음악치료

서론에서 음악치료는 기존의 심리치료의 다양한 이론을 수용하며 발전해 왔다고 언급한 바 있다. 심리치료를 좀 더 세분화해서 보면 네 가지의 대표적 조류가 있는데, 첫 번째가 정신분석, 두 번째가 행동주의 심리학, 세 번째가 인본주의 심리학, 네 번째가 초월심리학[3]이라 할 수 있다.

미국의 음악치료 선구자 Thayer, Gaston, Sears 등은 음악치료를 행동주의 원칙에서 정의 내렸고, 영국의 Alvin과 Priestley는 정신분석이론을 음악치료 이론에 적용 · 발전시켰으며, Nordoff와 Robbins는 인지학과 인본주의 심리학 및 실존주의 철학을 바탕으로 음악치료를 발전시켰고, Moreno의 음악심리극은 게슈탈트 치료와 깊은 연관을 가지고 발전했다. 그 밖에 Helen Bonny는 GIM(심상유도와 음악)을 Jung과 Grof의 이론, 초월심리학 등을 토대로 발전시켰다(Wigram, Pedersen & Bonde, 2002). Brusica(1998c)는 정신역동적 접근법에 정신분석적 음악치료, Nordoff-Robbins 접근법, GIM 등을 모두 포함시켰다. 그 중 정신분석적 음악치료 모델을 간략히 정리해 보았다.

(1) 자유즉흥연주 치료(free improvisation therapy)-Alvin 모델

Juliet Alvin 모델은 정확히 말하자면 절충주의(eclectic) 모델이라고 할 수 있다. 그녀는 프로이트의 정신분석이론이 음악치료 과정을 지지하며, 음악은 무의식의 면면을 드러내는 힘이 있다고 믿고 자신의 접근법을 정신분석적이라 주장하였다. 하지만 그녀는 발달이론과 교정이론, 또 경우에 따라서는 행동주의 접근법도 임상에서 활용했고, 그녀가 세운 영국의 길드홀 음악치료과정도 이러한 절충주의 모델을 따르고 있다. 그녀는 무엇보다 음악이 자유로운 표현을 위한 잠재적 공간(potential space for free expression)을 제공한다고 보았다. 따라서 음악감상을 비롯한 모든 종류의 음악활동을 적극적으로 치료에 활용하였으며, 즉흥연주를 할 때는 반드시 자유즉흥연주를 사용하였다. 자유즉흥연주를 할 때 치료사는 어떤

---

3) 초월심리학(transpersonal psychology)은 초개인 심리학이라고 불리기도 하는데, 개인의 차원을 넘어선(beyond the personal) 인간의 의식(consciousness), 즉 전치된 의식상태(ASC; altered states of consciousness)를 탐구하는 학문이다. GIM에서 주로 이러한 기법을 사용하는데 음악은 ASC를 유발시키고 촉구하는 역할을 한다고 본다. 초개인심리학은 서양의 밀교의식과 동양의 영적 사상을 통합하고, 몸과 정신과 영적 세계(body-mind-spirit)에 초점을 맞춘다. 일종의 자아초월심리학이라 할 수 있는데, 자아의 건강한 주체성 확립을 위해 정신분석, 상담, 교류분석 등 전통적인 심리치료의 성과를 받아들이고, 초월적 상태로 촉진시키는 방법으로 샤머니즘, 호흡법, 도가, 요가, 선, 티벳밀교 등의 동양사상을 받아들이고 있다. 궁극적 목표는 우주의식과의 동일화, 생사(生死)를 포함한 모든 것에 대한 집착성의 탈동일화(脫同一化) 등이다. 영원한 철학(eternal philosophy)을 추구하는 영성(spirituality)에 초점을 맞춰 초개인심리치료를 실제화하였다. 이 분야는 그 특성상 논란의 여지가 많다고 할 수 있다. 하지만 2002년 영국 옥스퍼드에서 열린 제10차 국제음악치료학술대회에서 음악과 영성치료란 주제로 기조연설이 있었을 정도로 최근 영성(spirituality) 분야는 음악치료에서도 많은 관심을 갖고 노력, 연구하는 분야로 특히 종말기 환자 치료에 적용되고 있다.

음악적 규칙이나 제안, 방향 제시도 하지 않으며, 클라이언트는 자신이 원하는 악기를 원하는 방식으로 연주하였다. 자유즉흥연주는 이후에 정신분석적 음악치료과정의 주 매체로 발전한다. Alvin은 주로 자폐아동을 비롯한 다양한 장애아동들과 일을 했으나 오늘날에는 소아, 청소년, 성인, 노인까지 다양한 계층의 다양한 클라이언트들에게 적용되고 있다.

(2) 분석적 음악치료(analytic music therapy)-Priestley 모델

Mary Priestley는 1970년대에 AMT를 만들었는데, AMT의 배경에는 음악치료사로서의 경험과 수년간의 개별정신분석의 경험이 있다. 그녀는 정신분석이론, 특히 전이와 역전이 현상을 음악치료에서 치료사와 클라이언트 간의 즉흥연주의 의미와 표현에 연결시켜 분석적 치료이론으로 정립했다. 1970년대에는 공식적 AMT 교육과정은 없었고 현직에 종사하는 음악치료사를 위한 절충과정(ETMT-experiential training of music therapists)이 있었다. 현재 유럽에서는 AMT라는 용어를 거의 사용하지 않으며, 주로 Analytically Oriented Music Therapy(AOM)라 명한다. AOM은 구체적으로 음악적 · 치료적 관계를 이해하고 분석하는 방법이라 할 수 있는데, 주로 정신과(소아, 청소년, 성인 및 노인)의 심리적 문제가 있는 환자들과 일반인들, AOM 훈련을 받는 사람들을 대상으로 사용된다. 환자와 치료사가 매 세션마다 당시 환자의 이슈와 문제 혹은 환자에게 의미 있는 주제를 상정한 다음 그 주제를 가지고 즉흥연주를 하게 된다. 환자의 상태와 문제점에 따라 연주 규칙이 달라지며, 연주 규칙의 목표는 환자가 음악을 통해 자신의 감정이나 환상, 꿈, 신체적 경험, 기억, 과거의 경험 등을 표현하게 하는 것이다. 자유즉흥연주를 시작할 때는 어떻게 연주해야겠다는 의식과 의지를 가지고 있더라도 연주는 전혀 예상하지 못했던 방향으로 흘러갈 수 있고, 그 결과 즉흥연주 경험 자체가 치료적 변화(therapeutic transformation)를 가져오기도 한다 (Wigram, Pedersen, & Bonde, 2002). Priestley(1975, 1994)는 그녀의 저서를 통해 자신의 이론과 실제를 충분히 설명하고 있으며, 현재 유럽에서는 덴마크와 독일 등이 AOM 훈련과정을 제공하고 있고, 상당수의 음악치료사들이 AOM을 하고 있다. 미국에서도 AOM이 확대되고 있는데, Scheiby가 Priestley의 원래 AMT 모델을 바탕으로 보충적 훈련과정(supplementary training module)을 제공하고 있다.

(3) 정신분석적 음악치료(psychoanalytically informed music therapy)

정신분석적 음악치료는 일반적으로 psychoanalytic music therapy, psychoanalytically

...med music therapy 혹은 psychoanalytically oriented music therapy라 불리고, Alvin과 Priestley의 모델에서 주요한 부분을 수용하고, 앞서 언급했듯 정신분석의 주요 이론 중 각자가 자신의 임상대상군에 알맞은 이론을 받아들여 사용하는 접근법이라 할 수 있다. 초기 정신분석적 접근법에서는 클라이언트가 언어나 음악으로 자신을 표현하고 반영할 수 있는 능력이 있어야 치료대상이 되었다. 특히 클라이언트에게 치료사와 치료적 동맹 관계를 통해 자신을 문제를 해결하고자 하는 의지가 있어야 했다. 하지만 음악치료의 대상이 되는 클라이언트들의 상당수는 언어 능력뿐 아니라 사고 능력도 매우 제한되어 있는 경우가 많다. 정신분석적 개념 자체는 철저히 발달학적 특성을 가지고 있으며, 특히 대상관계학과 발달학적 정신분석에서는 언어발달 이전의 상호작용의 의미와 교류, 즉 비분석적, 총체적 경험을 중시한다. 따라서 클라이언트의 언어나 사고 능력 자체는 치료대상 선정에 더 이상 큰 역할을 하지 않는다. 그 예로, 정신분석적 음악치료사 Odell-Miller(2001)는 모든 능력을 상실하는 과정에 있는 치매 환자와의 장기 개별 치료를 정신분석적 접근법으로 다루고 있고, De Backer(1993), Heal Hughes(1995), Levinge(1993) 등은 언어나 사고 능력이 심하게 제한되어 있는 발달장애아동이나 정신지체인과의 사례를 심도 깊게 다루고 있다. 실제 임상에서 정신분석적 음악치료의 주 대상은 1차나 2차 장애로 심리적 장애를 가진 클라이언트들이라 할 수 있다.

- 소아, 청소년, 성인 및 노인 정신과 환자 중 언어 능력이 있으며, 음악치료를 통해 자신의 문제를 해결하고자 하는 의지가 있는 클라이언트
- 1차 장애나 2차 장애로 정서적 문제가 있는 경우
- 신체, 정신, 성 학대의 경우나 외상 후 스트레스 장애(PTSD)
- 정서상의 문제, 적응장애, 품행장애 등
- 관계성의 역기능적 문제를 가지고 있는 클라이언트나 일반인
- 정신역동적 치료사가 되기 위한 훈련생

정신분석적 혹은 정신역동적 음악치료의 교육 및 훈련은 유럽에서 가장 활발히 진행되고 있으며, 현재는 미국, 캐나다, 호주 등에서도 진행되고 있다.

3. 정신분석적 음악치료의 사례

여기서는 과거의 경험, 무의식적 동기, 전이와 역전이 현상, 저항, 퇴행 등이 음악치료에서 어떻게 나타나고 해결되고 변화되어 가는지 다양한 클라이언트의 사례를 통해 살펴봄으로써 정신분석적 음악치료의 임상과정을 소개한다.

1) 만성정신분열증을 가진 베티의 사례

베티는 27세의 만성정신분열증 환자로 자메이카계 영국인이다. 9세에 발병하여, 13세 이후 우울 증세에도 시달려 왔다. 어린 시절 가족에게서 신체적, 정신적 학대를 당했으며, 13세 이후 정신병원에 입 · 퇴원을 반복했다. 당시에는 자살 기도로 급성 병동(acute ward)에 입원하고 있었다. 음악치료는 낮 병동에서 진행 중이었고, 입원 초기 낮 병동에서 제공하는 다른 치료는 모두 거부했는데 음악치료에만 유독 관심을 보여 담당 의사가 음악치료에 의뢰하였다. 초기평가를 거쳐, 당시 진행 중이던 폐쇄집단과 개방집단 음악치료에 참여하게 되었다. 집단 초기에 베티는 항상 말 없이 심각하고 어두운 표정으로 고개를 숙인 채 바닥만을 바라보고 앉아 있곤 했었고, 집단즉흥연주에는 전혀 참여하지 않았다. 그녀의 이런 행동은 집단에 강한 긴장감을 조성하여 그 누구도 선뜻 그녀에게 다가서지 못하였다. 어느 날 종결할 시간이 되면서 누군가 오늘 기분에 대해 묻자, "아무도 나를 걱정하지 않는다. 그 누구도 내 말에 귀 기울이지 않는다(Nobody cares about me. Nobody listens to me)!"라며 울분을 터트리고 종결 시간을 무시하고 계속해서 말을 하였다. 그녀는 그 뒤로도 치료 시간에는 내내 참여하지 않다가 종결할 시간만 되면 이런 식으로 말을 하곤 하였다.

세션이 진행되면서 그녀는 연주는 하지 않더라도 점차 작은 리듬 악기에 관심을 보이며 악기들을 자신의 주변에 모으기 시작했다. 집단이 계속 진행됨에 따라 베티는 다른 환자들이 연주하는 모습을 지켜보기 시작했고, 자신도 조금씩 연주에 참여하기 시작하였다. 베티는 말 없이 작은 타악기들을 주변에 모으며 계속 악기를 바꾸면서 짧고 강렬하게 연주했고, 자신에게 몰입하여 남의 소리는 전혀 듣지 못하고 있는 듯이 보였다. 그녀의 연주는 계속 악기를 바꾸는 탓에 앞뒤가 연결되지 못하고 분열되어 가는 양상을 보였다. 나(치료사)는 선택한 악기를 통해 집단의 음악적, 역동적 상태를 반영함과 동시에 베티의 리듬과 연주 형태를 반영함으로써 음악적 관계를 형성해 나갔다. 세션이 진행됨에 따라 베티는 치료사와 집단원들이 자신의 연주를 듣고 거기에 대해 반응하고 지지하고 있음을 지각하게 된다. 그녀의 연주도 혼자 분열되어 가는 양상이 아닌 점차 의사소통적 성격을 띠기 시작했으며, 다른 사람들의 연주에도 귀 기울이고 반응할 수 있을 만큼의 변화가 일어나기 시작했다. 악기를 강박적으로 바꾸어 가는 행동도 서서히 줄었으며, 한 악기를 전보다는 길고 여유 있게 연주할 수 있게 되었을 뿐 아니라 점차 집단 내 구성원들을 격려하고 지원해 줄 수 있을 정도의 변화가 일어나게 되었다. 3개월 후 그녀는 낮 병동 내 다른 활동도 적극적으로 참여하기 시작했으며 입원 병동을 떠나 통원 환자가 되었다. 그녀는 그 후 개방집단치료에 새로 들어와 적응이 힘든 환자들에게 자신이 처음 음악치료에 왔을 때와 음악치료의 경험이 얼마나 자신에게 도움이 되었으며 효과적인 치료였는가를 말했고, 점차 과거의 상처들을 밝힐 수 있게 되었다. 자신과 가장 가까워야 할 사람들이 자신을 이용만 하고 아껴 주거나 믿어 준 적이 없었다는 과거의 상처를 털어놓곤 하였다. 심지어 자신이 어린 시절 수년간 삼촌에게 성학대를 받았는데, 그 사실을 밝혔을 당시에 아무도 그녀의 말을 믿어 주는 사람이 없었다고 한다. 과거 성학대의 사실 여부는 그간의 세월과 그녀의 병력으로 인해 증명할 수 있는 사실은 아니었지만, 나를 비롯한 낮 병동의 치료사들은 그녀를 계속 지지하였다.

(1) 치료과정의 해석

베티의 사례는 치료적 관계성 안에서의 전이 현상과 그것의 해결을 그리고 있다고 할 수 있다. 처음 베티가 치료에 참여할 당시 본인의 선택으로 참여했지만 치료 자체에 대한 강한 저항을 보였고, 과거의 경험을 현재의 관계성에 투사하는 행동을 볼 수 있다. Freud와 Klein은 자기 자신이 가진 부분을 타인의 것으로 보는 자아의 인식 상태를 투사(projection)라 하였다. Freud는 복잡한 투사의 진행 과정을 'I love him'의 감정이 어떻게 'I hate him'으로 변하고, 그것이 어떻게 'he hates me'로 변하는가를 구체적으로 설명하면서, 자아가 감당하기 불편한 감정이나 생각을 타인에 속한 것으로 돌리는 것을 투사라 설명하였다. 베티는 집단에서 아무도 자신을 걱정하지 않는다며 화를 내었지만, 그것은 사실이 아니었다. 실제 치료사와 집단원들은 그녀를 걱정하고 있었고, 집단이나 치료사에게 눈길조차 주지 않고 무언의 저항과 거부를 했던 사람은 오히려 그녀 자신이었다. 치료사나 집단구성원이 말을 하려 하면 전혀 반응하지 않거나 버럭 화를 내면서 말을 끊곤 했는데, 우리는 이 사례에서 그녀가 비언어적인 즉흥연주의 경험을 통해 조금씩 변화되어 가는 모습을 관찰할 수 있다. 즉흥연주 초기에 그녀는 오직 자신만의 연주에 몰입하여 분열되어 가는 양상의 연주를 했지만, 서서히 다른 사람들의 연주와 반응을 지각하기 시작하면서 그녀에게 근본적인 변화가 오기 시작했던 것이다. 즉, 즉흥연주의 경험이 치료적 변화(therapeutic transformation)를 가져왔다고 볼 수 있다. 악기 선택이나 연주 방법을 통해 우리는 환자의 현재 상태가 어떻게 즉흥연주에 반영되는지, 과거가 어떻게 현재에 영향을 미치는지, 현재의 치료적 경험이 어떻게 내면의 변화를 가져오는지에 대해 단편적으로나마 볼 수 있다. 또한 즉흥연주 후 대화를 통해 과거의 경험을 돌아보고 자신을 재정립해 가는 모습도 보았다. 여기서는 치료적 개념의 이해를 위해 매우 복합적이고 복잡한 과정을 간결하게 묘사하였으며 전체 사례가 아닌 부분 사례를 소개하였다(김진아, 2000).

2) 약한 자아(weak ego)를 가진 청소년 데이비드[4]

데이비드는 12세의 소년으로 부모가 통제하지 못할 정도로 충동적이고 공격적이며 집중을 못해 학습에 심한 어려움을 보였다. 데이비드는 정신지체아였지만, 정서적 문제가 더 심각하다고 생각한 부모가 직접 음악치료에 그를 데려왔다. 그는 음악치료를 받는 동안에도 내내 충동적이고 혼란스럽게 행동할 뿐 아니라, 나(치료사)와 어떤 개인적 접촉도 유지하지 못했으며, 세션 자체를 망가뜨리곤 했다. 다음은 데이비드와 함께 한 특정 세션에 대한 기록으로 이 세션은 투사적 동일시, 담아주기, 퇴행에 대해 다루고 있다.

데이비드는 지휘자가 되고 싶어 했고 나에게 오케스트라의 역할을 부여했다. 그는 각종 타악기와 기타, 플루트, 칸텔레(kantele)를 반원형 상태로 내 앞에 늘어놓고 무엇을 연주하라고 지시하고 싶어 했다. 하지만 데이비드는 나에게 무슨 악기를 시켜야 할지 모르고 있었으며, 너무나 열광적으로 급하게 온갖 몸짓을 하며 내가 연주할 악기를 가리키려고 하는 바람에 스스로 혼동에 빠져 분노를 터트리고 말았다. 그는 고함을 치면서 내 앞에 와서 어떻게 연주해야 할지를 보여 주었는데, 그가 원했던 방식은 그 모든 악기를 동시에 연주하는 것이었다. 데이비드가 내게 요구한 것은 불가능한 일이었기 때문에 내가 무엇을 하든 실패할 수밖에 없었다. 내가 자신의 요구대로 하지 못하자 데이비드는 갈수록 광폭해져서 악기를 발로 차고, 비명을 지르며 무기력과 분노로 온몸을 떨었다. 데이비드의 이런 행동은 나를 혼

---

4) 서양에서 만 12세면 우리 나이로 대략 13~14세이므로 청소년으로 간주한다.

빠뜨리고 절망감과 절박감을 느끼게 했는데(역전이), 나는 스스로의 역전이를 탐색하면서 데이비드의 행동이 투사적 동일시 현상이라는 것을 이해하게 된다. 나는 데이비드의 분노, 무력감, 외로움에 대해 말하기 시작했고, 특히 이해받지 못한다는 느낌과 스스로 세운 계획이 실패해 몹시 화가 났다는 사실을 말했다. 내 말을 들은 데이비드는 바닥에 쓰러지더니 태아 자세로 누워 울면서 "난 할 수 없어(I can't do it)."라고 반복해 말했다. 나는 태아 자세로 누운 데이비드 옆에서 부드럽게 허밍을 하기 시작했고, 그 허밍은 무기력과 외로움을 표현하는 즉흥노래로 발전하였다. 평소 데이비드는 잠시도 가만히 있지 못하고 충동적으로 행동했을 뿐만 아니라 자신의 감정도 수용하지 못했는데, 그때만큼은 자기 자신으로부터 달아나려 시도하지 않고 당시의 감정과 경험을 받아들일 수 있었다. 10분 후 데이비드는 스스로 일어나 앉았다. 나는 칸텔레를 집어서 한 음을 연주했고, 이어 데이비드도 칸텔레의 한 음을 연주했다. 음악적 대화가 시작된 것이다.

(1) 치료과정의 해석

데이비드가 오케스트라의 지휘자가 되고자 했던 사실은 전지전능한 사람이 되고픈 무의식적 소망과 그가 느끼는 무력감, 치료사에 대한 질투(자신보다 능력이 많은 사람)를 복합적으로 나타내는 것이라고 볼 수 있다. 데이비드는 모든 악기를 동시에 연주할 것을 내게 요구해서 '하지 못한다'는 자신의 무력감을 나로 하여금 느끼게 했다. 데이비드는 자신이 되고 싶은 것과 할 수 없는 것을 이해하지 못했고, 참을 수도 없었기 때문에 혼란에 빠져 있었다. 나는 마음의 공간(inner mental space)을 만들어 데이비드의 혼란과 파괴적 행동, 불안 등을 담아주었고, 데이비드가 이해하고 받아들일 수 있는 수준의 말로 데이비드의 상태를 말로 표현했고, 데이비드가 스스로 외로움과 무기력감을 수용할 수 있게 도와주었다. 데이비드가 태아 자세로 누웠다는 것은 아기 시절로의 퇴행을 의미했다. 아기 시절로의 퇴행은 곧 사랑과 안전에 대한 욕구를 나타낸다고 볼 수 있을 것이다. 나(치료사)의 허밍과 즉흥노래는 클라이언트의 퇴행 수준에 맞춰 아기를 다독거리는 엄마와 같은 역할(maternal reverie)을 하였다. 데이비드가 일어나 앉은 것은 퇴행과 현실 사이의 이행과정(transition)을 상징했다. 데이비드가 일어나 앉았을 때, 데이비드는 스스로의 감정을 수용하고 생각하고 느끼고 의사소통 할 준비가 되었던 것이다. 아직 언어 이전의 단계(pre-vebal level)였지만 데이비드는 자신의 감정을 스스로 수용할 수 있었고, 더 이상 치료사에게 투사할 필요가 없었다.

특히 나(치료사)는 태아 자세로 누운 상태에서 일어나 앉은 상태로의 자세 전환에 주목했는데, 이때 나는 클라이언트와 같이 앉은 상태였다. 앉은 상태와 직립 상태는 음악치료에서의 음악과 언어에 비교할 수 있을 것이다. 아직 대화는 가능하지 않았지만 노래와 악기 연주를 통한 의사소통은 가능했으며, 말을 통해 자신을 표현할 수는 없었지만 음악을 통해 표현하는 것은 가능했다. 이것이 음악치료의 힘이다(Jos De Backer, 1993, 『Containment in Music Therapy』에서 저자의 허락을 받고 발췌함).

3) 성학대를 받은 자폐아동 마크

마크는 정서 · 행동장애를 가진 10세의 성학대 피해 자폐아동이었다. 마크는 중중 정신지체와 간질(epilepsy), 반향어(echolalia), 강박적 반복성향(repetition compulsion) 등 복합적 문제를 갖고 있었고 필자와 1년간 개별 음악치료를 하였다. 그는 당시 어머니와 어머니의 남자친구와 함께 살았는데, 지면의 한계상 복잡한 성장배경 기술을 생략하고자 한다. 또한 비교적 장기간의 음악치료 과정을 소개하기 때문에, 1년간의 복합적이고 복잡한 치료과정의 내용을 독자의 이해를 위해 주제별로 묶어 비교적 단순화시켰으며, 주제별로 치료과정의 기술과 해석을 분리시키지 않고 통합시켜 기술했다.

(1) 전이와 역전이

일반적으로 음악치료에서는 클라이언트와 치료사가 함께 악기를 연주하거나 노래를 부르거나 하며 적극적으로 음악을 만들어 가는데, 마크의 경우는 예외였다. 마크는 내가 의사소통의 수단으로 악기를 연주하거나 목소리를 사용하면 마치 내 음악 자체가 자신을 해치기라도 하듯 비명을 지르며 고통스러운 듯이 귀를 막고 몸을 웅크리거나 폭력적인 언어를 쓰며 치료실을 나가 버렸다. 이것은 마치 내가 자신을 학대라도 한 듯한 반응이었기에, 당시의 나는 상당한 충격을 받았다. 나는 "아주 작은 침해(Intrusiveness)에 대한 아이의 과민한 반응은 그가 가진 상처의 전이로 볼 수 있다."라고 말한 Alvarez(1992)의 견해에 동감하지 않을 수 없었다. 또한 마크의 타인에 대한 불신이-그 누구도 자신을 있는 그대로 보고 듣고 받아들일 수 없다는-남을 보고 듣고 참지 않겠다는 행동으로 표현된 것 같았다. 나는 그의 반응을 보며 내 존재를 음악적으로 보이지 않고 들리지 않는 존재로 바꾸어 갔다. 당시에 나는 쉼표였던 것 같다. 음악에서 정적이 흐르면 항상 다음 순간을 기대하게 된다. 우선은 마크에게 어떠한 압력도 넣지 않고 그를 있는 그대로 받아들여서 안정과 신뢰를 키워 나가고

자 했다. 이 과정에서 마크는 악기 사용이 자신만의 영역임을 확실히 했고, 나에 대한 호기심은 행동의 갈등을 통해 나타냈다.

(2) 치료적 관계성에서 나타나는 가학성

마크는 끊임없이 나를 협박하고 통제하려 했다. 비명을 지르고 치료실을 떠나거나 부적절한 신체 접촉을 시도하거나 해서 나를 심리적 무감각 상태에 빠뜨리곤 했었고, 그런 후 더 강도 높은 행동(예를 들어, 악기를 난폭하게 다룬 뒤 옷을 벗어 버리는 행위)을 해서 더욱 심한 충격을 가하곤 했다(역전이). 처음부터 마크는 악기 연주에 관심이 없었다. 그는 심벌즈와 팀파니를 강박적, 가학적으로 사용했다. 심벌즈는 조각조각 분해하고 구멍에 손가락을 집어넣고 다시 조립해 쓰러뜨리기를 반복했고, 심벌즈를 받침대에서 분해한 다음 팀파니를 내려치기도 했다. 팀파니의 경우 심벌즈보다 크고 견고하므로 분해시킬 수 없어서 올라앉고 쓰러뜨렸다. Tustin(1990)은 자폐아들의 강박적 물체 분해와 회전 행동을 절망적 느낌을 통제하려는 시도로 본다. 마크는 악기만 조각낸 것이 아니고 하루에도 여러 차례 비상구를 통해 나갔다 들어왔다 함으로써 음악치료 시간 자체도 산산이 조각내곤 했다. 그의 이런 행위는 그 자신의 내적 상태를 나타내는 듯했다. 마크가 지나고 난 자리에는 항상 조각난 나 자신과 음악치료, 악기들을 모두 모아 하나하나 다시 맞춰야 한다는 느낌이 들던 때었다. 그러던 가운데 마크와 나와의 관계에 전환점이 온다. 항상 심벌즈를 분해하던 마크는 가끔 다시 조립을 하지 못할 때가 있다. 그러면 마크는 마치 자신이 부서진 상태로 방치라도 된 듯이 절박한 목소리로 나에게 고쳐 줄 것을 요구했다.

마크: 진아, 망가졌어! 고쳐 줘!(Jinah, It's broken! Fix it!)

(3) 담아주기

나는 시간이 지나면서 심벌즈가 마크 자신을 상징하고 팀파니는 때때로 학대자를 상징한다는 것을 깨닫게 되었다. 그리고 마크가 이해하고 받아들일 수 있는 수준의 말로 그의 상태를 표현해 주면 그가 귀 기울여 듣는다는 것을 알게 되었다. Sinason(1992)은 치료적 상황에서 과거의 상처가 반복·재연되는 것은 의사소통의 의지로 보아야 한다고 했다. 그의 이러한 행동들 또한 내게 자신을 알리고자 하는 시도로 보아야 할 것이다. 내가 점차 그를 이해할 수 있게 되고 담아줄 수 있게 됨에 따라 악기를 학대적으로 사용하는 일은 줄어들었다.

그 예로 그는 심벌즈를 쓰러뜨리되 심벌즈가 마루에 닿기 전에 붙잡아서 보호하기 시작했다. 나는 마크를 이해할 수 있게 됨에 따라 무엇보다도 견고한 한계를 제공하는 것이 중요하다는 것을 깨달았다. 예를 들면, 마크가 비상구를 통해 나가려 할 때마다 마크에게 남아 있을 것을 요구하는 것이 그것이다. 처음에는 고함을 치고 나가 버리던 마크가 참을성이 늘면서 비상구를 통해 나가는 일이 줄어들었고, 또한 나가고픈 충동을 느낄 때마다 허락을 받으려는 시도를 하기 시작했다.

(4) 달라붙은 동일성

마크가 나를 받아들이기 시작하면서 언어로 그것을 나타내기 시작했고, 강박적으로 우리의 서로 다른 머리색과 나의 안경에 집착하게 되었다. 항상 나의 안경을 벗기려고 노력했고, 안경을 못 만지게 할 경우 극도로 불안해 하면서 난폭해지곤 했다. 마크의 요청에 따라 안경을 잠시 벗으면 진정되고, 그의 요구를 받아들이지 않으면, "나는 내 안경을 벗고 싶어. 나는 검은 머리를 하고 있어(I want to take my glasses off. I've got black hair)."라고 말함으로써 진아를 마크로, 마크를 진아의 연장으로 만들고 싶어 했다. 후에 함께 연주하게 되면서 마크는 자신이 연주하던 악기를 내가 연주하는 악기에 기대어 맞물려 놓곤 했다.

> 마크: 붙었어. 고치지 마(It's stuck, don't fix it)!

영국의 대상관계학파의 아동 심리치료가들은 실제 치료사가 자폐아들의 자아의 연장으로 행동해 줄 필요성을 인식하고, 이에 관한 자폐아들의 심리를 분석했다(Meltzer et al., 1975; Tustin, 1990; Alvarez, 1992).

(5) 즉흥연주의 시작과 발달 및 의미

마크의 참을성이 늘어남에 따라 조심스럽게 마크를 향한 나의 음악적 반응도 증가했다. 어느 날 마크가 무심히 라디에이터를 두드리고 있었다. 마크가 멈추었을 때 나는 마크의 리듬 그대로를 탁자에 반복하였다. 마크는 멈추지 않고 자기를 따라하는지 듣기 위하여 계속 리듬을 바꾸어 갔다. 심지어는 흥분하여 방안을 돌아다니며 벽과 창문을 두드리고 발을 구르고 하였는데, 기본적 리듬과 소리의 질을 바탕으로 한 이 같은 소리의 교환은 우리의 음악적 관계의 전환점이 된다. 비슷한 형태의 소리가 계속 교환되자, 끝날 무렵 작별 인사를 함께 연주하자고 제안하면 항상 "안 돼."라고 먼저 대답한 후 조금 있다 스스로 "왜 안 되지?"

질문하기 시작했다. 악기는 항상 혼자만의 것임을 확고히 했던 마크가 갈등하기 시작한 것이다. 그리고 드디어 우리는 작별 인사를 함께 연주할 수 있었다. 악기를 함께 연주하면서부터 마크는 악기의 소리가 의사소통과 자기표현의 수단이 될 수 있다는 것을 깨닫게 된 것 같았다. 한 예로 마크는 비명을 지르거나 고함을 치는 대신 나에게 종을 울림으로써 불만과 경고를 표시하게 되었다. 차츰 음악을 함께 연주하는 것에 익숙해지면서 우리는 서로 다른 악기를 선택하여 연주하게 된다. 마크는 주로 팀파니와 심벌즈를 연주하면서 자신이 소화해 내지 못하는 폭발적이고 광기 어린 감정들을 연주를 통해 표출하게 된다. 음악은 이러한 그의 정서를 표현할 안전한 매개체가 되어 준다. 어찌 보면 몹시 위압적이고 가학적이라고까지 할 수 있는 그의 연주를 들으며, 나는 본능적으로 마크를 압도해서는 안 된다는 것을 느끼고 부드러운 음색을 가진 베이스 자일로폰을 선택했다. 자일로폰의 경우 음의 한계(15음)가 있고, 부드럽지만 여운이 남는 음감을 지녀 마크의 폭발적인 연주에는 완전히 파묻혀 버리지만, 악기 자체가 견고하고 튼튼하면서 크지도 작지도 않은 사이즈였기 때문에 마크를 압도할 염려가 없었다. 또한 그가 조금 작게 연주를 하거나 쉬고 있을 땐 언제나 그 소리를 들을 수 있었다. 마크는 반복적으로 폭풍이 치듯 연주한 뒤 잠시 멈추고 나의 연주가 계속되는지 듣곤 했다. 나는 마크에 비해 작게 연주하지만 지속적으로, 차분히 연주함으로써 그의 폭발적인 연주에 살아남을 수 있음을 알리고자 했다. 이러한 연주를 계기로 치료를 시작한 지 6개월 만에 처음으로 마크는 함께 연주하자고 먼저 제안해 왔다. 마크는 자주 내 말과 연주를 가로지르며 팀파니와 심벌즈를 연주했고, 나는 그의 연주와 대조적으로 멜로디에 바탕을 둔 실로폰을 안정감 있는 박자로 연주했다. Priestley(1994)는 음악치료 안에서의 모든 음악 현상은 우리 내면세계와 유사할 뿐만 아니라 우리 정신세계를 반영한다고 했다. 나의 연주를 지워 버리는 마크의 폭발적 연주는 소리의 학대와 횡포에 가까웠다. 또한 음악 안에서 나라는 존재는 끊임없이 피해자가 되었다. 이것은 곧 음악에서 일어나는 전이와 역전이의 현상이고, 마크는 음악 안에서 자신이 학대자가 되고, 나를 자신이 견디기 어려웠던 힘없는 피해자의 위치에 놓고 과거를 반복하고 재연했다. Alvarez(1992)는 학대받은 아이들이 치료자 또한 학대한다는 것을 밝히고, 이 경우 치료자의 생존 여부가 무엇보다 중요함을 강조했다. 내가 규칙적인 리듬과 차분한 멜로디를 유지한 것은 나의 생존만이 아닌, 곧 그의 정신적 생존을 위함이었다고 보아야 할 것이다. 시간이 지남에 따라 그는 더욱 강박적으로 나를 자신의 연장으로 보았다.

마　크: 나는 내 안경을 벗고 싶어. 진아는 내 안경을 벗어야 해(I want to take my glasses off. Jinah's got to take my glasses off).

치료사: 마크, 진아는 마크를 위해 여기 있지만, 마크와 진아는 같지 않아(Mark, Jinah is here for Mark, but Jinah isn't Mark and Mark isn't Jinah).

마　크: 안 들려…(I can't hear you…).

진아가 자신을 거부한다고 느끼면서 마크는 흔들리기 시작했다. 예를 들면, 마크가 아프리칸 셰이커를 흔들며 말했다.

마　크: 이건 등불이야(It's lantern).

치료사: 등불이 흔들리는구나(Lantern is swinging)!

곧 나는 도리안 모드를 이용해 '등불이 흔들리고 있네(Lantern is swinging today)'라는 즉흥 노래를 마크의 박자와 리듬에 맞추어 불렀다. 그러나 그는 두 소절도 못 돼 악기를 떨어뜨리는 것을 계속 반복했다. 또한 시간이 지남에 따라 음악치료의 모든 것을 거부하기 시작했다. 악기를 전부 치워 버리고 "이제 음악은 그만, 놀이도 그만(No more music, no more play Jinah)!"이라고 하여 한동안 정적이 흘렀다. 그때 나는 가슴 깊이 슬픔이 전달되어 오는 듯한 느낌(역전이)을 받으며 조용히 즉흥노래를 불렀다. 지금까지는 나의 존재와 연주를 거부해 오던 마크가 웬일인지 가만히 내 노래를 들었다. 그리고 노래의 마지막 부분에서는 같은 조성의 한 옥타브 아래서 중얼중얼거렸다. 이것은 내 노래에 따른 무의식적 반응이라 할 수 있다. 말로는 "더 이상 참을 수 없다. 1분 안에 나가겠다(… can't stand any more… going out in a minute)."며 실제 감정적으로는 나와 동참하고 있었고, 나를 자신과는 다른 객체로 받아들이기 시작했다는 것을 의미했다. 음악은 이런 내면의 패러독스를 담을 수 있다. Alvin(1968)은 음악치료가 자폐아의 내면세계와 외부의 현실세계를 연결시키는 다리 역할을 할 수 있다고 했으며, 나는 이 경험을 통해 마크와의 연결점과 발전 가능성을 확인했다. 좋은 어머니의 역할을 치료사의 역할과 연결시킨 Winnicott(1971)은 아기의 성장을 위해서는 어머니가 적절한 때 아기와 빗나가는 것(mismatching)도 중요하다는 것을 밝히면서, 인간의 정신적 성장에는 좌절과 실망이 필수적으로 따른다는 것을 강조했다. Bunt(1994)는 즉흥연주의 경험이 우리에게 우리 자신의 근본적 문제점에 대해 생각할 수 있는 환경과 우리의 감정을 말로 표현할 수 있는 기회도 준다고 했다. 이날 마지막 순간 마크는 처음으로 자신의 감정을 'I' 라는 1인칭을 사용해 표현했다.

> 마크: 나는 나를 보지 않을 거야…. 내가 지겨워… 아냐, 당신이 지겨운 것은 아니야. 진
> 아! 나는 마크-진아를 바라보지 않을 거야. 진아, 슬퍼요(I'm not going to look
> at me… sick of me… No! I'm not sick of you Jinah! I'm not going to look
> at Mark-Jinah. I am sad, Jinah).

나와 음악치료를 시작한 지 7개월 만에 처음으로 자신의 감정을 언어로 표현했던 것이다. 나는 그것이 나와 남, 내적 세계와 외부세계가 혼란스런 상태에서 서서히 자신의 자아를 찾아가는 과정이라 생각했다. 그 후 마크는 1년간의 치료를 끝내고 다음 기관인 자폐아 중학교로 진학했다. 마크와의 마지막 학기는 우리 두 사람 모두에게 가슴 아픈 시간이었다. 그는 마지막 학기 내내 "너무 늦었어. 당신은 내 마음을 아프게 했어(It's too late. You broke my heart)."라고 말하며 자신의 힘겨움을 내게 표현했다. 시간이 얼마 없음을 아는 그는 음악적으로 더욱 적극적이 되었고, 악기를 더 이상 강박적으로 분해하거나 학대하는 일들은 거의 하지 않았다. 치료 센터의 스태프들도 마크의 행동이 많이 안정되고 공격성이 현저히 줄었으며 사회적 반응이 눈에 띄게 나아졌음을 인정했다.

마크는 자폐증 외에 여러 가지 복합 장애를 가지고 있었을 뿐 아니라 성학대라는 과거의 상처 때문에 고통받는 아동이었다. 음악치료는 과거의 재연과 재구성을 가능케 하였을 뿐 아니라 현재의 경험으로 과거의 상처를 치유하고 자신의 자아를 찾아갈 수 있게 했다고 본다(김진아, 1997, 『영국음악치료 사례연구-자폐아 치료를 중심으로』에서 발췌).

4. 정신분석적 음악치료의 한계

Freud는 정신분석을 완성된 학문으로 보지 않았다. 그는 인간의 심리에 대한 연구 및 치료를 우주를 연구하는 천문학에 비유하곤 했는데, 그 말은 우리가 한 개인을 치료를 통해 알게 되는 부분은 극히 한정되어 있기 때문에 우리는 그 한계를 겸손히 받아들여야 하며 계속해서 한계를 극복하려는 노력을 해야 한다는 뜻이다.

정신분석적 음악치료는 주로 심리장애나 문제점이 있는 환자나 일반인에게 효과적으로 사용될 수 있는 방법이다. 또한 임상 현상을 해석하는 정신분석적 관점은 본질적으로는 '심

리적 추론'이라 할 수 있다. 이 추론은 치료과정을 거쳐 서서히 증명되나 개인적 관계성에서 나오는 증명하기 힘든 사고의 과정을 바탕으로 하기에 과학적으로 증명하기 힘들다는 단점이 있다. 하지만 Freud는 "심리의 활동에 관한 학문을 사랑하는 사람은 이 불확실하고 완성되지 않은 내용들을 그대로 수용해야만 할 것이다(Freud, 1932, 2004)."라고 말했다. 불확실성을 수용할 수 있는 능력은 정신분석적 관점을 지닌 치료사에게 가장 요구되는 사항이기도 하다.

Priestley(1994)는 치료란 특별한 사랑의 방법(special way of loving)이라고 했다. 그리고 음악치료는 소리의 패턴을 통해 사랑의 만남이 가능한 비언어적인 의사소통을 제공한다고 했다. 그녀는 "치료사에 대한 클라이언트의 사랑은 클라이언트 스스로 문제를 직면하고 넘어설 수 있게 하여, 결국 외부세계에서 또 다른 사랑의 대상을 찾아갈 수 있게 하고, 치료사의 클라이언트 사랑은 클라이언트가 자신의 한계를 넘어서 가능성을 실현하게 한다."라고 했다. 그녀는 인간이 가지고 있는 각양각색의 감정을 담을 수 있는 음악에 대한 치료사의 사랑에 대해서도 이야기하고 있다. 즉, 음악은 장애나 질환으로 인해 타인과의 소통이 어려운 클라이언트들과 친밀한 교감을 나눌 수 있게 할 뿐 아니라 자유와 즐거움까지 주기 때문에 클라이언트나 치료사 모두에게 매우 큰 보상이 된다는 것이다.

전통 정신분석적 관점은 무의식과 과거의 경험이 현재의 행동과 사고에 영향을 미친다는 전제하에, 치료적 관계성 안에서 무의식의 의식화와 과거의 재연 및 재구성을 통해 현재의 자아를 재정립해 가는 특성을 가진다. 정신분석적 음악치료에서는 특히 자유즉흥연주가 주 매체로 사용되며, 이때 자유즉흥연주는 일종의 음악적 자유연상의 역할을 해 전이와 역전이 현상을 발전시킨다. 치료사는 음악적 과정을 통해 클라이언트를 이해하고 도울 수 있는 능력이 있어야 하며 이러한 능력은 심층심리학에 대한 깊이 있는 이해와 숙련된 음악적 기술을 요한다. 치료사와 클라이언트가 만들어 가는 음악적 경험은 그 자체가 종종 치료적 변화를 가져오는데, Odell(1988)은 치료사가 음악으로 클라이언트에게 반응하는 것 자체를 음악적 형태의 해석이라 보았다. 즉, 정신분석적 음악치료의 중심에는 클라이언트와 치료사가 만들어 가는 자유즉흥연주가 있으며, 즉흥연주 자체는 치료적 요인을 담고 있다고 할 수 있는데, 정신분석적 관점이 치료적 요인과 과정의 해석에 사용된다 하겠다.

하지만 Priestley가 설명했듯이 정신분석적 음악치료를 한마디로 말한다면 그것은 '사랑'이라 할 수 있을 것이다. 즉, 음악을 통한, 아주 특별한, 전문적인 사랑을 실천하는 방법이라 할 것이다.

📖 용어 해설

대상관계(object relation): 자아(ego)와 대상(object) 사이에 성립하는 관계성을 의미하는 대상관계 정신분석학파의 개념으로, 대상관계는 자아기능에 속하므로 대상관계성의 양상은 자아의 발달과 더불어 변화한다.

무의식(unconscious): 일반적으로 각성되지 않은 심적 상태, 즉 자신의 행동에 자각이 없는 상태를 뜻하며, 프로이트는 무의식의 내용을 주로 억압된 생각 및 본능으로 보았고, 융은 개인의 무의식 외에 집단 무의식이 있다고 주장하였다.

방어기제(defense mechanism): 자아가 자신에게 위협이 되는 요소들로부터 자신을 보호하기 위해 사용하는 대체로 무의식적 심리반응 양상을 의미한다.

역전이(countertransference): 정신분석학에서 사용하는 용어로, 전이에 대한 치료사의 심리적, 신체적 반응을 통칭하여 역전이라 하는데, 클라이언트의 문제에 대한 통찰의 계기가 될 수 있다. 따라서 임상에서 역전이 현상이 일어나면 치료사는 그것을 알아채고 스스로 분석하거나, 임상감독(supervision)을 받음으로써 역전이가 치료에 방해가 되지 않게 노력해야 할 뿐 아니라, 치료과정에 효과적인 매체로 사용할 수 있어야 한다.

자유연상(free association): 프로이트가 확립한 정신분석의 기법이다. 클라이언트는 침대의자(couch)에 반듯이 누워 있고, 치료사는 그 뒤쪽에 자리 잡고 앉는다. 시각적 자극이 차단된 상태에서 치료사는 "머릿속에 떠오르는 것은 무엇이든 말하세요."라고 말하고 클라이언트는 이러한 방법으로 자신의 생각이나 감정을 선택하거나 비판하지 않고 그대로 이야기하게 된다. 이러한 방법을 통해 의식적 억제(suppression) 혹은 무의식적 억압(repression)까지도 완화시켜 치료과정을 진행시켜 가게 된다.

자유즉흥연주(free improvisation): 줄리엣 알빈이 확립시킨 즉흥연주 방식으로, 형식이나 틀에 얽매이지 않고 완전히 자유롭게 연주할 때 음악에는 연주하는 사람의 존재 자체, 성격과 문제점까지도 그대로 반영된다고 믿었다. 정신분석적 음악치료에서 자유즉흥연주는 일종의 음악적 자유연상의 역할을 하며 전이와 역전이 현상을 발전시킨다.

전이(transference): 정신분석학에서 사용하는 용어로, 클라이언트가 자신에게 중요한 사람이나 관계성에서 가지고 있던 무의식적 감정, 소망, 갈등, 환상 등을 치료사에게 투사하거나 전치하는 현상을 뜻한다. 정신분석의 핵심이라 할 수 있는데, 치료사는 이 과정을 표면화시켜 재경험할 수 있게 하고, 훈습(working through)하는 과정을 거쳐 클라이언트가 가진 문제에 대한 근본적인 이해증진 및 증상 완화를 가져올 수 있다.

정신분석(psychoanalysis): 프로이트가 창안한 심층심리학의 주요 이론을 근거로 발전된 심리치료법이다.

정신분석적 음악치료(psychoanalytically informed music therapy): 현존하는 다양한 정신분석 이론의 영향을 받은 음악치료다.

투사동일시(projective identification): 멜라니 클라인(Melanie Klein)이 소개한 개념으로 방어기제이자 오늘날 정신분석학의 '전이'와 유사한 개념으로 사용되는 용어다. 자신(self)이 원치 않는 부분에 대한 방어로 자신이 지닌 충동이나 속성을 타인에게 속한다고 투사한 후, 그 투사를 경험하는 수용기 역할을 하는 타인을 동일시하는 현상을 의미한다. 즉, 치료적 관계성에서 끊임없는 상호작용을 통해 심리적 변화를 가져올 수 있는 중요한 현상이다.

참고문헌

권석만(2003). 현대 이상심리학. 서울: 학지사.

김진숙(1993). 예술심리치료의 이론과 실제. 서울: 중앙적성출판사.

김진아(1997). 영국 음악치료 사례연구—자폐아 치료를 중심으로. 소아청소년 정신의학, 8(1), 123-132.

김진아(2000). 집단음악치료에서의 음악과 치료사의 역할. 임상예술 Vol. 11, 35-39.

김진아(2003a). 음악적 상호작용과 정서적의사소통의 의미. 성지재활연구지, 11호, 25-36.

김진아(2003b). 사랑: 대상관계론과 유아발달 심리학을 통해 본 음악적 상호작용의 의미 고찰. 한국예술치료학회월례발표 Vol 11, 60-65.

이병윤(1990). 정신의학사전. 서울: 일조각.

Aldridge, D. (1996). *Music Therapy Research and Practice in Medicine; From Out of the Silence*. London: Jessica Kingsley Publishers.

Alvarez, A. (1992). *Live Company*. London: Routledge.

Alvin, J. (1975). *Music Therapy* (revised edition). London: John Claire Books.

Alvin, J. (1978). *Music Therapy for the Autistic Child*. London: Oxford University Press

Austin, D. S. (1998). When the Psyche Sings: Transference and Countertransference in Improvised Singing with Individual Adults. In K.E. Bruscia (ed.). *The Dynamics of Music Psychotherapy*. Barcelona Publishers.

Austin, D. S. (1999). Vocal Improvisation in Analytically Oriented Music Therapy with Adults. In T. Wigram and J. De Backer (eds.). *Clinical Application of Music Therapy in Psychiatry*. London: Jessica Kingsley Publishers.

Bion, W. R. (1962). A theory of thinking. *International Journal of Psychoanalysis, 43*, Parts 4-5.

Brown, D., & Peddar, J. (1991). *Introduction to Psychotherapy: An outline of psychodynamic principles and practice* (2nd ed.). Routledge, London.

Bruscia, K. E. (1998c). An introduction to Music Psychotherapy. In K. E. Bruscia (ed.).

The Dynamics of Music Psychotherapy. Barcelona Publishers.

Cawley, R. H. (1977). 'The teaching of psychotherapy', *Association of University Teachers of Psychiatry Newsletter, January*, 19-36.

De Backer, J. (1993). Containment in Music Therapy. In M. Heal and T. Wigram (eds.). *Music Therapy in Health and Education*. London: Jessica Kingsley Publishers.

De Backer, J., & Van Camp, J. (1999). Specific aspects of the music therapy relationship to psychiatry, In T. Wigram and J. De Backer (eds.). *Clinical Application of Music Therapy in Psychiatry*. London: Jessica Kingsley Publishers.

Eliot, L. (1999). *What's going on in there? How the brain and mind develop in the first five years of life*. A Bantam book.

Eschen, J. T. (2002). Analytical Music Therapy-Introduction. In J. T. Eschen (ed.). *Analytical music therapy*. London: Jessica Kingsley Publishers.

Freud, S. (1901). *Fragment of an analysis of a case of hysteria*. Standard Edition 7, 3. London: Hogarth Press and Institute of Psycho-Analysis.

Freud, S. (1932, 2004). 새로운 정신분석 강의(임홍빈, 홍혜경 공역, 재간2쇄). 열린 책들.

Heal Hughes, M. (1995). A comparison of mother-infant interactions and the client-therapist relationship in music therapy sessions; In T. Wigram., B. Saperston, & R. West (eds.). *The Art & Science of Music Therapy: a Handbook*. Harwood Academic Publishers.

Isenberg-Grzeda, C., Goldberg, F. S., & Dvorkin, J. M. (2004). Psychodynamic approach to music therapy. In A. Darrow (ed.). *Introduction to Approaches in Music Therapy*. American Music Therapy Association, Inc.

Jahn-Langenberg, M. (2002). Some Considerations on the Treatment Techniques of Psychoanalytically-Established Music Therapy. In J. T. Eschen (ed.). *Analytical Music Therapy*. Jessica Kingsley Publishers.

Jones, E. (1953). *The Life and Work of Sigmund Freud*. Hogarth press. Reprinted in Penguin books 1993.

Kortegaard, H. (1993). Music Therapy in the psychodynamic treatment of schizophrenia; In M. Heal & T. Wigram (eds.). *Music therapy in health and education*. London: Jessica Kingsley Publishers.

Lecourt, E. (1993). Music Therapy in France. In C. Dileo-Maranto (ed.). *Music Therapy: International Perspective*. Pennsylvania: Jeffrey Books.

Lecourt, E. (1998). The Role of Aesthetics in Countertransference: A comparison of

Active Versus Receptive Music Therapy. In K. E. Bruscia (ed.). *The Dynamics of Music Psychotherapy*. Barcelona Publishers.

Levinge, A. (1993). Permission to play: The search for self through music therapy research with children presenting with communication difficulties. In H. Payne (ed.). *Handbook of Inquiry in the Arts Therapies*. London: Jessica Kingsley Publishers.

Meltzer, D., Bremner, J., Hoxter, S., Weddell, D.& Wittenberg, I. (1975). *Explorations in Autism: A Psychoanalytic Study*. The Roland Harris Trust, Clunie Press.

Metzner, S. (1999). Psychoanalytically informed music therapy in psychiatry; In T. Wigram & J. De Backer (eds.). *Clinical Application of Music Therapy in Psychiatry*. London: Jessica Kingsley Publishers.

Montello, L. (1998). Relational Issues in Psychoanalytic Music Therapy with Traumatized Individuals. In K. E. Bruscia (ed.). *The Dynamics of Music Psychotherapy*. Barcelona Publishers.

Odell, H. (1988). A music therapy approach in mental health. *Psychology of Music, 16*(1), 52-62.

Odell-Miller, H. (2001). Music Therapy and its Relationship to Psychoanalysis; In Y. Searle. & I. Streng (eds.). *Where Psychoanalysis Meets the Arts*. London: Karnac Books

Odell-Miller, H. (2002). One man's Journey and the importance of time: Music therapy in an NHS Mental Health Day Center; In A. Davies. & E. Ricahrds (eds.). *Music Therapy and Group Work: Sound Company*. Jessica Kingsley Publishers, London.

Odell-Miller, H. (2003). 'Are Words Enough?' Music Therapy as an Influence in Psychoanalytic Psychotherapy. In L. King and R. Randall (eds.). *The Future of Psychoanalytic Psychotherapy*. London: Whurr Publishers.

Pavlicevic, M. (1995). Interpersonal process in clinical improvisation; Towards a subjectively objective systematic definition. In Wigram, Saperston and West (eds.). *The Art & Science of Music Therapy: A Handbook*. Harwood Academic Publisher.

Pedersen, I. N. (1998). *Introduction to Music Therapy as a Primary Treatment Form*. Musikterapiklinikken. Aalborg Psykiatriske Sygehus-Aalborg Universitet.

Priestley, M. (1975). *Music therapy in action*. London: Constable.

Priestley, M. (1994). *Essays on Analytical Music Therapy*. Phoenixville: Barcelona Publishers.

Priestley, M., & Eschen, J. T. (2002). Analytical Music Therpay-origin and development. In J. T. Eschen (ed.). *Analytical music therapy*. London: Jessica Kingsley Publishers.

..rts, J. Z. (1996). Music Therapy for autistic children. In Trevarthen, C. et al., *Children with autism: Diagnosis and interventions to meet their needs.* London: Jessica Kingsley Publishers.

Rogers, P. J. (1992). Issues in working with sexually abused clients in music therapy. *Journal of British Music Therapy 6,* 2, 3-15.

Segal, D. (1999). *The developing mind: toward a neurobiology of interpersonal experience.* Guilford.

Shore, A. N. (2001). Neurobiology, developmental psychology, and psychoanalysis: convergent findings on the subject of projective identification. In J. Edwards (ed.). *Being Alive.* Brunner-Routledge.

Sinason, V. (1992). *Mental Handicap and The Human Condition: New Approaches From The Tavistock.* London: Free Association Books.

Stern, D. (1985). *The Interpersonal World of the Infant; a view from psychoanalysis and developmental psychology.* New York: Basic Books.

Streeter, E. (1999a). Definition and Use of the Musical Transference Relationship. In T. Wigram and J. DeBacker (eds.). *Clinical Application of Music Therapy in Psychiatry.* London: London: Jessica Kingsley Publishers.

Tustin, F. (1990). *The Protective Shell in Children and Adults.* Karnac Books.

Wigram, T., Pedersen, I. N., & Bonde, L. O. (2002). *A Comprehensive Guide to Music Therapy; Theory, Clinical Practice, Research and Training.* London; Jessica Kingsley Publishers.

Wigram, T. (2004). *Improvisation; Methods and Techniques for Music Therapy Clinicians, Educators, and Students.* London: Jessica Kingsley Publishers.

Winnicott, D. W. (1971). *Playing and Reality.* New York: Basic Books.

제15장
분석적 음악치료

Benedikte Scheiby, 김승아

1. AMT 역사

분석적 음악치료(Analytical Music Therapy, 이하 AMT)는 음악치료 분야에서 중요한 방법 중 하나로 1970년대 이후 현재 유럽, 미국, 캐나다, 일본, 이스라엘 등지에서 AMT 훈련을 받은 음악치료 임상가, 교육자, 연구자들이 널리 사용하고 있다. 약 2년에 걸쳐 개발된 이 방법은 당시 영국 런던의 St. Bernard's Hospital에서 동료로서 근무하고 있던 세 명의 선구자들—Mary Priestley, Peter Wright, Marjorie Wardle—의 연구결과물이라 할 수 있다. 그들은 분석적 음악치료의 시작점이라고 볼 수 있는 상호치료(intertherapy) 방법을 통하여 약 96회의 자아치료를 시행하였으며 마침내 이 방법을 개발하게 되었다. Peter Wright는 이 치료모델을 서술하면서 '분석적 음악치료(Analytical Music Therapy)'란 용어를 처음으로 사용했다. 그 후 Mary Priestley는 「Music Therapy in Action」(1975)과 「Essays on Analytical Music Therapy」(1994) 등 다수의 논문들에서 AMT 모델을 보다 광범위하게 설명함으로써 주도적으로 AMT를 알리는 역할을 하였고, 선구자로 인정받게 되었다.

1925년에 태어난 Mary Priestley는 저명한 작가인 J. B. Priestley의 딸이다. 그녀는

Royal College of Music과 Geneva Conservatoire에서 바이올린, 작곡, 피아노를 공부했다. 1968년에 Wooster 박사와 함께 10년에 걸쳐 Kleinian 정신분석학 연구를 했는데, 이것이 그녀의 치료를 개념화하는 데 큰 영향을 미쳤다. 1969년 Priestley는 주로 사용하는 악기인 바이올린과 피아노로 Guildhall School of Music and Drama에서 대학원 졸업 후의 연구과정인 음악치료 학위를 받았다. 당시 이 과정의 학장은 음악치료학의 개척자로서 유명한 Juliette Alvin이었는데, Priestley는 1967년도 재학 당시 Alvin의 수업에서 처음으로 음악치료에 대해 알게 되었다. 음악치료에서 학위를 받은 후, Priestley는 일주일에 이틀은 St. Bernard' s Hospital에서 정신과 환자들을 위한 개별 및 집단 음악치료를 하였고, 나머지 시간에는 자신의 실습을 하거나 석사 후 연구과정의 음악치료를 지도하였다. 그 기간 동안 그녀는 동료들과 96번의 '상호치료' 세션을 통해 얻은 경험과 그녀 자신의 임상 경험을 바탕으로 석사 후의 전문 음악치료사 과정인 AMT 훈련과정을 개발하였다. 더불어 그녀는 여기에서 행해진 임상 사례에 대해 11년 동안 Jungian 분석적 지도(analytical supervision)를 받았다. 그동안 AMT 훈련과정을 통해 그녀는 약 10개 국 50여 명의 음악치료사를 양성했으며, 이들의 대부분은 현재 AMT 방법을 음악치료에 적용하거나 가르치고 있다.

Mary Priestley가 제시한 AMT 훈련의 중심은 음악치료사 자신이 누군가를 치료하기 전에 먼저 분석적 음악치료를 경험을 해야 한다는 사실을 이해하는 것이다. Priestley는 한 개인이 치료과정의 유용성과 효용성을 직접 경험한다면, 경험 후에 치료의 효과를 더욱 확신하고 치료방법을 보다 심도 있게 이해할 수 있다고 하였다. 즉, "만약 당신이 누군가에게 수영하는 법을 가르치려 한다면, 당신 자신이 먼저 수영할 수 있어야 한다."라는 말을 음악 치료학적인 표현으로 바꾸어 보면 "만약 당신이 음악치료법으로 누군가를 치료하기 원한다면, 당신 자신이 먼저 음악치료를 받아 보아야 한다."가 될 것이다. Priestley는 정신분석학(psychoanalysis)과 정신분석학적 훈련(psychoanalytic training)으로부터 많은 영향을 받았다. 정신분석학을 공부하는 학생들은 방법상의 임상적, 이론적 토대를 연구할 뿐만 아니라 수년 동안 자신이 직접 정신분석 경험에 참여해야 한다. 1994년에 발간된 Priestley의 『Essays on Analytical Music Therapy』는 그곳에서 실행된 그녀의 강의에 기반하고 있다.

2. AMT의 정의와 철학적 배경

Scheiby(2001)는 음악심리치료를 "치료상의 변화를 용이하게 하기 위한 중재 수단으로써 즉흥음악이나 기존의 음악을 사용하는 것으로, 클라이언트와 음악치료사 간의 음악적 경험과 관계는 치료과정에서 매우 중요한 요인"이라고 말하며, 신체적, 정신적, 영적 문제는 음악 창작이나 음악 청취를 통하여 접근 가능할 뿐만 아니라 그 문제들이 해결될 수도 있다고 하였다. 특히 그는 이 과정 동안에 얻어진 통찰력을 인도하고, 해석하고, 강화하고, 확인하고 통합하기 위하여 언어적 대화가 음악적 경험에 수반된다는 것을 강조한다.

분석적 음악치료(Analytical Music Therapy)는 음악심리치료(Music Psychotherapy)의 한 형태로 간주된다. Mary Priestley는 AMT 음악치료의 핵심을 한마디로 표현할 수 있는 정의를 찾기 위해 수년 동안 고심하였는데, 그녀가 출간한 문헌들에서 AMT의 정의가 조금씩 변천되고 있음을 알 수 있다. 따라서 그녀가 AMT 음악치료를 어떻게 정의 내리고 있는지 그 변화를 살펴보는 것은 AMT의 정의를 가장 잘 설명하는 방법이 될 것이다.

그녀는 자신의 첫 저서에서 AMT를 "소리표현을 통해 분석적 음악치료사와 함께 무의식 세계를 탐구하는 방법이다(Priestley, 1975, p. 32)."라고 하였다. 이 정의에서 우리가 핵심적으로 살펴보아야 할 것은 분석적, 무의식, 소리표현의 세 가지 단어다. 첫째, '분석적'이란 용어는 이 글의 역사 부분에서 언급되었듯이 심리분석에 관한 Priestley의 이론적, 실용적 배경과 관련이 깊다. Priestley는 그녀의 접근법을 소개할 때 여러 가지 정신역동적인 관점—S. Freud, C. G. Jung, A. Adler, M. Klein, A. Lowen의 생체 에너지학 등—에서 설명하는 것을 볼 수 있다.

또한 Priestley는 정신분석에 바탕을 두면서도 저서의 후반부에서 개인의 한계를 초월한 것처럼 보이는 현상을 언급한다. 그녀는 상호 즉흥연주를 하는 동안 음악의 질이 변하고 클라이언트와 치료사가 서로를 보완하기 시작하는 것을 볼 수 있다고 설명한다. 그녀는 이러한 경험을 '영원한 현재(eternal now)'에서 일어나는 '수용적 창의적 경험(receptive creative experiences: RCE)'이라고 일컫는다. '영원한 현재(eternal now)'란 사람이 시간적 변화를 느낌과 동시에 자신의 감정도 잠잠함에서 경탄으로 변하는 순간을 일컫는다. Priestley(1994)는 『Essays on Analytical Music Therapy』에서 상호 즉흥연주 동안 일어나는 경험에 대해 자세히 묘사하고 있다. "이때 음악은 두 사람(클라이언트와 치료사)보다 더 큰 비중을 차지하는데 오히려 음악이 그들을 연주하고 있다고 느끼게 될 수도 있다. 치료사는 자신이 악기를 연주하기보다 자신이 악기가 되었다고 느끼기도 하며, 피아노의 저음을 떨림음으로 치면서 연주자는 마치 높은 곳에 닿는 듯한 역설적 느낌이 드는 의식의 변환이 일어날 수도 있다. 두 연주자는 이상하리만치 음악을 통해 연합되고 있지만 음악으로 가려진다. 이러한 경험에서 어떤 이는 다른 경험으로의 변화를 체험할 수 있으며, 또 어떤 이는 자신의 특성들을 넘어서 오히려 전보다 더 큰 존재가 되는 듯한 느낌을 얻을 수도 있다(pp. 321-322).”

한편 ‘분석적’ 이란 용어는 클라이언트의 통합된 감정, 즉 신체적 인식과 인지적 통찰을 위한 즉흥연주의 언어적 과정을 의미한다. 이 과정은 세션에서 연주한 녹음된 음악 테이프를 클라이언트와 음악치료사가 함께 청취함으로써 이루어진다. Priestley는 클라이언트의 허락하에 이루어진 오디오/비디오 녹음이 클라이언트의 세션 과정, 세션 후 그리고 다음의 세션을 위해 필수적이라고 설명한다.

둘째, 무의식이란 용어는 Freud의 지형학적 정신 모델(topographic model of the psyche)에 근거하고 있다. “Freud 무의식의 전-존재 개념(무의식의 내용이 사전지식 없이 사람들에게 영향을 미침)을 의식, 전의식, 무의식의 지형학 모델로 체계화하였다. 그리고 개인의 도덕적 양심에 해당하는 초자아, 사고적 존재로 본 자아, 성욕구와 공격욕구의 두 가지 본능에 의해 영향을 받는 존재로 본 원초아의 구성적 모델을 제시하였다(Priestley, 1994, p. 155).”고 Priestley는 언급했다.

의식, 전의식, 무의식은 의식의 세 가지 수준이다. 우선 의식은 사고와 개념 등 인간이 인식하는 것을 의미한다. 개인은 이러한 의식적 경험을 언어화할 수 있고 논리적으로 생각할 수 있다. 전의식은 장단기 기억과 이미 저장된 지식을 의미하는데, 이것은 개인이 지속적으로 의식하고 있지 않지만 필요할 시에 쉽게 의식으로 전환할 수 있다. 끝으로 무의식은 분노, 갈등, 고통과 얽힌 격분, 감정, 사고를 위한 용기 등과 같이 받아들여지지 않는 성욕, 이기적 욕구, 두려움, 비이성적 소망, 부끄러운 경험, 폭력적 동기 등이라 볼 수 있다. Freud는 이러한 감정과 사고는 겉으로 드러나지는 않지만 개인의 행동과 의식적 인식에 영향을 미친다고 하였다. 그러나 무의식이 직접적으로 인식에 연결된다고 보지 않았다.

개인의 정신을 빙산에 비교한다면, 보이는 것(의식)은 단지 빙산 전체의 10%일 뿐이고 나머지 90%는 물 아래(전의식과 무의식)에 있어서 보이지 않는다. 이러한 무의식을 반영하고 의식 속으로 일깨우는 음악의 능력, 특히 즉흥연주의 능력을 바로 Priestley는 음악치료에서 활용하고 있다. 그녀는 무엇보다도 무의식에로의 접근방법과 의식적 요소 탐구를 위한 방법을 연구의 초점으로 하였다. Priestley는 종종 악기의 무의식적인 사용과 그것을 어떻게 클라이언트가 연주하는가가 그의 무의식적 욕구(need), 소망(wish) 혹은 동기를 반영한다고 말한다. Priestley의 첫 번째 저서에는 정신분석과 분석적 심리학의 저항(resistance), 전이(transference), 역전이(counter transference), 역행(regression), 그림자(the shadow), 자아(ego), 초자아(super ego), 방어(defenses), 심리성적 단계(psychosexual stages), 자유연상(free associations) 등과 같은 용어들이 빈번히 등장하고 있으며, 이와 함께 앞서 언급한 RCE 경험과 같은 새로운 어휘도 사용되고 있다(Priestley, 1994).

셋째, Priestely는 '음악(music)' 대신 '소리표현(sound expression)'이라는 용어를 사용하였다. 그녀는 치료 안에서 영향을 발휘하는 음악에 대해 폭넓게 수용하고 있다. 깊은 한숨, 휘파람, 하품, 비명, 신체에서 나는 소리(body clap), 울음소리 등은 음악적으로 의미 있는 상황에서 음악으로 간주될 수 있다. Scheiby(2005)의 논문 「음악치료에의 상호주관적 접근: 음악심리치료학적 맥락에서의 동일시(Idenfitication)와 음악 역전이(Musical Countertransference)의 과정」에서 그 좋은 사례를 엿볼 수 있다. 이 사례의 클라이언트는 세션의 마지막 단계에서 기분이 다소 침체되어 울음을 터뜨리게 되는데 그 울음은 음악치료사가 연주하는 피아노 음악과 융화되어 지속된다. 클라이언트의 음성적 표현과 음악치료사의 음악은 서로 밀접하게 연결되어 있어서 클라이언트의 울음조차도 음악의 구절과 강약과 어우러져 또 다른 음악적 표현이 되는 것이다. AMT 음악치료사는 클라이언트의 음악적 언어와 호흡을 맞추기 위하여 어떠한 음악적 스타일로도 즉흥연주할 수 있어야만 한다. 클라이언트의 음악적 문화 배경은 그 나름대로의 음악적 언어에 맞추어져 이해되어야 하는데, 이를 위해 음악치료사는 각 클라이언트의 개성에 맞추어 음조와 무조를 함께 즉흥연주로 소화할 수 있어야 할 것이다.

Priestley가 내린 두 번째 정의는 『Herdecke 분석적 음악치료 강의』(1980)에서 찾아볼 수 있다. 여기에서 그녀는 분석적 음악치료를 "클라이언트의 내면세계 이해와 성숙을 위해 클라이언트와 음악치료사가 함께 즉흥연주를 상징적으로 사용하는 것이다."라고 정의하고 있는데, 이 목표는 단지 좋은 경험을 갖기 위함이 아니라 클라이언트의 성숙에 필요한 방해물을 제거하고 본인에게 가장 적합한 방식으로 자신의 내면세계를 보다 효율적으로 사용하도록 돕는 것이라고 말했다.

두 번째 정의에서 사용된 핵심적인 용어는 상징적 사용(symbolic use)과 즉흥연주(improvised music)다. '상징적' 이란 단어는 연상되는 구체적인 사물이나 감각을 말로 바꾸어 내는 것을 뜻한다. 즉, 상징화(symbolism)는 추상적 혹은 지각할 수 없는 사물을 상징적으로 표현하는 것으로, 우리가 자는 동안 꿈속에 나오는 형태, 그림, 사람, 동물 등 사실상 외상계(outer life)에 존재하지 않는 것을 우리의 삶 속에 존재하는 어떤 것으로 상징적으로 나타내는 것이다.

본질적으로 Priestley는 클라이언트가 의식적 혹은 무의식적으로든, 미술치료에서와 같이 언어로 표현하기는 어렵지만 상징적 형태로는 표현 가능한 감정, 이미지, 생각 등을 표출하기 위하여 음악을 사용할 수 있다는 사실을 자주 언급한다. 음악은 음악 자체 그 이상의 의미를 가지고 있으며, 클라이언트의 의식적 혹은 무의식 요소들을 탐구하기 위하여 Priestley가 서술한 방법들에는 다양한 기법이 사용된다(Bruscia, 1987, pp. 130-35). 그중 하나는 클라이언트의 꿈에서 가장 중요했던 상징 중 한 가지 혹은 그 이상을 즉흥연주로 표현하는 것이다. 또 다른 방법은 클라이언트가 즉흥연주를 하는 동안 자유 연상을 하거나 마음속에 떠오르는 이미지, 사람 등의 어떤 소재에 집중하도록 하는 것이다. 즉흥연주에서 이러한 상징적 표현의 사용은 매우 효과적이며, 상징은 클라이언트의 내면세계와 현실세계의 매개체가 된다.

마지막으로 살펴볼 용어인 '즉흥적 연주(improvised music)' 는 기존의 곡을 단지 연주하는 것이 아니라 연주하는 동시에 새로운 음악을 창출해내는 것을 말한다. Bruscia(1987)는 즉흥연주를 "…독창적이고 자발적이며, 아무 준비 없이 즉석에서 이루어지는 풍부한 연주형태" 라고 설명한다. 그것은 창조와 연주를 동시에 수반하고 있지만, 항상 '예술' 이거나 '음악' 인 것은 아니다. 그것은 때때로 '과정' 으로서 단순한 '소리' 일 수도 있다. 그러므로 음악치료사는 높은 미적 수준의 즉흥연주를 위해 노력하지만 그것이 음악적이나 혹은 소리이거나 그리고 연주의 예술적 미적 수준과는 상관없이 언제든지 오직 클라이언트의 즉흥연주 그 자체를 받아들여야 한다(pp. 5-6)." 왜냐하면 때로 음악치료사는 음악적 훈련을 한 번도 받아본 적이 없거나 연주나 노래 부르는 것을 한 번도 경험해 본 적이 없는 클라이언트를 만날 수도 있기 때문이다. 음악치료사는 클라이언트의 음악적 경험이나 수준을 그 자체로 받아들여야 하며, 이때 음악치료사의 즉흥연주나 노래를 통해 치료가 진행될 수 있다.

AMT의 일반적인 즉흥음악 접근법에서는 클라이언트로부터 확인된 이슈나 느낌, 이미지, 환상, 꿈, 사건, 기억, 상황, 신체감각 등을 클라이언트와 치료사 간 상호 즉흥연주의 '안내자' 혹은 '음악 대본(musical script)' 으로 간주한다. 관련적 제목의 즉흥연주 후에도

이언트가 필요에 따라 설명을 덧붙이는 경우가 있으며, 이 과정에서의 즉흥연주는 클라이언트에게 더욱 의미를 부여한다. 음악치료사가 언어를 사용하지 못하는 클라이언트와 함께 연주할 때는, 그 클라이언트의 즉흥연주가 치료사의 역전이 반응과 결합된 클라이언트의 무언의 표현에 따라 안내된다. 또한 결코 그 의미의 중요성이 작지 않은, 비관련적 즉흥연주가 있다. 비관련적 즉흥연주는 치료사가 즉흥연주에서 클라이언트에 대한 어떤 단서를 얻을 수는 있지만, 궁극적으로 음악 자체 이외의 다른 결과물을 얻을 수 없는 경우다. AMT에서 즉흥연주가 항상 언어화되어야 할 필요는 없다. 어떤 경우는 음악 자체로 이미 치료에서 얻어져야 할 단서들이 만족될 수 있기 때문이다. AMT 접근은 음악적 중재뿐 아니라 언어적 중재도 사용하고 있기 때문에 언어 심리치료 중재 훈련과 같은 언어적 의사소통에 관한 훈련이 AMT 학생들에게도 필요하다.

3. AMT 이론적 전제의 기본 개념

AMT는 정신역동의 개념을 바탕으로 한 음악치료의 정신역동적 형태다. 정신역동 치료법은 정신분석적 심리치료와 임상학자, 교육가들이 사용하는 주류적인 이론들의 부산물이다. Gabbard(1990)는 정신역동적 심리치료는 치료와 접근이 무의식적 갈등, 결핍, 심리구조 간의 왜곡, 내재적 대상과의 관계 등에 대한 환자와 임상학자의 사고방식 등으로 특징지어진다고 하였다. AMT 접근법은 전통적인 Freudian 역동이론, 대상관계이론과 관계성에서의 강조, 내재화, 왜곡, 반복 그리고 Jung 이론을 포함한 주요 정신역동적 이론에 그 근거를 둔다. 방어, 전이, 역전이는 AMT 이론의 전제들 중 그 기초 개념이며, 음악치료사들은 음악 안에서 어떻게 방어, 전이, 역전이가 발생하는지를 통찰해야 할 필요성이 있다.

1) 방어

Priestley(1994)는 AMT에서 경험해 온 31가지의 다양한 방어기제를 『Essays on Analytical Music Therapy』의 제16장에서 자세히 설명하고 있다. 방어기제는 클라이언트가 너무나 고통스러워서 견딜 수 없는 감정이나 생각을 의식적으로 인식하는 것을 방지하기 위한 심적 수단으로 설명될 수 있다. 방어기제를 통해 인간은 괴로운 감정과 생각을 무의식적인 생각과 감정으로 전환하여 간접적으로 표현한다. 이 방법으로 사람들은 무의식적인 생각과 감정 때문에 발생되는 불안을 감소할 수 있다. 이것은 자기방어를 위한 인간 행동의 공통성이다. 그러나 과도한 감정으로 억압될 때는 자연스러운 의지에 방해가 일어나 자신에 대한 지나친 엄격, 정신적 피폐, 활력 상실 등을 야기시킨다. AMT에서는 이렇듯 클라이언트의 감정 상태를 파악할 때 방어기제 영역을 반드시 고려해야 할 대상으로 삼는다.

2) 전이

"전이는 환자가 치료사와 함께 예전의 누군가와의 관계에서 잘 마무리되지 못한 경험을 해결하기 위한 시도의 한 과정으로 볼 수 있으며, 이는 환자가 자신의 갈등을 치료사에게 전달함으로써 해결받거나 극복하는 시도라 할 수 있다(Priestley, 1975, p. 238)."

전이는 학생과 교사, 고객과 주인, 의사와 환자, 연인 관계, 직장 관계 등 다양한 관계 속에 존재한다. 치료의 측면에서 보았을 때 전이는 더욱 활발히 일어나고, 특히 한 개인이 어린 시절에 경험한 깊은 감정과 매우 연관이 있다. 전이는 전문적인 분석을 통해 그 상황에 대한 이해가 발생되면 존재함과 동시에 그 효력이 상실될 수도 있다. 반면 상황에 대처할 만한 지혜와 선견이 없으면 반복적인 순환만이 지속되며, 또 어떤 경우는 매우 파괴적으로 그 자체를 더욱 강화시킬 수도 있다.

전이의 관계성은 자녀와 부모의 관계, 아이와 성인과의 관계의 역학에 따라 특징지어지며, 긍정적이거나 부정적으로 나타날 수 있다. 긍정적 전이는 종종 치료사에 대한 애정을 동반할 수 있고 그것은 클라이언트의 성장과 변화를 위한 진전에 도움을 줄 수 있다. 부정적 전이는 치료사에 대한 증오, 공격성, 증오심 등을 나타내는데 이러한 감정은 저항 등의 행동을 통하여 드러난다. 만약 이러한 특징들이 확인되지 않는다면, 치료는 더 이상 진행되지 않을 것이다.

이러한 전이 현상은 음악치료 내에서도 보여지는데, 이를 '음악적 전이'라고 한다. Scheiby(1992)는 음악적 전이(musical transference)를 클라이언트의 재경험과 예전의 불완전한 경험, 현 상태의 왜곡 등을 반영하는 소리 패턴들의 구성으로 설명한다. 음악적 전이에서의 질적인 측면은 동료나 또래집단의 관계보다 '부모와 자식' 간의 관계에 따라 보다 확실히 특징지어진다. Scheiby는 음악치료사들이 음악적 전이란 용어를 사용하도록 권장한다. 이는 이 용어를 사용한 경우 그렇지 않은 경우와 비교하여, 클라이언트와 치료사 간에 보다 의미 있는 치료에 대해 고민할 수 있기 때문이다. 이때 음악의 '옷을' 입은 치료는 보다 예술적 형식이 되며 심미적, 청각적 요소로 인하여 대화로만 구성된 정신분석학과는 달리 클라이언트가 훨씬 적극적으로 임하는 것을 경험하게 된다.

Priestley(1975)는 음악치료의 긍정적 전이에서 애정 표현은 일반 분석에서 일어날 수 있는, 목적을 억누르는 듯한 좌절감을 감소시켜 주고, 음악을 함께 연주하고 이를 통해 신체적 긴장을 푸는 것은 먹는 것, 사랑하는 것, 심지어는 살인하는 것과 같은 등의 다양한 기본적 충동에 대한 무의식적인 상징이 될 수 있다고 했다. 그러므로 음악적 치료 전이는 심오하지만 긍정적, 부정적 측면 모두를 전반적으로 다룰 수 있다. 클라이언트의 부정적 요소를 파악하기 위하여 먼저 즉흥음악을 통해 미워하는 감정을 표현하도록 한다. 그러면 클라이언트는 십중팔구 분노를 가진 사람에 대한 느낌을 음악을 통해 터뜨린다(p. 243). 이와 같이 클라이언트가 다른 무의식 세계를 다룰 준비가 되었을 때, 음악치료사는 클라이언트가 자신을 이해하고 더 바람직한 행동을 하는 데 필요한 통찰력을 얻도록 도울 수 있다.

3) 역전이

Freud는 역전이를 분석자의 무의식적 감정에 클라이언트가 영향을 주는 것으로 간주하며, Priestley(1975)는 무의식적인 감정, 자아(본능적, 이성적, 의식적) 혹은 클라이언트의 내재된 목표에 대한 치료사의 동일시라고 정의한다. 즉, 치료사가 파악한 클라이언트의 목표는 곧 클라이언트의 숨겨진 내적 삶에의 안내자로서 역할을 한다고 하였다.

Priestley(1994)는 그녀의 연구에서 세 가지 종류의 역전이 현상을 확인하였다. 첫째, 고전적 역전이(classical countertransference), 둘째, C-역전이라 불리는 보완적 역전이(complementary countertransference), 셋째, E-역전이(empathic countertransference)가 그것이다. 그녀는 종종 이 현상들을 정신분석학자 H. Racker(1968)가 '전이와 역전이'에서 말한 이론들과 연결 지어 설명한다. 첫째, 고전적 역전이(classical countertransference)는 음악을 통해 명백히 보여지는, 음악치료사 자신이 갖는 클라이언트의 무의식적 전이에 대한 반영이다. Priestley는 이복자매와 거의 쌍둥이처럼 꼭 닮은 여환자와 일하는 동안에 그 여환자에게서 그녀의 이복자매 얼굴의 이미지를 보았다. 후에 임상지도를 통해 Priestley가 깨달은 것은 그녀가 무의식적으로 이 환자와 일하기보다는 그녀의 이복자매와 놀이하는 것처럼 하고 싶었다는 것을 알게 된다. 이것이 바로 자매 역전이의 예다. 이러한 변형은 클라이언트의 음악적, 비음악적 체험으로 드러나게 된다. 이것은 클라이언트에게 투사될 수 있으며, 규명되지 않을 때는 음악치료 과정에 오히려 방해가 될 수도 있다.

둘째, 보완적 동일시 혹은 C-역전이다. 이는 음악치료사의 과거에 대한 무의식과 의식의 반복으로 구성되어 있고, 그것으로부터 클라이언트는 치료자의 내적 대상과 클라이언트의 내적 대상을 동일화하는 치료자의 자아로 나타나게 된다고 하였다. Priestley는 보완적 동일시 혹은 C-역전이는 치료사가 환자의 내부투사 중의 하나와 동일시하거나 치료자가 클라이언트의 내부투사를 자신에게 적용함으로써 압도당하는 경우를 말한다고 하였다. 보완적 동일시는 클라이언트가 치료사를 하나의 내적인 대상으로 간주함으로써 일어나고 결과적으로 치료사는 그 대상과 동일시되는 것처럼 느낀다. 이러한 소리 패턴의 의미와 기저 감정의 내용이 음악치료사의 의식 안으로 들어갈 때 그들은 클라이언트의 숨겨진 내적 음악을 위해 도움을 주는 안내자가 될 수 있다. Priestley(1994)가 기술한 예에 따르면, 그녀는 클라이언트에게 강요당하는 느낌을 받았고 그에게 무엇을, 왜, 언제 할 것인가를 설명해야만 했다(pp. 94-95). 그녀는 이러한 것이 치료에 합당하지 않다는 것을 알았기 때문에 질식할 것 같은 감정과 싸웠다. 세션 후에 깨달은 것은 그녀가 그 클라이언트의 내부투사가 된 지배적인 엄마 역할과 동일시했다는 것이다. 이러한 동일시는 음악의 내적, 외적으로 나타날 수 있다.

셋째, 부수적인 종류의 E-역전이 반응으로서 외상적 역전이는 클라이언트의 억제된 감정, 특히 그의 의식세계에 아직 존재하지 않거나 의식으로 나타나는 과정에 있는 동안 그 음악치료사의 감정적 혹은 신체적 공감으로써 표현되는 것이다. 즉흥음악이나 대화 도중에 음악치료사가 갑자기 그에게 '속하지 않는' 복통, 두통, 손 혹은 발이 차가워짐 혹은 예상하지 않은 감정 등과 같은 신체적 감각을 느끼는 것을 말한다. Priestley(1994)는 이러한 억제된 감정이 자주 환자의 의식적 인식 속에 존재하지는 않지만 그것이 의식으로 전이되는 과정 동안, 특히 음악을 연주할 때 치료사 내부에서 감정적으로 매우 역동적으로 작용할 수 있다고 말한다(pp. 87-88). 외상성 역전이(e-역전이)는 치료자가 감정적 혹은 신체적 외상을 입은 생존자들과 일하면서 그 생존자와 외상성 일에 대해 증상과 감정적 반응을 보이기 시작할 때 종종 나타난다. 클라이언트 때문에 경험하게 되는 격렬한 감정들은 그 치료사로 인해 다소 감소되며, 과거에 경험한 외상에 관한 첫 번째 의식은 음악을 통해 비롯되며 음악치료사의 역전이 반응으로도 나타난다.

이에 대해 Herman은 "외상은 전염성이 있다. 재난 혹은 악행의 증인으로서 때때로 치료사는 감정적으로 압도당한다. 치료사는 다소 적은 강도로 그 환자가 느낀 것 같은 끔찍함,

‾ ‾ ‾ 그리고 절망을 경험한다. 이러한 현상을 '외상적 역전이' 혹은 '대리적 외상' 이라고 한다. 치료사는 외상 후 스트레스 장애(Post-Traumatic Stress Disorder) 같은 증상을 경험하기도 한다. 그 클라이언트의 외상 이야기를 듣는 동안 그 치료사는 과거에 자신이 고통을 당한 적이 있는 외상적 경험을 회상하기도 한다."고 설명한다(Herman, 1992, p. 140).

이러한 종류의 역전이는 Loewy과 Hara의 책 『Caring for the Caregiver』(2002)의 여러 음악치료사들의 논문에서 찾아볼 수 있다. 이 책은 9.11 뉴욕의 테러의 생존자들과 그 생존자들과 함께 일하는 전문인들과 지역사회 음악치료(community music therapy)를 한 사례다. 이 책의 저자인 Scheiby(2002)는 외상 환자들과의 임상 경험을 통하여 과거에 외상 경험이 있는 음악치료사가 경험할 가능성이 있는 최소 두 가지의 보편적 역전이 현상에 대해 설명하고 있다. 그중 하나는 유아기의 외상과 관련된 감정들이 음악으로 표현되거나 구두로써 클라이언트에게 전달되는 경우(예: 슬픔, 외로움, 좌절, 걱정, 분노, 테러, 절망, 외상 후 스트레스 장애에 관한 증상과 관련된 모든 감정적 반응들)다. 또 하나는 구조자 역할로서, 예를 들면 세션 중의 잦은 접촉, 세션 밖에서 클라이언트에 대한 과도한 생각과 걱정(특히, 자살시도 클라이언트), 직장에서의 과도한 업무로 탈진상태를 일으키는 경우라고 하였다.

Bruscia는 그의 저서 『The Dynamics of Music Psychotherapy』(1998)에서 역전이의 두 가지 범주인 '주제 내 역전이(intrasubjective countertransference)'와 '주제 간 역전이(intersubjective countertransference)'를 설명하였다. Bruscia는 '주제(subject)'란 용어를 클라이언트의 경험에 바탕을 둔 주제뿐만 아니라 치료사가 독립적으로 형성한 모든 주제를 언급하기 위하여 사용하였다. 그는 역전이 현상이 치료사 자신(과거와 현재)에게서 발산될 때 '주제 내 역전이', 클라이언트와의 상호작용을 통해 끌어낸 것이라면 '주제 간 역전이'라고 하였다.

그렇다면 역전이 현상을 어떻게 인지할 수 있을까? Scheiby(1998)는 음악치료사가 현재에 대해 반응하는 대신 과거에 대해 반응한다면 바로 그때 역전이 현상이 일어난다고 하였다. 또한 음악치료사가 신체적, 심리적으로 근거 없이 반응할 때도 역전이 현상이 일어난다. 음악치료사는 음악을 통해 역전이를 다룰 때 음악적 역전이를 보다 적절히 설명할 수 있다. 또한 음악이 역전이 현상을 나타내는 것을 결정하는 데는 다음과 같이 여러 가지 단서를 제시하였다.

• 음악치료사의 음악이 그 순간의 내담자의 표현과는 일치하지 않을 때

- 음악치료사의 음악이 클라이언트의 음악과 관련하여 적합한 반응 혹은 반주가 아닌 것 같을 때
- 음악치료사가 뜻밖의 음악적 표현을 할 때
- 음악치료사가 어디에서 그 음악이 기인한 것인지 '알지 못할 때'
- 음악치료사가 특정한 음악 표현을 하도록 강요당한 듯한 느낌이 들 때

Scheiby(1998)는 "음악적 역전이는 음악치료사의 느낌, 생각, 관념, 태도, 의견, 신체 반작용 등을 반영하거나 환기시키는 소리 형태다. 그것은 클라이언트와 클라이언트의 전이에 대한 무의식적 또는 전의식적 반작용과 같다. 이러한 역전이가 일어나도록 도와주는 매체가 바로 세션에서 사용되는 음악이다(Scheiby, 1998, p. 214)."라고 하면서 음악치료사는 음악을 통해 역전이를 다룰 때 음악적 역전이를 보다 적절히 설명할 수 있어야 한다고 강조하였다.

4. AMT의 치료적 목표

일반적으로 가장 우선적인 목적은 클라이언트가 개인적인 목적을 달성함으로써 충분히 그의 잠재력에 도달할 수 있도록 도와주는 것이다. 그 방법상 특징은 음악치료를 시작하기 이전에 이미 어떤 특정한 목적을 정하는 것이 아니라 음악치료가 진행되는 과정에서 클라이언트와 함께 계속적인 평가를 함으로써 정해진다는 것이다. Priestley는 클라이언트에게 치료상의 목적을 부과하기보다 스스로가 자신의 고유한 목적, 잠재력 그리고 장애물을 표현하고 계발할 수 있는 자유와 책임을 갖도록 하는 것이 중요하다고 생각하였다. 분석적 음악치료사는 '클라이언트를 정신역동적, 발달적 관점'에서 바라보며, 그 관점은 '마치 강물처럼 고이지 않고 항상 흐르는(relentless as a river)' 것임을 상기해야 한다.

Priestley는 AMT의 몇 가지 일반적 목표를 서술하고 있다(1975).

- 클라이언트가 억압적이고 방어적인 기제로부터 에너지를 통합함으로써 그것이 새로운 방향으로 바뀔 수 있도록 돕는 것
- 차단되거나 동결된 에너지를 최대한 자유롭게 함으로써 클라이언트가 그것을 더 나은 삶의 목표에 쓸 수 있도록 함
- 개인의 무의식 영역으로 접근

- 의식적 통제하에 억압된 갈등을 불러일으키기
- 클라이언트가 자기 인식 및 자기 수용을 할 수 있도록 돕기
- 클라이언트가 에너지와 목표 사이의 균형을 이룰 수 있도록 돕기
- 부정적 목표에 가려진 창의성을 보다 긍정적 목표로 전환시키기
- 클라이언트에게 가능한 심리적 또는 신체적 증상 등의 완화

이 방법의 적용에서 의학 분야에서 예를 들자면, 특정 목적은 환자를 위한 치료팀이 먼저 세운다. 이렇게 세워진 목적은 음악치료 과정 동안에 발견되는 다른 부수적인 목적을 음악 치료사와 클라이언트가 함께 결정하고 이를 최우선적인 목적으로 삼는다. 예를 들어, 어떤 환자는 관심과 재활을 필요로 하는 많은 의학적 문제를 가지고 있을 수도 있다. 그러나 클라이언트가 치료 계획에 비협조적이거나 재활에 참여하고자 하는 의지가 없이 침대에만 누워 있는 경우가 있다. 이러한 경우, 음악치료사와 클라이언트는 음악을 탐구하거나 즉흥연주와 표현을 통해 비협조적이거나 재활에 동기를 부여하지 않는 환자의 근본적인 이유와 관련된 목적을 세운다. 이에 Priestley(1975)는 "그러므로 일반적인 목표를 가지는 것과 동시에 목표에 집착하지 않아야 하며, 치료자가 작업의 방향을 결정하고 클라이언트가 주변부를 담당하는, 즉 양자 간에 상호 목표를 제시하는 방향으로 전환되어야 한다."고 하였다(p. 195).

여기서 '작업의 중심' 이란 자아의 중심 혹은 '내부 삶' 속의 문제점들을 음악과 음악치료 사와의 관계를 통하여 클라이언트가 직면하는 것을 의미한다. '주변적 일' 이란 클라이언트 가 일상생활에서의 구체적인 문제들과 '외부 삶' 의 관계와 맞닿아 있는 것을 뜻한다. 심각 한 인지적 결핍(정신지체/실어증/외상성 뇌손상/자폐증/혼수상태/말기병 등) 증상을 가지고 있 는 집단과 일을 할 경우, 클라이언트는 음악치료사에게 그가 원하는 목표를 전달할 어떠한 직접적 언어 수단이 없다. 이 경우, 목표는 팀이 정하는 목표와 보호자가 희망하는 목표를 함께 반영하는 동시에 즉흥연주를 하는 동안 클라이언트가 연주하는 음악과 몸짓의 표현에 따라서 결정된다.

5. AMT의 치료적 절차 및 단계

AMT의 치료적 단계는 자연 순환적이고 한 세션 내에서 반복될 수 있다. 언어적 교환 없이

음악으로만 이루어진 세션도 있고 단지 언어로만 이뤄지는 세션도 있다. 혹자는 전체 치료 과정을 '순간적 충족이 규칙을 대신하는 하나의 긴 즉흥연주'로도 본다. 때때로 클라이언트가 연주 혹은 노래하는 것을 꺼려할 수도 있다. 이것은 대개 클라이언트가 상황을 지성적으로 처리하려는 경향이 있거나 '머릿속에 생각이 너무 많은' 경우 혹은 음악에서 방금 발생한 것을 언어화할 수 없거나 원하지 않는 경우다. 다음은 세션에서 추천되는 일반적인 치료 단계다.

1) 문제 혹은 주제의 동일시

문제 혹은 주제는 어떤 과제 혹은 클라이언트가 고민하고 있는 내외적 갈등일 수 있다. 괴로운 감정, 꿈, 환상 등 클라이언트가 개인의 내면이나 대인관계에서 다루고 싶은 것이 주제가 될 수도 있다. 자료 수집에 관한 것도 주제가 될 수 있으나 문제 중심이 되어서는 안 된다. 클라이언트가 당장 머릿속에 떠오르는 주제가 없다고 할 경우는 음악치료사와 클라이언트가 주제 없이 즉흥연주를 함께 시작하는 것으로서 세션을 시작하고 이를 통해 주제를 파악하는 데 도움을 받을 수 있다. 음악 문제 혹은 주제는 종종 매우 금방 드러나서 치료사와 클라이언트는 그것을 곧 확인할 수 있으며 작업 소재로 이용할 수 있다. 즉흥연주를 위한 작업 소재에 접근하는 또 다른 방법은 클라이언트의 신체 언어를 관찰하는 것이다. 언어적 기능을 상실한 클라이언트와 함께 하는 경우, 신체 언어와 신체 소리는 종종 음악치료사가 즉흥연주를 위해 얻을 수 있는 유일한 단서가 된다. 신체에서 어떤 리듬이 드러나는가? 호흡의 속도는 어떠한가? 어떤 감정적 표현이 얼굴에서, 특히 눈에서 드러나는가? 신체의 긴장을 경험하는가? 움직임이 둔하거나 활기가 없는가? 등의 물음은 클라이언트의 자세나 동작 또한 즉흥연주를 위한 단서를 제공한다. Scheiby는 다양한 신체 특징을 관찰하기 위하여 한 가지 제안을 했다.

음악치료사는 클라이언트의 심리적 혹은 신체적 에너지가 막힌 부분을 볼 경우도 있다. 그 방해물들은 '원초아'(예: 본능적 힘, 충동, 원동력), '자아'(예: 사고, 느낌과 행동), 혹은 '초자아'(예: 양심, 도덕)의 역할을 포함하고 있는가? 문제 주제의 동일시 후, 그것은 다시 클라이언트와 음악치료사가 즉흥연주의 제목으로 바꾼다. 그것이 클라이언트의 문제의 핵심과 일치하기를 바라는 것이다. 이러한 전환으로 클라이언트를 돕는 것은 매우 민감한 작업이다. 이 과정에서 가장 중요한 것 중 하나는 즉흥연주를 할 동기와 욕구를 불러일으키기에 충

주제를 설정하는 것이다. 또한 그 주제는 범위가 제한되지 않고 클라이언트의 감정, 연상, 통찰력을 불러일으키는 과정을 중지시키지 않도록 고정되어 있지 않은 것이어야 한다. 높은 기능을 발휘하는 클라이언트와의 치료에서는 음악치료사가 중심적 역할을 맡는 것보다는 클라이언트에게 제목을 발전시키는 중요한 업무에 책임을 부여하는 것이 좋다.

음악치료 과정 초기에서 많은 클라이언트들은 음악치료사가 그들을 '고치고', 연주 방향이나 연주 방법 등을 보여 주는 등 모든 대답을 줄 것이라고 기대한다. 이러한 태도는 치료 과정에 역효과를 가져올 뿐만 아니라 클라이언트의 의존성을 불러일으키거나 클라이언트

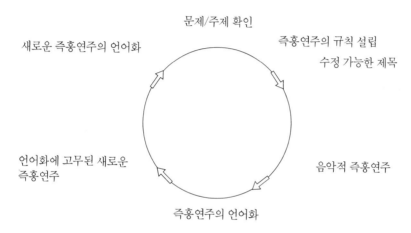

[그림 15-1] AMT의 절차상의 단계

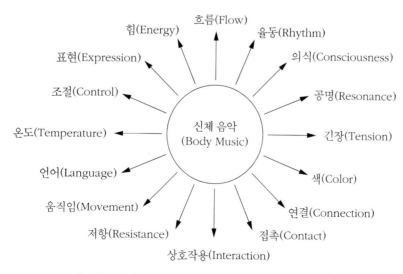

[그림 15-2] 음악치료 중 관찰해야 할 신체적 특성

의 문제나 주제를 '고쳐' 주거나 해결책을 제시해 주는 권위에 의존하는 문제를 지속시킬 수 있다. 심리학적으로 말하자면, 이 방법은 상담에서 부모 대 아이의 관계구도에서 성인-대-성인 관계구도의 역학관계로 바꾸는 것이다. 그 과정은 이미 문제나 주제를 즉흥연주의 제목으로 바꾸는 과정에서 일어나는 것이다.

함께 작업할 필요가 있는 문제는 의식적으로든 무의식적으로든, 언어적 혹은 비언어적으로 세션 초반 10분 내에 어느 형태로서 나타난다는 것이 공통적인 견해다. 적절한 순간을 파악하는 음악치료사의 인식 또한 중요하다. 음악치료사는 클라이언트가 언제 무엇을 말할 것인지, 또 언제 무엇을 행할 것인지를 판단할 수 있어야만 한다. 또한 클라이언트가 음악치료사의 말을 듣거나 무엇을 할 준비가 되어 있는지 파악하는 것도 중요하다.

2) 즉흥연주 동안의 역할 규정

이 단계는 클라이언트가 즉흥연주 동안 자신의 역할과 음악치료사의 역할을 규정할 수 있도록 돕는 것이다. 이것은 클라이언트로 하여금 그의 일상생활에서 일어나는 중요한 결정과 선택을 할 때 도움이 된다. 만약 음악 시작 이전에 역할 규정을 명확히 해 놓지 않으면 혼란과 막연함이 생길 수 있고, 그 결과 음악을 할 때 그리고 후에 언어로 표현할 때 클라이언트에게 불안감을 야기시킬 수 있다.

음악치료사의 역할에 관한 질문은 다음과 같을 수 있다. "당신과 함께 연주를 할까요, 그냥 듣기만 할까요?" "당신의 소리를 보충할까요, 아니면 단지 마음속에 떠오르는 것을 연주할까요?" 꿈의 일부가 연주와 드라마로 다시 재현될 때, 어떤 상징이 음악치료사 혹은 클라이언트의 역할을 대신할 수 있을 수도 있다. 물론 어떤 즉흥연주의 경우는 역할 규정이 필요하지 않을 수도 있는데, 특히 주제가 결정되지 않은 경우나 즉흥연주 전에 어떠한 대화도 나누지 않는 경우 때때로 클라이언트는 혼자 연주하게 된다. 이는 클라이언트가 독립되어 분리될 수 있어야 하는 음악치료 과정의 종료단계 중 한 단면이다. 역할분담의 효율성과 목적을 고려해야 하는 것은 음악치료사의 중요한 책임이다. 이 부분은 기술(technique)을 설명하는 장에서 음악치료사가 갖는 다양한 역할이 여러 가지 기술로써 의식적 소재를 탐구하거나 무의식적 소재에 접근하는 수단으로 어떻게 사용되는지를 살펴볼 것이다.

3) 주제에 관한 즉흥연주

이 단계에서는 제목이나 주제에 따라 그리고 서로의 동의하에 클라이언트는 음악치료사와 함께 혹은 혼자 즉흥연주를 한다. 이때 클라이언트가 어떤 악기를 선택하는지가 매우 중요하다. 종류(관악기/성악/타악기/현악기), 크기, 민속적이거나 민속과 관계없는 악기 등의 선택이다. 그 후 악기들이 어디에 어떻게 배열되어 있는지에 주의를 기울이는 것이 중요하다. 예를 들면, 클라이언트 주위에 동그랗게, 가깝게 혹은 멀게 배열되어 있는가? 그 클라이언트는 음악치료사와 눈을 마주칠 수 있는가? 혹은 악기 뒤로 숨어 있는가? 클라이언트는 음악치료사가 선택한 것과 같은 악기를 연주하고 있는가? 어떤 방식으로 악기나 목소리를 사용하는가? 그 클라이언트는 매 세션마다 같은 악기를 사용하는가? 혹은 매 세션마다 다른 악기를 사용하는가? 그가 연주, 노래하는 동안 몸을 움직이거나 이동하는가?

Scheiby(2002)이 이 단계의 음악을 분석하는 데 도움이 되는 종합적 진단평가모델을 개발하였다. 다음은 Scheiby가 채택한 것으로써 클라이언트와 관련된 음악적 경험으로부터 임상적 자료를 얻어내는 데 필수적인 연구 항목이다.

진단평가를 실행할 때 첫 번째 단계는 리듬, 멜로디, 화성, 속도, 구절, 동기, 주제, 강약, 악기와 목소리의 사용, 음악적 언어, 음역, 표현력, 음색 등 음악적 특성을 분석하고 설명하는 것이다.

두번째 단계는 음악을 통해 클라이언트의 정보를 다음의 표에 따라 범주별로 분석한다. 클라이언트의 정보는 정서적, 상호관계적, 인지적, 발달적, 관념, 자기초월, 심미성, 신체운동감각적, 창조성, 청취기술, 문화적 배경에 관한 정보 등으로 분류된다.

음악치료사는 이들 모든 정보를 종합하여 정확한 진단평가를 함으로써 목적과 목표를 세울 수 있다. 진단평가를 할 때 중요한 것은 음악에 대한 클라이언트의 언어적 비언어적 의견 제시가 우선해야 한다는 것이다. 예로, 연주나 노래하는 동안 음악치료사가 자동적으로 내적인 단계로써 이루는, 즉 즉흥연주 내내 단지 직관적으로만 작업하는 것은 매우 어렵다. Priestley(1975)는 즉흥연주를 하는 동안에 일어나는 음악치료사의 음악적 활동단계와 음악적 직관과 예민성을 비교하면서 설명하였는데, 즉흥연주하는 동안 리듬, 음의 고저, 음색, 느낌과 강약법이 매우 빨리 변화하기 때문에 치료사는 순간적으로, 진지하게 확신을 가지고 반응해야 하며, 모든 연주가 끝났을 때 세션 테이프를 분석하면서 그의 반응에 대하여 생각하고 평가할 기회를 가져야 한다. 그러나 이러한 음악적 일의 중심은 그가 직접 실감하고

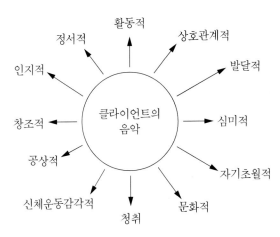

[그림 15-3] 즉흥연주에서 임상적 자료를 도출하는 데 필요한 청취의 범주

〈표 15-1〉 클라이언트의 정보에 관한 분류

정서적 정보	감정적 특성, 음악적 전이, 음악적 역전이, 표정의 범위, 자신감, 다양한 강약
상호관계적 정보	상호작용 방식, 내적 대화, 상호적 대화, 자신과 타인에 관한 의식, 상호작용의 의지
인지적 정보	조직화 단계, 구조적 요소, 집중력
발달적 정보	자아 기능, 동기, 자신과 타인 간의 구별, 의존성/독립심, 진실성, 통합/혼란/분리의 단계, 독립할 수 있는 능력
해제된 환상과 관념 정보	이미지, 형태, 과거와 현재를 반영하는 중요 경험
자기초월적인 정보	영적인 특성, 의식의 상태가 변화한 명상적 특성
심미적 정보	미적 특성
신체운동감각적 정보	신체표현, 신체순환, 음악을 경험하는 동안의 신체긴장/이완, 신체조절, 신체언어, 신체저항, 신체상호교환, 신체연결, 신체색깔, 신체 공명음
창조성 정보	발달적 사고의 유무, 쾌활, 탐구력과 모험심을 감수할 수 있는 능력, 표상화의 능력
에너지에 관한 정보	순환의 유무, 의도성, 에너지량의 고저
청취기술	즉흥연주 과정 중 청취능력
문화적 정보	특정한 음악적 문화 배경을 가진 특징들

실행해야만 한다. Priestley 이것을 예술적 음악 관계술 'Zen'의 한 종류라 말했으며, 이때 사고(thinking)는 마치 기능을 상실한 제동장치와 같다고 하였다(p. 198).

4) 언어화 단계(음악의 언어화)

Nolan(2005)는 언어화를 "음악치료에서의 음악연주 혹은 음악청취 과정 도중 및 후에 치료자와 클라이언트 사이의 치료를 기반으로 일어나는 언어적 대화"라고 설명한다(p. 27). 어떤 음악치료 접근법에서는 언어적 과정이 금지되거나 필요하지 않다고 믿는다. 왜냐하면 음악 그 자체에 클라이언트의 발전과 변화에 필요한 요소가 모두 포함되어 있다고 믿기 때문이다. AMT 철학에서는 인지적 단계의 비언어적 음악적, 신체적 경험을 통합시키고 그에 따른 인지적 구조를 변화하는 데 언어화가 도움을 준다고 믿는다. 감정상태가 의식의 범주를 벗어나서 존재한다면, 행동 역시 자아로부터 분리되고 충동적이 될 것이기 때문이다.

언어화는 음악연주, 음성, 동작을 하는 동안 얻어지는 내적 상호 경험을 연결해 주는 역할을 한다. 언어화는 클라이언트의 내적 현실과 외적 현실을 연결해 줌으로써 통합하도록 도움을 제공하며, 음악을 하는 동안 경험되는 감정들을 분석하여 클라이언트로 하여금 깊게 새겨진 감정의 근원을 이해하도록 돕는다. 또한 음악적 패턴의 동일시를 통해 클라이언트가 변화하고 싶은 삶의 방향이나 행동적 방식을 깨닫도록 돕는다. 언어화는 장단기 정신과 환자, 심한 발달 · 언어장애, 뇌손상 그리고 다른 종류의 제한된 인지능력을 가진 환자 등 낮은 기능의 클라이언트와의 목적도 성취할 수 있다.

Nolan(2005)은 음악이 지적 기능의 여러 측면을 활성화시키므로 음악치료 동안 언어과정을 억제 혹은 무시하는 것은 클라이언트의 기능을 향상시키려는 목적에 저해가 된다고 주장한다. 음악 경험에 대한 클라이언트의 언어반응에 따라 치료사는 클라이언트가 ① 음악, ② 클라이언트의 음악적 행동, ③ 음악 안에서의 상호작용, ④ 클라이언트의 내적 경험 등을 수립 혹은 증진하도록 지속적으로 도울 수 있다.

클라이언트가 그의 음악적 경험을 언어화하는 것은 무의식적 과정의 의식화 및 인식의 성장에 도움이 된다(Racker, 1968). 모든 심리학적 갈등의 궁극적인 원인이 바로 의식의 어떤 부분 혹은 다른 면을 인정하지 않음으로써 파생되는 성격적 분리에서 기인하기 때문에 클라이언트에게 무의식을 의식으로 이끌어 내도록 도와주는 것이 치료사의 중요한 역할 중 하나라 할 수 있다.

Priestley가 제안한 바에 따르면 어떤 분석은 음악이 끝난 후 클라이언트와 함께 언어로써 이루어질 수 있다. 그 나머지 분석은 세션 후에 지도받는 시간 혹은 수퍼바이저와 함께 세션 테이프를 분석함으로써 이루어진다. 치료사가 첫 단계에서 연주한 몇 번의 즉흥음악으로 정확한 진단평가를 내릴 수 있다면 그는 미래의 치료목적을 보다 쉽게 결정할 수 있다. 그러므로 초기의 즉흥음악으로부터 자료를 수집하고 분석하는 데 특별하게 시간을 투자하는 것은 분명한 가치가 있다.

언어화 과정은 다음의 3단계로 나뉘는데, 첫 단계는 침묵, 두 번째 단계는 클라이언트의 음악적 경험에 대한 직접적인 언어 반응의 도출, 세 번째 단계는 세션 테이프를 같이 들으며 혹은 그 후에 언어적으로 나누는 과정으로서 두 번째 단계에 관한 추적(follow-up)이다.

첫 번째 언어화 단계인 침묵에 대해 살펴보기 전에 우선, 음악치료사는 언어화가 '항상' 필요한 것은 아니라는 점을 알아야 한다. 언제 음악이 필요하고 해명이 필요한지를 판단하는 것은 하나의 예술이다. 함께 침묵하는 것도 언어화하는 것만큼이나 중요하다. 아시아의 어떤 문화권에서는 침묵이 무려 9가지 이상의 각기 다른 의미를 가지기도 한다. 그래서 연음(pause)이 기성곡이나 즉흥음악의 모든 부분에서 큰 비중을 차지한다는 것을 인식해야 한다. 이때 적절한 개입 시기와 음악치료사의 공감능력이 중요한 역할을 하고 많은 경우에 언어화는 클라이언트보다 음악치료사의 필요에 따르는 것을 볼 수 있다. Nolan(2005)은 음악경험 직후에 들어가는 언어화 과정에 대해 다음과 같이 기술한다.

"이것을 결정하기 위해서는 침묵이 어떤 목적을 표현하는가에 대한 다각적 차원의 해석이 필요하다. 이 정보는 음악활동 중 클라이언트의 운동, 감정 그리고 상호적 행동, 치료자의 음악적 표현과 교환에 관한 진단치료, 예전의 음악에 관한 회상, 치료목적, 클라이언트의 기능단계, 다른 가능성 등에 대한 관찰을 포함하고 있다(p. 27)."

누가 침묵을 깰 것인가? 초보 음악치료사는 종종 너무 많은 질문을 지나치게 자주 묻는 경향이 있어서 클라이언트가 동화(음악의 흡수, 융화, 통합)를 위한 여유로운 시간으로써의 침묵을 느끼는 대신 면접을 하고 있는 듯한 느낌을 받거나 압박감(예: 그것이 당신에게는 어땠나요?)을 받을 수 있다.

대화 시간 동안의 침묵은 클라이언트의 몫이다. 침묵이 너무 오랫동안 지속되면 음악치료사는 개방적 질문을 할 수 있다. 침묵은 예기와 긴장을 불러일으켜서 무엇이 클라이언트에게 중요한지 말로 고백할 수 있는 기회를 제공한다. 클라이언트가 그것이 이끄는 방향을 깨닫기 위해 말을 하는 동안 음악 치료사는 가능한 한 침묵을 유지하는 것이 바람직하다. 침묵은 음악적 존재에서 언어적 존재로 이행하는 데 유익한 변환기로 볼 수 있다. 음악치료사는 침묵에서 호흡의 속도와 깊이, 눈 접촉, 한숨이나 헛기침 등을 통해 신체 언어를 파악할 수 있다. 음악치료사의 기다림은 클라이언트가 치료사의 질문에 수동적인 대답만 하는 것이 아니라 적극적인 역할을 하도록 이끈다. 음악 후에 침묵의 주기를 허용함에 따라 클라이언트의 내적 자질을 음악과 그(녀)의 지적 경험과 통합하고 자발적으로 언어표현을 하도록 격려할 수 있다. 어떤 경우에는 침묵 자체가 존재로서의 역할을 할 수도 있고 치료상의 대화에서 극적인 의미를 포함할 수도 있다.

다음의 언어화 단계는 클라이언트로부터 음악적 경험에 대한 직접적인 언어 반응을 도출하는 것이다. 침묵을 깨고 클라이언트가 마침내 시작한 말들 중 어떤 것은 반복되거나 클라이언트에게 다시 영향을 미친다. 치료사는 질문이 필요하다고 판단될 때 가능한 한 개방적인 질문을 던짐으로써 클라이언트가 대화에 참여하도록 이끈다. 음악치료사의 관찰일지는 클라이언트가 어떤 특정한 문제에 보다 깊이 초점을 맞출 수 있도록 하는 데 유용하다. 정서적, 인지적(예: 노래가사), 상호관계적 소재는 즉흥연주 동안 나타날 수 있고 이 소재의 언어화는 그 분야에 대한 인식으로 연관될 수 있다. 언어적인 접촉이 일어나는 동안 Priestley는 그녀의 훈련에서 클라이언트의 말하는 방식에 마치 음악을 들을 때와 같이 주의를 집중할 것을 강조한다. 음역, 음량, 강약, 음색, 박자, 강도, 긴장, 단절과 흐름과 같은 음성적 대화의 변수는 진행과정의 이해와 평가의 관점에서 클라이언트와 음악치료사 모두에 대한 태도를 보여 준다.

음악치료사의 입장에서 언어화는 클라이언트를 더 깊은 측면에서 이해하기 위해 필요한 부가적 정보의 수집에 유익할 수 있다. 그중에서도 음악치료사가 클라이언트의 치료와 성장을 방해할 가능성이 있는 역전이와 전이 과정을 이해하는 데 도움이 될 수 있다.

Nolan(2005)는 "언어화 과정은 클라이언트가 치료사와 함께 한 음악에서 기인하는 정서적 상태, 관념적·상징적 및 다른 현상에 어떤 형식이나 설명을 덧붙이게 함으로써 치료상의 목표를 확인하는 역할을 한다. 음악 도중 혹은 음악 후의 언어적 상호작용은 치료사에게 치료 효과에 부수적인 평가자료를 제공하고 클라이언트에게는 자아상태의 변화를 가져오며 타인과의 연결성을 높여 줄 뿐만 아니라 실제 실험능력을 강화시켜 준다(p. 27)."고 말한다.

마지막 단계는 두 번째 단계를 추적하는 과정으로 세션 테이프를 같이 듣는 것으로 시작된다. 이 단계는 항상 필요한 것은 아니며, 대부분의 경우 세션 동안 테이프를 청취할 시간적 여유가 충분하지 않다. 청취의 목적은 즉흥연주와 그것의 의미를 더욱 깊이 연구하기 위함이다. 클라이언트나 음악치료사가 즉흥연주의 어떤 부분을 잊은 경우 청취를 통해 그 부분을 찾아볼 수 있다. 청취를 통해 클라이언트와 음악치료사는 즉흥연주 동안 느낄 수 없었던 또 다른 미적 경험을 체험할 수 있다. 음악에서의 역할, 클라이언트의 느낌이나 생각에서의 모순 혹은 부조화, 상징적 의미, 이미지, 사건, 기억, 방해물, 감정 혹은 감동이 논의될 수 있다.

위의 설명에 첨가하여, 테이프는 예술작업, 움직임 혹은 음악적으로 인도된 관념적 여행을 위한 자극으로써 사용될 수 있고, 특히 말을 못하는 클라이언트를 위해서도 사용 가능하다. 언어적 처리방식에 익숙하지 않은 대부분의 아이들도 그리기 방식에는 보다 편안함을 보이며, Scheiby의 경험에서도 종종 주제나 문제를 확인하기 위하여 그리기 등으로 말하기 방식을 대체한 것이 유익했음을 볼 수 있다. 아이가 그림을 그린 후 그것을 함께 즉흥연주할 것을 제안한다. 어떤 경우는 성인과 함께 일을 할 때 의식의 내면 상태를 그려낸 음악적 단계 후 클라이언트가 말 없이 있을 수 있다. 그러한 경우 음악치료사는 그에게 경험한 것을 그리거나 찰흙으로 음악의 중요성을 반영한 조형물을 만들 것을 제안할 수 있다. 또한 언어적 문제가 있는 성인과의 세션에서는 클라이언트에게 음악이 그에게 시사하는 바를 움직임으로 나타내도록 격려할 수도 있다.

6. 분석적 음악치료의 사례[1]

여러 해 전에 저자는 미국 워싱턴에서 열렸던 세계 음악치료 학회의 특별 프로그램인 분석적 음악치료 워크숍에 참석한 적이 있었는데 그때 참가했던 경험적 집단을 아직도 생생하게 기억하고 있다. 분석적 음악치료사의 지도에 따라 참가자들은 각자 악기를 하나씩 선택하고, 그 순간 자신들이 느끼는 감정을 표현하는 즉흥연주를 하게 되었는데, 저자는 속으로 "흠… 어떻게 이것이 가능할 수 있을까? 우리는 지금 금방 만난, 서로가 낯선 사람들인데…"라고 생각하였다.

아무튼 저자는 여러 악기 중에서 커다란 동양 '징'을 선택했다. 모든 참석자들이 각기 악기를 선택한 후 일제히 연주를 시작하자 불협화음의 소리가 회장을 가득 채웠다. 그 소리는 마치 한국의 무당 의식(儀式)—온 마을사람들이 모여서 구경하는 가운데 북과 징들의 연주에 맞추어 무당이 주술과 춤으로 제사를 드리는 장면—을 연상케 하였다(Aigen, 1991

---

1) 본 사례는 AMT 훈련과정에서 겪은 김승아 음악치료사 자신의 자아 성장 경험을 다루고 있다.

…iyar, 1982).

특히 인상 깊었던 것은 시간이 흐를수록 그 연주 소리가 점점 서로 어우러져 갔다는 것이다. 더욱이 저자는 평상시와 달리 징을 크게 두드리고 있는 자신을 깨닫고 놀라웠다. 마침내 모든 악기가 조화를 잘 이루며 음악을 연주하게 되었다. 참가자들의 의식적인 그리고 무의식적인 마음들이 모두 합해져서 음악을 통해 하나를 이루는 순간이었다. 즉흥연주가 끝난 후 참가자들은 돌아가면서 자신들이 경험한 것에 대해 한 단어로 표현하는 시간을 가졌고, 저자는 다음과 같이 표현했다. '목소리(voice)'.

그 당시 저자는 미국에 살면서 새로운 문화에 적응하느라 여러 가지로 어려움을 겪고 있었다. 무엇보다도 자신의 '목소리'를 상실해 가고 있음을 안타깝게 느끼고 있었으므로, 그 시간 자신의 목소리가 들려지기를 간절히 원했는지도 모른다. 그러므로 징을 택한 것은 우연이 아니었을 것이다. 징은 소리를 크게 낼 수 있으면서도 저자에게는 모국인 한국을 연상케 하는 악기였다. 그것은 진정한 한국 사람인 것을 악기를 통해 상징하는 것이기도 하였던 것이다. 저자가 실제로 체험한 이 집단경험은 대단히 효과가 있었다. 모국의 소리를 담고 있는 악기를 사용함으로써 자신을 표현할 기회를 가졌던 것이다! 이러한 경험은 저자로 하여금 어떻게 분석적 음악치료가 효과적으로 사용될 수 있는지를 분명히 믿게 되는 계기가 되었다.

과거를 회상해 보면 저자가 분석적 음악치료에 자연스럽게 끌렸던 것은 개인적, 문화적 배경과 밀접한 관계가 있다고 할 수 있다. 정신분석학적 사고는 한국인의 정서와 일치하는 듯하다. 이것은 아마도 프로이트가 살았던 사회와 한국 사회가 비슷한 점들이 있지 않았는가 싶다. 두 사회가 모두 위계적이고, 남성 중심의 지적인 사회였기 때문이다. 이러한 위계적 사회가 갖는 특징은 서양의 가치관과는 많은 차이를 갖는다. 개인주의 사상은 서양사상의 기초적인 원칙이며, 그것은 또한 심리학과 사회 가치의 기초를 이루고 있다. 개인적 목적을 추구하는 데 인간의 최고의 선(good)은 개개인이 독립적으로 생각하고 행동하는 데 기인한다. 반대로 동양의 집단주의 사상은 가족, 공동체 혹은 사회의 이익을 추구할 때 비로소 인간 최고의 선이 이루어진다고 주장한다. 이러한 차이점은 비단 철학적인 차이뿐만이 아니라 자아개념 형성에 심오한 영향을 미치고 있다. 더욱이 치료는 클라이언트의 가치관 안에서 보다 더 나은 삶을 추구하도록 도와주는 것이기 때문에 이러한 사상의 차이가 더욱 막대한 영향을 끼친다.

서양에서 발달된 심리치료는 개인주의 사상-개인의 가치와 자각을 국가나 사회의 이익

보다 더 높게 두는 사상-을 바탕으로 하고 있다. 한국에서 심리치료의 역사가 그리 길지 않은 원인 중의 하나는, 과거에는 한국인들이 심리치료를 필요로 하지 않았기 때문이 아니라, 한국인의 집단주의 사상(collectivism)에서 기인하는 것이다. 예로부터 한국인들은 되도록 개인적인 문제가 집 밖으로 나가지 않도록 조심하는 것을 미덕으로 여겨 왔다. 만약 개인적인 문제가 밖으로 알려진다면 그것은 개인뿐만 아니라 집안의 수치라고 간주해 왔다. 따라서 심리치료가 필요한 경우, 집안의 어른들 중에서 권위 있는 연장자가 치료자의 역할을 대신 감당해 온 것이다. 뿐만 아니라 심리치료에서 중요한 요소들인 분리-개별화 과정(sepa-ration-individuation), 자율성(autonomy), 자아 주장성(self-assertiveness), 명확한 표현(verbal articulateness) 등의 서양 가치관들이, 유교사상으로 뿌리 깊게 자리 잡혀 있는 한국인들의 정서에 맞을 리가 만무했다(Roland, 1996).

예를 들어, 한국인들은 '우리'라는 단어를 자주 사용하는 경향이 있다-내 아이, 내 집이라고 말하는 대신에 우리 아이, 우리 집이라고 말한다. 이것은 단순히 언어의 스타일을 의미하는 것만은 아니다. 서양인들도 '우리'라는 말을 쓰지만 그들의 의미의 근본은 자기 자신(I)에 있다. 반면에 한국인들은 '우리(we)'가 의미의 근본을 두고 있는 것이다. 이 차이점은 한국에서는 서양에 비해 아이와 어머니의 관계가 지나치게 가까운 것을 보아도 쉽게 알 수 있다. 예를 들어, 한국에서 어린 아기는 어머니 방에서 오랜 기간을 같이 지낸다. 사실상 이점은 한국의 어머니들이 자식을 자신과 공생적 동일시(symbiotic identification)하는 경향이 있음을 뜻하는 것이다.

이러한 문화적 배경과의 연관성 이외에 분석적 음악치료에서는 즉흥연주가 상징적인 표현의 한 수단으로 사용되므로, 소리를 내는 어떠한 것들도 악기로 간주되며 다양한 음악적인 특색을 치료에 사용하는 이점이 있다(Priestley, 1994; Scheiby, 1999). 이러한 즉흥연주는 클라이언트의 일상의 일들을 연상시키는 생각과 감정을 자극시키는 역할을 한다(Kim, 2003; Pavlicevic, 1997). 그러므로 분석적 음악치료는 클라이언트가 어떠한 문화와 음악적인 배경을 가지고 있을지라도 그의 개인적인 문제점을 탐구하는 것을 가능케 한다. 클라이언트는 음악 연주나 노래를 하거나, 대화만 하거나 또는 음악과 대화를 모두 사용하기도 하는데, 이러한 분석적 음악치료의 자유롭고 통합적인 방법을 통해 자신을 스스로 탐구할 수 있는 기회를 갖게 되며, 클라이언트가 미처 의식하지 못하고 있는 문제점들을 음악을 통해 표면적으로 나타내게 한다.

석사과정을 마친 후 AMT 훈련과정을 시작했을 당시, 저자는 한국 그리고 동양과 미국이나 서양의 극심하게 다른 가치 기준 사이에서 다소 혼돈된 상태였다. 문화는 우리들이 상호 작용하는 경험의 많은 부분을 구체화한다. 그리고 이것은 대인 간의 행동의 표준이 되는 우리의 기준과 기대치를 제시한다고 할 수 있다. 그러므로 사실상 문화는 감정전이와 역전이의 준비체계를 갖추도록 영향을 준다(Maroda, 1998). 저자는 이러한 현상들에 대하여 연구해야 할 필요성을 절감했으므로 진보적인 임상훈련으로서의 분석적 음악치료를 시작하게 되었다(Scheiby, 1998; 1999).

1) 제1단계: 개별 음악치료

(1) 치료관계를 탐구함(exploring the therapeutic relationship)

저자가 AMT 훈련과정을 시작하였을 당시에 이미 미국 뇌성마비 협회의 음악치료사로서 경력을 쌓아 가고 있었으나, 직장에서 문화적 차이로 인한 미국인 상사들과의 관계에 어려움을 겪고 있었다. 그러므로 경험을 바탕으로 한 개별 AMT 음악치료 훈련을 시작하자마자 권위(authority) 관계에 관한 문제가 야기되었다. 저자는 치료자를 지도자, 양육자, 조언자로 생각했고, '공감과 양육으로서 자신을 종속시키기를 무언(無言)으로 부탁'을 하는 자신을 발견하게 되었다(Roland, 1996, p. 33). 결과적으로, 저자로서는 치료자를 향하여 긍정적이거나 부정적인 감정전이를 형성하는 데 많은 시간이 걸릴 수밖에 없었다.

상담 도중 치료자가 저자의 자기 주장성이 부족한 면을 지적한 적이 있었다. 처음에 저자는 상사(치료자)에게 존경과 경이를 표시한 것을 치료자가 한국문화에 대한 이해가 부족하여 잘못 이해한 것으로 해석하였다. 서양인의 관점에서 볼 때, 저자의 행동이 치료자-클라이언트 관계에서 바람직하지 못한 것으로 보일 수 있으나, 한국인의 관점에서 볼 때는 '적당하고 예의 바른' 행동으로 비추어졌기 때문이다.

그러나 오래지 않아 저자는 새로운 관점에서 이 문제를 바라보게 되었다. 여러 해 동안 외국(미국) 생활을 해 오면서 본인도 의식하지 못하는 사이에 타의에 따라서 스스로가 낮아지는 경우가 하루에도 몇 번씩 일어났던 것이다. 여러 가지 실존적 질문들이 자신을 향하여 던져졌다. 새롭고 낯선 환경에서 살면서 자기주장을 정확히 표현하지도 못한다면 과연 어떻게 이 나라에서 살아갈 수 있을 것인가? 더욱이 어떻게 미국인 클라이언트들과 일할 수 있겠는가? 다른 나라에서 왔기 때문에, 다른 문화적 배경을 가지고 있다는 사실만으로 예외가 될 수는 없지 않는가? 이러한 스스로의 질문을 통하여 얻은 결론은 결국 저자 스스로가 어디에서 누구와 일을 하게 되든지 음악치료사는 자기 자신과 클라이언트의 문화적 배경에 대한 깊은 이해가 있어야 한다는 것이다.

(2) 언어적 표현력 기르기(being expressive verbally)

문화는 우리 자신의 생각과 감정을 표현하는 여러 가지 방법을 형성해 간다. 예를 들어, 한국의 남자아이들은 함부로 눈물을 보여서는 안 된다는 말을 듣고 자란다. 남자는 일생에 단 두 번 우는데, 그것은 그의 부모가 돌아가셨을 때와 나라가 패망하였을 때라고 배운다. 이것은 자신의 감정을 잘 조절하는 것을 미덕으로 삼고 있음을 표현하는 예화이기도 하고, 또한 서양에서와는 달리 남자와 여자 사이의 감정 표현에 차이를 두고 있는 한국적인 문화 지표를 나타낸 것이기도 하다. 또한 한국 사람들은 감정 표현을 말로 전달하는 데 익숙하지 않다. 또한 감정 표현에 관한 한 영어 단어를 한글로 번역한다 하더라도 그 뜻이 동일하게 전달되기란 쉬운 일이 아니다. 더욱이, 저자 자신의 경험에 비추어 볼 때 치료과정에서 부정적인 감정(화냄, 미움, 질투 등)들을 말로써 표현한다는 것은 쉬운 일이 아니었다. 그것은 한국인들이 강력한 초자아로 자제당하고 있기 때문이다!

다른 한편으로 한국인들은 '이심전심'이라는 말을 자주 들으면서 자랐다. 한국인들은 말로써 표현하는 것보다는 제스처, 얼굴표정 혹은 몸 자세 등 무언(無言)의 의사소통 방법에 익숙해져 있다. 이러한 이유로 저자는 말로서 표현하는 것보다 음악으로 자신을 표현하는 데 더욱 의존하게 되었다. 감정과 생각을 표현하는 데 음악을 사용하는 것은 하나의 커다란 위안이 되었을 뿐 아니라, 특별히 부정적인 감정을 표현하는 데는 음악을 사용하는 것이 더욱 안전한 도구로 느껴졌다.

(3) 문화유산과의 재결합

한 세션에서 저자는 자신의 꿈에 관한 해석을 부탁한 적이 있었는데 놀라운 경험을 하였다(Priestley, 1975, 1994). 꿈속에서, 저자는 '선녀와 나무꾼' 이야기에 나오는 선녀로 등장했고 한복을 곱게 차려입고 있었다. 한국의 어느 이름 모를 깊은 숲 속에서 나즈막한 가야금 소리를 배경으로 따스한 햇빛을 즐기며 저자를 둘러싼 물소리와 자연의 맑은 공기를 마음껏 즐기고 있었다. 더욱이 야생 꽃들과 나무들의 향기로운 냄새와 함께 비가 내린 후에나 맡을 수 있는 고향의 흙 냄새가 온 자신을 감싸는 것이었다. 그 꿈의 이미지들을 재현하면서 치료자가 인도하는 대로 저자는 동양 징을 다양한 방법으로 연주하였다. 그 연주를 통한 경험이

_ _로 자신 속의 깊은 영혼을 만나는 순간이었다(Begley, 2001; Scheiby, 2004b).

(4) 자신을 치료의 도구로 사용하는 것(using oneself in therapy)

사례에 따라서 어떤 경우는 치료자로서 할 수 있는 방법들이 그리 많지 않을 수 있다. 그러한 경우는 클라이언트가 하고 싶어 하는 말을 진정으로 들어주며 가치 있는 시간을 같이 보내 주는 것이 하나의 효과적인 방법일 수 있다. Parry는 말하기를 "Freud의 커다란 발견은 무의식 개념에 있는 것이 아니고 클라이언트의 이야기를 경청해 주는 사람에 대해 정당성을 확인한 것에 있다."고 말한다(Pocock, 1997, p. 287). 저자의 치료자는 한국과 동양의 문화적 배경을 잘 이해하고 있었으므로 첫 단계에서는 안내와 지시가 미국인 클라이언트보다 더 필요하다는 것을 이해하고 저자로 하여금 치료자와 클라이언트 간의 역동적 관계를 잘 이해할 수 있도록 이끌어 주었고, 치료가 진행될수록 클라이언트가 스스로 이끌어 나가도록 하였다. 더욱이 치료자 자신이 어떻게 효과적인 역할을 할 수 있는지 치료과정을 통하여 보여 주었다. 무엇보다도 저자의 치료자는 항상 클라이언트인 본인을 그대로 수용할 자세가 되어 있었고, 직감적으로 무엇이 필요한지를 알고 있었다. 그리하여 저자는 지지감과 친밀감 그리고 이해받고 있음을 깊이 느꼈다.

2) 제2단계: 내적 성장(intertherapy)

(1) 부모와의 이슈

이 단계에서 저자는 권위에 관한 이슈에 대하여 심층적으로 살펴보고 있었다. 물론 거기에는 부모님과의 관계도 포함되어 있었다. 동료 치료자가 저자의 치료자 역할을 담당했기 때문에, 감정이입이 보다 쉽게 상담심리 과정에 나타났다. 뿐만 아니라 이즈음에는 저자도 깊은 단계의 극복 과정(working through)을 할 자세가 되어 있었다. 저자는 매사에 자신에게 '비판적인 어머니'에 맞서도록 격려를 받았지만 자신의 개인적, 문화 유산적 배경을 고려해 볼 때 그것은 쉬운 일이 아니었다. 그리하여 실제 예행연습을 거쳤지만 여전히 현실에서 실행하기에는 다소 어려웠다(Priestley, 1994). 그러나 어느 날 심리치료 상황이 아닌 현실 속에서, 저자의 감정을 어머니께 토로했을 때, 마침내 어머니께서 처음으로 "내가 잘못했다."는 말씀을 하신 때를 저자는 잊지 못한다.

(2) 상황숙고(sitting with the situation)

훈련을 처음 시작할 때는, 치료사로서 간혹 아무것도 연주하지 않고 클라이언트의 연주만을 듣는 것이 어색하였다. 치료사로서 무엇인가를 해야 한다는 생각이 들었기 때문이다. 이것은 문화적 배경에서 기인한 것 같다. 역사상 한국인들은 열심히 일하고 성과를 많이 올리는 것을 미덕으로 생각해 왔다. 심리치료란 클라이언트 자신의 결단이 가장 중요하고 클라이언트와 치료자가 함께 치료목표를 달성하도록 노력하는 것이라는 것을 깨닫기까지는 얼마의 시간이 걸렸다. 또한 한국인의 '빨리빨리' 사고방식이 이러한 치료 상황에서는 이치에 어긋나는 것이 되고 만다. 그러므로 이 훈련을 통하여 저자는 결코 서둘지 말 것이며, 한 걸음 물러서서 상황을 바라보는 여유를 가지는 것을 배웠다. 따라서 오늘날 저자는 세션에 임할 때 점차 상황을 있는 그대로 받아들이는 경향이 있다. 침묵으로 기다리거나, 진심으로 이야기 듣기 그리고 클라이언트가 자발적으로 나설 때까지 기다려 주는 것이 더욱 효과적인 방법일 수 있기 때문이다.

(3) 배우는 과정 동안 실수를 허용하기

한국인들이 지향하는 것은 '완전한 이상적인 자아'다. 이런 점들이 음악치료사로서의 저자에게 많은 영향을 끼쳐 왔다. 그러나 AMT 훈련을 통하여 저자 스스로 본인도 실수할 수 있다는 것을 인정하게 되었다. 왜냐하면 Benedikte의 교훈대로 "어느 누구도 완전하지 못하다. 음악치료사라고 할지라도…" 그리고 음악치료 자체가 '과정으로서의 치료'인 만큼 음악치료사 또한 배우는 과정에 있기 때문이다. 우리는 우리의 잘못을 통하여 더 많이 배우는 것이 진실이다(Scheiby, 2001, p. 304).

3) 제3단계: 개별 그리고 집단 감독

Hesser(2002)에 따르면 "음악치료는 보람(challenging)된 직업으로서 계속적인 성숙을 요구한다. 그러므로 임상인들에게 임상적 감독을 받는 것은 그들의 정기적인 일상이 되어야 한다(p. 157)." 감독(supervision)은 감정전이와 역전이를 치료자의 의식 속으로 이끌어 내는 데 매우 중요한 역할을 한다. 그러므로 감독은 올바른 임상치료를 위해 필수적이다.

저자의 AMT 그룹 감독 경험은 매우 흥미로웠다. 그것은 마치 형제들 간의 경쟁을 포함한 한 가족의 상황과 비슷하였다. 특히 저자의 그룹에는 참가자들이 다양한 문화적 배경을 가 있었고 각기 자신들의 고유한 가치관과 기대를 가지고 상호관계를 하고 있었다. 개인적으로는 이 집단을 통해 자기주장에 대해 시험해 볼 수 있었던 좋은 경험이었다.

한 가지 유념해야 할 것은 집단 치료라는 개념 역시 개인의 필요를 초점에 두는 서양철학에서 비롯된 것이라는 것이다. 한국인들은 가족의 가치를 개인 것보다 높이 둔다. 그러므로 한국인들은 흔히 집단의 이익을 위해서는 자신의 이익을 낮추는 경향이 있는데 집단 치료 상황에서는 집단의 유익과 자신의 유익을 적절히 밸런스를 맞추는 것이 더 중요하다.

또한 감독을 통하여 저자는 특히 음악적 역전이를 확인하였다. 특정 음악 형태나 종류에 저자가 자연스럽게 끌리는 것은 또한 저자의 문화적 배경에 기인하는 것이 아닌가 싶다. 예로부터 외세의 침략을 많이 받아 온 한 민족은 한(恨)이 깊이 서려 있어 슬픈 멜로디에 감정이 이끌리는 것이 자연스러운 일이었고, 감독을 통하여 저자는 감정이입과 투사가 클라이언트와 치료과정에 영향을 미치고 있는 것인지를 확인해낼 수 있었다(Scheiby, 2004a). 그러므로 이 일이 생기는 것을 미리 방지할 수 있었고, 그러한 현상이 나타날지라도 빨리 인식할 수 있도록 도와주었다.

한국인들은 예로부터 창조적인 민족으로서 음악을 사랑해 왔고 다양한 형식으로 음악을 문화적 전통과 예식에 사용해 왔다. 또한 세계적으로 유명한 한국인 음악가를 찾는 일은 그리 어렵지 않다. 뿐만 아니라 많은 한국인들이 노래 부르기를 즐겨 한다. 그러므로 한국에서 음악치료 분야가 빠른 속도로 성장하고 있고 점점 더 많은 학생들이 음악치료 분야를 공부하고자 미국으로 오는 것은 당연한 일인지도 모른다. 더욱이 음악치료가 한국인들에게 효과적이고 한국인에게 필요한 임상방법이라는 것을 저자는 굳게 믿고 있다.

음악치료 수련생들과 그 분야에 관계된 전문인들은 음악치료사라는 직업이 다른 사람을 돕고자 하는 직업임을 먼저 인식해야 한다. 무엇보다도 치료자 자신을 치료의 도구로 사용할 줄 알아야 한다. 심리치료의 개념은 서양철학의 가치관에서 비롯되었기 때문에 외국에서 공부를 한 음악치료인들은 반드시 그것을 한국인과 그의 문화에 맞게 재조정할 필요가 있다는 것을 인식해야 한다. 음악치료사가 자기 자신이 누구인가를 잘 파악하고 있지 못한다면, 과연 어떻게 다른 사람을 이해하고 도울 수 있겠는가?

오늘날 동서양의 교류는 그 어느 때보다도 활발하다. 나날이 전통적인 가치관들은 새로운 가치관들에 의해 도전을 받고 있다. 분석적 음악치료는 우리가 우리 자신의 문화유산과 다시 재결합하고 새로운 문화를 통합하는 '산산조각을 내지 않고 같이 합쳐지는' 것을 가능하게 한다(Epstein, 1998).

저자의 경험으로 비추어 볼 때, 경험적 음악치료 훈련은 저자로 하여금 자신과 클라이언트들에 대해 폭넓은 이해를 할 수 있게 하고, 음악치료를 통한 클라이언트와 치료자 간의 문화적 문제점들을 잘 인식할 수 있도록 도와주었다. 그리고 무엇보다도 한국인임과 동시에 미국인으로서의 문화적 이중 자아(bi-cultural self)를 가진 저자 자신을 더욱 잘 이해할 수 있게 되었다. 또한 저자의 임상치료에서나 음악치료 수련생들을 감독하는 곳에서 일어날 수 있는 감정전이와 역전이에 대한 현상에 대해서도 더 잘 이해할 수 있게 되었다(Scheiby, 1998, 2004a). 저자에게 AMT 훈련은 결국 자신과 다른 사람들에 대한 새로운 발견의 매체(medium)였다.

Benedikte Scheiby & Mary Priestley

🕮 용어 해설

동일시: 외부세계의 대상이 가진 성질, 보통 다른 사람의 성질을 자신의 내면에 흡수하는 것을 동일시라 한다. 개인은 그와 비슷한 특성을 가진 사람과 동일시하는 경향을 나타낸다. 이러한 동일시가 갖는 목적은 욕구 불만, 무능, 불안을 지배함으로써 고통스러운 긴장을 해소하려는 것이다.

분리-개별화 과정: Mahler가 사용한 용어로, 분리(seperation)란 어머니와의 공생적 융합으로부터 아동이 벗어나는 심리내적 과정을 표현하며, 개별화(individuation)는 아동이 자신의 개인적 특성들(심리내적 자율성, 지각, 기억, 인식, 현실검증 능력 등)을 형성해 가는 것을 뜻한다.

상호치료(intertherapy): Priestley는 동료인 Peter Wright, Marjorie Wardle과 함께 음악치료 기

법을 연구하기 위해 약 2년간에 걸친 96회의 자아치료 세션을 실행하였다. 그들은 상호 간 치료사 역할을 함으로써 즉흥음악을 통한 다양한 음악치료 기법을 실험하였다. 이 상호치료는 그 후 AMT 기법의 초석이 되었다.

언어화과정: 언어화 과정은 즉흥에서 사용된 음악이나 음성, 동작에서 얻어진 상호 경험을 치료사와 클라이언트 간 대화의 형식을 통해 분석하는 과정을 말한다. 이것은 음악을 하는 동안 경험한 감정을 분석함으로써 클라이언트의 감정의 근원을 통찰하고, 클라이언트의 내적 현실과 외적 현실을 연결하고 통합하는 기능을 한다.

외상 후 스트레스 장애(PSTD; posttraumatic stress disorder): 충격적인 사건을 경험하거나 목격하고 난 후 불안상태가 지속되는 경우를 말한다. 외상이란 죽음 혹은 신체적 손상을 가져오는 충격적인 사건을 뜻하며, 교통사고, 강간, 폭행, 유괴, 전쟁, 재해 등이 그 대표적인 예다.

참고문헌

Aigen, K. (1991). The voice of the forest: a conception of music for music therapy. *Music Therapy, 10,* 77-98.

Begley, S. (2001, May 7). Religion and the brain. *Newsweek,* 52-58.

Epstein, M. (1998). *Going to pieces without falling apart.* New York, NY: Broadway Books.

Eschen, J. T. (2002). Analytical Music Therapy. Introduction. In: *Analytical Music Therapy.* London, England: Jessica Kingsley Publishers.

Eschen, J. T., & Priestley, M. (2002). Analytical Music Therapy. Origin and Development. In: *Analytical Music Therapy.* London, England: Jessica Kingsley Publishers.

Hadley, S. (1998). *Exploring Relationships Between Life and Work in Music Therapy: The Stories of Mary Priestley and Clive Robbins.* Dissertation submitted to Temple University. Ann Arbor, Michigan: UMI Dissertation Services, Bell & Howell Company.

Hesser, B. (2002). Supervision of music therapy students in a music therapy graduate training programme. In Eschen, J. T. (Ed.), *Analytical Music Therapy.* London & Philadelphia, Jessica Kingsley Publishers.

Kim, S. (2003). The nature of sound and music. In Stefano, G. et al. (Ed.), *Musical Healing.* Poland: Medical Science International Co. Ltd.

Maroda, K. J. (1998). *The power of countertransference.* Northvale, NJ: Jason Aronson

Inc.

Pavlicevic, M. (1997). *Music therapy in context: music, meaning and relationship.* London and Philadelphia: Jessica Kingsley Publishers.

Pedersen, I. N. (2002a). Self-Experience for Music Therapy Students? Experiential Training in Music Therapy as a Methodology? A Mandatory Part of the Music Therapy Programme at Aalborg University. In: *Analytical Music Therapy.* London, England: Jessica Kingsley Publishers.

Pedersen, I. N. (2002b). Psychodynamic Movement? A Basic Training Methodology for Music Therapists. In: *Analytical Music Therapy.* London, England: Jessica Kingsley Publishers.

Pocock, D. (1997). Feeling understood in family therapy. *Journal of Family Therapy, 19,* 283-302.

Priestley, M. (1975). *Music therapy in action.* St. Louis, MO: Magnamusic-Baton.

Priestley, M. (1980). *The Herdecke Analytical Music Therapy Lectures.* [Analytische Musiktherapie]. Translated into German by Brigitte Stein (1983). Stuttgart, West Germany: Klett-Cotta.

Priestley, M. (1994). *Essays on analytical music therapy.* Phoenixville, PA: Barcelona Publishers.

Purdon, C. (2002). The Role of Music in Analytical Music Therapy? Music as a Carrier of Stories. In: *Essays of Analytical Music Therapy.* London, England: Jessica Kingsley Publishers.

Roland, A. (1996). *Cultural pluralism and psychoanalysis: the Asian and North American Experience.* New York and London, Routledge.

Rudhyar, D. D. (1982). *The magic of tone and the art of music.* Boulder, CO: Shambhala.

Scheiby, B. B. (1998). The role of musical countertransference in Analytical Music Therapy. In Bruscia, K. E. (Ed.), *The dynamics of music psychotherapy* Gilsum, NH: Barcelona Publishers.

Scheiby, B. B. (1999). Music as symbolic expression: An introduction to Analytical Music Therapy. In Wiener, D. J. (Ed.), *Beyond Talk Therapy: Using movement and expressive techniques in clinical practice.* APA Books: Washington, D.C.

Scheiby, B. B. (2001a). Forming an identity as a music psychotherapist through Analytical Music Therapy supervision. In Forinash, M. (Ed.). *Music therapy supervision.* Gilsum, NH: Barcelona Publishers.

Scheiby, B. B. (2001b). "Music Psychotherapy in a Medical setting. A demonstration of key concepts and techniques in group and individual music psychotherapy with a wide variety of populations." Unpublished lecture given at NYU Music Therapy Clinic, New York.

Scheiby, B. B. (2004a). An intersubjective approach to music therapy: identification and management of musical countertransference in a music psychotherapeutic context. In *Music Therapy Perspectives,* Vol. Silver Spring, MD: AMTA (in press).

Scheiby, B. B. (2004b). "Dying alive?" A transpersonal analytical music therapy approach for adult clients with chronic progressive neurological diseases. In Cheryl Dileo & Joanne V. Loewy (Eds.), *Music Therapy at the End of Life Care.* Cherry Hill, NJ: Jeffrey Books. In Press.

Scheiby, B. B. (2005). An Intersubjective Approach to Music Therapy: Identification and Processing of Musical Countertransference in a Music Psychotherapeutic Context. In: *Music Therapy Perspectives, 23,* Silver Spring, MD: AMTA.

Tyson, F. (1981). *Psychiatric Music Therapy.* New York: Creative Arts Rehabilitation Center, Inc.

찾아보기

내 용

저자 소개

|정현주|
University of Kansas 음악대학 기악과를 졸업하고, Western Illinois University 에서 음악치료학을 전공했다. Temple University에서 음악치료학 석사학위를, University of Kansas에서 음악치료학 박사학위를 취득했다. 현재 한국음악치료 교육학회(KOMTEA) 회장, 한국음악지각인지학회(KSMPC) 부회장을 맡고 있고 국제음악치료포럼 voices 편집위원이며, 이화여자대학교 교육대학원 음악치료 교육전공 교수로 재직 중이다. 저서로는 『음악심리치료』(공저, 학지사, 2010), 『음악치료학의 이해와 적용』(이화여자대학교출판부, 2005), 『아동들을 위한 음악 치료 놀이극』(학지사, 2005)이 있으며, 역서로 『음악치료 연구』(월러 외 공저, 학 지사, 2004)가 있다.

|김영신|
서울대학교 음악대학 기악과를 졸업하고, Temple University에서 음악치료학 석 사학위를, University of Kansas에서 음악치료학 박사학위를 취득하였으며, 킨더 뮤직 교사자격증을 가지고 있다. 현재 숙명여자대학교 음악치료대학원 교수로 재 직 중이다.

|최미환|
Manhattan School of Music 피아노과를 졸업하고, University of Kansas에서 음 악치료학 석사학위를 취득하였다. 현재 Columbia University에서 음악교육학 박 사학위를 이수하고 현재 (사)희망예술기지 대표로 활동하고 있다.

|조혜진|
New York University에서 음악교육학 및 음악치료학 석사학위를 취득하고 연세 대학교 교육학과 박사과정 중에 있다. 현재 원광대학교 보건환경대학원 음악치료 전공 주임교수로 재직 중이다.

|노주희|
서울대학교 음악대학 이론과를 졸업하고 동 대학원 음악학 석사학위를 취득하였 으며, Temple University에서 음악교육학 박사학위를 취득하였다. 현재 한국오디 에이션음악교육연구소 소장으로 활동하고 있다.

|김동민|
서울대학교 음악대학에서 성악을 전공하고 Peabody Conservatory of John Hopkins University에서 음악학 석사학위를, New York University에서 음악치 료학 석사학위를 취득하였으며 현재 이화여자대학교 심리학과 그리고 Lesley University에서 표현예술치료학 박사과정 중에 있다. Nordoff-Robbins 프로그램 의 전문가 훈련과정(3단계)을 이수하고 있으며 이화여자대학교 음악치료클리닉 수석연구원으로 재직 중이다.

|김진아|
숙명여자대학교 음악대학 피아노과를 졸업하고, 영국 Guildhall 음악원 및 Anglia University에서 음악치료학 석사학위를 취득하였다. 현재 덴마크 Aalborg 대학교 음악치료학 박사학위를 이수하고 전주대학교 예술치료학과 교수로 재직 중이다.

역서로는 『즉흥연주』(토니 위그램 저, 학지사, 2006), 『예술·심리치료 임상 사례 연구 방법론』(로빈 히긴스 저, 학지사, 2003), 『음악은 특수아동을 어떻게 도울 수 있나요?』(일레인 스트리터 저, 특수교육, 1998)가 있다.

|문소영| 호주 University of Melbourne에서 음악치료학 석사학위를 취득하였고 동 대학원에서 음악치료학 박사과정 중에 있다. 현재 명지대학교 사회교육대학원과 숙명여자대학교 음악치료대학원에 출강하고 있다.

|Lisa Summer| 미국 Anna Maria College 음악치료학과 주임교수로 있으며 동 대학 내 음악과 의식 연구소(Institute for Music and Consciousness)의 소장으로 있다. 심상유도와 음악(Guided Imagery and Music)의 책임훈련자(primary trainer)로 세계적으로 GIM 워크숍을 통해 전문가를 훈련하고 있다.

|Benedikte Scheiby| New York University 음악치료학과 겸임교수로 재직하고 있으며 Beth Abrahams 병원에 음악치료사로 임상활동을 하고 있다. 분석적 음악치료(Analytical Music therapy)의 전문 훈련가(primary trainer)이며 AMT 워크숍을 통해 분석적 음악치료 전문가들을 훈련하고 있다.

|Diane Austin| New York University에서 음악치료학 박사학위를 취득하고 현재 동 대학원에 음악치료학과 겸임교수로 재직 중이다. Brooklyn Heights에 있는 Music Psychotherapy Center에서 표현심리치료와 음악심리치료 임상활동(private practice)을 하고 있다.

|곽은미| Arizona State University 음악치료학과를 졸업하고, University of Kansas에서 음악치료학 석사학위를 취득하였다. 현재 Michigan State University에서 박사과정 중에 있으며 한빛음악치료센터 소장으로 있다.

|배민정| University of Kansas에서 음악치료학 석사학위를 취득하였고, 현재 동 대학원에서 박사과정 중에 있다. University of Kansas에서 임상수퍼바이저와 이론 강사로 활동하였고, 직무 웰니스 음악치료(Performance Wellness Music Therapy) 전문가 과정을 수료하였으며 현재 이화여자대학교와 숙명여자대학교에 출강하고 있다.

|이승희| University of Kansas 음악치료학과를 졸업하고, 콜로라도 주립대학에서 음악치료학 석사학위를 취득하였다. 신경학적 음악치료 전문가 과정(NMT)을 이수하였으며, 현재 미국 애리조나 주 Music on the Move에서 음악치료사로 재직 중이다.

|김승아| 이화여자대학교를 졸업하고, Molloy College와 New York University에서 음악치료학 석사학위를 취득하였다. 분석적 음악치료(Analytical Music Therapy) 전문가 과정을 수료하였으며, Molloy College 겸임교수로 재직 중이다.

|김신희| University of Kansas에서 음악치료학 석사학위를 취득하였으며 이화여자대학교 심리학과 박사과정 중에 있다. 현재 KIM'S MTME Institute 소장으로 있으며, 계명대학교 음악대학 및 대학원에 출강하고 있다.

|이수연| 가톨릭대학교 음악과를 졸업하고, 미국 University of Kansas에서 음악치료학 석사과정을 마쳤으며, 동 대학원에서 박사과정 중에 있다. 이루다아동발달연구소와 경기자폐아전문치료센터에서 음악치료사로 활동을 하였다.

음악치료 기법과 모델

2006년 2월 20일 1판 1쇄 발행
2021년 9월 15일 1판 9쇄 발행

지은이 • 정 현 주 외
펴낸이 • 김 진 환
펴낸곳 • (주) **학지사**
　　　　04031 서울특별시 마포구 양화로 15길 20 마인드월드빌딩 5층
대표전화 • 02) 330-5114　　　팩스 • 02) 324-2345
등록번호 • 제313-2006-000265호
홈페이지 • http://www.hakjisa.co.kr
페이스북 • https://www.facebook.com/hakjisabook

ISBN 978-89-5891-261-3 93180

정가 **18,000원**

출판 · 교육 · 미디어기업 **학지사**

간호보건의학출판 **학지사메디컬** www.hakjisamd.co.kr
심리검사연구소 **인싸이트** www.inpsyt.co.kr
학술논문서비스 **뉴논문** www.newnonmun.com
원격교육연수원 **카운피아** www.counpia.com